上海师范大学哲学与法政学院出版资助

竞争与秩序

诺斯权利开放秩序理论批判与发展模式新探

陈兆旺 著

上海人民出版社

目　录

目　录

目　录

序　言

兆旺大作即将出版,嘱我为序,欣然命笔。

兆旺是一位为学扎实、低调而又胸怀壮志、不畏艰难的研究者。他的这本著作,通过典型案例研究,不仅对诺斯等人提出的权利开放秩序理论提出了系统、深入的批评,还提出了自己的优化模式。此项研究既要应对庞杂相关理论和观点,梳理其认识理路,又要处理大量历史叙述,拨开枝枝蔓蔓,揭示变迁的主干,绝非易事,如今成果得以出版,可喜可贺。

说实话,我对诺斯等的理论并无深入研究,但是一直觉得在其影响下形成的制度中心主义方法论存有较大偏颇。我清楚学术研究总要在聚焦的基础上方能展开,学者或许有时也需要通过极端的表述来凸显某一方面要素的重要性,并且我也承认这是一种具有自身学理起点和参考意义的研究方法,但是仍然不赞同以之为研究工作的圭臬,毕竟这种方法将地表上的建构物本身当作了基础。

兆旺的大作肯定了诺斯等人的权利开放秩序理论的学术贡献,同时犀利地指出该理论存在的两大问题:第一,它并未揭示在西方国家,尤其是近代以来社会政治发展的全部历史和全部动力。第二,它并不能充分解释诸多非西方国家的社会经济发展历程。我十分赞同他的观点。确实,纵观历史上中西重大政治制度的变迁,有哪一个不是历史背景变化以及社会阶级斗争的结果? 如同兆旺所指出的那样,即便是西方主要国家公民权利制度的建立与巩固本质上亦非来自一劳永逸的"精英合谋"与政治建构,而是一个复杂的社会历史过程,其主要推动力来自自下而上的大众运动。而关于这一点,兆旺先前在他的《民主与福利:社会结构与公民身份制度变迁的路径》(上海人民出版社 2017 年版)一书中也有论述。诺斯等人的权利开放秩序理论与非西方国家社会经济发展实践之扞格难通更是显而易见。以二战后经济发展的优等生日本为例,恰恰是宪法中的对财产权所作的具有社会主义色彩的限制、与权利开放秩序格格不入的"行政指导"以及"谈合"等惯例成为其经济快速增长的动力。

兆旺在书中对暴力、权利、竞争、秩序等比较政治学重要概念的阐述

1

也是值得称道的。诺斯厌恶暴力,在他的所谓权利开放秩序中,暴力统一由国家掌握,并且由政治系统控制,政治系统受到约束而不能非法使用暴力,任何党派和政治集团都不能滥用其对军队的控制。诺斯的这一观点不仅无视掌控暴力的国家本身所具有的阶级和集团属性,也无视西方政治发展史上暴力所发挥过的新社会、新秩序的"助产婆"的功能。如同兆旺所指出的那样:"暴力具有一定的社会政治意义,客观的效果不能被轻易低估。"诺斯认为,公民和市场主体自由参与市场经济、参与民主政治的权利应当尽可能开放,这有助于激发社会竞争活力,但是如同兆旺深刻指出的那样,在现实中,权利的形式与实质未必是一个整体,防止二者的分离同样重要。诺斯赞美竞争,实际上将其视为至上的价值,因为它可以激发活力,带来所谓的进步,而兆旺认为,应该对竞争本身进行分析,防止和消除恶性竞争,建立面向社会弱势群体以及竞争失败者的保护机制。至于诺斯等人所言之秩序,兆旺在书中更是以一句"谁的秩序?",直击问题之要害。

西方中心主义也是兆旺写作此书时的关照之一。无须讳言,比较政治研究曾经是西方的学问,这既是事实,也具有历史的阶段合理性。首先,人类在全球范围内的大规模跨域交往是伴随着资本主义在世界范围内扩张、侵略开始的,面对那些对象国家和地区,不仅诸多西方学者个体的研究兴趣被激发,就学术界整体而言,也需要有一套系统的话语叙事适应乃至于服务于此种扩张之大势,以西方为出发点的比较政治研究由此而兴。其次,在那些遭受西方资本主义扩张和侵略的国度,许多先进分子认为,来自西方的、建立在先进的生产力和生产关系基础上的政治理念和政治制度确有其值得学习之处,他们主动从西方的经验中寻求解决自身国家、民族和地区问题的药方,以西方为尺度确定自身的方位,这成为了比较政治研究中的西方中心主义方法论的第二个来源。然而时过境迁,一方面,西方政治和政治制度模式的固有弊端暴露无遗,另一方面,比较政治研究中的西方中心主义的研究视角和话语叙事自身变得越来越捉襟见肘,甚至开始令人有百孔千疮之叹,于是乎世界各国发展的多样性呼唤新的研究视角和话语叙事。我相信,在比较政治研究的改进方面,中国学术研究界应该会有自己的贡献,但是即便有再大的贡献也只能是对比较政治研究视角和话语叙事的丰富,不可能也没必要成为新的中心。

理想的新比较政治研究不应仅止于丰富研究视角、增添话语叙事,还应该努力弥补过往比较政治研究的缺陷。我以为过往的比较政治研究除

序　言

了视角过窄之外，至少还存在以下明显的不足：一是较为简单，主要是类型学的研究，而且分类标准也较为单薄，如民主、专制、威权等等，未能充分体现人类政治生活的丰富与厚重。二是政治绩效的比较指标范围过窄，且基本是平面的、着眼于达成度的，缺乏关于特定时间段内的变化幅度的测量和比较。三是偏重研究成果在一时一事一地的运用，研究时而自觉不自觉地成为简陋的现实政治的简陋的工具，未能深度服务于人类政治知识和人类整体幸福的增长。四是扩张有余、贡献不足。比较政治研究所属的政治学本来是要研究、论证、回答可以期待的良善的政治是什么，但是不少研究似乎已经放弃了这一研究主旨，其作品更偏向于历史学而非政治学，这些作品告诉人们的是，与他国、他地、他时相比，此国或此地或此时的政治是怎样的，以及为何会有如此之不同或者相同。历史成了政治学研究的目标本身，而不再是政治学研究的一种路径。

理想的新比较政治研究应该坚守政治学研究的初心，同时拓展比较研究的领域，不仅是制度体系的比较，还应该开展价值观体系的比较。政治价值观引领政治实践，政治制度则是政治实践的升华和固化。开展政治价值观体系比较研究不应是为了分出个先进、落后来，更不应该是为了恶心他人、娱乐自己，而是要通过系统、科学的比较更加深入地认识和理解不同的政治体系，实现不同政治体系的共同进步。我之所以加上这一段，是因为兆旺已经涉足比较政治研究，而我相信他和他这一辈政治学人有能力做成此事。

臧志军
2022 年 12 月 12 日

第一章

相关研究综述与研究设计

本书将围绕着诺斯(也译诺思)等人所提出和运用的权利开放秩序理论,①进行批判性跟踪研究与新的发展模式探讨。②权利开放秩序理论是诺斯晚年"集大成"的理论创新。他与政治科学家温格斯特(也译温加斯特)、宪则经济史学家(historian of constitutional economics)瓦利斯(也译沃利斯)一同开展了合作性的研究,③所以,权利开放秩序显然具有更宏大的理论关怀与抱负,从该研究的副标题:"诠释有文字记载的人类历史的一个概念性框架"即可看出。故此,第一章将首先开展研究设计方面的基础性工作,从而为下文的理论批判工作做好铺垫。第一节将介绍本书的缘起,研究问题的概述与归纳。第二节将做"理论铺垫"性质的分析,即将诺斯晚年有关权利开放秩序理论的相关研究,放到其一生的主要理论追求以及他的主要目标等范畴中去考察,也即从诺斯的主要理论关怀和问题意识等角度去整理、分析、解析和评价他的相关的研究成果。不过

① Douglas North 一般被翻译成"诺斯"或"诺思"等,本书统一采用"诺斯"的翻译,不过在引用材料中将保持原有翻译字样。其他国外学者也采用类似的处理方法予以处理。

② 诺斯等人的相关研究主要集中在以下两本著作和论文集中:[美]道格拉斯·C.诺思、约翰·约瑟夫·瓦利斯、巴里·R.温格斯特:《暴力与社会秩序:诠释有文字记载的人类历史的一个概念性框架》,杭行、王亮译,格致出版社、上海人民出版社 2013 年版。[美]道格拉斯·诺思、约翰·沃利斯、史蒂文·韦布、巴里·温加斯特编著:《暴力的阴影——政治、经济与发展问题》,刘波译,中信出版集团 2018 年版。巴里·R.温格斯特(Barry R. Weingast),斯坦福大学政治学教授,又被翻译为"温加斯特"、"韦格斯特"、"韦恩加斯特"、"威加斯特"等。

③ 韦森:《人类社会历史演变的经济学分析——〈暴力与社会秩序〉中译本序》,载[美]道格拉斯·C.诺思、约翰·约瑟夫·瓦利斯、巴里·R.温格斯特:《暴力与社会秩序:诠释有文字记载的人类历史的一个概念性框架》,杭行、王亮译,上海人民出版社 2013 年版,中译本序第 5 页。

这与一般意义上的研究综述略有差别。在此基础上,第三节将对诺斯等人的权利开放秩序理论的分析框架进行学术批判,并实施"查漏补缺""去伪存真""正本清源"等修补与完善性质的工作。当然,对这一理论分析框架的批判和跟踪性研究工作的主要目标取向是修补和完善等建设性质的。第四节的内容包括研究方法、研究意义与章节安排等方面的交代。

第一节　研究缘起与研究问题

据语言哲学的研究,言说的理据在于言说者认为其言说内容的重要性。所以,在很大程度上,所有的研究必然是由研究者的内在研究旨趣所指引和推动而成的。本节内容将首先简单交代本书的研究缘起。在此基础上,将对本书的研究问题作初步的介绍、归纳和凝练。而对研究问题的细化和研究路径的明晰化,则将在第二节的相关研究综述和第三节的分析框架完善的基础上,在第四节作进一步的简单交代。

一、研究缘起

（一）诺斯的产权理论、制度变迁理论对（制度）政治学的影响

我长期从事政治学理论的学习与研究,伴随着国内比较政治学研究的兴起与长足发展,也在比较政治学理论做了一定比较基础性研究工作。就这两大领域而言,我发现诺斯在政治学理论和比较政治学领域的影响很大,尤其是在新政治经济学界的影响尤为明显,诺斯在国内政治学界、经济学界是作为产权理论、制度变迁理论的标志性人物而被人们所熟知的。[1]而诺斯晚年的这项研究——《暴力与社会秩序》一书,则是与温格斯特、瓦利斯通力合作的结果,其分析视角、讨论的内容等体现出明显的政治学特色。但是,无论是传统的古典政治经济学,还是当代西方经济学不同分支学科,虽然都十分关注经济现象中的政治因

---

[1]　诺斯在 1993 年获得诺贝尔经济学奖之后,与 1994、2004 年分别来到北京大学参加"中国经济研究中心"的成立与成立十周年的庆祝活动。1994 年诺斯演讲及吴敬琏教授的评论,参见北京大学中国经济研究中心编:《经济学与中国经济改革》,上海人民出版社 1995 年版,第 1—16 页。对诺斯制度经济学理论创新的比较系统的梳理参见姚洋:《制度与效率:与诺斯对话》,四川人民出版社 2002 年版。

素的作用,①甚至经常以此批判其他研究对此问题的关注与分析的缺失或者不足,②但实际上能够做到深入地对经济现象实施比较扎实的政治分析,对大多数经济学家、政治经济学家,还是颇具难度的。所以,诺斯和另外两位合作者进行了比较密切的合作,其分析框架也比较精炼,显然已经取得一定的成功,正如他们自己所坦言的那样,他们是要将政治与经济两方面进行统合性质的研究,并以此弥补前人研究的缺憾,"尽管社会科学家们付出了很多关注和努力,但社会科学还是未能聚焦于经济发展和政治发展在历史上和当今世界到底如何联系在一起的。"③

当然,诺斯并不只是在晚年突然"闯入"政治学相关研究领域。以诺斯为代表的制度变迁理论家的诸多成果,在政治学领域本来就有着很大的学术影响。新制度经济学也在20世纪中后期得到了迅速发展,其中,诺斯为制度经济学研究贡献了一个重要的研究方向与领域——制度变迁理论。④而制度变迁理论不仅在经济学界有着广泛的影响,在政治学界,尤其是政治历史分析、政治理论推演、政治制度分析等研究领域也有着广泛的学术影响,20世纪80年代甚至诞生了相对比较独立并且取得了长足发展的制度政治学。而制度经济学,尤其是制度变迁理论对其研究议题、内容、方法甚至学科基本品质都有着比较深刻的影响。⑤诺斯晚年的

---

　　① 政治因素在长期经济增长过程中的重要性也被中国和欧洲的历史比较研究所反复佐证,"所以欧洲率先跻身于近代经济之列,其决定性因素并不是在于经济本身,而是在于政治。欧洲与中国不同的政治体制,意外地造就了其经济上的优势。"[美]王国斌、罗森塔尔:《大分流之外:中国和欧洲经济变迁的政治》,周琳译,江苏人民出版社2018年版,第9页。

　　② "但与这里讨论的所有先驱一样,缪尔达尔面临着一个基本的问题,即不存在一个可接受的政治发展理论来辅佐、界定、充盈和支配经济发展理论;而说到底,想把政治从经济发展中剥离出去却又绝不可能。"[美]W.W.罗斯托:《经济增长理论史——从大卫·休谟至今》,陈春良等译,浙江大学出版社2016年版,第616页。

　　③ [美]道格拉斯·C.诺思、约翰·约瑟夫·瓦利斯、巴里·R.温格斯特:《暴力与社会秩序:诠释有文字记载的人类历史的一个概念性框架》,杭行、王亮译,格致出版社、上海人民出版社2013年版,前言第1页。

　　④ 国内的研究,相对更为重视制度经济学中的制度变迁理论及其运用。参见黄少安主编:《制度经济学》,高等教育出版社2008年版,第六章。

　　⑤ 诺斯所贡献的制度变迁理论、"路径依赖"(path dependence)理论等,对新制度主义政治学中的"历史制度主义"流派的研究的影响尤为突出。[美]B.盖伊·彼得斯:《政治科学中的制度理论:"新制度主义"》,王向民、段红伟译,上海人民出版社2011年版,第70页。

学术研究则更为重视宪则主义（constitutionalism）的经济效应，其研究的议题也很注重对被学界所"分割"的政治与经济两大领域进行持续的观察、分析、思考与整合。①总而言之，诺斯在政治学领域的关注度非常高，影响也非常大，这是本书研究工作的一个重要的前提性条件。

（二）诺斯等人权利开放秩序理论的缺憾

在跟踪阅读、思考、吸收与消化诺斯等人所提出的权利开放秩序理论时，我发现其理论中明显存在不少不成熟和偏颇的地方。有些理论范式的研究与分析内容可能在客观上并无对错，仅仅是由于不同研究学派，不同研究者的研究视角或研究偏好差异使然。但是，有些研究范式确实由于研究偏好过于陈腐而不能随时而变，或者过于标新立异，甚至对传统的史实和认知有较大偏离，在特定时空下常常会被视为偏颇甚至错误。当然，在很多情况下，这种所谓的"偏离"并不为研究者及其支持者所承认，存在"身在其中"而不自知的情况。但是，关键的问题在于，很多的"偏离"可能是研究者刻意从结论或者一时一地的"见解""意见"甚至"成见"出发，然后通过汇集与杂糅材料而形成的结果。②作为读者和相关问题的研究者，我们有义务将其更明显地揭示出来，以供读者或相关领域的实务工作者明鉴。

在漫长的人类社会发展史上，人们一直都在不断努力地探究社会秩序的建构、延续、转型和稳定等问题。即人们一直在追问：何种或者何样的社会秩序可以比较长久地保持和谐稳定，并在此基础上获得比较长久的和平、繁荣和发展。其实，各种秩序之下的社会共同体还需要能够抵制大大小小的经济危机、政治危机，并由此形成比较稳固的国家治理体系。这就不仅涉及国家体制的建构，社会秩序的生成与良性运行，同时也意味着社会各阶级与各阶层的民众能够享有比较实在的政治、经济与文化权利，但是又不至于过于滥用这些权利。也就是说，我们需要通过恰当的制度设计以保证不同的社会群体或者族群，特别是不同宗教、语言、文化、种

---

① 诺斯等人的分析框架与理论运用性的研究——《暴力的阴影》一书的副标题为"政治、经济与发展问题"，由此可窥见他们在相关学术中的主要关注点。

② 王国斌教授的研究也得出类似的体会："然而在下文中我们将会看到，研究者们之所以认为中国和欧洲在契约执行方面存在结构性差异，很大程度上是因为他们自己对研究素材的取舍。"［美］王国斌、罗森塔尔：《大分流之外：中国和欧洲经济变迁的政治》，周琳译，江苏人民出版社 2018 年版，第 70 页。

族、民族和身份等族群和群体之间冲突降到最低。①不过，即使在发达国家，各种各样的挑战依然广泛存在。而在广大发展中国家，不仅缺乏恰当的制度设计与有效规范的实施，同时还普遍存在着严重的社会不平等问题。②所以，尽管发展中国家民众的政治经济权利实现不足的情况依然严重，但是其社会内部涉及文化与意识形态的冲突问题则可能也一样很严重。

诺斯将提问、理论构建等工作的着力点放在了政治经济互动领域，尤其是经济领域，而政治领域的暴力控制和权利开放等终究会以竞争性市场经济体制与机制的建立、健全与运行为目标，其最终当然也主要是经济绩效的改善。因为其作为经济史学家，同时对发展经济学议题的兴致也很高。也就是说，诺斯等人把熊彼特的"创造性破坏"理论(creative destruction theory)，从经济生产领域，或者准确地讲，技术革新与产业创新升级领域借鉴过来，以系统地广泛地运用到经济发展领域、政治分析领域，并且将其视为颠扑不破的"真理"。其实，美国汉学家孔飞力(Philip Kuhn)关于中国现代国家的起源的学术探讨的分析框架包含三大要素："参与""反对""控制"。③而美国政治学家罗伯特·达尔(Robert Dahl)关

---

①　利普哈特提出，以英美典型的两党制为特征的竞争性或者对抗性民主，并不适合于异质社会性质明显的国家与地区。在此基础上，利普哈特教授提出多元社会中的协和民主或共识民主的概念，并且从多层政治制度上论及类似功能的制度设计与安排。参见[美]阿伦·利普哈特：《多元社会中的民主》，刘伟译，上海人民出版社2017年版，第4页。[美]利普哈特：《民主的模式：36个国家的政府形式和政府绩效》，陈崎译，上海人民出版社2017年版，第26页，"(共识民主)它强调共识而非对抗，主张包容而非排斥，力求使处于统治地位的多数的规模最大化而不满足于微弱多数，这种制度就是共识民主。"利普哈特关于该问题的重要论文收入 Arend Lijphart, *Thinking about democracy*：*Power sharing and majority rule in theory and practice*, London；New York, NY：Routledge, 2007。

②　基尼系数是能够反映一个社会贫富差距的重要指标，世界银行的统计数据显示，发达国家的基尼系数普遍较低，其中美国的基尼系数算是发达国家中最高的，2016年时为41.5，而发展中国家普遍比较高，尤其是拉美和非洲的大多数国家非常高，巴西2016年高达53.6。详细数据参见世界银行的公开数据库：https://data.worldbank.org.cn/indicator/SI.POV.GINI? contextual = aggregate&end = 2016&locations = CN-US-BR-AR-KR&start=1979&view=chart。

③　[美]孔飞力：《中国现代国家的起源》，陈兼、陈之宏译，生活·读书·新知三联书店2013年版，第2页。

于多头政体研究中,将"参与"与"反对"作为民主政治的两大基本要素。而孔飞力则增加了切合中国近代历史与文化情境的"社会控制"的维度,本书对此将亦有所借鉴。华裔历史学家王国斌的研究也非常注重帝国的社会控制问题,"中国的国内秩序依赖有效的社会控制——这种认识,是中国政治古训以及而后历代政治实践的一大特色。对中国国家的主要威胁不是外力入侵,而是内部瓦解。"①而诺斯等人的分析框架,主要集中于"反对"维度,即合法的政治反对如何获得、如何创造出类似经济领域的创造性破坏的发展效应来,在此对照下,其所存在的偏颇就立等可见。②归根到底,其可以被归入"经济中心主义"或者社会科学界普遍论及的"经济学帝国主义"的偏误。

诺斯等人提出的对"有文字记载的人类历史"的概念性框架,其实缺乏历史多元主义意识,基本上是从西方历史发展脉络中探寻人类历史发展的单一轨迹。但是,他们一旦试图将其理论分析框架予以实施"运用",就直接将其推广并运用到广泛的亚非拉发展中国家,并且试图以此为"标准",进而实施广泛的分析与探析。王国斌教授也直接指出诺斯等人这一项研究的严重问题:"许多研究者也放心大胆地将欧洲或'新欧洲'的制度与理念,作为评价全世界的标准。诺斯、沃利斯和温加斯特的《暴力与社会秩序》一书,就体现出这样的一种轻率……"③我将其归为"西方中心主义"的"旧病复发",而在诺斯这样的年长学者身上,这

① [美]王国斌:《转变的中国:历史变迁与欧洲经验的局限》,李伯重、连玲玲译,江苏人民出版社 2010 年版,第 91 页。中国人民大学杨念群教授借助新文化史的方法对医疗技术和医疗史进行的研究,也实证了传统中国医疗对秩序的重视:"据惠爱医院历年的报告记载,不少送往医院的病人并不是完全出于病情轻重的考虑,而是因为病人已严重威胁到了社区的正常生活秩序,或者已威胁到了家人在社区中的合理位置。因此,病人的恢复与否并不完全取决于医学意义上的病情是否好转,更重要的是取决于病人是否为整个社区环境所接纳。""仔细阅读惠爱医院历年的报告,一个有趣的现象经常萦绕于我的脑际,那就是惠爱医院有一个从注重个人精神病治疗的功能向作为国家安全控制系统的分支机构转变的过程。"杨念群:《再造"病人"——中西医冲突下的空间政治(1832—1985)》,中国人民大学出版社 2013 年版,第 137、141 页。

② [美]罗伯特·达尔:《多头政体:参与和反对》,谭君久、刘惠荣译,商务印书馆 2003 年版,第 21 页。

③ [美]王国斌、罗森塔尔:《大分流之外:中国和欧洲经济变迁的政治》,周琳译,江苏人民出版社 2018 年版,第 247 页。

种偏见则更为根深蒂固,尽管西方学术界内部对这一知识偏见也有所反思甚至反叛。①

　　当然,上文所归纳的"研究缺憾"只是其研究的不足之处的"冰山一角",我将继续对该研究进行深入探讨,即对诸多相关理论与实践问题的反思,第三节将围绕诺斯的分析框架的完善而详细展开。当然,无论是对诺斯等人相关的重要研究成果的认知,还是对其所存在缺憾的揭示,以及对其不足进行进一步理论完善的学术冲动等,都不断地激发我的研究兴趣和热情,进而不断推动我对其所涉及的诸多政治经济互动问题进行深入分析与反思。

二、研究问题概述

　　(一)原初的研究问题:权利开放并非精英让渡的结果②

　　在对诺斯等人的分析框架[即诺斯(North)—温格斯特(Weingast)—瓦利斯(Wallis)分析框架,简称 NWW 分析框架]进行分析和思考的一开始,我发现论及社会发展动力等方面问题的缺憾。诺斯等人的分析框架在整体上体现出比较明显的精英主义色彩,即其忽视西方历史上声势浩大的大众民主运动及其对西方历史进程的推动性作用。其实,在西方左翼理论家的研究成果中早已形成一定的理论共识。③但是,传统的历史学家,特别是经济学家对此采取了漠视的态度,而且他们主要在理论模型

---

　　① [美]柯文:《在中国发现历史:中国中心观在美国的兴起》(增订版),林同奇译,中华书局 2002 年版,第 168 页,"除了西方被沽名钓誉,不加分析地被封为救世主之外,凡属重要的历史变化被狭隘地解说为西方自身所经历过的近代社会进程(或各种进程的组合)。"

　　② 笔者研究问题的"漂移"或许是不合适的,但按照布罗姆利的研究,我们总是处于"惊讶"之中。学无止境之意或许即在于此。[美]丹尼尔·布罗姆利:《充分理由——能动的实用主义和经济制度的含义》,简练、杨希、钟宁桦译,上海人民出版社 2018 年版,第 157 页。

　　③ 例如哈尔珀琳虽然接受波兰尼的《大转型》一书中有关市场经济肆虐及社会反向保护运动的论证,但对波兰尼轻易接受"百年和平"这一传统史学论断进行了激烈的学术批判,并且以相当大的篇幅详细整理与罗列"百年和平"期间,欧洲范围内的各种社会冲突与社会抗争运动。特别参见其对"百年和平"时期的战争、暴乱与社会革命等方面重大事件的汇总和整理。[英]桑德拉·哈尔珀琳:《现代欧洲的战争与社会变迁:大转型再探》,唐皇凤、武小凯译,江苏人民出版社 2010 年版,第 380—489 页。

中、逻辑推导中"想象"历史发生的实际进程。①尽管这些经济学的基础性训练对经济学分析是必不可少的,但相关的研究岂可在此止步,甚至画地为牢,并以此"裁减"历史与现实? 在权利开放秩序理论中,其所谓的"开放"(open)一词就明显体现为欧洲历史进程中的政治经济领域的精英"合谋",②其内在的驱动力是精英整体的"政治自觉"——即"识时务者为俊杰":他们及时地采取行动,从内而外、自上而下地"开放"了公民的经济权利与政治权利,并进而推动了新的社会秩序的生成。但是,以诺斯等人为代表的制度经济学家对西方历史上波澜壮阔的大众民主运动甚至革命运动,以及由此而付出的巨大的社会牺牲等多视而不见。由此,我起初就直接将本书的研究问题归为:公民权利制度的变迁路径的分析,即主要研究在世界历史进程中,西方的主要国家如何艰难地实现公民权利的制度性供给的,其制度是如果扩张而又是如何得以巩固的。基于以上的诸多分析,大致形成这样的判断:公民权利扩张的主要推动力是自下而上的大众民主运动。而所谓的公民权利制度的建立与巩固也并非一劳永逸的政治建构过程,而是一个复杂的转型过程。当然,在很大程度上,这也是"现代国家治理转型"的重要观察和思维维度。③总而言之,大众民主运动与作为政治行动主体的国家,在一个复杂的互动框架中实现公民权利制度的变迁。

(二)人类社会的发展道路并非欧美一条

随着本书的进一步扩展,发现关于权利开放秩序的推动性因素的研究的紧迫性并没有一开始那么强烈了,有比这一理论批判更为重要的相

①　这并非故意"污蔑",制度经济学家布罗姆利也深刻地指出了制度经济分析的类似问题,例如,帕累托最优状态就是保持现状,"任何对这个被武断选定为基准的现存制度的偏离企图,必须证明自己在效率上是更优越的。"[美]丹尼尔·布罗姆利:《充分理由——能动的实用主义和经济制度的含义》,简练、杨希、钟宁桦译,上海人民出版社2018年版,第141页。

②　实际上,我们对精英及其构成都缺乏基本的信息,更不用说如何以充分的史料以论证所谓的"共谋","但是,这些精英们的分界线模糊不清,并且我们缺乏有关他们的成员的信息。"[美]罗伯特·达尔:《多头政体:参与和反对》,谭君久、刘惠荣译,商务印书馆2003年版,第198页。

③　美国查尔斯·蒂利就在《欧洲的抗争与民主》一书中对相关议题作了比较精确的学术研究。[美]查尔斯·蒂利:《欧洲的抗争与民主:1650—2000》,陈周旺、李辉、熊易寒译,上海人民出版社2008年版。

关研究需要开展和实施。发现诺斯等人的分析框架存在着其他更为严重的理论问题或者缺憾。与此同时,对公民权利的实现路径,特别是对西方国家(英国、德国和美国等国家)的社会经济权利的获取的历史路径已经有了初步的研究。[①]所以,对诺斯等人的分析框架中的精英主义底色的批判,就不再作为本书的主要问题和研究内容了。虽然早就知晓以诺斯为代表的产权学派有一定的西方中心主义的色彩,但在其之前的理论分析成果中并不是特别明显,因为诺斯一直从事的是西方经济史的研究,其理论对非西方国家的运用则并非诺斯本人或者研究团队的主要关注对象。但是,诺斯晚年提出的权利开放秩序理论,很快就被运用到发展理论与实践工作中去了。诺斯本人好像也比较热衷于此,并且领衔主编了《暴力的阴影》一书。该书的主要内容即将其权利开放秩序理论分析框架系统地运用到孟加拉国、刚果(金)、智利、菲律宾、韩国等亚非拉国家,并且将这些国家全部分别置于"自然秩序国家""初级、脆弱、成熟的有限准入秩序"等概念范畴内,据其概念与理论框架加以"裁剪"的分析特点尤为明显,例如他们对韩国的社会秩序"阶段"的定位就不太准确,韩国属于国际上比较公认的、已经巩固了的民主国家,[②]而其经济发展又是先于民主化进程的,其也早就成为发达国家"俱乐部"的正式成员:1996 年韩国正式加入经济合作与发展组织(OECD),成为其第 29 个成员国,至今已经 26 年。但在诺斯等人的分析框架中,韩国只获得一个刚刚实现了开放准入秩序的"临界条件"的国家的"资格",这就实在令人"惋惜"了:"韩国似乎正在成功地巩固开放准入秩序……上述领域的进展不足甚至出现一定的倒退,对韩国开放准入秩序的巩固构成了挑战。"[③]

---

① 陈兆旺:《民主与福利:社会结构与公民身份制度变迁的路径》,上海人民出版社 2017 年版。

② 在《经济学人》杂志 2018 年度的世界民主指数排名中,韩国得分为 8.0 分,全球排名第 21 名,历史性地跨越了"有缺陷的民主"国家(Flawed democracies)与"完全民主"国家(Full democracies)的分界点,超过日本(7.99 分),成为亚洲排名第 1 的民主国家。而同年美国的民主指数得分才 7.96 分。http://www.eiu.com/Handlers/WhitepaperHandler.ashx?fi=Democracy_Index_2018.pdf&mode=wp&campaignid=Democracy2018。

③ 柳钟星:《从有限准入秩序向开放准入秩序的转型:以韩国为例》,载[美]道格拉斯·诺思、约翰·沃利斯、史蒂文·韦布、巴里·温加斯特编著:《暴力的阴影——政治、经济与发展问题》,刘波译,中信出版集团 2018 年版,第 352—353 页。

但关键问题是,这些概念与分析框架都源自西方发达国家,尤其是英国、美国和法国的发展经验。这一分析模式是有其历史渊源甚至传统的。①学术界将其概括为单一现代化理论,其共性问题就是缺乏对后发现代化国家以及广大发展中国家的实践和理论关怀。但是,当西方国家面对新兴发展中国家时,这一分析框架摇身一变,即成为评判发展中国家发展成就的"标准"。王国斌对此有直接的学术批判:"更加不容乐观的是,研究欧洲和北美的学者往往用他们的一孔之见,去评判世界上其他所有的制度。在他们看来,因为欧洲最早完成了近代经济转型,它就一定拥有世界上最优越的制度。他们循着这样一条思路追问下去,所有其他的制度自然就变成了'落后'和'低级'。经济学家尤其认同这样的思路,因为他们所经受的学术训练也特别强调'决策最优化'。"②

诺斯等人的分析框架和运用研究等,不仅对英国、美国和法国等欧美国家的发展历史实施了"美化",而且对体制制度机制、宗教与文化等比较类同于欧美国家的拉美国家的混乱与相对落后视而不见。而与此同时,他们却对东亚模式的成功发展实践只字不提。在诺斯之前,无论是马克斯·韦伯(Max Weber)、巴林顿·摩尔(Barrington Moore)、西达·斯考切波(Theda Skocpol)、查尔斯·蒂利(Charles Tilly)还是迈克尔·曼(Michael Mann)等理论家,在分析诸如民主化、经济发展、政治现代化等问题上,都采用了类型学的研究方法,③都归纳和凝练了人类社会发展的多条道路,甚至是多条成功道路,而并非只是囿于所谓的欧美唯一(成功)道路。但是,诺斯等人依然沉浸于传统的"东西之别"的想象和成见之中。

----

① 罗伯特·达尔在对美国民主的评价上明显比诺斯更为公允,达尔直言不讳地指出,直到一战之后,美国政治体制的民主性还不如其他欧美国家的多头政体,甚至不能将美国归入多头政体范畴。在达尔的分析框架中,所谓的多头政体需要符合两大指标:"(公民)参与"和"(合法)反对"。"事实上,第一次世界大战后,美国的多头政体的包容性不如多数其他多头政体……美国这个国家就只能被归入近似的多头政体。"[美]罗伯特·达尔:《多头政体:参与和反对》,谭君久、刘惠荣译,商务印书馆2003年版,第39页。

② [美]王国斌、罗森塔尔:《大分流之外:中国和欧洲经济变迁的政治》,周琳译,江苏人民出版社2018年版,第254页。

③ 对于这些理论家的类型学方法的广泛使用的方法论讨论,参见[美]西达·斯考切波主编:《历史社会学的视野与方法》,封积文等译,上海人民出版社2008年版,第151—156、194—204页。

所以,本书将在诺斯研究的基础上,既吸收其创新性的理论成果,同时也对诺斯等人的权利开放秩序理论进行相应的学术批判,即评价其主要的成败得失,并且以此为主要的理论依托,探讨国家经济与政治发展模式等诸问题。

就此,将本书的主要研究问题归纳为:人类社会的政治经济发展的道路,并非诺斯等人所归纳的那样,只有西方一条。本书将通过类型学的比较研究方法,解释人类在部分价值追求和发展目标上可能有趋同的趋势,但在实现路径上显然不可能只有欧美一座"独木桥",而是存在着多条发展和实现路径,这也比较符合当代学术界关于多元现代化理论以及中国式现代化的相关研究理念,所以将其归纳为"多元发展模式"。本书的主要内容很难定位于全面检讨发展理论与发展实践或者是实践面向的政策建议,于是只能求其次,即对其理论以及分析框架、初步案例分析研究等作出更为全面的检讨、更具建设性的理论完善和探究。

第二节 相关研究综述:东西方发展道路之别及其原因探析

在人类发展历史上,总有一些重大议题持久地被人们所津津乐道,却从来没有定论,例如罗马帝国为何"一夜之间"崩溃、东西方的发展"大分流"何时以及为何形成等。在 20 世纪中后期以来的人文社会科学领域,人们普遍关注的一个重大的理论与现实问题是,西方世界为何得以崛起,中国为代表的东方社会为何衰弱。(即资本主义起源等相关问题)[1]各大社会科学的分支学科,例如,历史学、经济学、社会学、(国际)政治学、法学等领域的学者都投入了大量的时间和精力,研究、探讨与分析这一重大历

---

[1] 这两个问题基本上就是一个问题,西方的兴起主要是相对于"传说"与"想象"中的东方社会而言的,但是以"加州学派"为代表的研究者提出,西方对东方社会富强的想象并非虚无,西方世界的相对崛起也只是 19 世纪以后的事情。王国斌的研究表明,并非由于东方社会的相对落后而成为"非常态",只是西方世界的意外崛起方为"非常态",以中国和印度等为代表的东方社会的低度发展才是"常态"。[美]王国斌、罗森塔尔:《大分流之外:中国和欧洲经济变迁的政治》,周琳译,江苏人民出版社 2018 年版,第 244 页。

史分野的出现及其原因。大家普遍认为这一问题影响重大甚至深远,因为这一问题几乎就相当于对不同的文明体之间的此消彼长的发展与进步关系进行探讨,实际上即不同文明体、不同国别或区域之间的军事实力、政治影响力与经济成就之间的实力大比拼。而以诺斯为代表的新制度经济学家,以最近的制度经济学创新理论(特别是产权理论、外部性理论、交易成本理论、路径依赖理论等)为分析工具,系统地分析西方经济发展史,进而重塑了西方经济史的学科特征,并且在更为深远的意义上阐释了西方世界兴起的谜题。[①]以诺斯为代表的经济史学家的相关研究获得了国际学术界的比较普遍的认可,他本人也因此斩获 1993 年的诺贝尔经济学奖。

而诺斯晚年的权利开放秩序理论也是这一理论"集群"努力的重要组成部分,但他又是在产权制度理论、制度变迁理论等基础上实现新的突破。故此,我们将在本节中,围绕着这一公认的重大问题展开初步的整理与分析。当然,无论是对相关文献的整理和归纳,还是对这一问题的思考、分析与研判等,都难免挂一漏万。虽然本节内容对本书的重要性不言而喻,但从理论整理、分析和阐释的广度、深度与准确度等方面来看,只能尽力而为之。对这一类问题的学术解释可以说是层出不穷,而且这些也是百年来中国学人不断努力探寻的重要学术问题。我们可以将代表性的解释归纳为:地理解释、宗教文化解释、制度主义解释、结构主义解释、行动者的能动主义解释等。当然,这五种解释并非"并列"关系,而是可以相对相成而同时属于不同的分析层次。例如宗教文化与制度解释论、结构主义与行动者的能动主义解释是两对相互争议而被研究者成对讨论的。而地理解释在一定程度上可以归为结构主义解释,因为地理因素是人类难以改变的结构性外在因素。当然,由于地理因素在前现代社会的作用非常重要,其学术上的影响比较大,所以,我们将其作单独讨论。

一、从地理决定论到地缘政治的解释

从地理方位等因素,对不同的文明体、国家之间的发展差异进行解释的路径有着悠久的历史,而且在历史上也曾经有过重要的影响,例如在柏拉图对城邦区位等要素的构思与设计、亚里士多德关于城邦兴衰的诸种解说、孟德斯鸠关于法的精神的分析等作品中,我们都可以明显看出地理

---

① 刘瑞华:《超越新经济史:诺思的学术贡献》,《制度经济学研究》2017 年第 2 期。

因素在前现代社会发展中的重要作用。中国著名经济学家顾准对古希腊海洋文明(以民主与科学的早发为标志)的研究亦可作为代表。在地理因素解释中,以往的研究者普遍认为,只有在特定的地理环境下,方可以形成特定的经济发展模式、民主法治精神、契约精神甚至文明形态。[①]其实,这些都说明地理方位、空间布局等要素在前现代社会的影响会很大也会很明显。但在现代社会,其影响显然变得越来越小了。由于人类社会过往的生产能力与认知能力相对较低,他们普遍难以突破地理因素的限制,甚至在发展上广泛地遭受"不幸"的地理环境因素的限制与约束。所以,各学科都将地理因素作为发展与否的重要的甚至是决定性的影响因素来看待。美国著名学者贾雷德·戴蒙德的《枪炮、细菌与钢铁》一书是最新的地理决定论的重要代表,虽然他明确否认自己的研究属于"地理决定论",但是他的研究比前人的相关研究更加突出了地理环境的重要性,他甚至推演到大陆轴线方向对粮食生产传播速度造成的差异性影响,这深刻地影响了不同地区或者地域的文明发展进程。[②]由此可见,地理因素一旦结合资源要素、环境要素甚至地缘政治要素,其解释力就会得到更大提升。即使在当代世界,融合了资源禀赋、地理方位、空间布局等因素的地理解释也具有不小的解释力。例如,新加坡、日本甚至英国都是比较政治学领域的非常特殊的案例,[③]它们的独特地理优势与资源等方面的优势,使其成为比较政治经济学研究范式的突出的"反例",对很多解释范式具有重要的支撑性作用。

不过,地理解释论的解释最起码有两个方面的缺陷:

第一个缺陷是标准的变动性,即地理解释论很难归纳出一个标准来说明,什么样的地理空间位置或者资源禀赋是发展的必要条件甚至充分

①　顾准:《古希腊思想、基督教和中国的史官文化》,载《顾准文集》,华东师范大学出版社 2014 年版,第 9 页。

②　"我一直在强调只要看一眼就可容易地在地图上确定的纬度,因为它是气候、生长环境和粮食生产传播难易的主要决定因素。""大陆轴线走向的差异不仅影响粮食生产的传播,而且也影响其他技术和发明的传播。"[美]贾雷德·戴蒙德:《枪炮、病菌与钢铁——人类社会的命运》,谢延光译,上海译文出版社 2006 年版,第 185、186 页。

③　英国历史学家、社会学家麦克法兰引证孟德斯鸠的经典研究,认为英国相对于欧洲大陆的特定地理方位对其现代化具有重要意义。Alan Macfarlane, *The Riddle of the Modern World : Of Liberty , Wealth and Equality*, Hampshire: Palgrave Macmillan, 2002, pp.31—33.

条件。就纯粹地理空间要素而言,地理要素毕竟包含了多样、复杂的因素,研究者都在不同的研究议题上或者针对不同的研究对象,会对"有利的"地理要素与条件的标准进行权衡选择,而难以形成统一和规范化的评判标准。实际上,即使我们能够归纳出某种优势地理要素来,显然也会发现,符合这些要素条件的地方、国别或者区域实际上是肯定不会少的,研究者将很难解释同样具备了类似的地理优势的国家与地区为何并没有都得到相对应的发展? 也就是说,地理要素难以解释,为何很多非西方国家,一方面占据着最起码不差于西方国家的地理、环境与资源等方面的优势,却不能实现经济增长,以至于后来一直受制于西方世界的支配? 其丰富的地理、生态资源都成为"为他人作嫁衣裳"的厄运。更有如很多亚非拉国家的自然资源反而成为其被长期殖民的原因,①而中东石油国家丰富的石油储量反而成为其民主化甚至文明化的"障碍",甚至在学术界有"石油诅咒"(oil curse)的提法。②传统古典政治经济学其实也将地理和资源禀赋作为经济增长的一个重要影响因素纳入增长模型,而且形成了所谓的"比较优势"学说。但是日本 20 世纪的发展实则突破了传统的"比较优势"学说的框架,在实践中发展出"技术比较优势"以突破自身资源限制,"为了建立其生产技术上的比较优势,日本政府必须从战略角度分配资源。"③

第二个缺陷是地理要素必然囊括诸多的社会、经济、文化、政治要素,纯粹的地理要素显然只能停留在研究者的"研究假设"、分析框架或者模型之中。而实际上,地理要素之所以具有一定的甚至比较强的解释力,是因为其融合了诸多的社会性质的要素。例如加州学派的代表性学者彭慕兰就是比较典型的地理决定论持有者,他认为英国等西方先发现代化国家相对于中华帝国的兴起,在很大程度上得益于新大陆的发现与殖民开发,殖民运动为西方世界尤其是荷兰、英国提供了"生态横财",进而造成

---

① [乌拉圭]爱德华多·加莱亚诺:《拉丁美洲被切开的血管》,王玫等,南京大学出版社 2018 年版,第一部分。乌拉圭作家爱德华多·加莱亚诺用生动的笔调写作了欧洲人和美国人如何掠夺拉美的资源使得其反复陷入落后困境,该书的第一部分 200 页的内容都在讲述拉美的资源(黄金、白银、蔗糖、棉花、咖啡、石油、矿产甚至海鸟粪)"灾难"。

② Michael L. Ross, "Does oil hinder democracy?," *World politics*, Vol.53, No.3, Apr. 2001.

③ [美]高柏:《经济意识形态与日本产业政策——1931—1965 年的发展主义》,安佳译,上海人民出版社 2008 年版,第 143 页。

了中西方发展的"大分流"(The Great Divergence)。[1]但是,同时启动殖民运动,甚至先于英国而开拓海外殖民的葡萄牙和西班牙等国家,为何并未能成功推动工业革命,从而保持地理大发现过程中的明显优势? 难道真的是因为它们缺乏英国产量丰富的"煤炭"? 而且人类文明社会的初始形态之所以能够得到发展和进步,必然有着人类祖先从不间断的努力,即所谓的人类个体和群体的主观能动性的发挥。例如结合戴蒙德的研究成果看,人类早在几千年前就驯化出了我们当今的食用植物,现代人没有驯化任何重要的植物。而在驯化动物方面也是如此,所以,基本上可以说我们的祖先在非常有限的条件下,尝试了所有的可能性。[2]这才使得诸多地理决定论的结果能够被更加清晰地呈现出来。

　　总而言之,地理要素内部是多要素的复合体,特别是其囊括了相当多的社会性要素,特别是要加上人类的主观能动性,才使得地理解释研究范式具有一定的解释力与理论影响力。

表 1.1　地理解释论解析

解释类型	核心解释机制	代表人物	解释的不足之处
地理解释	海洋文明与陆地文明差异,冒险精神,契约精神,民主与科学发展	顾准	直接而简单的对比,对其他因素缺乏考量和对比,降低了相关因素配合性解释,从而降低了解释力
	资源禀赋差异、地缘因素影响("生态横财")	彭慕兰	单一资源决定论、外因解释论。海外殖民的动力何在? 为何中国以及其他帝国海外殖民的动力不足?

---

　　① ［美］彭慕兰:《大分流:欧洲、中国及现代世界经济的发展》,史建云译,江苏人民出版社 2004 年版,第 5 页。英国经济史学家托尼比较早地提出这样的观点,［英］R.H.托尼:《宗教与资本主义的兴起》,赵月瑟译,上海译文出版社 2006 年版,第 140页,"到了 16 世纪后期和 17 世纪初,英格兰出现了商业和金融扩张的浪潮:公司、殖民地、纺织业的资本主义、采矿业的资本主义、金融行业的资本主义。在加尔文时代仍然被保守政治家牢牢控制的英格兰商人阶级借着这股浪潮,终于攀上荣誉和财富的顶峰。"总而言之,这一观点,无论在西方还是在我国,都获得公认,并且也比较流行。

　　② "无论是几千年中一直能够得到用于驯化的候补动物的本地牧人,还是现代的遗传学家,都一直未能成功地使古代那 14 种以外的大型哺乳动物成为有用的驯化动物,而那 14 种动物至少在 4500 年前就已驯化了。"［美］贾雷德·戴蒙德:《枪炮、病菌与钢铁——人类社会的命运》,谢延光译,上海译文出版社 2006 年版,第 160—161 页。

解释类型	核心解释机制	代表人物	解释的不足之处
地理解释	能够产生病菌、枪炮和钢铁的终极原因是粮食生产，而决定粮食生产和动物驯化利用的主要决定性因素是大陆轴线走向	戴蒙德	看似严谨甚至滴水不漏的科学论证和逻辑推演，使得该项研究的科学性表现得淋漓尽致。但是其实际上也内含着诸多的个体和族群的能动性因素的考量，"任何一个了解人类社会的人都能举出无数的例子，来说明一些社会拒绝接受可能带来利益的作物、牲畜和其他新事物。"①

二、宗教与文化解释论

中西方分流的宗教解释的主要代表是马克斯·韦伯的新教伦理的解释途径，而韦伯对世界范围的主要宗教与世俗社会发展之间的关系进行了集大成式的研究。他提出：西欧与北美的基督教新教是西方资本主义发展的重要前提性条件，而各大文明古国、非西方国家由于缺乏这样宗教精神支持，所以近代理性资本主义很难发展起来。韦伯这一研究的影响非常大，其所受到的质疑、反驳和误解可能也是最多的。当然，在韦伯自己的研究成果中的表述还是相对比较严谨的。韦伯提出，在世界范围的宗教教义中，唯有基督教新教教义的"救赎"观念为资本主义精神的发展提供了"原动力"，这种原动力对资本主义的生成的影响至为深远。新教教义反对天主教教廷和教会组织的繁文缛节、虚假救赎甚至刻意欺骗，因而提出"因信称义"的说法。因此，新教徒可以投入世俗的工作和劳动，进而可以在创造世俗物质财富等活动中彰显上帝的荣耀，并以此作为其宗教信仰的寄托，同时也可以期望以此作为上帝选民的表征，即新教徒将世俗的辛勤劳作以及由此获得物质财富的最大化作为自己宗教信仰的依托与"天职"（calling）。②韦伯曾经反复强调，新教伦理为资本主义发展提供

---

① ［美］贾雷德·戴蒙德：《枪炮、病菌与钢铁——人类社会的命运》，谢延光译，上海译文出版社 2006 年版，第 144 页。

② 相关内容参考［德］马克斯·韦伯：《新教伦理与资本主义精神》，康乐、简惠美译，广西师范大学出版社 2007 年版，第 145 页；［英］R.H.托尼：《宗教与资本主义的兴起》，赵月瑟译，上海译文出版社 2006 年版，第 136 页，"'资本主义精神'同历史一样古老，它并不像人们有时所说，是清教的产物。但它确实在后期清教的某些方面找到一种激励因素，这种因素激发了它的力量，增强了它原本就具备的朝气。"

了原动力,但这种原动力对后来受到西方影响而发展起来的资本主义的支撑作用就没有那么明显了,"资本主义于其形成期间,需要因为自己的良心而甘愿任由经济压榨的劳动者。如今根基稳固之后,即使没有来世的激励,也能强索人的劳动意愿。"①而韦伯也反复强调资本主义是具有多种形态的,新教伦理所影响的主要是"理性资本主义"或者工厂制的组织化资本主义。韦伯可以应对其他主要批判者的指责而进行反驳的要点就是:他可以将其他各国各地的资本主义发展均归为"非理性资本主义"发展的结果。"就此意义而言,'资本主义'及'资本主义的'企业,甚至某一程度的资本算计的理性化,根据我们已有的知识文献,确曾存在于世上所有的文化国度:中国、印度、巴比伦、埃及、古代地中海、西洋中古以及近代……总之,资本主义企业与资本主义企业家(不管是临时的还是持续的),都是自古即有且极为普遍的现象。"②

当然,韦伯的研究一经公布于世,其在学术界被接受、辩驳、误解与运用的过程,可能就不会随着韦伯本人的意志为转移了。韦伯的重要"研究对手"——桑巴特关于现代资本主义的研究,启发了韦伯关于新教伦理的研究。但是,韦伯关于新教伦理的研究又推动了桑巴特重新审视宗教在资本主义发展的历史进程中的重要作用。不过,桑巴特将这种资本主义"原动力"归为犹太教的教义,而且明确指出,"我们已经有充分的证据证明,清教教义就是从犹太教教义演绎而来的。专家也一定这样裁定……"。③韦伯的回应直截了当,犹太教发展的是"贱民资本主义",犹太教信众只将经济算计运用到非犹太教群体,但并不运用于犹太教群体内部。"犹太人本来就主张对内和对外道德态度的普遍二元论,在这种二元论之下,从不属于同教或未参加组织的外界人士收取利息是许可的。"④当然,我们知道,宗教在前现代社会的影响是巨大的,尽管后现代性也在很大程度上推动了世界各地信仰的复兴,甚至推动了宗教原教旨主义的兴起。但是,世界范围的主要宗教在前现代社会的影响显然是全方位的,而现代社会的主

①②　〔德〕马克斯·韦伯:《新教伦理与资本主义精神》,康乐、简惠美译,广西师范大学出版社2007年版,前言第7页。

③　〔德〕维尔纳·桑巴特:《犹太教与现代资本主义》,安佳译,上海人民出版社2015年版,第230页。

④　〔德〕马克斯·韦伯:《经济通史》,姚曾廙译,上海三联书店2006年版,第225页。

流宗教的主要影响显然是精神信仰领域，而其对世俗领域，特别是经济生产等领域的影响已经越来越少了。所以，我们可以看到，20世纪之前的很多研究非常重视宗教文化对社会制度、经济发展等方面的重大影响。但是，20世纪中后期，人们对宗教的社会影响的研究热情就锐减了。20世纪中叶以来，东亚诸国以日本为先行者，实现了现代化的长足发展。20世纪70年代以来，关于儒家文化圈中文化的经济效应的探讨逐步变得热门。由此也带动了韦伯的宗教社会学、经济社会学等在东亚地区甚至世界范围的研究。人们纷纷以东亚模式中的诸多国家与地区的发展，来质疑韦伯对新教伦理与资本主义精神的研究，也直接挑战中国传统宗教难以促进经济发展的论断。①

东亚的发展，尤其是中国大陆四十多年的发展，显然挑战了传统宗教与文化的经济效应的相关研究。东亚现代化发端时，很多人特别是"全盘西化"论者多认为，中国甚至儒家文化圈难以在原先的文化范畴内顺利实现资本主义的发展。所以，后来的研究者对宗教文化研究提出的质疑和批判就是，总体上来讲，宗教和文化对经济发展的作用而言多是中性的。而且，宗教和文化也有个庞大的认知、评判与信仰体系，任何重要的宗教信仰教义体系中都会蕴含着多样化的流派和学说，人们总是能够在特定的宗教与文化教义与话语体系中寻找到支撑（经济）发展的依据和支撑。②伯尔曼也是深刻地指出："在事实上，罗马天主教的神学在11世纪晚期和12世纪背弃了占优势的有关来世和禁欲主义的理想，尽管这种理想在从前占支配地位……相信使商业活动与一种基督徒的生活相一致的可能性，就像它相信使农业活动与一种基督徒的生活相一致的可能性一样。"③此

---

① 例如余英时教授并不认可东亚资本主义发展的"移植论"，而是试图从中国近世以来汇通了儒道释三教"儒家伦理"的角度来，论述东方社会亲经济的文化成分。余英时：《中国近世宗教伦理与商人精神》，九州出版社2014年版，第269—271页。

② 其中一个比较突出的例子是，傅衣凌教授、杨联陞教授分别于20世纪50、60年代发现，早在16世纪，我们古代中国竟然出现了一种肯定奢侈的社会功能的思想，即陆楫在《蒹葭堂杂著摘抄》一文中所体现出的、非常类似于曼德维尔在1714年公开发表的《蜜蜂的寓言》一书中的基本观点。而且这种观点的影响还不小，甚至在乾隆皇帝的一首诗中都有所体现。仅此可以管窥一豹：在历史悠久的文明形态内部，宗教与文化多是多元构成的。余英时：《中国近世宗教伦理与商人精神》，九州出版社2014年版，第311—321页。

③ ［美］哈罗德·J.伯尔曼：《法律与革命——西方法律传统的形成》，贺卫方、高鸿钧、张志铭、夏勇译，中国大百科全书出版社1993年版，第417页。

外,不少学者还认为,文化在很大程度上是依附性质的,这在下文的制度解释论中将进一步讨论。例如 1895 年中日甲午战争才真正敲醒了大清帝国各阶级、各阶层人群的大国美梦,而此前各种传统、保守与落后的文化束缚,都难以抵挡得住这一事件的"文化震惊"(culture shock)效应,晚清帝国从此走上了相对比较激进的改革甚至变革的道路。[①]中国近代以来的所谓"中体西用"等思潮中的文化解释日益无力。

表 1.2　宗教与文化解释论解析

解释类型	核心解释机制	代表人物	解释的不足之处
宗教与文化解释	新教伦理与资本主义精神关系研究,认为只有新教伦理方可产生理性资本主义	韦伯	宗教与文化要素对经济发展效应的相对中性,在不同的宗教与文化范畴中,都不同程度地存在着各种亲经济的因素。特定历史情境与政治格局的重要影响可能更大,而且宗教教义与文化也是可以在特定历史背景下发生重大转变的
	道教、儒家文化的保守性,西方自由主义文化的进取性(文艺复兴与启蒙运动等)	全盘西化论者,"国民性"或"文化劣根性"论	

三、制度主义解释论

制度主义在 20 世纪的发展历程可谓一波三折,20 世纪早期的旧制度主义延续了传统制度分析的主要概念、方法、理论、议题与精神。不过这一研究路径的发展与创新比较有限。20 世纪中期以后的行为主义的发展,其实就是以对旧制度主义的僵化分析方法和研究套路的批判而实现的。旧制度主义成为旧学问的代表,行为主义方法的洗礼主要是针对旧制度主义的。但旧制度主义却在 20 世纪七八十年代得以复兴,尤其是以公共选择理论研究、非正式制度研究等融合了行为主义最新理论范式的新制度主义分析方法逐步兴起,并且形成比较强大的学术态势,实现了学术流派格局的"大逆转"。当然,在解释中西之别的理论成果中,制度解释的研究者的队伍最为庞大,影响也最大,而且大家一般都常常将制度视

---

① 　上海师范大学萧功秦教授从大一统文化的角度分析了近代中国缺乏对外部挑战的适应能力等缺陷。参见萧功秦:《从千年史看百年史》,载萧功秦:《中国的大转型》,新星出版社 2008 年版,第 19—51 页。

为主要的解释性因素。例如,学术界给韦伯的学术标签就是宗教与文化主义的解释路径,但是在韦伯的授课提纲——《经济通史》中,我们可以发现韦伯明确提出了制度性因素对资本主义发展具有决定性的作用,而且明确将经济伦理视为辅助性因素:"归根到底,产生资本主义的因素乃是合理的常设企业、合理的会计、合理的工艺和合理的法律,但也并非仅此而已。合理的精神,一般生活的合理化以及合理的经济道德都是必要的辅助因素。"[①]所以,韦伯也被归为综合性解释的代表人物,只不过由于他的新教伦理解释的学术影响太大了,所以人们都将他视为宗教与文化解释的主要代表人物之一。[②]

亚当·斯密作为古典经济学的奠基者,其对市场经济的观察和思考颇为经典,虽然很多学者指出,斯密所在的时代,英国的工业革命尚未发生,但是斯密已经敏锐地归纳了资本主义市场经济运作的核心逻辑。[③]斯密在《国富论》一书中已经归纳出市场经济扩展的逻辑:市场经济发展的动力在于,市场扩展带来的劳动分工将不断提高生产者的生产效率,[④]从而推动技术革新和资本积累,进而推动市场秩序的不断拓展。因为市场经济条件下,伴随着优势生产主体的高效率、高积累、高技术等方面的积淀和发展,必然通过自己具有竞争力的产品而将这种生产秩序不断拓展到更多的地方。其中的逻辑显然是"优胜劣汰"式的,这不仅表现为同一生产部门的生产者之间的竞争,即表现在不同生产效率主体之间的"优胜

---

① [德]马克斯·韦伯:《经济通史》,姚曾廙译,上海三联书店 2006 年版,第222 页。

② 韦伯的宗教解释策略被推而广之的重要原因是冷战的需要,"这项研究就被认为是反对历史唯物主义,强调与物质因素相对立的理想的重要性——如果不是自主性的话——的有力论据。在几十年的冷战期间,它无疑给美国提供了这种效用。"京特·罗特:《绪论》,载[美]哈特穆特·莱曼等:《韦伯的新教伦理》,阎克文译,辽宁教育出版社 2001 年版,第 2 页。

③ Richard Koebner, "Adam Smith and the industrial revolution," *The Economic History Review*, New Series, Vol.11, No.3, 1959.

④ [英]亚当·斯密:《国富论》,谢宗林、李华夏译,中央编译出版社 2010 年版,第 6 页,"分工之后,同样人数的工人所能生产的数量大为提高,主要是基于三种不同理由:第一,每个工人手脚灵巧的程度提高了;第二,工人不再需要从一种工作转换到另一种工作,节省了一些时间;第三,由于发明了许多机器,简化与节省了人力,使一个人能够完成许多人的工作。"

劣汰",同时也意味着市场逻辑在不同生产部门、不同地域、不同民族、不同国家之间的不断拓展。恩格斯在《社会主义从空想到科学的发展》一文中也强调了现代机械生产的"自然"扩张性:"对资本家来说,扩大自己的生产规模的单纯的实际可能性也变成了同样的强制性命令。大工业的巨大的扩张力——气体的膨胀力同它相比简直是儿戏——现在在我们面前表现为不顾任何反作用力而在质量上和数量上进行扩张的需要。"①哈耶克强调了贸易等活动在人类自发社会秩序扩展中的作用和贡献。②复旦大学韦森教授将其归纳为经济增长的"斯密型"动力,以及市场经济拓展的"斯密动力"。③显然,市场经济扩展与经济增长的内在机理其实就是市场竞争机制。

　　哈耶克的研究发现——诸如"自生自发秩序""作为发现过程的价格机制""人类合作的扩展秩序"等,其实都是在斯密和休谟等古典经济学研究者的相关研究成果基础上进一步深化研究的结果。"通过合作和组织去获致某些结果的努力,乃竞争之一部分,与个人所做努力并无不同。群际关系是否成功,同样也是在以不同方式组织起来的群体间的竞争中证明其有效性的。"④这些多可以视为将价格竞争机制基础上的市场竞争机制作为中西方经济、社会发展差异的根源。当然,诺斯又在此基础上,将市场经济的竞争秩序原理拓展到政治领域,即对政治秩序的形成和发展,亦采用了这种完全竞争的扩展机制,只是将参与市场经济竞争的经济权利置换为政治(参与)的权利:"经济的创造性毁灭过程使经济利益的分配持续地发生变化,政治官员因而很难通过设立租金来稳固他们的优势。同样的,政治领域的权利开放通过党派竞争也造就了政治的创造性毁灭。"⑤

---

　　①　[德]弗·恩格斯:《社会主义从空想到科学的发展》,载《马克思恩格斯文集》第3卷,中央编译局译,人民出版社2009年版,第557页。

　　②　[英]F.A.哈耶克:《致命的自负:社会主义的谬误》,冯克利、胡晋华译,中国社会科学出版社2000年版,第39—42页。

　　③　韦森:《从哈耶克"自发—扩展秩序"理论看经济增长的"斯密动力"与"布罗代尔钟罩"》,《东岳论丛》2006年第4期。

　　④　[英]弗里德利希·冯·哈耶克:《自由秩序原理》上卷,邓正来译,北京三联书店1997年版,第38页。

　　⑤　[美]道格拉斯·C.诺思、约翰·约瑟夫·瓦利斯、巴里·R.温格斯特:《暴力与社会秩序:诠释有文字记载的人类历史的一个概念性框架》,杭行、王亮译,格致出版社、上海人民出版社2013年版,第31页。

在诺斯与罗伯斯·托马斯于 1973 年出版的《西方世界的兴起》一书中,他们采用了产权制度分析的视角,将是否存在有效的产权保护制度作为不同国家经济绩效差异的主要解释性因素。显然,诺斯从科斯的研究成果中有效地借鉴了"产权理论",但诺斯并非如德姆塞茨、阿尔坎等人那样将其直接运用到经济理论分析中去,而是将产权保护制度运用于西方世界不同国家的长期经济变迁与绩效差异等方面的解释。尽管产权保护制度有保护程度的差异、有具体法律制度的差异,但诺斯等人的研究揭示出,荷兰和英国等国家的产权制度的保护更为有力,更为有效。所以,它们迅速崛起而成为欧洲甚至全球性大国,但是西班牙和法国等国家由于各种政治因素以及其他因素的干扰,始终难以建立起有效的产权保护制度来,这就影响了这些国家的工业革命的发生,并拖延了这些国家的经济增长。①推而广之,由于有效的产权制度缺失,几乎所有的发展中国家都难以取得长期的稳定与发展,"在有些欠发达国家,政府当局往往在没有任何事先通知和事前征兆的情况下改变政策,在这种情况下,产权不可能得到很好的保护。"②故此,这些国家的经济发展经常处于波动之中,资本投资的风险较大,进而影响了国民经济的长足发展。

诺斯等人的研究并不仅限于此,诺斯后来的作品——《经济史上的结构与变迁》一书在产权制度的基础上,进一步创新了他的制度变迁理论,他甚至不惜以制度的经济效率为代价。即诺斯不再完全拘泥于此前的制度效率论,因为他们的研究发现,低效的制度安排在历史和现实中的各国大量存在。他的新的制度变迁理论包括三大构成:国家理论、产权制度理论、意识形态理论。由于他们原先强调的产权制度,实际上是由国家"制定"或者是由国家作为第三方保证制度或者契约来执行。也就是说,国家实际上是各国产权制度保护的主体。进而诺斯的这种制度主义分析实际上已经大量地引入了国家理论和政治要素的分析,所以其理论在政治学有着比较广泛的影响。就此,诺斯的研究以是否拥有有效的产权保护制度为核心

① [美]道格拉斯·C.诺思、罗伯斯·托马斯:《西方世界的兴起》,厉以平、蔡磊译,华夏出版社 1999 年版,第 159 页,"法国与西班牙在政治发展上有着惊人的相似性。从这两个例子中我们看到代议机构为得到稳定和秩序而放弃了对征税的有效控制;在这两个例子中王权逐渐获得了一定程度的垄断权力,能单方面改变税收结构和规定应交付款。"

② [美]克里斯托夫·克拉格:《新制度经济学与经济发展》,载[美]克里斯托夫·克拉格主编:《制度与经济发展:欠发达和后社会主义国家的增长与治理》,余劲松、李玲、张龙华译,法律出版社 2006 年版,第 29—30 页。

解释变量,而将国家保护产权的激励或者积极性作为辅助性解释变量,那么一个国家的宪则化(Constitutionalization)程度将是影响一个国家产权的制度性保护的主要因素。由此可知,是否建立起稳固的民主体制的影响就很大。不仅如此,诺斯还将文化意识形态作为辅助性解释变量,即认为以宗教为代表的文化意识形态可以在很大程度上克服"集体行动"的障碍。因为特定的文化意识形态如果是亲经济的,那么将可以在多方面降低交易成本,从而有力地推动经济增长。[①]而在诺斯和温格斯特于 1989 年合作发表的有关英国光荣革命确定的宪则体制的经济影响的学术论文中,他们就提出:只有宪则体制方可保证政府之可信承诺,并就此可以调动更为广泛的社会资源,进而配合和促动金融革命,有力地推进了英国的贸易、商业和工业发展。而他的"可信承诺"也被推广运用到诸多政治经济学分析议题中去,并且也成为扩展和深化产权保护制度研究的重要理论创新。[②]

由此可以归纳,制度性的解释主要集中于产权保护制度、宪则制度(constitutional institutions)、法治文化传统等方面的解释。其实,类似这些基调的研究还是非常丰富的。例如,哈耶克的研究旨趣实际上大致也是这种解释路径,因为他强调的自发自由秩序等实际上都是建立在有效的产权保护制度基础上的市场经济法则及其运行。而哈耶克作为纵贯20 世纪的新自由主义旗手,实际上都强调古典自由主义意义上的宪则传统、法治传统的重要性,然而这些自由传统又不断地遭受到当时欧洲各种共产主义、社会主义甚至资本主义世界内部的罗斯福的"新政"、"社会正义"流派的思想与学说的冲击。所以,哈耶克捍卫的主要就是古典自由主义意义上的财产权,与此同时也对所谓的"社会正义"为幌子的平等主义,[③]特别是以选举权平等原则为基础的大众民主或者选举民主进行了深刻的批判。"最为重要的是,我们发现,大多数'无限民主'的倡导者很快变成了

---

① Douglass C. North, *Structure and change in economic history*, New York: Norton, 1981, p.7.

② Douglass C. North, and Barry R. Weingast, "Constitutions and commitment: the evolution of institutions governing public choice in seventeenth-century England," *The journal of economic history*, Vol.49, No.4, Dec. 1989.

③ [英]弗里德利希·冯·哈耶克:《法律、立法与自由》第 2、3 卷,邓正来、张守东、李静冰,中国大百科全书出版社 2000 年版,第九章"社会正义"或分配正义,第 163 页:"人们在当今以'社会正义'之名做的许多事情,不仅是不正义的,而且严格来讲还是高度'反社会的'(unsocial),因为这种做法与保护既得利益毫无二致。"

专断意志的捍卫者,而且也成了关于我们在决定何者将有益于社会共同体的问题时应当笃信专家观点的捍卫者;除此之外,我们甚至还发现,那些最热心于支持多数应具有这种无限权力的人士,常常就是那些行政人员自己,因为他们极为清楚地知道,这些权力一旦确定下来,事实上将是他们而不是多数在行使这些权力。"①

虽然新制度经济学的主要代表人物也都将产权制度安排作为现代市场经济发展的主要条件,但是没有任何一位学者能够像诺斯这样具有广泛的影响力。我们翻开任何一本政治经济学、发展经济学或者新制度主义的教科书或者专著,都可以看到大量学者对产权制度保护的重要性的强调,但诺斯不仅成功地将这一理论创新运用到(西方)经济史的研究,创设了基本可以自圆其说的理论范式,而且他还在产权保护制度理论的基础上,不断推陈出新,陆续提出了他独特的国家(宪则)理论、文化信念解释,②以及晚年的权利开放秩序理论。所以,诺斯不仅是从制度路径解释西方世界兴起理论研究的集大成者,更是该研究途径影响最为深远的理论家之一。但是,问题是,在诺斯如此庞大的自变量解释集群中,所添加的内容越来越多,以如此数量庞大的自变量集群来解释一个重大的理论问题,到底还有哪些自变量未被加入其中? 理论的力量在于简洁,虽然模型化总是以"裁减"现实为代价的,"在超越论主义中,随着认识主观向高级上升,生活世界的细节部分被冲刷掉,也就是说抽象化在不断进行。"③但诺斯的解释越来越具有"综合性",虽然其解释的核心要素依然是产权

---

① [英]弗里德利希·冯·哈耶克:《自由秩序原理》上卷,邓正来译,生活·读书·新知三联书店 1997 年版,第 142 页。[英]弗里德利希·冯·哈耶克:《法律、立法与自由》,邓正来、张守东、李静冰译,中国大百科全书出版社 2000 年版,第 280 页,"从这个讨价还价过程中拟制出来的'多数之意志',不过是一种以牺牲他人的利益为代价而有助于其支持者的协议。"

② Douglass C. North, *Understanding the process of economic change*, Princeton, N.J.: Academic foundation, 2006, pp.2, 85."支配性的信念——政治和经济企业家依此作决策——久而久之将产生精致的制度结构的积累,这些制度结构将决定经济和政治绩效。""运转良好的市场需要政府,但并非所有政府都会这样做。必须有一些机构和制度来限制政府,以免其掠夺市场。因此,解决发展问题需要建立政治机构和制度,以能够为运转良好的经济体所必需的公共产品提供必要的基础,同时还能够限制政府当局及其内部各个体行动者的自由裁量权和权威。"

③ [日]村上泰亮:《反古典的政治经济学》(上下),张季风、丁红卫译,北京大学出版社 2013 年版,第 608 页。

制度及其国家保护。那么,其他的辅助性的解释要素到底是否有必要?此外,诺斯等人的核心解释要素其实就是产权制度,实际上有效的产权制度从根本上保障了经济活动,尤其是经济创新活动或者技术变革活动。而且按照诺斯的研究,这种保护是由政治国家、宪法法律制度、宗教与文化意识形态等多方面提供的。[①]那么,在这么多外在因素的保护甚至促进下,产权制度保护离经济增长"还有多远"? 是否在很大程度上就是经济增长本身了? 有多少具备了如此广泛的制度性保护的国家,经济并没有得到发展? 或者发展并不迅速?

表1.3　制度解释论解析

解释类型	核心解释机制	代表人物	解释的不足之处
制度解释	市场制度解释(劳动分工与专业化等,价格机制基础上的市场竞争机制)	亚当·斯密等	对市场的制度性、体制性等外在保障制度和机制缺乏分析,忽视了经济学第二定律的重要性:个体理性并不能直接汇集成集体理性[②]
	产权保护制度解释,财产权保护等	诺斯、哈耶克等人	产权的生产性属性,产权制度就是有效的产权保护制度及其有效实施,实际上就表明一个国家与社会的亲经济的程度,带有同义复指的意味,甚至是循环论证的典型表现
	国家政体类型——宪则制度建构	诺斯等人	专制国家向开明专制或者民主体制转型的核心要点是对产权的保护,实际上也是通过国家汲取社会流动财富的另外一种表述而已
	意识形态或者文化解释	韦伯、阿尔蒙德、维巴、帕特南、格雷夫、诺斯等人	将非正式制度都纳入制度解释框架,将文化意识形态等都纳入制度解释,实际上无益于精炼的解释,而且会导致"全而无用"的结果,针对一个因变量,引入太多的自变量,其实就相当于什么都没有解释

---

①　在一定程度上而言,宪则化或者宪则保护,实际上是产权保护制度的自有之意,已经将解释要素的探求深入到政治领域,并不算严重的"僭越",甚至是有力有为之举。但是,为了更为合理地解释产权保护制度的重要性,而将文化意识形态纳入制度分析的范畴,实为"画蛇添足"之举,降低了诺斯的制度分析框架的解释效应及其简洁性。

②　奥尔森在集体行动研究基础上,提出了"经济学第二定律"的概念,参见[美]曼瑟尔·奥尔森:《经济学第二定律》,载盛洪主编:《现代制度经济学》上卷,北京大学出版社2003年版,第353—359页。

四、结构主义解释

采用结构性要素对中西方发展的路径差异进行解释,则具有比较大的解释力,但问题是人们对何谓结构,或者哪些要素可以被纳入结构性要素,也颇具争议。与此同时,结构性要素意味着结构的"刚性",但在很多的解释性分析中,结构往往也并非固定不变,甚至表现出相当的"弹性"或者韧性,即上文提及的宗教、文化意识形态、制度性要素等,一般也可以被纳入结构性解释框架。所以,结构性要素的分析解释之所以具有解释力,是因为在很大程度上,其亦为综合性解释。但是,制度性要素的变动性比较大,例如通过国家立法的方式实施制度变迁,即在很大程度上,可以在比较短的时间内改变原有的结构性要素或者这些要素的组合。林毅夫将其命名为"强制性制度变迁","有两种类型的制度变迁:诱致性制度变迁和强制性制度变迁。……强制性制度变迁由政府命令和法律引入和实行。"[1]而上文也提到,文化要素甚至宗教教义也是杂糅的,而且在特定的历史与政治条件下也是可以改变的,甚至可以有选择地加以利用。在该部分的分析中,为了展示结构主义解释的特征,本书将以比较公认的结构:人口与家庭结构、阶级结构与世界体系论中的国家间政治经济关系结构为例,对结构主义的解释进行一定的介绍。

在强调传统社会经济发展过程中的人口要素的重要性的研究中,英国古典经济学家马尔萨斯的研究最为突出,他的研究"发现"被称为"马尔萨斯陷阱"(Malthusian Trap),其在社会科学研究领域有着持久的、重要的影响。马尔萨斯陷阱实际上点明了自然资源、物质财富以及一些重要社会政治因素等对人口增长的束缚。反过来,人口增长本身并非经济增长的促进因素,而是经济增长或者经济腾飞的约束性要素。[2]很多研究者

---

① 林毅夫:《关于制度变迁的经济学理论:诱导性变迁与强制性变迁》,载[美]R.科斯、A.阿尔钦、D.诺斯等:《财产权利与制度变迁——产权学派与新制度学派译文集》,刘守英等译,上海人民出版社 1994 年版,第 384 页。

② 很多论者也陷于认识的"陷阱"之中,将马尔萨斯的研究归为人口增长对经济增长而言并非有益而且是有害的。在历史上,英国主要是通过农业革命和贸易革命等不断提高生产效率,后来又通过影响至为深远的工业革命、海洋帝国扩张等方式而成为首先突破马尔萨斯陷阱的工业大国。Gregory Clark, "The long march of history: Farm wages, population, and economic growth, England 1209—1869", *The Economic History Review*, Vol.60, No.1, Sep. 2007.相对于英国,法国则长期陷于小农(转下页)

坦言,很多发展中国家不发达甚至不发展的主要原因是,他们依然被禁锢在马尔萨斯陷阱之中。[①]马尔萨斯陷阱相关的结构性约束也影响了很多相关的研究,比较代表性的就是所谓的"粗放型增长"(extensive growth)与"集约型增长"(intensive growth)两者的区别,集约型增长实际上是指突破技术限制,即"生产可能性边界"(production-possibility frontier,PPF),即以实现以生产效率提升和技术革新式的发展;而粗放型增长的发展主要是经济总量(包括人口数量以及新增长的人口数量本身所带来的增长部分)的增加,但并未能够突破经济增长的(技术或者效率)"极限"。[②]这在传统的所谓的中华帝国是"停滞的帝国"的提法中有比较多的相关表达。[③]韦森教授将这种难以突破的发展"极限"命名为:"布罗代尔钟罩"。[④]

(接上页)经济泥潭,但是法国却是欧洲第一个比较有效地控制了人口增长的大国,只是其经济增长在 20 世纪之前的几个世纪里一直不及英国。"1792—1815 年,法国在战争中损失的兵员总计在 130 万和 150 万之间。与此同时,从 19 世纪开始,法国的出生率显著下降,也就是说,随着波旁王室的复辟,人口迅速增长的问题在法国领土上永远消失了。而英国和爱尔兰以及德国和欧洲大陆其他国家,在整个 19 世纪的人口出生率一直比法国高得多。"[美]威廉·麦尼尔:《竞逐富强:公元 1000 年以来的技术、军事与社会》,倪大昕、杨润殷译,上海辞书出版社 2013 年版,第 185 页。

①　美国政治学家普沃斯基提出一个有趣的论点,非民主国家生育率颇高的原因在于,这些国家的社会与政治不确定性比较高,人们普遍地只能以多子生育这一"多重保险"方式来保证自己的(晚年)生活境遇,故此维持了高生育率。Adam Przeworski, et al., *Democracy and development: political institutions and well-being in the world*, *1950—1990*, Cambridge: Cambridge University Press, 2000, p.255. "无论是经济还是政治方面的因素,只要威胁到稳定,都会导致'生产单位'多生小孩:不惜任何代价,生的越多越好。"但问题是"民主"与"选举权"并不是公民获得安全保障的最重要影响因素,我们将在下文中将进一步揭示,法治秩序的建立与有效运行才是保障公民安全的更为有效的制度安排。

②　[美]蒂莫·西耶格尔:《制度、转型与经济发展》,陈宇峰、曲亮译,华夏出版社 2010 年版,第 64 页。

③　[法]阿兰·佩雷菲特:《停滞的帝国——两个世界的撞击》,王国卿等译,生活·读书·新知三联书店 2013 年版,第 3—4 页,"1960 年 8、9 月间,我从香港出发,对中国进行了第一次探索。我马上就吃惊地看到这个社会同马嘎尔尼的伙伴们描写的社会十分相似,简直可以说每个中国人的基因里都带着乾隆帝国时的全部遗传信息。"

④　韦森:《斯密动力与布罗代尔钟罩——研究西方世界近代兴起和晚清帝国相对停滞之历史原因的一个可能的新视角》,《社会科学战线》2006 年第 1 期。

　　为了更为精确地区分中西方世界,不少研究者将中西方世界的家庭结构(核心家庭或扩大的家庭)、婚姻与生育观念(多子多福还是晚婚晚育)等作为主要研究对象甚至解释性的自变量,尤其是将古代中国大家庭的家庭结构作为"累赘",而多子多福的生育观念作为人口不断增长的因素,从而使得中国劳动力长期过剩,也进而使得中国难以实施集约化生产,即推进集约型生产,使得其一直处于低度发展甚至停滞衰退的境况之下。但是,无论是马尔萨斯陷阱还是"马尔萨斯制约"等概念范畴,①其实都是经济增长本身,只不过是将阐述和分析的主要对象定为人口与资源的约束因素。无论是在人口、资源、财富、技术等任何一种结构性因素的约束性下,结构性约束绝非锁定(lock in)或者锁死(dead lock),而是有很大的腾挪、进去以及提升空间的。中西方社会采取的不同的经济发展策略或者发展路径等,都是在当时所在的环境或资源约束下进行的有效的应对,而且无论是欧洲还是明清时代的中国,其应对都是相对成功的。②

　　马克思主义关于社会发展的大量的相关研究表明,阶级斗争是社会发展的直接动力,因为阶级斗争通过改变生产关系的方式解放生产力,从而推动技术革新,并由此推动生产力的进一步发展。所谓的改变生产关系实际上就是通过制度变革的方式实现生产关系的重构。当然,这种改变往往是通过对政权组织实施暴力革命,即通过颠覆政权甚至是颠覆传统生产方式的形式而实施的。因而,马克思认为:"暴力是每一个孕育着

---

　　①　华民:《"马尔萨斯制约"与经济发展的路径选择——对世界经济发展的重新认识》,《复旦学报》(社会科学版)2005年第5期。

　　②　例如,近年来兴起并得到繁荣发展的"社会资本"研究路径,就将家庭结构视为社会资本积累、经济发展的限制性因素,甚至推而广之,不少学者还将华人社会的家族企业制视为传统家庭结构与观念的限制的表现,因为家族企业性质会影响企业的进一步发展。"强烈的家庭主义、男性继承人财产均分、族外领养机制的缺失,以及对非亲属的不信任,这一系列的原因催生出了传统中国的经济行为模式……家庭的财产——不仅是土地,还包括家族住所和家用之物——都会在第二代因为均分而消失。代际传承的能力和道德历来没有保障,所以家庭最终都会重新坠入贫困的境地。"[美]弗朗西斯·福山:《信任:社会美德与创造经济繁荣》,彭志华译,广西师范大学出版社2016年版,第86页。但是王国斌等人的研究表明,传统中国的家族结构恰恰是千余年帝制中国在极其广阔的帝国内开展远程商业活动的重要的结构性保障,并且就立法与司法执法(成本)而言,则大大降低了产权保护与远程贸易的风险与成本,即降低了交易成本。[美]王国斌、罗森塔尔:《大分流之外:中国和欧洲经济变迁的政治》,周琳译,江苏人民出版社2018年版,第59页。

新社会的旧社会的助产婆。"①这一解释路径,在一定程度上也可以被归为制度性的解释。而阶级斗争的状况,或者阶级斗争的成效在很大程度上又取决于不同社会的生产力的发展水平。马克思主义的经典作家也都在不同的作品中指出,超越生产力限制的所谓的生产关系变革不仅不是进步,甚至可能是退步。那么,生产力发展水平就成了阶级斗争的结构性限制因素。由此,这样的解释策略岂不是就是循环论证了? 当然,马克思主义在 20 世纪初有了重大的理论与实践突破,这也是人们在无产阶级革命上对结构性限制的实践性突破,这一突破也能够使得我们对结构性解释路径有更为深刻的理解。从马克思主义理论视角来看,无产阶级革命必然是要在资本主义生产力得到充分发展的国家才能实现的。但是,晚年的马克思却对俄国的革命形势颇感兴趣,并且表现出对俄国发生无产阶级革命的一线希望,即提出了俄国农村公社在一定条件下可以跨越资本主义"卡夫丁峡谷"(Caudine Valley)的构想,"它目前处在这样的历史环境中:它和资本主义生产的同时存在为它提供了集体劳动的一切条件。它有可能不通过资本主义制度的卡夫丁峡谷,而占有资本主义制度所创造的一切积极的成果"。②当然,他对这一构想给予一定支持之外,还是在理论范畴上给予了很大的限制。但是,俄国革命却真的爆发了,列宁等人的研究为这一历史现象作了比较充分而合理的解释:在结构主义约束基础上引入了行动者能动的解释视角,即以无产阶级先锋队也就是共产党组织的革命活动弥补俄国革命条件不足的缺陷。而苏联后来迅速实现工业化,甚至在长期的冷战时代逐步发展成为超级政治经济体,在很大程度上也是不断突破原先一直存在的发展限制与瓶颈的结果,"只有当它成功地使人民相信它履行了一种如果没有它的存在就不能履行的重要社会职能时,这样一个政府才能保持住它的权力。工业化为苏维埃政府提供了这样一种职能。这个国家情况中的所有基本因素都向着那个方向施加压力。"③但是,这一历史现象,只能够在结构主义和能动主义相结合时,方

---

① [德]卡·马克思:《资本论》第 1 卷,载《马克思恩格斯文集》第 5 卷,中央编译局译,人民出版社 2009 年版,第 861 页。

② [德]卡·马克思:《给维·伊·查苏利奇的复信》,载《马克思恩格斯文集》第 3 卷,中央编译局译,人民出版社 2009 年版,第 578 页。

③ 参见格申克龙关于后发展优势理论的阐释,[美]亚历山大·格申克龙:《经济落后的历史透视》,张凤林译,商务印书馆 2009 年版,第 34 页。

可得到更为合理的解释。

当然,近代以来的发展中国家,例如亚非拉等地区的发展中国家,其发展在很大程度受制于现存的国际政治经济秩序的束缚,20世纪六七十年代的依附理论风靡一时的原因主要就在于,这一理论范式延续了马克思主义的政治经济批判风格与理论基调。其对以欧美,尤其是美国为首的资本主义发达国家主导的国际政治经济格局进行了激烈的学术批判,并且将广大发展中国家长期陷入不发展和依附状态的原因,归为这些发达国家所施加的长期的经济剥削与政治压迫。当然,依附理论的影响后来逐步变得很小了,但是以沃勒斯坦为代表的世界体系理论却在国际政治经济学领域一直有着比较广泛的影响。因为他描述和分析了整个西方世界的资本主义起源、发展与勃兴,特别是通过精细的论证工作呈现出世界范围的诸多国家和地区是如何陷入中心—边缘格局的现代世界体系之中的,实际上是对当代西方世界主导的国际政治经济秩序与格局作了深刻批判。[①]表面上看来,发达国家通过国际援助、项目扶持、扶贫开发等方式对发展中国家的经济与社会发展大有助益。但从结果上来看,绝大多数发展中国家经过二战后七十多年的发展,并没有脱离国际政治经济格局中被边缘化的状况,依然处于相对贫困落后的状况。尽管它们在经济发展和社会发展指标上有不小的进步,但也多属于"依附式发展"(dependent development),而并非实质意义上的进步与发展。因为与发达国家阵营的诸多国家相比,他们之间的相对差距大多数并没有缩小,反而在很多方面、在很大程度上更为落后了、更为依赖于发达资本主义国家了。从整体上看,这就是整个国际政治经济体系对发展中国家整体性的结构性约束。"在帝国主义宗主国——或者在整个帝国主义体系——与'现代化'条件下的这种不发达的继续发展相对应的,是国际分工与资本积累的继续发展。技术的最新发展和某些工业(包括宗主国的农业工业及其某些原料的合成代用品或者低品位矿石的经济加工)中跨国公司的最新发展,对不发达国家在国际分工和资本积累过程中指派了变化的任务,虽然

---

① [美]伊曼纽尔·沃勒斯坦:《现代世界体系》第3卷,郭方、夏继果、顾宁译,社会科学文献出版社2013年版,第286页,"就这样在五十多年中(引者注:1763—1822年),白种人移民慢慢地在西半球建立一个个国家,它们成了国际体系的成员。它们以这种或那种方法都受到新的霸权大国英国的保护,虽然美国能把自己塑造成一个助手的角色,因而也是英国潜在的和最终的对手。"

地位并没有什么变化。"[①]

当然,与一般的结构性解释的问题一样,在依附理论与世界体系论体系中,广大发展中国家的发展与进步所受到的结构性限制到底是不是完全刚性的?与此同时,我们也看到东亚国家与地区有不少经济体通过数十年的快速经济增长,从半边缘甚至边缘位置或快或慢地挤入了发达国家行业。(详见本书第四章的研究)但是他们在二战后的发展起点和广大的拉美甚至非洲国家差不多,甚至还不如当时的很多拉美国家。例如在1960年时,东亚各国与地区代表性国家的人均GDP基本低于2000美元,而拉美的委内瑞拉、阿根廷、智利、墨西哥等国家,甚至非洲的毛里求斯、南非等国都高于这个水平。[②]既然确实有不少国家可以通过相对独立的发展而实现对其所受到的国际政治经济秩序限定结构的"突破",那么这种结构就不是完全刚性的,而是有一定弹性的。

表1.4 结构主义解释论解析

解释类型	核心解释机制	代表人物	解释的不足之处
结构主义解释	核心家庭的亲市场性、马尔萨斯陷阱	马尔萨斯等	忽视人口增长或者减少的弹性,例如为何在明清之前,中国人口是低度增长甚至无增长?实际上存在资源、环境与人口的动态平衡甚至主动调节与平衡的情况。人口要素对经济增长与社会发展的不同效应的解释
	阶级斗争解释(社会发展的直接动力);接近于技术解释	马克思等	如何才可以将社会结构性问题导致的社会阶级冲突,引入到亲经济增长的机制或者渠道上去?技术革新的原动力到底是什么?(社会需求,不同的社会结构带来不同的社会需求?)有不少环节缺乏细致的论证
	世界体系论	伊曼纽尔·沃勒斯坦	为何东亚诸国可以突破世界体系的结构性限制,而从边缘国家挤入发达国家阵营?

① [美]安德烈·冈德·弗兰克:《依附性积累与不发达》,高戈译,译林出版社1999年版,第144页。

② 冯毅:《政治制度、经济增长与民主发展:以亚太地区为例》,载[美]布鲁斯·布恩诺·德·梅斯奎塔、希尔顿·L.鲁特主编:《繁荣的治理之道》,叶娟丽、王鑫等译,中国人民大学出版社2007年版,第187—188页。

总而言之,结构主义解释路径面临着三大缺憾。第一,在发展议题上,结构性约束到底包含哪些结构,这些结构性约束是相对固定的,还是变动不居的,如果是变动不居的,其解释力就会大打折扣。第二,结构到底是弹性还是刚性的。结构性限制看似"牢固",但是总有突破结构性限制的反例。故此,结构性解释会因为结构性限制的弹性而受到很大的限制。第三,结构性解释中的结构的弹性,其实必然使得人们关注在相似的结构性限制下,不同国别或者区域在实际发展行动中的不同绩效差异,从而引发人们思考导致这些差异的原因,这就使我们从结构性约束的关注转入结构性约束限制下的行动者能动或行动的关注,进而关注行动者的能动主义的解释。

五、行动者的能动主义解释

结构主义分析与行动者的能动主义分析构成社会科学研究中的两大对立式的分析路径。[1]结构主义分析一般注重宏观层面,能动主义一般注重微观层面,而两者在一定程度上,或者很多时候又是可以相互支持和配合的,从而能够对社会现象开展更为准确的分析与解释,但是很多时候两者又是以相互对立的立场而相互否定。行动者的能动主义分析实际上就是以行动者的高瞻远瞩、锐意进取、超凡能力等突破既定结构性因素的限制,从而"软化"或者降低结构性要素的约束,极端情况下甚至可以根本性扭转结构性限制,将消极的约束性因素变为积极的促进性因素。而结构性解释一般都是强调结构性因素约束的重要性。虽然结构主义解释也不完全排除行动者的能动作用,但会暗含这样的约束:即使有行动者可以实施诸多杰出的行动,但一般而言,其作用会相对比较有限。在长时间段、世界范围的发展议题上,结构性的要素一般就显得比较突出了。[2]当然,在很大程度上,没有行动者的反思、行动与作为,很多结构性要素可能不会起到积极作用。通俗讲,结构是"死的",但行动者是"活"

---

① Anthony Giddens, *Central problems in social theory*, Berkeley: University of California Press, 1979, "Agency, structure," pp.49—95.

② 葛兆光教授归纳布罗代尔《15 至 18 世纪的物质文明、经济与资本主义》一书时有这样的表述:"长时段是结构,中时段是局势,短时段是事件"。葛兆光:《思想史研究课堂讲录》,生活・读书・新知三联书店 2005 年版,第 33 页。

的,行动者的积极行动可能使得消极的限制性结构变为积极的促进性因素;而行动者的反应迟缓、故步自封、顽固不化,也可能会错失千载难逢的发展良机。

在很多有关发展议题的学术作品中,我们可以看到研究者对企业家精神的描述、分析与赞许。企业家精神理论由熊彼特在其创新理论中比较系统地加以阐释和分析。当然,在对西方世界的兴起的解释中,对企业家群体的分析并不是到了 20 世纪初才凸显,此前人们也是比较关注类似企业家群体的商人群体,即强调西方世界兴起过程中,尤其是中世纪的远程贸易活动中的商人的冒险精神的重要作用。更推而广之,我们可以追溯到古希腊时代,由于城邦土地等自然资源的约束使得海外贸易对城邦的重要性就显得尤为突出,而古希腊人的海上冒险精神,再加上城邦本身的好战性,使得很多研究者将西方人的冒险与创新精神归入文化(基因)范畴,并将其归为数千年"一以贯之"的本质范畴。①在罗马帝国衰亡之后,特别是在中世纪中后期,也就是公元 1000 年开始的西方城市复兴就是伴随着远程贸易的迅速发展而实现的。而在此过程中,中世纪商人群体的特殊品质就显得尤为突出,因为在当时的历史环境下,远程贸易是一项高风险的事业,没有充足的冒险精神与艰苦卓绝的精神品质,他们是不可能从事并完成这些商业任务的。而与此同时,商人群体的兴起及其作为不仅体现在商业领域,他们也逐步通过商会组织、城市自治体等组织逐步向着生产领域、政治和治理等领域扩展。他们那种骨子里或者基因里的大无畏的冒险精神和开拓进取的品质,为他们赢得不少的政治与经济权利,"商人看来不仅是自由人而且是享有特权的人。像教士和贵族一样,他们享有特别法,摆脱了仍然压在农民身上的领地权力和领主权力。"②这就使得西方社会从制度建构与精神底色上,开始比较明显地区别于东方社会。而由于地理大发现,商人群体的开拓与冒险精神又体现在海外探险、殖民开发等方面。而从此之后,在殖民主义发展过程中体现出来的精神品质又进一步延续到帝国主义的精神内涵之

① "在古代技术条件下移居海外的人,总有些冒险家的气质。"顾准:《顾准文集》,华东师范大学出版社 2014 年版,第 206 页。

② [比利时]亨利·皮雷纳:《中世纪的城市》,陈国樑译,商务印书馆 2006 年版,第 83 页。

中。①不仅如此,商人群体的这种积极的冒险与敢为人先的精神还体现在契约精神的培育、产权保护意识的形成、技术发明与创造、市场开拓等方面。总而言之,西方社会的新财富主体在商业精神上就开始区别于东方社会了。

经济学家奥尔森对集体行动研究的学术影响很大,而对其所谓的"分利集团"(distributional coalitions)的归纳在经济学和政治学界也有不少的认同者。尤其是他将其所归纳的"集体行动"的逻辑:集体中所属人数越多,集体行动将越难实现这一发现运用到国家兴衰的研究之中,由此提出在发达国家普遍存在的利益集团,对一个国家的经济发展和社会发展等都具有阻碍作用,"在那些长期没有遭受叛乱或外地入侵并且组织民主自由的国家,将会遭受到来自不利于增长的组织和联盟的压力。"②奥尔森的这一研究发现,也被罗伯特·巴罗的实证量化分析所支持,即民主国家一般在实现了中度的民主以后,就会影响其进一步的经济发展,因为中度以上的民主国家会通过再分配的方式,对经济积累和发展带来负面影响。"尽管这不是一个让人感到愉快的结论,但数据却能够证明,一旦到了中度的民主化水平,进一步的民主化努力就会以经济绩效为代价。"③不过这一发现并未质疑民主价值本身,而是将其归为民主权利和价值的物质"代价",其在价值评判层面看,甚至是无可厚非的。总而言之,在奥尔森的分析模型中,这种所谓的"分利集团"的存在,将是影响一个国家经

---

① 德裔美国政治哲学家汉娜·阿伦特对西方殖民主义、帝国主义与极权主义的发展脉络有比较清晰的梳理:虽然早期殖民者多是西方社会的弱势和边缘群体,但是他们在殖民地却获得了"屠龙手"等锐意进取的先锋者的荣耀,并且获得了相当不错的物质财富与社会地位。也即,虽然很多殖民者的身份并非严格意义上的商人阶层,但是其自身确实可能会被不断商业化,而其冒险精神等也有其共性。"自从古代以来,这种关于绝对价值的迷妄使黄金生产成了冒险家、赌徒、罪犯以及正常和健康社会之外的一切人的事业。""多余的人……蜂拥来到好望角,他们同旧时的冒险家仍有许多共同之处……不是他们走出社会,而是社会将他们唾弃,他们不是雄心勃勃地跨出文明许可的界限,而是无用的、失去功能的牺牲品。"[美]汉娜·阿伦特:《极权主义的起源》,林骧华译,生活·读书·新知三联书店2008年版,第263—264页。

② [美]曼瑟·奥尔森:《国家的兴衰:经济增长、滞胀和社会僵化》,李增刚译,上海人民出版社2007年版,第77页。

③ [美]罗伯特·巴罗:《民主与法治》,载[美]布鲁斯·布恩诺·德·梅斯奎塔、希尔顿·L.鲁特主编:《繁荣的治理之道》,叶娟丽、王鑫等译,中国人民大学出版社2007年版,第236页。

济发展的重要阻碍,例如英国二战后的各行各业的工会组织,尤其是矿工工会和医生协会等组织广泛代表的群体,通过各种政治和经济的行动,对英国政府实现了"捆绑"甚至"绑架"(state capture),最终通过"不合理"的再分配的方式影响了英国的经济效率,导致或者最起码加重了英国经济低度发展的"英国病"。"英国没有经历过制度性破坏,或者精英人物的强制性替代,或者社会阶级的大批杀戮,而这些在欧洲大陆的其他国家都经历过。同样的稳定性和免遭入侵也使得在工业革命中发展起来的企业和家庭比较容易组织起来或结成联盟以保护自身利益。"①如果说上文中所提及的商人群体的冒险与创新精神从正面推动了西方世界的经济发展,那么这些大量存在的、大大小小的"分利集团"则从负面影响一个国家经济发展。而在英国经济发展史上,人们一直对土地贵族、资本食利群体带有"偏见":"理应失去权利的是那些计生的食利者以及好吃懒做的工人,它们享受了特权却没有对社会做出贡献。对英国经济问题的责难都强烈地指向'游手好闲的富人',他们应该被一个辛劳阶级联盟推翻。"②19 世纪以来,英国人经过一个多世纪的时间,通过各种财产税、遗产税等累进税,实现了对他们"不正当利益"的国家剥夺。

　　无独有偶,在涉及政治现象分析的经济学研究中,人们对国家、统治者或者政治家作用的分析,多注意揭示他们的消极作用,如诺斯研究框架中的"国家二重性":"对经济发展而言,国家之存在至关重要。当然,与此同时,国家也是导致人为经济衰竭的重要原因。这一悖论推动我们需要将国家置于经济史研究的中心位置:国家模式应该作为解释长期经济变迁分析的重要因素。"③简单或者通俗讲就是,国家对于经济增长是必要的,但是统治者的自利性又会阻碍一个国家的经济发展。这也可以从经济学角度,将其归为"国家悖论"(state paradox)甚至直接将其命名为"诺斯悖论"(North Paradox)。而在研究东西分野的诸多学术作品中,东西方不同国家的君主作为和品质也成为两者分野的重要影响因素。君主或

　　①　[美]曼瑟·奥尔森:《国家的兴衰:经济增长、滞胀和社会僵化》,李增刚译,上海人民出版社 2007 年版,第 84 页。

　　②　[英]马丁·唐顿:《信任利维坦——英国的税收政治学(1799—1914)》,魏陆译,上海财经大学出版社 2018 年版,第 367 页。

　　③　Douglass C. North, *Structure and change in economic history*, New York: Norton,1981,p.20.

者专制者不愿意看到民间财富的过分积累,因而他们不仅不可能对社会财富或者巨商富贾实施有效的产权保护,而且还对其实施经常性强夺豪取,以尽量减少他们在政治上的威胁。也就是说,从经济发展的角度来看,扶持商人群体的商业活动,甚至创造各种条件激励一个国家的经济创新活动,理应是符合一个国家的统治者的根本利益的。但是,从统治者的政治统治角度来看,商人群体的"做大做强",可能会有尾大不掉、功高盖主之势。这对统治者来说,确实是比较大的威胁。在东方社会,商人群体通过群体性行动直接参与政治活动的情况比较少见。但是,如果他们通过财物支持其他政治行动者或者统治者的政敌,那么这些商人群体就是危险的存在了。[①]因此,一般统治者必然会对他们有着强烈的控制动机。所以,不少研究者将东方社会的停滞归为统治者不愿意看到商人群体做大做强,而这些商业精英也多会为了自保而自我约束,一旦财富达到一定程度,即自我设限,甚至退出经济活动,从事附庸风雅的文化和社会交往活动。[②]

　　行动者的能动主义的解释,在很大程度上有类似宗教与文化解释的方面,即强调人的主观精神与主体能动性。但问题是,这种主观能动性到底是固有而不可改变的,或者最起码是难以改变的,还是可以被历史背景、历史事件与制度结构所改变的? 为何那么多先后得到发展的国家与区域,都在不同程度上涌现出诸多体现商业精神与开拓创新精神的商人群体与技术革新群体? 也如同我对宗教和文化分析中作的批判一样,这是否意味着在每个社会中,总是存在一定数量的具有冒险精神与创新意识的群体,只要有适当的历史发展机遇的激发,或者适当的制度激励,他们就会涌现出来,也即所谓的"重赏之下,必有勇夫"的意向所指。英国纺织业、17 世纪到 18 世纪的"农业革命"以及后来的工业革命中都有尼德兰移民尤其是掌握先进技术的"技术移民"的重要贡献,"可以说,从中世纪晚期到近代早期对英国勃兴具有决定性意义的重大经济变化都有尼德

---

　　① 例如郑成功及郑氏集团在很长的一段时期内,以东南沿海和中国台湾地区为基地,长期开展对日本、东南亚与海外的贸易且获利甚丰,并以此作为长期对抗清廷的经济基础。清廷最终祭出野蛮政策:将山东至广东的沿海居民内迁三十里。聂德宁:《郑成功与郑氏集团的海外贸易》,《南洋问题研究》1993 年第 2 期。

　　② 张宇燕、高程:《海外白银、初始制度条件与东方世界的停滞——关于晚明中国何以"错过"经济起飞历史机遇的猜想》,《经济学》(季刊)2005 年第 1 期。

兰因素的参与。"①而且,一旦稍微拉长时间,很多群体都可以在精神底色上发生比较大的转变,在英国历史上所谓的"贵族的商人化"和"商人的贵族化"等都不同程度地发生,甚至可以在一代人之内发生比较大的转化。当然,这在一定程度上也体现出行动者自身的能动性,只不过这种能动性体现为"识时务者为俊杰"的适时而变。②

当然,对政治统治者的约束确实是一个比较重要的变量,西方社会通过政治和经济领域的长期斗争,实现了对统治者实施宪则性质的约束,从而在很大程度上解放了经济活动的束缚。只不过,近来的很多研究表明,

表 1.5　行动者能动主义解释论解析

解释类型	核心解释机制	代表人物	解释的不足之处
行动者解释	经济增长的非连续性,企业家创新与首创精神	熊彼特等	企业家精神的解释难以回应这样的问题,为何先后崛起的国家,都逐次产生了各具民族个性的企业家群体。到底是企业家精神推动了企业发展与经济增长,还是经济发展的机会,"选择"或者凸显了更具企业家精神的群体?或者说大量的、来自不同社会阶层的群体抓住了经济增长的机会?而从技术先进国家或者地区向其他地区的移民也扩展了先进技术甚至带去了卓越的企业家精神
	集体行动的逻辑:分利集团阻碍经济发展	奥尔森	没有或者数量较少的分利集团只能解释德国和日本等国家在二战后再次迅速崛起,却难以解释那么多遭受战争涂炭的国家并没有像这两个国家那样实现迅速的经济发展。故此,有效控制分利集团只是实现经济增长的必要条件之一

① 刘景华、徐艳丽:《试论英国崛起中的尼德兰因素》,《史学集刊》2009 年第 2 期。

② 国内史学界长期关注我国明清资本主义萌芽问题研究,而明清时期经济发展甚至已经导致传统社会分层结构的变化,即发生大量的"弃儒从贾""士商合流"的现象,甚至使得传统中国"士农工商"这一社会阶层位次都发生了有很大的改变:大量的现象表明,其已经变成"士商农工"的排次。其原因大致有:江南经济在南宋时代以来打下的良好基础;全国人口陡增但科举名额依然非常有限并且未有大幅度增加等。参见余英时:《中国近世宗教伦理与商人精神》,九州出版社 2014 年版,第 275—284 页。

政治领域的权利开放并非经济发展的必要条件,而可能只是辅助性条件,"民主决定经济增长的观点与独裁统治可以帮助穷国摆脱贫穷的观点同样荒谬。正确的说法是:通常而言,民主程度只能对经济发展产生相当有限的影响。"①总之,在特定的历史情境下,政治权利开放甚至不必为经济发展的有力的辅助性条件。这也将在下文中得到更充分的分析。

六、相关研究的小结与评介

(一)融通各大影响因素的关键机制:竞争机制

通观上述几大解释范式,我们可以看出:真正能够串联诸多因素,甚至使得某一单一因素起作用的关键性的机制其实就是竞争机制,因为唯有竞争机制方可激发经济发展与社会发展等诸多方面的活力,刺激经济与社会创造力的竞相迸发。所以,我们由此可以看出,斯密论及的市场经济秩序扩张机制具有持续的影响力。而诺斯晚年也对此进行了强调,并且试图将这种经济领域的竞争机制引入政治领域,进而能够通过灵活运用熊彼特的"创造性破坏"机制,解释西方世界的兴起与领先的关键性因素。其实,这种所谓的经济领域的竞争是有其合理性的,例如赫希曼的研究发现:这种放开经济领域的竞争的策略实际上和"权力分立与制衡"策略高度相关,即试图以此来限制人性的贪婪,即以"利益之争"替代"(权力)欲望之争","资本主义会通过减少人类邪恶秉性来激发人类的善良秉性——有这样的可能性:通过这种方法,资本主义会抑制并很可能减少人性中更具破坏性和灾难性的成分。"②当然,也有以竞争抑制混乱无序和市场垄断的考虑,所以经济学家都普遍赞许

---

① [美]罗伯特·巴罗:《民主与法治》,载[美]布鲁斯·布恩诺·德·梅斯奎塔、希尔顿·鲁特主编:《繁荣的治理之道》,叶娟丽、王鑫等译,中国人民大学出版社 2007 年版,第 243 页。奥尔森也通过数字推算、史实对照的方式,认为"为了实现这种增长,甚至根本不需要一个所谓的为人们谋福利的'理想政府',有一个能从善如流的常驻匪帮就足够了。"曼瑟·奥尔森:《新制度经济学:经济发展的集体选择方法》,载[美]克里斯托夫·克拉格主编:《制度与经济发展:欠发达和后社会主义国家的增长与治理》,余劲松、李玲、张龙华译,法律出版社 2006 年版,第 68 页。

② [美]艾伯特·奥·赫希曼:《欲望与利益:资本主义走向胜利前的政治争论》,李新华、朱进东译,上海文艺出版社 2003 年版,第 62 页。

竞争,"经济学家主张激烈的竞争,包括自由贸易,在一定程度上就是为了规训企业家和地主的贪财本性,迫使它们违背其自然本性,为社会利益服务。"[1]

当然,我们在分析中也多次提及欧洲持续存在的激烈的军事竞争,以及各民族国家在近代以来的恶劣的政治军事环境中如何谋求生存与发展。正如王国斌的最新研究发现,近代的欧洲先于中国而实现现代化的发展,完全是因为他们一直处于激烈的军事战争与冲突之中,从而激发了社会的创造力,尤其表现为作为工业革命象征的机器化大生产,实际上是对劳动力节约使用的创造性发明。总而言之,欧洲国家"因祸得福",激烈的国家间战争从客观上推动了技术、经济与社会等诸多领域的激进变革,"政治竞争和旷日持久的战争的确给欧洲带来了一些优势,但基本上是间接的、出人意料的。"[2]而西方国家由于激烈竞争的军事环境而推动军事技术领域的持续不断的发明创造,也迅速、广泛地惠及生产与生活领域,"欧洲的国王和指挥官们显然已经接受了随时随地促进革新的想法。在欧洲,有一个高效率的情报网,既利用口头传递、侦察和商业谍报等手段,也利用书面材料,传播有关敌人的意图、能力、新技术和新战术的资料。"[3]

甚至在很大程度上,由于外在军事与政治竞争环境的恶劣,欧洲社会比较早地形成国家内部的阶级妥协机制。但是,其实世界范围的大部分国家也都面临各种各样的军事和政治压力与危机,为何欧洲社会比较早地实现了这样的跨越?因为欧洲国家的领土范围相对比较小,国家比较集中,国家间的军事、政治和经济竞争更为激烈,使得他们不能像其他地区的大国那样拥有比较大的战略缓冲地带,从而不能通过专制方式实现

---

[1]　[美]W.W.罗斯托:《经济增长理论史——从大卫·休谟至今》,陈春良等译,浙江大学出版社 2016 年版,第 176 页。罗斯托在经济增长理论的洋洋洒洒近百万字的专著的最后总结中,强调了企业家精神与竞争的重要性:"现在,这些关于人性共通之处的真诚反思,与政治经济学古典传统另一个维度结合到了一起,那就是对人类的首创精神和竞争者两项优点的重新认识。"同上书,第 757 页。

[2]　[美]王国斌、罗森塔尔:《大分流之外:中国和欧洲经济变迁的政治》,周琳译,江苏人民出版社 2018 年版,第 32 页。

[3]　[美]威廉·H.麦尼尔:《竞逐富强:公元 1000 年以来的技术、军事与社会》,倪大昕、杨润殷译,上海辞书出版社 2013 年版,第 110 页。

国内资源的集中利用。①虽然，当年的法国和德国等国家也有很强烈的专制性质，但毕竟经常性的战败甚至"亡国"，例如拿破仑 1806 年对普鲁士的顺利征服；1870—1871 年发生的普法战争直接导致法兰西第二帝国灭亡；两次世界大战中，德国对法国的两次占领等，可能都使得社会对类似的专制者统合权力与资源的"谎言"与美好许诺有更强烈的抵制，从而相对更容易形成良好的国家内部的阶级合作。②

而人们普遍追求的竞争性民主的长期经济绩效的实现机制也是竞争机制，布鲁斯·布恩诺指出："竞争对手只能在现有的制度框架中通过改善公共政策的质量来增加掌权的概率，而这种改善空间通常又很小。在民主制度中，失败的政策往往会导致领导者的下台。"不过，梅斯奎塔同时也指出，仅有所谓的竞争对实现经济增长显然是不够的，"然而，仅仅是竞争者的存在并不足以使竞争转化为公共政策质量上的较量。"③王国斌也指出，"在过去，政治可不仅仅是君子动口不动手的竞选，还包含着一国之内和国与国之间的暴力竞争。为了保证政治斗争过程中有充足的资源，一个老谋深算的政治家会强力地介入自己国家的经济活动，并想方设法摧毁对手的经济。"④而且，即使在被有效控制的竞争性民主体制下，政治竞争推动经济增长的机制也并不一定产生良好的经济效应，"当相互竞争的政党持有相似的政治经济主张时，政权更迭（即使是必然发生的）对于

---

① 蒂利探讨了在欧洲近代民族国家兴起过程中，强制与资本两大要素的相互配合发展的重要性，最终获胜的多是那些同时占据不算低的强制与资本组合的政治体。[美]查尔斯·蒂利：《强制、资本和欧洲国家：公元 990—1992 年》，魏洪钟译，上海人民出版社 2007 年版，第 34—35 页，"资本和强制的拥有者在相对平等的条件下相互作用。法国和英国最终遵循着资本化强制模式，比强制密集的和资本密集的模式更早地建立起成熟的民族国家。"

② 苏洵：《六国》，丁放、武道房等选注：《宋文选》，人民文学出版社 2014 年版，第 262 页。苏洵亦感叹六国破灭弊在赂秦，"以赂秦之地封天下之谋臣，以事秦之心礼天下之奇才，并力西向，则吾恐秦人食之不得下咽也。"但是，秦国确实强大，以强力横扫六国从此成就传统中国一统天下之传统。

③ 布鲁斯·布恩诺·德·梅斯奎塔：《政治制度、政治生存与政策成功》，载[美]布鲁斯·布恩诺·德·梅斯奎塔、希尔顿·L.鲁特主编：《繁荣的治理之道》，叶娟丽、王鑫等译，中国人民大学出版社 2007 年版，第 73 页。

④ [美]王国斌、罗森塔尔：《大分流之外：中国和欧洲经济变迁的政治》，周琳译，江苏人民出版社 2018 年版，第 243 页。

资本积累以及经济增长的影响都是有限的。"①

（二）单因素解释还是多因素综合解释

从上文比较系统的分析中可以看出，几乎很难找到纯粹的单一因素的分析与解释。我们在罗列、整理与分析这些不同解释策略的时候，总会涉及其他的因素。其根源在于这一议题的复杂性，很难以某一单一因素加以成功地解释。所以，可以看到，很多的解释路径看似截然相对，但是仔细分析之后就会发现，其实它们之间都是共生的，甚至是相互支撑的关系，虽然表面上看上去它们是相互对立、相互排斥的关系。例如文化解释与制度解释、结构主义解释与行动者的能动主义解释，都是成对出现的，但是实际上很难被完全拆解和分离开来。例如，诺斯就在其解释框架中，引入意识形态作为"非正式制度"因素以强化他对经济史上的诸多经济现象的解释，而宗教和文化规范其实就是意识形态的重要组成部分。所以，在总体上很难有纯粹的制度性解释或者文化解释，很多理论解释具有杂糅性。

但问题是，一旦试图杂糅这些不同解释范式中的不同解释因素，那么就属于综合性的解释。例如诸多的相关学术研究均包含了行动者的能动主义与结构主义或者制度主义的解释的混合，泰格·利维关于资本主义兴起过程中的法律传统变革的研究虽然大量探讨法律制度特别是财产权制度的变迁，但是其总是关涉到商人或者资本家群体，因为他们才是推动西方法律传统变革的主要力量。他们对待法律制度的态度由起初的"敌对"到后来的"妥协"和协调，以至于在他们成长壮大之后变成"利用"和"订立"新法律等复杂过程的演变。②综合性的解释虽然可能更符合历史与实际的情况，但又失于理论的简洁性。人类总是无法超脱理论简洁化的智识冲动，因为很多人认为最简洁的理论才是最好的理论。所以，很多研究的出发点总是想简化现有解释，但是一旦深入地实施研究就会发现，任何一种因素的解释都是"挂一漏万"的，补救的办法就是不断地"打补丁"。一旦"补丁"足够多了之后，我们就会发现，原先设计得很简洁的模

---

① 冯毅：《政治制度、经济增长与民主发展：以亚太地区为例》，载〔美〕布鲁斯·布恩诺·德·梅斯奎塔、希尔顿·L.鲁特主编：《繁荣的治理之道》，叶娟丽、王鑫等译，中国人民大学出版社 2007 年版，第 200 页。

② 〔美〕泰格·利维：《法律与资本主义的兴起》，纪琨译，学林出版社 1996 年版，第 5—6 页。

型已经变得沉重不堪，而且可能依然还是漏洞百出。

（三）寻找成功之道的解释逻辑

我们有关发展经验的学术积累取决于对发展实践的"素材"的选择性采用，而当代国际学术界采用的主要"素材"依然集中于西方世界兴起的经验与教训，但是却难以对日本、韩国、中国台湾、中国香港、新加坡、中国大陆等东亚国家与地区成功实现现代化道路的经验进行整理、研究与归纳，更难以使其能够与西方国家现代化的发展概念、知识与理论进行对话与对比。中国近二三十年的成就也将面临世界范围，尤其是西方国家主导的国际社会的接纳与认可的问题，尤其是大众层面的认识和认可。"西方世界何以兴起"，"东方社会（中国）何以衰落"等议题的讨论为何具有如此理论魅力，在很大程度上是因为 20 世纪的世界经济发展格局波动太大。本来这一议题相对比较而言算是有"定论"了，从马嘎尔尼等作为亲历者的"经验性观察"，到黑格尔的历史哲学，到广泛的社会科学尤其经济史学的研究，再到大众的认知，人们已经广泛地接受这一"结论"。至于各种解释策略指导下的理论分析工作，都只是在限定结论范畴内的"百花齐放、百家争鸣"。但是，二战后日本的迅速崛起，到"亚洲四小龙"代表的东亚国家与地区的局部崛起，以至于近二十年中国大陆强势崛起，使得原先的结论受到很大的挑战。因为按照原先的很多解释，中国的经济发展或者崛起不说是不可能的，也应该是非常艰难的。从亲历者的角度来看，二三十年前，除了少数的学者或预言家可能会大胆"预测"中国可以迅速崛起之外，我们普通人可能是很难料想到中国可以保持持续四十多年的快速经济增长（年均 GDP 增长率超过 9%，达到 9.2%），因为这在世界范围的经济发展史上是绝无仅有的。①

这一切都从根本上挑战了上述诸多方面的解释和研究。但是，中国发展过程中的问题显然也是存在的，所以也使得国内、国际方面对中国发展经验还存在一定的争议。但是，国际社会确实有越来越多的政治家和学者开始正视中国四十多年来的发展经验，从"中国崩溃论"逐步发展出各种形式的"中国威胁论"。这使得我不得不反思我们过往所普遍接受的西方世界兴起的成见与支撑这些成见的"理据"。胜利的凯歌总会在不同

---

① 《中国 42 年时间里，经济年平均增速超 9%，如今人均 GDP 已迈上 1 万美元》，百度百家号，https://baijiahao.baidu.com/s?id=17038837361927004398&wfr=spider&for=pc。

程度上对发展的成功之处进行美化,对发展的负面效应和问题进行适当的学术"处理"。我将其归为胜利者的归因逻辑。①

(四)识时务者为俊杰:"精明"的诺斯

诺斯对西方世界的兴起等问题的提问与解释,在整个社会科学界都具有重要的影响,而且他可以算得上是西方经济史和制度经济学领域的理论界集大成者。其他的诸多解释都有不同程度的挑战性,但是诺斯的解释仿佛更具代表性,甚至被誉为更具解释力。但诺斯巧妙的处理方式在于,他对自变量群集进行必要的扩充,最后容纳了越来越多的自变量。其实,如此宏大的社会科学问题,单靠单一或者少数几个自变量是难以被解释的。但是,容纳太多自变量又是以降低理论解释的简洁性为代价的。

诺斯抓住了一个的核心解释要素,其也是西方社会习以为常并广为接受的自变量——产权制度及其国家保护。诺斯以产权保护为核心解释机制,然后在解释的过程中,不断地融入大量的非制度性或者非产权性质的解释变量。例如,产权制度实际上是产权保护制度,那么对产权实施保护的重要制度、组织、机构、观念、实施或者强制实施机制等都可以也应该被纳入这一解释框架。所以,诺斯逐步在产权制度变迁理论中引入了国家理论,而国家的主要角色,或者成功实现经济增长的国家的主要贡献就是对产权实施保护,这样的保护当然不是无条件的,而是在很大程度上基于统治者的利益算计的,"第一,将这两者结合起来并非易事。第二个目标需要建立起一套有效的产权(制度)以实现社会产出的最大化。而第一个则试图界定一套基础规则,以使得统治者的个人收益最大化。如果不是单一统治者的话,也可能就是使得统治集团或者统治阶级的垄断租金

① 笔者所归纳的"寻求成功之道"背后的"胜利者逻辑"是有其历史渊源的,蒙元帝国时代,马可波罗的游记对西方人关于东方世界的想象的影响很大,西方人对东方社会充满着各种各样的美好想象,其崇拜之情难以掩饰。但是,随着地理大发现以及中西方交流的频繁开展,当时中国在西方人的眼中的形象就开始一落千丈,直到完全颠覆此前的各种想象,但在颠覆想象的同时也颠覆了对东方社会的一切美好事实的认知。此真可谓"非黑即白"的完美写实。管窥一豹,可以参见史景迁对 1694 年,冒牌中国"公主"在法国巴黎的宫廷中遭遇的生动描写。"她说她曾是个贫穷得一文不名的法国女人。如果她是个法国人,没有一个人会丝毫地关切她。可是她一旦变成了中国人,她一下子变得福星高照,什么好运都来了。"史景迁:《冒牌康熙帝之女的法国宫廷之旅》,海龙译,《散文》2001 年第 6 期。

最大化,而统治者只是他们的代理人而已。"①

不仅如此,诺斯还引入了意识形态与文化解释,就是在文化方面,也加入亲生产性经济活动的有效理念。例如,在诺斯的论著中,他甚至也讨论了作为意识形态的宗教,并且对此还作了比较详细的阐述:宗教可以克服经济增长的瓶颈,即可以克服无宗教社会的集体行动的困境。这当然也契合了近三十多年来的社会资本理论的研究发现。更有甚者,对照表1.1—表1.5可以发现,诺斯的解释实际上也融入或者内含于更多的解释因子,例如政治解释。这当然会体现在他的国家理论中,其实也包括行动者的解释,例如统治者作为重要的行动者的利益算计,以及产权制度对商人阶层的保护和保障,从而降低了经济活动的不确定性和风险,使得他们能够专心于经济生产活动,甚至不断实施技术、管理、生产、运输与交易等领域的体制机制创新,并且不断创设新的经济增长点。所以,诺斯的成功可以归为,找到大家普遍认可的主要解释因素:产权理论,然后又在此基础上不断添加诸多辅助性解释因素,从而在占据"单一因素解释"的简洁特征的同时,又避免了顾此失彼从而影响解释效力的指责。

第三节 对诺斯等人的权利开放秩序
分析框架的批判与完善

上一节对诺斯所研究的重大议题作一个宏观的定位,并且从比较宽泛的范畴,对诺斯研究的议题作一个通览性的梳理与评判。本节将结合上一节的研究内容,对诺斯等人的权利开放秩序理论作更具针对性的批判,并且试图努力进行优化处理,即试图对其所忽视或者不够重视的变量、因素进行解析,进而能够提炼出更符合史实和现实情况的分析框架。

一、诺斯等人的权利开放秩序理论的学术贡献简介

(一)作为新制度主义研究先驱者与常青树的诺斯

诺斯是经济史传统研究的抗议者,也是新经济史的先驱者和开拓者,同时他对新制度经济贡献良多。他由于建立了包括产权理论、国家理论

---

① Douglass C. North, *Structure and change in economic history*, New York: Norton, 1981, pp.24—25.

和意识形态理论三要素在内的"制度变迁理论",获得了 1993 年诺贝尔经济学奖。①诺斯的很多作品已经被翻译为中文,也推动了国内 20 世纪 80 年代以来的新制度经济学、政治学中的新制度主义等学科和方向的发展。诺斯的很多研究具有不错的解释力,也很具代表性,尤其是他的"产权制度"为核心的制度理论范式,甚至在一定程度上影响了中国市场化改革进程。诺斯的研究其实在 1989 年就已经逐步扩展到宪则经济学领域,其相应的研究成果将英国经济发展与工业革命先行的原因归结为政府建立起可信承诺(credible commitment),以及在光荣革命后形成的宪则结构所确定的政府特征,由此其方可以更为全面地动员社会资源以支持战争与社会发展。②

　　诺斯可以称得上是新制度经济学研究领域的"常青树",处于八九十岁高龄依然在学术领域耕耘不辍,晚年与瓦利斯和温格斯特合作,提出了 NWW(诺斯—瓦利斯—温格斯特)分析框架,以研究暴力与社会秩序的维持问题。他们提出:任何一个国家要想成为发达国家,就必须实现从自然国家向权利开放秩序的转型。在权利开放秩序中,经济组织和政治组织的"进入权"是向全体公民和组织开放的。这样,一个经济和政治体系的活力就被竞争机制挖掘甚至培育了出来。他们重点研究了"第二个"发展问题,即从自然国家向权利开放秩序转型的问题。

　　(二)权利开放秩序理论及其所呈现的转变

　　由于瓦利斯和温格斯特的加盟,NWW 解释框架其实已经将研究议题更多地转向民主法治、暴力控制、社会秩序安排、非人际关系化、精英联盟、宪则制度与权利开放秩序等方面的研究,实际上是向着比较政治经济学、历史政治学、组织社会学等学科或者研究领域"漂移"。以诺斯为代表的新制度经济学研究者,经过了几十年的努力,已经将问题研究逐步聚焦到西方与非西方的真正的"大分流"(great divergence)——权利开放秩序,特别是组织化权利的扩展,他们认为唯有形成政治经济领域的良性竞争,才能使得经济社会的持续发展成为可能。NWW 的分析框架有着更为宏大的学术追求,即试图将他们的自然国家—权利开放秩序这个二元

① 刘瑞华:《超越新经济史:诺思的学术贡献》,《制度经济学研究》2017 年第 2 期。

② Douglass C. North, and Barry R. Weingast, "Constitutions and commitment: the evolution of institutions governing public choice in seventeenth-century England," *The journal of economic history*, Vol.49, No.4, Dec. 1989.

分析框架运用到世界各国的研究中去。而由于自然国家囊括的国家（治理）形态太过于复杂，所以他们又将自然国家区分为脆弱的自然国家、初级的自然国家和成熟的自然国家三种秩序形态。①瓦利斯和温格斯特等人不断发展和运用 NWW 分析框架，在扩展了对早发资本主义国家的相关研究的同时，将其分析框架逐步运用到广大的发展中国家以及后发资本主义的转型研究中去。②

二、诺斯等人的权利开放秩序理论中"西方道路"原型的内在缺陷

诺斯等人的权利开放秩序理论可以算作是对西方国家的发展模式成功经验的抽象与归纳，诺斯等人都有良好的经济学基本训练，但这种训练多擅长于建立模型，而后以各种经济学模式来"格义"历史发展的实际情况。但问题是，这种模型多是有原型的，尽管他们可能并不是很清楚地意识到这个问题，我们应当认识到，任何研究者都难以摆脱其文化意识与认知中所固有的时代、地域与认知"局限"。③正如诠释学的研究思路所批评的那样，理论抽象过程必然导致生活世界的部分细节被"丢失"。本部分将对诺斯等人笔下的权利开放秩序理论模型的"原型"——西方发展道路或者西方社会的权利开放秩序，实施经验性学术批判。

（一）多元竞争格局与有效民主政治实践之间的鸿沟

诺斯等人提出的权利开放秩序十分相似于美国政治学家罗伯特·达

---

① ［美］道格拉斯·C.诺思、约翰·约瑟夫·瓦利斯、巴里·R.温格斯特：《暴力与社会秩序：诠释有文字记载的人类历史的一个概念性框架》，杭行、王亮译，格致出版社、上海人民出版社 2013 年版，第 54—63 页。

② Douglass C. North, et al., eds., *In the shadow of violence: Politics, economics, and the problems of development*, Cambridge: Cambridge University Press, 2013. Jongryn Mo, Barry Weingast, *Korean political and economic development: crisis, security, and institutional rebalancing*, Cambridge, Massachusetts: Harvard University Asia Center, 2013.

③ 法国社会学家马太·杜甘认为比较研究方法就是克服种族中心主义缺憾的重要方法和途径。［法］马太·杜甘：《国家的比较》，文强译，社会科学文献出版社 2010 年版，第 7—16 页。但是，通观诺斯一生的研究，其主要研究成果的研究对象主要还是集中于美国和欧洲，对其他地区与国别的情况鲜有涉及，即使在举例的时候也只是简单地提到一些别国情况。

尔提出的"多元民主理论"(the theory of pluralist democracy),即经由多元和多样的利益集团之间的互动与博弈可以形成相互间的制衡,进而能够形成和巩固西方国家的民主政体。而诺斯等人在批判奥尔森的分利集团理论的观点的时候,也明确提出:"奥尔森的进路不能理解:极为分散的利益也有可能结为一体,来反对那些系统性的通过特权和设租来拆解权利开放秩序的图谋。"①

　　然而,无论是权利开放秩序,还是多元民主理论都罔顾西方民主实践的多样性,特别是忽视了多元民主实践失败的教训,其只是紧扣西方民主的优势,实质上是"西方中心主义"的典型表现。西方的多元民主实践失败的案例俯拾即是:古希腊时代由于公民内争导致城邦民主政治的衰亡与城邦的败落②;荷兰共和国时代的民主内争导致国家未能保持17世纪的竞争优势③;德国魏玛时代的典型而成熟的议会民主体制的崩溃等。不过,达尔的多元民主理论对这些民主的挫折还是有比较清晰认识的,并且也能够从理论层面进行归纳和概括:从竞争性民主政体的稳定性角度来讲,其实民主政治本身就内含着很高的政治风险,"进行竞争性政治实验的国家在防止政党制度的分裂方面并不总是成功。在任何竞争性政治与严重分裂的政党制度并存的国家(在议会制下它还很可能产生一个软弱的行政部门),向霸权政体转变的可能性相当大。"④利普哈特也坦言,在危机时刻,反对党的存在与作用可能是有害的,而对于一些类型的社会,例如异质性程度比较高的社会,这种"危机时刻"将是持久的,"朱利叶斯·奈瑞儿也主张,在危机时期政治反对党可能是有害的……当然,在多元社会中,'危机'因为这种社会的性质而存在着,所以它不只是一种暂时性状况,因此需要诉诸长久的大联盟。"⑤所以,即使在发达国家的现实经

---

　　① 〔美〕道格拉斯·C.诺思、约翰·约瑟夫·瓦利斯、巴里·R.温格斯特:《暴力与社会秩序:诠释有文字记载的人类历史的一个概念性框架》,杭行、王亮译,格致出版社、上海人民出版社2013年版,第193页。

　　② 陈兆旺、唐睿:《亚里士多德公民自治思想论要》,《理论月刊》2012年第8期。

　　③ 〔美〕斯科特·戈登:《控制国家:从古代雅典到今天的宪政史》,应奇、陈丽微、孟军、李勇译,江苏人民出版社2001年版,第199页。

　　④ 〔美〕罗伯特·达尔:《多头政体:参与和反对》,谭君久、刘惠荣译,商务印书馆2003年版,第137页。

　　⑤ 〔美〕阿伦·利普哈特:《多元社会中的民主》,刘伟译,上海人民出版社2017年版,第26页。

验中,诺斯等人论及的对抗性政治竞争机制也并非全部适用,甚至只有英美这样少数几个国家整体上比较适用,但是他们在制度安排方面依然存在着很多对这一竞争机制的规范和限制(例如统而不治的君主,虚位总统对政治的超脱性等作用)。

(二)资本主义国家的权利开放秩序生成的时间起点

诺斯等人以比较翔实的案例材料揭示出,西方主要的资本主义国家的权利开放秩序的时间起点大致是 19 世纪中期。尽管西方的文艺复兴运动、宗教改革运动、思想启蒙运动、大范围的革命运动,已经为此奠定了相当的思想、经济、组织与社会基础,但是诺斯却将其最终生成时间定位在英国 1832 年第一次议会改革,法国的第三共和时代,美国 19 世纪二三十年代的政党之间的和平竞争与州际竞争。①中西方发展的"大分流"是否可以定位在这个时间段上? 两者在此之前是否就已经显示出比较明显的分化? 美国加州学派的主要观点是:中西方大分流的时间最早也要落在 18 世纪末、19 世纪初。但是,作为加州学派代表性学者的王国斌认为中西方在很早的时候就已经分野,只是这种分野并非决定性的,而只是两者在特定时空格局下的各自应对方式上的差异。西方的兴起完全是高度竞争性环境的客观结果。②本书第二章将详细分析揭示,如果单从"权利开放"这一要素进行分析,西方世界的特色最起码可以从中世纪中后期的城市自治实践开始推演,而非诺斯等人从英国第一次议会选举法改革算起。

(三)权利开放秩序建立的动力归纳错误

在诺斯最新的研究成果中,我们可以比较清晰地看出,诺斯的研究是比较典型的、采取自上而下精英主义研究视角的研究,例如在自然国家形态研究中,他们非常强调精英联盟的历史性作用。这在一定程度上是可以接受的,尽管这些精英到底是有一个(或几个分化的)自在主体还是自觉主体的问题并没有能够得到清晰分析。诺斯认为,开放社会秩序的生

---

① [美]道格拉斯·C.诺思、约翰·约瑟夫·瓦利斯、巴里·R.温格斯特:《暴力与社会秩序:诠释有文字记载的人类历史的一个概念性框架》,杭行、王亮译,格致出版社、上海人民出版社 2013 年版,第 284—321 页。

② [美]王国斌、罗森塔尔:《大分流之外:中国和欧洲经济变迁的政治》,周琳译,江苏人民出版社 2018 年版,第 70 页。

成，显然是一个精英让渡的过程，①而其对社会底层的大众民主运动几乎从不涉及。这种"和谐"的理论分析视角显然是有失偏颇的，也是本书将要重点批判的地方。本书将涉及中世纪以来的风起云涌的大众民主运动在推动社会发展与国家治理体制的革新与转型等方面的重要性。权利开放秩序的建立，实际上是波澜壮阔的社会革命与大众运动的结果。我们会发现诺斯等人笔下的权利开放秩序的实现过程是静态的、温情脉脉的。权利开放秩序中的主要行动主体是缺失的。即使他们时常论及暴力，但是基本上都是在讨论如何实现对暴力的完全控制的议题，而并未提及暴力及以社会秩序为威胁的社会运动对公民权利制度变迁所起到的应有作用。而对大规模的欧洲战争、欧美战争对民主政体的触发的研究基本缺失。虽然他们也时常引用到蒂利的《强制、资本和欧洲国家》一书，但对蒂利有关社会抗争、社会运动对现代国家构建的研究成果基本未提及。②

（四）因分析框架运用需要而偏颇地选择个案

虽然诺斯声称"我们的框架中不包含任何目的论的含义，因为这是一个关于社会变迁而不是社会进步的动态解释。"③但目的论在他们的研究中却清晰可见，最为关键性的问题在于，他们认为 19 世纪的公民组织化权利的扩展，基本上一劳永逸地解决了主要资本主义国家的权利开放秩序问题，进而使得这些国家成功地进入成熟的权利开放秩序阶段。

诺斯等人的研究在很大程度上是先有了分析框架甚至先有了基本结论，然后通过"材料填充"——具体案例分析的方法予以充实。例如，他们的研究框架确实太过于宏观，用"自然国家"和"权利开放秩序"二元框架就

---

①　[美]道格拉斯·C.诺思、约翰·约瑟夫·瓦利斯、巴里·R.温格斯特：《暴力与社会秩序：诠释有文字记载的人类历史的一个概念性框架》，杭行、王亮译，格致出版社、上海人民出版社 2013 年版，第 32 页。诺斯等人在注释中提到其他相关的研究："……在革命和国内形势动荡的威胁下，精英们是如何运用制度，比如民主制度，向非精英们做出可信承诺的。"而别处基本都未提及"革命和国内形势动荡的威胁下"这类情况。

②　对近代战争与现代民族—国家诞生之间的关系的讨论参见：Richard Bean,"War and the Birth of the Nation State," *The Journal of Economic History*，Vol.33,No.1，Mar. 1973。

③　[美]道格拉斯·C.诺思、约翰·约瑟夫·瓦利斯、巴里·R.温格斯特：《暴力与社会秩序：诠释有文字记载的人类历史的一个概念性框架》，杭行、王亮译，格致出版社、上海人民出版社 2013 年版，前言第 3 页。

想解释"有文字记载的(万余年的)人类历史",基本上可以归入理论上的"冒进"。而为了回应批驳,他们又将自然国家详细地区分为脆弱的自然国家、初级的自然国家和成熟的自然国家三个发展阶段。其以"事后诸葛亮"的优势评议政治经济发展史,内含的进化论甚至目的论倾向非常鲜明。①

所以,为了能够更好地推演和运用他们的研究成果,他们对权利开放秩序的分析个案的选取就显得特别的具有选择性,他们主要选取与论述的美国、英国、法国这三个国家在 19 世纪的历史都是相对比较和平的,尤其是英国。可是,英国的权利开放秩序的确立,其实也充满着社会运动甚至激烈暴力抗争,1832 年前的议会改革运动,以及之后的长达 16 年的宪章运动的社会抗争与社会冲突程度都是非常激烈的。②但是,如果我们进一步审视德国的情况,就会发现,所谓的权利开放秩序的建立不仅是困难重重,甚至其建立也并非一劳永逸的,"创造性毁灭"(creative destruction)有时候真的会带来秩序的"毁灭性破坏"。③达尔对多头政体的研究更加接近真实的历史进程,"第二是由近似多头政治向完全多头政治的演变。这是上个世纪(指 19 世纪)末和第一次世界大战之间的 30 年左右的时间里在欧洲所发生的事情。三是完全多头政治的进一步民主化。这个历史过程或许可以追溯到大萧条发生后民主福利国家的迅速发展;后因

---

① 在"多头政体"这一概念框架中,达尔对民主化的浪潮和退潮采取了比较中立性的立场,尽量排除单向度的目的论意向,"以为某种历史的发展规律会强使社会必然告别政治霸权而转向公开争论,或者以为在这个问题上会向相反的方向发展,都是荒唐愚蠢的。"[美]罗伯特·达尔:《多头政体:参与和反对》,谭君久、刘惠荣译,商务印书馆 2003 年版,第 42 页。

② 宪章运动三次高潮时参与签名支持的人数分别达到 125 万人、300 多万人、570 万人,阎照祥:《英国史》,人民出版社 2014 年版,第 281—282 页;[英]R.G.甘米奇:《宪章运动史》,苏公隽译,商务印书馆 2011 年版,第 385 页。

③ 其实熊彼特对资本主义生产过程中的创新过程即创造性毁灭其实有很多社会主义思想,例如他甚至认为资本主义创新生产过程将一并毁灭资产阶级,"因为资本主义企业由于它本身的成就使它的进步自动化,我们可以由此得出结论:它倾向于使自己变得多余——它会被自己的成就压得粉碎。完全官僚化的巨型工业单位不但驱逐中小型企业,'剥夺'其业主,而且到最后它还会撵走企业家,剥夺作为一个阶级的资产阶级。在这个过程中,资产阶级不但失去收入,而且丧失远为重要的它的职能。社会主义的真正开路人不是宣扬社会主义的知识分子和煽动家,而是范德比尔特、卡内基和洛克菲勒这类人。"[美]约瑟夫·熊彼特:《资本主义、社会主义与民主》,吴良健译,商务印书馆 1999 年版,第 213 页。

第二次世界大战而中断……"①

　　诺斯等人如此实施偏颇的个案选择,必然影响其论证的成效。也就是说,由于诺斯等人选择的特定的国别案例的权利开放秩序的建立与健全都相对比较和平和顺利,所以他们由此规避了权利开放秩序生成、崩溃与重建等复杂过程的研究。例如,他们对权利开放秩序到底是如何实现从权利制度性扩张到体制转变的研究就付之阙如。诺斯等人的相关研究有相当大的解释力,特别是其强调了民主政治并非简单推行选举就可实现,②其还涉及广泛的组织性、制度性、理念性的根本转变,而体制性转变的重要性尤为突出。但是,这样的转变是如何实现的? 其内在转换机制是什么? 对于这些问题的回答,可能还需要进行深入的研究。因为从公民权利扩张,即从公民权利制度变迁的进程来看,到底什么时候能够实现体制性转变,实际上在民主化理论研究文献中已经有很多的阐述。民主巩固的文献对实现民主巩固的复杂过程与机制的研究,③多可以作为这一研究的基础。不过,诺斯等人的相关研究基本未涉及这些更为实质性的学术问题。

三、对诺斯权利开放秩序理论的整体性批判

　　诺斯等人的权利开放秩序理论的问题,在于其是在西方国家发展道路的基础上所提炼和归纳的,而这种秩序原型带有明显的西方社会的发展模式和社会秩序特征,也即存在着诸多对自身历史的美化,这就使得建立在西方发展经验基础上的抽象理论和整个分析框架存在一定的缺陷。此外,这一分析框架更为严重的问题还在于,他们试图将权利开放秩序理论的模式与实现路径作为标准,并将其毫无顾忌地运用到非西方国家发展的分析之中,甚至试图将其作为"指导"非西方世界发展的依据或者标准。故在理论层面,权利开放秩序的理论归纳和模式特征勾勒都是粗线条的,实际上错过了很多重要的理论问题。

---

　　①　[美]罗伯特·达尔:《多头政体:参与和反对》,谭君久、刘惠荣译,商务印书馆2003年版,第21页。

　　②　Andreas Schedler, Electoral authoritarianism, Todd Landman, and Neil Robinson, *The SAGE handbook of comparative politics*, Los Angeles; London: Sage Publications, 2009, pp.381—394.

　　③　[美]胡安·J.林茨、阿尔弗莱德·斯泰潘:《民主转型与巩固的问题:南欧、南美和后共产主义欧洲》,孙龙等译,浙江人民出版社2008年版,第71—88页。

（一）暴力控制的现实难处及其社会政治根源

1. 现实世界中的暴力与理论层面的反暴力并存

诺斯等人一直强调：对经济和社会发展问题，暴力基本上都是有害无益的。那么暴力及其控制问题就成为他们研究的重要内容。他们一直强调，以世界银行为代表的国际社会、国际机构与国际组织对暴力问题的态度也是一贯的。诺斯等人的确抓住了现代社会发展过程中比较重要的维度，即社会秩序问题。人们都可以普遍感知到社会秩序对社会问题解决与社会整体性发展的重要性，①虽然在权利开放社会中也存在着诸多形式、强度不一的暴力，但是暴力在客观上会有其特定的社会效应或者社会功能，尤其是在 20 世纪之前。二战以后的反战运动，使得西方理论家也开始逐步忘却了现代社会生成过程中的暴力因素的重要性。巴林顿·摩尔对现代自由主义忽视民主与发展进程中暴力的作用的倾向，进行了激烈的学术批判。②而就在 20 世纪，伴随着两次惨绝人寰的世界大战，以及全球交往所推动的全球化进程的发展，使得世界范围的精英与大众都认识到暴力特别是各种类型的大规模（种族）屠杀的危害。

但是，西方理论家似乎忘却了，包括诸多"热战"形式的"冷战"时代，也才刚刚结束 30 年，而且后冷战时代西方国家的军事行动的暴力程度其实并未降低，其暴力性质也是难以掩盖的。但是，西方理论家却有意无意忽视了低度社会冲突在现代社会建构与发展过程中的重要作用。③诺斯等人在此问题上的研究基调与查尔斯·蒂利以及民主巩固理论研究者的基本观点，恰恰形成鲜明对比。在很大程度上，这或许也是政治学与经济学在低度社会冲突推动社会变革与发展问题上的截然对立观

---

① 美国政治学家亨廷顿于 20 世纪 60 年代出版的《变化社会中的社会秩序》一书影响颇为深远，而最近日裔美国政治学家福山也出版了关于政治秩序的大部头的著作讨论这一宏大政治社会学问题。［美］塞缪尔·P.亨廷顿：《变化社会中的政治秩序》，王冠华、刘为等译，上海人民出版社 2008 年版。［美］弗朗西斯·福山：《政治秩序与政治衰败：从工业革命到民主全球化》，毛俊杰译，广西师范大学出版社 2015 年版，第 485 页，"国家都在集中和使用权力，如果行使合法权威，赢得公民的自愿遵守，就会变得更有效、更稳定。"

② Barrington Moore, *Social origins of dictatorship and democracy: Lord and peasant in the making of the modern world*, London: Penguin Books, 1993, p.418.

③ ［美］阿伦·利普哈特：《多元社会中的民主》，刘伟译，上海人民出版社 2017 年版，第 3 页。

点的一个重要表现。"对社会制度不断发展的最好解释,不是集体目标或利益的帕累托最优结果,而是分配利益冲突的副产品。"①因为,从经济利益"算计"的角度来看,任何形式的暴力,甚至潜在暴力,对社会发展都是不利的,更不用说对短期甚至中期的经济发展而言,是非常"不划算"的行为。

从客观角度看,低度社会冲突与社会抗争运动,能够发挥推动社会融合和社会整合方面的功能,甚至可以产生大多数形式的协商、协议、施压都难以起到的能效,科塞甚至将这一机制归为"寻找敌人","这样一个组织不仅将任何实际的异议定义为'敌人的活动',而且还倾向于'发明'内部和外部敌人,以加强其内部团结。这样一个团体不停地寻找敌人,因为它的凝聚力和生存取决于他。"②所谓的"选举竞争",实际上是对社会暴力冲突的部分替代。那反过来说,社会抗争或者社会冲突往往也可以通过"选举竞争"及其结果予以呈现,这是诺斯的研究团队成员也都不否认的观点。

2. 理论上的简单反暴力反而忽视了暴力的社会政治根源

当然,直到今日,很多国家的广泛暴力形式的存在原因其实也是多样的,例如国内社会分层、分化与分裂,特别是族群冲突频繁;国际冲突格局下不同国际势力的渗透、扶持与策反等。而发展中国家的低度、中高强度的暴力,甚至大规模武装力量的存在也有其内在"理据",因为这些反政府武装存在根源大多在于难以缓解的社会问题与社会冲突:特别是宗教、种族、语言、文化与地域政治等问题盘根错节,使得不少的少数族裔群体的安全得不到相应的可信承诺和可靠保障。③也就是说,由于不少群体的安全难以得到切实保障,所以他们只能以暴力或者准暴力的方式,维护自己的生命、生存与发展。

---

①　[美]杰克·奈特:《制度与社会冲突》,周伟林译,上海人民出版社 2009 年版,第 19 页。

②　Lewis A. Coser, *The functions of social conflict*, London: Routledge, 1998, pp.102—103.

③　诺斯的分析过于草率地祈求这样的保证:"有效的政治竞争需要有可靠的保证:失败者将不会被剥夺,并且落败的政治组织仍然能够拥有未来参与竞争的权利。"[美]道格拉斯·C.诺思、约翰·约瑟夫·瓦利斯、巴里·R.温格斯特:《暴力与社会秩序:诠释有文字记载的人类历史的一个概念性框架》,杭行、王亮译,格致出版社、上海人民出版社 2013 年版,第 158 页。

故此,一味地简单地谴责暴力和暴力威胁,可能并不能很好地缓解这些问题。而这些问题一旦难以得到很好解决,可能就会威胁到脆弱的民主体制,进而使得引入权威政治变得越发可能。达尔明确指出:"当冲突爆发时,双方都不可能完全相信宽容对方会带来安全。……危险就在于,在竞争者之间建立起一种共同安全体制之前,正在形成然而并不稳定的竞争性政体就会被由竞争者之一所主宰的霸权政体代替。"①也就是说,诺斯等人一直反对任何形式的暴力,却未能在社会政治层面挖掘暴力存续的根源,从而也难以实质性地研究现代社会中的暴力问题以及其复杂的社会政治根源。

简而言之,我们发现诺斯表面上强调竞争对权利开放秩序及其经济发展的重要性,但又绝口不提与社会抗争相关的社会冲突问题。深入分析之后,我们会发现,诺斯是以精英之间的合作与竞争,替代了社会范围内的合作与抗争。他们对社会冲突的内容有选择性地进行了区分,将对

表1.6 不同社会秩序及其社会控制

不同社会秩序/情况对比	政治权利开放情况	竞争性市场经济情况	社会控制方式
自然秩序	统治者尽可能地垄断政治权力,利用权力分享机会笼络了重要的精英,对社会底层共同实施政治压制	不存在统一的市场,统治者主要是通过土地税以及其他方式汲取社会资源	暴力统治;利用地理分割等因素,结合宗教、文化等方式实现社会控制
权利限制秩序	精英分享有限权利,对社会底层共同实施政治压制,但是逐步放开一些人身自由权利等	垄断性经济体制,对社会底层共同实施经济剥夺	精英法治、暴力控制,综合使用各种社会控制方式,特别是暴力与暴力威胁的频繁使用
权利开放秩序	开放政治竞争,使得公民的政治选举权得到保障,但其政治效能如何则不得而知	完全市场竞争,在完全竞争条件下,保障各种市场主体的参与权利,实现市场主体的能动性的充分发挥	隐蔽型社会控制,如法治控制等

---

① [美]罗伯特·达尔:《多头政体:参与和反对》,谭君久、刘惠荣译,商务印书馆2003年版,第47页。

于短期经济增长"有益"的部分纳入竞争范畴,而"无益"的部分则被纳入暴力范畴,然后加以努力消减即可。在表 1.6 中,结合诺斯等人有关权利开放秩序理论的分析框架,本书对应地"补足"其所忽视的不同社会秩序下"社会控制方式"方面的特征以及相互间的区别,并将通过下部分内容详细论及欧美国家的竞争性社会秩序背后所隐藏的社会控制机制。

(二)欧美国家的竞争性社会秩序背后所隐藏的社会控制机制

1. 波兰尼对完全竞争性市场经济神话的批判

诺斯及其研究团队确实找到了促进人类社会发展的重要机制,即竞争机制。因为唯有激烈而相对有序的市场竞争机制,方为推动经济增长和社会进步的最重要方式或者途径之一。但是,诺斯等人却忽视了竞争机制从经济领域向政治等其他领域扩展而可能带来或加重的各种风险与问题。而且,即使是经济领域的市场竞争,也只有在一定的制度性保障与控制范畴内,方有可能带来正面社会效应。[①]总而言之,政治竞争与经济竞争,向来是被各种社会控制机制所牵制甚至严格控制,这在经济史学家波兰尼的《巨变》一书中有详尽而透彻的分析。即市场竞争,或者竞争性市场经济关系,向来只是社会关系的一个方面,而市场竞争主体之间的关系,同时也只是嵌入社会结构与社会关系的一种社会面相。所以,社会关系同时又紧密地制约着市场竞争关系,甚至强烈地抵制着商业法则向自然领域、劳动力领域、国家货币领域的蔓延,"很矛盾的是,不只是人与自然资源需要避免自律性市场之毁灭性影响,就是资本主义生产组织本身也需要避免自律性市场之毁灭性影响。"[②]

2. 诺斯等人对亲经济性竞争性政党体制的想象与构筑

从波兰尼的分析视角来看,英美国家所谓的完全市场竞争显然只是理论假设或者理想模型,根本无法在现实社会中实现,一旦接近这样的理想模型,必将引发灾难性的后果。例如,法西斯主义的兴起就是社会对完全市场经济体制肆虐所启动的一种自发保护。美国的政治竞争或者表现

[①] 这种保障机制在很大程度上其实就是合作机制,或者对竞争的限制性机制,布罗姆利清晰地指出:"长期以来,政治哲学承认冲突由稀缺而来,然而,同样是由于稀缺和冲突,人们之间产生了相互的依赖。斗争和依赖的结合产生了普遍对秩序的要求。"[美]丹尼尔·W.布罗姆利:《充分理由——能动的实用主义和经济制度的含义》,简练、杨希、钟宁桦译,上海人民出版社 2018 年版,第 48 页。

[②] [匈牙利]卡尔·波兰尼:《巨变:当代政治与经济的起源》,黄树民译,社会科学文献出版社 2013 年版,第 241 页。

为两党之间相互竞争的体制,或者只是选举政治宣传所需而刻意营造出来的说法。美国民主理论研究专家夏皮罗坦言,"如果权力的竞争是民主的生命力所在,那么,两党寻求共识的行为(以及这种行为背后的协商式一致),就真正成为限制民主的反竞争共谋。"① 这或许是两党不得不为之的无奈之举,因为所谓的两党竞争格局,实际上存续的时间比较有限。美国在二战后迎来了或者完全进入了所谓的"利益集团社会",政党竞争实际上基本退居"二线",在美国政治现实中只起到有限的作用,"认为美国利益集团的繁荣是以美国政党为代价的观点也有一些更基本、更经得起时间检验的理由。"②

不过在多元主义理论视角下,西方国家的利益集团的竞争导向到底是何样的?是否多导向了经济增长领域?还是说也导向了利益分配领域?例如,美国的社会保障体系就是一个不断"打补丁"的分散化体系,由于不同社会群体都想通过"竞争"的方式争取政府提供有效保护,最终导致了这样的一种局面:美国缺乏统一有效的福利国家保障体系。③ 有学者挑战奥尔森的分利集团理论,认为很多利益集团可能并非食利性质,而是导向公共利益的。不少公益性组织和利益集团会不断通过公共事业的发展,从而间接地推动,或者最起码有利于营利性经济活动。但是,这好像存在着两大违背史实和现实的地方:一、即所谓的公共利益导向的组织和团体,最早或者主流上都是"非生产性"的,甚至是"反生产性"或者"反资本主义"的。二、他们的活动虽然导致公共事业的发展,但是绝对并非无成本,而是要消耗不少社会与经济成本。

3. 以宪则法治等对民主的分配冲动实施有效控制

美国一直作为最重要的自由民主国家而为世人所称道。但美国民主是非常典型的宪则民主(constitutional democracy),其在最原始或者最原初意义上,显然不仅不是民主的,甚至是反大众民主的。"从制宪会议的整个秘密讨论情况来看,这种对人的不信任显然首先是对普通人和民

① [美]伊恩·夏皮罗:《民主理论的现状》,王军译,中国人民大学出版社 2013年版,第 70 页。

② [美]杰弗里·M.贝瑞、克莱德·威尔科克斯:《利益集团社会》,王明进译,中国人民大学出版社 2012 年版,第 92 页。

③ 陈兆旺:《美国福利公民身份缺损的政治制度解释》,《甘肃行政学院学报》2014 年第 6 期。

主制度的不信任。"①只是其伴随着民主政治的发展而被不断"洗白",即由于民主政治宣传的需要,才在宪则一词后面加上"民主"一词,然后堂而皇之地将这两个当年"水火不容"的概念变成了一个新的概念。但是,即使如此,所谓的宪则民主体制,也是对抗"肆无忌惮"的大众民主或者自由民主的重要纠正的产物。②而所谓的"宪则"实际上代表着更为深厚的西方政治传统——法治,即以法治制约或制衡风起云涌的自由民主运动浪潮。当代美国多被视为自由民主或者竞争性选举民主的"灯塔"。但是,在历史上,美国一直是作为对抗自由民主和社会主义民主运动的"堡垒"而存在的。③利普哈特关于协和民主、共识民主的研究也纠正了人们关于"对抗性"民主模式的单一想象,"协和模式的领导方式是联合;在英国模式中就是竞争,如马丁·O.海斯勒所讲,是'对抗性的'。"④

　　而为诺斯等人所称道的自由民主竞争,或者一般的(政党)政治竞争都具有严重的误导性,实际上多为理论想象与建构。因为长期以来,人们对民主运动是本能地排斥,尤其是有产阶层,不仅担心民主的混乱,而且

---

　　①　[美]理查德·霍夫施塔特:《美国政治传统及其缔造者》,崔永禄译,商务印书馆 2010 年版,第 9 页。Robert A. Dahl, *How democratic is the American Constitution?* New Haven: Yale University Press, 2003, p.34, "为了消除他们的危险,麦迪逊提出了五项建议,这些建议在我们这个时代可能比《联邦党人》(第 10 篇)中所揭示的反多数偏见,更好地便于我们理解。"

　　②　诺斯和温格斯特在另外的文章中也明确指出现代宪法的重要作用就是限制政治风险,"根据普拉沃斯基和温格斯特的研究,这个原则主张,成功的宪法可以限制政治风险。也就是,它们部分地通过强调公民权利和对政府决策的其他限制,来对政治选择的范围加以限制。"道格拉斯·C.诺斯、威廉·萨默希尔、巴里·R.温格斯特:《秩序、无序和经济变化:拉美对北美》,载[美]布鲁斯·布恩诺·德·梅斯奎塔、希尔顿·L.鲁特主编:《繁荣的治理之道》,叶娟丽、王鑫等译,中国人民大学出版社 2007 年版,第 28 页。Barry R. Weingast, "The political foundations of democracy and the rule of the law," *American political science review*, Vol.91, No.2, Jun. 1997.

　　③　[美]埃里克·方纳:《美国自由的故事》,王希译,商务印书馆 2002 年版,第 72 页,"直到进入 19 世纪的最后 25 年,美国才开始禁止一些白人群体进入美国。被排除的群体开始只包括妓女、判了罪的重罪犯、精神病人、实行一夫多妻制者以及那些有可能变成'公共负担'的人。到了 20 世纪,这个范围扩展到包括无政府主义者、共产党人、同性恋者和文盲在内的白人。"

　　④　[美]阿伦·利普哈特:《多元社会中的民主》,刘伟译,上海人民出版社 2017 年版,第 23 页。

担心民主可能会带来难以驾驭的经济和社会效应。人们普遍反对民主运动的重要原因就在于，民主在经济本质上就意味着平等，意味着要平分财产和财富。①所谓的民主运动或者激烈的政治竞争活动，不可能是亲经济的行为，因为平均财产和财富将会严重影响经济效率。虽然这在经济理论界也有激烈的争论，20世纪中后期，大量的经济理论家为福利国家和社会保障体系的建立建言献策，提出了很多理论范式，以论证分配正义的正当性与可行性，"每一件事情都依赖于作为公平的正义观念如何结合成为一个整体。然而，如果我们忽视人生前景中产生于这些偶然性的不平等，让这些不平等自动地发挥作用，而没有能够建立起保证背景正义所必需的规范，那么我们就不会严肃地对待这种社会理念，即社会作为自由和平等公民之间的一种公平合作体系之理念。"②所谓的分配正义如同民主概念一样，也被逐步"洗白"。但不可否认的是，在人类发展的历史长河中，人们对所谓的社会再分配确实有着长期的惧怕和抵制，有产者尤其如此。③除非，社会精英已经能够比较有把握地有效控制民主，方才可能使得点缀门厅的民主体制得以建立，而在拉美更是盛传着这样的说法，所谓的竞争性民主也只是"逢场作戏"，"做给英国人（后来的美国人）看"。④

总而言之，政治竞争或者民主运动，以及社会主义运动，都不可能是直接的亲经济的活动。所以，诺斯等人硬生生地将政治竞争与有利于经济增长的经济竞争放在一起，试图将其都视为有利于社会秩序维持和经济发展的目标，将它们视为能够相互强化的亲经济因素，即便不是反历史的理论假想，也是罔顾历史事实的纯粹理论模型推演。西方国家在社会

---

① 当然，对民主的价值与功能有不同的含义指向，英美的政治传统比较多地将民主与自由捆绑在一起，而法国为代表的欧洲大陆则更多地倾向于将民主与平等捆绑在一起。"政治肥大症造成了经济萎缩症：民主愈完美，公民愈贫穷。因此导致了用政治手段解决经济问题的恶性循环：为了弥补财富生产之不足，不得不去没收财富。"[美]乔万尼·萨托利：《民主新论》，冯克利、阎克文译，上海人民出版社2009年版，第309页。

② [美]约翰·罗尔斯：《作为公平的正义：正义新论》，姚大志译，中国社会科学出版社2011年版，第71页。

③ [美]伊恩·夏皮罗：《民主理论的现状》，王军译，中国人民大学出版社2013年版，第70页。

④ [美]霍华德·J.威亚尔达：《拉丁美洲的精神——文化与政治传统》，郭存海、邓与评、叶健辉译，浙江大学出版社2019年版，第382页。

建制层面,从一开始就逐步形成了对经济、政治等多领域的竞争实施限制、控制与调节的诸多机制。①当人们热情地将自由民主思想、理念和制度向诸多发展中国家扩散的时候,并不能轻易移植如此复杂的思想和制度体制。而且人们一般也难以觉察到如此复杂的秩序体系,因为西方国家得以通过漫长的历史进程,甚至以巨大的牺牲为代价方才建立起的自由竞争体制背后这一套复杂的社会控制与社会规制,这些对于维持有效而无害的经济与政治竞争来,显得尤为重要。②故此,如若缺乏这些社会控制机制,以竞争性两党制、竞争性市场经济等为特征的社会制度和社会秩序在不断地拓展过程中,带来的问题、危害甚至灾难不胜枚举。

(三)作为社会秩序基础的法治建设比权利开放来得更为紧迫

市场经济逻辑或者市场竞争的机制,应该如何被广泛地扩展到整个社会领域? 或者说,为推进经济发展,我们到底可以做些什么? 既然自由民主的竞争性政治秩序并不一定带来经济增长,那么是否有其他替代性的变量或者指标,可以比较确定性地推动经济发展?

亚里士多德认为法治的品质可以在一定程度上反映政体类型的性质差异。既然法治可以作为政体差异的重要测量、衡量和评判指标,而法律虽有良法与恶法之分,但却不能否认其亦为法治的一种(初级)形式。③由此,其或许可以有效避免政治体制的民主与否,以及不同政体类型优劣的无谓的争议。例如,在法治指标测量上,东亚国家与地区,特别是新加坡的得分和排名都非常高,而中国大陆的得分也不错。中国自 1978 年改革开放以来,法治建设取得的长足进步是举世公认的,法治建设在客观上也保障了我国的快速经济增长。而与此同时,很多民主指标不错的国家,其在法治指标上和排名上的得分却比较低,由此也可以反映一个国家的社会治理绩效令人堪忧,而这样的社会的经济发展一般也都是不尽如人意的,例如印度、很

---

① [美]罗伯特·达尔:《多头政体:参与和反对》,谭君久、刘惠荣译,商务印书馆2003 年版,第 175 页。

② 相对于大家熟知的那些"外部制度",沃依格特将其界定为"内部制度",其实也就是我们制度主义研究中的所谓的"非正式制度"。内部制度对外部制度的重要性是不言而喻的。[德]斯蒂芬·沃依格特:《制度经济学》,史世伟、黄莎莉、刘斌、钟诚译,中国社会科学出版社 2016 年版,第 12 页。

③ "法治应包含两重意义:已成立的法律获得普遍的服从,而大家所服从的法律又应该本身是制定得良好的法律。人们可以服从良法也可以服从恶法。"[古希腊]亚里士多德:《政治学》,商务印书馆 1965 年版,第 202 页。

多拉美国家的法治指数得分都比较低。①故此,从法治这一相对比较单一的指标对比中,我们可以比较有效地预见不同地区与国家经济增长方面的差异,并且也可以算是寻求到能够有效推进经济发展的最为重要的因素之一,从而能够为诸多发展中国家的发展指明政治努力的方向。

虽然在诺斯等人的分析框架中,他们都认为在从权利限制秩序向权利开放秩序发展的过程中,需要满足一定的临界条件,而精英(之间)的法治就是其中重要的一个临界条件。在欧美国家的权利开放进程中,首先建立起小范围的、有限度的精英之间的契约与规则之治,并由此逐步向社会大众层面扩散。但是,诺斯等人并未能探讨这种精英之间的博弈机制其实也受到相当多的制约,达尔对此有明确的剖析:"……政党冲突常常是粗暴而又痛苦,但冲突的激烈性被显贵集团盘根错节的友谊、家庭、利益、阶级和意识形态关系抑制了,他们人数有限但控制着国家政治生活。"②而所谓的"精英法治"向社会整体法治的拓展的"模式"特征,已经被诺斯自己的研究团队的案例分析所推翻,"不过,在韩国,精英内部以及与非精英之间的法治、对组织的支持,都只是在其民主化转型之后方才得以实现。这一差异可能适用于诸多发展中国家。在这些国家,人人平等的正式法治制度只有在(民主)独立之后方才被引入,而权威统治者往往无视法治。"③

而后发现代化国家的精英之间的对抗,非精英之间的对抗,以及精英与非精英之间的对抗,显然都是同时剧烈发生的。与此同时,他们还缺乏先发现代化国家经过几十年甚至上百年而形成的制约机制,所以在当代社会的民主化与现代化过程中,国家与社会范围内的混乱、对抗、衰退、国

---

① 在世界法治指数 2019 年报告的排名中,新加坡以 0.80 分的高分位列亚洲第 1、世界第 13;印度则得分 0.51,世界排名第 68,拉美的法治指数普遍没有其 2018 年民主指数排名高。印度的民主指数的全球排名位列第 41,而新加坡只排到第 66。参见英国《经济学人》杂志 2018 年度民主指数报告: http://www.eiu.com/Handlers/WhitepaperHandler.ashx?fi=Democracy_Index_2018.pdf&mode=wp&campaignid=Democracy2018。世界法治指数 2019 年度报告: https://worldjusticeproject.org/sites/default/files/documents/WJP-ROLI-2019-Single%20Page%20View-Reduced_0.pdf。

② [美]罗伯特·达尔:《多头政体:参与和反对》,谭君久、刘惠荣译,商务印书馆 2003 年版,第 47 页。

③ Douglass C. North, et al., eds., *In the shadow of violence: Politics, economics, and the problems of development*, Cambridge: Cambridge University Press, 2013, p.318.

家崩溃等现象普遍存在。

相对于诺斯等人的乐观主义态度,我写作的基调可能更为谨慎。而诺斯等人的乐观主义是建立在对西方社会政治发展道路的美化、粉饰甚至扭曲的基础上而表现出来,他们于是得出这样的结论:建立在自由竞争的市场经济体制和竞争性政党政治基础上的权利开放秩序,会"自然而然"地产生"破坏性创造"机制,进而迸发出激烈的社会竞争力与创新力,不断地推动经济与社会的长足发展。而本书在还原西方发展模式基本特征的基础上,同时也着力揭示出当代发展中国家发展的难处,例如各种暴力现象存续甚至蔓延的社会政治根源;缺乏能够有效制约自由竞争带来的社会风险的现实基础,尤其是有效的社会控制机制;作为社会秩序基础的法治建设至关重要,不过却面临着诸多的现实困难等。权利开放秩序理论在理论层面具有重要的创新性,不过试图将其毫无保留地运用到广大的发展中国家的理论运用冲动,则实为莽撞之举,亦可反映出其政治不成熟之弊。

四、对诺斯等人的权利开放秩序理论分析框架的优化

在诺斯等人的分析框架基础上有三个方面的重要发现:暴力本身并非一无是处,最起码在前现代社会尤其如此,暴力在客观上可能会对社会发展起到一定的正面效应;[1]欧美发达资本主义国家并非是在简单放开市场竞争和政治竞争的权利之后,就直接激活了社会发展动力从而有效地推动社会发展,在其漫长的历史变迁过程中,实际上形成了对市场竞争和政治竞争的复杂的控制体系,由此才能够将其导向良性竞争的方向,方才实现了相对比较稳定的发展;欧美国家在社会秩序基础上取得的经济增长并非民主权利的直接产物,或者说,民主权利层面的经济效应只是基础性的。对经济和社会发展而言,法治建设是比较能够带来立竿见影效应的举措,所谓的法治建设可以包括而不限于:产权保护制度、人身保护

---

[1] 马克思明确指出:"暴力是每一个孕育着新社会的旧社会的助产婆"。[德]卡·马克思:《资本论》第 1 卷,载《马克思恩格斯文集》第 5 卷,中央编译局译,人民出版社 2009 年版,第 861 页。王国斌教授在对比欧洲和中国的长期历史发展时指出:"欧洲在长期的战争威胁之下,意外地形成了一个非常有利于经济变革的环境,而较少面对战争的清朝所推行的经济政策,则更易于促成'斯密型成长'而不是工业革命。"[美]王国斌、罗森塔尔:《大分流之外:中国和欧洲经济变迁的政治》,周琳译,江苏人民出版社 2018 年版,第 244 页。

制度、司法效率提升，其也是不少经济体实现经济社会发展的重要制度基础。而且，有效法的法治建设也并不会特别影响政权性质。当然，正如大量的研究发现所揭示的那样，民主权利的价值就在于，即使其不能直接带来良好的经济效应，依然值得人们去追求。因而民主价值的追求也是有经济代价的。①就此，我们将在下文中，将这些比较重要的发现，尽量恰当地运用到分析框架的完善之中。

我们将在上文的分析基础上提炼出秩序与竞争这两个指标或者变量，并且将其作进一步的区分或者分类。首先，将竞争区分为低度竞争和高度竞争。这种竞争程度的区分的影响因素包括但不限于：社会资源投入（时间、人力、物力甚至武力投入等）、竞争强度表现（竞争态势与形式）、其所带来的社会政治后果的严重程度与可恢复程度。②其次，我们将社会秩序区分为暴力或者潜暴力秩序与法治秩序，两种秩序的差别在于是否经常以直接的暴力为基础以维持社会秩序。虽然所有的民族国家都以暴力或者暴力威胁为后盾而实施统治和治理，但其暴力的强度是可以有强弱之分的。前现代社会的暴力行使的频率一般来说会更高，"武力在专制社会秩序的形成和维护方面起着重要的作用。"③现代社会的政府在暴力使用方面一般多比较谨慎和矜持，通常总是以法治等社会控制方式逐步替代传统的独断以及频繁的暴力使用，甚至军政府统治都不例外。④最

---

① Mancur Olson, "Dictatorship, democracy, and development", *American political science review*, Vol.87, No.3, Sep. 1993.

② "这种社会下的公民将他们资源的大部分投入到与另外一个人的斗争中，于是，整个社会就表现出冲突、混乱、政治无序和经济萎缩。"道格拉斯·C.诺斯、威廉·萨默希尔、巴里·R.韦恩加斯特：《秩序、无序和经济变化：拉美对北美》，载［美］布鲁斯·布恩诺·德·梅斯奎塔、希尔顿·L.鲁特主编：《繁荣的治理之道》，叶娟丽、王鑫等译，中国人民大学出版社2007年版，第56页。

③ 道格拉斯·C.诺斯、威廉·萨默希尔、巴里·R.韦恩加斯特：《秩序、无序和经济变化：拉美对北美》，载［美］布鲁斯·布恩诺·德·梅斯奎塔、希尔顿·L.鲁特主编：《繁荣的治理之道》，叶娟丽、王鑫等译，中国人民大学出版社2007年版，第56页。

④ "在近代世界，法律成了社会控制的主要手段。在当前的社会中，我们主要依靠的是政治组织社会的强力……此刻人们最坚持的就是法律的这一方面，即法律对强力的依赖。但我们最好记住，如果法律作为社会控制的一种方式，具有强力的全部力量，那么它也具有依赖强力的一切弱点。""我们一定要为法律找到一个较好的根据，一定要找出强力背后的某种东西，强力不可能是社会控制的最终现实……"［美］罗斯科·庞德：《通过法律的社会控制》，沈宗灵译，商务印书馆2010年版，第12、17页。

后,我们画出了如表 1.7 竞争与秩序的悖论矩阵。我将传统社会、东亚地区代表性国家与地区、拉美地区代表性国家与北美的代表性国家——美国分别将它们填入相应的表格中,以示对比和区分。

表 1.7　竞争与秩序的悖论

	暴力秩序	法治秩序
低度竞争	传统社会	东　亚
高度竞争	拉　美	美　国

对此,我们对这种分类与"配对"进行简单的交代和说明,一些比较容易解释和理解的方面,我们就简单带过甚至不再交代,但对于其中一些显得比较"蹊跷",或者与常识有较大出入的地方,我们将稍微详细一点地进行说明:

第一,美国作为世界范围的法治社会秩序的代表,其自由市场竞争与政治竞争也最为激烈,这应该是没有什么争议的。美国作为典型的三权分立的国家,其法治水平在发达国家中也算是很不错的。在世界法治指数排名的 2019 年的年度报告中,美国以 0.71 分,名列全球法治指数第 20 名。[①]

第二,拉美的社会竞争非常激烈,其社会秩序也一直令人堪忧,即其社会政治领域不够稳定,而且经济上也非常混乱,并且以社会高度不平等为"标签",这些都加重了其社会政治与经济的不稳定程度,很多国家的暴力程度也很高,社会秩序状况不佳。按照世界银行关于"国际谋杀犯罪率(每 10 万人)"这一指标的统计,拉美大国巴西的"近似值"为30,墨西哥为 19,阿根廷为 6,智利为 3,而世界的平均值是 5,中国是 1,其实中国的数值一直在不断地平缓下降,2010 年已经降到 1 以内,最近的 2016 年为 0.616。[②]

第三,现在而言,东亚是否拥有法治秩序这一问题显然已经没有什么太大争议。但是,二战后的东亚国家是否就具备了法治秩序的要求,可能会存在一定的争议。东亚国家到底是在权威政治控制下而形成了良好的社会秩序,还是由于法律制度的建立健全而形成了比较稳固的社会秩序确实也存在一定的争议。当然,权威统治与法治建设并非水火不容,在东亚地区的很多国家,两者就形成比较好的结合。在特定的历史时期,法治秩序可能会为权威政治统治提供不错的合法性基础。在世界法治指数排名的 2019 年的年度报告中,东亚主要的"发展型国家或地区"的表现非常突出,新加坡名列亚洲第1,全球排名第13,得分 0.80 分;日本 0.78;中国香港 0.77;韩国 0.73 分,都挤入全球排名前 20 名,而且都超过了美国的法治指数排名。①如果没有此前权威政治为法治所打下坚实基础,在短短几十年就能取得如此巨大的法治建设成就,显然是不可能的事情。东亚社会为什么是低度竞争而不是高度竞争的? 东亚经济领域的竞争是有目共睹的,但通过本书我们发现这种竞争是受到有效控制的,甚至是政府有效推动的结果,在本质上区别于西方国家的自发市场竞争的情况。关于这一点,我们将在本书的第四章中进行具体的介绍和分析。

第四,为何传统社会是低度竞争? 因为在大部分时期,传统社会是分散型社会,即使存在竞争也不可能是全社会的高度复杂的全方位竞争,其整体上只能处于相对有限的低度竞争的范畴。前现代社会的所谓激烈"竞争"主要表现为国别、区域或者地方之间的"军事战争""械斗"等,但是多为边境或者交界处的特例。欧洲中世纪修建起来的大大小小的城堡,多首先作为军事防御之用,而且确实也起到了相当重要的作用。由此可见,传统社会在整体上多是处于相对有限的低度竞争的范畴。不过,典型的传统社会的研究,对于本课题的价值有限。我们为了整体的研究需要,将选择以中世纪欧洲的城市作为逐步试图脱离传统社会的一个重要政治共同体形式,以便深入地探讨诺斯等人的权利开放秩序的转型问题。

表 1.8 经济竞争与政治竞争的区分

	低度政治竞争	高度政治竞争
低度经济竞争	传统社会 (特例:中世纪欧洲城市自治)	拉 美
高度经济竞争	东 亚	美 国

---

① 参见该指数排名的官网:https://worldjusticeproject.org/sites/default/files/documents/WJP-ROLI-2019-Single%20Page%20View-Reduced_0.pdf。

诺斯等人试图将市场经济领域的竞争机制完全照搬到政治领域，并将熊彼特的"创造性破坏"机制运用到政治领域，这显然是不合适的。王国斌教授通过长期的中欧历史对比性研究也得出类似的结论："我们认为政治竞争和经济竞争不一样，它不是万应的灵药，它的正面效应是间接的，依情况而定的，而且需要付出巨大的代价。"[①]但为了研究的需要，我们亦在此基础上，将经济竞争区分为：低度和高度两个类型，并且也将政治竞争区分为：低度和高度两个类型。在此基础上，我们将上述四个案例集分别投放到适宜的表格中（见表1.8）。我们在此也作一定的文字说明：

第一，传统社会中的竞争多是低度竞争，不过，中世纪欧洲城市虽然在时间和不少特征上依然属于"传统社会"，但是其自治运动所呈现出来的格局已经完全不一样了，很多研究者将其定性为封建主义海洋中的"孤岛"，因为它们不仅面对内外部激烈的政治竞争，在城市之间、城市内部的经济竞争也是非常激烈。但是，由于时间太过于靠前，所以没有引起诺斯等人的注意和研究。因为这是一个相对比较早发的权利开放秩序。

第二，拉美为何是低度经济竞争？因为拉美国家的社会竞争主要表现为政治竞争，政治竞争对经济竞争具有相当大的决定性作用和替代作用，经济竞争大多会融入政治竞争过程。并非说拉美地区的经济竞争不激烈，只是相对而言，人们的主要精力更倾向于政治竞争。而这一政治竞争的内在逻辑并非生产性政治驱动的，而是分配性政治驱动的，这就导致这些国家的经济发展波动较大，而且在民主化后纷纷陷入低度发展的陷阱。

第三，为何东亚地区的很多国家，都是低度政治竞争？东亚模式中的经济竞争相对比较隐蔽，其中受到政治的复杂影响，但毕竟逐步实现了经济自由化，而且即使在权威主义统治时期，经济自由也是相对得到有效保障的。低度政治竞争并非没有竞争或者完全控制了竞争，其实是有效控制政治竞争的强度与展开方式，政治竞争相对比较隐蔽，其中也融入了一定的经济竞争的成分，但是政治竞争总体上"让位于"经济竞争。我们之所以会认为东亚地区的经济竞争相对没有那么明显和激烈，主要是和美国相比较而言。但是，东亚的经济竞争有其特定的作用形式，例如表现在

---

① ［美］王国斌、罗森塔尔：《大分流之外：中国和欧洲经济变迁的政治》，周琳译，江苏人民出版社2018年版，第135—136页。

与欧美的竞争关系中以及东亚地区不同国家之间的竞争关系之中的"经济民族主义",同时也表现在国内生产过程中的技术革新和生产竞赛等活动之中等。也即,东亚地区将经济竞争很好地引导向相对比较和谐和良性运作方面去,而并非表现出如欧洲尤其是美国历史上出现的破产、倒闭、兼并、重组、垄断、并购、失业等严重经济竞争现象。"市场仍然不能依照自己的规律运行。市场规律受到政府管制和非市场治理结构的约束。……20世纪60年代,日本经济中的政府和市场已通过制度联结到了一起。每一方都通过非市场/非政府机制的中介,通过与对方的合作扮演自己的角色。限制过度竞争和扩大规模经济的战略,也通过与私营企业的合作,将日本经济与正统的自由资本主义区别开来。"①

第四,为何美国是高度政治竞争?这并不意味着美国的政治竞争是最高的,或者说是比别的国家要高,而是说这种政治竞争更具开放性与透明性,甚至它们自己也会有力地展示这种开放性与透明性,并且将其作为自由竞争民主实践的标志性特征。所以,相对于其他国家,美国的政治竞争的表征更为突出,虽然其形象化、戏剧性色彩也比较浓厚。

在此基础上,通过如上的区分与比较,我们不仅可以对相关的类型有更为清晰的理解和认知,而且确实在诺斯等人的研究发现之外,发现了许多值得研究的议题。而这些应该得到进一步讨论的研究议题,在诺斯等人的研究框架中,显然是难以被发现,也难以开展。遵循着这样更为细化的发展道路的比较与界分,我们不仅可以弥补诺斯等人的分析框架的缺憾,同时可以就发展议题实施更为精细化和深化的研究。在上述国别与区域区分的基础上,我们将它们不同的发展模式或者路径作进一步的探讨,特别是其中难以解释或者理解的地方,先做初步的尝试性的解释,而进一步的探讨,有待于在下文的深度比较案例分析中去完成。由于传统社会这个类型的情况相对比较容易理解,研究价值也有限,本书就不再进行案例选择与进一步的探讨,而只是对另外四个国别与区域案例进行对比性研究。本书内容的覆盖面比较有限,这当然是比较案例分析的缺憾。故此,只能在上文交代和讨论的框架中,在"竞争"与"秩序"这两个对比性因素中,选择出相应的案例群进行集中的对比性研究,而对于其他地区和国家的情况将暂且不做对比性讨论。

---

① [美]高柏:《经济意识形态与日本产业政策——1931—1965年的发展主义》,安佳译,上海人民出版社2008年版,第218页。

表 1.9　本书主体案例及优化后框架的初步运用

代表性国别与区域	区分性解释	具体分析与阐释
中世纪欧洲城市	容易解释	由于当时封建领主的支配权力很大,所以一直压制着城市的权利运动。但是欧洲商贸活动的复兴,在经济竞争中逐步积累大量财富,为封建领主所把握的秩序带来了或明或暗的冲击和挑战
	不容易解释	为何普遍获得市民权利和城市自治权利之后,中世纪欧洲城市依然未能免予相互之间的恶性竞争,以致不断"寡头化"甚至最终连经济社会发展都遭受深远的负面影响
	初步解释	中世纪欧洲城市毕竟处在封建主义的海洋之中,广受各种封建领主势力的窥觊和渗透,城市内部虽然有一定的法治基础,但由于城市秩序中社会分层日渐明显,从而导致市民内部不平等程度的加剧,最终使得城市内战与秩序问题不断
美国	容易解释	激烈的竞争体制,激发出经济与社会发展的活力,社会与经济发展有活力,进而推动经济增长
	不易解释	如何在高度竞争的社会环境下形成有序的自由竞争格局,并保持良好的社会秩序。即如何有效控制政治竞争强度,并提升经济竞争的经济社会效应
	初步解释	政治竞争形式化、戏剧化,以降低破坏性,经济自由化在 20 世纪初开始逐步让位于政府调控
东亚	容易解释	有效控制社会竞争,尤其是以长期的权威主义有效控制的政治竞争为特征。长期保持有效的权威政府秩序,以保持良好的社会秩序
	不易解释	低度社会竞争,如何激发社会与经济活力,推动经济增长?
	初步解释	政府主导型的社会秩序,以产业政策等为政府工具,推动国民经济在自由市场竞争基础上实现跨越式发展
拉美	容易解释	草率地开放权利与政治竞争,导致社会失序,社会政治格局动荡不安,政权更迭频繁,民主政体的稳定性缺乏,社会经济绩效表现不佳,导致权威主义与民粹主义交替泛滥成灾,难以建立稳固的社会秩序,经济发展波动过大

（续表）

代表性国别与区域	区分性解释	具体分析与阐释
拉美	不易解释	准备不足、操之过急地开放政治竞争，或者无法有效控制强度、烈度与范围的政治竞争反而危害极大，传统政治力量和势力会利用原先的政治经济结构在新的社会背景下实施适宜的社会政治控制
	初步解释	复杂的国情、民主实践时间太短、准备不足、政治参与爆炸等。依然难以解释之处在于：意识形态偏见即"民主崇拜"，不顾经济社会条件的自由民主竞争与自由权利的偏好实际上并不利于普通民众。民主体制设计与模式选择的问题等。"开放就好，竞争就行"的民主偏见下，难见普通民众特别是底层民众在城市暴力、"非正式工作"等现象下遭受到的苦难

第四节　研究设计与章节安排

本节将简单交代本书的研究方法、研究意义与章节安排等内容。

一、研究目标与研究方法

从社会科学研究的角度来看，我们一般认为研究方法总是服务于研究目的，即研究工具服务于研究内容。所以，本部分我们将简单交代本书的研究目标，并据此探讨本书的主要方法。

本书的主要研究目标是对诺斯等人提出的权利开放秩序理论分析框架实施学术批判与多元发展模式的探究。第一节对研究缘起与研究问题的初步交代中，其实已经涉及本书的研究目的，就是实现对诺斯的这一分析框架以及相应研究的学术批判。随着研究的深入，这种简单的学术批判的学术贡献将会比较有限。任何研究总是有其特定的研究偏好与研究缺陷，诺斯等人有关权利开放秩序理论的研究也一样。倘若停留在对诺斯等人的研究框架的内在机理的批判层面，学术贡献显然将会受到很大的限制。在深入思考与分析的过程中，发现并准备进一步探讨相关的发展问题以及不同发展模式的重要性，而诺斯提供的分析框架，实际上也可以为这一扩展性研究提供非常好的"基准"，甚至在一定意义上可以提供重要的指引。西方世界的发展道路和模式确实由于其历史悠久、影响重大而理应成为我们的重要参照对象。就此,也完全可以将先前纯粹的框架性、批判性的内容填入其中。但我们又不应拘泥于此,可以参照更多的比较案例集群,并由此开展更多元化的发展模式和道路的比较分析,进而能够对当前的发展议题中的诸多问题实施一定的理论归纳与提炼。这项研究的目标重大,因为诺斯及其团队在实际上并非孤军作战,而是代表着国际社会(例如很多国际组织和国际机构,例如世界银行等)的知识界甚至更为广大知识群体的认知。由此可以推知,这项研究的意义也就显得尤为重要了。

为了达成这一重要的研究目标,本书将在研究方法上进一步凝练和拣选,并且不拘泥于某一特定的研究方法与路径,而是注重对不同方法实现的融合贯通。具体而言:

(一)案例分析与类型学方法相结合

案例研究蕴含着对类型学的分类与对比性研究要素的运用。但实际上,很多注重从个案角度出发而实施的研究,多拘泥于具体案例,难以实现理论的对话与深化,多呈现出案例分析与理论探讨"两张皮"的尴尬。故此,有必要引入类型学区分与对比,以实现对相关理论探讨的深化,同时也可以在一定程度上避免比较个案分析方法的内在缺陷。本书一个重要问题在于,在选取特定案例的时候,存在着国别与区域的混合对比,虽然这种对比有内在的问题,但是确实是比较政治学、比较政治经济学的一个通用的方法,例如综合比较东欧与拉美国家、东亚与拉美的不同发展模式等。①虽然我们以区域为特定的比较对象,但在实际的比较过程中,依然还是会注意采用代表性的"典型"国家作为基础性的比较对象,以便于实施"比较",但同时也可以照顾到不同的案例集中的同一区域内的国家的共性与差异。②这样的比较方法实际上已经蕴含着明显的类型学的方法特征,并且也是拓展传统个案分析的一种有效途径。而且这一包含多

①　本书第四、第五章将涉及东亚模式与拉美模式的对比性分析,东欧与拉美模式的对比性分析参见[美]亚当·普沃斯基:《民主与市场:东欧与拉丁美洲的政治经济改革》,包雅钧、刘忠瑞、胡元梓译,北京大学出版社 2005 年版。

②　威尔达尔也表示全局法与国别法之间并无优劣之分。"全局法和国别法都是有效的,前提是我们认识到我们正在做什么,并实时地承认每种方法的优势和劣势。"[美]霍华德·J.威亚尔达:《拉丁美洲的精神——文化与政治传统》,郭存海、邓与评、叶健辉译,浙江大学出版社 2019 年版,第 20 页。

重比较的方法也便于尝试"互为中心"的比较研究方法,①进而可以努力克服诺斯等人研究中的西方中心主义偏差。当然,其难度要明显大于传统的单案例研究与比较案例分析。②

(二)制度变迁与政治过程研究方法相结合

由于诺斯本人是制度理论和制度分析的大师,他对制度变迁理论实施了多次成功的创新与发展,而且在各大社会科学分支学科内的影响都比较大。所以,在本书的研究中,我们必然会大量地涉及制度分析的理论与实践。而由于本书的主体是区域与国别案例的比较分析,也就必然涉及长时间段的政治与经济实践的分析。但是由于时间跨度越长,制度的作用越明显,制度变迁的路径差异也就会越显现,所以本书将在案例分析以及对比分析中,注重对经济与政治制度安排的分析。当然,一旦深入制度变迁过程中,制度就并非文本、法条那么简单。制度创设与安排本身也并非像制度规定的文字来得那么简单,而是涉及广泛的政治社会群体的意向和行动,这种行动的交汇显然会为我们观察与分析复杂的社会政治过程提供非常有利的机会。③在实际的分析过程中,结合制度变迁与政治

---

① 该方法的初步尝试参见[美]王国斌:《转变的中国:历史变迁与欧洲经验的局限》,李伯重、连玲玲译,江苏人民出版社 2010 年版,第 241—242 页,"我们不能完全避免以欧洲标准来评断亚洲的国家形成,因为并没有一种抽象的理论可作为我们比较的基础。然而,我们还必须从中国的观点出发,对照观察欧洲……中国与欧洲,每一方都并不比对方更普遍或更特殊。对称性的观点能使我们承认国家形成及改造方式的多元性。"当然,我们需要明确"互为中心"关键在于"交互"而非"中心",在"停滞的帝国"学说中,大英帝国和中华帝国就是两个各自傲慢地相互独立的"中心",两者之间的交流被研究者称为"聋子对话","这样,一场聋子对话便在继续进行下去:欧洲扮演一个滔滔不绝地说话的角色,自问自答,而中国扮演的却是一声不吭的哑巴。"[法]阿兰·佩雷菲特:《停滞的帝国——两个世界的撞击》,王国卿等译,生活·读书·新知三联书店 2013 年版,第 25 页。

② 马太·杜甘明确指出这种"区域研究"策略优于一般的个案研究。[法]马太·杜甘:《国家的比较》,文强译,社会科学文献出版社 2010 年版,第 20—22 页。

③ 参见诺斯早年作品中关于制度变迁及其背后效率因素影响下的美国经济增长的历程的研究,其挑战了原先占主导地位的经济学说,引入了经济动机、制度创新和变迁过程中的复杂政治经济过程分析,"除了经济上的自利之外,还有更多因素经常存在于政治或社会行为的背后(这只需举一个例子,例如,道德价值有时会扮演一个角色)。"[美]兰斯·E.戴维斯、道格拉斯·C.诺思:《制度变迁与美国经济增长》,张志华译,上海人民出版社 2019 年版,第 245 页。

过程的研究范式,将能够对特定的制度安排与制度变迁作更为深刻的分析,同时也能够更好地理解实际政治过程的复杂性,而非简单描述性分析材料中展现的诸如政治斗争、人物传记、故事情节等方面文字的"堆砌"。此外,其还可以避免政治过程分析中的空洞化,因为我们借助制度主义分析的基本原理和方法,可以将复杂的政治经济过程"锚定"在特定的研究对象范畴内。

（三）能动主义与结构主义方法相结合

这两种方法的结合在上文的研究综述中有所提及,即行动者的能动主义总是在特定的制度性、结构性的约束中实施的。而特定的制度性、结构性的要素必然也只能对特定时空下的个人、组织、集体与群体实现约束。当然,其也可能"有待于"精明能干者对其实现特定的突破。①能动主义研究方法要求我们深入到特定的利益群体与集团层面以便于展开相应的分析和研究,在诺斯的分析框架中实际上就是精英群体的分析,但其很多的分析属于"臆断"或者逻辑推演,缺乏更多的经验性或现实性材料的支撑。这显然不仅是受到经济学模型化方法的误导,同时也缺乏相应的历史学分析方法、心理学分析所导致的结果。②当然,特定的研究显然还受制于特定的视角。在精英主义的理论视角基础上,我们完全可以也应该结合大众分析的视角。但是,诺斯等人并不太注意对大众群体进行分析,更不太分析大众的呼声、诉求及其在政治经济博弈中的重要作用,我们将借助西方左翼理论家的相关研究,来弥补诺斯等人在研究方法、行动者、视角和材料等方面的缺憾。当然,诺斯等人也认识到结构性要素的重要性,所以他们的研究将大量的后发现代化国家排除在权利开放秩序的"俱乐部"门外,但对"俱乐部"内的国家群体又特别慷慨,例如一旦美国对传统政党观念的偏见实现了创新和超越,就迅速地挤入了权利开放秩序

---

①　参见邹谠关于中国革命成功经验的宏观结构与行动者能力互动的分析。邹谠对斯考切波等人为代表的纯粹结构主义分析中缺乏对微观层面的主体能动性的分析颇为微词。Tang Tsou,"Interpreting the revolution in China: macrohistory and micromechanisms," *Modern China*, Vol.26, No.2, Apr. 2000.

②　布罗姆利的研究,对能动主义制度分析方法的理论与实践创新有很大推动,特别是其所归纳的前景理论更是凸显了行动者主观意志对制度变迁的重要意义,"关于未来创造性想象是不令人满意的,人们都意识到了这点,它引起并驱动了制度变迁。"[美]丹尼尔·W.布罗姆利:《充分理由——能动的实用主义和经济制度的含义》,简练、杨希、钟宁桦译,上海人民出版社2018年版,第83页。

之中,并且与英国一道甚至比英国还早地迈入权利开放秩序社会的"康庄大道"。①但是,诺斯等人却未考虑美国 19 世纪中叶伤亡、损耗严重的内战。而内战的危害在于,它使得美国基本上脱离了民主法治轨道,即美国内战实际上是美国宪则法治秩序的崩溃。②所以,在诺斯的分析中,对能动主义与结构主义方法都分别有所涉及,但是却未能有效地结合。我们将在本书研究中加以贯彻和落实。

二、本书的研究意义

本书属于跨学科的理论前沿问题研究,由于其理论性比较强,研究的问题也聚焦于人类社会发展以及国别发展差异性的解释,所以属于基础性研究,因而其研究意义主要体现在理论意义方面。可以归纳为以下几个方面:

第一,追踪西方新制度经济学、制度政治学领域重要理论创新的最新研究成果。就像上文中相关研究综述中表明的那样,西方制度经济学研究的理论创新层出不穷,似乎在一定意义上证明诺斯等人关于其所谓的"创造性破坏"的能力之所在。而我们的相关研究基础还比较薄弱,无论是历史方面,还是现实方面,相关的扎实研究还比较缺乏。而跟踪国际学术研究的热点问题、前沿问题,方可为我们实现理论创新方面的超赶创造

---

① 诺斯等人认为即使将视野局限于美国联邦层面,美国也于 19 世纪 20、30 年代实现了对美国宪法文本中限制政党活动的突破,而美国的权利开放秩序在很大程度上是在州层面实现的。也就是说,比上述的时间点还要更早。"然而,在 18 世纪的 20、30 年代,组织化的政党是以美国政治和政府的关键角色出现的……美国制度化权利开放制度变迁主要发生在州层面……"(引者注:中译本应该是将时间点翻译错了,英文原文:"However, by the 1820s and 1830s, organized parties emerged as central to American politics and government.")[美]道格拉斯·C.诺思、约翰·约瑟夫·瓦利斯、巴里·R.温格斯特:《暴力与社会秩序:诠释有文字记载的人类历史的一个概念性框架》,杭行、王亮译,上海格致出版社 2013 年版,第 309 页。Douglass C. North, John Joseph Wallis, and Barry R. Weingast, *Violence and social orders: A conceptual framework for interpreting recorded human history*, Cambridge: Cambridge University Press, 2009, p.230.

② 温格斯特对此其实是有比较深入的分析与研究的:[美]白利·R.威加斯特:《政治稳定性和美国内战:制度、承诺与美国民主》,载[美]罗伯特·H.贝斯等:《分析性叙述》,熊美娟、李颖译,中国人民大学出版社 2008 年版,第 165—268 页。

更好的条件。

第二,结合中国社会历史发展,深化诺斯团队关于权利开放秩序的研究。中国案例是近代世界史发展进程中的一个非常特别的案例,但诺斯也亲口承认对中国的情况涉及有限。而中国近代以来国家构建其实也引起国际汉学家的关注与倾心研究。例如孔飞力教授的《中国现代国家的起源》一书其实很大程度上试图解答类似于诺斯的问题。[①]这样的结合式的研究,不仅有利于拓展相关的理论研究,同时也是关照中国历史与现实的主要途径。当然,由于本书属于尝试性质的初步研究,所以暂不涉及中国案例的探讨。本书也会在适当议题的讨论中,为了读者理解上的方便,对中国的历史、现实与发展实践有简单的介绍或比照。

第三,整合马克思主义传统理论优势,注意吸纳近年来西方左翼理论家关于社会发展研究的诸多理论成果,在相关的制度变迁与社会发展理论领域争取突出中国特色的理论创新。改革开放以来,由于我们政治意识形态上对左翼理论有某种程度的忽视,使得我们在理论创新过程中"左右徘徊",对西方的许多主流理论采纳了过分的崇拜的态度,却忽视了马克思主义传统激进主义思想与理论创造的巨大解释力。但是,西方的左翼理论家却能够在一定程度上提出有见地的理论范式与学术理论批判,例如霍布斯鲍姆对世界历史进程的系统研究,哈尔珀琳关于欧洲社会大转型的批判性研究等。但是,我们国内的相关研究却相对缺失。因而,有必要在某些主流理论的批判性研究中获取更多的灵感与学术资源。

第四,整合相关学科的理论资源,回应现实社会政治的棘手问题。诺斯的研究将权利的开放看作社会发展的重要条件。但是其潜在的问题在于,权利开放的诉求在很大程度上推动社会历史发展的同时,也会带来诸多的社会治理与发展问题、国家治理难题,这可能是各国政治家与普通民众更为关注的重要问题,也即秩序与发展的议题。改革开放之后,我们对稳定、改革与发展等议题开展了比较多的讨论。但可惜的是,我们并没有形成比较成型的、影响很大的理论范式,而是流于简单化、常识化的处理,这就使得这些"研究"多停留在常识性运用的层面,也使得理论的创新成果过于接近于现实发展的需要,而在理论的重大创新层面则乏善可陈。近年来,国内经济学界的很多理论经济学家,例如林毅夫、姚洋、韦森等都

---

① ［美］孔飞力:《中国现代国家的起源》,陈兼、陈之宏译,生活·读书·新知三联书店 2013 年版。

表1.10 竞争、秩序与发展的四条径路

秩序类型		实质	国家与社会互动模式	典型国家或者地区	解释机制	政治经济竞争关系	解释的理论与学科偏向
权利开放秩序	城市自治形态	封建主义关系结构中的领主由于各方面的权衡考量,赋予市民自由权利与城市自治权利	民族国家还未建构,城市与政府在市民之间开始时高度统一,后来日益分化	意大利城市共和国、法国北部和西部市镇、德意志市镇等	中世纪商贸复兴推动城市成长与自治诉求	市场竞争带动,推动政治竞争甚至战斗	针对领主的自治运动
	一般的国家形态	统治者与被统治者之间的妥协、权力对权利的宽容与让渡	国家对社会实施自上而下的权利赋予或让渡	英国、美国等	完全市场、自由市场竞争扩展秩序	市场竞争带动,推动政治竞争	经济学中的完全竞争理论
权利开放秩序的对立类型	国家协调型社会秩序	国家规制下的良好社会秩序	自上而下的国家权力供给型的社会秩序	日本、韩国等典型的东亚发展型国家与地区	国家干预、大型组织与规模经济	政治权威主义指导下,开放市场自由、鼓励和控制有效的市场竞争	发展型国家理论、大型企业组织理论
	多元分散型社会秩序	多元化社会,反而难以形成社会秩序	上下难以贯通,权威官僚制与民粹主义并存和泛滥,城市暴力多发,社会秩序有限发展	一些代表性的拉美国家	多元而无序的社会状态,难以自发形成秩序与快速发展	以政治竞争替代市场竞争,政治竞争经常性失控,导致经济波动明显	多元社会理论、依附理论等

试图从中国的成功发展案例中，发掘理论创新点。本书将有利于以国际学术前沿研究的批判性跟踪研究作为起点，结合深入的理论研究，努力地实施理论创新，试图在诸多发展议题上做一定的政策运用性质的工作。

三、本书的主要研究内容与章节安排

上文特别是第三节最后一部分，对诺斯等人的权利开放秩序的分析框架进行了一定的优化，即在诺斯的权利开放秩序发展道路分析的基础上，同时提炼出另外两条可以被视为对立的发展模式，就此形成四条发展道路或者模式的对比（见表1.10），以便更加便利地进行对比性分析。深入的比较案例分析将放在本书的第二章到第五章实施，即分别研究中世纪欧洲城市自治运动所推动的权利秩序的初步开放、美国取得良好竞争效果的权利开放秩序的生成与稳固、东亚模式中所体现出来的国家协调型社会秩序、拉美国家经常性失序的陷阱等，这些构成本书的主体部分。深度比较案例分析的总结工作将在第六章进行，表6.1实际上是在表1.10基础上的总结，有兴趣的读者可以对两者进行对比，从而对本书研究的整体工作及结论有一个基本的了解。

第二章

城市形态变迁中的权利
开放秩序及其批判

　　本书第一章绪论首先对诺斯等人的权利开放秩序理论进行了梳理和分析,揭示了诺斯等人的分析框架存在的缺憾和不足。我们将以四章的对比性深度案例分析对其诸多缺失方面予以展现、批判和完善。与此同时,我们不得不感叹诺斯等人在这一分析框架上确实下了很大功夫,而且在不断跟踪、反思和对接比较政治经济学、发展经济学、新制度经济学等学科的国际前沿研究。为了能够充分展示其分析框架的解释性,他们的研究又深入世界历史,以历史性案例分析的路径提炼他们的分析框架,同时又强化其解释力。

　　我们将把分析重点放在诺斯等人分析框架中最为关键的问题:从有限权利开放秩序到权利开放秩序的转型过程的分析。当然,本章兼顾诺斯等人分析的自然国家秩序的问题。对于这一问题的分析,不仅是为了充分展示其基本内容,而且是要对其不同社会秩序阶段"切分"的标准与依据、可信度等进行进一步思考和分析。当然,这些都并非为了批判诺斯等人的分析框架,而是想尽量地展示、分析甚至"还原"当时欧洲的社会秩序发展的"原貌"(如果有更接近于史实的"原貌"的话)。本章将揭示:诺斯等人的"分析框架"与"分析阶段",对社会秩序与发展进行了"格义"、切割甚至修改,其实为俗话所言的"削足适履"之举。

　　本章在结构安排上,将从研究问题的导入开始第一节的写作,并且也在这一节中,对相关基础性文献资料和研究构思等方面的内容进行简单交代。第一节分析内容的一个重要的着力点是揭示诺斯等人的分析框架所引入的"案例"存在着选择性偏差。第二节将从欧洲中世纪城市推动开放秩序的生成问题的论述开始,从而能够更加清晰地展现欧洲为何能够在公元 1000 年之后,逐步在各个方面开始显现领先于世界各地的"萌动"。虽然其依然属于诺斯所说的"自然国家秩序"范畴,[1]但他们已经实施了诸多方面的权利开放实践的努力,并且在自由权利获取、法治社会秩序构建以及政治共同体(即城市公社)的构造等方面,取得了不错的成就。在此基础上,我们将从欧洲中世纪的城市自由开放与权利运动的衰弱转入欧美城市发展过程中社会秩序与社会控制等多方面的分析与反思,这也就是我们第三节的内容。而第四节则试图从理论层面对西方城市形态变迁中展现出来的权利开放秩序的努力与失败的实践予以归纳和总结。第五节是本章的简单小结。

第一节　本章研究问题导入与研究设计

一、诺斯等人的分析框架及其研究中的案例选择偏差

在社会科学研究中,案例的选择与研究的需要紧密相关:案例分析一般服务于研究需要。在很大程度上,这也是定性研究的优点和长处,同时也是其广受质疑的重要方面。通俗而言,案例分析中的案例选择过程,犹如"弱水三千,只取一瓢"。但是,对于人类历史的宏大分析框架的构建来讲,其中"挂一漏万"的情况也是很常见。

(一)诺斯等人分析框架中的不同历史阶段切割及其案例选择

诺斯等人对于"权利开放秩序"理论分析框架的重要贡献就在于,将人类社会发展的漫长历史进行了"三分法"的切割:自然国家秩序、有限权利开放秩序和权利开放秩序。不过,他们很快会明白人类社会历史的复杂性,进而将自然国家秩序依照暴力控制、精英合谋与控制、精英法治化程度等为标准,逐次界分为脆弱的自然国家、初级的自然国家、成熟的自然国家三大阶段。不过,不管他们如何细化界分,自然国家与权利开放秩序之间的界分还是非常明显的。即使在两者之间加入了"有限权利开放秩序"这一"历史阶段"之后,自然国家的特征还是非常明显,即权利是被严格控制在精英阶层内部成员之中,社会大众尤其是底层民众,基本无缘普遍的(政治经济)"权利"。其实,这只是从暴力控制的角度,对自然国家

---

① 这主要是从历史发展的进程,以及时间节点角度考量而得出的论断,不过如果从内容上考量,这一判断将会受到很大的质疑。详见下文的具体分析。

的不同发展阶段实施界分。不过,在诺斯等人研究的"自然国家"一章中,作者反复提到"战争"特别是"内战",其实这是自然国家的一个重要特征。①也就是说,暴力其实是难以被成功地垄断和控制的,虽然其在很大程度上是精英内部协调失控的结果或者产物,不过我们也可以隐约感受底层民众的躁动,只是被诺斯等人的分析框架所掩盖而已。②

其实,诺斯等人为了将其权利开放秩序予以完美"包装",在分析对象即案例选择过程中运用了一些"小技巧",其实质性结果就存在"以偏概全"的问题,也即与欧洲社会政治历史存在一定的偏差。如上文所述,诺斯等人的重要理论贡献就是提出切分式的人类社会发展进程的分析框架。不过,倘若他们要努力维持这一分析框架的解释性,就必须对这三个阶段予以严格的切割与区分,而且要不断强调其"区分度"。因为区分度就是三大发展阶段理论的基础甚至根本条件,丧失区分度实际上可能会面临整个分析框架的"倒塌"。也就是说,权利开放秩序中的"权利"甚至有限权利开放秩序中的"权利"、相对有效的暴力控制、政治与经济领域的有效竞争、在一定时期内发展出来的有序秩序等,都是不可以出现在自然国家范畴内的,否则难将其称为"自然国家"。

(二)欧洲中世纪城市公社自治对诺斯等人分析框架的挑战

但是,问题是,上述现象其实都出现在欧洲中世纪的城市自治运动过程中,而且在不少地方还取得很大的成功。尽管在欧洲中世纪的城市公社自治过程中,出现的问题也是数不胜数。不过,这些推动开放秩序到来的权利声张,相对有效的暴力控制或者说城市共同体内的治安与秩序保障等,③都在公元 1000 年后的欧洲大陆上普遍地被获取了。当然,人们对欧洲中世纪中后期的城市公社运动的定性向来存在诸多争议。然而,我们究

---

① 诺斯等人仅将英国历史上的暴力归为"精英调整"的结果:"当精英的地位发生沉浮时,联盟就会进行调整,这些调整有时是不完善的,有时是暴力的,包括内战。"[美]道格拉斯·C.诺思、约翰·约瑟夫·瓦利斯、巴里·R.温格斯特:《暴力与社会秩序:诠释有文字记载的人类历史的一个概念性框架》,杭行、王亮译,格致出版社、上海人民出版社 2013 年版,第 144 页。

② 民众暴动在西方社会所起到的作用可能要更大,在中国古代历史上,周期性的农民起义虽然影响巨大,但其多成为改朝换代的工具。

③ 中世纪城市都有比较严格的刑法规范,由此在很大程度上保证了城市的秩序,"由于刑法的作用,城市可以说经常处于戒严状态。"[比利时]亨利·皮雷纳:《中世纪的城市》,陈国樑译,商务印书馆 2006 年版,第 126 页。

竟如何处置这一历史进程,即如何将其归类? 按照我们普遍的历史进程的分析,资本主义社会"应当"是 16 世纪以后的事情,而且实际上是要等到 18 世纪 60 年代开始的英国"工业革命"的到来,方才能够完全性地建构和巩固资本主义社会秩序。即使将资本主义的萌动提前到资产阶级政治革命,即最早的尼德兰革命和英国革命,那也是 16、17 世纪的事情。但是,公元 1000 年,欧洲整体上就开始了范围广阔、影响深远的城市复兴运动,即"城市革命",其背后的推动力是贸易复兴所推动的商业革命。其确实在政治形态和权利意识与保护等方面,在很大程度上挑战和冲击了当时的封建秩序。

在马克思主义政治经济学的分析中,我们普遍将其归为"资本主义萌芽"。不过,所谓的"资本主义萌芽"也是 14 世纪欧洲文艺复兴的推动的经济产物。其实,当时的欧洲已经经历一两百年的城市复兴运动。与此同时,在其政治定性上,我们对这一历史现象和历史进程应该如何进行定性和归类? 是否可以将其视为更早的"资本主义(政治)萌芽"? 但是,而实际上依然存在这样的问题:此时的欧洲方才完全建立起封建制。①人类社会发展历史的复杂之处在于,社会秩序是一个多重、复杂建构的过程。在一定程度上,欧洲中世纪城市开放秩序的努力,实际上可以归入"三分天下"的格局:封建制下的贵族统治秩序、教会权力支配下的神权秩序、以获取诸多自由权利为主要特征的城市秩序。②其中,我们还忽视了另外一种非常重要的秩序建构的努力,即王权支配的民族国家秩序。不过,就在此时,这一进程在欧洲大陆还是处于萌芽的状态,甚至难以挤入"三分天下"的大格局,各国的国王还处于与各地大大小小的贵族进行的复杂互动和博弈之中。当然,教会支配的神权秩序,实际上在很大程度上可以归入封建贵族领主秩序中去,因为当时的最大领主实际上就是基督教教会组织。这一"三分天下"的格局,在意大利中北部的政治对比格局版图中体现得最为明显,其间充斥着教皇国以及各主教支配的领地、意大利中北部

---

① ［法］基佐:《欧洲文明史》,程洪逵译,商务印书馆 2005 年版,第 69 页,"在 10 世纪时,封建制度是必要的、唯一可能的社会秩序,一个有力的证据就是它已被普遍建立起来。"

② 吉登斯的文字中带有类似的意思,"'上层人士的更替'相当程度地强化了中央集权的皇权机构。具有部分主动性的城市公社(以及其他一些'欧洲'或'西方'所特有的因素)的存在,对于防止后封建国家继续由来已久的方式去压榨农民,简直至关重要。由此,一种相当截然不同的政治秩序得以建立起来。"［英］安东尼·吉登斯:《民族—国家与暴力》,胡宗泽、赵力涛译,三联书店 1998 年版,第 120 页。

特别是亚得里亚海湾的诸多城市共和国、神圣罗马帝国持续"南进"的野心、法兰西王国(卡佩尔王朝)与阿拉贡王国也不断介入其间,甚至西西里王国、东罗马帝国以及奥斯曼土耳其帝国势力也经常介入其中。①

(三)诺斯等人以英格兰这一特例回避欧洲中世纪社会变迁的重大问题

诺斯等人的过人之处在于,他们通过"巧妙"的案例选择,完全避开了这些多元、复杂和混乱的秩序格局。他们选择英格兰作为西方世界有限权利开放秩序之前的"自然国家"的代表。尽管他们坦言,人类社会的99%的历史都处于不同阶段的"自然国家"秩序范畴之内。不过,他们却选择了如此"独特"的英格兰案例。英格兰的独特之处就在于,它基本上避开了欧陆的轰轰烈烈的城市复兴运动,虽然英格兰在11、12、13世纪中也不断"卷入"这一历史运动之中,但这一运动的激烈程度与欧陆不可同日而语。②区别英格兰各城市争取自治权利实践与欧陆之间巨大区别的主要因素是,此时的英王权力相对于欧陆而言是比较强大的,所以能够充分地"掌控全局",并且也能够比较好地协调大小领主与城市市民中产阶级之间的矛盾和张力,并且适时地推动了一些城市的自治实践,进而基本上避免了欧陆的激烈城市抗争运动。也就是说,英格兰的城市自治是英国国王为代表的王权与精英集体"合谋"的理想结果,其间并没有爆发大规模的城市暴乱,不过大大小小的英格兰城市也没有赢得太多的自治权利。一切来得"波澜不惊",正如韦伯曾经坦言的那样:"在中央行政的严格组织之下,英国的城市从未有过自主的政治野心,因为他们以国会的形式整体地维护城市的利益。"③

---

① 中世纪晚期的政治思想家马基雅维利对此就有精彩的分析:[意]马基雅维利:《佛罗伦萨史》,王永忠译,吉林出版集团2011年版,第29—30页,"直到教皇阿德里安五世继位之前,意大利还算太平无事……这就是历任教皇,时而出于宗教狂热,时而出于个人野心,不断地给意大利招来新的外来人,并制造新的战争;一旦他们有了新的有权有势的君主,教皇们便充满嫉妒地看待他,并想方设法除掉他;从来不允许别人统治这个国家,而他们自己出于软弱又没有能力统治。"

② 诺斯等人也明确将英国的特殊性归为"异态封建主义",[美]道格拉斯·C.诺思、约翰·约瑟夫·瓦利斯、巴里·R.温格斯特:《暴力与社会秩序:诠释有文字记载的人类历史的一个概念性框架》,杭行、王亮译,格致出版社、上海人民出版社2013年版,第104页。

③ [德]马克斯·韦伯:《法律社会学;非正当性的支配》,康乐、简惠美译,广西师范大学出版社2011年版,第551页。

不仅如此,诺斯等人在分析英格兰的自然国家由脆弱的自然国家到成熟的自然国家的演进过程时,选择了中世纪封建时代最为重要的资源作为精英控制和合谋的"资本"——土地所有权。这确实毫无争议,不过相对于欧陆不断出现的贸易往来,以及其所引发的商业复兴,英格兰也基本上是一个作用有限的参与者,只能算是意大利的佛罗伦萨等城市共和国、佛兰德地区誉满天下的纺织业的"小伙伴"的羊毛等原料的供应者而已。也就是说,英格兰并没有经历欧陆的激烈的商业复兴和城市复兴运动,所以它能够有效地控制土地所有权,从而也可以有效地控制社会秩序,进而在一定程度上通过精英合谋等方式就能够最大程度地控制社会暴力甚至权利声张运动。美国政治经济学教授卡莱斯·鲍什提出,资源的性质对社会政治控制的影响是有很大差别的,土地资源作为典型的不动产资源具有便于控制的特征。所以,一般而言,其非常有利于统治者的社会政治控制;但是商业文明掌控的流动资本等多是统治者难以控制的资源,所以一般而言不利于社会政治控制。[①]所以,英格兰就成了自然国家有效控制社会秩序的"最佳代表"。但是,如果以英格兰来代表欧洲的中世纪中后期的社会政治历史发展"样板",那显然是诺斯等人研究过程中"案例选择性偏差"的重要表现。

二、本章研究问题简介

(一)有限的"权利开放秩序"是如何首先在欧洲中世纪城市实现的

通过以上一小部分的分析,我们接下来将交代本章内容中所要研究和分析的主要问题。本书的研究旨趣在于,揭示诺斯等人的"权利开放秩序"理论范式忽视了对近代西方世界的兴起过程中的"城市秩序"的作用。也就是说,诺斯等人的权利开放秩序理论存在一个理论与历史误区:其并没有认识到西方中世纪以来的城市公社自治运动以及市民权利的相对普遍获取,这其实才是近代以来西方世界权利开放秩序形成的源头和重要表征。通俗的研究问题表述就是:初步的或者有限的"权利开放秩序"是如何首先在欧洲中世纪城市实现的。

---

① [美]卡莱斯·鲍什:《民主与再分配》,熊洁译,上海人民出版社2011年版,第34页,"在一个工业化程度较低的经济体中,政治解决方案单纯取决于农村财富的分配情况……当制造业和商业利益占据统治地位,由于避免了遭受没收和重税的威胁,民主制度最终会被建立。"

诺斯等人的研究实际上并没有涉及城市（城邦）研究领域，特别是他们在权利开放秩序的研究中，并未涉及城市复兴与城市公社自治运动对当代世界权利与秩序的重要影响。诺斯等人在论及自然国家秩序的时刻以英格兰作为"以偏概全"的案例选择，是因为他们试图减轻相关研究的负担。按照他们的分析框架，有限权利开放秩序之前的人类社会秩序都是自然国家秩序，那么整个中世纪时代的欧洲大陆也都是自然国家秩序，其复杂性显然并非一章内容所能概括。而如果涉及当代数量庞大、情况更为多样的第三世界的"自然国家"，那复杂性则更是不言而喻，而且还会面临代表性质疑的问题。英国毕竟是近几个世纪以来的世界霸主国家，所以以其作为自然国家演变的代表者，确实具有一定的理论说服力。也就是说，就他们的分析框架而言，英国确实是自然国家秩序研究的最"便利"的案例选择。

不过，他们却由此错失了通过中世纪欧洲的城市公社自治运动所能窥见的西方世界的权利运动与竞争性秩序的初步形成的"机会"，[1]尽管这一议题的探究绝非易事。不过，如何深入探究这一议题，那将严重挑战他们的三大类型的人类社会发展秩序的"切分"。因为欧洲中世纪城市复兴与公社自治运动显然来得太过于"早熟"。不过是否真的"早熟"也是一个值得商榷的问题，因为它们同时又是西方世界的古希腊和古罗马权利观念和竞争秩序诉求等方面的"历史遗风"。[2]然而，倘若将其归为"历史

---

① 中世纪城市之间存在着激烈的竞争，甚至表现在建筑，尤其是大教堂的建设上来，其表面是城市教会甚至不同宗教之间的竞争，实际上乃是城市之间竞争的表现。Robert B. Ekelund, and R.F. Hebert, "Interest groups, public choice and the economics of religion," *Public choice*, Vol.142, No.3—4, Oct. 2009. 而 20 世纪中叶以来的西方城市史研究，也逐步从政治经济史视角逐步过渡到对城市的各个构成要素的研究，例如城墙、街道、建筑、城市生活等方面的结构主义研究。朱明：《欧洲中世纪城市的结构与空间》，商务印书馆 2019 年版，第 2 页。刘耀春：《意大利城市政治体制与权力空间的演变（1000—1600）》，《中国社会科学》2013 年第 5 期。

② 阿伦特的研究揭示出古希腊城邦政治形态中的政治竞争是非常激烈的，"所谓争胜精神的形式，影响了那种强烈地追求自我表现、以与他人一比高下的渴望，这正是盛行于希腊城市国家的政治概念的基础。"［美］汉娜·阿伦特：《人的境况》，王寅丽译，上海人民出版社 2009 年版，第 152 页。关于意大利中世纪早期和中期的城市公社的最新研究文献的基本结论是，其与之前的历史进程保持着重要的连续性，而非一个巨大的社会政治发展的巨大突破。Edward Coleman, "The Italian communes. Recent work and current trends", *Journal of Medieval History*, Vol.25, No.4, 1999.

遗风"范畴,又将挑战诺斯等人分析框架的普遍性,因为毕竟世界各国能够直接继承这一历史遗产者相当有限。①诺斯等人在此问题的处理上,显然是进退两难的。他们最终只能以英格兰的案例作为自然国家的典型代表,然后就匆匆过渡到有限权利开放秩序的相关论述。不过,有限权利开放秩序又显现出"过渡性"特点。所以,他们又将论述的重点迅速地移至"真正的转型",即从有限权利开放秩序向权利开放秩序的转变的话题的讨论中去了。他们就此忽视了在欧洲普遍的"自然国家"秩序的海洋中,广泛点缀着的中世纪自治城市及其对权利开放秩序的重要历史性意义和理论意义。

(二)将"权利开放秩序"理论运用到城市秩序的缺憾

我们将"权利开放秩序"理论运用于城市秩序的缺憾等问题中。由于诺斯等人的研究脱胎于新古典经济学的理论传统,他们虽然采用了先进的计量方法,并且在最新的学术研究中引入了宪则经济学、新制度经济学、历史社会学等多学科的理论、范式、方法和分析视角,但是依然难以摆脱自由市场经济竞争格局与自由竞争秩序的传统论调。②即这种理论忽视了所谓的市场自发秩序形成与维持背后所存在着的严重的社会问题,例如市场竞争格局与秩序下的社会分层和社会不平等,以及波澜壮阔的阶级斗争与社会抗争运动等社会冲突。他们也不可能涉及这种权利开放秩序崩溃的历史经验。这一历史经验或者历史教训可以从欧洲中世纪城市自治的败落开始讲起,因为其紧随着公元 1000 年以来的城市复兴运动。我们为何不是从古希腊时代、古罗马时代的城市(城邦)消亡的角度

---

① 不过,马克斯·韦伯确实认为欧洲城市的独特性是世界上"独一无二"的。[德]马克斯·韦伯:《法律社会学;非正当性的支配》,康乐、简惠美译,广西师范大学出版社 2011 年版,第 412—413 页,"只有在西方,才出现过大量的城市共同体(就此词完整意义而言)。近东(叙利亚、腓尼基,或者还可以加上美索不达米亚)同样也有,不过只限于一个短暂时期,其他地方有的只是雏形。"而北京大学马克垚教授的研究团队将中西方的城市放到封建社会框架中进行分析,在很大程度上消减了中西方城市诸多方面的差异,这也符合当代西方城市史研究的重要"修正"倾向。马克垚主编:《中西封建社会比较研究》,学林出版社 1997 年版,第 179—180 页,"西方的中古城市远不都是自治的,而日本和印度,在封建时代都有自治的城市,特别是印度的城市更有强大的自治权。"朱明:《欧洲中世纪城市的结构与空间》,商务印书馆 2019 年版,第 85 页,"(欧洲中世纪城市)特许状所赋予城市的自由很多时候被高估,甚至根本就没有实现。"

② 在本书第一章绪论部分,我们已经对此作了比较详细的学术批判。

来讨论该问题？因为古希腊和古罗马时代的城市衰落的原因或者机理，将在欧洲中世纪的城市秩序及其治理过程中"再现"。而欧洲中世纪的城市相对于古代城市，性质更偏重于以工商业为基础的政治共同体，而非古代城市的政治军事共同体属性。与此同时，即使以"资本主义萌芽"概括其政治经济特征，也更接近于我们近代以来的城市秩序问题。[①]当我们检讨诺斯等人的分析框架和案例运用性分析时，会发现他们并未涉及这些问题，这不能不算是一种学术缺憾。实际上诺斯等人的权利开放秩序理论是一种脱离历史与现实的理论建构。

本章将把诺斯的权利开放秩序理论运用到城市秩序与市民权利实现的研究，进而通过城市秩序与市民权利的研究，对诺斯的权利开放秩序理论作一个运用范畴的批判性研究，为对诺斯等人的权利开放秩序理论的全面深刻的学术批判作出一个经典的样式。

三、相关研究状况和趋势分析

本研究属于比较政治制度、新制度经济学、历史社会学等交叉学科、边缘学科的前沿性的核心问题。其内核性的重要学术追问其实是人类社会发展的条件和基础应该包括哪些，其经历的社会变迁过程是怎样的。当然，当前的研究主要将社会制度及其演变作为主要的研究对象和重要的解释因子。而制度背后有其复杂的社会结构与社会关系，同时其也伴随着社会行为模式及其变迁。

这部分简单梳理城市史与城市发展研究中所涉及的权力、自由（权利）与秩序的互动与张力的相关研究文献。中国的大城市特别是特大城市成为非常重要的经济增长极，中国经济社会的发展很大程度上由特大城市拉动起来的。中国城市的长足发展也带动了大量的城市研究作品的翻译和出版。

（一）关于城市秩序的相关研究

在诸多的城市问题研究的文献中，城市秩序是相对缺乏的一块。当前，关于城市秩序的研究，主要集中于城市规划层面的空间秩序构筑的研

---

① 韦伯明确指出，"中古城市的发展，虽非近代资本主义与近代国家唯一具有决定性的前行阶段，更不是两者的担纲者，但却是这两者之所以成立的最具决定性的一个因素。"[德]马克斯·韦伯：《法律社会学；非正当性的支配》，康乐、简惠美译，广西师范大学出版社 2011 年版，第 547 页。

究。一般而言,城市形态主要包括外在物质形态和内在社会形态。既有的相关研究主要集中在犯罪地理研究、与社会冲突相关的城市居住空间研究以及劳工地理研究等方面。犯罪地理研究主要考察城市空间结构与各种犯罪现象以及犯罪机理之间的关联。与社会冲突相关的城市居住空间研究基本源于西方马克思主义学派,应用马克思主义的历史唯物主义的观点分析与研究城市住宅和集体消费问题,认为住房市场是社会阶级冲突的场所,居住空间的分异与阶级划分、消费方式和社会关系交织在一起,城市集体消费危机会导致政治不稳定。①劳工地理研究则关注城市内部和不同城市之间劳工群体之间的阶级利益与空间利益冲突等问题。②

（二）城市历史发展中权力与（自由）权利的博弈过程

城市发展历史进程中的权力与自由的关系,主要体现为诸如国王、封建领主、教皇与主教、资产阶级等精英统治,与普通的市民、手工业者、民众以及后来的工人阶级追求自由权利的长期斗争的关系,尤其以中世纪中后期的城市公社自治运动中表现出来的声势浩大、影响很大的争取城市自治权的斗争表现得尤为激烈。中西方的近代经济社会发展的重要区别,也可以从欧洲中世纪城市自治的活力与制度建构中窥见其端倪。③而19世纪30年代英国的"宪章运动",是以争取男子普选权为主要诉求,④1848年影响深远的无产阶级革命性质的欧洲革命的发生,都具有了更为坚实的城市基础,而城市区域结构也为城市暴动与无产阶级革命创造了结构性机会。⑤"斗争视角"可以一直延伸到当代的新社会运动,即20世

---

① 张应祥、蔡禾:《资本主义城市社会的政治经济学分析——新马克思主义城市理论述评》,《国外社会科学》2009年第1期。

② 王兵、覃成林:《劳工地理研究新进展述评》,《人文地理》2003年第6期。

③ 关于中世纪的城市自治运动过程中体现的制度特色等,参见[法]基佐:《欧洲文明史》,程洪逵译,商务印书馆2005年版。[比利时]亨利·皮雷纳:《中世纪的城市》,陈国樑译,商务印书馆2006年版。陈兆旺:《西欧中世纪城市自治的制度分析》,《甘肃行政学院学报》2012年第2期。

④ 活跃于1833—1848年间的英国宪章运动的主要诉求有六条,但是核心或者根本诉求就是第一条——普选权。[英]R.G.甘米奇:《宪章运动史》,苏公隽译,商务印书馆2011年版,第7页,"这六点是:成年男子普选权,议会每年举行一次改选,无记名投票法,废除议员候选人的财产资格限制,当选议员支给薪俸,平均分配选举区域。"

⑤ Judith F. Stone, "Insurgent identities: class, community and protest in Paris from 1848 to the Commune," *Labor History*, Vol.39, No.1, Feb. 1998.

纪中后期,自然、环境、性别、种族等新社会问题,使得分散化的广大市民或者公民以新形式的社会运动,来推动当代多元主义公民身份权利的实现。①此外,北京师范大学张曙光教授还从城市文明发展角度中分析权力与自由的重要关系。②

(三)城市秩序的重要性及其历史生成

城市是人类社会文明发展的重要突破,尤其表现在城市在物质、文化、政治军事资源等方面的集聚,同时也表现为商贸活动的频繁及其对当代经济与社会发展的重要作用。同时,从古典时代开始,城市也是科学技术文化活动的聚集地。所以,城市成为物质、建筑、文化、教育、艺术、政治等各类人类活动的聚集地,城市由此带来巨大的规模经济效应。当然,城市在资源集聚和不断扩张的过程中,隐患也随处可见。古典时代的城市,通过城邦内部的紧密共同体的建设,通过对外邦的渗透与影响,以及对子邦或者殖民地以及联盟小邦的经济压榨等方式而获得城邦的长治久安。③但是,无论是在古典时代、中世纪,还是在近代以来的城市发展与治理过程中,人们都不断地面临各类新的社会问题,即人员集聚导致的各种问题甚至危机。欧洲中世纪的城市由于人口突然集聚从而导致各类公共卫生问题,而当时的名门望族也会在乡间纷纷修建别墅,其重要原因是躲避城市可能爆发的瘟疫。④城市隐患常常表现为城市犯罪、暴乱、骚乱、暴动甚至激烈的城市革命,加上自然灾害或者其他突发事件的深远影响,都使得城市成为非常危险的地方。这就使得城市的秩序维护变得越来越重要。国家行政学院张国玉副教授从以下几个方面论及城市秩序生成与维护的机制:劳动分工导致个体的群体性依赖、城市阶层分化导致市民群体利益的分割(尤其以稳健著称的商人群体的成长与支配最为重要)、城市居民负债导致城市趋于稳定(这也是有限度的,近代很多城市暴乱都是由于食品价格飙升导致的)、交通的便利等技术因素、宣传教育的教化机制

---

① Bryan Turner, *Citizenship and Capitalism*, London：Allen Unwin, 1986.

② 张曙光:《历史哲学视阈中的城市:文明、权力与自由》,《社会科学战线》2017年第7期。

③ 陈兆旺、唐睿:《亚里士多德公民自治思想论要》,《理论月刊》2012年第8期。

④ (引者注:美第奇家族的重要奠基者、"佛罗伦萨国父""科西莫当然没有废弃卡雷吉的意思,不过他还想再要一个位置更加偏远的乡村别墅。在遇到变故或瘟疫之类的情况时,那里可以充当避难所……"[英]克里斯托弗·希伯特:《美第奇家族的兴衰》,冯璇译,社会科学文献出版社2017年版,第79页。

等都促成城市稳定秩序的生成与维持。①

（四）相关研究评价

相对于庞杂的城市历史研究、城市治理研究的文献，城市秩序方面的研究和文献就显得比较有限。按照诺斯等人的观点，权利开放秩序是跨入现代民族国家与现代社会的重要表征，而所谓的权利开放秩序其实多是先从城市开启的，尤其是中世纪中后期的城市公社自治实践功不可没。虽然这种城市自治本身也有其限度，城市中的市民化难度也是巨大的，市民的自由也相对比较有限。②但是，毕竟在欧洲中世纪的城市中显示了权利开放秩序，从而在现代民族国家建构过程中，成为非常重要的影响指标。

但是，NWW体系对此关注非常有限。而对城市秩序生成与维持过程中的权力与自由权利关系的互动的研究，他们虽然都指向了权利开放的社会秩序，但是往往忽视了这种秩序本身的隐患与问题，如果不能借助马克思主义，尤其是20世纪左翼新马克思主义思想进行学术批判，将会带有误导性。其中，马克思主义城市批判理论可以为这一权利开放秩序提供比较有力的支撑，即在看似稳固、良性运转的城市发展过程中，其也深层地隐藏着强势的资本逻辑，③激烈的阶级分化与阶层斗争。④当然，哈维的研究又未能从城市治理主体角度来深入剖析治理逻辑，这种治理逻辑实际上可以借助福柯的"治理术"来理解，即诺斯等人所提出的自由开放秩序其实是近代以来，针对人口、领地与社会事务实施对象化治理的重要内容，⑤而

---

① 张国玉：《现代城市的集聚效应与社会秩序》，《中国公共安全》2016年第2期。

② 张佳生：《中世纪后期英国城市自由的实现及其制约》，《经济社会史评论》2016年第1期，第55—62页；朱明：《城市的空气不一定自由——重新审视西欧中世纪城市的"自由"》，《史林》2010年第2期。

③ ［英］大卫·哈维：《资本的城市化：资本主义城市化的历史与理论研究》，董慧译，苏州大学出版社2017年版，第190页，"城市中心的崛起是资本主义兴起中至关重要的时刻，那里有着对财富和物质的贪得无厌，哲学上的重商主义，还有至高无上的权威和军事力量。"

④ ［美］戴维·哈维：《叛逆的城市——从拥有城市权利到城市革命》，叶齐茂译，商务印书馆2014年版，第26页，"列斐伏尔在40年前所提出的主张也许是对的，革命必然是城市的，否则就完全没有革命。"

⑤ ［法］米歇尔·福柯：《安全、领土与人口》，钱翰、陈晓径译，上海人民出版社2010年版，第316页，"社会、经济、人口、安全、自由；我认为这就是新的治理术的元素；这种治理术在当代经过了一些修改，现在我们都还熟知它的形式。"

非我们对"新自由主义"主导的城市发展的"放任自由"的激烈批判。①

四、研究设计与研究意义分析

本书的主要研究目的是将诺斯等人的权利开放秩序的理论运用于城市形态变迁过程的分析,然后更为详细地分析和运用这一理论框架,并且为这一框架的批判性分析奠定基础。在第二节的内容中,我们将首先从欧洲中世纪的城市复兴运动中的市民权利,尤其是市民人身自由权利的获取的分析开始,并以此展示其在中世纪的自然国家,或者我们传统所谓的封建主义条件下的城市自治运动所具有的重要历史性意义。不过,若以辩证的视角来看,虽然欧洲中世纪的城市公社自治运动的历史成就斐然,但也存在严重的问题,即其一直故步自封,"难成大器"。不仅如此,城市开放秩序的实践大有"逆水行舟,不进则退"的历史性缺憾。14、15 世纪之后的欧洲自治城市要么实力和影响大减,要么长期陷入城市内外的争战而不能自拔,要么自愿打开城门而被各国的王权所"收编",从而最终归入现代国家建构的历史大潮流中去。②也就是说,城市内在的秩序问题又同时蕴含着所谓的权利开放秩序的隐患甚至缺憾。由此,我们将通过第三节的内容予以介绍,并通过第四节的理论分析的内容予以归纳和总结。对这一分析框架的批判主要借助马克思主义的城市批判理论,以对改头换面的资本主义体制的稳定城市秩序实施学术批判。而在对城市发展过程中资本逻辑批判的同时,也能够借助福柯的"治理术"概念,③从而能够在实际的研究中,凸显与资本逻辑并行不悖的治理逻辑的重要性。

概而括之,本章的主要研究意义大致可以归纳如下:

---

① 杜培培、杨正联:《大卫·哈维在城市空间层面对新自由主义的批判》,《国外理论动态》2017 年第 5 期;[法]米歇尔·福柯:《安全、领土与人口》,钱翰、陈晓径译,上海人民出版社 2010 年版,第 20—26 页。

② "近代的欧陆家产制国家——剥夺了所有这类城市的自主性政治活动及其军事能力——除了警察权。"[德]马克斯·韦伯:《法律社会学;非正当性的支配》,康乐、简惠美译,广西师范大学出版社 2011 年版,第 549 页。

③ 焦瓦纳·普罗卡奇:《治理术与公民身份》,载[英]凯特·纳什、阿兰·斯科特主编:《布莱克维尔政治社会学指南》,李雪、吴玉鑫、赵蔚译,浙江人民出版社 2007 年版,第 360—369 页。

第一,能够将诺斯等人的权利开放秩序理论运用到城市形态变迁的历史进程,拓展这一分析框架的运用范围,有利于对这一理论框架进行更为深入的研究。

第二,能够借助马克思主义城市批判理论的资本批判逻辑,福柯等人的"治理术"的研究,深入剖析城市自发自由秩序表象背后的深层次的资本运作与治理逻辑,为我们更为深刻地理解城市秩序问题奠定学理基础。

第三,研究的现实基础即在于,虽然对城市资本逻辑和治理逻辑多属于学术批判层面,但是也能够借助其内在机理,深刻理解城市秩序的生成、运作与变迁,对我们改善城市秩序,消除城市秩序隐患(例如阶层分割、规划失当等),有重要的应用价值。

第二节　中世纪欧洲城市公社运动推动
实现自由权利和开放秩序

本节重点介绍和分析欧洲中世纪城市公社自治运动,及其内含着的对市民自由权利获取的强烈诉求。这一诉求虽然都是在封建制下发生的,但是确实在很大程度上挑战和冲破了当时的封建制度的束缚,甚至成为松动封建制度的一股重要力量。但是,其更为直接的社会政治效应还在于其推动了欧洲中世纪城市中的相对有效和有序的竞争性政治和经济秩序的形成。或许由于我们长期形成并延续的"黑暗的中世纪"的定见,我们在本部分的内容的相关论述可能会显得"奇怪"。不过,借助这一重要历史事件及其过程,可以在诺斯等人的分析框架的基础上,对人类社会开放社会秩序的形成过程有更为准确和清晰的认知。

一、中世纪商贸型城市的兴衰情况概述

为了能够更好地将诺斯等人的权利开放秩序理论运用到西方城市秩序的分析,需要对西方世界相对早发的自由与权利秩序,即城市秩序作一个简单的梳理,以便于能够对这种城市秩序的生成和发展有一个基本的认知,从而为下文的分析提供基本的历史和经验基础。

中世纪的城市形态相对于现代国家框架中的城市,主要特点在于形

态各异,城市运动蔚为壮观。①从类型上看,中世纪城市主要以沿海沿江的商贸型城市最为典型。例如意大利的城市共和国威尼斯、热那亚、比萨、佛罗伦萨、米兰等。而北欧的汉萨同盟也由于中世纪中后期逐步发展兴盛起来的长途贸易而繁荣起来。大西洋沿岸的贸易型城市群要等到大西洋贸易的蓬勃开展而兴盛起来。那是地理大发现之后的 16 世纪的事情,例如安特卫普,阿姆斯特丹、鹿特丹以及法国和英国的很多大西洋沿岸的城市。从意大利城市共和国时代到西欧和西北欧的大西洋贸易时代,中世纪中后期的城市形态发生巨大变化。例如,虽然中世纪的城市也多是因为远程贸易而兴盛,但是其相对于封建领主的经济、政治的独立性还是很可观的。也就是说,城市的自治特征还是相对比较明显的,虽然城市自治最终在各地方都逐步发生了变异甚至最终沦为王权控制下的一般的行政治理区域。这些城市的衰弱一方面是由于其自身自治治理结构的最终寡头化,②另一方面也是由于现代国家的兴起而在生存空间和实力上遭到挤压,甚至成为王权扩张的重要工具,"法国王室往往将城市作为自己增强王权、扩张国王统治区域的工具。"③

但是,中世纪后期的城市,尤其是大西洋沿岸的城市,都纷纷经由绝对主义王权国家之手而得以兴起与繁荣。荷兰这个王权并不强盛,甚至最早实现共和的资本主义国家,其国家的建构实际上是落后的,虽然其城市自治性质非常明显,大有中世纪城市自治的"遗风",但是荷兰的时代很快让位于英国和法国的王权强盛的时代。④伴随着科学技术的革新以及

---

① 韦伯关于城市的类型学研究,详细对比与区分了古希腊城邦、古罗马的罗马城市、中世纪城市、俄罗斯的城市、近东城市、远东的中国和日本古代城市。不过,韦伯重点对比的是欧洲古代和中世纪的城市,同时也对中世纪欧洲各地区的城市类型进行了具体的介绍和分析。[德]马克斯·韦伯:《法律社会学;非正当性的支配》,康乐、简惠美译,广西师范大学出版社 2011 年版。

② 陈兆旺:《西欧中世纪城市自治的制度分析》,《甘肃行政学院学报》2012 年第 2 期,第 79—80 页。

③ 朱明:《欧洲中世纪城市的结构与空间》,商务印书馆 2019 年版,第 99 页。

④ 荷兰表面上是联省共和国,但是实际上难以形成国家的政治整合,以致在联邦甚至邦联政体下,难以实现国家军事实力的提升。[美]斯科特·戈登:《控制国家:从古代雅典到今天的宪政史》,应奇、陈丽微、孟军、李勇译,江苏人民出版社 2001 年版,第 199 页,"正如没有每个省的同意,全国议会无权宣战或议和,无权签订新的同盟条约,无权抽款……"黄仁宇先生也指出荷兰的自治市镇是阻碍荷兰实行中央集权的因素。黄仁宇:《资本主义与二十一世纪》,生活·读书·新知三联书店 2006 年版,第 110 页。

绝对主义王权的强盛,中世纪城市共和国纷纷溃败于强盛的王权国家之手。[①]所谓的城市自发的自治秩序也基本让位于现代—国家的统治和治理形式。[②]此前的自治城市多是由于近代商贸业的发展而兴起的港口城市、商贸城市、交通要塞型城市,在 15 世纪之后就纷纷让位于近代的消费型城市,即王权和贵族集中的都市型的消费型城市,例如法国的巴黎、英国的伦敦等。"资本主义早期的大城市基本上都是消费型城市这一点值得注意……一些城市正是由于它是主要消费者聚集最多的居住地,才成为最大的城市。"[③]

二、欧洲中世纪城市的规模与起源

(一)欧洲中世纪城市的规模

在欧洲中世纪中后期以来,即从公元 1000 年开始,欧洲各地市镇的兴起确实是当时欧洲的一个重要社会现象。作为衡量这一现象的一个重要指标是欧洲当时的整体城市化率高达 10%。据专家估算,在 12 世纪晚期,欧洲 4000 万人口中大约有 400 万城镇人口;在 14 世前期,6000 万人口中的大约 600 万人生活在城市。[④]而在欧洲历史上也涌现出很多"大型城市",对于前现代化国家,超过 10 万人口的城市已经算是当时的"奇迹"。通过图 2.1 发现,到 1500 年时,欧洲的主要城市依然是公元 1000

---

① 技术变革,特别是军事技术的变革,以及热兵器的投入拖垮了很多中世纪自治城市。例如麦尼尔的研究表明,中世纪的意大利城市共和国由于机械工业所需的矿产缺乏,以及交通运输成本太高,进而丧失了新一轮的国家间竞争,变得相对落后了。[美]威廉·H.麦尼尔:《竞逐富强:公元 1000 年以来的技术、军事与社会》,倪大昕、杨润殷译,上海辞书出版社 2013 年版,第 72 页。

② [美]查尔斯·蒂利:《强制、资本和欧洲国家:公元 990—1992 年》,魏洪钟译,上海人民出版社 2007 年版,第 71 页。蒂利除了归纳出民族国家相对于城市的资本与资源集聚的优势,还归纳了只有民族国家方可以成为组织战争和应对战争的主要组织形式和组织化力量。

③ [德]维尔纳·桑巴特:《奢侈与资本主义》,王燕平、侯小河译,上海人民出版社 2005 年版,第 33 页。"里昂丝织业的惊人发展旨在迎合法国和外国的贵族阶层的需求。"[法]费尔南·布罗代尔:《法兰西的特性》,顾良、张泽乾译,商务印书馆 2020 年版,第 272 页。

④ [美]哈罗德·J.伯尔曼:《法律与革命——西方法律传统的形成》,贺卫方、高鸿钧、张志铭、夏勇译,中国大百科全书出版社 1993 年版,第 448 页。[比]亨利·皮朗:《中世纪欧洲经济社会史》,乐文译,上海人民出版社 2001 年版,第 56 页。

年以后兴起的城市。1500 年时,法国巴黎以 18.5 万人荣登世界第八大城市的位置。[1]由此或许会有人提出,欧洲城市的规模其实并不算大,但欧洲的城市多被归为商贸型的城市。如上文所述,其比较严格地区别于古代的政治与军事类型的城市,例如当时的君士坦丁堡、北京等大城市。而且,欧洲中世纪的城市复兴还主要体现在其范围广阔等特点上,即在整个欧洲都涌现出星罗棋布的大小市镇,尤其是南欧意大利、法国南部和西部、神圣罗马帝国范围内即北欧的"汉萨同盟""城市群"等,这一现象在人类历史上是不多见的。当时欧洲兴起的市镇多达四五千个。[2]虽然,在罗马历史上,欧洲各地的城市也均有所发展,但是无论是商贸化的程度,还是

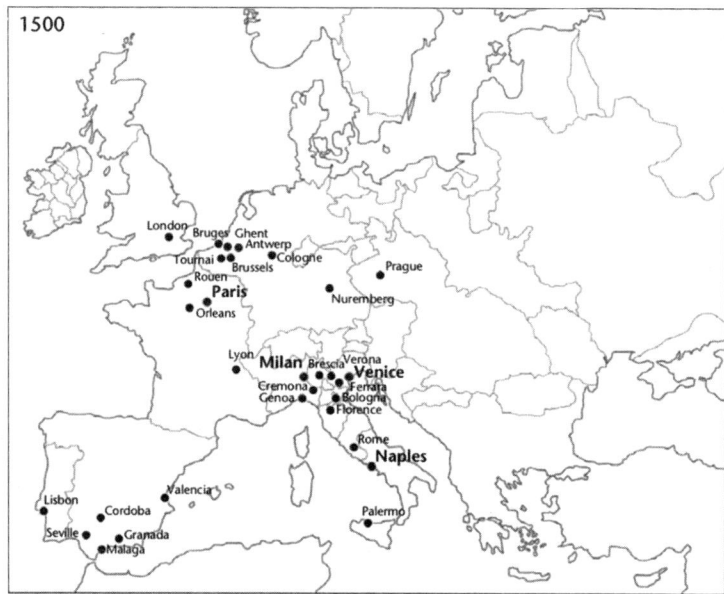

1500 年欧洲的主要城市分布(人口超过 10 万的城市)

资料来源:Peter Clark, *European Cities and Towns 400—2000*, *Oxford*; *New York*: *Oxford University Press*, 2009, p.37。

---

[1]　Jack A. Goldstone, *Why Europe? The Rise of the West in World History 1500—1850*, Boston: McGraw-Hill Higher Education, 2009, p.84. [比]亨利·皮朗:《中世纪欧洲经济社会史》,乐文译,上海人民出版社 2001 年版,第 184、199—201 页。

[2]　Norman John Greville Pounds, *The medieval city*, *Westport*, Conn.: Greenwood Press, 2005, Series Foreword, p.XXVI.

城市规模与影响范围等多难以与中世纪城市相比。所以，大多数学者将这一现象归为"黑暗的中世纪"的封建主义海洋中的一朵奇葩。更为准确地讲，其作为挑战封建力量和秩序而存在的一股重要的力量。实际上，它们不仅标志着欧洲的封建化在实现程度上的不足，而且一直也是消减封建化的主要力量。①欧洲中世纪的城市影响了欧洲甚至世界数个世纪的历史进程，直至后来被中央集权制王权为核心的现代国家建构的历史进程所"收编"、吸纳和"消化"。

（二）欧洲中世纪城市的起源学说

学术界一直在讨论这些规模浩大的中世纪市镇兴起的原因，围绕着这一问题，学术界提出了很多的相关解释：罗马城市起源说、②庄园经济起源论、"市场法"起源说、免除权起源说、卫戍起源说、加洛林地方制度起源说、德意志行会起源说等。③不过，学者多支持或者默认贸易和商业复兴是中世纪欧洲城市兴起的主要原因，即持有商业经济起源说的学者相对比较多见，大家多比较支持经济解释说。"中世纪城市的兴起，是平民的事业。无疑的，那些使城市产生的基本动力，是属于经济性质的。"④而

---

① "市民层即径自瓦解了领主的支配权……"[德]马克斯·韦伯：《法律社会学；非正当性的支配》，康乐、简惠美译，广西师范大学出版社 2011 年版，第 431 页。"……城市运动在本质上是反封建的。"[美]詹姆斯·汤普逊：《中世纪经济社会史：300—1300 年》下册，耿淡如译，商务印书馆 1963 年版，第 429 页。

② 尤其是法国、意大利甚至莱茵河和多瑙河沿岸的城市多为罗马城市的遗产。[比利时]亨利·皮雷纳：《中世纪的城市》，陈国樑译，商务印书馆 2006 年版，第 7、9 页。

③ 参见[美]詹姆斯·汤普逊：《中世纪经济社会史：300—1300 年》下册，耿淡如译，商务印书馆 1963 年版，第 409—413 页。布罗代尔强调了加洛林王朝对基督教和近代欧洲发展的重要意义，"事实上，加洛林王朝构成基督教和欧洲的起源，或者说，确认了它们的诞生。"[法]费尔南·布罗代尔：《法兰西的特性》，顾良、张泽乾译，商务印书馆 2020 年版，第 487 页。

④ [比]亨利·皮朗：《中世纪欧洲经济社会史》，乐文译，上海人民出版社 2001 年版。[美]詹姆斯·汤普逊：《中世纪经济社会史：300—1300 年》下册，耿淡如译，商务印书馆 1963 年版，第 420 页。皮雷纳还从词源上追溯商业与城市的同一性。[比利时]亨利·皮雷纳：《中世纪的城市》，陈国樑译，商务印书馆 2006 年版，第 93 页。宗教和欧洲的外部世界因素也成为当代学者所强调的重要因素："7 至 10 世纪，在教堂、修道院和城堡旁兴起了'堡'，后来逐渐发展成为城市。""欧洲中世纪城市发展初期还受到外部世界，尤其是伊斯兰的因素的影响。被阿拉伯帝国征服之后，欧洲被征服地区的城市建设有了很大的发展，伊斯兰的城市观念也得到了传播。"朱明：《欧洲中世纪城市的结构与空间》，商务印书馆 2019 年版，第 32、40 页。

且,上述的几个起源说,在不同程度上多少存在地方主义的偏见,即"以偏概全"的问题,其多是试图以某个国家、某些地区的城市起源的情况概括整个欧洲数个世纪城市兴起的原因。不过,学术界并不满足于商贸起源说,因为商贸起源说不能概括欧洲中世纪城市的重要特征。虽然在很大程度上可以将其与古代城市予以区分,但与近代城市的区分度就比较有限,而且也难以突出相对于非欧洲地区的特殊性,即其鲜明的政治特征——政治共同性(城市公社,city commune)的构建以及市民权的获取。①

当然,伯尔曼批评韦伯关于中世纪城市的政治特征亦不足以概括其主要特点,因为中世纪的城市具有鲜明的宗教特点和法律特点。在很大程度上,欧洲中世纪的城市自治与市民权运动其实是先前的"教皇革命"以及法律变革的产物,伯尔曼突出强调了其宗教色彩和法律特征。②当然,欧洲中世纪的城市有其难能可贵之处,但是也有力所不逮之处,例如其宗教特征显然是其重要的特点,欧陆的很多城市的商人阶层或者市民阶级,实际上是激烈反对暴虐的主教的,他们所对抗的主教多为当时他们所在城市的领主和实际管理者。③但是,在整个城市复兴运动中,他们并没有过多地尝试去挑战宗教权威,他们甚至还多以宗教的形式、宗教的传统权威来实现自我的团结。④

---

① [德]马克斯·韦伯:《法律社会学:非正当性的支配》,康乐、简惠美译,广西师范大学出版社 2011 年版,第 413 页。恩格斯在 1890 年的《共产党宣言》德文版中对公社有一个批注:"恩格斯在 1890 年德文版上加了一个注:'意大利和法国的市民,从他们的封建主手中买得或争得最初的自治权以后,就把自己的城市共同体称为'公社'。'——编者注。"[德]卡·马克思、[德]弗·恩格斯:《共产党宣言》,载《马克思恩格斯文集》第 2 卷,中央编译局译,人民出版社 2009 年版,第 33 页。

② [美]哈罗德·J.伯尔曼:《法律与革命——西方法律传统的形成》,贺卫方、高鸿钧、张志铭、夏勇译,中国大百科全书出版社 1993 年版,第 493 页。

③ "在初期,市民阶级和主教经常处于敌对状态,可以说处于临战状态。在双方都深信自己有充分理由的敌手之间只有武力才能解决问题。"[比利时]亨利·皮雷纳:《中世纪的城市》,陈国樑译,商务印书馆 2006 年版,第 113 页。

④ 欧洲中世纪欧城市自治运动的初期发生在主教领地,民众试图争取的是城市的独立、自治和各种封建范畴内的自由权利(相对于其他地方的特权),但是对宗教权威本身还是保持虔敬的态度。当然,在 1057—1075 年的米兰也发生了代表性的宗教改革运动——"巴塔里亚运动","这是一场真正的自下而上的宗教运动,聚焦于 11 世纪最典型的两种道德恐慌:圣职买卖;神职人员结婚对圣礼有效性的影响。"[英]克里斯·威克姆:《梦游进入新世界——12 世纪意大利城市公社的出现》,X. Li 译,广西师范大学出版社 2022 年版,第 21 页。

三、欧洲中世纪城市兴起中市民自由权利诉求的需要与障碍

对欧洲中世纪城市兴起的政治特征、宗教特色与法律特点等方面的强调，其实与我们揭示其内在的经济机制并不冲突。因为，在很大程度上，宗教特色是欧洲中世纪的整体特征，宗教弥漫在欧洲整个中世纪的社会发展的诸多方面，甚至可以说一切方面。而在城市兴起过程中呈现出来的独特的法律和政治特点显然是"后话"，其初始"因子"可能蕴含在城市兴起的过程中，但毕竟更多地被嵌入经济诉求中，虽然其多以政治抗争等方式得以呈现。即中世纪的商贸复兴，虽然不能保证一定会出现欧洲中世纪城市那样的权利运动与自治诉求，但显然蕴含着市民阶层的基本的人身自由等方面的诉求。这些权利的实现，都是相对于当时的欧洲各国、各地区的领主的权力控制架构而言的，由此可知市民权利的实现其实自始至终都并非易事，因为城市的自由权利诉求实际上都是"冲着"领主权力而来的。欧洲的中世纪城市之所以能够迸发出强烈的自治诉求，主要是对当时的人身自由等自由权利的伸张，实际上是从市民的基本权利扩展到政治选举权，甚至逐步拓展到对城市政治管理大权的不同程度的把控之上。[1]这在人类社会发展历史上其实是不多见的。而且如果不考虑古希腊和古罗马时代的市民权的广泛实践形式，以及城邦公民对城邦国家的政治把控，那么显然也将难以理解这一历史现象。也就是说，尽管我们可能不太愿意，但在很大程度上，我们不得不将中世纪城市自治的政治诉求归为欧洲古典时代的民主政治实践的历史记忆与遗风。韦伯坦言，"在西洋上古时期（俄国也一样），西方城市就已经是个可以通过货币经济的营利手段、从隶属身份上升至自由身份的场所。"[2]

（一）欧洲社会发展环境从公元 1000 年开始得到很大改善

但问题是，早先的城市运动对市民权利的诉求的需要到底根源于何处？或者说，早先的市民为何要对人身自由权利和民主自治权利发出强

---

[1]　T.H.马歇尔论及的现代公民身份不同层次权利的实现过程，确实有前后相继的规律，即从基本公民身份到政治公民身份，最后到社会公民身份的逐次实现，但其并未明确其间递进实现的内在逻辑或者因果关系。Thomas H. Marshall, *Citizenship and social class*, New York, NY: Cambridge, 1950.

[2]　［德］马克斯·韦伯：《法律社会学；非正当性的支配》，康乐、简惠美译，广西师范大学出版社 2011 年版，第 430 页。

烈的诉求,直接诉诸政治甚至军事行动? 为什么此前的欧洲人并没有对这些所谓的权利进行强烈的伸张? 这当然需要我们回到公元 1000 年前后的欧洲的经济社会大背景中去探寻其中的奥秘。公元 1000 年是欧洲中世纪历史的重要转折点,即其标志着欧洲总体上告别真正的"黑暗"的中世纪的前半期,而步入相对缓和甚至和平的中世纪中后期的分界点。①就在此时,欧洲境内外的蛮族或者异教徒的侵袭基本告一段落,例如南欧的伊斯兰教的阿拉伯人的攻击基本被抵抗住了,由东南欧而来的亚洲人的进攻也不再是威胁。北欧人对法国、英国甚至南欧的侵袭也基本结束了。由此,欧洲整体上处于相对稳定甚至和平的历史阶段,并且其也为欧洲后来的发展,尤其是商贸的复兴提供了比较良好的外在环境。"10 世纪即使不是复兴的时期,至少也是相对的稳定与和平的时期。"②不过,这并不意味着欧洲整体甚至全部地区都能实现和平和发展,只能说当时的欧洲各民族甚至加上周边的诸多民族和族群的大迁移基本结束了,他们基本上也都就地安顿并开始新的稳定生活,从而不再以大规模的征战作为主要目标。但是,小规模的战役甚至伤亡惨重的战争依然不同程度地存在。

这一历史环境改变的意义是巨大的,我们将在下文中进一步提及。也就是说,到公元 1000 年左右,欧洲基本上安宁了下来,而此时的南欧恰好可以充分展示其历史影响。南欧的意大利,尤其是威尼斯共和国实际上在整个中世纪的历史上尽管也遭受到屡次的、诸多民族的侵袭,但是依然比较早地稳固下来,而且充分利用了其地理优势,尤其是其与拜占庭帝国的关系。③西罗马于公元 476 年灭亡之后,拜占庭帝国不仅在形式上继承了罗马

---

① 布罗代尔将这一重要时间点提前到 950 年,"我们有充分的理由把欧洲人口兴旺的开端定在公元 950 年",当然布罗代尔自己与承认这只是他自己的一个推断,"既然如此,把时间稍稍提前或稍稍推后也就无关紧要的了。"[法]费尔南·布罗代尔:《法兰西的特性》,顾良、张泽乾译,商务印书馆 2020 年版,第 501 页。

② [比利时]亨利·皮雷纳:《中世纪的城市》,陈国樑译,商务印书馆 2006 年版,第 50 页。

③ [美]弗雷德里克·C.莱恩:《威尼斯:海洋共和国》,谢汉卿、何爱民、苏才隽译,民主与建设出版社 2022 年版,第 7—8 页。"查理曼与拜占庭皇帝暂时达成了一般性的和平协议,协议中明确宣布威尼斯公国——这一领土此后被称为 dogado——属于拜占庭帝国。不久之后,威尼斯获得了事实上的独立。拜占庭帝国的宗主权日渐消失。威尼斯人断然拒绝承认他们属于任何一个在西方使用'神圣罗马帝国皇帝'的头衔来神圣化、扩张自己权力的日耳曼部落的国王。"

帝国的遗产,而且基本上延续了其在地中海的贸易网络和财富影响力等。当然,虽然其间的变迁纷繁,但威尼斯确实在很大程度上利用其地处东西方(文明)交界、南北交通要地、沿海沿江等方面的优势,在土地资源非常匮乏的情况下,着力发展贯穿东西方、南北欧的海上贸易,"威尼斯全城的人都经营海上贸易,以此为生。"①由此,威尼斯成为意大利城市共和国的佼佼者,屹立于整个中世纪的所有欧洲政治共同体。而威尼斯并非意大利的特例,意大利城市共和国在整个欧洲中世纪世界可谓实力大增,并且成为连接中世纪欧洲与古典时代商贸的重要区域,其封建化程度也非常低。"在意大利庄园制度一直要比阿尔卑斯山以北薄弱得多,而城市公社的兴起则比其他地方要早和更为重要。"②也就是说,意大利受到罗马帝国灭亡的影响相对要小,③并且基本上没有经历多大程度的封建化发展,④而且很快就利用其城市商贸的优势,成为整个欧洲城市复兴的先行者和驱动者。

(二) 欧洲中世纪城市中市民的来源

我们一直谈及欧洲中世纪城市复兴运动中的"市民",但我们还没有弄清,作为早先的市民的来源是哪些人? 对此,学术界也展开了相当多的研究,例如很多人将其归为农奴。⑤因为在封建领主的庄园经济中,领主

---

①　[比]亨利・皮朗:《中世纪欧洲经济社会史》,乐文译,上海人民出版社 2001年版,第 17 页。

②　[英]佩里・安德森:《从古代到封建主义的过渡》,郭方、刘健译,上海人民出版社 2001 年版,第 171 页。

③　Christopher Duggan, *A concise history of Italy*, Cambridge：Cambridge University Press, 2014, p.36,"罗马帝国末期城市文明的衰落从来都只是局部的。在意大利北部和中部的一百多个城市中,到 1000 年,超过四分之三的城市仍照常运作,而南部城市的存活率要低得多。"

④　很多学者将城市公社后期的封建领主和城市贵族最终获得支配和治理城市的权力的历史过程称为"再封建化"(re-feudalization)过程。Beat Kümin, *The Communal Age in Western Europe, C. 1100—1800：Towns, Villages and Parishes in Premodern Society*, Basingstoke：Bloomsbury Publishing, 2013, p.23.

⑤　[德]卡・马克思、[德]弗・恩格斯:《德意志意识形态》,《马克思恩格斯文集》第 1 卷,中央编译局译,人民出版社 2009 年版,第 557 页,"在中世纪,有一些城市不是从前期历史中现成地继承下来的,而是由获得自由的农奴重新建立起来的。"[德]卡・马克思、[德]弗・恩格斯:《共产党宣言》,载《马克思恩格斯文集》第 2 卷,中央编译局译,人民出版社 2009 年版,第 32 页,"从中世纪的农奴中产生了初期城市的城关市民;从这个市民等级中发展出最初的资产阶级分子。"

的农奴中有一部分为领主从事手工业、制造业,以弥补庄园种植业的不足。甚至,不少大大小小的领主需要有人专营采购、物品购置和买卖等事宜,所以早期的商人多是这些属于农奴身份的、经营手工商品生产或者商品贸易的农奴,他们就成为早先的市民阶层。不过,比利时著名的中世纪研究专家皮雷纳则指出,这些人无论是数量上,还是影响力上,都不足以成为中世纪欧洲的早先商人阶层,更难以构成市民阶层的主体部分。实际上,在中世纪各地都有地方性的小规模集市和市场,这些地方的当地商人和手工业者都不足以支撑起如此大规模的城市复兴运动。

皮雷纳认为欧洲中世纪的市民群体是商人。[①]皮雷纳认为,这些商人群体确实是农奴无疑,不过他们并非那些专营领主商品采购与生产的农奴所能概括。他们其实是以各种合法、非法方式脱离领主经济与政治控制的农奴。不过,我们还是要解释,如此庞大的商人群体是如何摆脱农奴身份的。因为市民或者商人群体的主要特征就是自由的人身关系,特别是拥有区别于农奴的封建人身依附关系的自由流动权利。皮雷纳将其归为封建领主经济发展的产物,即在封建制下产生的农业生产的剩余,特别是人口剩余的产物。因为从 11、12 世纪来,在欧洲良好的外部政治和军事环境下,欧洲的农业经济开始复兴甚至扩张,而此时的农奴的人口再生产开始加速。但是,原有的农业经济已经无法容纳这么多的过剩人口,而所谓就近"拓殖运动",或者大抱负的"拓疆运动"都不足以消化日益庞大的农奴人口。由于封建制度多采取长子继承制,从而导致多方面的制度性束缚,很多农奴子弟只能被"赶往"更远的地方,甚至完全脱离原先领主控制范围而去拓殖,或者干脆直接脱离农业生产活动,成为数量庞大的流浪汉群体。而当时大量的教会组织及其庄园经济也无法容纳如此多的剩余人口,他们不得不靠着各种可能的途径"碰运气",最终有很多人加入城市复兴运动,成为商人群体的主要来源,进而从事各种形式的商贸活动。"移殖者无疑地或来自流浪汉——在这一时期,城市中最早的商人和工匠也是来自流浪汉,或来自大领地中摆脱了农奴身份的居民。"[②]当然,皮雷

---

① 中世纪专家汤普逊也认为中世纪城市市民的主体就是商人,"在北欧国家里,'商人'是'市民'的同义词,包括手艺人和商人在内。"[美]詹姆斯·汤普逊:《中世纪经济社会史:300—1300 年》下册,耿淡如译,商务印书馆 1963 年版,第 415 页。

② [比]亨利·皮朗:《中世纪欧洲经济社会史》,乐文译,上海人民出版社 2001 年版,第 44、66 页。[比利时]亨利·皮雷纳:《中世纪的城市》,陈国樑译,商务印书馆 2006 年版,第 73 页。

纳的研究也存在一定的偏颇性,因为他主要研究的是北欧城市复兴的历史经验,但是对欧洲其他地区的情况鲜有涉及。例如,意大利区别于其他国家和地区的情况就是其在很大程度上延续了古罗马时代的城市文明,而且很多领主特别是中等贵族大多数居住在城市,而其他地区的领主多居住在乡村享受富裕悠闲的生活。①

（三）市民自由权利诉求与领主对自己封建权利的维护

由此可见,由于外在环境的改善,整个欧洲的经济社会发展开始萌动。与此同时,意大利的商人的足迹遍及欧洲的大部分地区。他们不仅扩大了自己的商业活动范围,而且还对各地的商贸活动予以了强烈的刺激。越来越多的农业剩余人口被动甚至主动地脱离原先的农业生产而投入商贸活动,早先的商业活动实际上无异于冒险活动,甚至在北欧等地都可以等同于海盗活动。②但是,他们从事各种活动的前提是要获得人身自由权利。不过,所谓的"人身自由"或者"自由权利"等最初也并非以我们今天的自由和权利话语的形式出现,而是以最简朴的理据出现的——从事手工业、商贸业等活动的实际(工作)需要,即从事非农业生产活动的需要推动了早先的手工业者、商人和市民群体不断诉求自己的人身自由权利。"他们所要求的首先是人身的自

---

① 朱明:《欧洲中世纪城市的结构与空间》,商务印书馆2019年版,第24页,"这些(引者注:意大利)贵族以城市为重要活动场所,每个城市都会有由富裕的土地贵族家族结成的网络,他们通常也有政府官职,在城市中会为了政府职位和教会等级而竞争。这种分布状况与欧洲北部形成了很大反差,如法兰克北部的贵族就更多选择以乡村为主要居住和活动场所。"布罗代尔也指出了法国和意大利城乡关系的差异,"意大利的城市往往景色更美,甚至更加令人心醉神迷。但我国的城市全都拼命地扎根在各具特色的乡村之中;乡村保卫城市,抬高城市的地位,并部分地说明城市的成长。尤其在昔日的法国,城市首先以乡村的面目而出现。"[法]费尔南·布罗代尔:《法兰西的特性》,顾良、张泽乾译,商务印书馆2020年版,第212页。

② [比利时]亨利·皮雷纳:《中世纪的城市》,陈国樑译,商务印书馆2006年版,第68页,"海盗行径是海上贸易的先导"。[英]M.M.波斯坦、D.C.科尔曼、彼得·马赛厄斯主编:《剑桥欧洲经济史》第2卷,王春法主译,经济科学出版社2004年版,第160页,"中世纪历史上记录的许多海盗行为不是常年从事海盗活动的专业的海盗所为,而是有沦为海盗的商人,他们有时是由官方授权的武装私掠船主——他们或被他们的王国逼迫从事这种行为,或者是生意难做时转为海盗,或者通过海盗行为弥补他们和他们的同胞因敌人的海盗行为而遭受的损失。"

由……"①那么,他们实现人身自由权利的障碍是什么?或者说,是哪一个群体在阻碍着这一进程?那显然是原先的封建领主,因为他们拥有对自己的农奴的身份占有,甚至在一定程度上可以将其作为财产而占有。

所以,从根本意义上来讲,他们显然是不会愿意让更多的人脱离自己的庄园领主经济体的。但是,他们的土地和资源又无法养活越来越多的农奴及其子弟。他们确实在法律上、习俗上、法理上拥有对逃往农奴的各种权利,特别是人身依附关系意义上的实际占有权。然而,从流浪汉、技术工匠、领主采办等群体转换而来的商人群体并无这样的担忧,因为他们在很大程度上脱离了各自领主的"追捕"。但随着城市规模的扩张,城市总是对周边的农村形成巨大的吸引力。这种吸引力不仅表现在经济层面,即商品贸易推动的农业生产方面以就近满足附近城市的需要;同时也对周边的领主占有的农奴形成巨大的吸引,双方由此展开了长期的劳动力争夺。②而城市能在多大程度上突破封建主义的领主经济制度的限制,吸引更多的劳动力参与城市经济体,实际上将决定城市能否逐步发展壮大,甚至发展成为压倒周边领主经济体的重要的社会共同体存在。③总而言之,城市市民的人身自由权利关系重大,其阻力显然在于封建领主制度中的人身依附关系。

四、欧洲中世纪城市市民获取自由与权利的过程:从冲突到战斗

(一)封建领主权力与教会抵制市民权利诉求

由上文的分析大致可以知晓,想要让大大小小的封建领主主动放弃已经占有多年的传统封建权利,那显然不切实际。而且,我们现代的不少文献都将农奴的境况描写得非常惨烈,其可能也会存在一些有失公允之

---

① [比利时]亨利·皮雷纳:《中世纪的城市》,陈国樑译,商务印书馆2006年版,第108页。

② [美]詹姆斯·汤普逊:《中世纪经济社会史:300—1300年》下册,耿淡如译,商务印书馆1963年版,第426页。

③ 这以意大利城市共和国的历史实践为典型,因为意大利中北部的城市(公社)实力强大,所以逐步对其周边领主形成了强大的吞并压力,而其背后也有着自己的图谋和战略部署,"这是一种信念的简写,即从12世纪起,城市公社为了保护其贸易道路,利用其人力资源进行税收和兵役,并为城市市场提供其农产品,推行征服其周边领土的政策。"Edward Coleman, "The Italian communes. Recent work and current trends," *Journal of Medieval History*, Vol.25, No.4, 1999, p.384.

处,即在封建制度下的封建领主与农奴之间其实存在着复杂的权利义务关系。封建领主对农奴显然享有一系列的封建权利,例如农奴有向其领主缴纳实物税赋、提供劳役、定期服兵役等义务,领主甚至同时拥有指定农奴到自己的磨坊加工农产品的权利,并由此收取诸多的租赋等。不过,常常为我们所忽视的地方在于,领主亦有为其农奴提供军事保护的义务,即在战乱时期以自己的城堡、塔楼等为其提供暂时性的避难场所,而且在平时亦有提供一定的救助救治等封建义务。①所以,一些中世纪经济社会史学家,将这样复杂的封建制关系归为互惠关系,尽管其可能会有失偏颇,但是确实道出封建领主对其属下的农奴负有不小的保护与救助等方面的义务。所以,无论是在罗马旧时城镇的基础上发展出新的商贸型市镇本身,还是这些市镇对领主的农奴的吸引等,其实都对封建领主构成了不小的威胁,甚至直接的挑战。不过,封建关系的复杂之处就在于其内含着一定的互惠性。例如,封建领主也在一定程度上依赖于附近的商贸集市,因为这些市集可以为其提供多样化的商品特别是奢侈品,以满足他们匹配自身身份地位的物质需要。同时,这些市场或者集市也给领主带来丰厚的财富收入:"厘金、护送费、其他的保护费、市场税和诉讼规费"等。②而大大小小的集市、商贸市场的存在,也打开了封闭的封建自然经济的缺口,从而为扩大(多样化)农业生产提供了刺激,即就近的市场、集市和商贸集中地等为附近的封建领主提供了出售多余产品的交易场所,从而能够为封建领主积累越来越多的货币财富。当然,从长久来看,这显然会不断冲击封建制的根基,即商品经济和货币经济的发展必然会在很大程度上冲击封建制下的自然经济。③

不过,对于一般的封建领主而言,尤其是对教会领主而言,蓬勃发展的、以商贸活动为基础的商品经济,显然会对封建教权组织和信仰造成不小的冲击甚至挑战。在很大程度上,封闭的自然经济最适合基督教的传播与生存,而且在经过了几个世纪的发展之后,基督教教会的势力和影响力剧增。因为其在长达数个世纪的时间里,不仅填充了罗马帝国灭亡之

① ［比］亨利·皮朗:《中世纪欧洲经济社会史》,乐文译,上海人民出版社2001年版,第60页。
② ［德］马克斯·韦伯:《法律社会学:非正当性的支配》,康乐、简惠美译,广西师范大学出版社2011年版,第394页。
③ 同上书,第562页。

后的权力真空,而且通过其广泛的影响力,占据了大量的土地,形成规模浩大的教会庄园经济。①而教会组织主导的经济生产方式和经济关系难以容纳太多的商贸经济。所以,意大利的城市共和国的政治与经济活动,尽管多以基督教的形式为"掩护",但其从根本上不利于基督教教会的长久权威,扩张性的商贸经济就是对教会权力秩序的很大程度冲击和挑战。②而且,在这之前的几个世纪里,基督教组织已经主导形成强烈的反商品贸易、反放贷取息等一系列的宗教伦理,虽然基督教教会也广泛地涉入经济活动,但是它们的经济活动都是有节制的自然经济形式。"教会是当时最为强大的土地所有者,其对商业的态度,不只是消极的,而是积极的仇视,就是一个充分的例证。"③所以,欧洲内陆地区往往成为维护基督教教义的理想之地,也成为基督教势力根深蒂固之地。不过,在那些四通八达、四处蔓延的商贸网络中,尤其是在其诸多的商贸集市等节点城市,基督教教会的影响要小得多,或者其与商贸活动的商人的冲突要大得多。

(二)城市商人群体通过商贸活动获得巨大财富并以此作为"资本"争取自由权利

不过,以商人集团为代表的城市市民群体,逐步通过手工业生产、商贸活动等不断扩张原先只有尺寸之地的市镇"新堡"。手工业生产和商贸活动的冲击之处就在于,他们的经济活动会伴随着财富的增长而增长。商贸活动,如上文所述,在当时实质上就是冒险活动,商人甚至要冒着生命危险从事远程贸易活动。因为当时整个欧洲的治安环境还很差,所以商人都是组队前行,以充分防范各式盗匪和不测。④商贸活动属于高风险

---

① [比]亨利·皮朗:《中世纪欧洲经济社会史》,乐文译,上海人民出版社 2001 年版,第 11 页。"从 9 世纪到 11 世纪,政府的全部事务都掌握在教会手里,在政府事务中,正如在艺术方面一样,教会占有优势。教会的大地产组织已成为一种榜样,贵族的大地产欲与之并驾齐驱而不可能。"

② [英]R.H.托尼:《宗教与资本主义的兴起》,赵月瑟译,上海译文出版社 2006 年版,第 17 页,"从 13 世纪中叶起,教会的罪恶行径引起接连不断的抱怨,而其要旨可以一言蔽之:'贪得无厌'。在罗马,一切都可以出卖。"

③ [比]亨利·皮朗:《中世纪欧洲经济社会史》,乐文译,上海人民出版社 2001 年版,第 46 页。

④ [德]卡·马克思、[德]弗·恩格斯:《德意志意识形态》,载《马克思恩格斯文集》第 1 卷,中央编译局译,人民出版社 2009 年版,第 559 页,"大家知道,整个中世纪,商人都是结成武装商队行动的。"

活动无疑,不过其往往也会带来高额回报。当时的远程贸易实际上主要是利用当时的封闭环境,其使得很多急需的、紧缺商品无法顺利地实现正常流通,特别是由于战争、灾荒等爆发导致局部性的粮食短缺问题非常普遍,[①]而商人往往利用灵通的商贸消息,及时地贩购、倒卖紧缺的谷物等粮食产品,或者贩卖各种罕见的奢侈品如东方香料、酒、食糖、瓷器、茶叶、挂毯家具等“高附加值”商品,从而使得其活动具有巨大的盈利空间,而其所实现的成就也非常大。[②]

　　总而言之,城市兴起前期的商人群体所代表的城市早期市民逐步通过非农业生产和贸易活动等,不断地增长了财富。但是,他们的人身自由还依然未能得到有效的法律保障,实际上只是没有得到城市所属的封建领主的可信承诺和确信保障。而他们所提出的权利诉求其实就是获得封建制下的人身自由权利、自由从事商贸活动的权利、取消不合理的封建税赋和盘剥、设立适合城市商人群体商业活动的城市法庭以及有利于商人等市民群体自我管理的城市管理权利等。为了能够在整体上获得这些自由权利或者特权,他们需要努力地从他们的封建领主那里获得城市整体的独立与自治,也即他们要赢得封建制下对城市的广泛的领主管理权力。虽然这些权力在我们现在看来并不算过分,但在当时的领主看来,这显然是严重的僭越和过分之想。但是,这些权利伸张,特别是人身自由权利以及其所延伸的权利并不过分之处在于,他们依然可以被纳入当时的封建制前提下,而只是将原先无权无地位的“前农奴”予以人身解放,或者在很大程度上只是承认他们实际上已经“拥有”的人身自由权利以及自主管理的权利。也就是将城市作为整体,赋予其相对独立的法律地位与政治地位,给予他们充分的自主管理和互不干涉的独立权利和地位。当然,在实际的历史过程中,这种由(宗教性质的)兄弟会、市民宣誓联盟、商人或者后来的(手工业者)行会所引领或主导的争取城市公社自治的成效和市民

---

① ［英］M.M.波斯坦、D.C.科尔曼、彼得·马赛厄斯主编:《剑桥欧洲经济史》第2卷,王春法主译,经济科学出版社2004年版,第144页,“法兰西的大西洋海滨,是富饶的加斯科涅土地,它主要产酒,而不得不从外部进口他们所需的食物。使满足这些需求成为可能的原因是在与食物短缺的地区相邻的地方,同时存在着剩余粮食的输出。”

② “在国际贸易领域中的成就,只能归功于商人本身的精力、主动性与创造性。”［比］亨利·皮朗:《中世纪欧洲经济社会史》,乐文译,上海人民出版社2001年版,第151页。

权利实现的程度,在欧洲各地区各有差别。

(三)城市市民群体与领主之间的"战斗"及城市公社的诞生

不过,上述权利诉求的实现,也并非易事。从一开始,双方当然都"寸步不让",而由此导致两者之间冲突甚至战争一触即发,这些冲突的导火索往往莫过于封建领主的"横征暴敛"、盘剥无度、暴虐统治甚至故意挑衅等。而从上文的分析中我们也可以觉察出,中世纪欧洲的城市市民相对而言确实卑微。虽然他们具有强烈的冒险和进取精神,符合我们对企业家精神的想象,但是他们也确实是守成主义者,在政治和法律权利的进取上大有"敢怒不敢言"的意味。"很明显,它们只能招架而无还手之力。"①但是,一旦诸多的时机成熟,长久积压的反抗情绪就难以抑制,且可能会在某些特别的时空和条件下爆发出来,并与领主展开殊死搏斗。尽管他们的身份低微、不仅不享有一定的法律权利,甚至在封建制下总是处于被动地位,但是毕竟积攒了大量的财富和社会经历,②而且他们拥有常人无法具有的斗争精神就在于,他们很多人都是此前一无所有(尤其是没有固定资产特别是土地)、无家可归、毫无牵挂的流浪汉,以及不久前潜逃出来的农奴。他们一旦失利,可能会被迫恢复原先的农奴身份,甚至付出生命代价。由此,他们一旦真正展开与封建领主之间的生死之战,这种争取自由和权利的战争,势必是你死我活的斗争。所以,法国历史学家基佐深切感叹这一伟大的历史进程,并将其归为漫长的战斗过程。③不过,市民阶层代表的城市最终赢得了广泛的胜利,并逐步建立起更具平民基础的城市公社,而且还获取了广泛的自由与自治权利。④

---

① [法]基佐:《欧洲文明史:自罗马帝国败落起到法国革命》,程洪逵、沅芷译,商务印书馆 2017 年版,第 192 页。

② "城市自治社会的建立、资产阶级权力的扩大、城市法律的制定,这一切都是跟着城市社会的财富增长而来的。"[美]詹姆斯·汤普逊:《中世纪经济社会史:300—1300 年》下册,耿淡如译,商务印书馆 1963 年版,第 421 页。

③ "一切都是为了战争,一切都含有战争的性质。"[法]基佐:《欧洲文明史:自罗马帝国败落起到法国革命》,程洪逵、沅芷译,商务印书馆 2017 年版,第 139 页。

④ 对欧洲 11 世纪后期诞生的城市公社这一创新政治共同体形式的界定,我们可以参见[英]克里斯·威克姆:《梦游进入新世界——12 世纪意大利城市公社的出现》,X. Li 译,广西师范大学出版社 2022 年版,第 14 页,"对于 12 世纪那个版本的意大利公社,这些元素可能尤其要包括:一个有自觉的城市集体,包括所有(男性)城市居民或者他们中的大部分,通常通过誓言绑定在一起;定期轮替的地方官员,由(转下页)

这在整个欧洲大陆都是具有重要的代表性的,这一现象尤其以法国最为典型。韦伯认为其具有"革命性的"意义。②不过,无论是意大利中北部城市公社还是法国境内的城市公社,诞生的历史多是"空白",即缺乏必要的历史记载或者严谨的历史材料。"任何城市的现存文件都不能直接、明确地证明社区成为公社的(具体)时刻。凯勒还进一步表明,通过第一次有记载的执政官出现来确定公社开始日期的做法不太可靠。"因而,"公社不是一夜之间诞生的,试图'锁定(其诞生时间)'最终似乎是徒劳的。"③所以,这部分的很多地方只是笔者"推演"的过程,但是这一推演又并非"臆想",历来的历史学家对这一问题还是相对比较谨慎的,但是包括基佐、皮雷纳、韦伯在内的诸多历史学家和学者也多通过一些辅助性的材料对此过程进行推演和还原。尽管通过第一次有记载的"执政官"作为城市公社诞生的时间点的处理法有些不妥,因为这样一般是将城市公社诞生的时间延后了,"根据早期公社时期(包括热那亚、比萨、米兰和克雷莫纳)的历史叙事样本,他得出结论,12世纪后期的作者对公社在各自城市中的形成时间确实知之甚少,甚至没有多少兴趣。直到12世纪末,才有系统地记录执政官和其他公共机构。"④也就是说,学术界对此能够达成基本共识的就是,伴随着欧洲中世纪城市治理体制的变迁而发生了重要的制度变迁,其前提当然就是城市逐步获得了一定的独立和自治权利,甚至表明民众已经在城市治理结构中显现出一定的力量,"如此五花八门的

(接上页)这个集体选择或者至少由其确认(通常不是通过'民主'的方法,但也绝不由国王或主教之类的上级势力来选派);以及该城市及其地方官员事实上的行为自治,包括战争和司法行为,乃至税收和立法行为——这是中世纪早期和中期的政府的基本要素。"Edward Coleman, "The Italian communes. Recent work and current trends," *Journal of Medieval History*, Vol.25, No.4, 1999, p.376, "(1)公社在不同地方采取各种形式;(2)因此,公社的分类或范畴是有问题的,但有两种基本类型——简单和明确;(3)公社是全新的,前所未有的;(4)公社是在经济复苏和货币流通增加的条件下出现的;(5)公社是由宣誓成立的社团创建的;(6)在主教区或伯爵地盘上建立的大公社具有贵族性质;(7)公社最初是一个私人或接近私人的组织。"

② [德]马克斯·韦伯:《法律社会学:非正当性的支配》,康乐、简惠美译,广西师范大学出版社2011年版,第431页。

③ Edward Coleman, "The Italian communes. Recent work and current trends," *Journal of Medieval History*, Vol.25, No.4, 1999, p.380.

④ Ibid., p.392.

名称暗示,我们不应当过分看重'执政官会议'这个术语的含义,但它无疑表明这座城市的民众集会此时已经成为一种有组织的团体,它乐于密切配合大主教行动,并且在 1097 年带有明显的贵族统治的因素,却很可能是自发的集会,而且召开得相当频繁。"①

(四)欧洲中世纪城市公社运动的典型案例:意大利中北部与法兰西王国南部

欧洲中世纪的城市复兴以及城市公社运动的先行者当然是意大利中北部的城市共和国,而其之所以可以成功当然是重要的历史原因,包括外部因素或者背景。我们可以简单归纳:意大利中北部的城市自治传统遭受到的外部(蛮族)冲击是最小的;因而其封建化程度也是最小的从而大多保留了自治传统;多处于复杂的外部政治军事干预格局之中而又没有任何一方政治势力可以顺利地获得压倒性优势,从而反而使得诸多城市获得了喘气的机会甚至能够在多方外部势力之间游刃有余;伴随着商贸活动的恢复和复兴而使得世俗政治力量崛起,从而逐步开始挑战各城市主教的世俗统治格局;基督教内部由于各方派系势力的争斗特别是主教人选的竞争使得基督教教会内部纷争不断而导致"权力真空",从而为城市公社运动奠定了条件或者基础。②城市公社运动首先发生在米兰,而米兰的主教世俗统治危机爆发得也最早,"1050—1150 年间,在上文提到的内乱背景下(再加上许多其他的麻烦),(引者注:米兰)有五位大主教被废黜。如果想要成功地治理这座城市,就必须竭力争取广大的支持作为统治的基础。"③早先的城市公社一般都经历过反复的对外战争和城市内斗,而教俗力量的斗争以及教会内部的纷争则是其中重要的原因:"其首要起因,是 1076 年之后几十年的'主教叙任权之争'引发的混乱。这场斗

---

① 〔英〕克里斯·威克姆:《梦游进入新世界——12 世纪意大利城市公社的出现》,X. Li 译,广西师范大学出版社 2022 年版,第 25 页。

② 也有研究表明,主教也可能成为城市公社运动的支持者,朱明:《欧洲中世纪城市的结构与空间》,商务印书馆 2019 年版,第 75 页,"1037 年也是由米兰大主教行使军事权力抵抗入侵的德意志军队的。甚至后来意大利城市公社的兴起也与主教直接相关,公社多是在主教的支持下反对君主和贵族。"由此可见当时城市公社运动的政治格局的复杂性,但是也正是这种复杂的政治格局和政治关系所产生的"权力真空",使得城市公社运动成为可能。

③ 〔英〕克里斯·威克姆:《梦游进入新世界——12 世纪意大利城市公社的出现》,X. Li 译,广西师范大学出版社 2022 年版,第 20—21 页。

争使皇帝和教皇反目,导致意大利在 11 世纪 80 年代到 1090 年间陷入内战(通常包括各个城市因出现对立的主教而产生的传统领导层危机),进而在此后几十年间逐步崩溃;城市公社由此成为一种应对危机的防御性反应。"①所以,学术界一般将城市公社诞生的时间锁定在 11 世纪 70—80 年代,尽管很多学者认为想准确地锁定这一时间点是徒劳的,这从另一方面也佐证了历史材料对城市公社运动具体过程的空白。

意大利城市公社诞生的时间最早,而且它们之所以可以发展出城市共和国这样的政治共同体的原因在于,他们的城市公社的规模一般都比较大,这其实也反映出其城市的实力比较强大,"在 1172 年成功的顶峰时期,伦巴第联盟尽管地理面积相对较小,但包括 20 多个城市公社(civitates),按照欧洲标准,这些公社都相当大,每个公社都声称对周围领土拥有管辖权。"②相比较而言,法国以及其他欧洲国家或者地区的城市公社的特点并不在于"城市"而在于"公社",很多地方的城镇、村镇或者教堂区都可能爆发以自由和特定权利为诉求的公社运动。法国历史学家布罗代尔将法国的城市运动也追溯到 1070 年,"所谓的城市运动(为争取城市自主权而展开的第一次城市运动于 1070 年在勒芒进行)所达到的目的。"③不过,法国以及当时的神圣罗马帝国,甚至包括英格兰等地出现的新情况就是,国王往往可能会成为支持甚至推动城市公社运动的政治力量。"君主们认为公社是革命性的。1139 年,路易七世废除了兰斯公社;1182 年,这座城市获得了一份新的宪章,恢复了旧的自由,包括市民选择自己的土

---

① [英]克里斯·威克姆:《梦游进入新世界——12 世纪意大利城市公社的出现》,X. Li 译,广西师范大学出版社 2022 年版,第 8—9 页。比特·库明(Beat Kümin)的研究不仅支持了威克姆对城市公社的"无意之举"的性质,同时也佐证了城市公社创建的时刻确实"空白"。Beat Kümin, *The Communal Age in Western Europe*, C.1100—1800: *Towns*, *Villages and Parishes in Pre-modern Society*, Basingstoke: Bloomsbury Publishing, 2013, p.13,"因此,主教控制权的逐渐削弱是对具体挑战和机遇的务实反应,而不是一个改变政治制度的纲领性'蓝图'。公社创建的实际时刻令人沮丧地难以捉摸。"

② Gianluca Raccagni, "An exemplary revolt of the central Middle Ages? Echoes of the first Lombard League across the Christian world around the year 1200," Firnhaber-Baker Justine, and Dirk Schoenaers, eds., *The Routledge history handbook of medieval revolt*, London: Routledge, 2017, p.131.

③ [法]费尔南·布罗代尔:《法兰西的特性》,顾良、张泽乾译,商务印书馆 2020 年版,第 514 页。

地的权利,但国王没有将兰斯称为'公社'。腓力二世(1180—1223),第一位赞成公社的国王,后来只是为了削弱对手,区分了他的属民和他公社的市民。"①当然,正如本文反复强调的那样,在欧洲中世纪复杂的政治互动格局下,主教也可能成为默许甚至支持城市公社的政治力量,"在米兰,执政官和大主教并肩工作,直到 12 世纪初;但当大主教未能支持对科莫的战争以控制阿尔卑斯山口时,他们之间的紧张关系加剧。"②

五、欧洲中世纪城市获取自由与权利的过程:由战斗到算计

通过上文的论述,历史材料确实难以呈现城市公社运动过程中的精彩过程和场景。不过,他们确实最终迎来了胜利的曙光。这一历史成就的取得显然是非常艰难的,但是如果从最终的后果来看,我们不知道是否可以用"值得"来衡量,因为可能在某些经济(史)学家看来是值得的。一言以蔽之,当时的人们以巨大的代价获得自由权利,正如德国的那句谚语所言:"城市的空气使人感到自由!"(Stadtluft macht frei)但是,谁能知晓甚至体悟这背后的巨大的社会甚至生命代价? 这是一代一代人前赴后继才能不断赢得城市自由权利的过程,不过我们确实可以由此斩钉截铁地说,欧洲文明的诸多发达之处,在很大程度上源自其公元 1000 年以来城市复兴与自治运动。③不过,诺斯等人却对这一重大历史过程并未涉及。

---

① David M. Nicholas, *The growth of the medieval city: from late antiquity to the early fourteenth century*, London; New York: Routledge, 2014, p.148.基佐对法国历史上的城镇特许状等法律文件的研究也支持了这一观点,"从此我们获悉这部法令汇编里包括的有关各城镇的法令是:国王胖子路易 9 件;路易七世的有 23 件;菲利普·奥古斯都的有 78 件;路易八世的有 10 件;圣·路易的有 20 件;勇夫菲利普的有 15 件;美男子菲利普的有 46 件;路易十世的有 6 件;高个子菲利普的有 12 件;美男子查理的有 17 件。"菲利普·奥古斯都时代的城市特许状等法律文件数量遥遥领先于其他国王时代。[法]基佐:《法国文明史》第 4 卷,沅芷、伊信译,商务印书馆 1998 年版,第 7 页。

② Christopher Duggan, *A concise history of Italy*, Cambridge: Cambridge University Press, 2014, p.39.

③ 城市公社运动的制度价值和政治实践精神的影响至为深远,"再次强调这一点,真正特殊的特点是扩大政治参与,并出现了一种取代当时盛行的封建不平等、贵族特权和君主制的根本性替代制度。"Beat Kümin, *The Communal Age in Western Europe, C.1100—1800: Towns, Villages and Parishes in Pre-modern Society*, Basingstoke: Bloomsbury Publishing, 2013, p.17.

而且当他们在介绍英国案例的时候,轻描淡写地提及,冲击英国精英把控的社会秩序的是内战和战争。内战与战争影响了他们所论及的精英把控的社会秩序分析框架,并且可能会影响他们的模型的稳定性。所以,他们干脆对如此重要的历史现象视若不见。

（一）领主与市民之间实施策略性妥协的条件及其最终实现

不过,可喜之处在于,一旦开了头,一旦战斗打响,市民阶层越来越能够以其殷实的财富、人数的众多、意志的决绝等优势,逐步获得争取市民权利斗争的最终胜利。当然,可能个别的领主还被从肉体上消灭掉,但是领主在整体上并没有消失,他们后来甚至还实现了对城市政治活动的有力甚至有效把控。通俗地讲,市民从正门将领主赶走,但是后来领主又从后门偷偷溜了进来,并且广泛地参与城市的统治与治理活动,尤其是对其立法、行政(任命)权、司法和军事等方面可以实施广泛干预或者影响。不过,这一历史进程更大的进步意义在于,后来的诸多市镇不需要以巨大的社会代价甚至生命的代价,通过战斗的方式来赢得城市的诸多权利,领主也都认识到"识时务者为俊杰"的道理,更多地倾向于调整自己的互动策略。或许也是他们经过反复的互动发现,市民阶层并非要对领主们"赶尽杀绝",[1]而只是想获得基本的人身自由权利和城市自治等独立权利,以及特别法庭为代表的独立司法审判权。而这种相对独立的法庭也并非要剥夺领主的司法权限,而是为了他们商贸活动、市镇生活与市政管理的方便而已,"在市民阶级的思想里,根本没有把自由视为天赋权利。在他们看来,自由不过是一种很方便的事情。"[2]

城市中以商人群体、手工业群体为代表的中产阶级不仅尊重领主的诸多习惯意义上的权利,例如适当的、合理的税赋以及立法权限等,甚至只将自己的雄心限定在城市范畴内,也即他们并无"气吞万里山河"的雄心壮志。而城市商贸经济体对传统庄园制的封建经济体中的农奴的吸引实际上也客观存在,但是他们并非大张旗鼓地要争取获得劳动力的"权利"。所以,无论是在原先的权利运动甚至战斗之中,还是在后来的城市

---

① ［比］亨利・皮朗:《中世纪欧洲经济社会史》,乐文译,上海人民出版社2001年版,第48页。"市民阶级本身对这个社会远没有采取革命的态度。他们认为地方诸侯的权威、贵族的特权尤其是教会的特权都是当然的。"

② ［比］亨利・皮朗:《中世纪欧洲经济社会史》,乐文译,上海人民出版社2001年版,第48页。

自治运动的后进者那里,以城市的财富"赎买"城市的自治权利与市民的自由权利,则越来越多地成为人们普遍的做法。战斗已经变得越来越无必要了,所以汤普逊将城市市民阶层态度归为"如果可能的话以和平的手段争取,必要的话就使用暴力争取"①。而从领主的角度来看,他们并非简单地将自己原有的城市所有权、管辖权、征税权等拱手相让,而是能够以金钱财富等方式获得相应的补偿。并且,如上文所述,如果领主自己辖区内或者附近有比较成型的商贸市场或者市镇存在,这对其将有着诸多的便利和好处。所以,双方以和平谈判的方式结束争端,便成为越来越普遍的做法。"然而,大多数公社是和平的。1066 年,列日主教将帝国第一个幸存的公社交给了休伊。特许状首次在帝国中使用'公民'一词,并在'豁免权'或'选举权'的意义上使用'自由'。它使休伊成为一个享有特权的地区,在那里,犯下罪行或严重伤害的人可以不必担心私人报复,条件是他通过向受害者或其家人提供赔偿并在法庭上作出裁决来接受正义。特许状没有改变农奴居民的地位。"②

（二）作为调解者的国王"助力"市民自由与自治权利的实现

正如上文所述,在两者争端处理过程中,作为第三方调解者的国王经常被引入争端调解之中。而在欧陆,原先的国王是一个比较虚弱的存在。大大小小的领主的领地内发生势如破竹般的城市自治运动之后,其对领主造成巨大的冲击。不过,国王作为中世纪欧洲的一个重要政治存在往往成为自治城市的诉求对象。虽然由于大大小小的贵族的各种限制和约束,国王可能难以做成什么大事,而且所谓的"封建制"在实质意义上就是封建领主能够形成对国王的诸多掣肘:"即使原则上存在着最高主权,实际上它已经归于消灭了。封建制度不过意味着公共权力分散于代理人的手中。"③但是,国王还是可以在诸多复杂的封建制社会关系中游刃有余地实施政治操控。所以,在欧陆,当各地的国王作为仲裁者被邀请介入城市与领主之间争端的过程时,他们的"私心"实际上会帮助城市。因为,就

---

① ［美］詹姆斯·汤普逊:《中世纪经济社会史:300—1300 年》下册,耿淡如译,商务印书馆 1963 年版,第 425 页。

② David M. Nicholas, *The growth of the medieval city: from late antiquity to the early fourteenth century*, London, New York: Routledge, 2014, p.149.

③ ［比］亨利·皮朗:《中世纪欧洲经济社会史》,乐文译,上海人民出版社 2001 年版,第 6 页;［比利时］亨利·皮雷纳:《中世纪的城市》,陈国樑译,商务印书馆 2006 年版,第 114 页。

政治互动结构而言,各地存在的大大小小的领主是国王实现政治理想和抱负的巨大障碍。"国王与城市也通过特许状而产生了关联,法国国王也被称作'公社之父'。国王通过为城市颁布特许状获得市民的信任,并且也为其与领主斗争争取到了同盟军。"①

由此可见,特别是从结果角度来看,国王实际上多偏向于怂恿领主不断给属下的城市让渡自治权利与市民自由权利,②而城市则有效承诺以其财力作为税赋保障,为其领主获得相应的经济补偿并承担起相应的、持续的封建义务(主要是各种税赋和金钱上的好处)。③而在互动过程中,那些大大小小的领主是"耗不起"的,他们之间相互支持、相互帮扶甚至结成联盟的可能性又很小,因为如此便难维持"封建制"的格局。所以,各地领主,尤其是教会领主最终纷纷向城市让渡了相应的权利。而教会领主妥协、让步的便利之处在就于,他们可以通过更换主教的方式比较顺利地实现之。

(三)封建领主由被动赋予城市特权到主动建立"新城"

形势的进一步惊人的发展之处在于,很多国王甚至一些领主开始主动地推动"城市化"运动,原因主要在于经济利益的算计与政治权力平衡的需要,"我们如此认为应该是正确的,中世纪后期超过一半的城镇是由封建领主建立的,他们之所以参与这个进程,是因为他们可从中获利。"④现在的很多最新的研究表明,欧洲 11 世纪以来的很多城市是原发性的。

---

①　朱明:《欧洲中世纪城市的结构与空间》,商务印书馆 2019 年版,第 101 页。

②　韦伯考证道:"国王之所以授予城市特别的司法权,是为了拉拢它们一起对付封建贵族,因此,若就此而言,城市亦可说是封建时期典型斗争下的受益者。"[德]马克斯·韦伯:《法律社会学;非正当性的支配》,康乐、简惠美译,广西师范大学出版社 2011 年版,第 485 页。

③　各地方的城市公社为了能够获得生存甚至为了赢得一定的"喘息"的机会,而会通过各种途径寻求更高层级的领主直至国王来对其进行"庇护",但是其所寻求的庇护当然是有代价的,这代价往往是被他们引入的大领主或者国王对城市事务的干预以至于最终形成支配,最终依然沦为大领主或国王的行政隶属区域。"当一个自治城市需要控告它从他那里争取到特权的那个领主时,它总要到大封建主那里去寻求匡正和保护。这条原则使大多数自治城镇都去要求国王或大封建主出面干涉,于是国王和大封建主自然地着手干预它们的事务,并取得对它们的某种保护特权,而自治城镇的独立或迟或早要遭受这种保护权的损害。"[法]基佐:《法国文明史》第 4 卷,沅芷、伊信译,商务印书馆 1998 年版,第 60 页。

④　Norman John Greville Pounds, *The medieval city*, Westport, Conn.: Greenwood Press, 2005, p.9.

但是,12世纪以后,尤其是13世纪建成或者发展起来的城市多是领主,特别是国王主动推动其至规划、设计和筹建的,因为历史留下了城市规划和建城的文字记录,而且从城市平整的街区和街道也可以看出其中人为设计的痕迹(例如街区多按几何形来设计等)。[①]他们之所以迈出如此重要一步的主要原因依然是经济和政治算计。这当然就比较符合诺斯等人的分析框架了,而封建领主特别是国王主动建立新城的现象在英国表现得最为典型,其后来也成为欧陆城市发展的重要现象。封建领主的经济和政治算机之处在于,领主们通过规划和筹建新城,[②]可以为他们提供源源不断、征收便利的税赋和财源,而且也可以为其提供诸多方面的便利和好处。封建制下实物地租是相对固定的,而且收缴起来也很不方便,而城市中的税赋不仅来得更为稳定,而且可以不断地壮大领主经济和政治实力。

以领主作为主导者实施主动建城的行动,后来也变得“一发而不可收拾”了。或许,这也正是因为领主们不断识破城市市民阶层的可规训的一面的结果,只要在限定范围内给予他们生产、经商、贸易等活动的自由,他们宁愿以巨额的财富予以疏通甚至回报,甚至到后来也不再珍惜自己来之不易的自治和民主权利。一切以经营获利为上,只要不干扰他们正常的自由生产、经商与盈利活动即可。当然,很多国王与贵族主动建城的一个重要原因还在于,他们经受不住城市对其管辖下的农奴的巨大吸引。当城市变得日益兴旺发达之后,附近领主解放农奴的自发行为就不断发生,因为与其被动失去封建权利,还不如变通形式,以主动建城的方式将原先的农奴作为新城的手工业、商业贸易的市民而置于自己新的管制之下,这样做还可以保证他们不再逃亡外地,他们甚至还可以以税赋、租金等方式源源不断地供奉领主。所以,在一定程度上,有学者将封建领主和国王主动赋予城市特许状,甚至在自己的行政辖区主动建立新城的举动视为“再封建化”的过程,“从11、12世纪开始,作为封建化的手段之一,领主开始建造新城。”[③]

---

① [美]詹姆斯·汤普逊:《中世纪经济社会史:300—1300年》下册,耿淡如译,商务印书馆1963年版,第428页。

② 韦伯将自发形成的自治城市称为“原始形成”的城市,而将被设计而成为的城市称为“继承形成”的城市。[德]马克斯·韦伯:《法律社会学;非正当性的支配》,康乐、简惠美译,广西师范大学出版社2011年版,第450页。

③ 朱明:《欧洲中世纪城市的结构与空间》,商务印书馆2019年版,第51页。

六、本节小结

其实,不论封建领主和国王如何算计,他们最终确实赋予了城市以自治权,而城市又不同程度地赋予市民以自由权利,并且给予程度不同的自由、自治、独立的权利。[1]他们在很大程度上是经过激烈的争斗之后才实现各取所取,甚至变得相安无事。尽管其背后有着无数的悲惨的故事,不过,从公元 1000 年开始的数个世纪中,城市作为封建制度下的"特例",确实享有比较充分的自由权利甚至自治权利,尽管很多学者将其归为"特权"而非普遍的公民权。[2]不过,谁能否认其作为开放竞争的自由权利的性质? 在相当长的一段历史时期内,在整个欧洲各地都不同程度地享有相对于整体封建秩序下的自由竞争的开放秩序。现在也有很多学者的研究表明,所谓欧洲中世纪的城市公社的自由和自治是被高估和夸大了,属于 19 世纪资产阶级革命派史学家创作的特定时代产物。"到了 12 世纪中期,一个与之竞争的权力基础以'人民'的形式出现,与其说是'人民',不如说是中等水平的工匠和商人联手增强自己的影响力。"[3]但是,在欧

---

[1]　原先的封建领主(主教、世俗贵族、国王等)赋予自治城市和城镇独立自主权利,在法律和商业层面确实是比较真实和实在的,但是由于自治城市与外部封建领主以及教皇教会之间的互动博弈关系依然持续,同时城市内部也存在着政治社会分层,所以在城市内部能够真实获得充分自由权利的人数显然是有限的,多集中于城市公社的宣誓同盟者、贵族以及工商业新贵,以至于后来的各大行会的会员如店铺老板和工匠等。上文提到,城市特许状并没有改变农奴的地位。但是,如此完全否认市民的政治力量和影响,则又是走向另外一个极端,因为由于城市经常处于内外征战情境之中,作为战士随时待命的普通市民在政治甚至行政领域显然是拥有程度不同的影响力的。"可以肯定的是,完全参与公民身份越来越受到限制和监管。但同样随着各公社的扩张,公民团体也大幅增加,规模也达到了顶峰……这就产生了比法国大革命前任何已知政权都更广泛的选举权、更广泛的民主基础和更广泛的参与、政治行动和教育。"Beat Kümin, *The Communal Age in Western Europe*, C. 1100—1800: *Towns*, *Villages and Parishes in Pre-modern Society*, Bloomsbury Publishing, 2013, p.18.

[2]　[比利时]亨利·皮雷纳:《中世纪的城市》,陈国樑译,商务印书馆 2006 年版,第 83 页。"商人看来不仅是自由人而且是享有特权的人。像教士和贵族一样,他们享有特别法,摆脱了仍然压在农民身上的领地权力和领主权力。"

[3]　Beat Kümin, *The Communal Age in Western Europe*, C. 1100—1800: *Towns*, *Villages and Parishes in Pre-modern Society*, Basingstoke: Bloomsbury Publishing, 2013, p.18.

洲中世纪公社中的"人民"话语逐步凸显,尽管其有"名实不符"的情况,但是这些新近崛起的中等水平的"新贵"或者中等精英逐步借助人民话语进而挑战原先旧贵族和旧精英对政治和经济权利的把持而展开政治参与活动,①并推动更大范围的市民政治参与活动,其确实符合有限权利开放秩序的基本要求。在此我们可以更为深刻地认识到,诺斯等人的分析框架与案例选择存在一定的失误。不过,正如上文详细分析的那样,他们或许不得不如此做,因为这一历史现象对他们整个分析框架会起到比较大的冲击效应,甚至会消解他们的分析框架中诸多重要的论点。

第三节 西方中世纪以来的城市 形态发展与秩序问题

第二节的主要的任务是揭示在欧洲中世纪城市公社自治运动中,以商人阶层为代表的市民群体对其人身自由权利、城市自治权利等为代表的自治权利的强烈诉求。尽管这些胜利的获得过程相当不易,而且在欧陆往往都伴随着漫长的争战甚至长期的战争,但是欧洲整体上确实迎来了封建秩序下的城市自治秩序的构建,即所谓封建社会秩序下"三分天下"的格局。尽管城市人口只占到欧洲总人口的 10%,但是城市代表的手工业和商贸的发达,实际上代表着更强大的社会政治力量。不过,不仅在此,欧洲中世纪的城市公社自治运动所代表的是一种对权利开放秩序的社会诉求,而且也取得了一定程度的成功。这也就是诺斯等人的分析框架重要的缺憾。这一历史性的成就也有其缺憾或者不足之处。我们有学术责任将其完整地展示出来,并结合诺斯等人的分析框架予以分析和解剖。不仅如此,我们还将以此为开端,对西方自由权利与秩序背后的一

---

① 詹卡卢卡·拉卡格尼(Gianluca Raccagni)系统地论证伦巴第联盟首次联合,以抵制德意志帝国皇帝红胡子腓特烈一世(约 1122 年—1190 年 6 月 10 日,即"巴巴罗萨"),其实际上是作为意大利北部自治城市联合起来抵制甚至反抗封建专制统治的壮举,其本身就具有反对专制的反叛精神。Gianluca Raccagni, "An exemplary revolt of the central Middle Ages? Echoes of the first Lombard League across the Christian world around the year 1200," Firnhaber-Baker Justine, and Dirk Schoenaers, eds., *The Routledge history handbook of medieval revolt*, London: Routledge, 2017, pp.144—166.

系列城市问题也做一个相应的检讨。在资本主义生产关系所渗透的城市空间中,所谓的权利开放秩序背后其实存在着诸多严重的社会问题。而在这些社会问题上,大资产所有者和城市政府其实也实施了广泛的资本运作与政治操控。尽管这些并没有得到诺斯等人的重视,因为美国的城市文化相对而言要短暂得多,美国当代的大城市多是移民城市,其人口的来源主要是欧陆的移民。所以,我试图以此揭示诺斯等人的分析框架的些许缺憾。

一、中世纪欧洲城市权利与秩序的衰弱

（一）中世纪欧洲城市市民权利缺乏普遍性

19 世纪以来的历史学界其实一直在努力展现中世纪欧洲城市复兴的伟大历史意义,特别是其对城市自治、市民自由与权利的诉求和实践等,都对资产阶级革命以及更为广泛意义上的民主革命和实践奠定了历史基础。[1]不过,我们依然不能就此心安理得地将其置于完美的境地,其内在的缺陷也需要被辩证地揭示出来。当然,究其原因,这些缺憾其实也存在复杂的内外部因素的交互影响,正如其与古希腊民主制下的城邦最终败落的情况大有相似之处。[2]我们可以首先来看,欧洲中世纪城市公社自治运动与实践中所谓的“自由”权利的概念是否具有广延性或者普遍性的实质意义。欧洲中世纪的市民自由主要是相对于农奴身上所嵌入的封建依附关系而言的。也就是说,中世纪市民自由,尤其是商人的自由为代表,这意味着他们是被免除了封建依附关系,进而享有相对于奴役身份的人身行动自由以及广泛的自由权利。不过,当时欧洲的城市人口比率才达到 10％。从整体上而言,我们不得不将其归为封建制下的“特权”,而

---

① Beat Kümin, *The Communal Age in Western Europe*, *C. 1100—1800*: *Towns*, *Villages and Parishes in Pre-modern Society*, Basingstoke: Bloomsbury Publishing, 2013, p.18.“由于商业贸易的需要,市民需要从领主那里获得市场、集市、征税等以特许状形式授予的权利,这一特权的获得被称为城市的自由,有时市民获得了机构和政治上的自治而组成公社。然而这一引起 19 世纪史学家极大兴趣的现象却是一种时间错位,它远不是现代意义上的民主或自由,因为只有少部分人才能获得市民的权利,甚至只有通过武装暴力才可以获得。”朱明:《欧洲中世纪城市的结构与空间》,商务印书馆 2019 年版,第 81 页。

② 详细分析可以参见陈兆旺、唐睿:《亚里士多德公民自治思想论要》,《理论月刊》2012 年第 8 期,第 182—183 页。

非普遍权利。①而且,很多地方的市民阶级对附近的农奴、农民和农村抱有强烈的反感甚至对抗性的态度,不愿意自己来之不易的权利对后者拱手相让,而且也一直试图通过行会和城市经济管理大权,限制甚至抵制附近农村的手工业活动。②

实际上也可以说,市民阶层以其经济价值而赎买了人身自由权利。这一"交易"之所以能够成功,原因主要在于公元1000年之后的欧洲已经在整体上结束了纷繁的战乱,赢得了相对宝贵的和平环境,而原先建构在战争基础上的诸多封建权利义务关系也有松动的迹象。例如,很多农奴甚至自由民的服兵役的义务也最终慢慢地以货币形式予以"代履行"。而很多封建领主甚至也开始逐步出售"农奴解放权",即倘若农奴可以拿出一笔可观的金钱,便可以赎回自由身份,而农奴的财富主要来自从事手工业或者其他非农行业生产所获得的货币收入。③而中世纪的城市主要是通过整体的形式,以斗争和金钱财富赎买等方式,赢得了程度不一的自由与自治权利,尽管在其早期的进程中充满了惨烈的战争。这一历史进程影响确实很大,但是不得不指出的是,欧陆的大部分地方难以获得如此便利的历史性机遇。因为逐步兴起的欧洲中世纪城市,多集中于意大利中北部、西欧和北欧的商贸路线上,以及一些区域性的商贸中心,其他地方都还是封建制主宰的漫无边际的"海洋"。虽然现在学术界普遍认为所谓的"公社"并非意大利专利,也并非"城市"所独有,④但是在广大的中小城镇、乡村、教堂区的公社,象征意义大于实质意义,所享有的独立、自治、自由权利更是相对有限得多。所以,这一自由权利首先并非普遍性的。

---

① "所有居住在城墙范围以内的人,除了教士以外,都享有市民的特权。"[比]亨利·皮朗:《中世纪欧洲经济社会史》,乐文译,上海人民出版社2001年版,第52页。

② "周围的农民对它来说似乎丝毫不是同乡。它只想到剥削他们以图利。"[比利时]亨利·皮雷纳:《中世纪的城市》,陈国樑译,商务印书馆2006年版,第133页。行会特别是大行会往往是中世纪欧洲城市的实际统治团体,"几乎在所有的城市里,行会都是实际上的统治团体,虽然在法律上并非如此。"[德]马克斯·韦伯:《法律社会学;非正当性的支配》,康乐、简惠美译,广西师范大学出版社2011年版,第485页。

③ [比]亨利·皮朗:《中世纪欧洲经济社会史》,乐文译,上海人民出版社2001年版,第77页。

④ Edward Coleman, "The Italian communes. Recent work and current trends," *Journal of Medieval History*, Vol.25, No.4, 1999, pp.384—390.

（二）中世纪欧洲城市权利并非平等权利：由经济不平等而影响政治不平等

欧洲中世纪城市的市民的自由权利不仅是非普遍性的，甚至还是非平等性的权利。"特许状并没有许诺公民平等。中世纪城市的平等主义者比其他很多社会要少得多。"[1]所谓的平等，首先应该意味着法律面前人人平等，那么欧洲中世纪城市是否可以做到市民在法律面前人人平等？我们通过史料和文献大致可以断定，这一点是可以基本做到的。所以，由此我们也不得不再次感叹欧洲中世纪城市公社自治运动的伟大历史成就。不过，他们究竟是如何能够做到这一点的？我们认为主要还是由于特殊的历史遗产、特殊的历史环境和宗教精神等方面因素的影响，从而实现了这一历史进步。特殊的历史遗产，主要包括古希腊的公民自治传统、罗马法与罗马形式上的公民平等权的规定、[2]日耳曼公社制度的影响、基督教教义中的"上帝面前人人平等"以及"人人皆兄弟"等教义，都在很大程度上推动了欧洲中世纪城市公社自治，特别是在特许状等法律规范层面的法律面前人人平等价值的初步实现。[3]特殊的历史环境在于，中世纪的城市一般多面临强大的外部领主力量的持续存在甚至侵袭，他们一直保持着高度戒备甚至战斗状态。所以，所有的市民，不分阶层、职业和财富占有情况，不分男女老少，都要宣誓效忠城市，并且成立"宣誓同盟"进而使得人人都成为保护城市免受外来侵袭，进而形成高度凝聚性的政治和军事共同体。[4]不过，伴随着城市的环境的日渐安宁，甚至领主的敌视

---

[1]　Norman John Greville Pounds, *The medieval city*, Westport, Conn.：Greenwood Press，2005，p.106.

[2]　[法]菲斯泰尔·德·古朗士：《古代城市：希腊罗马宗教、法律及制度研究》，吴晓群译，上海人民出版社2006年版，第393页，"拉丁人、意大利人、希腊人，稍后还有西班牙人和高卢人，他们都渴望成为罗马公民——这是唯一能拥有权利和地位的方式。所有民族，一个接一个地以他们进入罗马帝国的顺序努力地想要进入罗马城中，在经过长时间的努力后，终于成功。"

[3]　所以，中世纪城市市民也十分珍重城市特许状的重要意义，因为这是他们自由与权利的法律保障。"城市特许状的基本功能是使公民拥有自己的政府形式，区分并有别于其周边乡村。"Norman John Greville Pounds, *The medieval city*, Westport, Conn.：Greenwood Press，2005，p.101.

[4]　这种宣誓甚至可能是日常化的，"一定时期内也会再举行全体市民的市民宣誓。"[德]马克斯·韦伯：《法律社会学；非正当性的支配》，康乐、简惠美译，广西师范大学出版社2011年版，第443、446页。

也逐步变弱之后，城市内部的各种分层、界分、冲突甚至战斗就逐步显现了。"然而，尤其是从1320年开始，出现了倒退；经过一系列激烈的运动（特别是在根特），最终达成了一个均衡状态，政治权力由贵族、纺织工人和小手工行会不同阶级瓜分。"①

也就是说，再强大、再巩固的城市共同体也难以抵挡市民群体本身的阶级、职业、财富与社会阶层的分化。②尽管欧洲城市中世纪是以军事共存为前提，以宗教共同体为团结形式，以商贸往来基础上的紧密的经济依赖关系而建构起来的政治经济共同体。不过，它们依然无法阻止内部的分层、分化与分界。例如，欧洲各大城市多是以行会来组织市政管理工作的，城市政府实际上多是由各类大小行会和团体来组织的，"城市生活是由行会组织和兄弟会支配的。"③"此时是1282年，因为被授予官员职位和旗帜，技艺行会仍然具有相当的声誉；于是他们就以自己的权威发布命令，取消十四名行政长官，选任三位公民，成为'长官'，掌管共和国权力，为期两个月，从平民或贵族中选出，只要他们是商人或者从事某个行会。在第一个任期之后，长官数目变为六位，以使每个区有一位；这个数目一直保持到1342年。"④而所谓的大小行会以职业为分层标准。⑤虽然在城市自治运动早期，市民阶层内部的分化与对立的情况并不严重，因为他们

---

① ［英］M.M.波斯坦、D.C.科尔曼、彼得·马赛厄斯主编：《剑桥欧洲经济史》第3卷，王春法主译，经济科学出版社2004年版，第29页。

② ［美］詹姆斯·汤普逊：《中世纪经济社会史：300—1300年》下册，耿淡如译，商务印书馆1963年版，第424页。"这些阶级在政治上是平等的，但在一种社会意义上并不一定是完全平等的。他们除了法律以外，是不平等的。"

③ Norman John Greville Pounds, *The medieval city*, Westport, Conn.: Greenwood Press, 2005, p.111.

④ ［意］马基雅维利：《佛罗伦萨史》，王永忠译，吉林出版集团2011年版，第65页。

⑤ 不仅如此，广大的城市底层工人其实是没有行会组织的，他们的政治力量只能通过偶尔的暴动来体现。"一个羊毛业行会的会员可以看不起铁匠行会的铁匠；但是铁匠也有觉得自己高人一等的时候，就是相当于成千上万的羊毛工人、布料工人、织工、纺纱工、染工、梳刷工和打浆工，以及车夫、船夫、苦力和小商贩这类没有固定营业场所的普通劳动者。尽管这些劳动者的数量占到城市总人口的四分之三，他们却无权组建自己的行会协会。这样的不公在过去多次引发不满，有时候甚至会发生暴动。"［英］克里斯托弗·希伯特：《美第奇家族的兴衰》，冯璇译，社会科学文献出版社2017年版，第13页。

一直面对着更为剧烈、更为危急的外在敌人攻占等风险。"它需要在一个对立的世界中保护自己。而且常常使自己陷入地方战争之中。"①但是，随着城市的和平环境的获得，随着城市商业、手工业与城市自身的不断发展，城市中的名门望族、富商巨贾就逐步通过自己的野心、财富、势力与影响力占据着更为显赫的位置，以至于到后来纷纷以各种合法或非法的手段长期占据政治主导地位，逐步变换为典型的寡头之治。②"在大城市，市议会掌控巨大的权力，故显赫家族图谋，甚至相互间明争暗斗以跻身市议会。城市社会由为数甚少的精英家族支配，他们之间势均力敌、竞争城市政府的公共职位。"③我们所熟悉的是，佛罗伦萨的支配性家族是美第奇家族，他们对佛罗伦萨共和国具有稳固的支配权力，这体现在其家族成员亲自担任或者支配密切联系的家族人员担任公职。但是其影响力远非在此，他们实际上是通过早期的羊毛业，以后来影响最为深远的银行业而享誉全欧洲，"没过几年，美第奇家族的银行不仅成为意大利最成功的商业公司，更是一举成为全欧洲最能赚钱的家族事业。"④而且由于美第奇实际成为教皇的专属合作银行，所以其又逐步获得了更多的政治影响力。美第奇家族的早期奠基者科西莫在遭受政治磨难的时候甚至可以通过其强大的经济政治影响力而调动大量的国内国际政治势力进行施压和营

---

① Norman John Greville Pounds，*The medieval city*，Westport，Conn.：Greenwood Press，2005，p.100.

② 恩格斯：《德国的农民战争》，《马克思恩格斯文集》第 2 卷，中央编译局译，人民出版社 2009 年版，第 228 页。"城市贵族处心积虑地取消城市公社在各个领域的权利，特别是在财政方面的权利。直到后来，当这些老爷的欺诈行径变得穷凶极恶时，各公社才又行动起来，以期至少要掌握监督市政管理的权利。在大多数城市中，公社也确实恢复了自己的权利。但是，由于各个行会之间争斗不已，由于城市贵族不肯甘休，并受到帝国以及同他们结盟的各个城市政府的保护，这些出身于城市贵族的市政会成员便通过巧取豪夺，很快又在实际上恢复了他们原有的独占统治地位。16 世纪初期，在所有的城市中，公社都重新回到反对派的地位。"

③ Norman John Greville Pounds，*The medieval city*，Westport，Conn.：Greenwood Press，2005，p.106. 布罗代尔针对法国的情况也指出中世纪中后期法国城市寡头化的趋势，"城市内部因此便形成一个狭隘的政治集团，或不如说一个贵族阶层，他们世代相传，永远掌握对城市的统治。"[法]费尔南·布罗代尔：《法兰西的特性》，顾良、张泽乾译，商务印书馆 2020 年版，第 809 页。

④ [英]克里斯托弗·希伯特：《美第奇家族的兴衰》，冯璇译，社会科学文献出版社 2017 年版，第 29 页。

救,这样的事件在美第奇家族后来的历史中还屡屡发生。科西莫甚至在死后被佛罗伦萨共和国尊称为"国父","几年前,还不是执政团成员的科西莫被执政团描述为'共和国领袖';此时执政团正式通过了授予他'国父'称号的法令,并下令将这一称号刻在他的墓碑上。另一个曾经获得这一称号的人是西塞罗。"①

其实,这一现象背后的原因或者机理是由于富有的商人群体,相对于普通的贫民阶层以及各行业工人阶级等群体,在金钱财富、时间精力以及社会影响力等方面占据独特优势。一开始,他们多是为了共同的公共利益,无偿地将自己的时间和精力贡献给城市共同体,因为早先的自治城市是需要杰出市民以其雄厚的经济实力、武器装备、军事扈从等捍卫城市的安全甚至实施城市公共工程建设。②不过,他们后来也难免直接或者间接地长期占据了城市政治支配的权力,从而变相地甚至试图永久地将普通市民阶层挤占出去。"在 12、13 世纪时,从最著名的商人中产生了贵族政治到处控制着的城市政府。"③尽管一般的城市市民都在不同程度上依然握有政治选举权,但其政治影响力已经变得微乎其微,④只能依靠零星的武力暴动而获得短暂甚至即时的"政治权利"或"权力"。⑤13 世纪之后,各大城市,甚至包括最为典型的意大利城市也都成为有限的几大权贵家族的囊中之物。例如,一直以自由城市共和国著称、一直到被拿破仑占领"改造"之前都能基本保持独立的威尼斯,早在 1323 年就完成了城市贵族和精英的封闭政治把持,"1323 年的一项明确声明使这种额外的限制达

---

① [英]克里斯托弗·希伯特:《美第奇家族的兴衰》,冯璇译,社会科学文献出版社 2017 年版,第 104 页。

② 韦伯将"有声望的人"的优势概括为时间和实力两方面,实力主要是财富占有和"自行武装的经济力"。[德]马克斯·韦伯:《法律社会学:非正当性的支配》,康乐、简惠美译,广西师范大学出版社 2011 年版,第 470 页。

③ [比]亨利·皮朗:《中世纪欧洲经济社会史》,乐文译,上海人民出版社 2001 年版,第 190 页。

④ 中世纪的城市多半会保留对"执政官"的选举的形式,但是无论是提名候选人还是选举人的确立等多被望族所把持和操控。参见[德]马克斯·韦伯:《法律社会学:非正当性的支配》,康乐、简惠美译,广西师范大学出版社 2011 年版,第 455 页。

⑤ [德]卡·马克思、[德]弗·恩格斯:《德意志意识形态》,载《马克思恩格斯文集》第 1 卷,中央编译局译,人民出版社 2009 年版,第 557 页。"因此,平民至少还举行暴动来反对整个城市制度,不过由于他们软弱无力而没有任何结果,而帮工们只在个别行会内搞一些与行会制度本身的存在有关的小冲突。"

到了顶峰:一个人如果要成为大议会的议员,他就必须证明自己有一位曾在公社中担任要职的祖先。到此为止,大议会的成员资格已成为永久的和世袭的,也成为当选任何其他议会的成员或行政官员的先决条件。"①或许,这一历史进程的奇异之处在于,他们由初步的权利开放秩序,逐步地"退回"到精英主导和支配的,甚至精英合谋策划的自然国家秩序之中去了。也就是说,其间发生了从有限自由开放秩序向精英把控的政治格局倒退的现象,即在欧洲中世纪城市公社中发生了诺斯所谓的从有限开放秩序向自然国家秩序倒退的现象。

(三)城市内争与外战最终断送欧洲中世纪城市的前程

不过,我们依然可以挑战诺斯等人的分析框架的地方在于,在欧洲中世纪城市政治生活中,这些所谓的精英合谋支配的情况并不多见。当然,在诺斯等人比较热衷的英国,这样的情况还是相对比较常见的。但是,在欧陆的 12、13 世纪之后的城市政治实践过程中,城市中的富商巨贾并不能就城市的权力分享达成一致意见,而是在城市内部展开了长久的、胶着的、复杂的竞争、冲突甚至战斗。②为何发展到如此局面?因为城市政治权力关系到商贸格局甚至直接的经济利益。当时的欧洲城市,甚至意大利的城市共和国虽然也开拓出了广阔的海外"殖民地",但是多是服务于其商贸活动而并非要进行长久治理,当然也没有一统天下的凌云壮志。而城市共和国也受到多方政治势力、周边大小贵族、国王以及不同教会势力的渗透和影响。而城市内部精英和下层民众之间的斗争也涉及政治、经济与生活等多个方面。但是他们之间的战斗确实是从始至终的。"下层手工业者在城市政府中所起的作用微乎其微,而雇工、非熟练工等阶层所起作用为零。他们经常满腹牢骚。虽然他们也缴纳地方税,但是他们参与地方政府的前景渺茫。这一张力经常酿成冲突,雇工和其他工人试图获取比其前辈更多的经营范围或从事'国际'贸易成为导火索,因为城市显贵视其为独占利益。"③

---

① [美]弗雷德里克·C.莱恩:《威尼斯:海洋共和国》,谢汉卿、何爱民、苏才隽译,民主与建设出版社 2022 年版,第 136 页。

② "充斥于意大利和福兰德尔城市编年史中的阶级冲突的剧烈性和自相残杀的残酷性。"[英]克里斯托弗·道森:《宗教与西方文化的兴起》,长川某译,四川人民出版社 1989 年版,第 185 页。

③ Norman John Greville Pounds, *The medieval city*, Westport, Conn.: Greenwood Press, 2005, p.109. [法]基佐:《欧洲文明史:自罗马帝国败落起到法国革命》,程洪逵、沅芷译,商务印书馆 2017 年版,第 148 页。

最为典型的莫过于以意大利为代表的城市内战,其也直接关联到城市与复杂封建关系的互动,他们就此不断撕裂城市内部的政治关系,造成城市内部、城市之间的长期的争斗以致不断损耗城市的有生力量。①所以,很多研究者坦言,欧洲中世纪的城市并没有能够逐步发展壮大,到了13世纪,他们的制度优势仿佛已经消耗殆尽,不仅未能得到进一步的长足发展,而且甚至难以维持原先的发展格局。"在许多主要优点方面,佛罗伦萨人一般是意大利人和近代欧洲人的榜样和最早的典型;在许多缺点方面也是如此。当但丁把这个永远在修改其政体的城市比作一个不断辗转反侧以逃避痛苦的病人时,他恰切地比喻出了佛罗伦萨政治生活上多年以来的特点。"②当然,这一历史进程可能只能等到15、16世纪的地理大发现之后的海外殖民活动所推动的大西洋贸易,以开拓新的商贸城市方才能够得到根本改变。③因为意大利城市共和国的影响力只是相对变得弱小了,而并非绝对实力下降了。

二、工业化时代西方城市中的权利与秩序

列宁曾经引用歌德在《浮士德》中的一句话:"我的朋友,理论是灰色的,而生活之树是常青的。"④实际上,理论也是残酷的,因为理论或者分析框架、分析范式等往往会自动过滤掉诸多的事实,也就说现象学所说的,在理论抽象过程中,很多细节会被"冲刷"掉。例如,当我们看到"权

---

① [比]亨利·皮朗:《中世纪欧洲经济社会史》,乐文译,上海人民出版社2001年版,第137页。[德]马克斯·韦伯:《法律社会学:非正当性的支配》,康乐、简惠美译,广西师范大学出版社2011年版,第479页。

② [瑞士]雅各布·布克哈特:《意大利文艺复兴时期的文化》,何新译,商务印书馆2011年版,第92页。

③ Daron Acemoglu, Simon Johnson, and James A. Robinson, "The Rise of Europe: Atlantic Trade, Institutional Change, and Economic Growth," *American Economic Review*, Vol.95, No.3, Jun. 2005.

④ 列宁:《论策略书》,《列宁选集》第3卷,中央编译局译,人民出版社2012年版,第27页。[德]歌德:《浮士德》,绿原译,人民文学出版社1994年版,第50页,"所有理论都是灰色的,生活的金树常青。"黑格尔也曾经借用歌德的这句名言,"当哲学把它的灰色绘成灰色的时候,这一生活形态就变老了。对灰色绘成灰色,不能使生活形态变得年轻,而只能作为认识的对象。密纳发的猫头鹰要等黄昏到来,才会起飞。"[德]黑格尔:《法哲学原理》,范扬译,商务印书馆1961年版,导言第16页。

利"和"秩序"等关键词时,我们映入脑海的往往是"正大光明",不过古今中外概莫能外的问题在于,发展和进步都是有代价的,工业化时代的西方城市发展虽然带来了更为广泛的市民权利,同时也建构起比较好的社会和政治秩序,但是其往往又伴随着复杂的劳资矛盾和严重的城市贫民等诸多社会问题的挑战与冲击。

（一）工业化时代的城市发展:工厂与城市的分合

我们现在普遍将城市化看作是工业化的伴生物,而两者又都是现代化的重要指标。但是,实际上,在早期工业化时代,工业化并非伴随着城市化,[1]最多只是在某些地区有比较明显的城镇化的趋势。而工业化引发城市化是工业化时代相对比较成熟时代的表现,例如英国早在19世纪中叶就实现了工业化,但是按照当前城市化的认定指标,其直到20世纪才实现50%以上城市人口这一比重的突破,而美国在20世纪中叶之前一直有比较强烈的抵制城市化的传统观念,美国完全是由移民等外来因素推动了大城市的发展。"外来移民越来越多地定居在城市,并且常常就是他们来美国时抵达的港口。在1850年人口普查中,外来移民占全国人口不到10%,但却占纽约人口的约46%,波士顿人口的34%,费城人口的30%,芝加哥人口的53%,以及密尔沃基人口的64%。"[2]而20世纪中叶之后美国等西方国家也迅速推进了郊区化的进程。与此相对,反而是很多发展中国家的城市化率不断攀升,例如墨西哥城的城市人口数量突破两千万的大关,而印度和中国的很多特大城市的人口增长也都非常迅猛。很多所谓的大城市的发展,在严格意义上只能算作是"无工业化的城市化"。也就是说,工业化并非推动城市化的唯一因素。

我们具体来看,早期工业化,也就是早期的工厂工业主要都建于江湖河海附近,因为机械化动力甚至以蒸汽机为动力的时代还没有来临,所以早期工厂生产严重依赖于水力动力。[3]因此,一般的工厂都离当时的成规

---

①　Herbert Blumer, *Industrialization as an agent of social change*: *A critical analysis*, New York: de Gruyter, 1990, pp.16—24.

②　[美]杰里米·阿塔克、彼得·帕塞尔:《新美国经济史——从殖民地时期到1940年》,罗涛等译,中国社会科学出版社2000年版,第243页。

③　布罗代尔明确指出了技术对城市发展的重要意义,"蒸汽发动机可以随意移动,而磨坊却只能固定在河边。因此,无论是在都市还是在村庄,都不能使这些能源和依赖它们的工业远离河流。这一状况将延续好几个世纪不变,因而构成了近代早期的特征和局限性。"[法]费尔南·布罗代尔:《法兰西的特性》,顾良、张泽乾译,商务印书馆2020年版,第516页。

模的城市、城镇比较远。而城市和城镇多是当时的消费、休闲中心,是贵族和精英的居住地。[①]而工厂主也都有意地将早期比较肮脏、嘈杂的工厂建于远离城市的交通枢纽、资源集聚、水资源丰富的地区。当然,由于机械化动力的推广与运用,例如蒸汽机的使用,内燃机的推广使用,城市有轨电车的铺设,火车的发明和推广等,使得工业化能够逐步突破传统地缘与环境的限制,不断地向城市和城镇集聚。与此同时,由于消费市场需求的膨胀,近代工厂不断转移到大城市附近甚至成就了诸多的大城市。而由于近代工业化与相伴随的服务业的发展,以及市场的扩张和发展,工业化逐步成为城市化的有力的推动性因素。原来远离城市的工业集中地,也因为劳动者从四面八方的涌入而产生集聚效应,进而实现了人口和诸多资源的集聚,同时带来社会需求和市场规模的发展扩大,使得很多工业型城镇、城市,甚至工业型大城市不断兴起。典型的如英国的曼彻斯特、美国的底特律等。所以,蒂利总结道:"伊比利亚人航行到美洲标志着第三阶段的开始,1600 年后的家庭手工业的增长标志着第四阶段的开始;资本、制造业、服务业和贸易在城市爆炸式发展标志着从第四到第五阶段的迈进。"[②]

其中的规律可能是第一次工业革命与第二次工业革命的界分,也就是说,第一次工业革命中的产业主要集聚于分散性的毛纺织业、棉纺织业、食品加工业、小型制造业等轻工业,其特点主要就是相对比较分散,以英国的早期工业最为典型。而第二次工业化进程中的产业主要集聚于工矿产业、钢铁制造业、化学工业、电力产业、铁路建设等,特点主要是相对比较集中,以德国、美国和日本以及俄国的工业化最为典型。第二次工业化进程比较迅速地推进了工业城市的发展和扩张,尤其是由于铁路铺设、有轨电车的推广等大力地推动了近代工业城市的规模扩张,实际上是以城市市郊的城市化以及城市群的形成为大城市的主要扩张形式。

(二)工业城市的混乱与下层社会秩序

本书第一章导论系统地介绍和分析了诺斯等人的权利开放秩序理

---

① 桑巴特的研究强调了大土地所有者,即当时的富人的奢侈的需求等是推动大城市兴起的重要原因。[德]维尔纳·桑巴特:《奢侈与资本主义》,王燕平、侯小河译,上海人民出版社 2005 年版,第 50—51 页。

② [美]查尔斯·蒂利:《强制、资本和欧洲国家:公元 990—1992 年》,魏洪钟译,上海人民出版社 2007 年版,第 54 页。

论。其基本上可以被看作是资本主义自发市场秩序理论,而其相对于封建时代的权利垄断秩序,或者分散的自然经济的封闭秩序,显然是社会的进步。当然,这样的属性定位不能影响或者遮蔽所谓的权利开放秩序下广泛存在的社会混乱、社会分层与社会不平等。我们将简单地论述在城市空间范围内,与权利开放秩序相伴生的社会问题。

上文论述到,早期工业化并未伴随着大范围的城市化,因为城市化的推动因素是多方面的,工业化只是其中的一个重要因素。当然,伴随着工业化的发展,工业力量的急剧膨胀,工业文明的实力不断增强,其逐步成为推动城市化进程的主要推动性力量。早期工业化的工厂制的建制使得工人阶级的生产活动和生活活动区域基本是重叠的,因此,工厂制吸引的早期工人多是工厂附近的人口。再往后来,工厂主在工厂附近建立简单的、集中的、临时性的住所,以便工业生产活动能够顺利展开,或者不能因为长距离的通勤问题干扰长时间的工作,因为早期的工厂主主要是通过延长劳动时间这样的绝对剩余价值剥削方式对工人实施经济剥削的。①所以,早期工业化过程所伴随的社会问题并没有凸显出来。

不过,伴随着城镇规模的扩张,工业化带动城市化的发展,以至于后来的工业城市的兴起等,都推动了工业化问题的社会化,也就是社会问题逐步凸显。在经济学上即是所谓的市场经济的“外部性”问题。工业化伴生的社会问题主要包括:工人卫生与健康问题、工人收入待遇差问题、工人居住困难问题、社会底层群体的生活困难问题、工业环境污染问题、城市拥挤拥堵问题等。实际上,主要问题就是工人阶级的劳动力再生产问题以及家庭再生产问题非常突出。早期资本主义发展所带有的野蛮性主要表现在,工厂主、工商业主、房东等都逐步脱离原先的传统社会和社区,前市场经济的道德、伦理和观念束缚都被慢慢解除,其对工人阶级的现时的剥削几乎到了极端的程度。②为了榨取更多的生产利润,早期资本家基本多是“竭泽而渔”。令人惊叹之处在于,上一部分我们所论及的欧洲中

---

① [德]卡·马克思:《资本论》第2卷,《马克思恩格斯文集》第6卷,中央编译局译,人民出版社2009年版,第581页。“延长劳动时间,好像就是使工人借助自己智力和德性的完善来提高自己的地位并成为一个合理消费者的那种合理的、有益健康的方法的秘密。”

② [德]卡·马克思:《工资、价格和利润》,《马克思恩格斯文集》第3卷,中央编译局译,人民出版社2009年版,第62页。

世纪城市生产中已经出现类似的雇佣劳动的诸多经济与社会问题,不少学者将其视为近代以来工人阶级问题的初显。①这些分析在马克思主义经典作家的作品中也是俯拾即是,特别是恩格斯1844年写作的关于英国工人阶级状况的调查,实际上比较早地为我们揭示了,在早期资本主义生产方式形成以后,城市工人阶级和底层民众的恶劣的工作境遇和生活环境。②

问题在于,这些都是所谓的权利开放秩序下的"亚秩序",基本也不会影响到新兴资本主义秩序整体的权利开放秩序,但其确实是权利开放秩序的伴生物。不过,直到19世纪末,人们对此关注都比较有限,包括马克思恩格斯等经典作家通过作品的揭示的社会影响也是相对比较有限的。或者说,其并没有促动当时处于社会和政治高层的秩序的维护者和受益者。例如,波澜壮阔的英国大宪章运动实际上是对1832年议会改革方案的社会反抗性质的集体发声,但是基本上没有实现当时的诉求,即工人阶级的普选权的问题一直没有得到很好的解决,直到1867年的第二次议会选举法改革,才使得工人阶级逐步挤入拥有政治选举权的群体。不过,对资本主义的这种"自发"秩序的影响实际上是微乎其微的。英国直到第一次布尔战争时(1880—1881年),由于征兵的需要,才发现英国工人阶级的身体状况非常差,很难按照严格的体检标准征兵,这实际上也是对日不落的大英帝国的巨大讽刺。由此才开始启动比较官方和正式的皇家的调查,并且形成了不少的调查报告,从而有力地推动了英国的社会保险立法的实施。③

----

① [比利时]亨利·皮雷纳:《中世纪的城市》,陈国樑译,商务印书馆2006年版,第99页;[美]詹姆斯·汤普逊:《中世纪经济社会史:300—1300年》下册,耿淡如译,商务印书馆1963年版,第441页;Norman John Greville Pounds, *The medieval city*, Westport, Conn.: Greenwood Press, 2005, p.109.

② [德]弗·恩格斯:《英国工人阶级状况》,《马克思恩格斯文集》第1卷,中央编译局译,人民出版社2009年版,第411页。"在这种情况下,这个最贫穷的阶级怎么能够健康和长寿呢?在这种情况下,除了过高的死亡率,除了不断发生的流行病,除了工人的体质注定越来越衰弱,还能指望些什么呢……城市中条件最差的地区的工人住宅,和这个阶级的其他生活条件结合起来,成了百病丛生的根源,这一点我们从各个方面得到了证明。"

③ 陈兆旺:《民主与福利:社会结构与公民身份制度变迁的路径》,上海人民出版社2017年版,第98页。

也就是说,从 19 世纪的工业化与城市化的进程中,我们可以看到资本主义的市场竞争秩序虽然已经在英国这样的早发工业化国家生成,并且形成强势的扩张,但英国的这种"高端"的权利开放秩序,实际上只是有利于传统贵族、新兴资产阶级以及后来的工人阶级熟练工(也就是所谓的"工人阶级贵族")的权利秩序,并非整个社会,尤其是并非工业化伴生的工人阶级的权利。英国的普选权实现,在所有发达资本主义国家中属于最为迟缓的国家之一,1780 年英国人口 800 万,英格兰和威尔士只有 21.4 万人拥有选举权,不到总人口的 3%。1832 年的议会法改革之后才达到 5%,直到 1910 年时,才达到 18%,在整个欧洲发达资本主义国家中排名靠后。[①]只是从文本和逻辑上看,这种所谓的自由开放权利显然是面向所有人的。但是,在当时的历史境遇下,甚至直到今天,这种所谓的权利开放实际上只能是对社会精英的开放。因为普通民众,特别是工人阶级难以拥有利用这些权利获得经济、社会和政治利益的可能性。而且,与此同时发生的却是,社会精英还在一直阻挠工人阶级为主导性阶级的权利获得的行动。因为,在他们看来,或者在工人阶级自己看来,工人阶级的各方面的权利,对应统治阶级和社会精英的权利也就是"特权"而言,实际上并非是共融的关系,而是对立和对抗的关系,他们之间是零和博弈。[②]

虽然,底层社会也逐步发展出独特的自发秩序,但是这种自发秩序显然是混乱无章的。而城市的管理机制都以防止这些底层秩序发展出反抗、革命、暴动、造反的行动来,甚至这样的观念都不能让它产生。所以,在早期工业化和城市化进程中,所谓的自发权利秩序显然是花费大量的精力和资源去控制底层社会的秩序,特别是伸张权利的思考与行动。例如,拿破仑三世任命奥斯曼实施对巴黎城区的大范围改造,实际上就是要

---

① 陈兆旺:《民主与福利:社会结构与公民身份制度变迁的路径》,上海人民出版社 2017 年版,第 63、59 页。

② 英国的阶级再生产机制在发达资本主义国家中也算非常"稳固","对于那些确实已然接受了在工作中实现自我发展、获得满足感和兴趣等规则的工人阶级子弟来说,从学校向工作的过渡,将会是一场可怕的战斗。大批被'自我概念'武装的孩子,将为争夺对他们而言为数可怜的有意义的工作而拼杀;而大批的雇主,则将拼命把他们逼入无意义的工作之中。在这种情况下,必然会出现较之于当前所存在的、更大的'职业指导问题'。无论是战时大规模的宣传运动,还是直接有形的高压统治,都被用来将孩子们驱入工厂。"[英]保罗·威利斯:《学做工——工人阶级子弟为何继承父业》,秘舒、凌旻华译,译林出版社 2013 年版,第 229 页。

以集权的方式,通过城市规划和建设,消减城市工人阶级的居住地的群体性聚合,并且能够实现城区内的迅速布兵,从而将工人阶级的"巷战"这样的传统战斗方式彻底消灭掉。"对贫民区的清理让城市显得更加清爽,从而打造出一座让文明世界都为止嫉妒的不朽之城,同时更为重要的是,还能有效防范城中出现示威游行和内部骚乱的行为……"①

三、后工业时代城市的变动秩序:城区与郊区的"联动"

(一)郊区化与城市更新时代

法国的马克思主义城市理论专家列斐伏尔曾经研究并提出"都市革命"概念,展现从工业城市到都市革命的发展进程。都市革命实际上是要对工业城市实现超越,因而在后现代化时代,西方城市普遍迎来的是都市革命,"对于都市而言,它只有颠倒国家的秩序,颠倒那种以强制性与同质化的方式展开的空间整体化战略,进而消化吸收都市和栖居的各个次要的层次,都市才能建立起来并且能够为栖居服务。"②这种都市革命实际上是 20 世纪中叶以后的事情,由于现代城市问题而导致社会问题丛生,城市社会运动不断兴起,尤其表现为 20 世纪 60 年代美国城市的内城区城市暴动,法国 1968 年的城市革命等。③在这些重大的城市事件前后,西方国家普遍发生了郊区化运动。

那么,郊区化的趋势实际上的推动性因素到底是什么? 为什么会出现大范围的郊区化趋势? 表面上来看,20 世纪中叶的郊区化运动的主要推动因素是现代交通业的迅猛发展,即现代汽车业的发展,尤其是福特公司的"福特制"的推广以及美国汽车产业的平民化,这些使得郊区化运动

---

① [英]彼得·霍尔:《文明中的城市》第 2 卷,王志章等译,商务印书馆 2017 年版,第 1022 页。另外可以详细参见[美]大卫·哈维:《巴黎城记:现代性之都的诞生》,黄煜文译,广西师范大学出版社 2010 年版。

② [法]亨利·列斐伏尔:《都市革命》,刘怀玉、张笑夷、郑劲超译,首都师范大学出版社 2018 年版,第 206 页。

③ 城市暴动的社会根源为肖特所阐释:"在城市里,凝缩着资本主义与共产主义之间棘手的交界线,也蕴含着公共与个人、市场与社区、金钱与道德、经济与社会之间日益突出的张力。它们正是资本主义社会的矛盾产生之地,也是矛盾被发现和被解决的场所。由此可见,资本主义社会的城市堪为经济变化的熔炉,堪为社会冲突的舞台。"[英]约翰·伦尼·肖特:《城市秩序:城市、文化与权力导论》,郑娟译,上海人民出版社 2011 年版,第 34 页。

成为可能。同时,政府也加大了对高速公路的投资力度,使得郊区化运动的交通难题得以缓解甚至解决。典型的如美国洛杉矶城市的扩张主要就是依靠政府投资的高速公路网络得以实现的。而郊区化运动深层次的原因是现代"城市病"的蔓延,"城市病"使得城市中心城区的生活变得越来越难以忍受,例如城市的交通拥堵、噪音污染、环境污染、街区混杂等。就此,郊区逐步成为人们向往的理想生活场域。

当然,郊区化运动过程中的很多深层次的原因并没有得到揭示,例如20世纪60年代的大城市的核心城区的城市暴动,实际上是有力推动郊区化运动的外在推动力。"对于20世纪60年代美国贫民区的城市骚乱,资产阶级是如何应对的呢? 开发郊区、推进低收入和黑人的住房所有权、改善交通系统……这些相似的主张是值得注意的。"[1]因为美国大城市,尤其是北部的特大工业城市都被有色人种族群"占据",特别是在内城区,而他们的生活境遇确实悲惨。由于二战之后的工业地带的转移,即从美国的东部和东北部的制造业中心的工业城市例如底特律等转移到南方的"阳光地带"(Sunbelt),内城区的失业率不断下降,进而影响了美国大城市内城区的底层社会群体的生活,使得社会矛盾不断被激发。[2]不过,美国20世纪早期不断发展起来的郊区化运动,实际上就有非常强烈的种族色彩,即很多美国中产阶级逐步"逃离"大城市内城区的主要原因,就是想躲避非洲裔美国人。所以,人们纷纷从内城区"撤离","逃往"城市郊区生活。"这种恐惧让大部分房地产商相信即使只有一两个非洲裔或亚裔家庭在原本很稳定的住宅区出现,也会赶走白种人,决定小区的命运。正是这种确信让很多郊区规划商在即使是非洲裔或亚裔(这些人几乎根本负担不起郊区的地皮,更不可能有钱在上面盖房子)不多的城市里都制定了种族协议。"[3]当然,郊区化运动及之后的城市更新,即内城区改造运动实际上都伴随着金融资本的流动,即这两种反向而行的城市形态变革,实际

---

① [英]大卫·哈维:《资本的城市化》,董慧译,苏州大学出版社2017年版,第27页。Carl M. Brauer, "Kennedy, Johnson, and the War on Poverty," *Journal of American History*, Vol.69, No.1, Jun. 1982.

② [美]威廉·朱利叶斯·威尔逊:《真正的穷人:内城区、地层阶级和公共政策》,成伯清、鲍磊、张戌凡译,上海人民出版社2007年版,第66—73页。

③ 福格尔森将中产阶级纷纷搬离城市的深层次原因归纳为逃脱非裔美国人挤占的美国内城区的"噩梦"。[美]罗伯特·M.福格尔森:《布尔乔亚的恶梦:1870—1930年的美国城市郊区》,朱歌姝译,上海人民出版社2007年版,第145页。

上都是由现代金融资本、土地开发商、地方城市政府共同推动的结果。从郊区化到内城开发或者内城改造,实际上都是资本投资与资本流向的动迁。也就是说,城市秩序形态的变迁,实际上就是过剩资本的流动,导致城市外在形式和表现形态上的变化。总而言之,20 世纪中叶以来,金融资本主义逐步兴起,其日益成为推动郊区化、城市革新和城市改造等一系列运动背后的直接推动者和受益者。"在 1945 年之后将近一代人的时间内,郊区城市化是资本主义抵御消费不足危机威胁的一揽子举措……中的一部分。就目前来讲,很难想象战后资本主义能够顺利渡过难关,也很难想象如果没有郊区城市化和繁荣的城市发展,现在的资本主义将会是什么样子。"①而通过投资城市而实现资本主义再生产的过程也兼具全球化色彩,因为现代的全球城市、世界城市基本都是世界顶尖的"金融中心"或者"金融城市"。②

(二)"重返内城区"运动:资本和权力的运作结果

在 20 世纪中叶以来的郊区化运动之后,西方又发生了重返内城区的运动。也就是说,在发生了郊区化运动之后又发生了"逆郊区化"运动,或者"再城市化"运动。肖特对城市秩序发展与人口移动的方向的几个阶段,有清晰的勾勒:"关于城市地区人口移动的一般性模型。在第一个阶段中,工作机会、更好的服务和教育条件将人口吸引到中心城市。大多数第三世界国家的大城市现在正处于这个阶段。在第二阶段中,工作不再和市中心绑在一起。随着财富的增长和交通条件的改善,一些人搬到郊区居住。这是 1950 年至 1990 年间,西欧和北美城市的主要运动。在此阶段,在城市等级体系中运动的主要方向是向下走,尤其是从大城市搬到郊区市镇和村庄。第三阶段的类型更为复杂:郊区化仍在进行,但也出现了从郊区到城市中心区的移动,因为年轻家庭愿意搬回到方便的市中心去。与此同时,反城市化进行在农村地区也有可能发生。"③

学术界还推出了一种解释,叫作"城市便利性"理论。当人们纷纷"逃

① [英]大卫·哈维:《资本的城市化》,董慧译,苏州大学出版社 2017 年版,第 205 页。

② Saskia Sassen, "Global Financial Centers," *Foreign Affairs*, Vol.78, No.1, Jan./Feb. 1999.

③ [英]约翰·伦尼·肖特:《城市秩序:城市、文化与权力导论》,郑娟译,上海人民出版社 2011 年版,第 69—70 页。

离"内城区之后,在郊区是可以获得安宁的生活环境、新鲜的空气、宽敞的居住房屋、安逸的生活节奏等便利。但是,时间长了,人们会发现郊区生活也存在很多的问题,例如比较凸显的就是通勤时间过长、医疗卫生设施不健全以及文化体育娱乐设施缺乏而导致生活单调,还有就是教育资源的稀缺等。所以,20世纪后叶,西方很多城市又有很多人"逃回"了内城区。因为在这里,人们可以普遍获得城市的便利。大都市的城市便利性表现在丰富的文化体育休闲生活方面,例如大都市普遍开放或新建了大量的咖啡馆、酒吧、健身房、博物馆、购物中心,拥有大量的大型音乐厅、大型会场和大型体育设施等,这些都使得都市文化生活丰富多彩。尤其是在后现代时代来临之后,人们不可能仅仅满足于一日三餐的丰盛和生活的富足,而是会更加注重生活品质的提高,特别是文化体育娱乐生活的精神消费。而只有内城区才可以给中产阶级消费娱乐以最大的可能性。而这些城市便利性的特征恰恰是从事文化、艺术、新兴技术开发的创造性阶级的灵感之源与生活方式的必备环境。总之,城市便利性是产生、维持和吸引大量创造性阶级的重要基础。所以,大都市的吸引力又重新焕发出来,吸引着更多的新中产阶级和新兴产业从业人员重新回到内城区。①

　　但是,这种所谓的城市便利性为何突然"产生"? 在郊区化运动过程中,人们难道普遍忽视甚至忽略了内城区的便利性? 还是说他们当时是被郊区的生活境遇所"迷惑"? 其实,我们通过观察资本流动的方向便可很好地解释这"一来一去"的城市形态的变迁过程。郊区化运动实际上是剩余资本投资的结果,也就是说,虽然郊区化运动在当时确实迎合了人们对乡村生活的怀旧、对城市病即城市问题的厌恶、对少数族裔占据内城区的厌恶等,但是殊不知这多多少少是由资本运作的结果,是资本投资推动的结果。资本为何要推动郊区化运动,为何为了推动郊区化运动而耗费心思地进行舆论的宣传甚至渲染,将郊区生活进行不断美化? 很显然,所谓的资本流动实际上是剩余资本的流动,而在二战之后,实际上是金融资本的运作,也就是投资资本开始风靡,"1945年,美国所遭遇的潜在过度积累的困境在一定程度上是由快速增殖的郊区化进程所创造的全新生活方式来解决的。"②

————————

　　① 任雪飞:《创造阶级的崛起与城市发展的便利性——评理查德·佛罗里达的〈创造阶级的兴起〉》,《城市规划学刊》2005年第1期。

　　② [英]大卫·哈维:《资本的城市化》,董慧译,苏州大学出版社2017年版,第26页。

为了能够消耗大量的剩余资本，或者被不断虚拟化"创造"出来的剩余资本，对郊区土地进行开发、加大高速公路等通勤网络建设以及推动郊区房地产行业与建筑业家居装潢业的发展等，都需要投入巨额的金融资本，同时其也是带动地方经济发展的重要途径。所以，综合而言，郊区化运动实际上就是金融资本运动的结果，"肆虐的资本主义开发已经摧毁了传统城市，过度积累的资本推动者不顾社会、环境和政治后果，无休止蔓延的城市增长。城市成为永无止境地消化过度积累资本的受害者。"①

那么，内城区改造与城市更新显然也是这种资本运作的结果。也就是说，20世纪60年代的世界范围内的城市革命与暴动，使得内城区成为"危险的地方"。但是，在原先巩固的权利开放秩序之下，城市工人阶级与贫民，通过反抗、暴动和革命的方式，都难以改变原先的政治经济秩序，那么我们还可以如何改变这样的秩序？实际的历史过程是，在城市革命基本销声匿迹之后，工商业资本家和地方政府开始形成新的合作联盟，开始对内城区实施新的改造。一方面，这里的地价不断攀升（当然也是资本运作的结果）；另一方面，在内城区聚集数量庞大的工人阶级和底层民众对政治秩序也是危险的。内城区的改造，实际上就是拆除原先的贫民窟，并且在原先的地盘上建设起新的高楼大厦，城市规划者开始在内城区广泛规划、布局与建设购物中心、娱乐中心、商务中心、会议中心、大型会场等高档消费中心。这些实际上都是上文所提及的、可以提供"城市便利性"的空间和建筑。所以，这"一来一去"，在社会分层上是同一批人，先是由于内城区生活环境的"恶化"，使得稍有资产剩余的中产阶级匆匆逃离了原先的内城区；而后，通过资本运作与城市政府的操控，基本上将内城区的贫民窟"填平埋葬"，在废墟上建立起繁华的、新的内城区，而中产阶级上层又开始进驻内城区。而中下级社会阶层不断远离内城区，因为伴随着城市便利性的显然是城市地价和生活成本的不断攀升，这就使得城市中产阶级不得不开始远离内城区，而城市贫民和无产阶级对内城区更是可望不可即了。所以，所谓的城市便利性主要是迎合了中上层阶级的生活、消费、娱乐和商务的便利性，而原先的"原住民"和贫民窟中的城市贫民和工人阶级被强制性地剥夺了生于

① ［美］戴维·哈维：《叛逆的城市——从拥有城市权利到城市革命》，叶齐茂译，商务印书馆2014年版，第9页。大卫·哈维（David Harvey），美国纽约城市大学研生院教授，当代著名的社会理论家和马克思主义地理学家。又被翻译为"戴维·哈维"。

斯长于斯的住所,甚至很多中产阶级也在不断攀升的地价、房价和物价压力下撤离内城区。

我们是否可以从这"一来一去"的运动过程中,勾勒出西方城市规划和发展中体现出的规律性或者秩序规则?"郊区化"现象与"重返内城区"运动的背后显然有比较明显的资本操控的痕迹。不过,其也体现出西方城市秩序杂乱无章的一面。或许,只是内城区的"环境改造"等使得原先的市区又再次吸引出城市富人和富裕的中产阶级重返内城区。不过,他们到底多大程度完全"重返"内城区是值得怀疑的,因为他们中的相当多数人拥有相当大的"居住自由"。不过城市贫民被挤占出内城区却是真实的。这里面也有存疑的一面是,他们被"赶往"何处? 他们是否可以负担得起郊区的房价与通勤费用? 实际上,我们可以看到美国大城市流浪汉群体规模颇大,实际上他们不仅被挤占出内城区,而且被挤占出这个社会秩序了,并且在短期内,我们也看不出如何将他们重新纳入现有的社会秩序。由此,我们可以看到后工业化城市发展阶段的资本操控的力量及其残酷性,同时也应当看到其背后的秩序的残酷性。不过,城市贫民依然"享有"形式上的自由与充足的权利,只是来得特别讽刺而已,对所谓的"权利开放秩序"这一关键词则尤其如此。①

四、"城市增长机器"背后的新秩序:政治与资本的联合操控

通过上面几个小部分的分析,我们可以隐约感受到现代资本主义,尤其是金融资本主义的强大力量。虽然我们还没有论及金融资本的跨国流动与运作的过程,但这些过程是可以相通的。即资本的运作和金融资本的无限放大功能等都为了实现一个共同的目的,那就是资本的快速而不断地增值。②这就可以使得我们能够理解西方发达资本主义国家,尤其是

---

① 当然,城市秩序内的"新劳工"也并非宿命论者,他们也在以各种形式对自己的境况和命运进行着持续的抗争,"重新焕发活力的无产阶级概念中接受且包含着现已规模巨大的临时的劳动部门,临时性的、没有就业保障的、没有组织起来的劳动者构成了这类部门的特征。从历史上看,在城市反叛和抗争中,这一人群一直都发挥着重要作用。"[美]戴维·哈维:《叛逆的城市——从拥有城市权利到城市革命》,叶齐茂译,商务印书馆 2014 年版,第 141 页。

② [英]大卫·哈维:《资本的限度》,张寅译,中信出版集团 2017 年版,第 265—266 页,"社会中只有两个阶级:资本家与劳动者。竞争迫使前者至少将他们所占有的一部分剩余价值用于再投资,以便确保将他们自身作为一个阶级再生产出来。"

美国在 20 世纪 70 年代以后的放松管制之后,资本的力量不断膨胀,而相伴随的显然就是社会不平等的加剧。①城市更是社会分层和社会不平等的重灾区。从上一小部分的分析中,我们明显可以看出,在郊区化和重返内城区的运动中,城市工人阶级和城市贫民显然都是最大的受害者。即使在福利依赖的研究中,我们也可以发现城市贫民往往面临两难的道德选择:参加工作但由于获得工资而丧失领取社会福利的资格;或者放弃工作,依赖福利而生。所以,无论选择哪一种生活方式,他们都是难以脱离绝对的相对贫困地位。而城市中产阶级也并没有在频繁的资本运作过程中有多少的获利,因为一旦遭遇金融或者经济危机,需要偿还房贷的中产阶级往往变得资不抵债,甚至需要在经济低迷的时候,变卖房产以偿还银行欠款。美国政治经济体制中的个人信用破产制度,将成千上万的人推向流浪汉群体从而成为完全脱离社会正常秩序的人群。②资本运作的所有过程,都是以美国巨额财富的拥有者,也就是众多的开发商群体、政治和社会精英群体的普遍获利为结局。所以,我们能够从美国 20 世纪 70 年代以来的社会不平等程度的不断扩大过程中窥见其资本运作的社会后果。

我们还可以从另外一个视角看西方城市化进程中的资本运作和权力操控过程。20 世纪中叶,美国的学术界提出了所谓的"城市增长机器"的理论范式。③就是在美国的城市发展和城市竞争中,我们可以看到普遍的经营城市以吸收资本投资,就此增加城市财政实力,进而推动城市的发展。那么,我们可以反问的是,到底谁在为实现城市增长而"卖命"? 谁是城市增长的最大受益者? 在郊区化运动、内城区改造、城市更新运动过程

---

① "自 1980 年以来,美国的收入不平等就开始快速扩大。前 10% 人群的收入比重从 20 世纪 70 年代的 30%—35%,上涨到 21 世纪伊始的 45%—50%——提高了 15 个百分点……如果以这种节奏继续上涨,到 2003 年时前 10% 人群将会拥有国民收入的 60%。"[法]托马斯·皮凯蒂:《21 世纪资本论》,巴曙松等译,中信出版社 2014 年版,第 300 页。

② "数以百万计的美国人不是流离失所,就是无法偿还房贷,时刻面临银行的止赎收房。现在,美国人正住在自己的车里和'帐篷市'里。"[美]保罗·克雷格·罗伯茨:《自由放任资本主义的失败》,秦伟译,生活·读书·新知三联书店 2014 年版,第 70—71 页。

③ [美]哈维·莫罗奇:《城市作为增长机器:走向地方政治经济学》,吴军、郭西译,《中国名城》2018 年第 5 期。

中,我们大致可以看到,实际上是代表着资本力量的城市土地开发商、金融资本家、建筑商、文化产业运作者等行业或领域的精英群体,背后还存在各地方政府的政治家与城市管理者也在努力推动城市经济增长的现象。例如美国哈佛大学保罗·E.彼得森的《城市极限》一书以结构性约束视角来分析城市治理的极限。那么,何谓城市发展的极限?极限指的是城市的政治家和经营者最终受制于外在的结构性因素的制约,主要就是城市的财政能力约束。也就是一个城市的财政实力,实际上就是城市的经济表现。因为城市的财政汲取是和它的经济发展成正比的。而城市的再分配政策,也就包括教育政策在内的福利政策,基本上是不受需要影响的(例如城市贫民数量和比率,城市少数族裔的数量和比率,城市的特殊人群的构成和比例等多属于硬性结构性指标)。或者说,从定量研究的角度来看,这两者之间的关系是不显著的,最为显著的自变量就是城市的财政能力,"老年人援助水平、对未成年儿童援助的数额和失业救济的水平等,都严重依赖于州和地方政府的财政资源。"①

　　也就是说,城市秩序问题在于,城市的再分配需求难以影响到城市的再分配政策,即不论这种需求如何突出,需求群体采取什么行动,或者行动的策略是什么。所谓的城市政治家和经营者往往受制于城市财富和财政能力等结构性因素的影响,从而使得城市低收入群体、特殊人群的行动和生活境遇的改善等都受制于城市的财政能力。也就是说,他们都受制于外在的经济社会等结构性因素。"在地方层次上对于再分配的最大讽刺是,再分配最多见于穷人较少的地方,反之亦然。"②如此我们可以理解,即使美国的城市普遍实施自由竞争性选举与城市自治,其城市的政治能动或者政治行动等一系列的因素对城市福利政策的影响都不太显著。这样的结论,对于城市福利政治研究来说,应该说是非常残酷的,但是确实非常真实。此外,综合上文所论及的城市便利性理论与经营型的城市增长机器理论,实际上都是对资本和权力操控的城市政治的不同反应。海因茨·尤劳和肯尼思·普鲁伊特区分了两种类型的城市政策类型:那些促进经济增长的政策("规划、城市更新的分区、吸引商业等"),和那些

---

①　[美]保罗·E.彼得森:《城市极限》,罗思东译,上海人民出版社2012年版,第56页。

②　同上书,第65页。

增进城市舒适度的政策("图书馆、市民中心、休闲娱乐等")。①但是,无论哪一种类型的城市政策,都无法摆脱鲜明的资本运作和权力操控。不过,不可否认之处在于,这显然是西方国家城市秩序的一个重要方面,尽管事实来得相对比较残酷而已。

第四节　城市的权利开放秩序及其理论批判

本章第二节、第三节关于西方中世纪以来的城市形态变迁的梳理,即城市的市民权利获取、扩张与演变的进程,以及城市秩序的内在问题的分析,我们已经对西方城市形态的变迁以及其内在秩序问题有了初步的认知。在此基础上,我们将结合诺斯等人提出的权利开放秩序这一分析框架予以分析和反思,以便能够对其实现一定的改进和完善。

一、权利开放秩序概念疏解

我们需要首先对权利开放秩序理论进行概念的疏解,所谓"权利开放秩序"? 简单而言,就是不断解除经济和政治活动的进入条件限制,由权利开放而获得社会秩序。所谓权利开放,主要是指人们在经济活动和政治活动过程中成立经济组织和政治组织的资格或者"门槛"的被降低,其实质上是指组织和结社权利的开放。那我们需要反问的就是,为什么之前不开放? 原因可能在于社会精英对权力的垄断,包括对暴力的相对合法垄断,使得原先的社会秩序得以维持,但是这种社会秩序相对比较禁锢,是封闭式,其对经济发展和社会进步的作用非常微小甚至还有可能会起到阻碍作用。但是,由于人类社会的99%的历史都处在自然国家的范畴内,对暴力实现垄断的意图实际上只能通过对结社自由权利的垄断而实现,即将"分而治之"作为良好的国家和社会治理的必要前提条件。而这种权利的垄断,实际上也保证了统治阶级联盟的权力垄断地位,从而也实现有利于他们的经济和社会利益。

不过,诺斯等人的分析框架严重忽视了欧洲中世纪的城市自治运动

①　Heinz Eulau, and Kenneth Prewitt, *Labyrinths of democracy*: *Adaptations*, *linkages*, *representation*, *and policies in urban politics*, Indianapolis: Bobbs-Merrill, 1973, p.542.

的历史性意义,因为早在英国发展并成为成熟的自然国家之前,欧洲已经展开数个世纪的争取市民自由人身权利与城市公社市民自治的运动,而诺斯却将英国作为典型的自然国家。①而且,在一定程度上,英国也是这一历史进程的重要参与者,只不过它在当时是一个相对不太典型的国别个案,因为它并没有经历轰轰烈烈的市民权利声张与争取权利的斗争,而只是在英国国王的支持甚至主导下,通过相对比较和平的方式逐步获得了城市市民的自由权利以及城市自由选举与自治的权利。"我们在英国从未听到有任何市民阶层对抗国王或其他城市君主的武装蜂起,也没有听说到任何以夺权的方式将国王或领主的城堡破坏,或者(就像在意大利一样)迫使它们将城堡迁移到城市之外。"②由于这些都对诺斯等人的分析框架具有比较大的挑战,所以他们就只能选择对此避而不谈。

那么,接下来的问题是,后来的精英群体为何要降低权利准入的门槛?为何要逐步开放结社自由在内的公民权利?是因为精英合谋的不再可能吗?这其实也是诺斯等人的理论薄弱的环节,即他们并没有明确到底是什么原因,使得原先的封闭秩序或者垄断秩序最终被打破。诺斯等人的观点大致可以归结为:"识时务者为俊杰",也就是精英联盟因为形势所迫,不得不开放了权利限制,从而实现了自由竞争的权利秩序。显然,诺斯等人并没有关注到中世纪以来的城市公社自治运动,因为其实际上主要是通过城市暴动、造反和反叛的方式和途径,③最终获得城市自治权利,进而在一个城市范围内实现市民权利的普遍实现,并成为现代国家兴起过程中权利进一步开放的重要基础。当然,很多城市在其城市自治过程中可能抱残守缺,甚至抵制现代国家的建构。"重要的贸易城市设法把比当地和地区市场中心有更多地方自治权力的机构引入国家内部,因此

---

① "近代城市是中世纪城市的后裔,也许在中世纪文明中对于人类没有什么比城市具有更大的社会意义了。"[美]詹姆斯·汤普逊:《中世纪经济社会史:300—1300年》下册,耿淡如译,商务印书馆1963年版,第430页。

② [德]马克斯·韦伯:《法律社会学;非正当性的支配》,康乐、简惠美译,广西师范大学出版社2011年版,第484页。

③ "我特意用'造反'这个词。11世纪平民自治是真正的造反的结果,是真正的战争,是市镇居民向他们的领主的宣战。"[法]基佐:《欧洲文明史:自罗马帝国败落起到法国革命》,程洪逵、沅芷译,商务印书馆2017年版,第139页。

它们的大量存在通常延缓了民族国家的形成。"①但是，如果没有先前的城市革命运动以及权利伸张的实践，后来在民族国家范围内的自由革命、权利革命、社会革命等都可能遭遇更大的困难。因为欧洲中世纪的城市革命不仅践行了大量的制度形式和创新，②而且其实际上也是近代资产阶级革命甚至无产阶级革命的先导和先声，并且不断召唤着后来的革命进步运动，马克思和恩格斯将中世纪的城市公社自治归为资产阶级"政治上的进展"，"资产阶级的这种发展的每一个阶段，都伴随着相应的政治上的进展。它在封建主统治下是被压迫的等级，在公社里是武装的和自治的团体，在一些地方组成独立的城市共和国……"③

二、结合本章内容对诺斯等人的"权利开放秩序"理论的反思与批判

我们需要理解，到底何谓人民获得权利开放秩序？由此，人们到底获得了什么？通过仔细的分析可以发现，权利开放秩序，可能引发熊彼特在市场创新意义上的"创造性破坏"，即在激烈的市场竞争中，获得经济效率与政治效率的提高，并同时获得自由、民主和权利开放。也就是说，在市场经济体制和政治民主体制条件下，即在自由法治的环境约束下实现充分的市场竞争，从而获得足够的创新，以获得经济的长足发展和社会进步。进而这样的社会也能够在高度经济和政治竞争的基础上，建构社会的动态发展秩序。所以，综合而言，这种无论是主动还是被动的权利开放（在诺斯等人看来，权利的开放主要是社会政治精英的主动开放），都将不仅获得充分的自由竞争，进而提高生产效率，同时也能够有效地限制暴

---

① [美]查尔斯·蒂利：《强制、资本和欧洲国家：公元990—1992年》，魏洪钟译，上海人民出版社2007年版，第66页。

② "市民在百年或百年以上的时期中曾试用过各式各样政府组织方案，也发明过几乎一切可以想象得出的组合形式：例如，单一元首和多数元首制、直接和间接选举制度、优先选举权和普遍选举权、等级代表制、比例代表制、长任期和短任期制、轮流任职制。"[美]詹姆斯·汤普逊：《中世纪经济社会史：300—1300年》下册，耿淡如译，商务印书馆1963年版，第430页。威尼斯中世纪时代选举总督的程序和过程令人瞠目结舌，总计要通过10轮抽签、选举、任命等过程，方才能最终选定总督。[美]弗雷德里克·莱恩：《威尼斯：海洋共和国》，谢汉卿、何爱民、苏才隽译，民主与建设出版社2022年版，第112页。

③ [德]卡·马克思、[德]弗·恩格斯：《共产党宣言》，载《马克思恩格斯文集》第2卷，中央编译局译，人民出版社2009年版。

力,从而实现新态势下的社会秩序。"福利经济学的分析家中有许多人宣称,他们有能力说出哪些是政府所应承担的责任;同时,比较而言,他们的理论出发点是一个连上帝都还没有设计出来的充分竞争的市场。对此,他们有绝对的自信。"①所以,诺斯等人可以将西方世界通过充分的社会良性竞争,从而获得的自由、开放、自发的社会秩序归纳为"权利开放秩序"。我们的理论反思和批判的要点在于:

第一,这种权利开放的理据到底是什么? 正如上文已经分析到的,社会政治精英到底为何要将作为特权的、少数人的权利对社会进行开放? 他们主动甚至积极开放权利的动机到底是什么?

本章第二节使我们了解到封建领主后来事实上确实不断地、迫不得已地给城市实施让步,以满足他们的自由权利与自治权利诉求。不过,这一切都建立在此前漫长的争斗甚至战斗的前提下,尤其是在意大利中北部的城市共和国和法国表现得尤为突出,恩格斯在《共产党宣言》1890 年的德文版中加了一个注释强调"意大利和法国的市民"的城市公社运动。也就是说,只是在经历这漫长的斗争,付出很大的牺牲之后,当时的政治社会精英人士——领主才能够成为"识时务者为俊杰",从而能够顺应历史发展的大潮流。不过,英国的情况确实特殊,因为英国没有经历过惨烈的争斗。原因大致在于英国孤独地悬于欧陆之外,甚至也在很大程度上外在于当时蓬勃发展的欧洲内部贸易复兴。而英国的王权又相对比较强大,这就导致英王比较早地成为城市与领主之间的协调者甚至矛盾和冲突的仲裁者,从而相对比较顺利地助力英国城市实现一定程度的自治。不过,虽然英国市民的自由权利是可以得到比较充分保障的,但是其城市自治权利相对于欧陆而言,无论是范围上还是程度上,都不如欧陆,这或许也可以算是妥协的代价吧。作为神圣罗马帝国的核心区域的德意志地区的城市,特别是北欧的汉萨同盟利用神圣罗马帝国治下的权力空隙而得到比较充分的发展。②

---

① [美]保罗·E. 彼得森:《城市极限》,罗思东译,上海人民出版社 2012 年版,前言第 3 页。

② "从 12 世纪起,该同盟是北德意志商人与英国和佛兰德进行贸易的协作式联合组织;13 世纪末是北海和波罗的海沿岸以及与这两个海相连的河流两岸的城市所结成的贸易和政治同盟。同盟的中心在吕贝克;同盟的宗旨在于垄断东欧北欧同西欧的转运贸易。该同盟的极盛时代是在 14 世纪后半期和 15 世纪前半期,15 世纪末开始衰落,1669 年解体。"注释"汉撒同盟",载《马克思恩格斯文集》第 2 卷,中央编译局译,人民出版社 2009 年版,第 732 页。

第二,权利开放真的能够顺利地带来良好的社会政治秩序吗?权利开放可以实现充分的社会竞争,真可能是比较自发和自然的事情,但是权利开放就会大概率、大趋向,甚至必然带来良好的社会政治秩序?

这种所谓的社会秩序显然具有相当的不稳定性,因为即使在当代西方,维持良好的社会秩序依然是一件比较困难的事情。那么,为何在19世纪中后期,西方世界就普遍实现了良好的社会秩序?或者说,为何诺斯等人就"认定"西方在19世纪中后期就比较良好地实现了这种自由、自发甚至自然的社会秩序?本章内容主要就是要处理诺斯等人所谓的"权利开放秩序"背后的鲜为人知或者被遮蔽的历史和逻辑,即所谓的秩序本身的问题:这种秩序到底是不是稳固的秩序,到底是不是公正、平等的秩序?还是一个高度危险的秩序,是一个付出了很大代价的社会"自然"秩序?通过本章比较详细的介绍与分析,我们应该更能够理解,所谓的社会秩序显然是政治统治的过程和结果,而并非什么自由竞争的结果。欧洲中世纪的自治城市公社在经历了一两个世纪的陆续发展,①最终整体上陷入精英或者王权统治的窠臼,而并未像诺斯等人所表达的那样,逐步趋向于权利开放秩序,尽管这些自治城市之间、城市内部不同阶层和团体之间的政治竞争和斗争也还非常激烈。

第三,权利开放秩序的虚幻性:权利开放是指什么?是否主要指结社权?

诺斯等人重点论述的好像主要集中于结社权,结社权在整个公民权利体系中确实具有非常重要的作用,但是诺斯等人对其亦有高估之处。在近现代历史中,结社权实际上是工人阶级在参与资产阶级革命和改革运动中所获得的重要权利。而工人阶级的结社权其实一直受到很大的干扰,工人阶级因而一直难以良好地实现结社。工人阶级的政党也一直遭遇政治和经济上的阻挠,那么工人阶级迫切需要获得的到底是什么样的权利?我们认为其应该依次包括基本公民权利、政治公民权利和社会公民权利等多方面的综合性权利。②而"权利开放秩序"中所谓的权利开放

---

① 14世纪是中世纪城市发展的"顶峰",刘景华:《经济社会史研究的创新者——庞兹和他的〈中古欧洲经济史〉、〈中世纪城市〉》,《世界历史》2008年第6期,第145页。

② [英]T.H.马歇尔:《公民身份与社会阶级》,郭忠华、刘训练编:《公民身份与社会阶级》,江苏人民出版社2007年版,第7—8页。

主要是结社权、参与经济和政治活动的权利,我们可以暂时不论及工人阶级经济活动的权利,因为这对于工人阶级是虚无缥缈而意义有限,工人阶级几乎一无所有,所以不具备组织经济活动的资本、资金和资源等条件。而政治参与权被"精简"为政治结社权,这对于工人阶级,也变得徒劳而无用,因为工人阶级组织化和结社权利的获取,也是非常晚近的事情。例如在英国,工党的合法化的政治活动与政治选举权和入阁权都是非常晚近的事情。"工人阶级只是在最近(引者注:作为最早的工业化国家,直到19世纪中后期才逐步开始逐步赋予男子普选权)才被赋予选举权,而且在经济上、社会上和政治上都与统治阶级相距遥远。政治权力非同一般地被成长于特权环境下的人长期垄断。自1801年至1905年,没有一个内阁成员出身于工人家庭。"[1]

所以,诺斯等人所谓的结社权的普遍获取,其实质上就是新兴资产阶级相对于封建领主经济势力的一种经济和政治上的成功,一种相对于经济垄断和政治垄断的胜利,即他们获得了普遍的经济活动和政治活动的权利,可以实现普遍的资产阶级的经济和政治资源的动员和活动的普遍展开。他们甚至可以借助无产阶级力量,尤其是工人阶级在人数上的优势,从而实现对封建领主阶级的对抗和施压,进而能够逐步挤入统治阶级行列,并实现其自身的政治和经济利益诉求的传递。这在当年英国的1832年的议会选举改革法案中便清晰可见,新兴资产阶级是这次改革的"大赢家",而工人阶级甚至小资产阶级和熟练工人都是"大输家",所以整个英国社会工人阶级才发动起声势浩大的宪章运动。[2]其实,早在中世纪晚期的城市中,市民阶层的普遍的革命造反行动,确实具有市民社会革命的性质。但是,他们很快就被传统贵族、城市精英和新兴的资产阶级窃取了革命的成果,而城市作为整体也被逐步融入现代国家建构的整体过程,从而也逐步丧失了独立的经济和政治地位。[3]当然,这些都不可否认城市在获得个体化的人身自由和普遍的个体权利的过程中的重要的历史性地位。

---

① [美]利昂·D.爱泼斯坦:《西方民主国家的政党》,何文辉译,商务印书馆2014年版,第220页。

② 陈兆旺:《民主与福利:社会结构与公民身份制度变迁的路径》,上海人民出版社2017年版,第75—76页。

③ 陈兆旺:《西欧中世纪城市自治的制度分析》,《甘肃行政学院学报》2012年第2期,第79—80页。

三、反思当代西方城市开放秩序:无产阶级集体权利以及其限度

本节也即本章的最后,将结合当代西方城市开放秩序的实践,借助于作为马克思主义的城市理论创新之一的无产阶级集体权利理论,对城市社会秩序的内在问题进行进一步的反思和批判。包括马克思主义城市理论家在内的很多学者多试图去分析和解释城市福利在 20 世纪的供给、增长和一定的社会效应。其实,早在近代城市化早期,例如 1601 年的"伊拉莎白济贫法"就是针对由于城市化而导致的社会问题的社会救济立法。在整个漫长的工业化过程中,城市救济和救助性质的集体性福利供给方面的推进也有目共睹,其特别体现在 19 世纪中叶开始兴起的"进步城市"事业建设中(例如张柏林所经营的伯明翰),很多城市开始以城市整体为集体单位,广泛地实施城市公共设施建设和公共服务的供给,特别是实现了对济贫院环境的优化、推进城市公共卫生系统的建立、支持城市公交系统的建立和扩张、出台很多措施对城市贫民窟进行治理等方面的实践。① 所以,从一定程度上讲,现代福利国家实际上有一个共同的起源,就是进步城市的诸多实践以及其全球范围的扩散和影响。② 法国的马克思主义城市理论家卡斯提尔提出并着力论证了"集体消费"的概念:作为资本主义利益的根本代表的城市经营者以城市为单位,以城市公共税收汲取的形式提高城市财政积累,以集体供给的形式为广大的城市市民,特别是城市低收入群体和工人阶级供给福利产品和公共服务,例如城市公共设施、城市文化体育设施、城市环境改造等。③ 对此,我们可以反问的是,集体消

---

① 肖特将这些实践归为"凯恩斯主义城市","凯恩斯主义城市指的那些是资本和劳动力关系有所改变的城市。由于劳动力的组织程度更高,也更有影响力,再加上技术进步和新的政府管制形式出台,劳动力阶级的工作和生活条件大有改善。在维持和改进生活水准,以及交通、医疗、教育等公共消费的组织方面,政府都扮演着更有利的干预者的角色。"[英]约翰·伦尼·肖特:《城市秩序:城市、文化与权力导论》,郑娟译,上海人民出版社 2011 年版,第 87 页。

② [美]丹尼尔·T.罗杰斯:《大西洋的跨越——进步时代的社会政治》,吴万伟译,译林出版社 2011 年版,第 120 页,"19 世纪末城市事业最受推崇的典型是约瑟夫·张伯伦的伯明翰……让伯明翰成为 19 世纪后期公民积极主义的代名词的,是张伯伦对城市事业新领域间潜在的相互关系的把握、他对同时做所有事情的热情,以及他在公共投资方面的精明。"

③ Manuel Catells, *City, Class and Power*, London: Macmillan, 1978, p.18.

费的内在逻辑到底是什么？究竟为什么需要有集体消费形式的存在？实际上,这种所谓的集体消费的形式依然还是英国马克思主义城市理论家戴维·哈维所谓的资本积累与扩大资本生产过程的必要的新手段。这实际上是以有产阶级的集体供给的形式,抚慰无产阶级和城市贫民,以巩固甚至扩大现行的、资本主义的经济政治秩序和合法性基础,同时也根本上服务于资本主义生产和生活的再生产,尤其是城市贫民和无产阶级的身体和家庭的再生产。

当然,所谓的城市集体消费之所以得以存在和发展的原因实际上在于,城市贫民与无产阶级以个体甚至以职业群体、公司和工场为单位的组织化运动几乎不可能对整个资本主义生产方式有什么重大的影响和触动。上文提到的 20 世纪 60 年代的城市革命运动实际上是推动以城市为单位,扩大城市福利供给的重要因素之一。[①]但是,也正如上文所分析的那样,城市的政治经济精英最终可以"双管齐下":一方面通过暴力或者暴力威胁的方式(例如强化公共安全和警察队伍建设)限制,甚至压制城市暴动和城市革命运动,另一方面通过加大城市福利供给等方式,实现对城市贫民和无产阶级的抚慰。而在城市革命平定之后不久开始以强势的城市土地开发方式,实现了对内城区的改造行动,最终使得城市的贫民在内城区的集中地被"碾压""填平"以至于不能留下任何痕迹。马克思主义城市理论家戴维·哈维对此有所揭示和反思。城市的福利供给的集体单位的组织化,也最终遭受重大的冲击甚至瓦解。与此同时,20 世纪 80 年代以美国和英国的城市改革也主要开始对之前所谓的集体消费的消费形式进行了改革,即实施了集体消费削减,从而导致集体消费的规模不断萎缩。表面上看,这些福利削减的改革的主要原因是经济危机与经济增长乏力,以为集体消费的低效率、不平等和不均衡问题等。而这些也都推动着集体消费的私有化变成现实。但是集体消费的私有化又导致很多的问题,特别体现在城市社会分层和社会不平等等社会问题方面。

所以,在原先的资本主义城市政治经济体制下,试图通过集体诉求的方式,以实现对底层社会群体的福利供给和生活境遇的改善,其实本身就是无奈之举。因为在面对实力过硬的城市政治经济精英群体的时候,城

---

① Larry Isaac and William R. Kelly, "Racial insurgency, the state, and welfare expansion: Local and national level evidence from the postwar United States," *American Journal of Sociology*, Vol.86, No.6, May 1981.

市无产者和贫民虽然在人数上占据绝对优势,但是他们在财富和政治社会影响力上则不可同日而语,所以必然只能以集体权利诉求的方式对抗城市政治经济体制下的私有权利及其资本增值的贪婪。因为"从根本上讲,我们生活在私人物权和追求利润要高于所有其他权利的世界里。"①但是,作为无奈之举的城市集体权利诉求,实际上最终也难以缓解城市社会贫富差距不断拉大等社会问题。

欧洲中世纪以来的自治城市公社是能够体现"权利开放秩序"基本特征的社会形态。所谓权利开放,显然是针对经济活动中的创建公司、实施经济活动的自由权利而言的;而政治结社的权利实际上也主要是针对城市的政治、文化和社会精英而言的。也就是说,诺斯等人的所谓"权利开放"社会显然主要是指城市社会,其显然也是起源于中世纪的城市自治实践活动,并且在历史演变过程中,形成于近代国家的建构框架中的城市地方自治实践活动之中。如果忽视了近代城市中的权利开放,进而忽视了对社会秩序的广泛观察和深刻分析,这种所谓的"权利开放秩序"的理论建构与历史进程的分析等,都难以摆脱理论抽象甚至刻意建构的嫌疑。与此同时,我们可以结合城市秩序对诺斯等人的权利开放秩序理论进行相应的检讨,最后将其内在的困境和问题可以归纳如下:

一是权利开放秩序的权利开放有其无法克服的限度。结社权利在相当长的历史时期,实际上更多地为富人、精英、强势政治利益集团所用,而变相地成为他们的"特权"。②即使如上文所述,劳动者可以实际上发动一些零星的暴动和反抗,但是难以利用当时的结社权获得持续的权利保障,强势的城市政府和作为特权集团的行会对其可以实施广泛的控制和压制,"13世纪60年代,(引者注:威尼斯)行会成员进行了某种威胁现有秩序的活动,这一点可以从大议会通过的一项法律看出来,每一个行会的章程中都加入了这一条文:任何同业组成的需要宣誓的组织,都不得损害威尼斯总督、议会、公社以及任何人的荣誉,否则可能被判处流放

---

① [美]戴维·哈维:《叛逆的城市——从拥有城市权利到城市革命》,叶齐茂译,商务印书馆2014年版,第3页。

② 佛罗伦萨的大部分劳动者无权组建自己的行会,"尽管这些劳动者的数量占到了城市总人口的四分之三,他们却无权组建自己的行会协会。这样的不公在过去多次引发不满,有时候甚至会发生暴动……到1382年,原有的21个行会重新掌握了对城市无可争议的控制权。"[英]克里斯托弗·希伯特:《美第奇家族的兴衰》,冯璇译,社会科学文献出版社2017年版,第13—14页。

或死刑。"①由于城市秩序的特殊性,诺斯等人的所谓的权利开放秩序,在很大程度上可以被视为改头换面的资本主义体制的稳定秩序。"市民在法律和各种选择上是相对自由的,然而,空间紧凑、组织性和独立性颇强的城市世界在一定程度上对他们的控制,比乡村居民所想象的更为苛刻、彻底。在城市,各项规则的自由度更大一些,但同时必须受到监督。"②

二是权利开放秩序建立在广泛而深入的政治操控、政治控制甚至政治管制的基础上,不存在纯粹的"自由竞争"秩序。城市治理背后的深层次的"治理逻辑"是通过权利开放秩序和自由自发秩序,实现对城市的市民、领土、建筑与几乎一切事物的事实上的管控与调整,从而实现治理和统治的深远目的。这一"治理术"凸显了与资本逻辑并行不悖的治理逻辑的重要性。

三是"天然""自由""稳定"的秩序背后存在着诸多隐患、社会问题与秩序问题。权利开放秩序实际上并没有解决社会不平等的问题,而是成为社会不平等的推进器,进一步扩大了经济与政治等方面的不平等。

四是权利开放秩序并非理想的政治社会秩序,时刻遭受着挑战。主要将面临来自城市无产阶级和贫民的挑战,因为无产阶级别无选择,也就是别无其他什么重要权利,只有反抗的权利。但是,在当前的城市政治经济体制与权力结构下,这些挑战多半是徒劳的。正如"占领华尔街运动"呈现的一样。

概而括之,本章第二节展示了欧洲权利开放秩序的重要开端,而欧洲中世纪城市市民阶层代表的城市底层民众为了获取更有保障的自由权利与城市自治权利,付出了很大的努力甚至牺牲。对此,任何研究暴力、权利、秩序与发展等议题的学术研究,不应该回避这一重要的历史现象。第三节甚至第四节反思的着力点在于,任何国家、地区或者区域内的权利与秩序都隐含着诸多的不足、瑕疵、矛盾、冲突、隐患甚至混乱。不过,在诺斯等人的笔下,权利开放、自由竞争、良好秩序与自由发展等都是相伴而生的,诸多美好的事物能够同时"一起到来"。不过,这些都只是诺斯等人笔下文字的乐观"呈现",与"海市蜃楼"无异。

---

① ［美］弗雷德里克·C.莱恩:《威尼斯:海洋共和国》,谢汉卿、何爱民、苏才隽译,民主与建设出版社 2022 年版,第 127 页。

② ［美］保罗·霍恩伯格、［美］林恩·霍伦利斯:《都市欧洲的形成——1000—1994 年》,阮岳湘译,商务印书馆 2009 年版,第 42 页。

第三章

美国竞争性开放秩序的崩塌及其重建

本书的导论已经对竞争与秩序的经济发展效应这一分析框架,作了比较详细的分析与介绍,并且也初步交代了我们选取的四大案例的代表性与典型性。本章将集中讨论美国这一典型案例,正如导论所分析的那样,美国作为最为典型的自由资本主义国家中的代表性国家,几乎无可争议。因为即使是在二战以后,西方资本主义国家纷纷迎来加大政府宏观调控、实施混合经济、大力推进福利国家建设的时候,美国依然能够在很大程度上"独善其身",依然可以作为独特的自由资本主义国家屹立于西方国家之林。①所以,本书的分析将主要定位于社会秩序方面,以探究美国的特定体制是如何锻造而成的。这种分析并非太忽视美国竞争性资本主义的经济与政治实践的重要性,而是考虑到该问题在学术界已经有很多经典的研究,所以对此只作简单分析。当然,这也并不意味着,如此展开相应的研究,就相对比较轻松易行。因为美国相对良好的社会秩序,特别是法治秩序也并非与生俱来,而是通过内战的教训而变得更加健全和稳定。

综合而言,我选择了以美国内战作为本章的主要研究对象,因为内战是美国社会秩序崩塌的极端情况。不过在此基础上,美国人又相对成功地重建了其宪法与法治秩序。当然,如此选择也非故意"找茬",专门挑选美国秩序领域的最差的历史现象与政治情境,而是因为这一问题在学术上很重要。而可惜的是,国内学术界,甚至专门的美国史研究机构对这一问题的研究也比较缺乏,②更不用说国内的比较政治经济学界的相关研

---

① Gosta Esping-Andersen, *The three worlds of welfare capitalism*, Princeton, N. J.: Princeton University Press, 1990, p.27.

② 美国史研究的前辈刘祚昌带有鲜明时代特色的美国内战史研究专著:刘祚昌:《美国内战史》,人民出版社 1978 年版。杨生茂同年主编出版美国南北战争的资料选辑:杨生茂主编:《美国南北战争资料选辑》,上海人民出版社 1978 年版。

究了。而这又与美国学术界对这一问题的研究热情形成鲜明反差,①这也使得很多问题在我们的相关研究领域难以得到对比、分析和澄清。关于选择这一特定研究对象最大的原因还在于,其对本书选取的以美国为代表性案例进行的分析是非常关键的。

本章第一节详细地对以上问题进行阐述。第二节将具体研究美国内战前的历史情境,进而挖掘美国内战前的权利开放社会秩序崩塌的根源。第三节将从社会秩序维持和协调发展的角度探讨美国内战爆发问题,即探究为什么维持美国社会秩序的那么多的协调与和解机制在内战发生前都失败了,从而导致了美国历史上最为残酷的内战不可避免地爆发。第四节将主要从内战的政治与经济后果等方面探讨其秩序重建的重要意义。尽管很多人可能并不愿意以如此巨大的伤亡"换取"这些所谓的"意义",但这些意义也不可避免地在客观层面逐步呈现出来,或许这可以算是一种学术研究的"慰藉",即美国内战对其战后秩序重建与经济发展的所起到的作用是巨大的。

第一节　美国内战对社会秩序研究的意义

本节将集中探讨美国内战对权利开放社会秩序研究的重要意义。当然,也是对诺斯等人提出的"权利开放秩序"理论的一个回应和反思。我们将首先作一个综合和宏观的研判,即回答社会科学研究首当其冲的一个问题,我们为什么需要以美国内战作为主要研究对象。本章的导论部分我们已经作了简单交代,本节将更为直接和详细地解答这个问题,并且就此展开对美国的竞争性权利开放社会秩序问题的讨论。

一、对美国良性的竞争性资本主义秩序研究的一个悖论

当我们通览有关美国的政治经济秩序与经济发展文献的时候,会发现在经济(史)学研究领域存在一个困境:美国是到底是如何推动激烈而又有效的政治和经济竞争的同时,又保持其权利开放秩序的? 美国的政治与社会秩序仿佛是给定的,甚至是"命定"的,以至于可以推至"上帝选

---

① James M. McPherson, *The war that forged a nation: why the Civil War still matters*, New York, NY: Oxford University Press, 2015, p.1.

民"的宗教议题上去。美国是否存在社会秩序的问题或者隐患？不过人们热议的美国权利开放秩序也有被高估的一面。因为在历史和现实中，美国的社会矛盾与冲突也不少，甚至在发达资本主义国家中算是社会秩序比较差的国家。但问题是，美国的自由与权利话语等可以普遍"压倒"这些社会矛盾、社会冲突、社会抗争等形式的社会失范，甚至可以压倒刑事犯罪(尤其是枪击案的发生致人伤亡的频率非常高①)。而且，在美国，以宪法与法律保证的法治秩序不仅是社会稳定发展的基础，同时更是经济增长的重要支撑，"在美国人的实际生活中，法律，特别是宪法，跟欧洲人的法律一样，同样服务于保障社会秩序的功能。"②然而，正是因为如此，我们往往还是会普遍地忽视美国权利开放秩序所存在的问题或者隐患。

而另一个方面，美国权利开放秩序的缺憾好像并没有危及美国的经济增长，而且也没有对美国政治社会秩序形成重要的挑战。当然，我们也可以说，这本身就是一个伪命题，或者说美国从来就没有能够很好地维持社会秩序。不过，我们确实可以在一定程度上，将美国秩序界定为在"低度冲突"基础上形成的有效的社会秩序。③当然，或许也有反对者会提出，美国的这种社会冲突并非低度的，后者最起码也应该是中度的，但不可否认的是：美国确实在建国后的两百多年间维持了相对良好的权利开放秩序。能够挑战这样的论断或者说法，主要可以从以下几个方面或者角度去辩解：

一是联邦体制缓解了社会与政治矛盾，降低了大范围失序的可能性

我们所关注的往往是美国联邦层面的政治冲突与社会矛盾，会忽视州与地方层面的冲突。而在很多时候、很多情况下，特别是在重建时代(Reconstruction Era)，美国联邦最高法院在争议性宪法案例的判决书中，会将很多争议案件的审判权指定为州法院或者地方法院，而这又是联邦政府与联邦法院甚至国会立法的一贯做法，实际上就是将矛盾挤压到

---

① Mohsen Naghavi, et al., "Global mortality from firearms, 1990—2016," *Jama*, Vol.320, No.8, Aug. 2018.

② [美]乔治·P.弗莱切：《隐藏的宪法：林肯如何重新铸定美国民主》，陈绪刚译，北京大学出版社 2009 年版，第 15 页。

③ 参考商红日教授提出"低度冲突"的概念：商红日：《低度冲突与低度政治——社会冲突的政治学研究》，《特区实践与理论》2006 年第 5 期。

州政府,甚至地方政府与乡镇层面,使得这些矛盾不易于蔓延甚至不易于被发现。1786 在马尔诸塞州爆发的"谢司起义"(Shays' Rebellion),推动着美国的建国者们启动修宪(实为立宪)程序,进而为合众国的政治、法律与经济发展奠定了宪法基础。而美国的建国者们"粉饰"相对松散的联邦制的一个重要"创新"就是"分散风险"的联邦体制的设计,[①]尽管这是一个不得已的国家结构选择,因为就连这样的松散的联邦体制,也一直遭受"反联邦党人"持续的质疑与抨击。[②]不过,从效果上来看,美国的联邦体制确实在很大程度上可以"隐藏"一些挑战社会秩序的问题,例如,南方人在美国革命("独立战争")后又将其奴隶制实质性地延续了八十多年之久,并最终迫使北方以一场伤亡极其惨重的内战而将其予以废除。

　　二是对外战争转嫁了社会冲突。我们一般在"核算"社会政治秩序的时候,往往忽视了一个国家对外战争与军事行为的重要性,其实这也是一个"转嫁"社会冲突的方法。美国对墨西哥战争的"战果"就是获取了梦寐以求的、大量的新领地,从而大大缓解了老州内部的各种社会矛盾。但是,我们如何解释这些对外领土扩张的战争与暴力胁迫? 美国的秩序感可能往往表现在"先礼后兵"上,先通过外交施压的方法,试图以金钱收买甚至贿赂法国、西班牙等殖民地母国的"关键人物"。与此同时,他们会在边界地区展开各种准军事行动,然后伺机发动"保护侨民"的军事行动,但"擦枪走火"的局部军事甚至民事冲突可能"一不小心"就大获全胜从而占领了对方大片领土,最后再以外交谈判的方式施压而获取"先礼"无法获取的大量领土诉求。[③]所以,相对于很多资本主义或者准资本主义国家的

---

① ［美］亚历山大·汉密尔顿、詹姆斯·麦迪逊、约翰·杰伊:《联邦论——美国宪法述评》,尹宣译,译林出版社 2010 年版,第 15 页。

② "至于权力,总体政府将拥有一切核心权力,至少理论上如此,而各邦则沦为权力的影子。因此,人民如果不付出极大的努力,为邦政府保留自己的权力,比如管理内部治安的权力,独立分派和征收内部税收、调遣民兵、最终根据自己的法律维持自己的法庭判决的权力,那么,平衡将不再延续,各邦政府必将消亡,或者形同虚设。"［美］"联邦农夫":《二、总体政府侵占了州政府的权力》,［美］默里·德里、赫伯特·J.斯托林编:《反联邦论》,马万利译,浙江大学出版社 2021 年版,第 47—48 页。具体解释性分析参见［美］赫伯特·J.斯托林:《反联邦党人赞成什么? ——宪法反对者的政治思想》,汪庆华译,北京大学出版社 2006 年版,"第四章　合众国",第 42—67 页。

③ 综合参见［美］詹姆斯·M.麦克弗森:《火的考验:美国南北战争及重建南部》上册,陈文娟等译,商务印书馆 1993 年版,第 73—77 页。

领土扩张和对外战争而言,美国的领土扩张战争显得特别"文雅",尽显北美"绅士风范",同时又由于美国非常出色地开发了原先的"荒芜之地",并在大量的领地上实现了经济与社会的长足发展。这些都使我们普遍忽视了美国当年在领土扩张过程中犯下的诸多"原罪"。

三是美国内战伤亡极其惨重。很多学者,当然主要是西方学者,甚至刻意回避美国内战这一关键而又重要的社会冲突。美国内战的重要性或者意义被忽视,是因为无论是在战前的争议时刻,战时对战争状态的掩盖,还是重建时代的各种延伸争议等都在不断地回避美国内战的残酷及其巨大的社会政治影响。而现在文献又反过来不断揭露美国内战伤亡是极其惨重的,①但是仿佛又不愿意将这一伤亡惨重的政治军事事件联系到其宪则秩序的彻底崩溃问题上。这当然也是以林肯为首的北方共和党人为代表的主要政治力量当年一直刻意回避该问题的"自然结果",他们不能将内战视为南北双方在若干重大社会政治问题的巨大分歧,而只是将南方的脱离行为视为叛乱。所以,他们从一开始对内战的定性就是镇压南方个别叛乱分子的叛乱行为。②而自美国 1776 年独立战争掀起革命浪潮以来,尤其是美国 1787 年的费城立宪以来,很多美国政治家不仅没有试图去解决这些问题,而且刻意地掩盖甚至隐藏这些问题,最后导致问题进一步恶化,使得其演变成为美国历史上最为不可收拾的政治局面。当然,其问题也在于,并非当时的美国人不愿意或者不主动去解决奴隶制问题,而是这些问题确实不容易解决,因为南北双方都寸步不让。美国联邦政府在整个 19 世纪 50 年代对奴隶制问题试图不断实施压制或者妥协的原因就在于:在此问题上,南北双方几乎没有任何妥协或者退让的余地了,特别是在奴隶制被捆绑了巨大的经济利益之后。当然,这些都不应该成为忽视美国内战与社会秩序问题研究的理由,反而应该促使我们对这一问题进行持续的关注与研究。

---

① 根据最新估计,美国内战的死亡将士人数高达 75 万。James M. McPherson, *The war that forged a nation: why the Civil War still matters*, New York, NY: Oxford University Press, 2015, p.2.

② 林肯在 1861 年 7 月 4 日致国会特别会议的首次咨文中指出:"从这个角度来看问题,没有其他选择,只好动用政府的军事力量,用武力来抵抗推翻政府的武力,用武力来保卫政府。"[美]亚伯拉罕·林肯:《林肯选集》,朱曾汶译,商务印书馆 2010 年版,第 191 页。

二、本章主要的研究问题

本章主要的研究问题就是,现代国家应该如何确立有效的竞争与秩序,以期取得长期而稳定的经济增长。然而,我们难以以实验的方法去检验不同的竞争与秩序类型到底最终会产生什么样的经济效应。实际上可行的研究路径是,通过对比不同类型的竞争与秩序的经济效果,能够更深入地解释与理解其中的不同作用机理。通过导论部分中的研究设计,我们已经将美国确定为已经建立起相对稳固的权利开放秩序的国家,其经济与政治竞争激烈,并且也能够使得这些竞争可以在既定的、比较稳固的社会秩序的基础上进行,并进而取得持续的经济增长,也即带来不错的经济效应。

(一)美国激烈的经济竞争与政治竞争的给定性与变数

结合本章的导论部分中关于经济发展的比较系统的分析与论述,可以进一步检讨:美国两百多年的经济竞争与政治竞争是否给定的,是否自然天成的? 所谓的竞争,显然主要是从个人、群体、社会与国家等不同层面主体进取的角度来看的,尤其是需要具有发展经济而获得更多物质利益的冲动。当代经济学研究的一个重要方向是如何实施有效的经济发展激励,以期取得更好、更有效的经济效果。但是,对前现代社会与国家而言,这种经济发展的竞争意识并非给定,如果是"天然"具备的,显然是非常难能可贵的。无论是在个人层面,还是在社会层面,人们追求的目标显然是多样的,而通过经济生产和商贸活动等方式积累个人、家庭与社会财富当然是理所当然之事,但是在不同历史时段、不同社会,其经济发展的积极性显然存在着巨大差别。[①]

从北美早期殖民者的角度来看,为何通过他们相互之间的良性经济竞争,以推动经济生产与经济增长,成为他们的主要追求? 甚至在杰斐逊草拟的《独立宣言》中,美国革命者将洛克的"生命、自由和财产权"等自然权利修改为"生命权、自由权和追求幸福的权利"? 在很大程度上,可以将其归入马克斯·韦伯归纳的"新教伦理"及其影响下发展出来的职业伦

---

① 波兰尼认为,在人类社会发展的很长的历史阶段,经济(生产)关系都是嵌入社会关系之中的,"最近历史学及人类学研究的重要发现,就一般而言,人类的经济是属于其社会关系之下的。"[匈牙利]卡尔·波兰尼:《巨变:当代政治与经济的起源》,黄树民译,社会科学文献出版社 2013 年版,第 113 页。

理。韦伯甚至直接将富兰克林作为新教徒的典型代表予以说明。①而富兰克林在美国也是作为美利坚合众国的重要创建者被崇敬,其所代表的追求幸福的进取精神,在美国甚至世界上都非常具有代表性。其实,如果我们简单回顾一下美国殖民者的历史境况,就可以更好地理解美国人的开拓与进取精神,因为他们作为"新大陆"的殖民者首先要面临好几个月的海上颠簸。②然后,即使能够成功登陆新大陆,面对的也将是一片荒芜之地,自然环境非常恶劣,甚至还要面临各种天灾人祸(尤其是印第安人等北美原住民的"侵袭"),殖民初期的人口平均死亡率非常高。"到1624年时,从1607年以来到达殖民地的8500名移民中,只有1275名还活着。"③所以,北美新大陆的地理、环境与资源一开始并非经济增长与财富积累的"优势因素",而恰是他们需面对的巨大挑战。因为只有当他们能够成功地开发、利用了这些资源,他们的生活甚至生存环境才会变得更好。主要是来自英国的、源源不断的殖民者和移民不断地加入"征服自然"的伟大进程与事业中之中,"这块尚未驯服的大陆发出的挑战要求把人们的天赋才能释放出来。"④在征服自然从而得以"自保"的过程中,美国人才逐步实现了在劳动力短缺条件下的技术创新、制度创新以及企业家精神等方面因素作用的凸显。

当然,也有学者提出资源论的解释,即北美洲的自然资源相对于中南美洲,其实是比较缺乏的,这反而使得英国的殖民者只能努力实施制度创新,而非简单的资源掠夺,进而取得了更为长期的、良好的社会经济效应。而中南美洲由于丰富的金银矿产资源,使得来自西班牙等国的殖民者实施了简单粗暴的资源掠夺型的殖民方式,从而忽视了制度建设与创新,进

---

① 〔德〕马克斯·韦伯:《新教伦理与资本主义精神》,康乐、简惠美译,广西师范大学出版社2007年版,第39—40页。

② 著名的"五月花号"在海上航行了两个多月,1620年9月6日启航,11月21日才到达科德角(今马萨诸塞州普罗文斯敦),于感恩节后第一天在普利茅斯地方上岸。〔美〕W.布莱福特:《五月花号公约签订始末》,王军伟,华东师范大学出版社2006年版,第95、103页。

③ 〔美〕卡罗尔·帕金、克里斯托弗·米勒等:《美国史》(上),葛腾飞、张金兰译,东方出版中心2013年版,第112页。

④ 〔美〕伯纳德·施瓦茨:《美国法律史》,王军译,法律出版社2007年版,第24页。

而使得中南美洲陷入长期的经济发展陷阱。[1]不过,这些不同类型的殖民方式到底是否具有可选择性,还是要打问号的。为何如此巧合,不同殖民者能够"各取所取"?[2] 总而言之,殖民者的母国的精神风貌与制度基础等对殖民者的影响显然也是巨大的。可以简单归纳的就是:虽然美国人推动经济增长的进取与开拓创新的精神难能可贵,但确实是由于其特殊的身份背景(例如多为清教徒),使得其有别于西班牙、葡萄牙、法国等欧洲殖民者,同时也在很大程度上由于作为母版的英国"母国"的法律、制度与观念等方面的亲经济性,使得他们在整体性移植基础上实施的制度创新的过程中,发展甚至发明了诸多有效的经济制度,进而能够有效地配合早期殖民地开发,为后来美国的良好经济竞争与政治竞争的想象、构思与规范等打下了良好的基础。

不过如果我们假定美国的经济竞争甚至政治竞争是给定的话,或者说是比较固定的常量,也存在一定风险。即这一处理可能会受到理论的挑战,到底有哪些因素可能会阻隔这些相对积极的经济竞争与政治竞争作用的发挥? 例如,自 19 世纪以来,美国就先后经历了原爱尔兰、德意志等中欧国家、南欧与东南欧特别是意大利以至于俄国等国家的大量移民的由外而入的持续冲击,其规模浩大,"1850 年到 1914 年间,有 4000 多万人从欧洲移民到新世界",[3]他们为何没有稀释甚至推翻原先的政治经济秩序或竞争秩序及其长期地影响这些竞争机制的运行? 一般而言,移民输入的冲击与影响会被以下两大因素所消减:美国主流社会的价值、观念、制度、规范与秩序等对后来者会有很大的约束性作用,这种约束的机制当然是多元的,而且也是很复杂的;同时,这些移民不仅是作为后来者,而且很大一部分移民是作为"后进者"而源源不断地输入美国的,他们不仅难以撼动原先的竞争机制与秩序格局,反而会以不同的方式与途径予

---

① Daron Acemoglu, Simon Johnson and James A. Robinson, "Reversal of fortune: Geography and institutions in the making of the modern world income distribution," *The Quarterly journal of economics*, Vol.117, No.4, Nov. 2002.

② 其实,吸引北美殖民者的最初动力也是黄金,"当英国冒险家们把他们的精力耗费在徒劳地寻找黄金中,而不是建筑住所或储备粮食过冬时,印第安人则在收获他们的谷物——正等着看这群欧洲人的好戏呢。"[美]卡罗尔·帕金、克里斯托弗·米勒等:《美国史》(上),葛腾飞、张金兰译,东方出版中心 2013 年版,第 108 页。

③ [美]杰里米·阿塔克、彼得·帕塞尔:《新美国经济史——从殖民地时期到1940 年》,罗涛等译,中国社会科学出版社 2000 年版,第 235 页。

以渐进的方式去主动习得特定情境下的生存和法则。另外一方面，美国的地理环境、自然资源等对这些后来者移民也有很大的制约性，例如在"西进运动"中的垦荒者，为何都是以"西进"而非"北进"或者"南进"的方式推行？其中一个重要的制约性因素是，由于"西进"相对比较便利，因为在同一纬度上的垦荒是符合植物生长和农业生产的规律（例如相似的气候、湿度、降雨量与土壤特性等）。

总体而言，由于这些相关问题都已经有很多的相关的研究，本章将对相关内容进行简单顾及，而不专门予以介绍、分析与论证，将研究的重点放在美国经济竞争与政治竞争的制度和秩序保障等方面。

（二）美国相对良好的社会秩序并非给定

从上文的诸多分析中，我们可以发现，美国并没有在稳定秩序的诉求下丧失政治和经济竞争的驱动力，从而丧失经济增长活力。也就是说，在本书的分析框架中，美国的情况明显有别于其他任何国家，因为在"竞争"与"秩序"两大概念范畴内，其更接近于"完全竞争"的格局和状况。尽管美国的经济竞争与政治竞争也可能面临一些体制性因素的阻碍，特别是政治权力的垄断与操控，例如奴隶主等精英群体主导的"军事—棉花综合体"，[1]以及20世纪以来的国会—军工复合体的存在与持续重要影响，[2]即所谓的政治经济垄断可能会影响长期的经济效率与经济增长。但是，美国的三权分立、联邦体制等在很大程度上避免了集权政治或者垄断政治的恶果。这显然会触发我们更为关注社会秩序的缺陷。

既然很多人认为，美国的这套社会秩序与体制具有一定优势，那么美国的这一套社会与政治秩序到底是不是给定的？或者是相对持久，甚至一成不变的？很多带有传统、保守色彩的理论家不断宣扬美国体制与秩序的稳固性，以及其历史延续性，例如美国政治理论家拉塞尔·柯克的《美国秩序的根基》一书就着重强调美国社会政治秩序的宗教起源，这种宗教实际上根植于两千多年以来的基督教文明，而这种宗教文明或宗教秩序为美国的政治经济的运行提供了坚实的基础，甚至长期稳固的保障。"如果不诉诸律法和先知，美国的政治理论和体制以及美国的道德秩序便

---

① ［美］斯文·贝克特：《棉花帝国：一部资本主义全球史》，徐轶杰、杨燕译，民主与建设出版社2019年版，第99页。

② ［英］迈克尔·曼：《社会权力的来源：全球化：1945—2011》第4卷，郭忠华等译，上海人民出版社2015年版，第63页。

不可能获得很好的理解……比起清教徒们创建的波士顿、荷兰人创建的纽约或因杰斐逊主义者和汉密尔顿主义者在政治上的妥协而诞生的华盛顿，永恒的耶路撒冷这座灵性之城对美国秩序的影响更大。"①

此外，也有很多研究者将美国的社会秩序根源归为宪则民主与法治社会。例如，我们多认为美国是一个多元社会，文化也是多元结构构成的，因为人口构成就是多族裔的，同时又由于历史太过短暂，所以美国人对世界的最大贡献就是法治社会秩序的建立，"美国对人类进步所作的真正贡献，不在于它在艺术、经济或文化方面作出的成就，而在于发展了这样的思想：法律是对权力进行制约的手段。"②而宪法又是作为美国人共同的、独立革命的重要遗产，所以美国的宪法就是美国的"政治宗教"文本，其不仅为美国社会秩序的稳固奠定了坚实的基础，同时也逐步成为人们政治忠诚的最主要对象，这一现象甚至到了万民崇拜的地步。③

美国是一个早熟的法治社会几乎是不言而喻的，甚至是不证自明的。因为，如果说美国于 1787 年在费城的成功立宪算是美国人的创举，是美国人对世界政治文明的伟大贡献，那么它其实也不过是美国早期法治社会发展的必然结果，其虽然是以第一部成文宪法的形式呈现在世人面前，但毕竟是订立在革命后各州立宪以及革命之前的长期法治基础之上。此外，可以衡量美国法律发达水平的一个重要指标是其律师数量及其在对政治生活中的重要影响，"在殖民地早期，领导职位由其他人占据着。例如，在新英格兰，牧师充任了领导者。到这一时期结束时，律师有了越来越突出的地位。统计数字生动地说明了这一点。在 56 名《独立宣言》签字人中，25 人是律师；在联邦制宪会议的 55 名成员中，31 人是律师；第一届国会，29 名参议员中的 10 人以及 56 名众议员中的 17 人是律师。"④这估计是当时其他国家难以企及的。

我们始终需要关注与解释的问题其实就是：美国经济增长的稳定秩序保障是如何获取的，其面临什么样的风险，同时又是如何受到挑战的？

---

① ［美］拉塞尔·柯克：《美国秩序的根基》，张大军译，江苏凤凰文艺出版社 2018 年版，第 49 页。

② ［美］伯纳德·施瓦茨：《美国法律史》，王军译，法律出版社 2007 年版，第 2 页。

③ Robert A. Dahl, *How democratic is the American Constitution?* New Haven：Yale University Press，2003，p.41.

④ ［美］伯纳德·施瓦茨：《美国法律史》，王军译，法律出版社 2007 年版，第 8 页。

那么,上文中所谓美国秩序的宗教支撑、宪法与法治支撑,难道不是保证了美国的良好社会发展吗? 不过,在美国内战中,这些所谓的秩序或者秩序根基都消减甚至崩塌了,例如宗教其实早在内战爆发之前就在内部分裂了,不仅没有能够起到抑制内战爆发的作用,甚至起了火上浇油的效果。尽管在内战期间,南北双方都没有对自己所控制的区域实现"军管",而只是在有限地控制社会言论、报纸舆论的同时,对人身保护法的实施进行了限制,即没有刻意地践踏宪法与法治秩序,同时还在维护,或者一直声称他们是在保证法治秩序。

但是,我们又如何解释影响如此重大的内战及其伤亡?[①]如果说内战没有破坏法治秩序,那么内战到底算是一种什么样的社会秩序? 内战的发生到底是否存在宪法设计、宪法实施、法治制度与规范等方面的原因? 难道内战前后,美国的法治秩序没有遭到系统的甚至是根本性的破坏吗? 实际上,作为"非常态政治"的内战与常态的法治政治一直被如此二元分离并长期分割,使得我们并不能深刻地理解美国社会秩序的缺陷。即使暂不论及美国的宪法制度与法治社会是美国内战的重要影响因素,至少也要分析内战对美国秩序的重要影响,特别是美国人当年是如何在战后恢复和重建权利开放秩序的,并且使得其不再发生如此巨大的社会激烈变迁的"断裂",进而能够在保证长治久安的基础上,实现更好更快的经济发展与社会进步。

(三)美国社会秩序及其评判:经济性与道德性的冲突

当然,还需要反复强调社会秩序并不就是通常所说的社会稳定,因为传统社会也多是稳定型社会,但这种社会秩序少有社会流动,社会活力非常有限,当然也是相对比较脆弱的。我们将更多地研究正常社会流动基础上的现代社会秩序。内战后的南方社会看似更加封闭和稳固,南方社会的发展状况也是令人堪忧的,尤其是其在有色人种的公民权利保障方面不断退步。但与此同时,美国在整个国家层面却实现了经济的突飞猛进,我们到底如何看待这样的发展的"痼疾"甚至"代价"? 虽然我们多祈

---

① 从人员伤亡角度来看,上文中以及提及最新的研究将美国内战死亡人数定为75万人,不过有研究显示:至少85万。J. David Hacker, "Recounting the dead," *New York Times*, September 20, 2011.此外,还需要加上估算出来的最起码5万的平民死亡。James M. McPherson and George Henry Davis, *Crossroads of freedom: Antietam*, New York: Oxford University Press, 2002, p.3.

求社会变迁甚至变革保持在一定的范围之内,如此才不至于形成严重的经济效应或者后果。我们的主要任务就是来观察、思考和解析这样一些问题:美国经济增长的政治障碍或者社会障碍,到底是如何被清除的? 而在此之前,那些影响经济发展的政治和社会的秩序性障碍(例如奴隶制)又是如何被压制和掩盖的?[①]在内战之前,人们总是试图对奴隶制问题避而不谈,这从公民权利视角来看是难以容忍的,特别是在当代政治道德范畴内,其完全是不可以原谅的。但是,从整体国民经济发展的角度来看,这些政治或者社会矛盾的"处理方法"或者"安排措施"是否取得了相应的、比较好的经济效果? 尽管这些经济效果,从"权利"或者"政治伦理"角度来看,是完全不值得一提的。

但问题是,无论是维持现状,还是通过政治妥协的方式,都会忽视现存秩序隐藏的社会问题,尤其是难以放在台面上正大光明地讨论的社会政治问题,这实际上就是通过妥协的方式隐藏甚至掩盖各种社会问题与冲突。这就使得社会的黑暗面不再显现,那么,那些弱势群体或者少数族群,以及代表社会良知的群体:知识分子、社会进步人士、学生群体等如何推动社会革新,并以此对相应的社会问题进行缓解与解决? 他们显然是要通过各种相对和平的社会运动方式,特别是请愿、示威、游行、媒体曝光、"非暴力不合作运动"等方式,而如此行动的策略主要就是唤起美国社会的心理良知。[②]当然,其中的各种低度暴力冲突事件也是会不间断发生的,但这种冲突或者暴力事件所展现的血淋淋的场景,显然也主要是为了唤起美国人的良知,进而诱发人们不断地想象更为严重的政治后果,从而使得人们能够及早地采取集体行动,以此让社会不公正方面的很多恶行能够"悬崖勒马",使得社会冲突不要向着更为暴力化的方向去转变,例如美国著名的民权运动领袖马丁·路德·金(Martin Luther King)所提倡的就是"非暴力"与"直接行动"的抗争方式。当然,这些其实都是诺斯、罗

---

① "白人对奴隶解放的信念远没有那么坚定。许多北方人响应本杰明·布特勒和亚伯拉罕·林肯发起的废奴运动,仅仅是因为他们讨厌像查尔斯·马洛里这样自大的奴隶主。1876年之后,北方联盟就抛弃了南方黑人选民。"[美]爱德华·巴普蒂斯特:《被掩盖的原罪——奴隶制与美国资本主义的崛起》,陈志杰译,浙江人民出版社2019年版,第4页。

② "有时,人们则可能认为实践中的政治与按美国信念的规范应当是在政治之间横亘着宽大的裂痕。这种强烈的裂痕意识便成了政治系统改革的推动力。"[美]亨廷顿:《失衡的承诺》,周端译,东方出版社2005年版,第38页。

伯特·福格尔(Robert W. Fogel,与诺斯分享了 1993 年的诺贝尔经济学奖)等典型的经济(史)学家不愿意甚至不屑于讨论的问题,但确实是非常重要的政治经济学理论问题。

三、美国内战对本章研究的重要意义

通过下一节对美国内战与其社会秩序相关问题的研究,为本章的最后一节对美国内战与社会秩序后果及其经济效应的分析打下基础。本节内容将承上启下,即简单地归纳对美国内战的研究,以及其对诺斯等人所提出的"权利开放秩序"理论实施批判的意义之所在。

对照诺斯等人的分析框架,我们可以提出如下反思:在诺斯等人的权利开放秩序分析框架中,战争到底是不是暴力,如果说社会秩序的首要任务是实现对暴力的控制,那么我们应该如何理解美国内战为典型的、民主国家的内战的深远意义?[①]内战中的军事战斗与人员伤亡、财产损失算不算暴力及其恶果? 不论内战是否属于抽象性概念范畴的"暴力",内战的发动的动机与持续,是不是属于暴力控制的范畴? 同时,我们也可以直接挑战诺斯等人的分析框架的地方在于,内战与政治(政党)竞争或者说合法竞争与政党更替的关系是什么? 内战是否可以算是政治竞争的恶果? 或者最起码可以这样反问:内战在何种意义上可以算是国内政治竞争,尤其是难以调和的党争的恶果? 或者,换言之,美国 19 世纪 50 年代的政治竞争和党争到底在何种意义上、在多大程度上,可以算是内战的原因? 更深层的反问就是,所谓的权利开放秩序到底是不是经由权利开放而引发并自然建构起来? 权利开放是不是权利开放秩序的充分条件? 如果还需要别的因素或者条件支撑,这些因素是什么? 而这些因素,是否被诺斯等人的研究忽视?

其实,不仅这些问题在诺斯等人的分析框架中没有被讨论,而且他们大有回避之意。当然,我们甚至可以说,这正是经济学家以及偏向经济学背景的经济史学家相关研究普遍存在的缺憾。原因在于,对经济学家而言,战争和暴力对于经济发展是一个外生变量,或者是一个难以处理的变量。所以,在很多的经济学分析框架中,他们索性将其排除在外而不予讨

---

① 当代美国史研究者明确将内战视为暴力而不再遮遮掩掩,[美]卡罗尔·帕金、克里斯托弗·米勒等:《美国史》(上),葛腾飞、张金兰译,东方出版中心 2013 年版,第十四章"暴力的选择:内战(1861—1865)",第 58—116 页。

论,或者简单甚至随意地讨论,进而使得他们忽视了战争与暴力的广泛的经济社会影响。当然,经济学家往往比较注重内战后的经济效应的挖掘,因为这是比较明显的经济波动,但人们对于内战的起因、发展与进程的经济分析则相对比较单薄甚至缺乏。

综上所述,我们可以得到一个初步的、大致的结论:美国的社会秩序相对而言,可以承受低度社会冲突。而美国的社会秩序基本上被认定是良好的,并且长期以来也被认为是给定的,但这一论断必然是要建立在一个前提之下,即需要将 1861—1865 年长达 4 年的内战作为"干扰变量"排除在外。而对于扎实的经济(史)学研究,那些被排除或者被设定为常量的因素往往反而更具有实质性意义,美国内战对于美国秩序、美国经济增长,其实具有非常重要的意义。本章内容将以此作为主要研究对象,并在此基础上,以期更好地解释美国长达两个多世纪的平稳而较快的经济增长。

第二节　美国内战的根源:
以南北双方实力对抗为分析视角

通过上述分析,我们可以大致接受,美国的社会秩序是相对比较稳固的,而且尽管各类社会冲突不断,但多被人们归为美国的自由与权利诉求的"必要代价"。即将惨烈的内战以自由、平等、民主等价值予以"包装",而这样的"包装"和"掩盖"过程又可以被称作一种"政治正确"。这就使得学者在社会秩序问题的处理上束手束脚,难以展开更为深入的探讨。

进而,首先从美国内战伤亡极其惨重这一史实出发,探讨美国权利开放社会秩序的相关问题。本节着重探讨这样的问题:既然我们多接受美国社会秩序是相对稳定而有序的,并且其也为美国自由竞争型的资本主义市场经济奠定了非常良好的基础,那么我们应该如何看待美国内战?我们将要探究,在美国,到底是在什么样的历史情境下,什么样的社会矛盾与冲突冲破了当时的社会秩序的保障与调解机制,最终导致了惨绝人寰的内战"不可避免"的爆发。由此,我们才可以检讨美国历史上相关重要的社会政治问题,而这些问题可能并非简单的"权利开放"所能应对、缓解和解决。

一、美国内战的根源:联邦制还是奴隶制

众所周知,美国内战是在南北双方之间展开的,所以历史上又称其为"南北战争"。为了深刻挖掘美国内战的根源,首先要明晰南北方之间不可调和的矛盾到底是什么,而建立在这些矛盾基础上的社会冲突又是如何不断升级,以至于酿成内战的。当时南方其实并非想以发动内战为主要抗争手段,而是经常以"脱离"为威胁。虽然南方是一个典型的"尚武"社会,[①]甚至一直不断叫嚣要维护自己的"自由"退出联邦的权利,但南方的联邦主义政治思维的影响也一直很大,甚至脱离主义得以抬头也是很晚的事情,"即使晚至 1846 年,南方人仍然普遍把脱离联邦当作叛国行为……最晚到 1846 年的时候,支持奴隶制的南方也仍然是拥护联邦的南方。"[②]所以,他们并非从一开始就想打内战,只能说他们逐步将形势估计得更为严峻,并且在战争发动之前就做了比较充分的准备。而且从(军事)行动角度上来讲,南方确实比北方准备得早而且也比较有效。南方邦联(the Confederate States of America,CSA)成立之后就迅速实施了"武装结集","1861 年 3 月 6 日,在攻打萨姆特之前 5 个多星期,邦联国会就批准招募了 10 万志愿兵,5 月又颁布两个再增加 40 万的征兵法令。"[③]所以,从表面上来看,南方在内战前的很多事件上是处于主动的一方的[除了在约翰·布朗(John Brown)煽动奴隶起义事件中],而南北分裂的直接导火索是林肯的当选。而在南方的理解来看,这就是北方推动全面废奴的开始。所以,南方各州索性直接在南卡罗来纳州的脱离分子的领导与推动下,纷纷脱离了联邦。

(一)联邦制与州的自由退出权争议

南方脱离行动的理据是:各州其实一直拥有自由脱离联邦的权利。这就直接涉及人们对美国联邦体制的理解,以及联邦政府与州政府之

---

① 详细分析参见[美]詹姆斯·M.麦克弗森:《火的考验:美国南北战争及重建南部》上册,陈文娟等译,商务印书馆 1993 年版,第 228 页。

② 美国内战史研究专家戴维·M.波特的研究表明,南方对联邦的态度发生巨大转变其实发生在 1846 年到 1850 年间。[美]戴维·M.波特:《危机将至:内战前的美国,1848—1861》,高微莙译,中信出版集团 2019 年版,第 141 页。

③ [美]詹姆斯·M.麦克弗森:《火的考验:美国南北战争及重建南部》上册,陈文娟等译,商务印书馆 1993 年版,第 224 页。

间关系的处境,即联邦的性质到底是一个多重主权主体的联盟,还是一个统一的主权国家。主要的南方地区,即下南方地区各州一直认为他们自始至终都拥有不可剥夺的自由脱离联邦的权利。这其中的原因有很多,主要体现是美利坚合众国得以立基的,于1787年在费城所制定的联邦宪法,是通过当时的12个州代表协商草拟而形成的,[①]甚至宪法修正案都是要通过四分之三多数的州议会或者制宪会议批准方能生效。但北方与南方的联邦主义者都认为事情并非如此简单,虽然联邦宪法并没有明确组成联邦的各州是否还享有自由脱离联邦的权利,但一个最基本的理由是,订立联邦宪法的建国者们估计是没有人愿意看到联邦最终分崩离析的。关于这一点的理解,也为林肯总统所强调和阐释。林肯在第一次就职演讲中明确阐释道:"联邦的存在远比宪法为早……1787年制定的宪法公开宣布的目的之一就是'建设一个更为完美的联邦'。但是,如果仅仅一个或几个州就可以合法地取消联邦,那么联邦失去了永久性这一重要因素,就比宪法制定之前更不完美了。"[②]而林肯的前任总统、来自南方的詹姆斯·布坎南(James Buchanan)亦认为联邦是不可分割的整体,南方的脱离行动是错误的。[③]而南方认为,既然他们能够自由脱离联邦,那么也就能够自由地成立新的邦联(同盟),所以他们赶在林肯1861年3月4日的总统就职典礼之前的2月4日就草创了新的南方邦联。在南方来看,双方的战争是国家间的战争,而不是内战,并且,他们通过各种途径试图获得国际社会(主要是欧洲强国,如英国和法国等国)的承认。

也就是说,美国内战的直接起因其实就是双方对联邦体制理解的重大"误差"。但是,南方为何要以此作为理据而脱离联邦?关于联邦制性质的争议,其实只是表面现象,联邦制为南北双方提供了一个合作与竞争的平台或者场合,双方都在不断努力赢得对联邦政府特别是国会的控制。而在这场政治竞争中,南方不仅占据着有利地位,而且在联邦诸多政治与政策问题的争议上,往往能够获得更多的支配权,以至于他们可以通过各

---

① 这12个州与13个原英属北美殖民地高度重合,罗得岛州没有派代表参与制宪会议。王希:《原则与妥协》(增订版),北京大学出版社2014年版,第809、810页。

② [美]亚伯拉罕·林肯:《林肯选集》,朱曾汶译,商务印书馆2010年版,第182页。

③ [美]詹姆斯·M.麦克弗森:《火的考验:美国南北战争及重建南部》上册,陈文娟等译,商务印书馆1993年版,第181页。

种政治手段(主要是国会票决、总统行政法令、联邦最高法院的判决等)获得很多看似不错的利益。那为何南方一直占据比较好的位置,甚至在大多数问题上获得了优势的情况下,还要选择"急流勇退"这样的下策,即私自退出自己占据优势的联邦政府平台?原因大致可以归纳为,他们不仅有着强烈的危机感,甚至有着强烈的恐惧感,唯恐由于北方的综合实力不断超越南方,进而实现对联邦政府的全面把控,从而威胁到南方的利益与价值等(主要担心北方会不断挑起有关废除奴隶制的争端)。所以,南方迅速地实施了脱离行动。

当然,这种危机感和恐惧感并非空穴来风,直接的导火索就是林肯于1860年11月当选为新一届总统。由此,原先被南方把持的总统职位,将要实现和平的权力转移。而关键是林肯及其代表的、新近成立的、势头猛烈的共和党是明确反对奴隶制的。他们还支持西部自由土地立法、提高关税(以保护北方幼稚的制造业,这就必然影响南方对英国的进出口关系)、以联邦政府推动大型公共工程建设(例如铁路、运河、公路等)等政策,而且这些写进了共和党的纲领,并且在不同类型的选举中作为选举口号而被广而告之,甚至可谓真切的"选举承诺"。①这些都挑战了南方人的底线,因为在整个19世纪50年代,南北双方已经在奴隶制、关税、西部自由土地立法、铁路建设等问题上展开了持续的竞争与较量,双方在大多数问题上议而难决,有妥协、有退让、有隐藏、有默认。但是,在这些问题上都没有形成最终的定论,因为当时的国会已经高度分裂,不仅内部争吵不断,而且双方在利益攸关问题上,多选择不再退让,甚至已经到了剑拔弩张的地步。双方的经济竞争与政治竞争已经到了什么样的地步?通俗来讲,就是已经到了相互拆台的地步,即只要是有利于对方的,就都投票反对,以至于无论是选举政治还是国会政治,都无法起到缓减南北矛盾的作用。②其动机或者理由也是"合情合理"的,因为只要是对对方有利的立法或者政策的出台,虽然有可能与自己利益不相关,但联邦政府的注意力、财力、能力和职能履行都是有限度的,而且,财政预算也

---

① "两党关于银行、关税、内部改良及其他问题的争执,最后都成为在奴隶制问题上发生更大冲突的背景。"[美]詹姆斯·M.麦克弗森:《火的考验:美国南北战争及重建南部》上册,陈文娟等译,商务印书馆1993年版,第32页。

② [美]戴维·M.波特:《危机将至:内战前的美国,1848—1861》,高微茗译,中信出版集团2019年版,第32页。

是有限的,任何对对方有利的政策,实际上可能以放弃对自己有利的政策为代价。任何增强对方实力的举动,实际上都会有损于自己在双方对抗中的权势。

（二）从隐藏到挑明南北双方的奴隶制存废争端

不过,可以归纳的是,尽管南北双方已经高度撕裂,南北两方之间相互竞争、相互拆台、相互诘难甚至直接冲突的情况不胜枚举,但是其在很多问题上还是有一定空间和余地的,即可以长期辩论而不至于已经毫无妥协的余地,虽然双方的立场已经泾渭分明,甚至水火不容。但是,有一个重要的界限是非常明晰的,那就是奴隶制。奴隶制是泾渭分明的问题,即要么允许奴隶制的存在,要么不允许奴隶制的存在,两者之间几乎没有什么中间地带。林肯第一次就职演讲明确点明:"我国一部分人认为奴隶制是正确的,应当扩展,而另一部分人则认为它是错误的,不应当扩展。这就是唯一的一个实质性的争议。"[1]也就是说,对所有政治家、政客、社会阶层而言,奴隶制最终只能是有无的问题,而不是程度的问题。而关税问题再拖一拖、关税税率高一点或低一点的影响,就不像奴隶制问题来得如此重要,或者不是没有任何让步空间和妥协余地。但无论南方人把奴隶制粉饰得多么好,在北方人看来,它依然是奴隶制无误。从世界发展的历史大潮流来看,奴隶制是要消亡的,包括南方人在内的绝大多数人也都明白这一点。所以,在奴隶制问题上可以模糊处理的地方就在于,我们是全面废除还是局部废除,是立即废除还是渐进废除,是有偿废除还是无偿废除,是将解放了的奴隶留在国内还是将其移往海外等措施上的区分。

但是,南方最终被经济利益、社会价值与传统习惯等遮蔽了双眼,被北方势力日增的废奴主义所激怒,从而否认了奴隶制在道德上的罪恶,甚至不再承认奴隶制是罪恶的。"在如此激烈的谴责之下,南方白人不愿意再承认奴隶制是罪恶了——甚至不愿意承认这种罪恶是传承下来的,18世纪的洋基佬奴隶贩子和南方奴隶买家也难辞其咎。反之,南方人的回应是把奴隶制当作一桩有积极意义的善事,坚决捍卫它。"[2]而林

---

[1]　［美］亚伯拉罕·林肯:《林肯选集》,朱曾汶译,商务印书馆2010年版,第185—186页。

[2]　［美］戴维·M.波特:《危机将至:内战前的美国,1848—1861》,高微茗译,中信出版集团2019年版,第532页。

肯在竞选之前就已经明确指出,奴隶制是罪恶,他是明确反对奴隶制的。林肯1852年竞选国会参议员的对手斯蒂芬·A.道格拉斯(Stephen A. Douglas)为代表的政治家试图以"人民主权"学说,将奴隶制问题的纷争"下沉"到州层面甚至地方层面,从而避免其"窜升"到国家政治层面从而使得南北双方的矛盾变得不可调和。但是,林肯明确点明了这个问题的实质,实际上就是要将其带入国家政治层面。①这当然是南方人无法容忍的。所以,南北双方之间爆发内战的根源在于奴隶制,虽然他们也在诸多的国家制度、政策等层面存在着竞争、矛盾与冲突,但由于奴隶制问题本身的明确性、清晰性、透明性与根本性,使得南北双方在这一问题上几乎没有任何妥协的余地,从而最终导致内战不可避免的爆发。下面,我们就进一步详细论述南北双方在奴隶制问题上的立场与对抗格局,即通过对美国区域经济与政治竞争导致内战爆发的原因和过程的分析,进一步探讨美国稳固的宪法与法治秩序,是如何在这样激烈的矛盾和冲突下被毁于一旦的。

二、奴隶制:南方人的立场、理据与行动

为什么在19世纪60年代初,美国的宪则秩序崩塌了?这个论断需要谨慎处理,因为北方并不认为美利坚合众国的宪法与法治秩序在此时崩塌了,他们当时处理的是国内叛乱问题,而不是军事与战争问题。不过,北方联邦士兵确实总体上是为了维护联邦统一、宪法与政府秩序而战,或者为了对抗南方挑战这一秩序的行动而战。②下文将分别从南方人的独特的、维护奴隶制的立场,去分析他们背后的理据支撑,以及他们为此而采取的行动。

---

① 〔美〕雅法:《分裂之家危机——对林肯-道格拉斯论辩中诸问题的阐释》,韩锐译,华东师范大学出版社2007年版,第413页,"在道格拉斯看来,自由政府的精髓在于,自由人民对其最重要的问题——以及最琐碎的问题——拥有决定的权力。林肯同意这一观点,不过他认为,将国家的未来交给最初游荡到堪萨斯或内布拉斯加的流浪汉手上,是转嫁责任,且是可耻的逃避责任。道格拉斯'无所谓'政策的前提是,人民主权理论是这样的理论,一旦人民的决定权力得到保障,那么政治家的职责就终结了,这一前提绝对是站不住脚的。"

② Phillip S. Paludan, "The American Civil War Considered as a Crisis in Law and Order," *The American Historical Review*, Vol.77, No.4, Oct. 1972.

（一）南方奴隶主的根本立场:维护奴隶制

关于美国内战的大众想象其实有很多不符合史实的地方。从学术研究的角度来看,这反而值得我们去深入地研究与探析。无论是美国人,还是作为"他者"、作为"外国人"的我们,可能对美国南方一直有比较大的"误解",即南方是不可理喻的,简直就是蛮不讲理,为了维护一个过时的、落后的、野蛮的、残酷的奴隶制,而不惜一战,甚至付出巨大的人员伤亡和财产损失,而在所不惜,最后只能是自己"搬起石头砸自己的脚"。殊不知,南方人有他们自己的"委屈",因为无论是战前、战时还是战后,他们不具有十分充分的话语权。我们所能掌握的历史材料其实已经对他们的绝大部分"粉饰"奴隶制的话语与言论实施了大量的"屏蔽",我们基本上听不进他们有关奴隶制有利、有效、人道的一面的辩解,我们多将奴隶制的一般想象硬性地"植入"南方的奴隶制的认识与评判。或许有能够接触到一手材料或者触及事实的历史学家或者理论家,但估计多迫于道德压力而欲言又止。

直到20世纪70年代,以福格尔为代表的"勇敢"的经济(史)学家首先打破了沉默,即他们以充实的历史材料和数据来证明奴隶制是有效的经济制度,或者最起码从量化研究的角度来看,奴隶制的经济效果并不差,甚至要高于同时期的北方的自由劳动体制的经济效果。一石激起千层浪,福格尔承受了巨大的道德与社会压力。但是他本人也坦言,即使事实如此,他们也绝没有为奴隶制辩护的动机,他自己的研究,一开始其实是想证明奴隶制是低效的,但结果却证明了奴隶制的效率并不低,他也强调奴隶制在道德上是过不去的。[①]但是,即便如此,奴隶制是有效的生产关系和经济制度这一结论,也是社会大众普遍难以接受的,这不仅是一个经济核算的问题,更是一个重大的政治(正确)问题。因为这直接关系到当年的南方人所说的话到底有几分真,有几分假。因为我们一般都循着北方人的思路和话语,从一开始就不可能从道德立场上接受奴隶制,所以反对奴隶制显然是当时大众、现代读者的一致看法,南方人的所有言辞都是狡辩。但是,如此一来,我们可能就难以理解,从根本意义上讲,南北战争到底是为什么得以爆发,得以持续? 难道是一群好战分子,或者最起码

[①]　[美]罗伯特·威廉·福格尔:《苦难的时代——美国奴隶制经济学》,颜色译,机械工业出版社2016年版。

是一群好斗分子、激进分子不断推动的结果?①那么南北双方持续冲突的社会基础到底是什么?

(二)南方奴隶主可自我辩护的理据

下面,我们简单梳理南方奴隶主可以为自己辩护的理据,如果他们拥有这样的自我辩护的机会的话。

第一,奴隶的价格非常昂贵,而且19世纪30年代以后一直保持较高水平。奴隶的价格一直被我们忽视,原因也与废奴主义的内在逻辑密切相关,奴隶作为人或者"自由人"(如果不是与白人一样的公民的话),其当然是不可以"估价"的,因为从根本意义上而言,人的自由是不可估价的,或者也可以说是无价的。但是,不可否认的史实是,当年的奴隶确实是"有价格的"。在1850年左右,男性奴隶的价格一般为1000美元。而且1000美元的价格也几乎成为当时大众认知的重要组成部分,甚至尽管价格会有浮动,因为19世纪30年代美国南方的奴隶的价格已经超过1000美元,在40年代基本又降至1000美元之内,但50年代一直上升。②有经济学家将其换算成2000年的价值,其最起码相当于3.7万美元,而如果按照生产价值来核算可能要高达30万美元。③所以,虽然一个正常的男性奴隶是最高价值的奴隶,但只要是可以作为劳动力的女性奴隶和小奴隶,他们的价值也不会低,因为女性奴隶可以生育更多的小奴隶,而小奴隶又将会成长为强壮的成年奴隶,尽管这些奴隶都要通过"追加资本投资"而增值。研究发现小奴隶在10—15、16岁开始身体长势最好,因为奴隶主这时候会由于这些小奴隶已经参加劳动,而让他们吃得更好。④所

① Lee Benson, *Toward the scientific study of history*, Philadelphia: Lippincott, 1972, pp.316—326.

② Roger Ransom and Richard Sutch, "Capitalists without Capital: The Burden of Slavery and the Impact of Emancipation," *Agricultural History*, Vol. 62, No. 3, Sum. 1988, pp.154—156. [美]斯文·贝克特:《棉花帝国:一部资本主义全球史》,徐轶杰、杨燕译,民主与建设出版社2019年版,第108页,"棉花的利润率也变现在努力价格的大幅度上涨上:新奥尔良一个年轻的成年男性奴隶的价格在1800年时大约为500美元,但在美国内战之前却高达1800美元。"

③ [美]加里·M.沃尔顿、休·罗考夫:《美国经济史》(第十版),王珏译,中国人民大学出版社2013年版,第326—327页。

④ Robert Margo and Richard Steckel, "Height, Health and Nutrition: Analysis of Evidence for US Slaves," *Social Science History*, No.6, 1982, p.523.

以,无论是 19 世纪五六十年代的美国,还是当代的美国,价值 1000 多美元的奴隶都是可谓"价值连城"的。[1]虽然,南方整体上的奴隶拥有率并不高,大致只有三分之一的白人拥有奴隶,[2]而拥有大量奴隶的都是大种植园主,这些群体无论是经济实力还是政治影响力都非常大,属于南方社会的上层。但是,奴隶的价格为何如此之高,而且不断升高?因为南方的支配性产业是棉花种植业,而奴隶主要从事的产业就是种植园经济,特别是大型种植园的棉花种植业。南方的棉花生产又主要是以"出口为导向"的,[3]而且主要出口到英国,并支撑起英国的棉纺织业。所以,作为南方主导型产业的棉花种植业,不仅推动着南方人不断向南部、西部扩张,同时也不断推高了奴隶的价格。总而言之,从奴隶的"单价"来看,奴隶确实价值高昂,由此我们可以更好地理解南方奴隶主对奴隶制的维护立场。

第二,奴隶制在经济上是有效的制度,甚至是高效的生产关系。奴隶制度的经济效益肯定是不低的,这一点已经经由福格尔等经济学家进行了科学的核算和论证,福格尔及其合作者最终得出的结论是:南方的经济效率要比北方高出 41%。[4]这当然主要是从产值角度进行的生产效率核算,而福格尔也给出了比较合理的经济解释,即规模经济原理:南方的种植园,尤其是大型棉花种植园已经普遍实施了小生产队的合作生产模式,即在一名或者数名监工的指导、监督与管理下,奴隶多以若干人组成特定的生产单位——团队(gangs),其间实现了比较充分的分工与合作,产生了经济学研究中所谓的"规模效应",即这种生产方式通过劳动分工与规

---

①　"如果将他们(400 万的奴隶)视为财产,这些男人、女人和孩童的经济价值超过了美国所有银行、铁路和工厂价值的总和。"[美]埃里克·方纳:《烈火中的考验——亚伯拉罕·林肯与美国奴隶制》,于留振译,商务印书馆 2017 年版,第 23 页。

②　[美]詹姆斯·M.麦克弗森:《火的考验:美国南北战争及重建南部》上册,陈文娟等译,商务印书馆 1993 年版,第 41 页。

③　"南北战争前南部棉花占了全国出口收入的 2/3。"[美]杰里米·阿塔克、彼得·帕塞尔:《新美国经济史——从殖民地时期到 1940 年》,罗涛等译,中国社会科学出版社 2000 年版,第 367 页。

④　Robert W. Fogel and Stanley L. Engerman, "Explaining the relative efficiency of slave agriculture in the antebellum south," *The American Economic Review*, Vol.67, No.3, Jun. 1977, p.285.

模生产实现了更高的经济生产效益。①后来的很多研究者从多个方面对此实施了批判。集中性的批判主要在于：奴隶制生产并非主要通过生产效率的提高来提高产值，其主要是通过延长劳动时间、加强劳动强度来获得更高的劳动产值，所以这些显然都是难以接受的，②因为其强化了奴隶制的非人道的一面。

比较容易理解的方面在于，南方所谓的"产值"实际上主要是通过棉花的价值体现的，特别是以出口英国以实现"出口创汇"方式而获得的。而当时的英国棉纺织业正处于鼎盛时期，不过这一繁荣显然是难以持续的。德国、美国和日本为代表的"后发"现代化国家的第二次工业革命普遍地实现了对第一次工业革命的棉纺织业等产业的超越。在19世纪60年代初，美国南方的棉花种植业确实处于繁荣时代，而棉花种植业的繁荣显然也推高了奴隶的价格。当然，南方也创造了大量社会财富，而南方创造的财富又多体现在大量奴隶的价值上，"南方的亚拉巴马、佐治亚、路易斯安那、密西西比和南卡罗来纳，将近60％的农业财富为奴隶。"③经济学家估计，在1860年，南方的奴隶的总价值高达30亿美元。④南方人在那时那刻确实也享受了相对于北方的繁荣与发展。尽管南方的辉煌是通过"出口创汇"的方式实现的，但不可否认的是，这些也都是众多南方人和奴隶们共同创造的繁荣。

第三，奴隶本身的生活水平或者发展指数也是不低的，奴隶并非如北方宣扬的那样受苦受难。如果我们单看北方出版物、演讲、报告和文学作品（小说）和戏剧等，可能会发现，在北方废奴主义者的推动下，北方人普遍认为奴隶制是不道德的、残酷的，甚至是惨绝人寰的。这些印象甚至

---

① ［美］罗伯特·威廉·福格尔：《苦难的时代——美国奴隶制经济学》，颜色译，机械工业出版社2016年版，第138—140页。

② 同时也因为南方的气候比较温暖，所以南方人每年比北方人在田间多工作约60天。不过，当南北战争结束之后，被解放了的前奴隶纷纷大幅度减少了工作时间，大约削减了16％—22％甚至更多。［美］杰里米·阿塔克、彼得·帕塞尔：《新美国经济史——从殖民地时期到1940年》，罗涛等译，中国社会科学出版社2000年版，第314页。

③ ［美］杰里米·阿塔克、彼得·帕塞尔：《新美国经济史——从殖民地时期到1940年》，罗涛等译，中国社会科学出版社2000年版，第308页。

④ Roger Ransom and Richard Sutch, "Capitalists without Capital: The Burden of Slavery and the Impact of Emancipation," *Agricultural History*, Vol. 62, No. 3, Sum. 1988, pp.150—151.

"想象"中当然有合情合理的部分,例如著名的前逃亡黑奴、演说家弗雷德里希·道格拉斯(Frederick Douglass)以自己的亲身经历,在北方大范围宣扬奴隶制的罪恶。但北方的废奴主义宣传中也有很多是通过想象而被创作的,[1]因为实际上的南方,是一个相对封闭的社会,而奴隶又多被禁锢在封闭的种植园中,所以北方人对奴隶的印象多是通过出版物或口口相传而获得的。在形成强大的社会舆论之后,一般的反对声音估计也是很难得以发出,而南方人对自己所受益的奴隶制的任何"辩护",在北方人听来也只能是"狡辩"。南方人掌握的报刊本来就不多,所以在这种情境下,就更难为自己辩护了。

从另外一个方面看,北方人也不容许南方人自我辩护的要点在于,南方人认为北方人的废奴主义者的言论甚至大众的舆论,对奴隶制的维护是不利的。最终,南方人只剩下愤怒,而不屑于去辩护;而在北方人看来,南方人维护奴隶制的反驳对于北方来说可能也是有害的,因为南方的理论家将南方的奴隶与北方的底层工人阶级和城市贫民予以对比,认为北方的底层工人阶级和城市贫民虽然在名义上享有"自由",但在生活境遇上还不如南方的奴隶的处境,因为南方人普遍将北方的工人污蔑为无人负责的"工人奴隶"。而北方工人却因此而感谢南方"耿直仗义"的政客,"工人们并不同意废奴运动,却对南方政客时不时指责北部的工资奴隶制很感兴趣。"[2]但是,南方人的目的其实比较简单,即借此维护自己的奴隶制的合法性,"到1850年末,对自由劳动在本质上是具有剥削性的批评在奴隶制的捍卫者那里已经越来越普遍。"[3]

---

[1]　戴维·M.波特就明确指出,内战前对北方民众影响最大的小说《汤姆叔叔的小屋》一书的创作基本"靠想象","斯托夫人创作的人物都不真实……她的语言很荒诞,她的文笔很粗糙,她描写的奴隶制概况是失真的。"[美]戴维·M.波特:《危机将至:内战前的美国,1848—1861》,高微茗译,中信出版集团2019年版,第161页。而真实的逃亡奴隶的故事也反衬文学作品的虚构性,"每一个遇到逃奴的人,不可能不被他们的故事打动,正如一名废奴主义者所说,这些故事本身远远胜过小说家们凭空捏造的'漫无边际的苦难和虚构角色的历险。'"[美]埃里克·方纳:《自由之路:"地下铁路"秘史》,焦姣译,中国政法大学出版社2017年版,第22页。

[2]　[美]理查德·霍夫施塔特:《美国政治传统及其缔造者》,崔永禄译,商务印书馆2010年版,第105页,北方工人写信感谢南方政客的证据参见该书第106页。

[3]　[美]埃里克·方纳:《烈火中的考验——亚伯拉罕·林肯与美国奴隶制》,于留振译,商务印书馆2017年版,第131页。

福格尔等经济学家通过比较确凿的数据和分析,也得出不少惊世骇俗的结论:南方的奴隶的生活境遇确实不差,其衡量指标包括:居住条件、营养摄入、医疗状况、服饰、平均身高、人均寿命等,尽管黑人族裔整体上低于白人群体,但是南方的奴隶在几乎所有指标上都高于北方工人阶级、英国工人阶级,甚至不少指标上都要高于意大利等国家的国民平均水平。例如其中一个重要指标是平均预期寿命,"尽管 1850 年奴隶的寿命要比白人低 12%,但也跟白人指标在 19 世纪的波动幅度范围之内,并且这一数据不仅与诸如法国和荷兰之类的发达地区持平,更是高于美国和欧洲城市工人的寿命期望值。"①

其实,从另外一个指标也可以得出相似的结论,美国黑人的自然增长率一直比较高,甚至不低于美国白人群体。当然,这个指标的误导性在于,奴隶的出生率很高(生的小奴隶很多,因为小奴隶也可以作为"资本"进行投资,将来可以作为奴隶投入生产、出售或者出租)。美国经过几十年的发展,逐步成为世界上最大的蓄奴国。②如果如北方人所"污蔑"的那样,南方的奴隶受尽折磨、生不如死,可能会有如此之高的自然增长率吗?通过很多历史资料,我们大致可以说,南方奴隶的生活境遇肯定是不差的,最起码肯定不是北方人所想象的那样差。因为北方人对奴隶和奴隶制的想象,往往来自西方的历史印象,以及圣多明各、古巴、巴西等中南美洲的奴隶的境遇。而南方奴隶的生存条件和生活境遇显然是远远高于这些地方的奴隶的。另外,按照北方人的普遍想象,南方的奴隶应该是时刻准备脱逃南方而追求北方人意义上的自由,或者甚至如约翰·布朗所想象的那样,南方的奴隶都是随时准备发动暴动推翻奴隶主的暴政

---

① [美]罗伯特·威廉·福格尔:《苦难的时代——美国奴隶制经济学》,颜色译,机械工业出版社 2016 年版,第 87 页。

② [美]詹姆斯·M.麦克弗森:《火的考验:美国南北战争及重建南部》上册,陈文娟等译,商务印书馆 1993 年版,第 6 页,"在 1808 年国会禁止奴隶输入之前,总计约 66.1 万的奴隶被带到美国。这一数字是所有被强迫横渡大西洋的非洲人的约 7%……但是,到了 1825 年,美国境内的奴隶人数约占西半球奴隶总数的约 36%。"[美]杰里米·阿塔克、彼得·帕塞尔:《新美国经济史——从殖民地时期到 1940 年》,罗涛等译,中国社会科学出版社 2000 年版,第 306 页,1825 年美国南部奴隶人数大约 175 万,而 1861 年美国内战爆发后奴隶人口已经达到 400 万多。[美]罗伯特·威廉·福格尔:《苦难的时代——美国奴隶制经济学》,颜色译,机械工业出版社 2016 年版,第 13 页。

统治的。①在美国,虽然有持久的"地下铁道"的说法,但实际从南方逃往北方的奴隶的数量是有限的。②而在美国内战之后,非洲裔美国人的生活境遇并没有得到很大的改善,虽然他们获得了基本的人身自由。而在内战过程中,南方的奴隶也并没有在联邦军队不断推进的过程中起来发动起义或者杀死奴隶主,而是"有序"地离开种植园,寻求北方联邦军队的救助。③

（三）南方人的恐惧、诉求与行动

1. 因保护财产和白人至上原则而团结一致的南方人

既然奴隶对于奴隶主来说肯定是价值连城的,而且奴隶主也一直会觉得非常的委屈,因为他们很多人可能并没有肆意地虐待奴隶(除了必要的纪律、规范和鞭挞等)。虽然南方奴隶主也寻求宗教的帮助,因为如此可以给奴隶以慰藉、麻痹等精神控制等,但牧师也会告诫奴隶主也要仁慈、宽厚,不能虐待奴隶。同时,奴隶主则一如既往地会强调,他们没有理

---

① 戴维·M.波特的研究表明,从约翰·布朗筹划、实施他所谓的发动南方奴隶暴动的整个过程来看,基本就是一场闹剧,只是布朗起义的象征性影响极为巨大,对北方民众的废奴主义情绪的激发功不可没。"布朗把废奴主义运动和奴隶叛乱联系在了一起,这一点令他这桩本来可能被当成愚蠢的找死行为的事迹具备了无比重要的意义。"[美]戴维·M.波特:《危机将至:内战前的美国,1848—1861》,高微著译,中信出版集团 2019 年版,第 525 页。

② 对此议题的最新研究成果参见美国历史学家方纳的最新研究。[美]埃里克·方纳:《自由之路:"地下铁路"秘史》,焦姣译,中国政法大学出版社 2017 年版,第 16 页,"所有派别的废奴主义者多认可援助逃奴,认为这是一种切实反抗奴隶制的形式。实际上,人们最常用来形容地下铁路活动的词也是'切实'。"戴维·M.波特的研究表明,被"地下铁路"营救的逃亡奴隶的数量是很有限的,"因为北方是夸大自己的'战绩',而南方则由此强调自己的损失。双方都会刻意夸大这一数字。"[美]戴维·M.波特:《危机将至:内战前的美国,1848—1861》,高微著译,中信出版集团 2019 年版,第 156 页。据估计,1850 年逃走的奴隶人数为 1011 人,1860 年为 803 人。

③ 其原因很大程度上也在于南方白人奴隶主对黑人奴隶的长期文化和生活习惯的规训,"几乎所有的奴隶,既不会读也不会写,甚至大部分的南方各州,都视教导奴隶识字为非法,让黑奴长期依附于白人之下,以防止奴隶学会照料自己……黑白主仆间存在着一种相当微妙的父权主义(或父权制,Paternalism)意识。由于主人长期依赖黑奴的服侍,不能一日没有黑奴,而黑奴也无法离开主人,外出谋生,并成为自由人。此因服侍白人与长期工作,已然成为一种'习惯'。"陈静瑜:《美国史》,台湾三民书局 2007 年版,第 133 页。

由也没有必要虐待奴隶,因为这是他们的财产,他们不仅不会故意损害他们,而且会尽力去保护他们,甚至还要保障他们保持良好的心情与情绪,因为只有这样才能保持较高的劳动效率。①与此同时,南方人应该也非常清楚:奴隶制这一生产方式很有效率,不过他们可能很难以抽象概念进行概括,更难从理论角度予以论证。不过,最起码他们会认为南方创造的财富要远远超过北方,其对国民经济和社会发展的贡献是北方人望尘莫及的。然而,北方人却由于南方人地方性的、特殊的制度而谴责南方人,南方人将不仅会觉得委屈,因为对奴隶制的抨击多是以废除奴隶制为根本目标的,南方人只能将其都归于北方人想要肆意侵犯他们的财产权,这种侵犯财产权的罪名并非"莫须有"。因为后来的历史进程掩饰了南方人的"苦楚",随着南方拥有的奴隶的数量的迅速增长,以及奴隶单价的升高,南方人拥有的财富中主要部分就是这些奴隶。所以,对南方整体而言,北方显然是不怀好意的破坏分子。

总之,对于南方人而言,废除奴隶制就意味着严重损害他们的大部分财产。不过,可能有人会指出,在南方,奴隶主占总人口的比例并不高,只占到所有白人总数的三分之一,其他有很多白人并不是奴隶主,不拥有奴隶,他们为什么愿意被捆绑在南北冲突的"战车"上?其实,大多数的南方白人虽然并不拥有奴隶,但却普遍受益于奴隶制。换而言之,他们直接受惠于奴隶主,因为他们之间不仅有千丝万缕的社会关系的牵连,同时也有经济上的关联,因为南方的经济结构是以棉花种植业作为支柱型产业的,其他的种植业、棉花的延伸外围产业(例如棉花的管理、储存、运输、初加工、深加工等)、制造业等都在很大程度上服务于棉花种植业,进而服务于奴隶主。②如果因为废除奴隶制而导致南方的棉花种植业走向衰弱,对于南方而言,那显然是一种经济灾难。所以,相对于北方人的道义而言,直接或者间接的经济关联对南方非奴隶主白人则显得更为重要。长此以往,南方的白人就在相对统一的经济模式、文化氛围与价值取向等方面存在共生关系,这也使得南方人能够团结一致。不过,能够团结南方白人的

---

① 陈志杰:《美国内战前种植园奴隶主与黑人奴隶的关系》,《史学月刊》2002年第9期。

② 美国内战史研究专家麦克弗森提出南方白人之间组成了所谓的"种族联盟"的关系。[美]詹姆斯·M.麦克弗森:《火的考验:美国南北战争及重建南部》上册,陈文娟等译,商务印书馆1993年版,第43页。

重要机制是种族主义，为了能够全面防控黑人奴隶，南方人则着力于全力推动白人普选权，[①]而且人为制造种族分割，使得白人整体享受欺压、歧视、贬低黑人的公民权结构、政治结构与文化氛围，使得南方白人逐步融入南方奴隶主营造的利益共同体、政治共同体、族群共同体、文化价值共同体，并由此形成稳固的南方社会。

2. 南方人始终恐惧北方煽动南方奴隶暴动

北方激进的废奴主义不仅挑战南方的经济与财富基础，同时也整体挑战了南方的社会，由此制造出巨大的社会恐惧。因为对于很多南方白人而言，甚至包括贫穷白人在内的白人而言，废除奴隶制可能不仅仅意味着南方黑人获得自由身份，而且意味着他们会被当作"（自由）人"来看待，黑人男性甚至很可能被视为"公民"来看待。所以，很多南方人将解放黑奴看作是白人末日的到来。这尽管有点危言耸听，但对当时境遇下的南方白人来说，危机可能就近在咫尺。如果说北方人有着对南方人各种错误的奇思怪想，那么南方人在各种恐惧心理的支配下也会有各种奇思怪想，例如此前圣多明各等地爆发的奴隶暴动等都是南方人的"噩梦"："圣多明各岛上发生过多起黑奴暴动，比如活埋和把活人锯成两截。幸存者纷纷逃往新奥尔良、诺福克和美国其他地方，南方人可以听到这些幸存者亲口说出他们的悲惨遭遇。在南方人心中，圣多明各事件一直是一场梦魇。"[②]他们会有意无意地强化这种恐惧，并作出很多匪夷所思的过激反

---

① 南方白人在很大程度上都是奴隶制的获益者，因为美国的白人男子普选权得以快速扩张的一个重要原因就在于大量非白人种族和族群的存在，例如印第安人，以及大量的黑奴的存在。"尖锐的阶级对立并不是边疆政治生活中的典型现象，在田纳西这样的州内，阶级斗争直到边疆时期将近结束时才盛行起来。与印第安人作战的共同任务把各阶级维系在一起，使上层产生了众望所归的英雄人物。棉花种植经济在扩大的同时也保证了不致发生尖锐的敌对，因为一个受穷受压于底层的奴隶阶级的存在，就使较贫贱的白人有一种地位感，所有白人也就有了利害一致之处。"［美］理查德·霍夫施塔特：《美国政治传统及其缔造者》，崔永禄译，商务印书馆2010年版，第57—58页。而最为激进的脱离主义州——南卡罗来纳由于黑人所占比率最高（高达58.9%)，但却是美国最早赋予白人男子普选权的州，"在1810年，南卡罗来纳州成为原始13个州中最先实行白人男性普选权的州……"［美］埃里克·方纳：《美国自由的故事》，王希译，商务印书馆2002年版，第104页。

② ［美］詹姆斯·M.麦克弗森：《火的考验：美国南北战争及重建南部》上册，陈文娟等译，商务印书馆1993年版，第195—196页。

应性质的行动。所以,他们也生怕解放黑奴之后,这些获得自由身份甚至公民身份的前黑奴,通过各种合法甚至非法的方式,实施对白人种族的报复性行动。就此,南方人只能将他们当时犹如惊弓之鸟的惨状,归为北方人恶意宣传和破坏的结果,并由此展开各种颇为"合理"的"正当防卫"。

3. 南方因五分之三条款而获取的政治优势以及对其丧失的担忧

由此,南方人为了保证自己"独特(地方性)制度"得到延续,就必需采取必要的行动。南方人对北方人的提防应该是比较久远的事情,因为1787年费城立宪的主要障碍是小州利益与奴隶主利益是否能够保障。即当时的奴隶主就是阻碍华盛顿、汉密尔顿为代表的联邦党人建立强大联邦政府的主要障碍。而为了"团结"这些小州和奴隶主,以联邦党人为代表的立宪代表实际上作出了很多妥协,即在宪法条文中作出了很多让步。例如,南方虽然在经济上占据优势,但是在社会整体实力对比上却不断下滑,特别是人口比重上不断下降,但他们可以维护自己的政治法律优势就是所谓的"五分之三"条款:所有的奴隶在计算众议院代表名额、总统选举的选举人人数时都按照五分之三的比例算入,虽然他们在宪法和法律上并不被认定为公民,甚至根本就不被认定为是正常的人,他们的性质是财产,或者最起码是奴隶主的特殊占有物。北方人一直耿耿于怀的就是,南方人以这些不被奴隶主看作是人的"其他人"(the other people)而拥有了更多的代表名额,从而在联邦政府占据了他们不该拥有的权势。例如,《美国联邦宪法》实施后几十年以来,南方无论是在总统选举、众议院与参议院主要的委员会、最高法院大法官等选举和任命方面,也就是南方在联邦政府的行政、立法和司法等机构都占据了优势名额与影响,并以此获得了大量的非正当权益。

其实,南方人在联邦政府占据优势地位的原因还在于,正是因为他们明确知道自己是少数派,所以相对比较团结,"尽管南方在外部孤立无援,至少在内部它无不团结。"①特别在有关南方切身利益的地方,南方的表现变得尤其如此。而南方是一个相对封闭型社会,贵族社会性质相对比较明显,所以大种植园主在这个社会长期占据优势也是顺理

---

① [美]戴维·M.波特:《危机将至:内战前的美国,1848—1861》,高微茗译,中信出版集团2019年版,第442页。

成章之事。他们在总统选举上占据优势，而总统对整个行政机构和最高法院的大法官拥有重要甚至决定性的任命权，所以南方的优势又延伸到整个行政系统和司法系统。而南方在国会中的参众议员的替换率很低，[1]而国会无论是从实际工作需要还是从传统习惯上看，都是要"论资排辈"的。也就是说，无论是议长还是各种委员会、各种临时性的调查委员会的负责人等都需要"论资排辈"地确定具体人选，所以南方人一直又在国会占据优势。而这些尽管看上去顺理成章的事情，在北方特别是北方的媒体人甚至公众看来，都是源于南方罪恶的奴隶制（五分之三条款）。

虽然南方占据着经济优势、政治优势，加上南方长期"尚武"精神而在军事上也有优势，但这些优势其实并不巩固，南方人惧怕的是他们这种优势地位不仅不能得到巩固，而且有可能在将来面临丧失的危险，这种可能性主要来自联邦的领地和准州。因为如果这些地方将来以非蓄奴的资格加入联邦政府，那么他们将逐步改变南方人掌控的、上述的一系列政治优势。北方人一旦反超南方人掌控联邦政府的优势，那么他们可能会对南方的奴隶制形成潜在的，甚至根本性的挑战。

一般看来，这种挑战主要可能是通过总统行政命令、国会立法、最高法院的宪法解释与司法裁判等方式实施。而北方人当然也十分清晰这里面的内在逻辑和机制，所以一般也不太敢去太触碰南方的根本利益（即南方存续的奴隶制），双方的竞争与角逐，主要围绕着领地和准州是否以蓄奴州的资格加入联邦。当时北方的自由州数量和南方蓄奴州数量都是旗鼓相当的。但每次讨论新州加入的问题时，双方都要围绕着新州是否以蓄奴州的资格加入而展开激烈的交锋。因为任何一个州的加入，都可能会比较迅速地打破南北方长期形成的均势格局，所以双方在几乎所有重大的政治问题上都据理力争，寸步不让。南方人其实最担忧的是北方的团结一致，尤其是一个明确反对奴隶制的政党的诞生与发展壮大，并以此配合大众的反对奴隶制的呼声而引发整个北方的政治格局的大变动，那将是南方惧怕的最坏结果。所以，林肯代表的共和

---

[1]　因为南方的公民参与率比较低，所以导致其为精英所把控而使得南方国会议员的替代率很低。Phillip S. Paludan, "The American Civil War Considered as a Crisis in Law and Order," *The American Historical Review*, Vol.77, No.4, Oct. 1972, p.1027.

党人的获胜,标志着这一政治格局的形成,林肯的当选标志着南方到了"最危险的时刻",脱离联邦的进程随即迅速展开。双方已经完全没有妥协、退让与和解的余地了。

三、奴隶制:北方人的立场、理据与行动

综合上文的论述,我们可以看出,奴隶制对南方来说肯定是属于"根本利益"与"核心利益"。在这个问题上,南方人显然不会给北方人以任何讨价还价的余地,南方人也一直想得到北方人的一个真诚的政治承诺,例如以宪法修正案的形式,永久性巩固南方的奴隶制。但北方在此问题上不能形成统一的意见,因为有太多的人反对这样的"屈辱"妥协。所以,南方人在联邦这个政治共同体中,始终不能获得政治与经济上的安全感。由于奴隶制对南方来说显得更为重要,我在此问题上进行了长篇幅的详细分析。以下我将从北方的立场上来分析北方人在奴隶制问题上的立场、理据以及其所采取的诸多行动。

(一)北方人的立场:从分化到统一

相对于南方人,北方人在奴隶制问题上的立场是高度分化的,这也就使得这个问题被一直拖延,以致到了不能再拖、必须加以解决的时候,甚至不惜一战而获得最终的解决(不过北方也并非要强化这一根本性分歧在战争起因方面的作用)。北方人的实施妥协与退让的根本原因在于,北方的立场不统一,因为奴隶制与普遍的大众的关联度相对比较低,很多人将其归为只是悬空想象的问题而非真切的实际政治与经济问题。虽然南方长期霸占联邦政府的优势地位,但对普通民众甚至很多政客而言,其并非利益攸关的问题。推动北方人不断反思和反对奴隶制的群体主要是废奴主义者,而废奴又是美国宗教第二次大觉醒的主要诉求。所以,北方的废奴主义运动的主要出发点是道义层面的,而且主要是通过社会运动、社会舆论等方式,想以此唤起民众的道义觉醒,从而进一步推动和扩大废奴主义事业。

但是,北方有没有其他方面的考量? 如果我们从政治经济学的角度看,北方是否有对南方大量的黑人劳动力的"垂涎三尺"的诉求? 也就是说,从社会发展进程来看,是否因为资本主义发展由于劳动力的需求而迫切想要打破封建主义,甚至前封建主义生产方式的束缚,进而推动北方的废奴主义运动呢? 虽然北方的商人阶层是反对内战的,因为他们可能在

南方有资本投资，有商贸往来等。①但是，从劳动力角度来考量，这可能并非简单的、直接的立场。而且，在美国内战结束之后，南方的前奴隶也依然被束缚在南方的土地上租种前奴隶主拥有的土地，或者和前奴隶主签订苛刻的"劳动合同"或者"租赁合同"，②继续延续原先的生产方式和生活方式，区别在于，这时候被解放的黑人奴隶即"自由人"可以获得工资或者收入，尽管很微薄。"与固定标准工资相比，佃农制还提供了更高收入的潜力。这对那些拥有技能或获得的经验超过普通工人的人特别有吸引力。通过按产量的一部分向他支付分成，将奖励他卓越的技能和勤奋。"③南方的非洲裔美国人大规模流动——"北上"是几十年之后的事情（20 世纪头 10 年）。而北方资本确实也在战后顺利地进入南方，但并非一开始就冲着所谓的"廉价劳动力"而去的。④

　　在北方，解放黑人奴隶的一个重要的社会障碍是种族主义，即在殖民时代就形成的大众种族主义是解放黑人奴隶的一个难以逾越的障碍。反对废奴的南北方政治家和公众人物都注意利用这一点，并以此对公众进行"恫吓"，以阻挡废奴主义的宣传。通过种族主义，我们需要反思的是，北方的普通民众到底惧怕什么？一般认为他们惧怕的是底层社会的激烈竞争。一般来看，越是社会上层，种族歧视的色彩可能反而越是淡薄；而越是社会底层，对黑人的歧视就会越强烈。因为一旦解放黑人奴隶，对北

---

①　例如詹姆斯·麦克弗森的研究表明，激烈反对废奴主义者的主要是这些人："暴徒大多是下层白人，他们害怕南方的奴隶解放后会涌到北部来与他们争夺就业机会，分享社会平等权利；但也有一些暴徒是'有钱有势的绅士'，他们大多数是与南部有关系的商人、律师以及保守分子。这些保守分子认为，激进的废奴主义者危及了国家和社会秩序的基础。"[美]詹姆斯·M.麦克弗森：《火的考验：美国南北战争及重建南部》上册，陈文娟等译，商务印书馆 1993 年版，第 54 页。北方商业领袖在战前的调和行动参见[美]埃里克·方纳：《烈火中的考验——亚伯拉罕·林肯与美国奴隶制》，于留振译，商务印书馆 2017 年版，第 170 页。

②　"大批挣脱了奴隶制枷锁的'自由民'一贫如洗，无以维生，只好以谷物分成的形式向种植园主或商人租借土地，借用牲畜、农具、种籽等生产资料及口粮，佃农被迫以大部农产品作为抵押。"杨生茂主编：《美国南北战争资料选辑》，上海人民出版社 1978 年版，第 218 页。

③　Roger L. Ransom and Richard Sutch, *One kind of freedom*: *The economic consequences of emancipation*, Cambridge: Cambridge University Press, 2001, p.95.

④　[美]杰里米·阿塔克、彼得·帕塞尔：《新美国经济史——从殖民地时期到1940 年》，罗涛等译，中国社会科学出版社 2000 年版，第 395—397 页。

方的很多工人阶级和城市贫民而言,黑人可能会"一夜之间"涌入北方,并且就天天停留在他们身边,成为与他们不断竞争低端、有限的工作机会的大量群氓。对于北方的底层工人阶级和城市贫民来说,一份养家糊口的工作就是他们的一切。那么,解放黑奴显然是会严重挑战他们的生存环境与生存机会的。他们对解放黑奴的惧怕甚至到了根本就不想接触,不想与他们"为伍"的地步。①这在"西进运动"过程中也可以明显看得出来。垦荒的西进者一直以高昂的进取和开拓精神而著称,但如果身边有奴隶存在,那么将无限地拉低他们劳动的价值,因为奴隶与他们从事着共同的事业,甚至比他们做得还要好,这是对北方白人(无论是新英格兰人,还是后来的爱尔兰人还是东欧、东南欧等后来者)的无尽的伤害。

不过,随着后来时代的发展和进步,以及下文将要详细论述的诸多因素的叠加作用,终于使得北方的废奴主义的道义,暂时地超越或者掩盖了北方人的种族主义恐惧,或者也因为以林肯为代表的伟大政治家的谋略,特别是一直想采用渐进式废奴策略,使得北方的意见逐步趋向于统一。当然,北方立场的改变,其实并非是在种族歧视层面的巨大改变,而在于政治形势的突变。也就是说,在19世纪50年代,由于南方人对自身利益受损的惧怕,以及通过双方在联邦层面的角逐,使得双方的心理变得越来越脆弱,对方的一举一动可能都是不可告人的阴谋、双方的任何据理力争都是强词夺理、都是故意的侵犯,双方的侵犯归根到底是对对方的肆意侵略。这些都是在大众舆论的反复互动下而变化的,加上废奴主义的很多真实或虚假的宣传、鼓动甚至煽动,北方的民意发生了巨大的变化。而北方人日益感受到南方人的侵犯,这些侵犯甚至已经发生在身边。对北方民众影响巨大的是《逃奴法》(Fugitive Slave Act)的出台,该法在北方被严格执行,也即南方人准备动用联邦政府的力量,从北方追捕逃亡奴隶,并且要求联邦政府甚至民众予以配合。②北

---

① 美国18、19世纪的移民主要是来自欧洲的白人,这些移民反而是最歧视黑人的,因为他们刚来到美国,社会境遇也很差,与美国黑人构成激烈的(同位)竞争关系。[美]杰里米·阿塔克、彼得·帕塞尔:《新美国经济史——从殖民地时期到1940年》,罗涛等译,中国社会科学出版社2000年版,第244页。

② 抓捕逃奴,甚至动用联邦政府力量抓捕逃奴,在南方人看来显然应当是天经地义的事情,因为单个奴隶的价格就很高昂,而且这也是联邦宪法中白纸黑字明确写道的权利。"根据一州法律须在该州服役或劳动的人,如逃往他州,不得因他州的法律或规章而被免除此种劳役或劳动,而应根据有权得到此劳役或劳动之当事人的要求将他交出。"(美国联邦宪法第4.2条),王希:《原则与妥协》(增订版),北京大学出版社2014年版,第807页。

方人眼见着身边的黑人被(非法)抓捕,南方人甚至叫嚣让北方各州取消人身保护法令。正如上文提到的,既然北方白人歧视黑人,北方人为何会因为逃亡黑奴被追捕反而觉得受到了南方人的直接侵犯? 因为北方人深刻感觉到奴隶制离他们越来越近了,照着这样的形势发展,南方人显然是想要整个联邦蓄奴化,因为只有当蓄奴不再是南方的地方性制度,而变成全国性制度的时候,这种制度才可能是相对安全的。南方人的这些所作所为反而让北方大众真的开始"觉醒",即恢复了被掩盖的良知,因为此前北方人反对废奴,甚至激进地反对废奴主义者的原因很大程度上在于,废奴主义让他们"良心不安",由于北方的黑人数量极其有限,400多万的黑人有300多万在南方,①如此格局正合北方大众的意愿:即享受新世界的自由平等,又不必与黑人为伍。但废奴主义打破了他们内心的安宁。总而言之,南方人由于各种惧怕而步步推进的各种行动的每一步,在北方人看来都是对北方自由体制的威胁和侵犯。由此,北方人也逐步开始团结一致,尤其是通过共和党的组织重建与统一化,开始在选举政治上"收割"大量的反对奴隶制的团结一致。

(二)北方人反对奴隶制的理据

我们在这部分将集中阐释北方人为何要反对奴隶制,他们的理据大致可以归为以下几个方面:

第一,第二次宗教大觉醒有力地推动了北方的废奴主义运动。福格尔的专著《第四次大觉醒与美国平等主义的未来》一书详细地论述了美国至今为止的四次大觉醒所推动的美国社会运动及其成效。②这一研究并

---

① "(南方)被奴役的人口的比率从1800年的49%增长到了1860年的53%",1860年南方的奴隶人人数为384万人。[美]杰里米·阿塔克、彼得·帕塞尔:《新美国经济史——从殖民地时期到1940年》,罗涛等译,中国社会科学出版社2000年版,第316—317页。而在1860年时,北方联邦州只有新泽西的18名奴隶,黑人占总人口的比率为1.2%,边界州的奴隶45万,占其总人口的比率为12.8%,黑人占总人口的比率为3.28%。南方11个州中,只有4个州的黑人比率低于40%,其他都超过40%,最激进的南卡罗来纳州更是高达58.9%。王希:《原则与妥协》(增订版),北京大学出版社2014年版,第231—233页。

② Robert William Fogel, *The fourth great awakening and the future of egalitarianism*, Chicago: University of Chicago Press, 2000, p.28.另外参见亨廷顿对美国周期性社会革新运动及其内在机理分析:[美]萨缪尔·亨廷顿:《失衡的承诺》,周端译,东方出版社2005年版。

非个例,美国人将自己的很多进步性质的社会运动多归于宗教领域的觉醒运动。如果说美国宗教领域的觉醒运动呈现出周期性的运动规律,那么到底是什么触发了19世纪中期的废奴主义的宗教觉醒运动?我们当然可以将其推动性因素归为宗教教义的规范,也可以将其归为欧洲的文艺复兴、宗教改革以及启蒙运动以来的进步思想推动的结果。当然,推动美国的废奴主义的一个重要推动力来自英国的废奴实践。英国于1807年通过《废除奴隶贸易法》(Abortion of the Slave Trade Act),废除了海外奴隶贸易,紧接着于1833年通过《废除奴隶法》(Slavery Abortion Act)宣布,大英帝国的殖民地全面废除奴隶制。而在此之前的智利、哥伦比亚、阿根廷、墨西哥等美洲国家也都纷纷废除了奴隶制,当时的美国的奴隶制反而因为很高的奴隶出生率而不断地得到巩固。①这使得北方人在良心和道义上就过不去了,因为大英帝国是1776年美国革命("独立战争")的对象,当年的革命者也就是后来的美利坚合众国的建国者们在当时强烈谴责和反对大英帝国政治统治,而他们发动独立革命的理由就是英国的暴政与暴君,因为他们认为英属北美殖民地一直处于被奴役、剥削和压迫的境地。但是,几十年后,英国先于美国废除了奴隶制,这使得声称继承美国革命者和建国者遗志的北方人难以释怀。因为两相对比,美国相对于英国的奴隶解放与自由而显得过于"专制"了。②

而与此同时,不仅在大英帝国的殖民地内,整个西方世界都兴起了范围广阔的、影响深远的废奴运动,中美洲很多地方的奴隶制要么是迫于奴隶的反抗和暴动,要么是因为奴隶制变得得不偿失而主动废除。总而言之,美国这样一个自我宣扬属于自由民主的"试验田"的先进国家,不仅没有比其他国家和地区提前废除人类文明与道义上难以容忍的奴隶制,而且南方的奴隶制还在不断强化与扩张,美国竟然于1825年一跃成为世界上最大的蓄奴国家,而这一罪恶的称号还在1825年之后得到不断强化。这实际上是因为美国南方的奴隶的生活境遇相对较好而能够使得奴隶人数自然得到增加。但不管南方奴隶的生活境遇有多么好,也无法改变他们是奴隶的本质,况且北方人也无法检验,当然也不会去检验,即使检验

---

① 〔美〕罗伯特·威廉·福格尔:《苦难的时代——美国奴隶制经济学》,颜色译,机械工业出版社2016年版,第16—17页。
② 〔美〕埃里克·方纳:《美国自由的故事》,王希译,商务印书馆2002年版,第138页。

为真,北方的公众也不会相信这一切。而且,更具刺激性的历史事件是,俄国也于 1861 年 3 月 3 日废除了农奴制。美国在革命年代将其与英国对比,但后来的很长时间,西方国家都是将其作为典型的新兴自由民主国家与俄国的专制政权进行对比,其目的主要是为了凸显美国制度和文明的优势。①而这时候美国却为了奴隶制的存废争端而打响了全面内战。

第二,奴隶本身所处的悲惨境况是人道主义者甚至普通北方民众无法直视与忍受的。北美英属殖民地的早期殖民者,多是遭受国内的宗教迫害与政治压迫而被迫逃离英国本土,前往上帝"留给"自由人的新大陆。所以,整个美国的社会民众在道义和良知上显然是不会允许奴隶制存在的。不过,在整个 18 世纪以及之前,在西方人的认知世界里,奴隶制的存在是非常正常的事情,人们对此也是相当的心安理得(包括像华盛顿这样的革命元勋和开国领袖亦不能除外②)。不过,这一切到了 19 世纪就变得很不协调了,废奴主义等进步思想与社会运动逐步让他们开始正视奴隶制问题,黑人奴隶也是人,作为宗教信仰而言,奴隶也是上帝的子民,与白人也是"人人皆兄弟"意义上的"兄弟"。正如上文所论述的,南方采取了相对封闭的控制措施,所以一般的北方人很难接触到南方的奴隶。但是,北方人是可以自由地接触到中南美洲以及大英帝国范围内由于废奴主义而揭发出来的、关于奴隶们的悲惨境况的一些描述。加上很多历史作品的描述,以及作家群里为了迎合大众而自由发挥的想象,通过广泛的舆论宣传等,北方人对南方奴隶的悲惨境况产生了强烈的悲切感。大家普遍谈及的就是《汤姆叔叔的小屋》这本小说在北方引起的强烈反响,整个北方的舆论因此发生了重大的转折,"历史无法准确估算出一本小说对公众舆论究竟有多大的影响力,但是,北方人对待奴隶制的看法自从《汤姆叔叔的小屋》问世之后就变得空前一致了。"③

---

① "为了达到自己的目的,美国人以个人利益为动力,任凭个人去发挥自己的力量和智慧,而不予以限制。而为此目的,俄国人差不多把社会的一切权利都集中于一人之手。前者以自由为主要的行动手段,后者以奴役为主要的行动手段。"[法]托克维尔:《论美国的民主》,董果良译,商务印书馆 2017 年版,第 529—530 页。

② [美]埃里卡·阿姆斯特朗·邓巴:《逃离总统府——华盛顿夫妇对女奴奥娜的追捕》,李丹译,北京大学出版社 2022 年版。

③ [美]戴维·M.波特:《危机将至:内战前的美国,1848—1861》,高微茗译,中信出版集团 2019 年版,第 161 页。林肯总统后来接见斯托夫人时戏谑地称她是"写了一本书,酿成了一场大战的小妇人"。

而南方推动的联邦国会立法,也使得北方人时刻感觉到奴隶制对北方自由体制的威胁。例如 1850 年通过的《逃亡奴隶法》(Fugitive Slave Act)以及 1857 年联邦最高法院宣判的德雷德·斯科特诉桑福德案(Dred Scott v. Sandford,1857,以下简称斯科特案)。不过,正如上文所论及的,20 世纪中叶以来,学术界很多的研究表明,南方奴隶的境况其实并不是很差。但经济(史)学研究的主要问题在于,他们都采用"平均"以及"整体"的方式,例如平均身高、总体的营养摄入、整体的经济效率、鞭挞的平均次数等。但问题是,很多境遇非常差,经常遭受肉体摧残、精神压制等迫害的奴隶也被湮没在数字核算中。也就是说,这些极端案例往往被经济(史)学专家的(平均)数值所淹没。而在社会心理机制上,这些极端案例反而可能更为重要,因为它们最能触动人们的良知与心灵,推动着社会整体舆论的转变。退一万步讲,即使没有遭受严重的肉体摧残,南方奴隶主时刻把控着实施肉体摧残甚至致命侵害的可能性(尽管有些蓄奴州的法律也明确保护奴隶的"生命权")。因为在制度规范层面,他们掌握着奴隶的一切。这就与北方人所理解的自由人身、自由劳动、自由财产的观点产生严重冲突,[①]尽管这种自由的代价也是很大的。而逃亡奴隶的口述和文字材料中揭示出来的逃亡目的也都指向了"自由",而且他们多成为坚定的废奴主义者,其中典型者如道格拉斯:"在逃出奴隶制魔爪多年以后,已经是举国闻名的废奴主义和种族平等倡导者的弗雷德里克·道格拉斯追忆自己的毕生功业时,还是会说,'我一生所为里',再没有比帮助逃奴'更加快人遂意,令人神往的事业了'。"[②]

第三,既然渐进废奴变得越来越不可能,那就只能走激进废奴的道路了。有限保留奴隶制是 1787 年"立宪时刻"各方妥协的产物。由于奴隶制与美国革命精神相背离,导致美国文化与精神的内在分裂,这也是北方废奴主义得以兴起、发展和壮大的重要原因。费城立宪者之所以保留奴隶制,并非因为他们很多人是奴隶主或者他们有意而为之,而是当时他们对此确实无能为力。当时的立宪行动显然也是冒着巨大风险的,所以大有"只能成功不能失败"的紧迫形势的约束。奴隶制的维护者、小州的利

---

① Eric Foner, *Free Soil*, *Free Labor*, *Free Men*: *The Ideology of the Republican Party Before the Civil War*, Oxford: Oxford University Press, 1995.

② [美]埃里克·方纳:《自由之路:"地下铁路"秘史》,焦姣译,中国政法大学出版社 2017 年版,第 21—22 页。

益维护者等都能够据理力争,甚至以整体退出立宪会议为要挟,而且确实有不少代表中途气愤而去,①为的就是能够在草创的联邦体制上对很多问题达成对自己有利的妥协。由此,我们也才可以理解革命者、立宪者与立国者的无能为力之处。不过,这些立宪者也有据理力争之处,例如在宪法文本中绝口不提及奴隶、奴隶制,而以"persons"或者"the other people"予以替代,就是生怕如果奴隶或者奴隶制真的以白纸黑字的形式出现在宪法文本中,日后反而成为维护奴隶制人士的"尚方宝剑",从而获得宪法意义上的合法性与法律效应。而宪法也明确规定 20 年内国会不得立法废除海外奴隶贸易:"现有任何一州认为得准予入境之人的迁移或入境,在 1808 年以前,国会不得加以禁止……"②到了二十年后,美国也于1807 年通过了禁止贩奴的法令:从 1808 年 1 月 1 日起,美国禁止海外的奴隶输入。故而,从 1787 年立宪开始,以至于后来的几十年里,美国人都普遍认为奴隶制是一种罪恶,早晚是要废除的,而且多指望着渐进地废除,也就是通过奴隶主自己的"良心发现",然后通过各州独立立法予以废除州内的奴隶制,最后逐步"解放"美国境内的所有奴隶。

但是,从 19 世纪 30 年代开始,形势发生了剧烈转变,那就是南方的棉花种植业的兴起。从此以后,奴隶被牢牢地"捆绑"在棉花种植业上,尽管他们可以从事大量其他的工作。原因可以大致归纳为:棉花种植业不仅是最典型的"劳动密集型产业",而且很适宜在南方发展,同时也因为种植园的生产方式也非常适合奴隶主对奴隶的管理和控制。③而在当时的很长的一段时间里,棉花种植业呈现出蒸蒸日上的形势,美国的原棉产量在 1801 年时超过了 10 万包,1835 年时超过 100 万包,到 1859 年时达到540 万包,从 1820 年到 1860 年,美国的棉花产量就增加了 11 倍多。④而

①　1787 年费城立宪结束的时候,55 名代表中只有 39 名代表签署并同意通过宪法文本,另外 16 名代表并未签署。Robert A. Dahl, *How democratic is the American Constitution?* New Haven: Yale University Press, 2003, p.2.

②　联邦宪法第 1.9 条,即所谓的"进口奴隶条款"。王希:《原则与妥协》(增订版),北京大学出版社 2014 年版,第 803 页。

③　综合参见[美]杰里米·阿塔克、彼得·帕塞尔:《新美国经济史——从殖民地时期到 1940 年》,罗涛等译,中国社会科学出版社 2000 年版,第 305—306 页。

④　[美]加里·M.沃尔顿、休·罗考夫:《美国经济史》(第十版),王珏译,中国人民大学出版社 2013 年版,第 318 页。[美]杰里米·阿塔克、彼得·帕塞尔:《新美国经济史——从殖民地时期到 1940 年》,罗涛等译,中国社会科学出版社 2000 年版,第 301—304 页。

且,由于国际棉花需求的同步增加,棉花的单价也基本保持稳定。甚至南方人也都骄傲地自夸为"棉花王国"。①奴隶制的渐进废除变得越来越不可能了,南方人对奴隶制的坚守也有目共睹。然而,这些反而刺激了北方废奴主义者的奋起反抗,从而走向了激进废奴的道路,而不再顾及南方奴隶主阶级的切身利益,从而使得南北方之间的矛盾不断激化,绝无任何妥协的余地。

尽管南北双方剑拔弩张,但还是有很多人想方设法准备以各种渐进解放的方法去解放黑奴,林肯总统其实就是其中一位重要代表,他继承了老辉格党人亨利·克莱有关奴隶制的一些基本观念,即为了减少废奴行动的阻力,为了减少其对(北方)社会(民众)带来的冲击和挑战,必须采取渐进、有偿的方式对黑奴进行解放。②而林肯一直到很晚近的时候还依然抱有将黑人送外海外殖民的想法,甚至不断地和各方进行磋商,并采取了多次实际行动,以实施自己独特的黑奴解放计划。③他的考虑也是"合情合理"的,因为废奴的阻力实在太多,例如边界州的奴隶主中很多人是联邦主义者,所以林肯一直都不愿意触动他们的利益,以免造成政治上的损伤。所以,有偿的解放显然是为了考虑这些人的利益,但补偿的标准显然也是不会太高的,一般是 300—400 美元不等。而将黑奴解放之后送往海外进行殖民,主要是送他们到中美洲的一些岛屿,或者直接送他们"回到"非洲,例如利比里亚等地。"反对奴隶运动所设计出来的办法之一,就是把黑人送返非洲。"④这一构想和计划虽然在林肯的推动下甚至付诸实施了,但是却不可避免地失败了。随着联邦军队的顺利南进,这样的渐进实施奴隶解放的想法也就难以为继了。

---

① Walter Johnson, *River of dark dreams*: *Slavery and Empire in the Cotton Kingdom*, Cambridge, Massachusetts: Harvard University Press, 2013, p.40, "流入密西西比河谷的资本将'自由帝国'的头衔赋予投机者。而其实是黑奴的劳动使投机者的梦想变成了棉花王国的物质现实。"

② [美]埃里克·方纳:《烈火中的考验——亚伯拉罕·林肯与美国奴隶制》,于留振译,商务印书馆 2017 年版,第 74 页。

③ 林肯推动了 1863 年开始实施的一个小规模的"实验",但是还快就彻底失败了,"林肯政府实际上所从事的唯一一次把黑人殖民海外的计划就这样结束了。"[美]埃里克·方纳:《烈火中的考验——亚伯拉罕·林肯与美国奴隶制》,于留振译,商务印书馆 2017 年版,第 299 页。

④ 陈静瑜:《美国史》,台湾三民书局 2007 年版,第 128 页。

（三）北方人采取的行动：并未直接指向完全废除奴隶制

北方的大多数人的政治诉求是：新加入的州需要以自由州的身份加入，以防止南方将奴隶制推至西部、西南部甚至美国全境。[1]我们从历史进程上来看，美国北方在内战前的十多年来其实一直在退让，尽管有得有失，但最起码，北方人在联邦政府层面的诸多政策上都是一直在退让，虽然南方也没有能够获得多少实际的政治经济利益。[2]这在很大程度上是因为北方民众的关心的主要是经济方面，而不在政治层面，但后来在出现联邦政治局面不断恶化的情况，就推动着北方社会的激进化。不过，北方人因为其经济社会实力过硬而确实比南方人更具政治自信，所以他们能够容忍很多抽象层面的妥协与退让。但随着新的领土与准州的数量越来越多，北方人由于西进运动的不断向西部推进。而与此同时，南方人为了扩大蓄奴州的数量，也即不断扩大蓄奴"地盘"。于是，南北双方之间在西部，特别是西南部就兵戎相见了，尤其表现在堪萨斯等地方，甚至爆发了导致200多人丧生的流血事件，不少研究者将其视为内战的预演，史称"流血的堪萨斯"或"堪萨斯内战"（Bleeding Kansas）。

也就是说，北方的底线需求是南北双方"互不干扰"，即多数北方人愿意保证不侵犯南方蓄奴州的奴隶制度，即北方人不推动联邦国会干预南方社会的奴隶制的存废问题。而北方对新加入的准州也保持妥协，即以1820年的《密苏里妥协法》和1854年的《堪萨斯—内布拉斯加法》为依据，进而以1+1的方式处理新加入的准州的矛盾。但是，南方也在步步紧逼，使得北方回旋的余地越来越小。因为北方社会也面临着初步工业

---

[1] 南方确实也有这样兴趣和动力与北方竞争性地向西部推进，因为那里有大量、未开垦的肥沃土地可以进一步发展棉花种植业。［美］杰里米·阿塔克、彼得·帕塞尔：《新美国经济史——从殖民地时期到1940年》，罗涛等译，中国社会科学出版社2000年版，第301—303页。

[2] "十年来（引者注：19世纪50年代这十年），联邦见证了常年持续不断的危机；这些危机总是以南方获得某种形式的'胜利'画上句号，每一次都让南方得到一个没有实际意义的战利品，也让联邦比之前更弱势。1850年南方付出高昂的代价获得《逃亡奴隶法》的通过；1853年南方浪费了部分影响力去争取《奥斯坦德宣言》；1854年南方牺牲民主党的跨地区优势地位通过《堪萨斯—内布拉斯加法》；1857年南方准备不惜一切代价支持德雷德·斯科特案判决。1858年，南方在争取通过勒孔普敦宪法的过程中所做的无用功牺牲了所剩无几的北方民主党。"［美］戴维·M.波特：《危机将至：内战前的美国，1848—1861》，高微著译，中信出版集团2019年版，第374页。

化的问题,例如北方的工业与城市的瓶颈也逐步显现,所以大量的底层人民不断加入西进运动,他们最主要目的是想在西进运动过程中使得自己能够拥有合法产权的土地,以过上理想的自耕农的自由生活。但是,他们向西发展和寻求自由生活的障碍在于,国会迟迟不能出台自由土地法,因为南方人一直抵制北方推动国会通过西部自由土地法令。而且更难以容忍的是,南方通过各种合法、非法的途径带着自己的奴隶不断进入西部、西南部,试图到西部、西南部"先到先占"地建立起蓄奴制度来,"因为明显合理的经济上的原因,南方极其关注向西部土地扩张奴隶制度的权利。"①北方人西进的一个重要目的在于,他们本来是想摆脱东部为数不多的黑人群体,而万万没想到在西进运动中不仅遭遇来自南方的实力强大的种植园主与他们争夺未开垦的土地,而且奴隶主还将黑人奴隶和奴隶制也带到西部来,进而无限地贬低了他们自由劳动的价值,同时也将破灭他们自由土地和自由生活的梦想。有不少共和党人认为,"黑人在领地上的出现,而不是奴隶制的出现,降低了白人劳动。""种族主义在西部共和党中间似乎比东部要远为盛行。"②

但问题是,难道北方的大众真的没有妥协的余地了吗?北方人不是一直在妥协,在退让,并以此使确保南方能够留在联邦内吗?但关键是北方人觉得他们一直在妥协和退让,甚至是"投降",以至于在后来内战爆发之前,林肯柔中带刚的应对方针也获得了民众的普遍支持。所以,我们觉得双方妥协的余地已经非常有限。关键问题是,不仅北方民众在联邦制、奴隶制、关税、西部开发等一系列问题上被一直压制,尽管似乎还是有一些退让的空间,但是长此以往也不是长久之计。更为重要的问题是,北方已经能够团结在态度越来越强硬,政策越来越激进的共和党人周围。因为他们现在不仅在国会选举和席位中占据不错的位置,而且刚刚赢得了实现政党轮替性质的总统大选。1860年末以后,他们从根本上并不愿意作原则性的大妥协,即不愿意通过国会议员倡议的各种妥协方案。因为这时候,南方已经开始轰轰烈烈的脱离运动,任何的妥协方案肯定是要作出足够的让步,才能"拉回"南方那些已经宣布脱离的各州。但是,这些都

① [美]加里·M.沃尔顿、休·罗考夫:《美国经济史》(第十版),王珏译,中国人民大学出版社2013年版,第328页。
② [美]埃里克·方纳:《烈火中的考验——亚伯拉罕·林肯与美国奴隶制》,于留振译,商务印书馆2017年版,第136、139页。

远远超出了共和党人甚至北方民众可以接受的限度。"试图通过立法途径实现妥协之所以失败，是因为国会的大部分共和党人不愿放弃他们党派的基本原则，更不愿在受到胁迫的情况下这样做……尽管脱离危险无疑吓得不少共和党人加入了'联邦挽救派'的阵营，威胁这个因素似乎对数量更多的共和党人发挥了反作用，反而坚定了他们拒绝妥协的决心。"①于是，内战不可避免地爆发了。

第三节　美国内战爆发的原因：
从协调机制角度的分析

　　第二节主要是通过分析南北双方争议的焦点问题，以及各自的立场，并试图通过列举各自的理据，从而能够更好地理解双方的矛盾和冲突不可调和的原因，这实际上也就是对内战爆发原因的探析。但其中对双方矛盾的调节或者调解机制的分析还不够系统和全面。而分析这些调节或者调解机制，实际上不仅仅是为了从理论上探讨内战是否不可避免，以及当时他们在哪些环节出了重大差错。更为关键的是由此厘清，权利开放秩序得以维持的诸多因素以及其作用机制到底是什么，进而能够使我们更为深切地理解社会秩序及其维持问题。由于内战双方都以自由、权利、秩序等为自我主张与行动的支撑理据，故此本节将通过内容的分析，更为深刻地理解权利与秩序、竞争与秩序等方面的密切关系。

　　我们已经认识到是南方由于过度紧张（北方也存在过度紧张的情况）而不断压缩北方的空间，例如，不断地通过国会甚至加上总统支持的优势，即通过国会立法的方式，例如《逃亡奴隶法》等实现了对北方社会的诸多干预。而这些又在北方引起强烈的社会反弹，"这个问题在威斯康星州和俄亥俄州达到了顶点。在威斯康星州，州最高法院宣称《逃奴法》违宪……"②而1857年的斯科特案就激发了北方大规模的社会反抗。但是，北方确实也很难理解，或者不愿意去理解奴隶对南方的种植园主到底

---

　　①　［美］戴维·M.波特：《危机将至：内战前的美国，1848—1861》，高微茗译，中信出版集团2019年版，第635页。

　　②　［美］埃里克·方纳：《烈火中的考验——亚伯拉罕·林肯与美国奴隶制》，于留振译，商务印书馆2017年版，第156页。

意味着什么。或者,我们后来的研究者可能会忽视这个非常关键性的问题,即奴隶的经济价值到底如何。但是,世界范围大张旗鼓开展的废奴运动,又在不断地敲打着美国良心或者良知,特别是北方民众的自由心灵,甚至进一步挑战美国自由民主体制,进而影响了整个美国的政治境况。正如第二节最后一段论及的,双方到底有没有相互退让的余地或者退让的可能性? 其妥协的限度何在? 如何保证妥协机制带来稳固的秩序? 如何保证进取方"见好就收",不再"恋战"? 如何保证妥协的可行性与实施? 如何仲裁或者进一步协调? 我们从以下几个部分,以明确内战前应该对南北双方的矛盾、冲突和对抗起到一定调节作用的机制,以及它又是如何失败的。

一、宗教内部由于奴隶制争议而发生分裂

上文提及,柯克详尽论述了宗教如何为美国社会奠定秩序基础的。这一点确实不错,因为宗教确实依然是现代社会重要的整合机制,宗教强调家庭、强调教会组织、强调仁爱和良知、强调社会的和谐等,宗教组织还会通过精神方面的慰藉,实现对社会的协调和整合。不过,我们也看到,在英国17世纪40年代的内战、法国大革命期间,宗教并不能"独善其身",因为宗教派别之间的分裂与对抗直接反映了不同政治派别与不同的利益诉求之间的对立。由此可见,宗教很难在内战中保持中立。而美国不同的宗教势力早在内战爆发之前就分裂了,其主要的原因并非联邦制、关税、政府间关系与政府职能定位等方面的争议,而是由于奴隶制问题的争议,即在宗教教义看来,奴隶制到底是否可以接受,是否可以在世俗世界得以延续。在内战中,美国的宗教与政治一同沿着奴隶制而分裂,也使得林肯为此痛惜不已:"双方都念同一本《圣经》,向同一个上帝祈祷,每一方都祈求上帝帮助自己反对另一方。"[①]最终的结果可想而知,南方的宗教势力,例如南方的福音教派就认为基督和他的使徒们并没有否认奴隶制的存在,而且在基督教的《圣经》和其他很多教义文本中也有关于奴隶或者奴隶制的字眼。那么,奴隶制在南方社会的存在,就不仅是基督教教义所允许的,甚至是合法的。他们还在教义的基础上证明:在《旧约全书》等文献的观点看来,白人对黑人的奴役,是完全合情合理的,白人应该对

---

① [美]亚伯拉罕·林肯:《林肯选集》,朱曾汶译,商务印书馆2010年版,第82页。

此心安理得。①

　　这一政治现象产生的原因在于宗教的依附性,即宗教信仰可能并无国籍、种族、肤色、性别、阶级阶层等方面的限制,但教会组织毕竟是世俗组织的存在,而教会的牧师必然也是世俗的存在。所以,南北双方的宗教势力以奴隶制的合法与否而界限分明地分裂了,其也是南北双方持续对立和对抗的表征。当然,更为典型的例证来自南北方的宗教势力早不分裂晚不分裂,恰巧就在19世纪三四十年代分裂了,这个时间点正好就是南方棉花种植业最为繁荣的时期之一,奴隶的"单价"一路上涨破千,此时正是奴隶制从存而不废到被南方强烈维护的重要转折点。教会的分裂首先在美国最重要的宗教派别——长老会内部发生,长老会中的保守势力和激进势力最终在1837年分裂,这标志着南北教会组织由于奴隶制而最终走向分裂。而一旦走向分裂,双方各自依附于契合自身教义的南北社会,并分别加入南北双方的对抗和斗争中去。令人痛心不已之处在于,美国的长老会、循道宗、浸礼会等宗教派别都由于奴隶制在19世纪三四十年代纷纷分裂。②而宗教人士在南方脱离运动中也起到了很大的推动作用,"这种氛围(引者注:激进地寻求脱离)无处不在,甚至席卷了教堂,连教士都在布道坛上发出了和政客在演讲台上的论调类似的声音,警告人们南方面临的危险,劝告人们声明自己的独立性,始终保持高昂的情绪。"③

　　在内战中,很多教会的牧师也成为当时的随军人员,为拼死战场的将士送去精神的慰藉。我们一方面可以看到教士的道义担当、家国情怀与高尚的献身精神,而且确实也在战争中起到非常大的作用,特别是对伤残将士的抚慰,以及对死者的超度等都体现了宗教在战争中重要正面作用。"爱国主义与宗教虔诚合而为一,国家观被赋予了新的宗教内涵,而对信仰的理解则被赋予了新的世俗含义。"④宗教作为一种精神安慰,也为将士

---

①　Mark A. Noll, "The bible and slavery," Randall M. Miller, Harry S. Stout, and Charles Reagan Wilson, eds., *Religion and the American Civil War*, New York: Oxford University Press on Demand, 1998, pp.43—73.

②　刘远钊:《美国内战前宗教状况分析——从宗教角度探析美国内战的另一诱因》,《山东省农业管理干部学院学报》2005年第1期。

③　[美]戴维·M.波特:《危机将至:内战前的美国,1848—1861》,高微茗译,中信出版集团2019年版,第578页。

④　[美]德鲁·吉尔平·福斯特:《这受难的国度——死亡与美国内战》,孙宏哲译,译林出版社2015年版,第23页。

逐步克服战争中对死亡的恐惧起到非常大的作用。在当时,这显然是有好处的,也就是说,可以使得将士能够实现对生死的超越,进而能够克服对死亡的恐惧,即使拼死战场也在所不惜。但问题是,这也导致了双方战士经常"杀红了眼",因为他们自己已经不再惧怕死亡,死亡只是灵魂在不同世界的"转移",而并非痛苦不堪之事,甚至如此"善终",反而是一件值得鼓励之事。①这些都无疑提高了将士的战斗力,当然也提高了战士的死亡率。在美国内战中,将领的死亡率高于普通士兵的死亡率,这在世界战争史上也是不多见的。我们并非要宗教或者教士为此"负责",而只是反思,倘若战士没有这些宗教的慰藉与支持,是不是会更怕死,而不至于在大军压境、四面楚歌、火力过猛的情况下依然白白地前去送死?因为美国内战一般都被认为是现代战争的开端,也即热兵器时代的第一场重大战争,"这是一场由老式战争向现代战争过渡的战争。"②当然,其实也是因为其以超高的死亡率而令世人震惊这一点而为人们所熟知。总而言之,宗教可能会在一些国家或者地区中起到调和各方矛盾与冲突的作用。但这并非必然,特定历史时代的宗教组织可能也会像美国内战中表现的一样,面临内部分裂。

二、"利用"共同的革命遗产与文化价值而各取所需

不少研究者将南北双方的冲突看作文化差异的冲突,这种文化差异论显然是相对于经济利益分化而言的。即由于南方的长期蓄奴而发展种植园经济,使得南方社会在整体上形成了特定的文化氛围;而北方由于长期鼓励和发展相对自由宽松的小规模自耕农经济,并且同时大力发展资本主义制造业和商贸业,使得北方的城市也得以兴起与发展,19世纪60年代的大多数大型城市都坐落在北方,"每10个南方人中仅有1人住在

---

①　关于教士在美国内战中的作用,以及其对将士克服死亡的一系列作用与意义的发掘,[美]德鲁·吉尔平·福斯特:《这受难的国度——死亡与美国内战》,孙宏哲译,译林出版社2015年版,"(引者注:对逃跑者)的死刑所提供的不只是负面例子。被处死者在许多情况下充当了希望的典型,因为牧师努力挽救这些不幸者摆脱'第二次死亡',并利用他们来传达有说服力的教育信息。平静地顺从天意、最后时刻进行忏悔、在绞刑架下展示善终的要素,有时甚至是敦促其战友'以他过早的死亡为鉴'——这些都提供了关于体面生活与体面死亡的难忘信息,目击者会将这些信息铭记在心。"关于"第二次死亡"及其意义的阐释参见[日]加藤节:《政治与人》,唐士其译,北京大学出版社2003年版,"政治与死亡——20世纪的安魂曲",第81—91页。

②　陈静瑜:《美国史》,台湾三民书局2007年版,第148页。

城市里,而在新英格兰,每 3 个人中就有 1 人住在城市"。[①]所以,学界一般将北方的经济体制归为新兴的资本主义体制,而且同时也将其农业也归为资本主义性质的自耕农经济;而南方则由于其封建化、贵族化和专制化色彩太过于浓厚,而多被归纳为封建主义性质的种植园经济体。在这样的经济基础上,北方就被认定为是现代化发展程度比较高的自由资本主义社会,[②]而南方则被认定为保守、封闭和落后的封建主义社会。这一界分又由于法国思想家托克维尔的《论美国的民主》一书而被人们所熟知。不过,19 世纪 30 年代美国南方的种植园经济又有了长足的发展,他们不断地将其融入资本主义生产、流通、贸易与交换体系之中,很多学者将南方的"棉花王国"视为美国资本主义长足发展的重要基础,因为倘若不是高度参与资本主义世界体系,南方显然难以取得如此巨大的经济与社会成就。"从 1783 年美国独立战争结束到 1861 年,美国奴隶的数量激增了 5 倍多,这种扩张造就了一个强大的国家,其原因是那些白人奴隶主可以让黑人奴隶比自由劳动力更快地采摘棉花。这种经营模式让南方迅速成为全球棉花市场的主力军,而棉花在工业革命的前 100 年是最重要的原材料,因此也是当时世界上最主要的交易商品。美国从棉花垄断中得到的利润为美国经济的现代化助力,到内战时期,美国已经成为第二个经历大规模工业革命的国家。"[③]

---

① Douglass C.North, *The economic growth of the United States 1790—1860*, New York: W.W.Nordon, 1966, p.258.

② 方纳虽然认可关于美国内战的现代化范式的研究,但也明确指出如下的观点是具有误导性的:当时的北方就代表着现代社会,而南方代表的是前现代社会,两者之间的战争实际上现代社会对前现代社会的征服。因为北方并没有实现成熟的现代化。Eric Foner, "The causes of the American civil war: recent interpretations and new directions," *Civil War History*, Vol.20, No.3, Sep. 1974, p.203.

③ [美]爱德华·巴普蒂斯特:《被掩盖的原罪——奴隶制与美国资本主义的崛起》,陈志杰译,浙江人民出版社 2019 年版,第 11—12 页。斯文·贝克特的研究揭示出美国南方奴隶制与资本主义生产方式以及全球扩张的内在关联,"棉花生产需要不断地寻求劳动力,持久地争夺控制权。奴隶贩子、奴隶栅栏、奴隶拍卖,以及用来控制数以百万计的奴隶的身体和心理上的暴力行为,对于美国的棉花生产扩大和英国的工业革命至关重要。""欧洲的工业革命也积极地影响了美国南方奴隶制的演变……对劳动者的全面控制是资本主义的核心特征之一,它在美国南部的棉花种植园取得了第一个巨大的成功。"[美]斯文·贝克特:《棉花帝国:一部资本主义全球史》,徐轶杰、杨燕译,民主与建设出版社 2019 年版,第 103、107 页。

不过,南方由于相对封闭和禁锢的种植园生产方式与经济类型,确实具有强烈的封建色彩,虽然他们的奴隶制是前封建社会的,只是由于其高度资本化、商品化和组织化等原因而同时具有资本主义经济生产方式的性质。不过,南方社会的贵族化色彩确实难以否认,而且这也是南方人自我标榜的结果,南方人不仅以自己的经济与社会体制为自豪,甚至在此基础上进一步贬低和鄙视北方的资本主义的经济类型,从而形成了社会层面的隔阂。①这种社会分割的情况随着南北双方的矛盾、冲突与对抗而不断得到强化。美国的南北双方都声称自己继承了18世纪的美国革命的遗产,而且都认为对方违背了当年先辈们的革命精神。南方人认为他们继承了美国革命中的自由、自治、州权至上等精神遗产,而北方认为他们继承了革命者尤其是杰斐逊的自由、平等与汉密尔顿的联邦主义。北方人抨击南方人的主要方面就是,他们丧失了对人人平等理想的追求,而顽固地坚持惨无人道的、落后的奴隶制,将400多万的奴隶永远地处于受奴役的状况。由此揭露了南方最大的精神分裂:"但这种做法让理论上的人人平等和实践中的奴役做法之间的矛盾暴露得更加明显了,他们唯一的出路是否认黑人有资格和其他人一样享有的平等权利。"②而南方人则抨击北方人通过联邦主义对南方的自主权利进行侵犯,因为奴隶制既然是南方的地方性制度,那么,北方任何人都不得以任何名义予以干涉。

归纳而言,虽然南北双方都声称他们继承了美国建国者们的革命原则与精神,但在实际政治论辩过程中,都是"各取所需",分别有选择地性选取了"自由、权利"与"自由、平等"等价值。③这两类价值分别支撑了南北双方社会特质,在很多情况下是激烈对抗的,最起码在他们所运用的政治语境中是高度对抗的。所以,所谓的共同的革命遗产、共同的历史、共同的法律文化传统、共同的文化价值理念也都是综合构成的,冲突双方或

---

① [美]戴维·M.波特:《危机将至:内战前的美国,1848—1861》,高微茗译,中信出版集团2019年版,第545页。

② 同上书,第532页。

③ "道格拉斯也从建国之父那里汲取遗产,他称住民自决原则是'杰斐逊式的方案',因为它是建立在地方自治原则之上的。1861年的南部分离主义者也是如此,他们认为他们是在用行动践行庄严地载入《独立宣言》的革命权利。"[美]埃里克·方纳:《烈火中的考验——亚伯拉罕·林肯与美国奴隶制》,于留振译,商务印书馆2017年版,第84页。

者多方都可以经由选择性地"各取所取"而面临更为严重的价值与理念的分裂与对抗,并且仿佛又处在统一平台上的对抗。

三、南北方之间的经济互补性及其作用的消减

我们发现宗教信仰虽然具有一定独立性,但由于教会组织与教士等又有世俗存在的一面,所以他们会在不同程度上依赖于当地的经济社会制度、规范与价值约束等。本部分将简单检验一般理论意义上不同区域之间的经济纽带在美国内战前是否起到应有的调和性作用,即反思其为何没有能够以经济联系方面的约束从而抑制战争的发生。

我们知道美国内战之前的南北双方的经济结构类型的差异性很大,南方是以棉花种植业作为主导型产业,其他产业,特别是新兴的资本主义工商业、家庭手工业基础上发展起来的制造业等方面的发展都相对落后,甚至就没有发展这些产业的意愿,"1860 年,南部人均制造业产值不及美国中部滨大西洋诸州的 1/5,并且仅为新英格兰的 1/8。"[1]而与此同时,在南方人看来,由于棉花种植业的发展与繁荣,南方的"边缘性产业"根本就没有发展的必要。因为 20 世纪中叶的经济史学家的量化研究也表明,其他产业不仅在规模上无法与棉花种植业相提并论,甚至在生产效率与资本收益等方面都无法与之相比,南方大力发展棉花种植业反而体现了所谓的"比较优势理论"。[2]其中的机理是:由于英国工业革命推动发展的棉花纺织业正好在 19 世纪五六十年代处于高峰阶段,资本收益率非常高,这也带动了南方棉花种植业的发达。不过,这样一来,南北经济不是就正好成为典型的互补性经济模式了吗?南方的棉花种植与生产岂不是正好可以为北方的加工制造业提供原材料,而北方也正好可以为南方提供相对稀缺的工业制成品?如此一来,南北双方岂不是由于经济互补而难舍难分,从而使得双方无法在政治上进

---

①　[美]杰里米·阿塔克、彼得·帕塞尔:《新美国经济史——从殖民地时期到 1940 年》,罗涛等译,中国社会科学出版社 2000 年版,第 317 页。

②　[美]加里·M.沃尔顿、休·罗考夫:《美国经济史》(第十版),王珏译,中国人民大学出版社 2013 年版,第 317 页;[美]斯文·贝克特:《棉花帝国:一部资本主义全球史》,徐轶杰、杨燕译,民主与建设出版社 2019 年版,第 94 页。"美国的环境非常适合棉花种植。美国南部大片区域的气候和土壤满足了棉花种植的条件,那里有适宜的降雨量、适宜的降水方式,以及适宜的无霜期。"

行分割?①

其背后的原因在于,南方可能更愿意实现与英国建立在频繁商业与贸易往来的基础上的经济互补。换句话说,南方根本看不上北方经济对其潜在的互补性。其机理在于南方大规模的、大型的棉花种植业是北方的棉纺织业根本无法完全吸纳的。而英国发达的棉纺织业恰好需要大量的棉花原材料,而南方大片适宜种植棉花的地带逐步被开发出来,又正好可以将人数不断增加的黑奴作为劳动力投入棉花种植业去,进而源源不断地给英国输入大量的棉花。②在高峰年份,例如 1860 年,美国向英国出口了 258 万包的棉花,占到南方棉花总产量 540 万包的将近一半,③而与此同时,当时的棉花运输都是使用大型船只通过大西洋出口英国,满载棉花的运输船不可能让其空载而归,南方显然是可以满载其所需的大量的工业制品与奢侈品来解决自身相关生产不足的问题。此外,南方看不上北方制造业的地方在于,英国是世界上第一个实现了工业化的国家,其早期的工业相对于美国北方而言,也是远远要超过它的。既然南方可以通过棉花种植以及对其贸易获得大量的财富,又何必求其次而使用北方新兴的制造业产品? 在南北方的边界州,可能会输入北方制造业产品,相较远洋运输,边界州通过短途的贸易途径获得的北方制造业产品的成本,相对要低得多。所以,上南方蓄奴数量比较有限,与北方的政治关系也相对融洽。

----

① 事实上,美国的北部甚至整个国家的工业化发展都是建立在南方奴隶制以及与其密切相关的棉花种植业之上,尤其是在 19 世纪 30 年代,而 19 世纪 40 年代以后北方的工业发展更加多元化。"1832 年,美国政府编制了一个极具吸引力的文件,阐述了棉花不仅主导着美国的出口和金融,还推动了工业的扩张。""利用西南部的棉花进行生产的纺织工业依旧引领风骚,毕竟工人阶级有收入后,就形成了一个消费市场,鼓励更多有活力的其他领域的市场生产。""北方的工业经济是建立在被奴役人民的基础上。"[美]爱德华·巴普蒂斯特:《被掩盖的原罪——奴隶制与美国资本主义的崛起》,陈志杰译,浙江人民出版社 2019 年版,第 376、378、383 页。

② [美]爱德华·巴普蒂斯特:《被掩盖的原罪——奴隶制与美国资本主义的崛起》,陈志杰译,浙江人民出版社 2019 年版,第 111—112 页,"1850 年,一位英国观察员估计,英国有 350 万人受雇于这个国家的棉花产业,他们都受制于英国种植者的兴趣和这些人对美国中国的控制。"

③ [美]杰里米·阿塔克、彼得·帕塞尔:《新美国经济史——从殖民地时期到1940 年》,罗涛等译,中国社会科学出版社 2000 年版,第 380 页。

不仅如此,在内战爆发之后,南方非常乐观地估计了内战的形势,因为它认为英国和北方根本没有办法在缺少南方棉花这一重要的工业原材料的情况下能够继续运作。也就是说,南方通过"自我贸易封锁"的方式来回应北方联邦海军对其实施的海上封锁。南方实行棉花禁运的原因,不仅在于它想要威胁北方工业,更主要的目的在于他们试图以此向英国施压,最终迫使英国承认南方的独立主权地位,即尊重南方木有成舟的独立现实。[1]南方的计谋确实很精妙,因为英国表面上一直对美国内战进行中立性的"观望",但实际上以武器出口,尤其以大型船只出口而在客观上帮助了南方。因为这些大型商用船很容易就会被南方改造成战舰。而英国也确实曾经一度试图在外交上承认南方的独立主权,只是北方最终通过军事上的重大胜利而压制了英国打破中立立场的一时外交冲动。[2]英国只能在自己的势力范围内寻求对南方棉花原材料的替代,在内战过程中以及战后,英国以印度、巴西和埃及的棉花大规模地替代了美国南方的棉花原材料。[3]而北方则通过大力发展毛纺织业而实现对棉纺织业的部分替代,同时也通过边界的一些走私或者对占领区的军事没收等方法试图打破南方所实施的棉花贸易施压政策。[4]

---

① [美]加里・M.沃尔顿、休・罗考夫:《美国经济史》(第十版),王珏译,中国人民大学出版社 2013 年版,第 344 页。美国南方对棉花出口实施的自我限制,对英国的棉纺织业等工业的打击确实是致命的,"对欧洲的出口从 1860 年的 380 万包减少到 1862 年的几乎没有。""到 1862 年初,与上年相比,英国棉花出口总量下降 50% 多,从美国进口下降 96%,工厂开始每周关闭几天,最后甚至完全关闭。棉花价格比战前水平翻了 4 倍,因此制造商关闭了商店,成千上万的工人失业。"[美]斯文・贝克特:《棉花帝国:一部资本主义全球史》,徐轶杰、杨燕译,民主与建设出版社 2019 年版,第 218、218—219 页。

② "在对外事务方面,南方联盟认为特产棉花可以使联邦政府和欧洲各国给予外交上的承认。但是,英、法等欧洲国家不予理睬。"陈静瑜:《美国史》,台湾三民书局 2007 年版,第 159 页。

③ "印度在 1860 年只贡献了英国原棉进口量的 16%,贡献了 1857 年法国原棉进口量的 1.1%,而到了 1862 年,则贡献了英国原棉进口量的 75%,法国的 70%。这些棉花部分是从国内市场和竞争性的国外市场(特别是中国)转移过来的,其余的则是因为总产量增加了 50%。"[美]斯文・贝克特:《棉花帝国:一部资本主义全球史》,徐轶杰、杨燕译,民主与建设出版社 2019 年版,第 226 页。

④ [美]杰里米・阿塔克、彼得・帕塞尔:《新美国经济史——从殖民地时期到 1940 年》,罗涛等译,中国社会科学出版社 2000 年版,第 378—379 页。

一般意义上,区域之间的经济联系特别是经济互补,在很大程度上可以促进双方的和平共处和共同发展,并且对相互之间的政治或者军事对抗和冲突产生一定的调和性作用。但是,恰恰相反,由于特定的经济情境,在美国内战之前,南北方客观存在的经济互补性并没有能够抵制住南方的分离,反而导致南方的骄傲自大,试图以自我设置贸易禁运的方式向北方和英国施压,结果南北双方只能以战争的方式一决雌雄。

四、政党的对抗、分裂与重组

（一）从政党轮替角度看诺斯等人的权利开放秩序理论在美国案例分析上的瑕疵

政党政治在美国内战前的对抗与分裂的议题,应该是能够很好地对接诺斯等人所提出的权利开放秩序理论这一分析框架的。因为诺斯等人认为,权利开放秩序的一个重要方面就是政治与经济权利的全面普遍的开放,而其表现就是良性有序的竞争性政党制度的建立健全,并通过选举政治而实现执政党的轮替,进而激发出国家的政治活力,并为经济社会发展提供有力有效的政治保障。不过,我们对美国个案的研究与分析发现,诺斯等人关于美国的权利开放秩序的时间起点、过程、机制的分析是有瑕疵的。我们都很清楚,美国属于第二次工业革命的代表性国家,并且在比较短的时期内就实现了对英国的经济超越。但不得不提及的是,美国普选权的实现相对也比较早,但有一个难以处理的问题就是:如果按照世界范围比较标准的测算方法,即以"男子普选权"的获取作为早期政治民主化实现的重要标志,[1]或者作为诺斯等人分析的权利开放秩序标准的话（这两者其实基本是一致的）,美国的男子普选权的实现时间都是非常晚的,这就涉及我们究竟要不要把黑人男子的普选权算到男子普选权的范畴。如果算的话,美国要到 20 世纪 60 年代才可以算是在比较严格意义上实现了男子普选权。[2]不过,美国这时候实现的是,包括妇女在内的真

---

① Samuel P. Huntington, *The third wave: Democratization in the late twentieth century*, Norman: University of Oklahoma press, 1993, p.16.

② 1965 年通过《选举权利法》,才正式以立法形式终止了非洲裔美国人在选举权行使方面的所受到的各种限制（尤其是文化测验的限制）,以及各种公共设施方面的种族歧视和种族隔离制度。王希:《原则与妥协》（增订版）,北京大学出版社 2014 年版,第 476 页。

正的普选，而非男子普选权。①于是，我们的民主理论研究家，以及诺斯等经济（史）学家等纷纷将黑人男子的普选权排除出美国男子普选权，将美国的政治权利开放的时间定在19世纪30年代。②

诺斯等人处理这个问题还有一个难点是：美国在人类历史上，首先实现了和平的政党轮替，尽管其过程也是惊心动魄。即在"1800年革命"中，美国成功地实现了第一次政党轮替，"1800年，汤姆斯·杰斐逊击败联邦党赢得选举时，双方票数虽很接近，但共和党以忠实的反对党获胜一事，却证明了在新大陆政府领导下政权可以和平转移，而且通过扩大选举权也可以使占人口多数的乡间地主分享到权力。"③当时的人们结合原先非党争性质的公共精神与政治妥协精神而合力克服了美国宪法史上的第一次危机。④但美国的白人男子普选权要到1828年总统大选才能实现。⑤故此，在此问题上，诺斯等人大有"削足适履"的嫌疑，为了配合经济发展指标，而在政治发展指标上"动手脚"，为了将权利开放与政党轮替挂钩，又在美国这样一个重要案例上对美国早早实现政党轮替问题上隐藏不言。尽管美国"1800年革命"成果的获取是非常巧合的事情，但毕竟第一次实现了成功的执政党轮替，而且并没有造成什么严重的政治后果。尽

---

①　1920年8月18日，美国妇女通过宪法第十九修正案获得普选权："合众国公民的选举权，不得因性别而被合众国或任何一州加以拒绝或限制。"王希：《原则与妥协》（增订版），北京大学出版社2014年版，第817页。

②　诺斯等人在处理美国秩序开放的时间点的时候非常模糊，例如他们比较强调"杰克逊"民主（Jacksonian Democracy）的政治经济效应，以及其所推动的大众民主选举权利的扩张，甚至强调杰克逊时代的民主党是世界上第一个现代政党。[美]道格拉斯·C.诺思、约翰·约瑟夫·瓦利斯、巴里·R.温格斯特：《暴力与社会秩序：诠释有文字记载的人类历史的一个概念性框架》，杭行、王亮译，上海格致出版社2013年版，第316页。然而，他们又强调在州层面的民主选举与政党竞争的作用，参见该书第310—311页。

③　陈静瑜：《美国史》，台湾三民书局2007年版，第99页。

④　例如汉密尔顿就坦诚地认识到："他的观点显示两党制已经在这里生根——如果联邦党人情愿在近期放弃（gave it up）权力，他们会处于更佳的位置重新（return）掌权。在这里萌发出现代的观念，即视政党轮流执政是美国民主的一个必备的方面。"[美]布鲁斯·阿克曼：《建国之父的失败：杰斐逊、马歇尔与总统制民主的兴起》，中国政法大学出版社2013年版，第142页。

⑤　Samuel P. Huntington, *The third wave：Democratization in the late twentieth century*, Norman：University of Oklahoma press, 1993, p.16.

管南方首先挑起的脱离行动而引发了美国内战,在一定程度上算是打破了这种和平的政党轮替的政治纪律,但别的国家也不见得是一帆风顺的。所以,很明显,诺斯等人在处理相关问题的时候,是典型的采用了"双标"。

(二)美国内战打破政党轮替,给诺斯等人的权利开放秩序理论提出了挑战

不过,美国的政党政治发展的历程,对诺斯等人的分析框架以及美国案例分析部分的重要挑战在于,不管美国是在 1800 年成功实现政党轮替还是如诺斯等人所论及的 1828 年实现男子普选权,理应来讲,美国应该是实现了诺斯等人的分析框架中的权利开放秩序的建构,并且实际上有力地推动了美国经济社会的发展。然而,为何又在 30 多年后迎来了非常血腥、影响至为深远的内战? 美国于 1861—1865 年之间经历的 4 年内战,是否可以被看作是诺斯等人所论述的权利开放秩序的崩塌? 诺斯等人所论及的良性、合法、有效的政党轮替是否就是政治、经济、社会良性发展的必要条件? 是否就可以从此一劳永逸地解决暴力控制与社会秩序维护的问题?

可惜的是,美国的内战可以从根本上挑战诺斯等人"完美"的分析框架。因为即使美国的政党轮替或者政党政治运作不是美国内战的主要原因,其也是美国内战爆发的一个重要推动力,或者最起码是一个重要的中间推动性自变量。也就是说,良好的政党政治轮替在很大程度上不仅可以作为权利开放秩序的表现,同时也可以就此形成良好的政治竞争或者政党竞争的气氛,并由此形成经济和社会发展的激励,从而推动整个社会进步与经济增长。但是,这一切可能都来得太过于幻想,如果我们认定美国在 19 世纪 30 年代甚至 1800 年就实现了良好的政党政治更替的格局,甚至确定了相应的比较良好的价值、理念、规则、习惯与规范等,那么理应就不会发生这么大规模的内战。但是,内战确实爆发了,而且其是在此前的连续不断的政党政治运作过程中,逐步强化了南北分裂而最终酿成内战。

(三)1860 年林肯当选:打破了全国性政党大选的规则

在美国的政党政治实践中,确实可以归纳出这样的政治规律:政党政治可以起到反对地区性分裂的作用,不过其显然需要选举政治与政党政治配合下进行综合考量和发挥作用。我们可以以美国的总统选举为例予以说明,美国历来的总统大选的角逐多发生在两大政党之间,而美国政党

对全国政治进行整合的约束机制就是：所有的政党，特别是两大政党，即两个想要努力实现执政的政党所占据的立场必然是全国性的，即它们必须站在最广大的选民的基础之上，而不能轻易地因为任何一个议题而丢失太多选票，从而影响它们的执政可能性。简单概括就是美国主要政党的政治纲领、候选人的政治倾向等都必须是平衡或者趋中的，而绝对不可以走极端主义路线，因为激进的、极端主义的政党或者候选人往往只能获得不错的选票，但绝对难以赢得全国性的大选。这个道理，其实就是选举政治中一个老生常谈的基本原理：选举政治的趋中效应（或者趋中原理）。①美国的政党政治运作也是如此，即在整个 19 世纪 50 年代，美国的主要政党：辉格党、民主党等都在平衡国内的不同政治派别以及它们的政治诉求。尽管党内也是派系分明、尔虞我诈、纷争不断，但从总体上来讲，它们往往会注意走中间路线或者实施必要的妥协，以尽力实现政党内部与政党之间的平衡。所以，虽然在辉格党、民主党内都已经分为相对比较泾渭分明的南方辉格党、北方辉格党、南方民主党、北方民主党，甚至在一些重要的国会议题上，不同的政党的不同派别反而能够交叉性地组合到一起。

但是，在 1854—1856 年间，美国的政党政治实现了大范围的重组和整合，原先的民主党不可避免地分裂为南北两翼，而辉格党则竟然彻底衰弱了，从此退出了历史舞台，虽然林肯还一直以老辉格党人自居。②与此同时，在原先的诸多政党、政党派别基础上，政党实现了新的整合与重组。共和党整合了原先的废奴主义者、激进派的辉格党人和民主党人，并且整合了原先的"自由党（Libertarian Party）、自由土地党（Free Soil Party）、一无所知党（Know Nothing Party）"等小党。③由于原先一直以国内大党自居的辉格党和民主党中的激进分子经由当时的党内保守派的牵制，以及全国性大型政党的定位等需要，他们在奴隶制问题上还是有所收敛、有所顾忌的。一旦他们脱离了原先的政党，并结合了诸多的激进主义政党

---

①　莱夫：《中间选民定理：各政党及其决策向中间靠拢的原因》，［挪威］斯坦因·拉尔森：《政治学理论与方法》，任晓等译，上海人民出版社 2006 年版，第十四章。

②　"我在政治上一直都是辉格党人"，转引自［美］埃里克·方纳：《烈火中的考验——亚伯拉罕·林肯与美国奴隶制》，于留振译，商务印书馆 2017 年版，第41 页。

③　王希：《原则与妥协》（增订版），北京大学出版社 2014 年版，第 220 页。

或者派别之后,反而在政治活动中变得"轻松自如"了,于是觉得可以在废奴事业上放手一搏。而1860年的总统大选更为特殊之处在于,林肯作为共和党的总统候选人从一开始就放弃了南方蓄奴州选举人的选票,实际上就是放弃了南方的选民。林肯并没有去南方开展选举宣传和动员。"这里的重点是南方选民自然会相信关于这个候选人最糟糕的说法,因为他们中的大多数甚至都没有见过一个支持他的人,更别说他本人了,连他的政党都没有要求得到他们支持。事实上,美国的政党制度在全国层次上已经停止运转了。"①林肯甚至并不为南方的选民所知,甚至在一些州和地方,林肯的名字根本就没有出现在候选人名单里,"在大多数蓄奴州,林肯甚至没有在选票上出现,他只赢得了南部2‰的选票"。②然而,林肯最终却获胜了,林肯的胜利显然是全面地获得了北方的选民的选票,从而集中了选举人团的选票,他总共获得59%的选举人票,并且超过了其他所有候选人的选举人选票的总和。③不仅如此,南北方由于奴隶制问题的争端而造成的强烈的分裂可以从表3.2明显看出。

表3.1 1860年大选总统候选人得票情况汇总

名称 \ 项目	自由州	蓄奴州	合计
林 肯	1838347	26388	1864735
反对林肯势力	1572637	1248520	2821157
铸造同盟	580426	15420	595846
道格拉斯	815857	163568	979425
布雷肯里奇	99381	570091	669472
贝 尔	76973	499441	576414

数据来源:[美]戴维·M.波特:《危机将至:内战前的美国,1848—1861》,高微茗译,中信出版集团2019年版,第512页。

① [美]戴维·M.波特:《危机将至:内战前的美国,1848—1861》,高微茗译,中信出版集团2019年版,第509页。
② [美]埃里克·方纳:《烈火中的考验——亚伯拉罕·林肯与美国奴隶制》,于留振译,商务印书馆2017年版,第167页。详细得票数见表3.1。
③ 同上书,第167—168页。

表 3.2 1860 年大选候选人斩获州选举人情况

名称 \ 项目	自由州	蓄奴州	合计
林 肯	17	0	17
布雷肯里奇	0	11	11
贝 尔	0	3	3

数据来源:[美]戴维·M.波特:《危机将至:内战前的美国,1848—1861》,高微茗译,中信出版集团 2019 年版,第 515 页。

林肯能够在北方获得空前的胜利,是因为此前(1854 年),他和史蒂芬·道格拉斯之间的一场关于奴隶制的系统性的选举辩论而广为全国人民所知,尤其是广为北方的废奴主义者所知,进而能够相对比较轻松地赢得如此多的(北方)选票。但共和党人和林肯的选举策略显然是完全放弃了南方,因为他们很清楚,他们不可能获得南方的任何一张选举人的选票,索性就不用做任何"无用功"了。林肯是获得了总统选举的胜利,但上文已经明确指出,美国的政党选举必须获得全国性的选票,因此必须将政党的纲领定位于全国政治层面并且进行相应的妥协和协调,方可实现顺利执政。而林肯和共和党当时的定位完全违背了这一规律或者原理,原因在于南北双方已经由于蓄奴制度而大规模、大范围、深度地分裂了,共和党的定位已经非常明确。而林肯之所以能够获取北方非蓄奴州的全部选举人选票的原因在于北方的团结,或者北方在奴隶制问题上变得更加团结一致。而其他几位候选人由于政治立场并非像林肯那样分明,反而在南方分散了选票,使得他们根本无法与林肯竞争。

所以,一个惨痛的事情就这样在 1860 年的总统大选中发生了,林肯虽然当选了总统,但是原先的良性、有序、有效的政党竞争最终失败了,这一制度与规则都没有发生变化,但由于南北双方在奴隶制问题上彻底的分立,而共和党又采取了非传统的竞选策略,他们确实在既定的规则和制度下赢得了大选,并且试图成功地实现政权的和平更替。林肯总统在 1861 年 7 月 4 日致国会特别会议的首次咨文中,明确批评南方不遵循已经成为政治惯例与规则的政党和平更替原则:"一旦选票公正地和符合宪法规定地作出了决定,就休想再成功地诉诸其他任何东西。这是和平的一个伟大教训:它教人们懂得,不得靠选举获得东西也不能靠战争获得……"①布坎南总统还算是配合了林肯总统,但南方各州特别是下南方的各州则奋起"反抗"了,他们直接宣布脱离联邦,成立新的南方邦联,进而使得整个联邦体制连同竞争性政党轮替制度被推翻了。而在南方邦联的体制中,他们甚至不再实施类似的竞争性政党制度了,甚至不再存在政党了!②这种情况显然也是在充分的政治经济竞争格局下发生的,但是最终却自我终结了这样的秩序格局。

五、美国宪法与最高法院作为仲裁者的失败

(一)美国人对联邦最高法院裁决奴隶制问题的期许

最后我们简单讨论一下,美国宪法与当时的联邦高法院在南北战争之前的作为,以及其协调与仲裁角色履行的情况。我们一般也会认为,美国人高度认可他们的宪法。正如罗伯特·A.达尔(Robert A. Dahl)所言,美国的历史太短,而且也没有什么重要的历史遗产能够为人们所推崇甚至崇拜。最终我们发现,美国人民对其宪法的崇敬几乎到了万民崇拜的程度。③与此同时,我们也发现美国的联邦最高法院在美国政治生活的作用非常重要。④众所周知,很多欧洲国家,例如德国与法国都在二战后逐步建立了独立于原有司法系统的宪法法院和宪法委员会,但美国的宪法审查模式是区别于这些国家的、典型的普通法院审查模式,这种模式必须建立在人们对普通法院系统的充分信任的基础之上,才能良好地运作。美国联邦最高法院实际上经常性介入政治纷争,其能够获得美国民众的崇敬和崇拜,美国人民对其宪法的崇拜多体现在对联邦最高法院的信任上。

在内战爆发前,由首席大法官的罗杰·塔尼(Roger Taney)主导的、关于德雷德·斯科特案的判决却使得联邦最高法院蒙受了其历史上最大

---

① [美]亚伯拉罕·林肯:《林肯选集》,朱曾汶译,商务印书馆 2010 年版,第 82 页。

② [美]詹姆斯·M.麦克弗森:《火的考验:美国南北战争及重建南部》下册,刘世龙等译,商务印书馆 1994 年版,第 79—80 页。

③ Robert A Dahl, *How democratic is the American Constitution?*, New Haven: Yale University Press, 2003, p.41.

④ [美]戴维·奥布赖恩:《风暴眼——美国政治中的最高法院》,胡晓进译,上海人民出版社 2010 年版,第 325 页,"当最高法院判决公共政策方面的重大问题时,实际上是将政治争议带入宪法的语言、结构和精神之中。通过仅仅判决非常急迫的案件,最高法院将宪法的含义注入到更广泛的政治争议解决过程之中。但是,仅凭最高法院自身,并不能平息重大争议。"

的耻辱,对联邦最高法院的信誉也造成无法挽回的损伤。不过,由于其在整个内战过程,对林肯的行政措施还算"配合":林肯在内战中颁布的很多行政法令和举措被提起违宪审查,例如关于中止人身保护法令的案件(林肯直言:"我有权采取可以最好地制服敌人的任何措施。")、关于限制言论自由的案件等,而联邦最高法院都将其归为政治案件,而非司法案件,从而不予受理。不过,最高法院在斯科特案件裁判上的最大问题涉足一个它本该回避的问题。但问题是,在 1857 年之前,美国南北方之间已经由于奴隶制争端而相互撕裂,而国会也频繁地由于奴隶制的实际或者潜在问题而面临着分化、分立甚至分裂,甚至发生了多次"从文斗到武斗"的场景。①所以,国会在斯蒂芬·道格拉斯推动的《堪萨斯—内布拉斯加法案》中规定:新加入联邦的州是否可以蓄奴的问题交由当地的居民来决定,其理论依据就是所谓的"人民主权"学说,就此仿佛可以摆脱联邦体制对奴隶制问题争议的无能为力的困境。但是没有想到,这一问题并没有随着决定权的下放而变得容易,而是发生了更大范围的、直接的社会冲突。②而国会无论是明示还是暗示,都将关于奴隶制问题争议的终结仲裁者归为联邦最高法院,"许多年来,反对奴隶制和拥护奴隶制的双方都宣扬说法院有责任'解决'规范领地奴隶制的权力问题中悬而未决的地方。"③而最高法院在历史上确实起到了非常重要的政治与司法作用。例如 1801年,由首席大法官马歇尔判决的马伯里诉麦迪逊案而确立起最高法院的违宪审查权,并建构起美国独特的违宪审查制度来。而在 2000 年的总统大选中,最高法院也一锤定音,最终裁决了戈尔诉小布什案,从而终结性地了结了这场跨世纪的总统选举争议大案。④

---

① "1850 年 4 月 17 日,密西西比州的参议员亨利·S.福特就曾在参议院对其同事拔出左轮手枪。1850 年,共和国面临着一场基本秩序的危机。"[美]詹姆斯·M.麦克弗森:《火的考验:美国南北战争及重建南部》上册,陈文娟等译,商务印书馆 1993 年版,第 86 页。

② "《堪萨斯—内布拉斯加法》的颁布不仅没有解决争端,反而把国会议事堂里的争端移植到了堪萨斯的原野上。在华盛顿激烈交锋的敌对势力在密苏里以西的旷野中继续战斗。"[美]戴维·M.波特:《危机将至:内战前的美国,1848—1861》,高微茗译,中信出版集团 2019 年版,第 228 页。

③ 同上书,第 321 页。

④ [美]乔治·P.弗莱切:《跋:一波三折的 2000 年大选》,载《隐藏的宪法:林肯如何重新铸定美国民主》,陈绪刚译,北京大学出版社 2009 年版,第 237—266 页。

（二）斯科特案:联邦最高法院历史上最大的失败与耻辱

联邦最高法院对斯科特所做的裁判的争议太大,而且越往后来,回顾此案的人们就越会被激起对联邦最高法院及其主导的六位法官的抨击。原因就在于这一案件的判决体现了非常明显的种族歧视,因为塔尼等人认定该案原告斯科特不是一名美利坚合众国的公民,并且进一步指出获得解放的奴隶及其后人都不能获得公民身份。"首席大法官进一步论证说,黑奴没有资格获得任何一个州的公民身份。"①因为在当年宪法订立与生效的时候,黑人不是任何州的公民,所以也不可能拥有联邦公民的资格,而有权将州的公民身份转换为联邦公民的只能是国会,不过国会在1790年制定的《移民归化法》中将公民资格限制在了"自由白人"的范畴内。塔尼等人甚至回应了《独立宣言》中所谓"人人平等"的原则,声称非洲人是一个"极为低贱"的人种,只配做奴隶!"人人"范畴中根本就不可能包括奴隶,没有任何文明社会会将黑人种族概括到人的范畴内。②其实,很多学者也指出,联邦最高法院其实原本可以轻松回避这个争议性太大的案件,因为这个案件不仅是一个政治案件,也是一个广泛涉及南北之间长期争议的重大问题,这显然是联邦最高法院难以处理的。因为关于联邦公民权问题,如果不是国会独享权力的话,也是需要照顾到国会意见的。当然,国会对此当然也是无能为力的。由于联邦最高法院的大法官们高估了自己以及最高法院的能力,他们试图以此压制住整个美国在这一问题上的长期争论,"法官们自己也试图通过法院来拯救国家。他们未能抗拒这种动机的吸引,没有看到这一时期司法权所固有的局限性。"③可想而知的是,这一判决立即引发整个北方舆论的反弹。也有学者指出,最高法院在当时其实是被逼无奈才去处理这个棘手问题的,因为持反对意见的两位大法官准备处理这一问题,最终迫使以塔尼为代表的多数派不得不处理这一难题。人们试图忽视这一历史性大案的判决,因为既然联邦最高法院认定斯科特不可能成为联邦公民,最高法院就无权受理此案,那么最高法院的判决只能算是"附带意见",不具有法律效应。而且,更为激进的地

① [美]戴维·M.波特:《危机将至:内战前的美国,1848—1861》,高微茗译,中信出版集团2019年版,第317页。
② 王希:《原则与妥协》(增订版),北京大学出版社2014年版,第225—226页。
③ [美]伯纳德·施瓦茨:《美国法律史》,王军译,法律出版社2007年版,第56页。

方在于,北部以缅因州为代表的几个州明确通过州议会立法:"关于德雷德·斯考特案的裁决'不具备道德和法律上的约束力'"。①由此可见,联邦最高法院是如何由于斯科特案的判决而使得自己深陷泥潭,同时也激起北方民众的激烈反弹。尽管如此,在很多时候,联邦最高法院可以以法治的专业坚守与精神抵制汹涌的民意,但最高法院这次却彻底失败了。

进而言之,联邦最高法院不仅没有平息南北双方长期以来关于奴隶制的争议,而且激起了双方更为激烈的对抗,南方沾沾自喜地全面接受与适用联邦最高法院的判决,而北方则直接将最高法院的六名大法官纳入奴隶主阵营,或者是直接维护奴隶主利益的阵营。甚至指责刚上任的布坎南总统干扰最高法院的司法裁判,因为布坎南也来自南方,所以各种阴谋论的"推论"不断涌现在北方的各大报纸上。②当然,最高法院之所以会被推入如此尴尬的境地,显然也是因为立宪者在奴隶制问题上的妥协、和解,从而实施了模糊处理的结果。但问题在于,后人已经站到了有利于自己的立场上去解读这种模糊之处,所以最终只能将矛盾和冲突不断激化。有学者指出,因为立宪者不恰当地设置了极为复杂的修宪程序,使得立宪者的后人们,甚至立宪者都无法顺利地通过顺应时代的修宪条款。③这一论断有两个重要问题,一是这一刚性修宪程序显然并非立宪者所能主导,而确实是"合议"的结果,甚至是再也无法进一步开诚布公地继续协商;二是内战前的美国,不论其修宪程序是刚性的还是柔性的,都无法处理奴隶制问题,因为双方都难以在此问题上妥协,修宪也只能缓减一时的危机,不能永久性地解决这一矛盾和冲突。

总而言之,1860 年初的南北双方关于奴隶制问题的争议将宪法撕扯在地,④最高法院也由于斯科特案的判决而被北方轰到了一边,这一大案

---

① [美]詹姆斯·M.麦克弗森:《火的考验:美国南北战争及重建南部》上册,陈文娟等译,商务印书馆 1993 年版,第 138 页。

② [美]戴维·M.波特:《危机将至:内战前的美国,1848—1861》,高微著译,中信出版集团 2019 年版,第 316—317、322—324 页。

③ 欧阳景根:《美国内战:宪法制定史与初步运行史的解释》,《晋阳学刊》2010年第 1 期。

④ 激进主义废奴主义者威廉·加里森(William L. Garrison)确实明确指出,美国联邦宪法是保护奴隶制的,并且将其付之一炬,"他当众焚烧了一份宪法的誊录本,谴责它是'与死亡签订的契约,与地狱达成的协议'。"[美]戴维·M.波特:《危机将至:内战前的美国,1848—1861》,高微著译,中信出版集团 2019 年版,第 54 页。

不仅影响了其声誉,甚至严重地挑战了其合法性。原先可以作为仲裁机制而存在的宪法和最高法院也在这一冲突中败下阵来。

六、本节小结

在传统意义上可以对国内社会与政治秩序实施调和的各种协调和调节机制,在美国内战来临之前都纷纷败落了。虽然,美国立宪者设计的体制也广受赞许,不过,在这一既定体制下,他们显然还会面临着各种社会政治问题的挑战和冲击。而阿克曼提出的"宪则时刻",即在非常有限和特殊的历史时期,在社会舆论的推动下,人民终将"出场",并通过普选的方式将合宜的伟大政治家选举到总统的位置上去,实际上就是赋予那些富有改革精神的总统不拘泥于宪法文本的权力,从而完成改革甚至革命性的任务与使命。①

按照布鲁斯·阿克曼的研究与归纳,美国总计最起码经历了这样几次的"宪则时刻":杰斐逊推动的"1800年革命"、林肯大获全胜的1860年大选、内战与1864年后的重建、罗斯福1936年对抗最高法院等保守势力而推动实施的新政。在我们的分析框架中,可以将这个所谓的"宪则时刻"归为美国政治形势"最为危险的时刻"。1800年革命比较顺利地完成了政党和平更替的使命,即联邦党人最终接受杰斐逊选举获胜的结果,但依然通过各种手段,特别是严防死守司法系统以形成新的对抗格局。而罗斯福一直需要面对联邦最高法院对其"新政"中诸多宏观调控政策与措施频繁反对与反抗,"在1890年至1937年间,最高法院宣布有55个联邦法和228个州法无效。结果,人们怨声载道,'我们的法院已养成了几乎是随心所欲滥用手中巨大权力的习惯。'"②罗斯福准备启动对联邦最高

---

① 阿克曼作为美国左翼的宪法史研究专家,其作品中频频挑战传统形成的、对美国立宪者的崇敬甚至神话,并揭露出其立宪与体制设计中的很多低级错误,但这些低级错误却严重影响了后来的历史进程。[美]布鲁斯·阿克曼:《建国之父的失败:杰斐逊、马歇尔与总统制民主的兴起》,中国政法大学出版社2013年版,第361页,"我的故事集中在人民主权新形式的兴起,而不是司法审查的兴起;我的故事关键在于表明,两党竞争所动员起来的政治将总统一职改造成为一种平民式的官职,所采取的方式很可能会摧毁1787年制宪者们所创造的体制,其所以能够得到拯救,只是因为诸多显示政治家能力之行为的作出加上纯粹的好运气。"

② [美]伯纳德·施瓦茨:《美国法律史》,王军译,法律出版社2007年版,第171页。

法院的大规模和影响深远的改革与改组，最终逼迫最高法院退步。①当然，我们还需要加上另一次非常关键的时刻，即联邦最高法院终于引来自己的"光荣时刻"，即通过布朗诉托皮卡教育局案（Brown v. Board of Education of Topeka，1954）而判定南方实施了几十年的隔离政策违宪。不过，这一次几乎是在肯尼迪总统、国会立法（1964 年的《民权法》、1965 年的《选举权法》等）、最高法院的违宪审查，甚至艾森豪威尔通过联邦军队直接介入等合力推动的形势下，最终才能解决南方对黑人的种族歧视问题。

但是，可惜的是，1860 年的大选之后，美国真的彻底地分裂了，而且联邦层面也分裂得非常彻底。尽管林肯总统是通过合法、有效的大选获胜，但南方已经不是认不认同这一选举结果的问题了，他们已经不再认同这一"博弈规则"了，甚至不再认同这个联邦共同体了，而且其比较迅速地纷纷脱离联邦以组建了自己的独立邦联。本节论及的各种协调和调节机制也都纷纷以失败告终，而一般可以作为重要的整合机制的有效的竞争性政党制度也彻底失效了。至于所谓的经济联系或者经济互补性、宗教秩序与文化价值认同、宪法秩序与法治传统等也都几乎是"不堪一击"，甚至在某种意义上推动了双方的进一步分化与分裂。由此可见，奴隶制在当时的美国确实是一个非常关键和棘手的问题，而按照马克思主义政治经济学的分析思路，其背后的利益捆绑的重要性则确实非常突出，倘若不是这些利益捆绑，问题可能会相对比较容易地得到处理。②

---

①　［美］杰夫·谢索：《至高权力——罗斯福总统与最高法院的较量》，陈平译，文汇出版社 2019 年版，第 480—481 页。关于美国联邦最高法院到底是否是在罗斯福的压力下作出退步，历来争议颇多。"在许多人看来，最高法院转变立场的时机并非巧合。几乎所有人都认为是罗斯福的提案吓得罗伯茨改变了立场——这位大法官在最高法院之争中已经失去战斗力，而总统的幕僚也乐于传播这一说法。可事实却是，罗伯茨、休斯、布兰代斯和卡多佐在 12 月 19 日便投票赞成了华盛顿州最低工资法，而填塞法院计划在将近两个月之后才正式提出……休斯将该案搁置，待斯通身体恢复到可以参加案件审议后再作出判决；而斯通参加该案审议的日子是 1937 年 2 月 6 日——就在此前一天，罗斯福公布了他的填塞法院计划；也正因为此，自由派大法官在'帕里什案'中所获得的胜利，现在才变成了所有人眼中的屈服。"

②　不少经济史学家讨论道：既然内战的人员、财产等损失如此巨大，是否可以以战争损失"赎买"南方的奴隶？因为尽管南方的奴隶总价值可谓极其巨大，大约高达 30 亿美元；不过南北战争的损失简单核算下来更为巨大，南北方的战争直接成本分别为：33.6 亿美元和 32.86 亿美元。这 66 亿美元不仅能够"赎买"所有的奴隶，（转下页）

表 3.3 南北方冲突的协调机制及其败落

协调机制名称	总体成效	失败的表现与标志	失败的原因
宗教因素	新英格兰垦殖的共同渊源、新教的共同宗教基础等都成为秩序的有力保证	宗教派别之间的分裂,南北宗教内部的分裂。长老会中的保守势力和激进势力最终在 1837 年分裂	信仰虽无界限,教会组织与教士却有世俗性。宗教组织依附于南北双方的经济、社会与价值规范等
经济因素	一般来讲,国家或区域间的经济联系、结构的分化与互补等可以在很大程度上巩固相互之间的联系与稳定	南方的棉花种植业与英国形成更密切的互补,北方制造业刚兴起而不能与南方形成密切互补	不同区域经济发展"分道扬镳",经济与社会逐步分化和对立
共同的文化价值与美国革命遗产	共同的革命精神与文化遗产,对合众国革命事业、革命元勋的缅怀	南方蓄奴州的脱离主义的理据:自由脱离的权利甚至革命的权利;北方坚持革命的自由和平等原则	双方对共同的文化价值与革命遗产各取所需
政党政治	本该成为国家统一的最重要因素之一,因为执政党必须赢得全国的大选,但后来在政党政治运作、选举政治活动中不断分裂	南北政党内部的分裂:辉格党的覆灭,共和党的诞生,南北民主党的分裂以及南方民主党对民主党的把持	行动者层面,社会政治分化层面,利益的冲突与妥协层面等
宪法、法治与联邦最高法院的判决	宪法是国内政治调解与仲裁的重要依据;联邦最高法院获得最高和最终的仲裁权利	1857 年斯科特案是联邦最高法院历史上最大的失败和最大的耻辱,引发北方社会的巨大反弹	宪法的妥协与模糊性;不得不对司法无能为力的案件进行强行的判决,导致北方民众对联邦最高法院失去信任,同时也激化了北方的废奴主义者

(接上页)甚至可以给每个奴隶四十亩土地和一头骡子(首先由谢尔曼将军推行,共和党政府战后未能兑现的"承诺"),剩下 35 亿美元还可以返还给前奴隶作为此前一百年的工资! 但问题是,谁也不会想到战争的代价是如此之高昂。[美]杰里米·阿塔克、彼得·帕塞尔:《新美国经济史——从殖民地时期到 1940 年》,罗涛等译,中国社会科学出版社 2000 年版,第 364 页。Roger Ransom, and Richard Sutch, "Capitalists without Capital: The Burden of Slavery and the Impact of Emancipation", *Agricultural History*, Vol.62, No.3, Sum. 1988, pp.150—151. C. D. Goldin, & F. D. Lewis, The economic cost of the American Civil War: Estimates and implications, *The Journal of Economic History*, Vol.35, No.2, Jun. 1975.

第四节　美国内战及秩序重建

美国内战最终在 1861 年 4 月的萨姆特要塞的隆隆炮声中打响了,尽管双方在这一战役中共发射了 5000 发炮弹(南方邦联发射了 4000 发炮弹,萨姆特仅发射了 1000 发),竟然无一人伤亡![1]然而,美国内战最终却以 75 万人死亡,45 万人伤残的代价位列美国最残酷战争榜首,在世界战争史上也是最惨痛的教训之一。人们对美国内战意义的讨论和挖掘从未间断,而由此对内战是否可以避免、内战的代价为何如此巨大等方面问题的讨论也从未间断。本书将从暴力控制与社会秩序崩塌及其重建等概念范畴进一步讨论美国内战的深远意义。

一、美国内战的代价与和解的可能性探讨

关于美国内战巨大代价的论断,基本上已经形成共识。内战的影响巨大,因为这是人类历史上第一次大规模的全面战争,南方参加战争的将士占到适龄男性的 80%,北方也达到 50%。[2]所以,南北双方几乎是所有的个人、家庭、社会组织与团体等都受到了内战的影响和牵连,而尽管最终是以北方所代表的联邦军队赢得了战争的最后胜利,但几乎是以摧毁南方很多地方的战斗力量甚至有生力量为代价的。[3]所以,无论是当时的美国人,还是后来的人,对这一场战争的惨痛代价都是有共识的。由此,很多人开始反思:这样损耗严重,被称为美国历史上的最大浩劫的战争是否可以避免?

既然内战已经不可避免地打响了,但内战是否可以在进程中,可以通过和谈的方式终结?是否存在一定的机会,能够让已经初步经历了残酷的军事对抗与惨痛的双方看到或者经历了如此巨大的伤亡之后,能够心平气和地坐到谈判桌旁,进行真心诚意的和谈,以至于以和解的方式收拾

---

①　[美]詹姆斯·M.麦克弗森:《火的考验:美国南北战争及重建南部》上册,陈文娟等译,商务印书馆 1993 年版,第 197 页。

②　同上书,第 241 页。

③　即谢尔曼为代表的全面战争作战方式。John Bennett Walters, "General William T. Sherman and total war," *The Journal of Southern History*, Vol.14, No.4, Nov. 1948.

内战残局？推动战争的车轮滚滚向前的到底是哪些人？或者是什么因素？是政治家、军事将领、社会舆论、保家卫国的情怀，还是官兵个体的荣辱？笔者将这些假设分为两个主要方面的问题进行讨论。

（一）双方在开战后不久是否有和谈的机会？

即使南北双方在 1861 年确实兵戎相见了，但从战前的情况分析来看，可能双方都是不愿意打这场惨烈的战争。或者说，如果它们能够估计到战争对双方的损失是如此之巨大，是否可以在双方开战之后，在一些机会的影响下，双方握手言和，或者通过和平谈判的方式终止战争？这在历史上也是很常见的，即双方战争一触即发，或者真的已经打响了战争，但可能很快就恢复了和谈或者通过双方和解解决争端。我们的分析认为，在美国内战的前半期，这个可能性非常低。其实在萨姆特要塞战役之前，南方的蓄奴州就开始了对联邦军事要塞、设施、设备、军工厂、邮政系统、税务系统进行了全面的占领与强夺。原因并不复杂，既然他们准备或者已经宣布脱离联邦，就不再和北方属于"一个国家"，谁愿意看到自己的领土上有那么多"别国"的机构、设施、设备甚至军事要塞呢？（当然，这在军事战略上的考量可能占据更大的权重）那为何是以强制甚至武力方式夺取？关键是如果不强制夺取，那将很难成功夺取。[①]

基于同样的道理，既然双方已经在萨姆特要塞发射了那么多炮弹，实际上就是南方单方面宣布开战了，南北双方的第一反应显然就是火速防控南北边界。但是，正如林肯明确反问的是，南北双方为何要分裂呢？他们的分裂基础到底是什么呢？南北双方分裂建国有没有地理基础？所谓的南北之间边界并非大江大河、并非高山峻岭等自然分界，很多地方都是由地理测量员按照经纬线人为地勘定的（林肯自己也做过测量员的工作[②]）。"没有一根线，直的或弯的，适宜作为据以分裂的国界……余下的长度几乎全都仅仅是测量员的线，人们可以在线上走过来走过去，根本不觉得线的存在。"[③]问题就在于此，双方一旦准备开战，既然之间没有天然

---

① 当然，联邦军队面对来势汹汹的南方民兵甚至民众，直接将很多军事设施和武器都毁坏掉了，这在很大程度上也是出于军事战略的考虑。

② ［美］詹姆斯·麦克弗森：《林肯传》，田雷译，中国政法大学出版社 2016 年版，第 9 页。

③ ［美］亚伯拉罕·林肯：《致国会的年度咨文》（1862 年 12 月 1 日），《林肯选集》，朱曾汶译，商务印书馆 2010 年版，第 255 页。

屏障,只能首先在边界地区占领有利地形、重要城市以及既有的军事要塞。在这个过程中的军事摩擦甚至火拼就变得不可避免了。可是,这些行动一旦开始,就难以中止,因为双方都想试图争夺有利地形和军事要塞,否则可能根本就没有立足之处。而在有些国家和地区,倘若双方之间有天然屏障,就可能在"势均力敌"的两军对峙之际,赢得更多的停战和中止时间,为和谈创造一定的时间和机会。

(二)美国内战持续了四年之久,在此期间,是否存在和解的机会与可能性?

其实,在很多战争的进行过程中,双方一旦比拼实力就会大致分晓,相对弱势的一方可能会抓住有利机会,以谋求和谈而不至于伤亡过分惨重,或者由于自己的弱点暴露太多以至于全面溃败。其实,美国内战的双方胶着火拼的四年真的非常壮烈甚至惨烈,但双方几乎都没有和谈的意愿。虽然林肯在战争吃紧的时候广受北方和平主义者,尤其是民主党人的抨击,进而推动了与南北的接触甚至萌生了和谈的意向,特别是如果战场上一直难有大的进展的话。由于战场上军事压力颇大,林肯曾经在1864 年中叶与南方接触,但是开出的和谈"条件"对于南方来说非常苛刻,其中"废除奴隶制"这一条就是南方难以接受的。[①]因为,总体而言,双方都想在战争过程中获得大捷,而后才可能就此"允许"政治家通过和谈的方式实现和解。不过,如果双方都抱有如此诉求,战争就只能不断地进行下去,而不可能在中途实现实质性的和谈与和解。

我们首先看,北方为何不愿意和解。因为北方实力远远超过南方,[②]任何中断战争性质的妥协甚至和解都难以获得民众的广泛支持。有学者研究指出,林肯参加战争,实际上在北方获得了普遍拥护,北方的将士甚至民众参战为的就是所谓的联邦秩序、法治和民有民治民享的政府,甚至

①　其实,双方一直都不太愿意和谈,参见[美]埃里克・方纳:《烈火中的考验——亚伯拉罕・林肯与美国奴隶制》,于留振译,商务印书馆 2017 年版,第 350—351 页。

②　北方先后动员了大约 220 万的兵力,而南方动员了大约 85 万兵力,北方一开始处于不利地位很大程度上由于东部战线波托马克军团的指挥官乔治・布林顿・麦克莱伦(George Brinton Mcclellan)指挥作战拖拖拉拉、屡失战机而没有进展。[美]詹姆斯・麦克弗森:《林肯传》,田雷译,中国政法大学出版社 2016 年版,第 48 页。[美]詹姆斯・M.麦克弗森:《火的考验:美国南北战争及重建南部》上册,陈文娟等译,商务印书馆 1993 年版,第 241 页。

可以为此而牺牲。①就此,我们也可以理解为何林肯 272 字的《葛底斯堡演讲》能够获得如此巨大的社会反响和历史影响。②与此同时,任何的和谈都会违背共和党的纲领与宗旨,③关键是会极大地影响共和党人在停战后的社会与政治影响,所以绝大多数共和党人在战争意愿方面是非常坚定的,尽管他们在废奴问题上还有不少争议。

那么,南方为何不可能妥协? 南方为何在战争的最后危急时刻,也没有任何内部秩序崩塌的迹象而可以一直顽抗到底? 原因当然是多方面的,例如南方人认为自己的优势也很明显:作为少数派的团结一致,财富积累方面的优势,棉花种植业的支配地位并能够深刻地影响北方的脆弱工业体系和对英关系,南方社会长期形成的尚武精神,南方大量杰出将领以及其在战争初期取得的军事优势,南方一直在自己的地盘上参加战斗等。不过,其中最关键的因素还在于,南方一直指望北方主动地妥协、退让,甚至投降。④南方何来这样的"自信"? 主要就是以上罗列的优势因素,加上北方其实在战前十多年来就一直妥协退让,使得南方人一直存在着侥幸心理。他们的军事策略就是通过东线战场的优势,最终直接攻打并占领华盛顿,然后北方就只能选择投降了,或者最起码承认他们独立主权国家的地位。所以,战争一直拖到 1865 年 4 月南方的"战神"罗伯特·爱德华·李(Robert Edward Lee)将军投降,而此后的一个月,南方邦联总统杰斐逊·汉密尔顿·戴维斯(Jefferson Hamilton Davis)依然负隅顽抗直到被抓捕入狱。而在此之前,北方的著名将领谢尔曼将军为代表的强硬派将领已经实施了很长时间的"焦土政策",这对南方财富和资源的

---

① Phillip S. Paludan, "The American Civil War Considered as a Crisis in Law and Order," *The American Historical Review*, Vol.77, No.4, Oct. 1972.

② 有研究者从林肯的"联邦"与"国家"这两个用词方面探究林肯关于美国国家体制的构思及其变化,此前林肯都用"联邦",后来频繁地用"国家"这个词,在这篇短短的 272 字的演讲中,"国家"被提及 5 次,而且根本就没有提到联邦一词。[美]埃里克·方纳:《烈火中的考验——亚伯拉罕·林肯与美国奴隶制》,于留振译,商务印书馆 2017 年版,第 308 页。

③ [美]詹姆斯·麦克弗森:《林肯传》,田雷译,中国政法大学出版社 2016 年版,第 41 页。

④ "杰斐逊·戴维斯奉行一种防御性的战略,确信北方人不久便会厌倦战争,从而让南方退出联邦。"[美]卡罗尔·帕金、克里斯托弗·米勒等:《美国史》中册,葛腾飞、张金兰译,东方出版中心 2013 年版,第 114 页。

损害无疑是非常严重的。[①]

总而言之,尽管双方的损耗都非常大,由于以上所列的原因与内在机理,双方只能深陷战争泥潭而无法自拔,只能任由战争摧毁了双方的财富与年轻力壮的将士的生命在所不惜。詹姆斯·麦克弗森的研究表明,南北之间不断深陷战争泥潭其实很大程度上有战争本身的逻辑,沐浴在美国革命精神下的双方战士都为了荣誉与责任,为了自由、正义、秩序和爱国主义而奋勇杀敌,置生死于度外,这些都推动着官兵继续进行战争。[②]

二、奴隶制的废除与南方黑人的境遇

从这里开始探讨美国内战的直接影响。美国内战的最直接、最明显的影响与意义就是解放了黑人奴隶,这是学术界和普遍大众的一致认知。当然,在历史进程上,这一"解放"的过程很复杂,也很艰难。而且,所谓的解放主要是从人身自由或者基本人权角度而言,虽然美国南方黑人奴隶被解放了,但是他们的公民资格和境遇的改变却非常有限。

(一)解决奴隶制问题的重要阻力:强大边界州的存在及其态度

通过本章上述内容的介绍、阐释与分析,我们可以看出,被捆绑了巨大经济利益的南方奴隶制,最终成为南北之间最突出的矛盾和冲突的聚焦点,[③]而整个联邦体制对此却无能为力,最终只能通过战争的方式予以

---

① [美]詹姆斯·M.麦克弗森:《火的考验:美国南北战争及重建南部》下册,刘世龙等译,商务印书馆1994年版,第192页。

② James M. McPherson, *For cause and comrades*: *Why men fought in the Civil War*, New York: Oxford University Press, 1997.不过也有学者将南方的"爱国主义"归为不恰当地继承了革命精神的破坏性的一面,即以革命权利诉求而压倒了对秩序破坏的一面,"他(引者注:奥里斯特斯·布朗森)又把南部邦联视为不负责任的革命者,以及那些打碎紧密关系、破坏法律秩序的狂热爱国者的传人。"[美]乔治·P.弗莱切:《隐藏的宪法:林肯如何重新铸定美国民主》,陈绪刚译,北京大学出版社2009年版,第67页。

③ 美国奴隶制及其所捆绑的棉花种植业也牵动着当时欧洲人的急切关注与行动,"在堪萨斯—内布拉斯加法案和德雷德·斯科特判决之后,美国政治日益动荡,(引者注:曼彻斯特棉花供应)协会非常担忧,毫不夸张地说,他们前往世界各地到处分发轧花机,提供建议,并向农民分发种子和农具,同时收集有关不同棉花品种的信息以及种植它的方法。协会做的这些工作是棉花资本家宏伟计划的一个缩影:把全球农村变成一个棉花生产的复合体。"[美]斯文·贝克特:《棉花帝国:一部资本主义全球史》,徐轶杰、杨燕译,民主与建设出版社2019年版,第115页。

解决。战争的表面原因是南方诸州脱离了联邦，所以南方是为了自己的自由脱离权利而打响战斗的，而北方是为了维护联邦与国家统一秩序而战斗的，所以战争的性质就是统一国家势力和分裂国家势力之间的战斗。当然，南方人会觉得他们这种"分裂"行为是合法的，也是很正当的，也值得为此一战到底。当时的美国人，依然将导致战争的关键原因——奴隶制予以隐藏，虽然大多数人心里都很清楚，大家是为了什么而战斗，双方的争议焦点到底是什么。所以，这就是主要的困境所在，甚至林肯总统也不敢轻易地触碰奴隶制问题。虽然他们都知道奴隶制是一种罪恶，但是现实的政治有时候会显得非常的为难，而并非纸上谈兵来得那么简单。林肯在1861年3月4日的第一次就职演讲中明确自己的观点：北方联邦将依然会尊重南方的"内部制度"，"保护各州的权利不受侵犯，特别是保护每一个州完全根据自己的意愿来制定和管理自己的内部制度的权利不受侵犯……"①

既然南北双方是因为奴隶制而开战，为何林肯总统一直迟迟不挑明北方的立场、共和党的政治纲领、林肯的终极目的，其实就是要解放黑人奴隶？不过，或许也有人会指出，为什么要将这一问题挑明？南方私自脱离联邦，不是已经构成林肯宣战的罪行：叛国罪？北方不是统一将南方的军事行为称为"叛乱"？为何要改变战争的性质？因为一旦宣布废除奴隶制，实际上就需要联邦海陆军总司令的林肯，宣布北方联邦是为了解放奴隶而战斗。这样的战争仿佛是更具有了正义性，不仅可以获得国内废奴主义甚至人民大众的支持，而且可以获得英国的外交支持，由此可以获得更为宽松的国际环境。因为英国已经于1833年废除了殖民地内的奴隶制，虽然它和南方有广泛的经济贸易往来。但在道义上，或者说在废除奴隶制问题上，英国显然是站在北方立场上的。虽然英国在整个战争过程中试图保持中立立场，但大家都很清楚，美国内战期间最重要的外部国际环境就是英国在北美新大陆的"存在"。

林肯之所以迟迟不宣布解放黑人奴隶的政治主张在于边界州以及北方民众的种族歧视的态度。林肯当选之后，南方以南卡罗来纳州为先行者并推动南方各州尤其是下南方各州纷纷宣布独立，但边界州都选择了"观望"。影响他们支持哪一方的主要因素在于两个方面的问题：林肯总

① ［美］亚伯拉罕·林肯：《林肯选集》，朱曾汶译，商务印书馆2010年版，第179页。

统就职之后,如何处理南方的脱离行动,以及如何处理奴隶制问题。也就是说,我们通常所说的,美国内战要解决的主要是两大问题:联邦与州(政府)的关系问题、奴隶制的存废问题。这两大问题实际上也是南北双方争夺边界州支持的关键问题。因为边界州也多是蓄奴州,但奴隶的存量比较有限,而且在经济生产与社会生活方面与北方的联系更为紧密,所以它们的态度就非常"纠结"。它们的立场是:不可以废除奴隶制,因为如果联邦政府废除奴隶制就是不尊重它们州的主权。这对它们来说,后果是非常严重的。它们同时也不希望看到北方以武力的方式解决南北争端,①因为一旦动武,实际上就是以暴力强制的方式终结现有秩序,那后果则更难以接受。"林肯仍然固守他的边界州解放奴隶方案,他担心,对奴隶制发起直接袭击会促使边界州脱离联邦……"②所以,其实除了本章第三节小结部分已经提到的以外,抑制南北开战的还有另一个非常重要的机制,就是强大边界州的存在。对于南北方而言,尤其是对南方而言,如果没有边界州的支持,内战甚至是很难打响或者最起码难以持续。因为边界州的力量非常强大,"对邦联来说,这四个州的效忠有着非常重要的意义。弗吉尼亚、田纳西和北卡罗来纳的白人人口在十一个邦联州中分别排第一、第二、第三。包括阿肯色在内,这些上南部的工业产量占邦联的一半以上,粮食产量占一半,拥有将近一半的马和牛,提供了占整个邦联军队五分之二的兵员。没有上南方,邦联的军事力量就不可能有生命力。"③但是,最终是谁打破了边界州对双方非战争状况的维持呢?当然是南方邦联总统杰克逊·戴维斯,南方在很大程度上就是为了将还在观望和动摇之中的边界州及其人民强行拉入它的阵营,而不惜承担主动挑起战争的责任。因为一旦开战,南方(蓄奴州)将会强烈地团结一致。而在北方,人们也几乎空前地一致,甚至连民主党人也在战争问题上支持林肯的宣战行为。而在林肯宣战之后,几个重要的边界州,例如弗吉尼亚州等也迅

---

① "会以最快的速度驱使那些未决的蓄奴州加入邦联阵营的,莫过于明确决心用武力把脱离各州拉回联邦。另一方面,如果所有的蓄奴州都加入邦联,联邦就在劫难逃了。"[美]雅法:《自由的新生:林肯与内战的来临》,谭安奎译,华东师范大学出版社 2008 年版,第 366 页。

② [美]埃里克·方纳:《烈火中的考验——亚伯拉罕·林肯与美国奴隶制》,于留振译,商务印书馆 2017 年版,第 244 页。

③ [美]詹姆斯·M.麦克弗森:《火的考验:美国南北战争及重建南部》上册,陈文娟等译,商务印书馆 1993 年版,第 203 页。

速倒入南方阵营。关键是,留在北方阵营中的不少州依然保有奴隶制,所以林肯也是一直不愿意去轻易触碰这个问题。

(二)解决奴隶制问题的阻力:北方人普遍的种族主义

不仅如此,解放黑人奴隶的阻力还在于北方民众长期以来的种族主义偏见。这个问题也是相对比较容易理解的,因为我们可以通过回顾美国历史而发现,在内战后150多年时间里,美国人至今在种族问题上依然很难取得重大的进展。虽然在2008年,美国人民选举出历史上第一位非洲裔美国人奥巴马成为美国总统。林肯以及当时的政治家都非常清楚,通过战争的方式打倒南方的奴隶主,并由此全面、彻底地解放黑人奴隶,从而完成内战的"革命"使命,其实并非简单之事。因为,北方民众到底在多大程度上可以接受黑人的广泛存在? 所以,林肯一直抱有渐进、有偿,甚至以隔离的方式去解放黑人奴隶。渐进解放意味着并不是立即解放所有奴隶,而是分批分类地去逐步解放,例如先解放成年奴隶(例如解放28岁以上的奴隶,因为奴隶一旦超过这个年龄,对奴隶主而言,就已经"回本"了);而小奴隶则要等到成年之后解放,或者继续"服役"一定年份之后予以解放;或者奴隶新出生的婴儿直接获得自由人身份等。有偿解放就是给予奴隶主一定的金钱补偿,这一政策的依据是奴隶的价格很高,如果强行无偿解放,显然是对奴隶主巨大的财产剥夺,而且很多的联邦主义者就是奴隶主。如果联邦政府强行实施无偿解放,显然会对这些人造成很大的打击,以至于可能对林肯、联邦政府和共和党造成难以估量的冲击和损害。所谓实行"隔离"政策,就是林肯一直抱有将黑人送往海外殖民的想法。总而言之,林肯在解放黑人奴隶上的步伐显然是落后的,甚至是保守而迂腐的。但从另一面来讲,可能也是相对比较稳健的。当然,最终推动林肯于1862年9月22日宣布准备实施《解放黑人奴隶宣言》(The Emancipation Proclamation),显然在很大程度上是受到北方废奴主义者、共和党激进分子、内阁内部的激进派、进步倾向的将军们,以及战争形势的推动,特别是军事对抗的实际需要。"公众对奴隶制的讨论愈演愈烈。这部分地是由于军事进展而产生的挫折,部分地是由于废奴主义者的重新煽动。"①

---

① [美]埃里克·方纳:《烈火中的考验——亚伯拉罕·林肯与美国奴隶制》,于留振译,商务印书馆2017年版,第219页。当然,方纳教授的研究也表明,林肯虽然强调其很多行动多是为事态所催促而促成,不过林肯总统也在很大程度上在推动事态的发展。参见该书第283—284页。

（三）宪法第十三、十四、十五修正案的象征意义及其限度

当然,美国内战是因奴隶制而爆发,而且确实也最终解放了黑人奴隶,这就使得战争的性质实现了升华,即将维护国家统一的战争转变为解放黑人奴隶的"解放战争",甚至有学者将北方的联邦军队称为"解放军",[①]就此掀起了美国历史上影响巨大的社会变革甚至革命,将 400 多万奴隶从奴役状态转变为自由状态。特别是通过了联邦宪法第十三、十四、十五修正案而最终明确废除了美国的奴隶制,黑人从此开始享有基本公民权甚至宪法和法律上的选举权。这些条款确实是以林肯为代表的共和党人,以及广大的北方政治家推动的结果,只不过林肯本人的主要贡献是直接推动了宪法第十三修正案的出台和生效。由于 1865 年 4 月他就已经遇刺身亡,所以未能推动当然也不能见证后面两条宪法修正案的生效。虽然这些宪法修正案在重建时代、镀金时代(Gilded Age)几乎没有什么直接的作用,而且在实际的政治过程中被恢复后的南方政治势力,特别是南方民主党人势力所阻隔近一个世纪之久。但是,这些条款确实为20 世纪中叶以来的非洲裔美国人的权利运动奠定了坚实的政治与宪法基础。美国宪法学家乔治·弗莱切将林肯的《葛底斯堡演讲》和这三份宪法修正案视为区别于 1787 年联邦宪法的美国第二部宪法,不过其在内战之后被"隐藏",直到 20 世纪中叶的民权运动中被再次激活。[②]

不过,其不彻底之处在于,黑人并没有最终获得完全的公民权,尤其是在政治选举权方面的进展非常艰难,也非常缓慢。而在整个重建的过程中,虽然北方的共和党人一直推动着这样的进步,但其遭受到的阻力非常大。重建时代最终结束了(1863—1877 年),而南方各州黑人大多回到了白人,甚至前邦联政府主要官员与前南方民主党人的统治之下,随后通过各种"合法"、非法的方式(例如所谓的祖父条款、文化测验、人头税等)

---

① [美]詹姆斯·麦克弗森:《林肯传》,田雷译,中国政法大学出版社 2016 年版,第 66 页。

② [美]乔治·P.弗莱切:《隐藏的宪法:林肯如何重新铸定美国民主》,陈绪刚译,北京大学出版社 2009 年版,第 11 页。对这三份宪法修正案的详细研究参见 Eric Foner, *The second founding: how the Civil War and Reconstruction remade the constitution*, New York, NY: W. W. Norton & Company, Inc., 2019, p.xxix. "几十年后,它们将会被唤醒,为民权革命(有时称为第二次重建)提供宪法基础。值得注意的是,在民权运动时代,美国宪法并没有发生什么重大变化。这场运动不需要一部新宪法;它需要的是执行现有宪法(修正案)。"

在实际选举政治中剥夺了黑人的政治选举权。这也是宪法修正案的"革命性"不够彻底之处，因为修正案只明确规定，"不能因为肤色"而剥夺公民选举权，但文化测验、祖父条款等都显然不属于"肤色"歧视的范畴。①

　　当然，对黑人战后境遇影响更大的是，他们并没有收获到他们期盼的社会革命成果，即获得土地和财产（上文提到的"四十亩地和一头骡子"，无论是作为一两百年的奴隶制的补偿还是作为日后生活的"资本"），他们依然处于社会最底层，生活境遇非常差。南方被解放后的黑人奴隶的境遇并没有大的改变甚至还变差了的原因是多方面的，例如黑人群体大幅度减少了工作时间，甚至比一般的白人的工作时间都要少，而妇女和儿童等多退出了农业生产，"（内战和解放黑人奴隶之后的）结果是，每个新获得自由的'自由人'及其家庭提供的劳动量大大减少，远低于原先奴隶制度迫使每个男人、女人和孩子全年长时间工作的情况。'自由人'选择提供相当于当时自由劳动者一般的劳动投入量，而不是像此前的奴隶一样工作。"②同时又由于租种小块土地的获利本身就非常低，③他们同时还继续遭受白人群体的暴力威胁、政治打压、经济剥削（通过租种方式、商业流动过程等）④、社会歧视等。尽管当年的联邦军事管理机构，特别是很多进步将军、自由人管理局（Freedman's Bureau）争取为黑人在获得自由土地、⑤实施社会救济、防止白人侵害等方面做了大量的工作，但南方黑人最终依然被束缚在原有的土地上，既没有实现作为"劳动力"在地理层面

---

　　① "合众国公民的选举权，不得因种族、肤色或以前是奴隶而被合众国或任何一州加以拒绝或限制。"（《美国联邦宪法》第十五修正案第一款），王希：《原则与妥协》（增订版），北京大学出版社 2014 年版，第 815 页。

　　② Roger L. Ransom, and Richard Sutch, *One kind of freedom*: *The economic consequences of emancipation*, Cambridge: Cambridge University Press, 2001, p.44.

　　③ ［美］詹姆斯·M.麦克弗森：《火的考验：美国南北战争及重建南部》下册，刘世龙等译，商务印书馆 1994 年版，第 338 页。

　　④ "内战后，随着'自由'资本主义向帝国主义的过渡，南方的土地更大规模地集中到少数大农场主的手中，广大黑人劳动群众的状况更加恶化，许多黑人沦于偿债劳役的奴役之下。"杨生茂主编：《美国南北战争资料选辑》，上海人民出版社 1978 年版，第 226 页。

　　⑤ 刚解放的黑人奴隶"分得"的土地后来又被前奴隶主通过政治手段"收回"，激进分子呼吁，"自由民如果没有土地，才仅仅得到一半的自由。"［美］詹姆斯·M.麦克弗森：《火的考验：美国南北战争及重建南部》下册，刘世龙等译，商务印书馆 1994 年版，第 116 页。

的社会流动,更没有实现社会阶层层面的社会流动。①历史的诡异还在于,原先作为进一步解放黑人奴隶的第十四条宪法修正案却被用以保护、支持与促进美国的资本主义的大发展:"尽管第十四条修正案是使扩展中的资本摆脱政府约束的保护上,但它被证明对于获得解放的黑奴,几乎没有提供什么实际的帮助……第十四条修正案被转化为一部名副其实的为商业服务的大宪章。"②

由此可见,诺斯等人的分析框架的困境在于,他们力图将权利开放与社会秩序、经济增长这三者建立起密切的关联来。但是,内战后美国并未能彻底解决奴隶制的遗留问题,而只是使得种族歧视问题越来越严重,南方黑人的境遇也很差;而与此同时,美国经济却实现了突飞猛进的发展,并在19世纪末实现了对英国的赶超,成为世界第一工业强国。而这时候正好就是弗莱切所谓的"隐藏的宪法"开始彻底沉没不显的历史时期。③

三、联邦至上与美国近代国家的建构

美国内战表面上是为了维护国家统一而战的,但其在客观上却对整个美国体制进行了一次革命性的变革。也就是说,美国内战的意义,不仅是在经济社会体制以及其对经济发展的推动性的作用上,而且在很大程度上,也表现在宪法秩序与政治等层面。这些当然又会在间接层面改变美国的经济环境与政治基础。本部分将内战对美国现代国家建构的意义归纳为两个方面:

(一)明确否定"州"的自由退出权

就这一点而言,其意义其实是非常重大的,因为上文已经反复提到,北方在南北战争之前的十多年的角逐中,其实一直处于退让中,它在大多数情况下只能选择退让。北方经常性退让的原因在于,南方各州掌握着

---

① Thomas N. Maloney, "Migration and economic opportunity in the 1910s: New evidence on African-American occupational mobility in the North," *Explorations in Economic History*, Vol.38, No.1, Jan. 2001.

② [美]伯纳德·施瓦茨:《美国法律史》,王军译,法律出版社2007年版,第107—108页。

③ "到19世纪90年代,隐藏的宪法彻底沉潜不现了。我们的头脑不在关注民族国家、平等、民主这样的大问题。那个时代人们关心的是商业。我们的价值观消失了,换成了金钱至上。"[美]乔治·P.弗莱切:《隐藏的宪法:林肯如何重新铸定美国民主》,陈绪刚译,北京大学出版社2009年版,第176页。

所谓的自由退出权,并且一直明示或者暗示地表明,它们可能随时行使这项大权。也就是说,南方各州之所以能够在战前的国会竞争与投票等平台的竞争之中能够获得优势地位,很大程度上是由于它们频繁使用这一自由退出权作为与北方竞争和抗衡的"杀手锏",并且屡次获得成功。所以,不少政治家认为,"以脱离联邦的威胁要求妥协是一种敲诈勒索。"①这一政治格局当然也在1787年立宪所起草的宪法中直接体现出来,宪法文本虽然没有明确这一自由退出权,但这一宪法文本确实是各方妥协的产物。由于这一立宪行为是冒着巨大风险的。②而且这一宪法文本建立的联邦体制在"央地关系"结构上也处于中间立场:虽然其彻底终结了软弱无能的邦联体制;但也并未能建立起联邦党人所理想的强大而有效的联邦体制,更不要说建立统一的现代国家体制。其实,这种所谓的中间立场或者中间局面在从"四分之三条款"中就可以明显看出来,而且这一条款至今深刻地影响着美国政治生活,即宪法虽然已经于1787年制定,但必须通过当时13个州中的四分之三的州,即其中的9个州的通过方能生效;而且宪法修正案也必须通过四分之三的州的州议会或者修宪大会批准方能生效。所以,至今已经有了200多年历史的美国,只批准通过了27条宪法修正案。而邦联条例则采取了更为夸张的"一致同意"的原则,即所有重大的政府行动与作为、邦联条例的修订等都需要获得所有的13个前英属北美殖民地转换而成的13个州主权主体的一致同意。

当时的立宪者模糊处理的地方,实际上就是需要做妥协的地方,但后来则成为广受争议的地方。所谓"模糊处理",是指联邦主义者认为,各州其实是没有自由退出权的;但极端的州权论者或者反联邦党人认为他们一直都拥有这个自由退出的权利。③林肯在第一次就职演讲中也明确试图否定南方的所谓的自由退出权,他的论证主要是两个层面:正如上文所论及

---

① [美]埃里克·方纳:《烈火中的考验——亚伯拉罕·林肯与美国奴隶制》,于留振译,商务印书馆2017年版,第179页。

② 激进的反联邦党人,直接将1787年的立宪行为定性为违宪的篡权。"所有上述建议都没有任何法律依据。它们不符合国会对制宪会议的授权,也违反《邦联条例》中确立的修正案修正模式。"[美]赫伯特·J.斯托林:《反联邦党人赞成什么?——宪法反对者的政治思想》,汪庆华译,北京大学出版社2006年版,第10页。

③ 欧阳景根教授提出,建国者搁置包括联邦体制、奴隶制等问题,可能是试图将这样的难题交由更为聪慧的后人去解决。欧阳景根:《美国内战:宪法制定史与初步运行史的解释》,《晋阳学刊》2010年第1期,第33页。

的,联邦的建立者或者当年的革命者中没有人愿意看到南北分裂。因为联邦如果真的分裂了,实际上就是损毁了他们的革命事业;如果南方的自由退出权成立的话,谁能保证它州内的各组成部分不可以以此为理论支撑或先例,而实施进一步脱离和分裂的行动? 如此一来,北美大陆还能建立起现代政治共同体吗? 当然,关于这一问题的争议其实是,19 世纪 60 年代的政治、经济形势已经和当年立宪时刻大为不同。由于南北经济社会的发展,特别是北方的工业革命与工业化早就对统一的现代国家提出了新的要求。但美国的政治进程太缓慢了,而且被南方、被宪法文本等所阻碍,而无法完成这样的历史任务。最终,美国人只能以一场战争而获得这一统一的政治国家。"内战永久地重塑了美利坚民族国家,这意味着一部新宪法很快应运而生。布朗森的民族国家概念,是说国家在经历战争痛苦之后统一起来,最终为宪法的产生,以及实现国家在历史中的使命做好了准备。"[1]而内战及其后果之一,就是以最彻底的行动否定任何一州的退出权,而且联邦最高法院也确立了联邦的最高主权地位,"正如最高院在 1869 年指出的,从那以后,这个联邦就成了'坚不可摧的',联邦权力至上得到了保证。"[2]

(二)形成战时强大的联邦政府

在探讨美国内战的重大意义的时候,很多历史学家或者政治学家将美国内战的意义放大,例如美国内战在其国家建构上,其实是"第二次立国",即完成当年的革命者与建国者所未能完成的政治遗愿;在宪法意义上,林肯领导的北方联邦彻底改变了美国宪法的性质,其意义甚至堪比订立了第二部美国宪法;[3]就解放黑人奴隶方面而言,南北战争实际上完成了革命者尤其是杰斐逊的人人平等的社会革命,而这一个革命并没有在美国独立战争中得以完成,而是为南方所长期压制,最终只能通过战争的方式实现了这一革命,所以不少研究者将美国内战称为"第二次革命"。

---

① [美]乔治·P.弗莱切:《隐藏的宪法:林肯如何重新铸定美国民主》,陈绪刚译,北京大学出版社 2009 年版,第 68 页。

② [美]伯纳德·施瓦茨:《美国法律史》,王军译,法律出版社 2007 年版,第 99 页。

③ [美]乔治·P.弗莱切:《隐藏的宪法:林肯如何重新铸定美国民主》,陈绪刚译,北京大学出版社 2009 年版,第 2 页,"内战导致一个新的宪政秩序。在内战后,重建法律秩序的核心是宪法重建修正案——第十三、十四、十五修正案,这些修正案分别于 1865 年到 1870 年间获得批准通过。这个新法律体制的诸原则,跟 1787 年起草的第一部宪法截然不同,可称之为第二部美国宪法。"

当然也有学者从经济变革的角度凝练美国内战的重要意义,"南北战争的结果,工业资产阶级战胜了种植园奴隶制,排除了资本主义发展的最大内部障碍,从此,美国经济走上了迅速发展的崭新阶段。"①

当然,从现代国家建构的角度来看,美国建国后的 80 多年的建设显然是远远不够的。虽然联邦体制相对原先的邦联体制,政府角色和作用显然要大得多,而且其也通过建立美国银行、建设诸多公共工程等来履行现代政府职能,但这对于新兴的资本主义工商业和制造业而言,显然是远远不够的。因为从美国革命时代甚至从殖民时代开始,美国人就形成了对大政府的厌恶,甚至对政府与政治的厌倦。"对于一位真正的杰克逊时期的激进派来说,预防这种封建主义污点扩散的最好办法很简单,就是尽可能地限制政府的统治权……总之,政府的统治手段越少,人为的不平等现象就会越少,其原因就是政府建立一个游手好闲的贵族阶级的手段被剥夺了。"②所以,美国民众一直反对大政府建设,因而其在实现现代国家建构的首先任务——国家政权建设方面的进展也非常缓慢,远远落后于时代发展的要求与同时代其他国家的进展。加上南方势力的整体阻挠,这一进程就显得更为艰难、更为缓慢,效果也更为差强人意。例如,南方势力一直阻扰北方推动联邦政府投资建筑贯穿东西的太平洋铁路建设计划、西部自由土地法令等方面的作为。不过,内战改变了这一切。联邦支出从 1861 年的 6300 万美元上升至 1865 年的大约 13 亿美元。③林肯总统默认自己作为战争时期的国家最高统帅,不仅频繁地颁布很多行政法令,指挥海陆大军南进,同时还采取了很多有违言论自由和人身自由的行政法令和行政行为。特别是在战时的重建过程中,总统当仁不让地认为自己应当主导重建过程,而国会也毫不退让。总统的理由是:重建是原先平叛战事的延续,当然应当经由战时统帅负责重建事宜。当然,林肯也没有肆意地去挑战国会,两者之间的配合还算是不错的。毫无疑问,总统在内战危机的锻造中,确实增强了自身权力。

美国联邦政府角色定位转变的一个重要标志其实就是宪法第十三、

---

① 陈静瑜:《美国史》,台湾三民书局 2007 年版,第 125 页。

② [美]茱迪·史珂拉:《美国公民权:寻求接纳》,刘满贵译,上海人民出版社 2006 年版,第 49 页。

③ [美]杰里米·阿塔克、彼得·帕塞尔:《新美国经济史——从殖民地时期到 1940 年》,罗涛等译,中国社会科学出版社 2000 年版,第 368 页。

十四、十五修正案的通过。而此前的十二份修正案其实都是针对联邦政府的。因为在此之前,在人们的思维意识之中,联邦政府是美国人民实现和享有自由的最主要障碍,而且也是最重要的、最可怕的权利侵害的实施主体,所以美国立宪者不仅通过复杂的权力制衡体制来实现对联邦政府的"肢解",而后又在反联邦党人的推动下,以共计10份的宪法修正案对联邦政府处处设防,以防止联邦政府的权力滥用。但是,从第十三修正案开始,后来的修正案主要是实现对联邦政府进行扩权的修正案,这种扩权当然也伴随着所谓的"权责"统一的观念的约束,实际上标志着美国联邦政府作为全国性政府,不仅拥有至高无上的权力(特别是对州权至上学说的否定);与此同时,联邦政府也负有通过自身权力的履行以保障公民权利与自由的职能和义务。这种义务的履行最主要地体现在解放黑人奴隶,以及战后重建时代负有保障这些自由民的基本权利、政治选举权利与社会权利等方面的责任。而这些权力与责任,显然主要是针对南方州政府及其机构、白人主导的地方势力而言的。在这个层面,联邦政府权职的扩充、义务的履行与最高权力的确定等,都是在内战以及内战后不久逐步确立起来的,从而也开启了美国积极政府或者积极政治的时代,进而为美国的经济和社会发展奠定了更为坚实的宪法与政治基础。

四、美国内战与社会秩序重建的机理

这一部分将以诺斯等人所分析与研究的"权利开放秩序"为主要概念范畴,来分析美国内战对其后的美国社会秩序的重建与发展的意义,虽然战前很多意义并非美国人愿意以如此残酷的战争来换取。因为在战争与自由、生命等概念范畴上,不可能存在"等价性"或者"对等性"。由此,我们也只能以客观视角,来分析美国内战对延续至今的社会秩序与政治格局的重要影响。

(一)美国内战克服了南方由于产业转型升级可能引发的社会秩序危机

美国内战是不是一个重要的"分水岭"? 此前的研究主要是针对美国内战的经济社会影响而言,特别是对经济增长到底是不是一个重要的分水岭。内战最终清除了一个压制着这个国家几十年的道德罪恶和政治毒瘤,当然也为整个美国在19世纪70年代后的迅猛发展奠定了政治基础。匆匆的重建时代以及其结果实在令人叹息,重建时代之后的所谓的"镀金时代"虽然也广为人们所批判,但从经济增长的角度看来,美国确实在这一时代取得了辉煌的经济成就与巨大的社会进步。不过,也有不少质疑美国内战的经济效应的研究,特别是被针对以查尔斯·A.比尔德为代表的进步史学研究的批判主义或者修正主义史学不断揭示出,①美国战后的 1870 年甚至此后的二十年并未在经济产出方面达到战前的水平。例如,1870—1899 年的美国经济的年平均增长率为 4.4%,制造业部分的增长率为 6.0;而 1860—1869 年期间的平均水平更是低至 2.0% 和 2.3%;而在战前的 1840—1859 年间,两者的增长率高达 4.6% 和 7.8%。②也有学者解释道,美国内战后并没有迎来高速经济增长的原因是,整个南方遭受了毁灭性的破坏,③其整个国民财富的支柱:作为资本和劳动力的奴隶与作为支柱型产业的棉花种植业都遭受到了空前的破坏。所有的奴隶获得了解放,也就意味着原奴隶主的财富遭到了空前的"缩水"。④棉花种植业

---

① 史称"比尔德—哈克命题(Beard-Hacker Thesis)",即强调"战争刺激了北方的工业扩张"的同时也刺激了北方对南方的投资,进而发生了政治权力由南方的种植园主向北方的工业资本家转移。就此,比尔德直接称其为"美国的第二次革命,而在严格意义上说,则是第一次革命。"[美]查尔斯·A.比尔德、玛丽·R.比尔德:《美国文明的兴起》(上下),许亚芬、于干译,商务印书馆 2010 年版,第 916 页。而马克思主义史学也大致认可这样的研究结论,认为美国内战解放黑人奴隶是历史的巨大进步,并将美国内战称为"第二次美国革命"。陈其:《美国史家对美国内战的反思》,《历史教学问题》2001 年第 1 期,第 48 页。恩格斯在《美国工人运动》一文中对此有所阐释,"美国统治阶级对此感到多么恐怖;"新的转折"使他们张皇失措,困惑不解。但是,那时运动还刚刚开始,只不过是因为废除黑奴制度和工业迅速发展而成为美国社会最底层的那个阶级的一连串杂乱的、显然是互不联系的骚动。"[德]弗·恩格斯:《美国工人运动》,载《马克思恩格斯文集》第 4 卷,中央编译局译,人民出版社 2009 年版,第 317 页。

② [美]加里·M.沃尔顿、休·罗考夫:《美国经济史》(第十版),王珏译,中国人民大学出版社 2013 年版,第 348 页。

③ "这支军队(引者注:北方联邦军队)摧毁了南部资产总值的三分之二,牲畜的五分之二,20 到 40 岁白人男人的四分之一。一半以上的农业机械被毁坏了,被破坏的铁路和工业无法计算。从 1860 年到 1870 年 10 年中,北方的全部财富增长了 50%,而南方的财富却减少了 60%。"[美]詹姆斯·M.麦克弗森:《火的考验:美国南北战争及重建南部》下册,刘世龙等译,商务印书馆 1994 年版,第 205—206 页。

④ "我们估计奴隶的持有量将占五个棉花州所有居民所持有总财富的 45.8%。奴隶的价值占农业总资本的近 60%,远远超过了五个州 3800 万美元的制造业投资。" Roger L. Ransom, and Richard Sutch, *One kind of freedom: The economic consequences of emancipation*, Cambridge: Cambridge University Press, 2001, p.52. 不过作者也指出,美国内战后,在南方发生的只是奴隶价值向劳动力价值的形式转换,而并非如奴隶主阶级所哀叹的"巨大财产损失"。

也被破坏得非常严重,直到 19 世纪 70 年代南方的棉花产量才达到 1859 年的峰值——540 万包。而 1878 年后才重新夺回出口英国的棉花的比重占到英国进口棉花比重的 70% 以上的支配地位。[1]不过,此时的棉花产业早已告别了 19 世纪 50 年代的辉煌,其利润率已经大不如前,因为 1869 年到 1889 年间,棉花的价格降低了一半,而工业产品的价格只下降了五分之一。[2]

不过,鲜有学者指出美国内战在其产业结构转型过程中的作用。由上述的这些数据我们就可以推知,其实美国内战前的棉花种植业恰恰正好处于这一产业最繁荣的时候,[3]此后就开始走下坡。所以,导致美国奴隶制难以废除的最重要的经济根源——棉花种植业与棉纺织业在西方国家工业革命与整体经济结构中的重要性即将有所下降。可以以反事实推测的就是,如果没有爆发美国内战,或者美国内战危机被暂时性克服,而同时又迎来南方棉花种植业的衰弱,那么是否可以启动南方的自愿、渐进甚至有偿的奴隶解放? 这一可能性非常小,因为棉花种植业与棉纺织业的衰弱毕竟是一个长期的渐进过程,没有十年八年是很难明显感受到其衰弱的过程的。因为当时的世界人口,尤其是包括美国自己在内的西方国家人口正在不断增长,对棉纺织产品的需求还是很大的。[4]另外,即使棉花种植业面临衰弱,奴隶主应该也是会想方设法实施种植与经营项目的转型。

---

[1] [美]杰里米·阿塔克、彼得·帕塞尔:《新美国经济史——从殖民地时期到 1940 年》,罗涛等译,中国社会科学出版社 2000 年版,第 304、380 页。

[2] [美]詹姆斯·M.麦克弗森:《火的考验:美国南北战争及重建南部》下册,刘世龙等译,商务印书馆 1994 年版,第 345 页。

[3] "世界市场对原棉需求的持续增加(从 1830 年至 1860 年间,以年平均 5% 的速度增加),为南方人提供了向西扩张棉花种植同时棉花价格长期不降的机会。"[美]杰里米·阿塔克、彼得·帕塞尔:《新美国经济史——从殖民地时期到 1940 年》,罗涛等译,中国社会科学出版社 2000 年版,第 322 页。

[4] "一位在印度代利杰里的英国商人观察到,他们的'巨大的种植园,现在供应着半个文明世界的服装材料。'随着大量奴隶种植的棉花从美国涌入,成品棉的成本下降,使得很多人负担得起的衣物和床单市场迅速扩大……1845 年,南开罗来纳州棉花种植者认为,'近一半的欧洲人口……现在还没有舒适的棉质衬衫',这构成了一个'还不曾尝试过的市场……越来越向我们的企业开放。'"[美]斯文·贝克特:《棉花帝国:一部资本主义全球史》,徐轶杰、杨燕译,民主与建设出版社 2019 年版,第 110—111 页。

不过,这一转型显然是艰难的,由于南方长期过分依赖于棉花种植业,而其他的产业,尤其是新兴产业的发展严重滞后,南方人甚至对新兴产业根本就没有发展的意愿,所以南方根本就不可能在短时期内培植起一种以至于几种能够如同棉花种植业这么适合发展奴隶制的高效产业来。也就是说,南方将可能会在 19 世纪 60、70 年代面临艰难的经济结构转型,"无论是战争发生或不发生,南部都不能保持以前的经济高增长。棉花经济的长期繁荣结束了……"①但是,内战以及重建打断了这一进程。在内战之后,南方虽然依然十分依仗棉花种植业,但是其他的产业也得到了发展,并且内战也严重打击了之前阻碍产业结构转型与升级的重要障碍——奴隶主阶级。也就是说,南方并没有经过"本该"经历的艰难的经济结构转型。而如果支撑南方整个社会的棉花种植业面临转型,那显然是一个会对整个社会结构、价值、社会组织与规范等形成巨大挑战的重大事件。概括而言,将有可能对南方的社会秩序形成巨大的挑战。如果再加上奴隶制和400 多万的奴隶的存在以及其可能存在的各种风险,其后果是不堪设想的。不过,这一切都没有发生,因为这一转型的难题与苦楚都由内战及战后的损害所替代了。尽管我们发现南方腹地的产棉州在战后衰弱了,他们不仅没有摆脱棉花种植业的束缚,而且被束缚得更紧了,"在 1860 年,五个主要的棉花种植州,82% 的非奴隶农场(占所有农场的 85%)种植棉花,而到了 1870 年,97% 的农场都在种植棉花了。"②原因是,被解放了的前黑人奴隶并不掌握其他技能或特长,而只能伴随着"路径依赖"租种前种植园主的土地,继续种植棉花以糊口。不过,必须强调的是,北方资本和制造业工业向南方的扩张,③以及对原先支柱型产业的支配地位的打破

---

① [美]杰里米·阿塔克、彼得·帕塞尔:《新美国经济史——从殖民地时期到1940 年》,罗涛等译,中国社会科学出版社 2000 年版,第 380 页。棉花的需求在1830—1860 年间的增速为 5%,1866—1895 年降到每年 1.3%,1880—1900 年间每年只增长 2.7%,大约是南北战争前平均水平的一半。

② [美]加里·M.沃尔顿、休·罗考夫:《美国经济史》(第十版),王珏译,中国人民大学出版社 2013 年版,第 352 页。

③ "他们(引者注:北方人)当中有许多人带来的不是寒酸的毡制旅行包,而是相当数量的资本,并且在南方投资。他们还对自身进行人力资本投资,努力用现代化的方式改变这个地区的社会结构,恢复瘫痪了的经济,并使这里的政治活动民主化。"[美]詹姆斯·M.麦克弗森:《火的考验:美国南北战争及重建南部》下册,刘世龙等译,商务印书馆 1994 年版,第 311 页。

等都为南方的经济与社会转型和升级"扫清了障碍"。不过,后来推动转型的主要还是北方制造业对南方劳动力的吸纳,[1]以及南方的整体发展。更令人欣慰之处在于,南方人在经历过这场战争之后,也非常清楚自己的问题与困境之所在,并努力"取长补短","战争失败了,南方必须效法胜利者。《德鲍评论》在 1867 年宣称:'为了自救,我们不得不发展制造业。'"[2]

（二）作为美国社会秩序分水岭的内战

美国内战确实是美国历史上独一无二的历史事件,内战也绝非当时美国人的重要选项。美国人,尤其是南方美国人一直是以脱离联邦作为主要政治诉求,但大多不至于诉诸战争的方式;美国北方的激进废奴主义的激进体现在废除奴隶制的诉求和方式方法上,但绝少有以内战作为威胁的,尽管双方都有诉诸战争的语言威胁,但绝对不可能是伤亡如此巨大意义上的"全面战争"。也就是说,内战是双方都不愿意去触碰的冲突解决机制或者选项。但历史的奇异之处就在于,美国南北双方最终以历史上少有的残酷的战争方式,去解决双方的冲突。

但既然南北双方都不愿意触碰战争这一内部争端的解决方式,为何最终依然以战争的方式去处理甚至解决了? 而且是通过四年多的直接军事对抗与战争方式实现的? 原因在很大程度上是双方都认为对方是不敢开战的! 正如上文已经介绍与分析到的那样,一旦开战之后,战争就呈现出它自身的逻辑。虽然战争双方都想"速战速决",即以迅速占领对方"首都"为目的而取得战争的胜利。南方的想法也不能算天真,因为它一直认为北方是不敢开战的,或者北方是最不经打的。因为一旦开战,战争本身的残酷性就会推动着北方的反战势力抬头,并且以和平的方式迅速结束双方的战争,由此承认南方新成立的邦联的合法存在。而与此同时,北方也是如此算计的,以林肯为代表的共和党人在面对下南方各州纷纷叫嚣甚至直接采取相应的行动脱离联邦的整个过程中,一直认为南方只是纸上谈兵而已,或者依然像以前一样,只是一场"以退为进"的政治闹剧而已。而且,以林肯为首的北方政治家甚至观望和指望等南方的激进派的

---

① 那已经是 20 世纪头 10 年及以后的事情了。Thomas N. Maloney, "Migration and economic opportunity in the 1910s: New evidence on African-American occupational mobility in the North," *Explorations in Economic History*, Vol.38, No.1, Jan. 2001.

② ［美］詹姆斯·M.麦克弗森:《火的考验:美国南北战争及重建南部》下册,刘世龙等译,商务印书馆 1994 年版,第 384 页。

鼓动逐步冷却下来,南方的联邦主义者也就会抬头,而民众的喧嚣也会渐行渐止,并最终回到联邦体制中来。"他甚至欢迎南方州采取'军事准备',原因是这'使人民可以'镇压分离主义者的'暴动'。"①或者北方觉得可以紧密团结边界州,一旦激进脱离联邦的先行者孤立无援,就只能适可而止,甚至落得无尽的尴尬。

(三)确立起新的国家体制作为国内冲突解决机制

通观内战的整个战前发展过程,特别是通过第三节所作的详细分析,我们会发现,美国当年原先各种抽象的、具体的内部冲突协调机制都纷纷败落,难以处置南北方围绕着奴隶制问题而展开的竞争与冲突,然而其归根到底依然是联邦体制的问题。其内在原因与作用机制正如上文中已经有所涉及的,即 1787 年的立宪者遵循美国政治文化传统以及当时的小州、蓄奴州等反联邦党人的意见是,必须对欧洲历史与现实中的暴政和暴君统治做体制上的防护。美国立宪者将孟德斯鸠的三权分立理论充分地运用到美国联邦政治体制的设计中,即将最高国家权力(可能很多反联邦党人并不太能接受这一概念指向)相对比较均等地区分为立法权、行政权和司法权,并将其分别赋予国会、总统和联邦最高法院。当然,其更彻底的分权还表现在将联邦最高立法机关再分立为参议院和众议院两院。

美国的立法体制的分权性质最为彻底的表现之处还在于,联邦立法必须分别经由参议院和众议院多数通过,然后由总统签署方可生效而成为法律,但很多时候总统会频繁地使用否决权或者搁置立法权,将国会费了"九牛二虎之力"通过的法案在实际政治过程中轻易废除。例如,在安德鲁·约翰逊(Andrew Johnson)总统的任期内就反复出现这样的情况,因为约翰逊在政治意见上与共和党人所主导的参众两院频繁对抗。最后,好在当时的共和党在参众两院都占据绝对的多数地位,然后能够再以三分之二多数表决通过,就不再需要总统签署而直接生效。约翰逊总统阻挠共和党人相对比较激进的重建方案,最终"逼得"国会不得不启动美国历史上首次针对总统的弹劾案,这才迫使约翰逊总统在大政方针上配合国会的行动。②所以,从此之后,国会代替总统成为重建的主导者。当

---

① [美]埃里克·方纳:《烈火中的考验——亚伯拉罕·林肯与美国奴隶制》,于留振译,商务印书馆 2017 年版,第 176 页。

② [美]詹姆斯·M.麦克弗森:《火的考验:美国南北战争及重建南部》下册,刘世龙等译,商务印书馆 1994 年版,第 267—268 页。

然，即使经由参众两院通过、总统签署而生效的法案，依然还要面对联邦最高法院的合宪性审查，这在罗斯福总统的新政时期表现得尤为突出。而林肯总统生前推动国会通过宪法第十三修正案的主要目的就是害怕联邦最高法院将来可能通过违宪审查的方法而使得很多重建政策前功尽弃（受斯科特案的强烈影响），而美国重建时代的三条宪法修正案主要就是在宪法层面确立保障以内战为代价而获得的、在公民权方面的进步不被联邦最高法院所代表的司法体制否决掉。不过，可惜的是，联邦最高法院依然通过案件判决，认定"隔离"政策并不违宪，"最高法院的结论是：如果不法行为仅仅是社会性质或私人性质的，联邦政府不能依据出于实施第十四条修正案的立法来惩罚。"①

当然，美国在内战之后，最起码确立起联邦所代表的最高主权地位，而且无论哪一州或者哪几个州，都无法对联邦主权形成挑战，更不用说拥有自由退出的权利了。尽管联邦与州之间确实依然存在矛盾和冲突，而州与州之间的矛盾、摩擦和冲突也在所难免，但确实难以有哪个州会去挑战联邦最高主权。例如，1957 年阿肯色州"小石城事件"（Little Rock Nine），尽管阿肯色州的州长法布斯拒不执行联邦最高法院关于种族隔离制度违宪的判决，支持在学校实施的种族隔离制度，甚至派出州国民警卫队阻止黑人学生进入白人学校。不过，最终在艾森豪威尔总统的强势压制下迫使南方白人群体妥协退让：立即将该州国民警卫队转化为联邦军队预备队，直接接受总统领导，并派出 101 师的空降兵到该州，强制推行联邦最高法院的判决，保护黑人学生进入白人学校。②

在战后开始的美国新时代，总统的权势不断上升，甚至大有成为联邦政府的代表性政治符号。而且，很多变革型总统也成为美国改革与进步的象征。总统权力的扩张也契合了 20 世纪行政权力扩大的大趋势，"20 世纪也是政府官员的世纪。"③实际上，这也契合 20 世纪以来的经济社会发展的新趋势和新要求。而在联邦政府扩张的同时，联邦政府也以财政实力逐步实现对州政府的经济控制，从而更良性地实现了"新联

---

① ［美］乔治·P.弗莱切：《隐藏的宪法：林肯如何重新铸定美国民主》，陈绪刚译，北京大学出版社 2009 年版，第 134—135 页。

② 王希：《原则与妥协》（增订版），北京大学出版社 2014 年版，第 471 页。

③ ［美］伯纳德·施瓦茨：《美国法律史》，王军译，法律出版社 2007 年版，第 214 页。

邦主义"。①联邦最高法院也在后来的布朗诉托皮卡教育委员会案件开始,在保证公民权利,甚至解决最高权力争端方面逐步确立起自己的信誉,从而将其发展成为美国政治生活中最重要的终结性裁决者。更有甚者,人们仿佛忘记了联邦最高法院当年在斯科特案中的丑闻丑态,并且不断将九大法官予以神话,以至于不论自己的政治立场如何,都逐步心悦诚服地接受联邦最高法院在政治争端,特别是选举争议中作出的裁决。②

由此,美国方才最终确立起国家最高层面、有效的政治争端裁决与解决机制,并为整个国家的社会秩序奠定了坚实的宪法与法治基础,由此不断巩固其政治文明成果。

(四)秩序和稳定压倒一切:永远活在内战的阴影中的美国人

在社会秩序范畴内,内战的"深远性影响"可归为:影响政治冲突的解决机制,乃至影响政治思维方式;这应该比诺斯等人提出的"权利开放秩序"这一分析框架的影响更大、更根本、更为深远。本部分的一个重要论证维度就是:美国内战的代价是极其巨大的,但内战的最大遗产或许是:美国人对再次发生内战的恐惧。美国人即使直至今日,对内战阴影也是难以磨灭的。内战使得整个美国社会被深深地染上的"内战恐惧症",从而使得美国的政治家、政客、利益集团与各色人群都对国家内部战争这样的冲突解决机制望而却步,甚至是"一朝被蛇咬十年怕井绳"。例如,在1876年的总统大选中的选举争端也使得很多人担心再次经历内战,不过"南部没有什么人对发动一场新的内战感兴趣……蒂尔顿[引者注:塞缪尔·蒂尔顿(Samuel J. Tilden),1876年民主党总统候选人]本人也不赞成民主党人的战争叫嚣……(并坦言)'战争只会在毁灭自由政府中结束'。"③美国社会政治秩序一旦有了这样的一个重要的冲突解决机制的"选项"排除,那么美国的社会政治秩序实际上就有了一个重要的保证:绝对不要去触动那些人员伤亡过大的冲突解决机制,从而能够在很大程度

① 弗莱切甚至直接指出,内战使得美国联邦宪法第十修正案(即未被明确授予联邦的权力由各州和人民保留)已经变得没有什么实质性意义。[美]乔治·P.弗莱切:《隐藏的宪法:林肯如何重新铸定美国民主》,陈绪刚译,北京大学出版社2009年版,第117页。

② Adam Przeworski, "Institutions matter?," *Government and opposition*, Vol.39, No.4, Apr. 2004.

③ [美]詹姆斯·M.麦克弗森:《火的考验:美国南北战争及重建南部》下册,刘世龙等译,商务印书馆1994年版,第372页。

上避免形式各样的冲突、骚乱、叛乱、大规模冲突等。

当然,我们可以从内战后的美国的诸多社会暴力事件中找出相当多的例子来反对以上的判断。例如,战后南方的主要反动势力逐步在"3K党"(Ku Klux Klan, K.K.K.)周围聚集,并发展成为严重威胁社会秩序的恐怖组织。3K党主要是由南方的激进派白人构成,其早期成员大多是南方邦联的退役军人或者"落草为寇"的将士,他们针对黑人实施各种暴力:暴力威胁、破坏非裔美国人的政治集会与投票、暗杀、使用私刑,甚至绞杀、火烧等。"私刑是南方长期以来的习惯,1866年后,被处以死刑的黑人更多了,1892年甚至达到每年一百六十一件的严重程度。"①这些都构成对南方社会秩序的重大挑战。而且这些恐怖组织神出鬼没,根本就不是南方各州的民兵所能对付的。其更大的威胁在于:这些恐怖分子往往与南方的地方政府、政客、民兵以及陪审团串通一气。当然,实际上尤里西斯·辛普森·格兰特(Ulysses Simpson Grant)总统以及联邦军队还是想了很多办法镇压3K党,并且也取得不错的效果。②但问题在于,美国的政治家、各色利益集团、美国民众对这些暴力冲突的人员伤亡与损害等现象非常敏感,这种政治敏感性又会不断地触发各种妥协方案的出台,以及各种协调工作的展开,从而能够相对比较好地"解决"或缓减相应的社会政治问题。如此也可以更好地理解美国人的反战运动,特别是在民众大规模反对越战的社会运动中表现得极为明显。

五、本节小结

美国战后重建的直接成果相对比较有限,尤其是相对于残酷的战争与耗费巨大的战争损耗而言。但问题是,北方的战争诉求首先是维护联邦的统一,而在战争过程中逐步转变为解放奴隶,废除奴隶制,从而使得其战争的性质更具革命性。"随着黑人的解放,战争的性质开始发生变化,战争朝着革命战争的方向发展。"③也就是说,美国内战从开始时的维

---

① 陈静瑜:《美国史》,台湾三民书局2007年版,第152页。

② 实际上是1870年国会通过立法打击3K党,而后格兰特总统强势打击了3K党的活动。参见[美]詹姆斯·M.麦克弗森:《火的考验:美国南北战争及重建南部》下册,刘世龙等译,商务印书馆1994年版,第324—325、389页。

③ 中央编译局:注释:"解放法案",载《马克思恩格斯文集》第10卷,中央编译局译,人民出版社2009年版,第739页。

护国家统一性质的战争,逐步转变为解放战争,或者社会革命性质的战争。战前的"千钧一发",以及南北分裂的险境毕竟通过战争避免了,400多万的奴隶也获得了最终的解放,这确实是伴随着内战过程,并最终逐步实现了对黑人奴隶的完全解放。当然,就非洲裔美国人的权利,特别是政治权利平等而言,以及他们的社会权利的实现与社会正义而言,美国内战的意义就显得非常不够。不过,从社会秩序这一概念范畴来看,战前激烈的政治冲突实际上可以被归入激烈冲突。当然,战争后美国社会依然存在各种地方社会秩序问题,特别是针对非裔美国人的政治压制、经济剥削与社会歧视等激烈的冲突,而且这些冲突又都发生在战前美国奴隶制的"老根据地"。不过,这些政治冲突被进一步地方化、社会化了,成为低度的社会冲突,这一类型冲突的特征是:它们会影响到社会公正与公民平等,但一般不会影响整体政治秩序。当然,一般也在整体上不影响一个国家和地区的经济发展。

概括而言,诺斯等人的分析框架和理论范式只给我们展示了政治竞争和经济竞争诸多的正面效应,而对其如何才能良好运作的运行机制的探究付之阙如。而美国案例只是主要分析了州层面的竞争与权利开放秩序的形成和发展这一特定现象,并未试图探究并给我们展示为何在19世纪30年代就建立起权利开放秩序的美国,在此30年后又一步步地走向内战,而且此时的美国应该是更符合权利开放秩序的资格和条件了,但是却由于本书所分析的诸多协调与调解机制及其作用的丧失而最终酿成美国历史上伤亡最为惨重的国内战争。通过本章内容的分析,我们也是希望能够尽量基于诺斯的权利开放秩序理论,然后对应着探究美国自由开放的权利秩序崩溃的过程和内在机理。因为其基本上可以被看作是完全不同于诺斯等人关于权利开放秩序理论的探究,故此,本章的很多内容就显得比较新颖甚至与其他诺斯等人的分析框架和其他章节的内容不相协调。但不得不指出的是,这恰恰就是诺斯等人关于权利开放秩序理论的一个重要缺失,因为通过美国内战这一特定案例的分析,我们可以更为深切地认识和理解权利开放秩序可能存在的崩溃风险,同时当然也存在秩序重建和扩展的希望。

第四章

东亚模式：以政府"灵巧之手"构建的国家协调型社会秩序

本章主要集中于诺斯等人的权利开放秩序的替代性秩序的研究。以日本、韩国为代表的东亚模式在二战后的快速经济增长，堪称经济增长和社会发展的"奇迹"，而且也被世界普遍接受为"东亚奇迹"（East Asian Miracle）。[1]日本是第二波现代化比较成功的国家，由于二战后近二十年的持续快速发展，挤入发达国家行列，使得"日本奇迹"很早就为西方社会所感知，甚至引发美国当年某种程度的"恐慌"以及对日本发展经验的重视。[2]在诺斯的分析框架与案例研究中，日本显然是权利开放秩序的一个重要代表性的国家；[3]而韩国则作为最成熟的权利限制秩序的代表性国家，处于向权利开放秩序转变过程中的国家。[4]因为在诺斯等人的分析框架中，所谓的权利开放秩序社会的数量非常有限，所以，韩国的成功转型应当被视为难能可贵的事件。虽然近几年数位韩国前总统都面临腐败官司指控，甚至有多位身陷囹圄、自杀身亡等，其在一定程度上使得韩国的发展成就蒙上阴影，但总体上并不影响韩国的自由民主的进步，某种程度上，可能是其自由民主体制建立健全的重要表征。故此，

---

① Joseph E. Stiglitz, "Some lessons from the East Asian miracle," *The world Bank research observer*, Vol.11, No.2, Aug. 1996.

② ［美］查默斯·约翰逊：《发展型国家：概念的探索》，载［美］禹贞恩编：《发展型国家》，曹海军译，吉林出版集团 2008 年版，第 49 页，"反倒是我要强调指出，当日本开始强大之时，美国要与之竞赛——就像与苏联竞赛一样，而不是模仿。"

③ ［美］道格拉斯·C.诺思、约翰·约瑟夫·瓦利斯、巴里·R.温格斯特：《暴力与社会秩序：诠释有文字记载的人类历史的一个概念性框架》，杭行、王亮译，格致出版社、上海人民出版社 2013 年版，第 5 页。

④ ［美］道格拉斯·诺思等编著：《暴力的阴影——无政治、经济与发展问题》，刘波译，中信出版社 2018 年版，第九章。

东亚奇迹发生的几个代表性的国家和地区,都基本上都可以被西方所接纳而成为重要的权利开放秩序的新兴代表,无论其经济发展水平、民主指标、公民权利与自由程度等指标,其在世界的排名基本上都挤入前列。

但是,这些地方的发达带来的问题却是,东亚模式是否构成一种新的社会秩序,或者说是否可能对权利开放秩序或者权利开放社会来说,是一种替代?最起码是非常重要的挑战?如果我们可以以"殊途同归"来概括东亚模式的发展道路,这些国家和地区经历的发展道路,是否诺斯等人的权利开放秩序理论反复介绍、分析与阐释的道路?从本书的导论部分,我们可以了解到,东亚模式挑战所谓的权利开放秩序之处在于:在其发展过程中表现出强烈的国家能动主义;其因势利导地利用根深蒂固的民族主义,并史无前例地顺利而成功地实现了经济民族主义的长足发展;其发展模式中的政府政策工具多样,特别是现在广为人知的"产业政策"等方面作为的效果非常明显,[1]即本书所概括的以政府"灵巧之手"(Ingenious Hand)逐步构建国家协调型的社会秩序,进而与诺斯等人的权利开放秩序以及其实现路径截然不同。本章将围绕这一有别于权利开放秩序的国家协调型社会秩序生成与运行而展开,并由此作出针对性和具体的分析。

本章的主要内容包括:权利开放秩序与国家协调型社会秩序之间的关联与区别有哪些,即东亚发展模式是否构成一种有别于权利开放秩序的独特的社会秩序类型?如果构成的话,这种秩序是否稳定?其自身是否依然面临转型?即使我们可以认可这种社会秩序类型存在,我们究竟应该如何对其进行定性或者定位,对此如何进行批判。我们还应该回答,其对权利开放秩序到底有何影响和启示?为了能够更好地解答这些关键性的问题,将花费比较多的笔墨分析在东亚的政治经济发展过程中的政府干预经济的特殊模式,以政府干预的"灵巧之手"理论加以概括,为了突出其特殊性,将从相对复杂的对比性分析的角度来进行。

---

① [美]查默斯·约翰逊:《通产省与日本奇迹》,唐吉洪译,吉林出版集团 2010 年版。而产业政策并非易事,其甚至难以出现在西方主流经济学的"词汇表"里,Robert H. Wade, "The developmental state: dead or alive?," *Development and change*, Vol.49, No.2, Jan. 2018, pp.4—5。

第一节 东亚模式挑战传统政府与市场关系理论

一、研究问题的发展脉络与理论背景

政府与市场之间的关系,一直都是西方比较政治经济学重要的争议话题。西方经济学的"鼻祖"亚当·斯密所作的《国富论》可以被视为自由市场经济的"原典"。[①]其实,在斯密时代,政府是否应当介入市场经济活动,以及应当如何处置政府与市场的关系,是一个非常重要的理论与实践问题。斯密的理论在很大程度上也有对当时的"重商主义"等理论与政策进行回应甚至挑战的意味。[②]而市场失灵现象的客观存在,也在很大程度上成为政府介入市场的重要前提条件或者"机会",这在西方 19 世纪中后期的大小规模的经济危机与社会问题治理中已经逐步地显现出来。[③]席卷整个资本主义世界的 1929 年大萧条,在客观上使得政府开始全面介入市场经济运行,而此时有关市场与计划两者的争议也基本被搁置,[④]除了像米塞斯和哈耶克这样"顽固"的市场原教旨主义者依然坚持市场自发调节作用的重要性。西方经济理论界已经纷纷在整体上接受这样的观念:政府对市场经济的有效干预是其发展的必要前提。凯恩斯也同时创设了

---

① [英]亚当·斯密:《国富论》,谢宗林、李华夏译,中央编译出版社 2010 年版,第 9 页,斯密在论述劳动分工时畅想了市场的自然拓展秩序,"自己大量供应别人所需的物品,而别人也同样大量供应自己所需的物品,于是普遍富裕的状况自然而然地扩散至每个社会阶层"。

② "休谟和斯密都反对国内外野蛮的重商主义。"[美]W. W.罗斯托:《经济增长理论史——从大卫·休谟至今》,陈春良等译,浙江大学出版社 2016 年版,第 23 页。

③ 美国比较政治经济学家古勒维奇对三次经济危机中(1873—1896,1929—1949,20 世纪 70、80 年代)德国、法国、瑞士、英国和美国的政府回应方式,进行了对比性的分析。[美]彼得·古勒维奇:《艰难时世下的政治——五国应对世界经济危机的政策比较》,袁明旭、朱天飚译,吉林出版集团 2009 年版,第 9—20 页,"论点的概述"。

④ [美]布鲁斯·康明斯:《无蜘蛛之网,无网之蜘蛛:发展型国家的系谱》,载[美]禹贞恩编:《发展型国家》,曹海军译,吉林出版集团 2008 年版,第 98 页,"伴随着新政的到来,不管是持干预论的社会主义附带法西斯主义的共和党右翼,还是管理经济,协调并为新型民主党选民提供向上流动机会的新型的联邦官僚,总之,一种美国式的国家理论成为了可能。"

一门新的经济学分支——宏观经济学。当然,其实在实际的经济运行过程中,各国政府总是以不同程度的、强度不一的方式介入经济运行过程,"国家干预的结果取决于何样的国家在什么样的情境下,采取了什么类型的干预。"①

但是,在 20 世纪 20、30 年代的大萧条所导致政府全面介入和干预市场经济运行之后,政府与市场之间的关系问题,或者准确讲,政府干预市场活动的方式或者政策工具选择的问题并未能被一劳永逸地解决。倘若我们将此前的早期市场经济理论中的政府作用归为"无为而治"条件下的"无形之手"理论(the Invisible Hand Theory),而在整个资本主义世界普遍接受政府干预市场经济的活动之后,我们可以将这种"混合经济"(Mixed economy)中的政府作用归为"扶持之手"(the Helping Hand Theory),即政府负有补救市场失灵的义务和责任,其也能够更好地完善和保证市场经济的良好运行。例如,通过政府的诸多政策工具(利率调节、通货政策等)实现对客观经济周期的人为干预,以实现对宏观经济运行中的周期性波动的"烫平"(iron out)。

20 世纪 60 年代以来,西方新制度经济学研究、新政治经济学研究(主要是公共选择理论学派)等研究范式创新,都在很大程度上接受古典经济学的某些传统和论调,②例如人性恶与政府自利性假设,超乎人们想象的市场自发调节能力、政府的介入、干预与调解只会扰乱原本平稳的市场机制,政府职能与作用应当仅限于法律与秩序维护等方面的保障等。就此,不少学者认为,公共选择理论学派其实非常靠近新古典经济学派。③而 20 世纪 70 年代以来,在政治经济管理的实践领域,西方国家普

① Peter B. Evans, *Embedded autonomy*: *States and industrial transformation*, Princeton, N. J.: Princeton University Press, 2012, p.76.

② 在经济学中,无论是旧制度主义还是新制度主义学派,都在很大程度上表达了对古典经济学的"不满",但是新制度主义学派尤其是以科斯、威廉姆森、诺斯、张五常、德姆塞斯等为代表,都与新古典经济学派保持着密切的关系,因此也成功地使得新制度主义学派逐步为主流经济学界所接纳。

③ 因此,国内学者将新制度主义经济学派直接命名为"新古典制度经济学"。黄少安:《制度经济学》,高等教育出版社 2008 年版,第 215 页。"新古典制度经济学的情形不同于旧制度经济学和后制度经济学,这一学派的经济学家研究范围广泛,而且他们的研究方法和范式更接近新古典经济学,研究成果也逐渐得到了主流经济学家的承认。"

遍经历了经济"滞胀"(Great Stagflation)危机，传统的凯恩斯主义政府干预活动的经济社会效用已经变弱，甚至在很大程度上，也成为经济问题和危机之根源。由此，西方传统深厚的市场原教旨主义(market fundamentalism)纷纷"闪亮登场"，其首先在美国和英国掀起新自由主义改革运动（撒切尔和里根的大刀阔斧的改革），其遵循的改革理念基本上来自于新古典主义经济学派，特别是由其派生的货币主义学派。

不过，20世纪60年代以来以日本、韩国、中国台湾地区，另外可以加上改革开放以来的中国大陆经济的持续快速增长，为世人展现了新的甚至是人类经济发展史上少见的重大"奇迹"，即"东亚奇迹"和"中国奇迹"(China Miracle)。而东南亚诸多国家，特别是泰国、马来西亚、印度尼西亚等国家也紧随其后，对传统自由市场竞争理论提出了重大挑战。传统的政治经济学理论如何解释这一经济现象？这些国家和地区的经济发展过程中的强势政府作为，实际上已经远远超越西方政治经济学理论中关于市场经济与经济增长过程中的政府作用的传统观点，就连当年作为后发现代化国家的法国、德国等经验在某些方面也都是"望尘莫及"的。虽然有不少研究者努力去发掘日本等国家和地区的政府干预经济活动的思想和工具等都有取法于德国的渊源，甚至质疑日本经验的独特性。[①]但是，东亚模式的先导性国家——日本，显然又不同于德国等第二波现代化国家。因为在二战后，日本良好地改造、发明并运用了更多、更复杂的政府工具以实施对市场经济的调节。

二、本章研究问题的概括与研究设计的简单交代

将诺斯等人的研究归入(新)古典经济学范畴中去是比较恰当的。因

---

① ［美］布鲁斯·康明斯：《无蜘蛛之网，无网之蜘蛛：发展型国家的系谱》，载［美］禹贞恩编：《发展型国家》，曹海军译，吉林出版集团2008年版，第74页，"我的第一个论点就是，无论我们如何讨论日本国家引导的发展，都会或应该将其理解为欧陆传统的一个变种形式，而不是自成一格的状态。"［美］查默斯·约翰逊：《通产省与日本奇迹》，唐吉洪译，吉林出版集团2010年版，第18、116页。"战时日本的统制会体系的原型是纳粹德国的类似体系，而改革派官僚将这种德国模式作为一种对伪满洲国特殊特定企业体系的替代选择而介绍到日本。"Hironori Sasada, *The evolution of the Japanese developmental state*: *Institutions locked in by ideas*, New York: Routledge, 2012, p.103.

为他们基本上都是自由市场经济的信仰者与提倡者，①诺斯等人在其分析框架中引入了熊彼特的"创造性破坏"这一概念来概括自由市场经济秩序得以维持和拓展的内在机理或者发生机制，而且他们还试图将这样的触发和拓展机制进一步运用于政治生活与领域，进而提出了权利开放秩序理论。诺斯通过与政治学者瓦利斯和温加斯特合作，将自己的制度经济学分析框架，全面地推演到竞争性政党制度、宪则民主制度（constitutional democratic institution）、自由权利制度等制度的生成与演化进程中，借用市场经济条件下的自由竞争机制来推演政治领域的运作规律，并将其统一归为"权利开放秩序"。不过，从上文的不多的分析中，我们应该可以隐约感知到，在东亚模式中，其政府介入市场经济的程度、方式与效果，显然有别于西方传统的、正统的、经典的自由市场经济模式。故此，对东亚政治经济发展模式的分析、归纳和对比，有利于我们更为客观清晰地认识权利开放秩序理论的局限，甚至能够从理论层面勾勒出一种独特的社会发展秩序，本书将其归为"国家协调型社会秩序"（the state integrating social order）。国家协调能够比较适当地概括东亚模式中政府"灵巧之手"（The Ingenious Hand）对市场与社会的干预作用，也能够很好地概括东亚模式所反映出来的国家协调型社会秩序的特质。虽然哈耶克等人强烈地反对中央集权式的计划经济，②但还是有很多学者指出"中央信息协调机构"（a central coordinating intelligence）在当今经济与社会发展中的重要性，③在实践中，估计任何国家都概莫能外。

---

① 参见笔者在文末所附的、针对诺斯的相关代表性作品的书评。

② "我们认为，当一个超国家的权力机构有权对那些危害协约国国家的行动说'不'进而使那种为了国防目的而建立一个强大的中央政府的必要性大大降低的时候，人们也就有了实施那些权力下方措施的可能性。在这种情况下，把中央政府的大多数服务型活动都转交给地方政府去承担，确实是大有助益的，只是地方政府在实行强制性权力的时候必须受到较高的立法机构所制定的规则的约束。"[英]弗里德利希·冯·哈耶克：《法律、立法与自由》（第2、3卷），邓正来、张守东、李静冰译，中国大百科全书出版社2000年版，第464—465页。

③ [澳大利亚]琳达·维斯、约翰·M.霍布森：《国家与经济发展：一个比较及历史性的分析》，黄兆辉、廖志强译，吉林出版集团2009年版，第264页，"格申克龙遗留至今的是一个几乎无懈可击的概念，即一种中央信息协调机构，无论其形式是政治和/或金融机构，对'后'工业化和国家前期发展最为重要。"

　　如果东亚模式可以构成一种独特的社会发展秩序,那么其与权利开放秩序其实有过多次的直接对比的机会。而最近几十年,新自由主义改革运动能够波及全球的原因在于,以美国为首的西方资本主义国家以"华盛顿共识"(Washington Consensus)为旗帜而进行结集,不断地汇聚世界银行、国际货币基金组织等方面的全球影响力,并将这一政治经济改革理念推向全球,特别是苏东、拉美、东亚等地区。①可想而知的是,这一推广行动,在东亚地区特别是东北亚地区遭到一定的阻隔。虽然东北亚几个国家和地区不可能不受其影响,但是这种影响还是相对较小的。②不过可惜之处在于,1997年的东南亚金融危机在一定程度上也是很多东亚和东南亚国家"遵循"华盛顿共识,过于草率地放松(金融)管制和自由化导致的,尤其是在其银行和非银行的监管制度不健全的情况下,坐视国际资本的过于自由流动,显然突出了国家金融体系的脆弱性。在金融危机之后,各国都纷纷加强了金融管制和银行监管。③不过,此前"东亚奇迹"发生的几个国家和地区的政府干预市场的理念、方式和成效等也还是遭到不少质疑。④尤其是1997年东南亚金融危机发生之后,韩国作为"东亚奇迹"的典型国家,经济上遭受重大冲击。由此,对"东亚奇迹"发生过程中的政

---

　　①　[美]约瑟夫·E.斯蒂格利茨:《后华盛顿共识的共识》,黄平、崔之元主编:《中国与全球化:华盛顿共识还是北京共识》,社会科学文献出版社2005年版,第86—87页。

　　②　由于美国是东亚发展型国家的最为重要的战略合作甚至军事保护国家,而它们迫于美国压力进行新自由主义改革的内在推动是美国试图让它们不断开放其国内市场。Ha-Joon Chang, *The East Asian development experience*: *the miracle*, *the crisis and the future*, London, New York: Zed Books, 2006, p.18.

　　③　[美]梅雷迪思·伍-卡明斯:《从奇迹开始:韩国政府和公司部门的改革》,载[美]约瑟夫·E.斯蒂格利茨、沙希德·尤素福:《东亚奇迹的反思》,王玉清、朱文晖等译,中国人民大学出版社2013年版,第65页。

　　④　如果说新自由主义改革运动在发达国家的普遍实施,可以代表着西方市场经济国家在面对以苏联为首的计划经济国家信心的增强,那么,20世纪80年代中后期以来的前社会主义国家的经济改革,特别是苏联经济改革的失败以及最终的解体,使得西方世界对自由市场经济与自由民主的自信心"爆棚",甚至成为鲜明的"自负"。[美]弗朗西斯·福山:《历史的终结及最后之人》,黄胜强译,中国社会科学出版社2003年版,第48页,"随着人类走进本世纪的岁末,极权主义和社会主义计划经济这两大危机只留下唯一的竞争者作为具有潜在的全球价值的意识形态,那就是自由民主制度。"

府作用的理论和实践的挑战则更为显著。[1]

　　总而言之，虽然学术界凝练了很多概念对此进行概括，例如"发展型国家"（developmental state）、国家干预的"嵌入性自主性"（embedded autonomy）、[2]"强化市场型国家"等，但是并未能够很好地对接传统的政府与市场关系理论。如果我们将发展型国家的经济发展经验归为政府"扶持之手"的理论范式，则略显不足甚至无力。同时，由于发展型国家在20世纪90年代以后的发展速度纷纷下降，1997年金融危机遭受冲击并引发国际社会对其发展经验的质疑，自由化政策的推行使得其特色也多有丧失，日本经济也陷入了长期的低迷或者停滞。由此，政府强势干预市场经济活动以及遭受困难之后的调整和完善，甚至不由自主的被动"退却"等，都难以在"扶持之手"中加以展现。

　　故此，在政府干预市场经济活动的理论与实践传统中，分别归纳出以下几种理论范式：市场"无形之手"理论（即"守夜人政府"理论）、政府"扶持之手"理论、政府"掠夺之手"理论（The Grabbing Hand Theory），以及本文提出的新的分析范式：政府"灵巧之手"理论。我们将首先在理论层面进行梳理和归纳，并将这一理论传统以及相互之间的关联、对比、承接关系等进行比较详细的分析。即将"灵巧之手"的分析框架运用到这一重要的历史理论发展演变的进程中，以分析其内在的机理，并由此归纳这种独特的政府干预市场与社会的理论模式。在此基础上，将探索东亚模式是如何逐步构筑其独特的经济与社会发展秩序的，并将其作为可以挑战西方传统的市场社会秩序模式。诺斯等人的权利开放秩序理论，就是自由市场经济可以"自然""自发""自动"地带来自由、开放的竞争性社会秩序，而这一秩序又会不断强化这种"自然""自发""自动"的运作机制。所以，只要开放了社会竞争，社会精英在意识到一个社会已经满足以至于站到了"门阶条件"上之后，就会由于"创造性破坏"这一机制而自发"让渡"特权，而将

---

　　① 哈格德的研究表明当时的政商两界认为韩国1997年、1998年金融危机的根源是政治性的，"人们对政府会如何应付大企业的破产生产着巨大的不确定性，这一点有待于在起亚实践中得到检验。更广泛的政治背景加剧了这些不确定性，使得政府难以有所作为。到11月份时，改革立法的通过是否能够扭转韩国的命运令人怀疑。"［美］斯蒂芬·哈格德：《亚洲金融危机的政治经济学》，刘丰译，吉林出版集团2009年版，第62页。

　　② Peter B. Evans, *Embedded autonomy: States and industrial transformation*, Princeton, N. J.: Princeton University Press, 2012.

其变为普通人的"权利",进而形成权利开放的社会秩序。[①]

在东亚模式的经济社会发展历史上,显然从来没有出现过这样的"自然""自发""自由"状况,从而也没有遵循这样的发展道路或者转型路径。但是,他们却在最近几十年也都纷纷转型成功,成为西方比较公认的权利开放秩序社会,但是他们依托的转型前提显然并非自由自发的竞争逻辑而推动自由开放的权利秩序的生成。在这些国家和地区,政府在组织、协调、维持、疏导甚至供给社会秩序方面的作为与作用,显然已经远远超过西方发达资本主义国家,甚至完全可以构成一种与其截然对立的社会秩序生成模式。在历史与理论等范畴,梳理这种独特秩序建构模式的历史渊源、独特特征以及与其他的模式的异同等,将是本章重要的研究内容。

三、相关研究的简单介绍

东亚国家的政府在社会秩序生成过程中的作用显然是不可忽视的。但是,在诺斯等人的分析框架中,他们却基本上舍弃了国家的角色,而且"辩解"道:不可以将国家视为统一主体,而是应该将其视为不同精英主体之间互动、妥协以至于最后在总体让渡精英特权,使其获取公民权利的复杂过程。[②]其实,这些都不应该影响到这样的观念:国家作为能动主义对经济社会发展、社会秩序的动态演化等具有重要作用。国家介入市场、社会并且在提供作为公共产品的社会秩序的同时,后发现代化国家都不同程度地、积极能动地建构出独特的社会秩序,并由此推动经济与社会的长足发展。[③]当

[①] [美]道格拉斯·C.诺思、约翰·约瑟夫·瓦利斯、巴里·R.温格斯特:《暴力与社会秩序:诠释有文字记载的人类历史的一个概念性框架》,杭行、王亮译,格致出版社、上海人民出版社2013年版,第240页。"当政治精英发现他们可以通过换取权利和特权从城市处获取更多的资源时,对资本和商业的产权保护也出现了。"

[②] [美]道格拉斯·C.诺思、约翰·约瑟夫·瓦利斯、巴里·R.温格斯特:《暴力与社会秩序:诠释有文字记载的人类历史的一个概念性框架》,杭行、王亮译,格致出版社、上海人民出版社2013年版,第11页。"在自然国家中,精英并非一个统一的群体,而是由相互竞争和合作的不同群体构成的……"

[③] 另外,著名的比较政治学家,澳大利亚的维斯和英国的霍布森甚至通过精致的研究揭示出,其实英国的"国家"也以其特定的方式推动英国的商贸事业的发展,特别是对其全球贸易和金融产业起到了非常重要的支撑性作用。[澳大利亚]琳达·维斯、约翰·M.霍布森:《国家与经济发展:一个比较及历史性的分析》,黄兆辉、廖志强译,吉林出版集团2009年版,第259页,"英国在有限的商业导向视角下算是'强国家'。国家的工业能力虽弱,但在制造业上并没有真正的竞争对手。"

然,在内外部压力之下,这些国家可能也会被动地实施社会秩序的转型甚至国家的民主化与转型等。政府介入市场的模式化特征,显然是不同类型的社会秩序相互进行对比的重要的观察点和对比性要素。

上文已经将政府是否应当介入市场经济活动,以及如何介入等问题的"答案"归纳为现有的三大理论范式:"无形之手"理论、掠夺之手理论、扶持之手理论,而本书将基于发展型国家的理论和实践,提出"扶持之手"理论的进化版本——即政府干预的"灵巧之手"。我之所以着力归纳出"灵巧之手"理论,是对上文已经论述到的问题进行深入思考的结果,即政府扶持之手难以概况东亚模式中代表性国家的理论与实践情况。政府扶持之手理论源自第二波工业化浪潮中代表性国家的经济发展实践,可以概况绝大部分发展中国家政府干预经济的情况,即政府有限度地支持、资助和保护幼稚工业的发展。但是,世界范围的发展中国家唯有东亚模式中的几个代表性国家和地区实现了经济的高速增长和成功的社会转型。我们迫切需要从理论上对其发展经验进行理论概括。在实践层面,西方国家由于历史传统中政府干预经济活动的传统相对较弱,难以和东亚儒家文化圈中的国家作用相比。而20世纪之前西方流行的"无形之手"理论,以及19世纪60年代以来发展起来的"掠夺之手"理论都明显不适用于解释"东亚奇迹"和"中国奇迹"。西方学者在面对广大发展中国家难以实现跨越发展的境况时,试图对传统的政府"无为之手"进行相当的改进,并提出"掠夺之手"理论以超脱原本的"无为而治"的政府角色分析,在很大程度上回应了20世纪30年代以来的"混合经济"实践中的普遍的政府干预实践。[1]归根到底,"掠夺之手"理论还是立足于传统的古典经济理论,而"掠夺之手"理论显然也是在新制度主义经济学、公共选择理论以及新古典主义经济学等西方主流政治经济理论的渲染之下,对传统的"无形之手"作了些许发展和改进的版本。[2]

---

① 当然,罗伯茨也结合欧美20世纪末的情况,将其"掠夺之手"理念和理论范式运用于发达资本主义国家,并称其为"新式掠夺","在美国和欧洲,阶级战争不断升级……政治精英和操控着他们的少数利益集团在同一战线上,对手则是其他所有人……人们不仅仅在经济上遭受掠夺,在社会和政治方面的利益也在遭受剥夺。"[美]保罗·克雷格·罗伯茨:《自由放任资本主义的失败》,秦伟译,生活·读书·新知三联书店2014年版,第55页。

② [美]安德烈·施莱佛主编:《掠夺之手:政府病及其治疗》,赵红军译,中信出版集团2017年版,第11页,"在政府的掠夺之手的研究上,我们延续了布坎南和塔洛克、奥尔森和贝克尔开创的公共选择理论的传统。"

（一）中国古代政府干预经济传统简介

西方主流的自发市场理论与实践传统，显然有别于以中国为代表的东方社会的政府干预经济的传统。例如，国学大师钱穆先生反复强调，中国自古以来就有深厚的国家干预经济的历史传统，例如所谓的"井田制"，其在产权上实际上就是国有制，即"普天之下，莫非王土"的说法，实际上延续了先秦时代的土地封建王权所有的传统。这种类似国有制的所有制，往往通过分封和授予等形式，使得黎民百姓也获得"使用权"。而在西汉时期著名的"盐铁之辩"中，大家普遍忽视了当时的"盐铁"产权的实际归属，这其实关系到后来实施国有制、国家干预甚至国家直接经营等行为到底是否具有历史渊源和法理依据。实际上，在先秦传统中，包括山川、森林、沼泽、牧场、河流、矿产等在产权上归根到底是王权所有，只是后来被百姓以"获准"，甚至"盗采""盗用"等形式加以开发和利用，而最终在历史发展的长河中模糊了所有权即产权。盐铁之辩后的"国营化"运动实际上是对先秦矿产等自然资源产权在某种意义上的"回归"。[1]魏特夫的"治水社会"理论，试图从东方国家的历史传统中挖掘"集权主义"（totalitarianism）的起源，虽然其无论是观点上、论据上还是论证上，都漏洞百出。但是，难以否认的是，魏特夫确实为我们展现了中国传统社会中，政府向来负有广泛和深远的经济和社会责任，政府以各种方式和途径广泛而深入地介入经济和社会管理过程，因为建立在有效保障的财产私有制基础上的个体或者团体组织的自由非常有限。[2]杜赞奇的《文化、权力与国家——1900—1942年的华北农村》一书对中国传统官僚体制的末端——县令如何以各种正式和非正式的方式参与、介入基层社会的经济社会生活作了比较详细的剖析。[3]而清华大学秦晖教授的研究则有意挑战我们所谓的"皇权不下县"的传统观念，"（引者注：从三国长沙走马楼）吴简反

---

① 钱穆：《国史新论》，生活·读书·新知三联书店2005年版，第7—8页。

② ［美］魏特夫：《东方专制主义：对于极权力量的比较研究》，徐式谷等译，中国社会科学出版社1989年版，第306页，"从财政、法律和政治的观点看来，在传统中国社会最后崩溃时，土地私有制仍旧同它诞生时一样是软弱的。"对魏特夫研究背后的冷战思维的分析参见：任剑涛：《极权政治研究：从西方到东方的视界转换——魏特夫〈东方专制主义〉的扩展解读》，《学海》2009年第2期。

③ ［美］杜赞奇：《文化、权力与国家——1900—1942年的华北农村》，王福明译，江苏人民出版社2003年版，第18页，"利用迷信中的等级体系，封建国家通过祭祀这一媒介将自己的权威延伸至乡村社会。"

映的'国家政权'在县以下的活动与控制却十分突出。当时当地不仅有发达的乡、里、丘组织,而且常设职、科层式对上负责制与因此形成的种种公文程式都在简牍中有所反映。"①

（二）西方国家政府干预市场经济的理论简介

下文将对传统的政府干预（市场）经济活动的理论范式进行理论归纳和对比性分析。此处只是简单论及以中国为代表的东方社会,自古以来就有国家介入经济社会活动的历史传统,这显然有别于西方主流传统。当然,在我之前,也有学者对政府如何才能更好地介入市场经济活动亦有一定的理论阐释,并且也比较接近于本文的研究思路。例如,美国政治学者蒂莫西·弗赖伊（Timothy Frye）和安德里·赖施莱弗（Andrei Shleifer）在对 20 世纪 90 年代实施自由化"休克疗法"的波兰和俄罗斯案例的对比性研究中,概括出两者的关键差别,并分别以相对成熟的市场"无形之手"理论对波兰的成功改革实践进行概括,以"掠夺之手"来概括俄罗斯在改革过程中,由于政府干预市场经济的活动而导致负面问题严重的现象。②美国著名政治经济学家林德布洛姆提出了"大拇指"与"小拇指"理论,即"大拇指"意味着像苏联那样的威权主义国家拥有强大的市场干预能力,但其他指头的作用却相对没有那么重要,这里的小拇指主要是指市场机制和社会控制能力比较弱。③中国农业大学臧雷振教授在《国家治理:研究方法与理论建构》一书中提出"灵巧型政府"的概念并作了一定的阐释。④

---

① 秦晖:《传统十论:本土社会的制度、文化及其变革》,复旦大学出版社 2004 年版,第 23 页。中国人民大学的胡恒博士对清代的"县辖政区"的研究表明,清代的"皇权下县"并非特例,古代中国已经在县以上有比较成型的行政区划和直接的行政管理实践,"真正和县辖市类似的其实只有宋代的建置镇和清代的分防佐杂官辖地,也即是清代的县辖政区。宋代部分镇设置的有'镇将'等官员,实质上已是将部分乡镇纳入到行政管理体制之中了……"胡恒:《皇权不下县?:清代县辖政区与基层社会治理》,北京师范大学出版社 2015 年版,第 327 页。

② Timothy M. Frye and Andrei Shleifer, "the invisible hand and the grabbing hand," *The American Economic Review*: *Papers and Proceedings*, Vol. 87, No. 2, Dec. 1997, pp.354—364.

③ [美]查尔斯·林德布洛姆:《政治与市场:世界的政治—经济制度》,王逸舟译,上海人民出版社 1997 年版,第 91 页。

④ 臧雷振:《国家治理:研究方法与理论建构》,社会科学文献出版社 2016 年版,第五章"国家治理现代化的建构路径:作为治理主体的灵巧型政府实践"。

在主要的理论关注层面,这些研究对本书的思路与写作显然有相当的助益,但这些研究难以对接传统政府介入市场经济的理论范式。所谓"大拇指"和"小拇指"理论的相互界分所涉及的问题与论域相对比较狭窄,实际上就是政府强势"干预"之手与配合市场而进行积极"引导"之手的区别,属于政策工具类型选择的区分,而不能被归为或者提升为政府介入市场经济的理念、方式与途径等方面的综合范式之间的区别,虽然其中不可避免地掺杂着当时的意识形态争议。而臧雷振教授的"灵巧型政府"主要是认为,基于网络信息社会,现代技术对传统国家治理主体的政府提出了积极回应等方面的要求。

而在发展型国家的文献中有很多创造性的概念,例如约翰逊的"发展型国家"(developmental state)理论;①爱丽丝·阿姆斯登的"纪律性市场"(disciplined market)理论;②罗伯特·韦德的"受引导的市场"(guided market)理论;③琳达·维斯和约翰·M.霍布森的"新国家主义"(new statist)。④其中有不少研究者的论述已经非常接近于本书对这种特殊的政府介入市场的模式特征进行的概括,甚至出现了"灵活的干预""灵活型国家"、⑤政商关系的合作模式,以及嵌入性自主性构建"民主协商的组织

---

①　[美]查默斯·约翰逊:《通产省与日本奇迹》,唐吉洪译,吉林出版集团 2010 年版,第 305 页,"行政指导是资本主义发展型国家完全合乎逻辑的延伸,强调效力而不是合法性。"

②　Alice Amsden, *Asia's Next Giant: South Korea and Late Industrialization*, New York: Oxford University Press, 1989, p.148."一个有纪律的(或发展型)国家指的是一个推进资本而不是自己实施积累资本的国家,或者至少不会让自己变得富裕的同时却阻碍发展努力,就像韩国一样。"

③　Robert Wade, *Governing the market: Economic theory and the role of government in East Asian industrialization*, Princeton, N. J.: Princeton University Press, 2004, p.8."我用'统制主义'(dirigisme)、'受引导的市场'(guided market)和'受治理的市场'(governance market)或多或少可以互换,来表示受到强烈影响而不是严格控制。"

④　[美]阿图尔·科利:《国家引导的发展——全球边缘地区的政治权力与工业化》,朱天飚、黄琪轩、刘骥译,吉林出版集团 2007 年版,第 155 页,"我们将这种新的理论观点姑且称为'新国家主义',其要旨是否定国家与市场是相互分裂的看法"。

⑤　[美]琳达·维斯、约翰·M.霍布森:《国家与经济发展:一个比较及历史性的分析》,黄兆辉、廖志强译,吉林出版集团 2009 年版,第 274 页,"80 年代后期的韩国就是这样,由发展型国家摇身一变成为灵活型国家。"

架构"等表述。①但是,这些论述都比较零散也未加以详细阐释和论证,只是这些学者在论述中提及的思想"闪光点",关键是其未能进行积极主动的学术概括与阐释。而最重要的缺憾是,未能将其与传统政府与市场关系理论,即有为政府理论进行精致的分类、对比和对接,即未能实施类型学对比分析。

我们大致归纳出有为政府的历史经验和理论谱系的四大传统:"有形之手""扶持之手""掠夺之手""灵巧之手"。而计划经济体制下的"计划之手"已经基本退出历史舞台,②所以我们可以暂且不讨论这一实践经验与教训。而"有形之手"的理论出发点和前提是市场"无形之手"理论,而且其常常作为市场"无形之手"的对应面甚至是对立面而出现的。市场运行的"无形之手"理论源自亚当·斯密的经典论述,其后经由一大批市场原教旨主义者(market fundamentalist)尤其是 20 世纪的新自由主义的"旗手"哈耶克、弗里德曼等经济思想家进一步阐发。③很多经济学者将斯密

---

① Michelle Williams,"Rethinking the developmental state in the twenty-first century," Michelle Williams ed., *The end of the developmental state?* New York: Routledge,2014,p.6.

② 本章内容初稿写成于 2019 年 5 月。上海师范大学社会学系冯猛教授曾于 2022 年 1 月 12 日为我发来一份文件,为其博导、北京大学社会学系刘世定教授的"博士论文指导日记",刘教授将政府行为的假设归纳为:"护卫之手""扶持之手""掠夺之手""计划之手""引领之手"五种模型。

③ 哈耶克在一篇纪念《蜜蜂的寓言》的作者、被誉为亚当·斯密市场机制思想先驱的曼德维尔的文章中,对早期市场经济提倡者和论证者有所介绍:[英]哈耶克:《曼德维尔大夫》,《经济、科学与政治》,江苏人民出版社 2003 年版,第570—590 页。但是,哈耶克也并非排斥所有的政府干预,而是需要适宜和正当的政府干预,"经济活动的自由,原本意指法治下的自由,而不是说完全不要政府的行动。古典学派在原则上反对的政府'干涉'或'干预',仅指那种对一般性法律规则所旨在保护的私域的侵犯。他们所主张的并不是政府永远不得考虑或不得关注经济问题。但是,他们确实认为某些政府措施应当在原则上予以否弃,而且也不得根据某些权宜性的考虑而将它们正当化。""在我们看来,重要的是政府活动的质,而不是量。一个功效显著的市场经济,乃是以国家采取某种行动为前提的;有一些政府行动对于增进市场经济的作用而言,极有助益;而且市场经济还能容受更多的政府行为,只要它们是那类符合有效市场的行动。"[英]弗里德利·冯·哈耶克:《自由秩序原理》上卷,邓正来译,生活·读书·新知北京三联书店 1997 年版,第 279—280、281 页。

的这种市场"无形之手"理论类比于中国古代道家的"无为而治"的经济思想,其试图以政府"无为"而达到"无不为"的效果,其路径和成效可归纳为"治国如烹小鲜"。当然,正如 20 世纪市场原教旨主义者主要针对计划经济体制一样,斯密也是以法国为代表的欧陆国家的重商主义为主要参照对象而论证市场"无形之手"理论的重要性。而当代不少学者都将发展型国家的实践和理论源头追溯到重商主义。①

　　由于我国的有为政府理念与东亚模式的发展型国家关系密切,其原因被美国政治经济学家哈格德归纳为:"至少从表面来看,有一些要素看起来是比较符合的:由威权政体驱动的高速经济增长;一个理性化、具有竞争力和受到激励的官僚机构;强烈激励的混合资本投资;产业政策为目标同时也选择性地自由化。"②所以,作为市场原教旨主义理念重要组成部分的"有形之手"理论不同于我们的有为政府理念。而与此同时,"掠夺之手"显然是政府失灵的主要原因,绝非我们理想的有为政府,因为我们的有为政府理念显然包含了积极有效、有所作为的基本理念诉求,而"掠夺之手"显然背离了积极有为且富有成效的追求。而目前最为接近有为政府的是"扶持之手"学说,即政府在尊重甚至积极发挥市场经济规则和规律的基础上,同时也发挥政府在国际贸易、国内产业扶持与发展过程中的积极作用,其中贸易保护政策、外汇管制与特殊信贷政策、国内幼稚产业(Infant Industry)扶持和保护、外资投资管控等手段都显现了政府在现代经济社会中的重要作用。不过,相对比,"扶持之手"理论更为注重现代化与产业发展初期的幼稚产业扶持,其理念、学说与政策甚至广为发达资本主义国家所接受甚至支持。但是,一旦超过他们认为的"界限",即一个发展中国家的产业经过不断地升级和发展以后,他们就纷纷不再容忍各类"扶持性质"的政策,正如日本在二战后以及中国在改革开放之后的崛起,都逐步遭受美国为首的西方国家在关税、贸易、国内产业保护和扶持政策等方面的持续限制甚至打压。而由于"冷战"前后新自由主义大形势

---

① Stephan Haggard, *Developmental states*, Cambridge: Cambridge University Press, 2018, p.5. Richard Stubbs, "What ever happened to the East Asian Developmental State? The unfolding debate," *The Pacific Review*, Vol.22, No.1, Mar. 2009, pp.6, 9.

② Stephan Haggard, *Developmental states*, Cambridge: Cambridge University Press, 2018, p.53.

的推动,所谓"扶持之手"的理念和学说在发展型国家的实践和理论创新发展中也遇到了很大的制约。①

本节在研究、交代与安排的基础上,将从政府干预市场甚至社会的不同模式的区别入手,展现有别于诺斯等人的权利开放秩序的不同的社会秩序的建构模式,并且在统一的分析框架下,对比不同的社会秩序建构模式之间的差异。

第二节 "掠夺之手"理论是"无形之手"
理论的升级版本

为了更好地理顺本书提出的政府干预市场与社会的"灵巧之手"理论的发展脉络、理论与现实根据等,首先将从权利开放秩序依仗的市场"无形之手"理论开始论述,并且为第三节的相关内容的论述提供一个理论基础。因为研究者后来归纳、凝练和发展出来的政府干预市场与社会的理论都建立在对传统的市场"无形之手"的理论进行反思和批判基础上。

一、市场"无形之手"理论

"无形之手"理论范式的集大成者为亚当·斯密和哈耶克等经济学家,斯密首先在《国富论》中提出这一理论,并进行了相应的解释,虽然他的同时代思想家甚至此前的思想家对此也有所提及。例如《蜜蜂的寓言》一书为斯密的"无形之手"的理念奠定了重要的思想基础,即作为每个个体的人们争相获取经济利益的过程,在整体的客观过程和结果角度来看,其也会自然、自动地显现出整体的"理性",可以完美实现社会整体利益。也就是说,虽然《蜜蜂的寓言》已经将"人性恶"假设逐步纳入经济学的基本逻辑框架中去了,但是"人性恶"论假设所推动的人们的趋利避害的自利行为,不仅不会影响社会整体的经济运行,甚至反而会有利于社会整体利益的获得。由此,以政府为代表的外在(强制性)干预等都不仅显得多

---

① Richard Stubbs, "What ever happened to the East Asian Developmental State? The unfolding debate," *The Pacific Review*, Vol.22, No.1, Mar. 2009, p.9.

余,甚至多半"事与愿违",瞎指挥帮倒忙的情况比比皆是。[①]

（一）自由市场在英国得以成功的条件

斯密的"无形之手"理论的"原型"——英国(英格兰)是第一个实现了工业化的国家,由于其独享相对弱势政府、相对强势的工商业资产阶级、资源相对丰裕等优越条件,使得它的中小型资本主义工商业、工矿企业、近代手工业与制造业迅速发展,而这些方面的发展都成为推动第一次工业革命发展的主要推动力或者工业革命之表现。英国的工业革命基本上是在漫长的经济社会发展过程中,中小型手工业、制造业与工商业的实务人员不断推动技术创新的结果,主要是通过小规模、大范围的生产效率提高,以及通过广泛市场拓展革新技术等途径,进而逐步推动工业革命的到来。[②]由此便可理解,为什么自由市场经济的理论和观念可以逐步在英国变得根深蒂固而难以撼动。

---

① ［荷兰］伯纳德·曼德维尔:《蜜蜂的寓言:私人的恶德 公众的利益》,肖聿译,中国社会科学出版社2002年版,第17、11页,"因此,每个部分虽都被恶充满,然而,整个蜂国却是一个乐园……而这已成了这个蜂国的福分,其共有的罪恶使其壮大昌盛。"其对政体类型的期许也是很高,"没有哪群蜂有过更好的政府,或者更无瑕疵,或者更不知足:他们既不是残暴君主的奴隶,亦未蒙受狂热民主制的治理;有一点却不会错:他们有国王,然而法律却高于君主的权杖。"哈耶克也高度夸赞曼德维尔的思想贡献:"伯纳德·曼德维尔的大多数同时代人如果听到,今天他被作为一位思想大师介绍给这个威严的机构,他们很可能会在墓穴中辗转难眠;不仅如此,即使现在,仍会有人对这种做法是否恰当表示怀疑——这两种情况都令我感到不安。"［英］弗里德里希·冯·哈耶克:《经济、科学与政治——哈耶克论文演讲集》,冯克利译,江苏人民出版社2003年版,第570页。

② "产业革命就在于发明和使用那些能够加速生产和经常增加产量的方法……""产业革命的特点就是资本的集中和大企业的形成,而大企业的活动不但不是一种例外的事实,而且还有变成工业的正常形式的倾向。资本集中往往被人不是没有一点理由地看作技术发明的结果,但是这种集中在某种程度上是先于技术发明的。资本集中在本质上是商业性质的现象。"［法］保尔·芒图:《十八世纪产业革命——英国近代大工业初期概况》,杨人楩等译,商务印书馆1991年版,第386、387页。诺斯对该问题有着比较深入的探讨,例如技术对资源某种程度的替代,而技术的扩散又依赖于市场需求和政府(知识产权)保护。Douglass Cecil North, *Growth and welfare in the American past*, Englewood Cliffs, N. J.: Prentice-Hall, 1966, p.163.另外可以参见本书附录中"《美国过去的增长与福利》:努力排除竞争性解释与因需取材的美国经济史研究"等内容的梳理和分析。

斯密等人对市场经济活动中的政府干预的本能排斥,根源于西方根深蒂固的人性恶假设,而政府又广被斥为"必要之恶"(a necessary evil),① 此种观念显然需要追溯至中世纪中后期的"反暴政"或者"反暴君"的思想、理念与政治实践。在经济理论上的反映就是强烈地反对以王权为代表的政府干预行为。自然经济向市场经济转化的一个重要中介是商品贸易的发展与发达,而在公元1000年以后的欧洲,由于各式领主、封建主、国王通过征收高额过境税,以及各种敲诈勒索甚至没收财产、人身侵害等行为而阻碍了商品贸易的发展,②使得市场经济论者对那些不受制约的政治干预纷纷表示深恶痛绝。19世纪以来的大部分时间里,自由贸易理论实际上是被英国主导并推广,以维护自身竞争优势的重要"法宝"。但是,研究者纷纷通过实证分析发现,英国其实也并非一以贯之地推行自由贸易政策。在1846年之前,英国是比较保守的贸易保护主义者,只是当其首先独自完成第一次工业革命之后,才迅速在全球范围推广自由贸易政策。③由于英国的工业最为发达,可以也希望向全球各地倾销自己的廉价商品(即工业制成品),同时又能够以其广阔的殖民地为支撑,便捷而广泛地获取(甚至掠夺)大量的廉价原材料。但是,长期以来,自由贸易理论却成为西方市场经济理论,尤其是古典经济学和新古典经济学这样的主流经济学理论的核心理论和政治主张。但是,自由贸易对发展中国家而

---

① 其背后其实就是市场"无形之手"理论为支撑的。"如果政治家试图指导平民百姓应该如何运动他们的资本,那么他不仅让自己负起一个最不需要他担心的责任,还给自己包揽了一项权威;这项权威不仅不可能安全托付给任何单一个人,也不可能安全托付给任何评议会或参议会等机构。这项权威如果不幸落在一个既愚蠢又厚颜到自认为适合运用它的人手上,那就再危险不过了。"[英]亚当·斯密:《国富论》,谢宗林、李华夏译,中央编译出版社2010年版,第511—512页。秦晖教授曾经详细讨论过政府大小与权责的问题,对于理解政府是"必要的恶"应该可以有所助益。秦晖:《共同的底线》,江苏文化出版社2013年版,第294—320页。

② [法]基佐:《欧洲文明史》,程洪逵译,商务印书馆2005年版,第123页。

③ [澳大利亚]琳达·维斯、约翰·M.霍布森:《国家与经济发展:一个比较及历史性的分析》,黄兆辉、廖志强译,吉林出版集团2009年版,第143—144页。"几乎所有的商品都受到保护,尤其在各式各样的半成品及原料方面皆征收重税,其中以铁、铜、锌、铅及木材等为甚……英国直到1846年为止都是一个奉行贸易保护主义的国家。"[英]张夏准:《富国的伪善:自由贸易的迷思与资本主义秘史》,严荣译,社会科学文献出版社2009年版,第8页,"被认为是自由贸易诞生地的英国,在19世纪中期转向自由贸易之前一直是实施保护主义最强的国家之一。"

言,其难以成为它们实现工业化和现代化的指导原则。[①]所以,二战之后的很多发展中国家都有计划地推行"进口替代"政策,以建立健全自己独立的工业体系。为了实现进口替代,就必然需要建立贸易保护制度与政策。而且,即使排除先发现代化国家的有意而为之的可能性,在当下的国际政治经济大环境下,绝大部分发展中国家倘若要试图通过自由贸易实现类似前者的工业革命和长足发展,几乎是不可能的事情。"自由贸易政策不能保证良好的经济表现。如果一个经济的制度框架导致高昂的交易成本,那么无论是怎么样的贸易政策都无法使经济表现良好。"[②]

(二)英国自由市场经济在 20 世纪的没落

对斯密的"无形之手"理论实现了颠覆的历史事件显然是 20 世纪二三十年代的经济大萧条,因为其使得几乎所有的西方资本主义国家都遭受重创。其实,早在第二次工业革命开启之时,英国分散的市场经济体制就开始面临着以德国、美国、日本和俄国为代表的第二波现代化国家的强势追赶,因为它们都不约而同地实施国家主导型的工业化发展战略,也就是格申克龙后来所归纳的:有效利用经济发展的"后发优势"(包括但不限于采用现成技术、大型企业组织、发展之迫切性、集权性与强制性等)以实现工业化和经济的跨越式发展。[③]英国已经在经济发展的路径上,深深地陷入汪洋大海般的小型资本主义工商业的"泥潭"而难以自拔,故此只能坐视美国、德国等国家在工业产值上对其实施追赶与超越。英国的问题不仅在于发展新型产业缺乏动力,而且对于维持原先优势产业都变得越来越困难,因为英国政府对企业发展没有什么像样的扶持,"商业导向的企业并未能够从英国政府获得什么支持。"[④]当然,经济增长方式与经济

---

① 韩裔英国经济学家张夏准将这一现象称为"富国的伪善",[英]张夏准:《富国的伪善:自由贸易的迷思与资本主义秘史》,严荣译,社会科学文献出版社 2009 年版,第 3 页,"然而,事实是,如果日本在 20 世纪 60 年代初接受了自由贸易经济学家的教导,肯定就没有凌志车,今天的丰田公司最多也不过是西方某个汽车制造商的小伙伴;更糟的情形可能是,它已经被淘汰出局了。这对整个日本经济也是一样的道理。"

② [美]蒂莫·西耶格尔:《制度、转型与经济发展》,陈宇峰、曲亮译,华夏出版社 2010 年版,第 156 页。

③ [美]亚历山大·格申克龙:《经济落后的历史透视》,张凤林译,商务印书馆 2009 年版,第 31—32 页。

④ Peter B. Evans, *Embedded autonomy: States and industrial transformation*, Princeton, N. J.: Princeton University Press, 2012, p.87.

实力反映到政治、军事实力等方面还是需要一个相对比较长的时间来实现。但是，英国在 20 世纪初期就"害上"了所谓的"英国病"，[①]这使得其经济发展模式不再光彩耀人，进而导致人们对自发自由市场的体制性优势的质疑也此起彼伏（英国在 19 世纪中后期，在国际经济格局中的相对位置参见表 4.1）。同时，也是在 20 世纪 30 年代，苏联成功地抵抗了经济大萧条的外部影响，并且实现逆流而上，在短时间内迅速完成独立的工业体系的建立。进而，西方世界也实现了对"计划"即政府适当干预市场经济活动的理念和方法的逐步接受。[②]而二战后的西方世界的普遍的国有

表 4.1　1870—1938 年世界工业生产分布（按百分率%计）

年　份	美国	英国	德国	法国	俄国	日本	世界其他部分
1870	23	32	13	10	4	—	17
1881—1885	29	27	14	9	3	—	19
1896—1900	30	20	17	7	5	1	20
1906—1910	35	15	16	6	5	1	21
1913	36	14	16	6	5	1	21
1926—1929	42	9	12	7	4	3	22
1936—1938	32	9	11	5	19	4	21

资料来源：[美]小艾尔弗雷德·钱德勒：《规模与范围——工业资本主义的原动力》，张逸人等译，华夏出版社 2006 年版，第 3 页。

---

① 罗志如、厉以宁：《二十世纪的英国经济——"英国病"研究》，商务印书馆 2015 年版，第 33 页，"极盛时代的英国不仅是金融实力和传统工业品出口竞争能力最强，而且也是海上势力最强的帝国主义国家。但第一次世界大战摧毁了英国的商船的 70%，英国的海军也因战争而大大削弱。正如大战结束时英国失去了国际金融方面的最强国的地位一样，英国也丧失了长期保持的海上霸权。"[美]曼瑟·奥尔森：《国家的兴衰：经济增长、滞胀和社会僵化》，李增刚译，上海人民出版社 2007 年版，第 78 页，"现在，对英国增长相对缓慢的有效解释也必须考虑到'英国病'是逐渐出现的。英国史在 19 世纪最后的 10 年才出现了增长率相对缓慢情形的，并且这个问题在第二次世界大战之后变得尤为突出。"

② Hironori Sasada, *The evolution of the Japanese developmental state：Institutions locked in by ideas*, New York：Routledge，2012，p.13.

化运动和福利国家建设,实际上导致政府干预已经远远超过纠正市场失灵的范畴,所提供的"公共产品"的范围越来越广、数量越来越大,政府也变得越来越膨胀,西方世界也普遍迎来大政府时代。①

（三）自由市场与自由秩序理论:哈耶克的理论贡献

著名的社会经济哲学家哈耶克对计划经济进行了坚决的抵制,他和米塞斯等奥地利学派中坚力量多积极地参与了当时的社会主义大辩论,他一生坚守自己的经济思想与理念,有其难能可贵之处。他在 1944 年写作出版的《通往奴役之路》一书难以被主流经济理论所接纳,②直到西方世界在 1973 年普遍遭遇第一次"石油危机"的冲击并引发严重的"滞胀"危机之后,哈耶克早年的思想和观念才被挖掘出来,他也在 1974 年获得诺贝尔经济学奖。其思想也广受撒切尔夫人、里根总统等政治家的青睐,与弗里德曼等人一起被誉为"新自由主义"旗手。哈耶克坚守和反复阐释的观点是:自由市场以及建立在其基础上的自发自由秩序才是通往自由之路(the road to freedom)。在其论证过程中,他反复强调自发市场的运行机制可以完美地解决知识和信息不对称的问题。他也同时对计划经济提出批判:由于信息的严重缺乏,计划经济体制是不可能完成市场干预和经济管理职能的,因为人们关于市场、价格、商品品质等经济、生产与交易的信息都只能小范围获取、认知并基于此而行动。面对如此纷繁复杂的广泛经济信息的收集与处理,任何计划经济体制都只能望洋兴叹。③而自

---

① 罗伯特·希格斯是反对大政府,认为西方国家尤其是美国在经历过 20 世纪80 年代的新自由主义改革后依然在大政府发展道路上不断"堕落","20 世纪 90 年代,美国政府开支持续攀升。尽管冷战结束、实际国防开支也因此减少了 32%,联邦政府的支出总额(以 1998 年美元为常数计算)从 1989 年财年的 1.49 万亿美元增加到 1998财年的 1.67 万亿美元——这就是所谓的'和平红利'。联邦政府的非国防开支在此 9年间增长率 28%——远高于同期人口 9%的增长额。至于州和地方政府,它们在提高开支方面比联邦政府有过之而无不及。"[美]罗伯特·希格斯:《反利维坦:政府权力与自由社会》,汪凯译,新华出版社 2016 年版,第 328 页。

② 但是该书在美国的销量还是很"火爆"的,1944 年芝加哥大学版本很快就卖出了 35 万册,而且劳特利奇(Routledge)出版社也紧接着出版发行。F. A. Hayek, *The Road to Serfdom*:*Text and Documents*:*The Definitive Edition*,Chicago:University of Chicago Press,2007,"Introduction," p.1.

③ Friedrich August Hayek,"The use of knowledge in society," *The American economic review*,Vol.35,No.4,Sep. 1945.

由市场之所以能够对这些信息实施良好的处理,依仗的是市场的自发竞争机制,即哈耶克之前的诸多经济学家所研究和归纳的价格机制与供求关系原理等。①建立在价格机制基础上的供求关系或者说市场关系都是通过市场机制进行自发调节的。而在市场模型中,则并无太多政府干预甚至建构市场与社会等作用的余地。

所以,哈耶克一生致力于研究并集大成的"自发自由秩序"或者晚年所谓的"自发扩展的人类合作秩序"(extended order of human cooperation)等,均排除了政府大范围干预的可能性,因为那是一条"通往奴役之路"(the road to serfdom)。例如,他坚决反对凯恩斯提出的政府干预的方案:即通过扩张性货币政策,即利用货币利率调节经济,通过增加社会有效需求,以扩大社会总需求的方法,克服经济危机中的市场(主体)信心不足的问题,从而使得经济能够"起死回生",进而恢复经济增长。但是,哈耶克质疑的是,经济危机的发生,其实多是上一轮的扩张性的政府货币政策与财政政策导致的市场信息传导失真,这会不断地误导市场经济行为主体,进而将市场经济一次又一次地推向通货膨胀。也就是说,每次通货膨胀实际上就是上一轮扩张性的政府干预的"恶果"。"要想使通货膨胀保持它初始的刺激效果,就必须让它永远以一种超过预期的速率持续下去。"②更有甚者,人们普遍认为哈耶克甚至排斥所有类型的人为计划和政府干预,而将市场理性推到新的历史高度。当然,在哈耶克的政治经济理论中,他显然也给政府作用留有一定余地,即法律与秩序的提供和保障,实际上基本就是传统的"守夜人政府"的职责范围。③当然,通过他毕生对自由秩序原理的深刻研究和挖掘,其并不认为这一目的是可以被轻易地、良好地实现的,而经济社会的很多问题可能就源自于这一目标并未能很好地实现。

---

① [英]弗里德里希·冯·哈耶克:《经济、科学与政治——哈耶克论文演讲集》,冯克利译,江苏人民出版社 2003 年版,第 120—132 页,"作为一个发现过程的竞争"。

② [英]弗里德利·冯·哈耶克:《自由秩序原理》下卷,邓正来译,生活·读书·新知北京三联书店 1997 年版,第 38 页。详细参见:[英]弗里德里希·冯·哈耶克:《经济、科学与政治——哈耶克论文演讲集》,冯克利译,江苏人民出版社 2003 年版,第 133—185 页,"反凯恩斯主义通货膨胀运动"。

③ 汪丁丁、韦森、姚洋:《制度经济学三人谈》,北京大学出版社 2005 年版,第 92—93 页。

二、政府"掠夺之手"理论

通过上文的分析,我们可以隐约地看出,政府"掠夺之手"理论的理论基础实际上可以追溯到斯密的古典经济学理论。例如,"掠夺之手"的根源依然是人性恶的假设,特别是政府自利的基本假设。上文提到的西方中世纪中后期的"反暴政"理论主要批判的就是政府之手"太长",广泛干预经济活动,但其目的显然是为了实现政治权力操控者自身的利益(统治者可以获得更多的税收和财富等)。为何西方社会对政府干预市场经济都具有本能的排斥和抵制? 这在很大程度上源自西方源远流长的王权的强制性掠夺的传统,例如在近现代史中,诸多国王、君主、贵族等为了一己私利,特别是为了享受奢侈生活而进行的以税赋、强制征收、没收财产(特别是对犹太人的财产没收甚至人身侵害)等行为而集聚财富的行为比比皆是。虽然作为封建领主的国王、大小贵族以及资产阶级新贵的奢侈消费,在一定程度上可能也能促进生产性和贸易型资本主义的发展,"历史上财富的增长和奢侈的扩展有着一样多的发展阶段,两者都始于'新人'的出现"①但是,可以反问的是,这一现象在前现代国家可能也是比比皆是的,为何在西方就尤其令人痛恨? 可能的原因在于,西方有着比较早发和强大的自发市民阶层与社会力量,特别是中世纪的城市共和国,其不断地反复渲染绝对主义国家的君主与贵族对平民百姓,尤其是对工商业资本家的经济活动的肆意干扰,使得这一反对干预的观念在西方的影响比较大。②

(一)公共选择理论及其在"掠夺之手"理论中的应用

当然,为"掠夺之手"理论奠定了较好理论和分析基础的是公共选择

---

①　[德]维尔纳·桑巴特:《奢侈与资本主义》,王燕平译,上海人民出版社 2005年版,第 114 页。

②　西方特定的地理、地缘政治环境,使得人们跨"国界"的行为变得相对容易,所以很早就产生了所谓的"用脚投票"的机制,这反而在一定程度上限制了绝对主义王权的无底线肆虐,甚至可能会"倒逼"其实施自我约束性质的宪则改革。但也正是因为如此,退出在传统政治学中名气不佳,"退出在政治学领域所受的'待遇'还远不及呼吁在经济学中所处的境遇。除了被冠以无效率和'繁琐'的标签以外,政治学家们还将退出打上犯罪的烙印;在政治学家们的脑海里,退出一直背负着流窜、背信弃义和投敌变节的恶名。"[美]艾伯特·O.赫希曼:《退出、呼吁与忠诚——对企业、组织和国家衰退的回应》,卢昌崇译,格致出版社 2015 年版,第 13 页。

理论,公共选择理论一方面继承了古典经济学中的人性恶的假设与观念,同时将其在经济领域的基本假设、推论、发现和观念等运用到政治领域。作为政府"掠夺之手"理论基础的公共选择理论的基本假设与观点可归纳为三个方面的运用:

第一,政府自利性理论及其观点的推论:将政府为代表的社会公共政治力量视为集体性质的"经济人",其主要动机依然是出于其自身的逐利本性,而且其破坏性可能远远超过任何个人和组织,其后果可能会对整个国民经济和社会整体造成难以估量的损失。"当统治者着眼于短期效益或急需收入(如为战争融资)的时候,掠夺理论将盛行;当税务体系崩溃、最有效的财富来源是直接没收的时候,掠夺理论也将盛行。"①

第二,官僚自主性与自利性问题研究:公共选择理论的一个重要运用领域是官僚政治的研究,以戈登·塔洛克(Gordon Tullock)和安东尼·唐斯(Anthony Downs)等人的研究最为典型。②他们普遍地将趋利避害的个人理性运用到现代官僚体系以及官僚个体和群体的研究中,并且努力论证愚蠢的政府干预行为、无效的政府管理问题等发生的机理就是自利性质的官僚组织、机构和公职人员的逐利行为。③政府"扶持之手"理论和"灵巧之手"理论等都会强调政府、官僚体制和官僚官员等实际上具有"相对自主性"(relative autonomy),进而能够在一定程度上克服官僚自利性。但是,在公共选择理论中,这种相对自主性反而是自利性政府与官

---

① [美]蒂莫·西耶格尔:《制度、转型与经济发展》,陈宇峰、曲亮译,华夏出版社2010年版,第77页。

② 唐斯关于官僚制的研究的首要核心假设就是理性人假设:"官僚化官员(以及其他社会代理人)试图理性地实现他们的目标。换言之,在有限的能力和信息成本的条件下,他们尽可能以最有效的方式来行动。因此,我们理论中的所有代理人都是效用最大化者。"[美]安东尼·唐斯:《官僚制内幕》,郭小聪等译,中国人民大学出版社2017年版,第2页。

③ "在本书中,我打算研究的则是,一个想把政治环境中效用最大化的人的行为。在这些效用最大化中,有些人会达到等级制的顶层……在等级制中晋升的人是最重要的。因此,我提议,对等级制组织中有头脑、有抱负,也有点缺乏道德的人给予特别的关注。根据本书的研究目的,这种人将是典型的'政治人'。""尽管行为可能从根本上说是利他的,或从根本上说是自私的,但我们通常可以这样看待政治人个人,就好像他是出于自私的动机在行事。"[美]戈登·塔洛克:《官僚体制的政治》,柏克、郑景胜译,商务印书馆2010年版,第30、34页。

僚群体假公济私、在公共事务中上下其手的有利条件。

第三，奥尔森对集体行动的困境以及分利集团的研究：奥尔森对集体行动的逻辑的揭示发现：组织规模越大，统一的组织目标就越难以实现，甚至统一的组织行动也越难以施行，"大集团或潜在集团不会组织起来采取合作行动，尽管作为一个集团它们有理由这么做，然而小集团会采取这样的行动。"①而推广到国家层面，国家的衰落往往是由于大量的分利集团的存在以及其广泛政治经济活动所导致，因为他们消耗了大量的社会资源，故而会在整体上损害一个社会的经济绩效，影响其社会生产，从而使得国家慢慢走向衰落。而二战后得到迅速发展的德国和日本，本身就是由于美国为首的西方国家集团的军事占领与民主改造，消减了原先相对成熟的分利集团（如日本的"财阀"等②），使得这两个国家在战后实现了社会经济的迅速发展。而以英国为典型的老牌资本主义国家，没有在二战中被占领或者打垮，传统的经济政治领域的分利集团（例如行业团体、工会等）并未被有效控制甚至清除，所以使得其能够在战后迅速扩大影响力，进而导致英国在历经各种改革后都难以摆脱"英国病"的困扰。③

（二）对"无形之手"的反向论证："掠夺之手"导致"失败国家"的产生

"掠夺之手"理论的代表性研究是哈佛大学经济学家施莱弗教授主编

---

①　[美]曼瑟尔·奥尔森：《集体行动的逻辑》，陈郁、郭宇峰、李崇新译，上海人民出版社1995年版，第74页。

②　当然，美国人对日本的财阀的打压甚至肢解的力度是有限的，由于特定历史情境的影响，日本财阀在战后不仅没有被肢解掉而且还在战后的经济发展中起到了非常重要的作用，当然对财阀的改造和约束特别是"去军事化"还是比较彻底的。[美]高柏：《经济意识形态与日本产业政策——1931—1965年的发展主义》，安佳译，上海人民出版社2008年版，第13页，"在中观层面，由占领当局支持的民主改革暂时中止后，战前财阀重组形成了关联公司集团；企业集团则作为一种有力的武器在市场经济中大显身手。"Hironori Sasada, *The evolution of the Japanese developmental state：Institutions locked in by ideas*, New York：Routledge, 2012, p.177，"当然，日本战后经济还有其他重要的组织制度安排。包括主银行金融体系，以及财阀体系，均在日本战后的迅速经济增长中起到了重要作用。"

③　[美]曼瑟·奥尔森：《国家的兴衰：经济增长、滞胀和社会僵化》，李增刚译，上海人民出版社2007年版，第78—79页，"毫无疑问，在德国、日本和法国，极权主义、不稳定和战争大大减少了特殊利益集团；而在英国，长期的稳定，没有入侵等造成了这种集团的持续发展。"

的《"掠夺之手"：政府病及其治疗》一书，该书主要研究对象一是中世纪绝对主义王权统治下的君主国，另一主要是转型国家，即苏东剧变后的后共产主义国家。相比较而言，这些国家政府的自利性和掠夺性质显然更为明显。由此可以窥见，在这些作者心中相对比较理想的发展模式显然是以英美为典型的自由市场经济秩序下的发展模式。例如该书第二章"君主与商人：工业革命前的欧洲城市增长"的计量研究结果表明，君主专制是不利于城市发展的，而城市则代表和象征着市场经济的发展和发达，尤其是资本主义工商业的发展和进步。①不仅如此，作者通过研究还发现，可以基本不论及绝对主义王权为代表的现代国家兴起的历史性贡献。作者将城市规模视为经济增长和发展的主要表征，显然就失于"以偏概全"。而作者显然也没有探究中世纪的城市共和国崩溃的内在原因，而只是谈及这些城市在强大的外来军事和政治力量的攻击下被占领。但是，这显然忽视了绝对主义王权引领的现代民族国家力量，最起码实现了民族国家范围内的统一市场的建立，并由此将国民经济置于一个更为广阔的市场平台上，②进而有可能实现更高层次的市场经济的长足发展和进步，即实现更为广阔的市场经济的规模效应。德意志帝国在 1871 年建立后，迅速取得非凡的经济成就，就是其中一个典型的案例。③

当然，历史上的德国的案例显然也可以被"掠夺之手"理论归入"失败国家"的类型，后共产主义国家为代表的转型国家以及广大的发展中国家更是如此，因为这些国家普遍拥有相对强势的政府，而且其政府也更为广泛地干预经济和社会生活。发展中国家大多数在二战后普遍经历过"威权主义"政权统治的历史，所以它们就为"掠夺之手"理论增加了更多的现实案例，"掠夺之手"理论更多的是指向这样的发展中国家：由于威权主义政体中的各级政府的"胡作非为"，从而极大地影响了社会经济绩效。因

---

① ［美］安德烈·施莱佛主编：《掠夺之手：政府病及其治疗》，赵红军译，中信出版集团 2017 年版，第 25—64 页。

② ［澳大利亚］琳达·维斯，约翰·M.霍布森：《国家与经济发展：一个比较及历史性的分析》，黄兆辉、廖志强译，吉林出版集团 2009 年版，第 64 页，"一个分裂的国土基础，意味着所有生产要素均处于不能流动和不自由的状况，而一个统一的国土基础就会解除所有生产要素的束缚——这是资本主义的必要条件。"

③ "专制的普鲁士极权国家却带着耀眼的成就，扩张成了 1871 年的德意志帝国。资产阶级的工业社会将会在它的护罩下建立起来。"［德］汉斯-乌尔里希·韦勒：《德意志帝国：1871—1918》，邢来顺译，青海人民出版社 2009 年版，第 21 页。

此它们多被归为典型的"失败国家"(failed states)。当然,"掠夺之手"理论对东亚奇迹中的国家和地区的案例的分析基本付之阙如。可能是由于这些国家和地区取得了骄人的经济表现,而且普遍地在 20 世纪 80 年代迎来了民主化进程,政府干预也在各个领域普遍有所退缩,"新自由主义"改革理念也不同程度地趁着全球化的"东风"在这些国家和地区得以蔓延。不过,发展型国家在经济发展过程中积淀的、比较普遍的"财阀"政治、裙带资本主义等虽然难以被完美地归入"掠夺之手"理论的范畴,但是确实在很大程度上可以被归入公共选择理论学派的自利型"官僚"的研究范式中。①所以,从论证策略上来讲,"掠夺之手"理论虽然从根本上说其实就是"无形之手"理论的升级版本,但其实从论证方式上进行"反向论证",即从 20 世纪以来普遍发生的政府干预的各种失败的案件和事件中,②去提炼并证实"政府失灵"(government failure)的根源在于政府干预市场经济与社会本身,从而在很大程度上试图对"无形之手"的作用进行强调,最起码对政府干预保持警惕。

三、本节小结

"掠夺之手"归根到底就是"无形之手",或者说是"无形之手"的升级版本,或者说是与时俱进的发展后的版本。因为它们两者的基本假设一

① 例如韩裔美国学者康灿雄认为韩国之所以在朴正熙时代取得经济高速增长的原因是自利性的政府及其官员和商业部门之间形成了"互为人质"的相互制衡格局。"在朴正熙政权时期,政府对经济的介入受到商业部门多种多样的约束,这些手段既减少了企业家的寻租,又降低了政治高层和官僚在监督政策过程的交易成本。"[美]康灿雄:《裙带资本主义:韩国和菲律宾的腐败与发展》,李巍等译,上海人民出版社 2017 年版,第 110 页。当然,有少数的研究者直接将发展型国家视为掠夺型国家的某种"包装"。[美]梅雷迪思·伍卡明斯:《从奇迹开始:韩国政府和公司部门的改革》,载[美]约瑟夫·E.斯蒂格利茨、沙希德·尤素福:《东亚奇迹的反思》,王玉清、朱文晖等译,中国人民大学出版社 2013 年版,第 287 页。"事实证明,韩国比日本更独断专行,特别是在 80 年代,就像此前财团对统治集团更系统的支持方式变成了一种疯狂的勒索一样,讹诈型政府也是被大肆吹捧的发展型政府的代表词。"

② 典型研究如[美]詹姆斯·C.斯科特:《国家的视角——那些试图改善人类状况的项目是如何失败的》,王晓毅译,社会科学文献出版社 2011 年版,第 472 页,"我们已经详细地考察了这些计划是如何损害了他们预期的受益者。如果要我将这些失败背后复杂的原因归结为一句话,我要说这些计划的始作俑者往往将自己看得远比实际上更聪明和更深谋远虑,同时也将他们的对象看得远比实际上更愚蠢和低能。"

致,理想诉求基本一致,最终归宿也是一致的。它们共同的攻击对象就是政府干预本身,市场"无形之手"理论直接排斥政府干预,任何类型或者形式的政府干预只会将一个国家和社会导向"奴役之路"。而政府"掠夺之手"理论则建立在 20 世纪比较普遍地接受市场失灵基础上实现一定的政府干预这一事实基础上,但是掠夺之手理论同时强调政府干预也不是万能的,而且可能错误百出,甚至自始至终都是"不怀好意"的。经由政府干预之后的市场经济的诸多问题,显然会被归为政府干预失败的范畴。而通过放松管制,回归市场,摒弃官僚制,以企业家精神重塑传统(政府)官僚制则成为 20 世纪 70 年代以来的新自由主义改革的重要口号。①所以,无论是市场"无形之手"理论还是政府"掠夺之手"理论都排斥政府干预,认可市场的整体理性。但是,市场自发调节的机理到底是什么呢?通过哈耶克等人的努力发掘,人们纷纷提出并阐释了市场价格机制、事实发现的过程(机制)、自发自由秩序原理等概念与理论。政府"掠夺之手"理论的"升级"之处不仅表现在将 20 世纪的计划经济和政府干预等都纳入考量范围,而且从理论上将政府干预又一次整体纳入自利动机范畴,虽然带有一定的误导性,但是确实在根本上契合自发自由市场秩序原理。总而言之,在这两种理论范式看来,市场之外无秩序。而且他们也基本上认可,这一原理运用到政治领域依然可以成立。

第三节　政府从"扶持之手"到
"灵巧之手"的理论发展

在诺斯等人关于权利开放秩序理论的研究中,"二元对立"的思维和逻辑非常明显。也就是说,在诺斯等人看来,社会秩序只有权利开放秩序和非权利开放秩序两类,非此即彼。虽然他们反复强调,他们并无"目的

---

① "新型的公共机构正在慢慢地悄悄地出现,但不为公众所注意。这些新机构人员精悍,权力分散,标新立异。它们灵活机动,适应性强,能随机应变,很快学会新东西。它们利用竞争、顾客选择和其他非官僚主义的机制来完成使命,尽一切可能创造性地有效地工作。这些机构是我们的未来。"[美]戴维·奥斯本、特德·盖布勒:《改革政府:企业精神如何改革着公营部门》,上海市政协编译组、东方编译所编译,上海译文出版社 1996 年版,第 2 页。

论"导向,但是其价值评判清晰可见,而且一以贯之。①而在政府介入市场与社会的理论分析模式中,这种对立性也比比皆是,尤其表现为自发自由市场秩序理论与政府干预市场与社会理论之间的截然二分的对立。诺斯等人的权利开放秩序理论则牢牢地扎根于自发自由市场秩序原理。要从社会秩序类型上区分出相对成功而且明显有别于权利开放秩序的社会秩序类型,只能在国家主义或者国家能动主义理论范畴中去寻找。但是,由于计划经济体制伴随着冷战的结束而集体消亡,对集权主义的国家主义的实践与理论概括的意义也就基本消失了。②所以,我们就只能将其理论根源溯自新国家主义或者国家能动主义,③也就是基于东亚模式而发展出的发展型国家理论,并在此基础上概括国家干预市场与社会从而建构社会秩序新模式的努力与成效。

_____

①　[美]道格拉斯·C.诺思、约翰·约瑟夫·沃利斯、巴里·R.温格斯特:《暴力与社会秩序:诠释有文字记载的人类历史的一个概念性框架》,杭行、王亮译,格致出版社、上海人民出版社 2013 年版,前言第 3 页、第 15 页。"我们的框架中不包含任何目的论的含义,因为这是一个关于社会变迁而不是社会进步的动态解释。""本框架没有目的论的含意,但却阐明了为何权利开放的社会比之自然国家能更好地应对变化。"

②　苏东剧变之后伴随计划经济体制的整体消亡,甚至引发原先"比较经济学"等学科和研究领域的"困惑",使得当年的比较经济体制研究者完全找不到研究方向。参见韦森:《社会制序的经济分析导论》,上海三联书店 2001 年版,第 18 页。但是科利也挖掘出 20 世纪 50 年代的中国与朴正熙治下韩国的诸多相似之处,并将其归纳为:"共产主义国家和凝聚性资本主义国家在创造权力资源以实现各自目标方面有不可思议的相似之处"。[美]阿图尔·科利:《国家引导的发展——全球边缘地区的政治权力与工业化》,朱天飚、黄琪轩、刘骥译,吉林出版集团 2007 年版,第 249 页。

③　[澳大利亚]琳达·维斯、约翰·M.霍布森:《国家与经济发展:一个比较及历史性的分析》,黄兆辉、廖志强译,吉林出版集团 2009 年版,第 155 页。维斯和霍布森定义其"新国家主义"新在要把国家找回来,但并不把社会踢出去。[美]阿图尔·科利:《国家引导的发展——全球边缘地区的政治权力与工业化》,朱天飚、黄琪轩、刘骥译,吉林出版集团 2007 年版,导论第 7 页,"在 20 世纪的最后 20 年里,有关一些发展中国家比其他国家发展得更快的争论沿着新自由主义(neoliberal)、支持市场(promatket)的观点和国家主义(statist)的观点走向两极分化。"能动主义制度变迁理论参见:[美]丹尼尔·W.布罗姆利:《充分理由:能动的实用主义和经济制度的含义》,简练等译,上海人民出版社 2017 年版,第 161 页,"能动的实用主义认为,当我们发现有的可行的关于未来的想象与文明对未来的期望相符合的时候,我们就会去行动。"

一、政府"扶持之手"理论

政府"扶持之手"理论的要义在于,基本符合公共性要求的政府(机构、组织与官员)通过主动积极的方式和途径,来有效地培育、组织、促进市场经济与社会的发展。其隐含的前提是:一个国家或地区的市场经济体系与公民社会等方面的发展还不够成熟和完善,所以需要借助政府这一相对的"外来"力量来规划、引导、辅助甚至指引其发育与发展。在前现代社会,这种扶持肯定是存在的,只不过多处于零散和分散的状态,没有形成成熟的理念、方法和工具,也很少有人进行系统的理论归纳,很多实践囿于应急性质的管理或管制样式。①政府作为的很多方面可能也是不自主、不自觉的,通常只是实施被动型的经济社会管制。当然,在以苏联为代表的、僵化的计划经济体制中,市场经济已经被基本消灭而政府全面介入经济社会生活,这一模式并非"扶持之手"理论所能囊括。不过,我们可以用政府作为的"计划之手"予以概括。因此,我们将通过这部分的分析与阐释,透析政府"扶持之手"理论的实践基础与特征。当然,由于上文内容对相关问题的交代,我们将在这部分同时探讨政府作为的"掠夺之手"理论,因为其实质上是政府作为的"扶持之手"的蜕化和失败。

(一)后发现代化国家的强势政府与超赶战略

1. 为何英国工业化进程中的国家作用相对比较小

英国是近代市场经济发展的先驱,享有得天独厚的环境、条件和资源等。在社会结构上,英国的王权相对较弱;社会力量、社会自发组织、市民社会的发展都比较早;也由于工商业资产阶级发展相对成熟,英国大小贵族特别是大小农场主实现其自身资产阶级化的过程也比较顺利,"英国土地贵族由于很早就适应了商业世界,甚至已经发展成为引领大家向新世纪迈进的领头人,因而并没有被商业世界的巨大冲击所卷走。"②作为市

---

① 可以参考中华帝国历史上的荒政实践与官僚体系的作为。[法]魏丕信:《18世纪中国的官僚制度与荒政》,徐建青译,江苏人民出版社 2003 年版,第 270—271 页,"事实上,(赈济)这一制度是经历了一个长期完善的过程的,同时吸取了古老传统中的精华,可以说已经达到了一个发明创造的高级阶段,构成一个高度综合的体系,它的持久性也是一个不争的事实。这说它可以,也的确运作得较好。"

② [美]巴林顿·摩尔:《专制与民主的社会起源》,王茆、顾洁译,上海译文出版社 2012 年版,第 23 页。

场经济外来干预力量存在的各级政府,对于市场经济来说,便显得非常"多余"甚至"刺眼"。①不过,由于英国王权坐大②、发展军事力量以及对外战争等行为,都会对经济运行有所破坏,所以新兴资产阶级力量联合(已经"资产阶级化"的)封建贵族力量,以集体联合对抗的方式强烈地抵制王权对经济和社会的管理和管制,但其总体宪则化(Constitutionalization)程度比较高。③与此同时,由于英国是第一次工业革命"唯一的参赛者":"真正参加赛跑的国家只有一个"。④所以,它基本上不需要动用国家力量去应对国际性竞争(强大的海军力量除外)来推动工业化进程,即英国的工业化进程显然带有明显的"自发性"。

2. 成功实现现代化的后发现代化国家的优势

当然,作为"后来者"的德国、法国、美国、北欧甚至日本等作为第二波工业化的主要参与者,都实现了"毕其功于一役"的壮举,即第一次工业革命和第二次工业革命同时实施,并且由此实现经济的跨越式发展。⑤然而,那时候的国际经济格局和社会环境已经大为不同。欧洲的民族国家已经逐步相互分离并定型化,它们在欧洲的资源和市场等方面的激烈竞争已经推及全球,加上之前延绵的王朝战争、宗教战争等,使得民族国家经济发展的紧迫性不断被主动或者被动"强化"。在很大程度上,工业化

---

① 自由放任的经济思想在英格兰历史上的表现、流传和影响最为巨大,很多研究都发掘出亚当·斯密之前的自由放任思想。而英国的普通法也表现出对包括经济自由内在的自由思想的包容和保护。Jacob Viner, "The intellectual history of laissez faire," *The Journal of Law and Economics*, Vol.3, Oct. 1960, pp.54—55.

② 英国王权相对大小,其实有一个由强到弱的历史发展过程。"西方最强悍的中世纪君主政体造就的却是最虚弱、最短命的绝对主义。当法国成为西欧最强大的绝对主义国家的发祥地时,无论从哪个角度看,英国都经历了一种非常特殊的、日渐收缩的绝对主义统治。"[英]佩里·安德森:《绝对主义国家的系谱》,刘北成、龚晓庄译,上海人民出版社2018年版,第78页。

③ Douglass C. North and Barry R. Weingast, "Constitutions and commitment: the evolution of institutions governing public choice in seventeenth-century England," *The journal of economic history*, Vol.49, No.4, Dec. 1989, pp.803—832.

④ [英]艾瑞克·霍布斯鲍姆:《革命的年代》,王章辉译,江苏人民出版社1999年版,第35页。

⑤ 叶成城、唐世平:《超越"大分流"的现代化比较研究:时空视角下的历史、方法与理论》,《学术月刊》2021年第5期。

与经济发展的时间越是往后,其相互之间的竞争压力就越大。格申克龙对所谓的"后发优势"的若干要点归纳中,亦强调这一点,并以"工业发展障碍"与"高期望值"两者之间的"紧张关系"来概括后发国家竞争性压力。①

在20世纪20、30年代之后,苏联也加入其中,由此导致国家间的竞争除了政治、军事、经济等方面的竞争之外,又加上了共产主义与资本主义两大意识形态之争。后来国家之间的经济和社会竞争日趋激烈,使得这些后发现代化国家不得不纷纷"动用"国家政权的力量,即以政府这一传统上作为市场自发秩序的"外生"力量,以各种相对"比较合适"的方式逐步介入市场经济的培育、发展和壮大以及社会的改造过程。从客观上来讲,其总体上取得了不错的经济成效。当然,这也由此不断强化了以民族主义为根源的国家间经济竞争格局。现在看来,这些都是显而易见的常识,而格林菲尔德甚至认为早期英格兰的资本主义发展的根源和动力也是经济民族主义,"早期英格兰的经济民族主义专注于民族的共同利益,而英格兰个体民族成员的利益则被视为是从属性的,正如几个世纪后的经济自由主义者的反对者所认定的那样。"②

3. 后发现代化国家的政府介入及其途径

当然,我们可以提出这样的"反事实假设",即如果没有强大的国家政权,这些国家的发展(道路)会怎样? 其实,当我们扩大我们认知的视野就会发现,当时对比性的历史案例比比皆是,例如波兰、东欧国家、不少拉美国家以及广大的殖民地、半殖民地国家,基本上都没能成功参与这一历史进程,更不用说实现第二次工业革命的成功了。它们不仅没有能够利用"后发优势"实现经济的跨越式发展,而且还由于其(中央)政府力量相对弱小,特别是政治整合与统合经济发展的能力等方面的不足甚至缺失,从而错失了发展的"良机",最后落入贫困落后的陷阱,甚至成为先发资本主义强国欺凌、压迫和剥削的对象。

一次次失败的教训,使得诸多发展中国家不得不将现代国家建构作为核心政治议题来实施,"20世纪经历了战争、革命、大萧条,然后是又一

① [美]亚历山大·格申克龙:《经济落后的历史透视》,张凤林译,商务印书馆2009年版,第11页。

② [美]里亚·格林菲尔德:《资本主义精神:民族主义与经济增长》,张京生译,上海人民出版社2004年版,第32—33页。

场战争，自由的世界秩序崩溃了，在世界绝大部分地区，最低纲领主义的自由国家被一种高度集权和更为主动干预的国家取而代之。"①当然，愿景是美好的，在世界范围真正实现现代国家建构的同时，又能够实现经济长足发展的国家和地区寥寥无几。也就是说，英国工业革命的成就是具有广延的扩散性的，但是真正能够抓住英国工业革命之后的发展机遇的，显然只是那些政府实力相对较强的少数几个后发现代化国家。不过，美国有其特殊性，②由于美国独占得天独厚的资源禀赋、地缘政治环境优势与新教职业伦理等影响，其能够成为第二次工业化浪潮中的"弄潮儿"甚至佼佼者。

而这些国家实现后发超越的主要方式，显然就是通过政府有效介入经济发展过程中，特别是以国家实力聚集优势资源，以实现大规模的资本主义工商业的超越式发展。相对于英国的小规模资本主义工商业的自然演进式的发展历程，第二波现代化国家都采用政府计划、投资发展甚至亲自操办大型工矿企业、钢铁行业、铁路交通业、煤矿业、水泥工业、电力工业、化工业等资本密集型的重化工业与交通和基础设施建设业。这些行业相对于英国式的小型资本主义工商业的特点是规模浩大、投资周期漫长、投入资本规模巨大、进行管理和规范的难度很大，所以这些后发现代化国家纷纷动用政府力量来实施产业规划、统筹和实施的优势就显得非常突出。第二波现代化国家的资本主义工商业和资产阶级由于强势政府

---

① 美国政治学家福山将发展中国家的国家构建的这一政治目标实现的不足，作为其后发展的关键性原因。当然，这一研究传统源自其前辈亨廷顿有关政治秩序必要性的研究。[美]弗朗西斯·福山：《国家构建：21世纪的国家治理与世界秩序》，中国社会科学出版社2007年版，第3页。[美]塞缪尔·P.亨廷顿：《变化社会中的政治秩序》，王冠华、刘为等译，上海人民出版社2008年版，第4页，"社会急剧变革、新的社会集团被迅速动员起来卷入政治，而同时政治体制的发展却又步伐缓慢所造成的。"

② 德国社会学家、资本主义（历史）研究专家桑巴特在《为什么美国没有社会主义》一书的第一页就写满了美国适合发展资本主义的优势："美利坚合众国是资本主义的乐土……除此之外，其他任何国家和民族都没有赋予资本主义这样的条件，允许它发展至最高阶段……由于上述特征以及人为技术的发达，美国比其他任何国家都更适合为资本主义提供政府世界的工具……美国也比其他任何国家更适合资本主义的扩张。"[德]维尔纳·桑巴特：《为什么美国没有社会主义》，王明璐译，上海人民出版社2005年版，第1页。

的"挤占",其力量也显得相对较弱。①但是,这些国家同时也扶持起了不少垄断性质的大型工商业巨头,并且其和政府(管理者)的关系极为密切。所以,总而言之,在政府"扶持之手"理论适用的后发现代化国家的经济发展过程中,由于国际竞争的驱动,政府都会不同程度地以不同方式深度介入市场经济的建立、发育与健全的历史过程。

(二)以强烈的发展意愿和良好绩效降低政府自利性及其危害

这里需要解释的一个重要问题是,在政府"扶持之手"理论范式中,政府自利性的假设或者"猜测"为何被成功压制了,或者说没有彰显出来。因为在任何国家,无论是主观上还是客观上,完全排除政府自利性显然是不可能的事情。政府"掠夺之手"的作用多少会存在,只是表现程度与影响程度不同而已。而在被视为对政府作为的"扶持之手"的扭曲或者失败情形概括的"掠夺之手"的理论与实践中,政府往往被强势利益集团俘获而产生严重的经济社会问题。尽管斯密等人针对性地批判政府作为的"有形之手",西方学术界也对计划经济体制下的"计划之手"进行了许多理论概括和批判,其实都内含着对政府作为的掠夺特征,即政府自利性的假设和批判。不过,政府自利性在学术界研究的"掠夺之手"的案例中,有最为直接和直观的体现,特别是二战后亚非拉尤其是不少拉美国家的情况尤为凸显。②但是,为何在东亚模式中比较成功和典型的发展型国家的案例中,政府的自利性被基本掩盖,甚至呈现出比较和谐的国家与社会、政府与市场关系? 原因大致可以归纳如下:

第一,强势的政府可以比较轻松地引导甚至主导国内与国际舆论,以实现国民对政府和政治的良好的认知的教化与传播,软化甚至压制与此不同的事实认知和政治观念。例如,1960 年上半年发生的声势浩大的"三池罢工"对当时的日本政界和资方的冲击非常大,随后为了抵制作为

---

① [德]汉斯-乌尔里希·韦勒:《德意志帝国:1871—1918》,邢来顺译,青海人民出版社 2009 年版,第 61 页,在德意志帝国时代,代表资产阶级力量的政党极其软弱,"极权的国家的威望一再受到确认,反政党的印象一再得到助长,人们也一再要求政党的自我限制。"对德国资产阶级力量薄弱的综合性研究参见:David Blackbourn, and Eley, Geoff, *The peculiarities of German history : bourgeois society and politics in nineteenth-century Germany*, Oxford: Oxford University Press, 1984。

② 由于菲律宾政府的无力甚至被大家族所"俘获",其政治经济活动中的腐败与混乱,而常常被视为亚洲的"拉丁美洲国家"。[美]康灿雄:《裙带资本主义——韩国和菲律宾的腐败与发展》,李巍等译,上海人民出版社 2017 年版,第 23 页。

激进主义重要代表的工会力量,资方以单个企业为组织单位纷纷建立起资方主导的工会,其被称为"第二工会"。而国家在此过程中是默许甚至支持的,而且在终身雇佣制和年功序列制等制度基础上,建起了比较稳固与和谐的劳资关系。同年 12 月 27 日,由池田勇人主导组织起草和出台《国民收入倍增计划》,日本政治经济发展内容实现了从"政治季节"向"经济季节"的转向,其对劳工观念和认知甚至社会党的意识形态软化"功不可没"。①

第二,政府介入并干预经济生活的成效比较显著,经济绩效型的合法性也相应比较高。故此,民众对于政府机构或者官员的自利性的揭示和宣扬也就比较少见。其可能形成良好的循环:良好的经济绩效巩固了政府合法性基础,并可以作为政府进一步拥有和享受相对自主性的依据,从而推动其创造更高的经济绩效。"合法性来自国家的成就,而不是获取权力的方式。"②

第三,历史和文化等方面因素的影响。例如,发展型国家一般具有以下共同点:漫长的革命传统、内战的创伤甚至对战争随时发生的恐惧、民族主义影响巨大等,这些都使得这些国家的发展意愿来得特别强烈。③例如日本面临二战后重新调整与欧美国家"相对位置"的压力,韩国面临朝鲜的战争威胁以及对日本实施超赶的压力。"要管理好、赶得上,甚至超越日本,显然是韩国发展的推动力。同以前南北朝鲜关系紧张而激起的竞争相比,现在赶超的驱动力更加明显和持久。强烈的反日情绪仍是改革的动力,就像它之前影响韩国减少对日本资本密集型半成品和资本产品依赖那样。"④

---

① [美]高柏:《经济意识形态与日本产业政策——1931—1965 年的发展主义》,安佳译,上海人民出版社 2008 年版,第 174—175、197—198 页。

② [美]查默斯·约翰逊:《发展型国家:概念的探索》,载[美]禹贞恩编:《发展型国家》,吉林出版集团 2008 年版,第 41 页。

③ 禹贞恩强调了发展型国家将国家安全"置换"成经济发展目标的重要性。[美]禹贞恩:《导论:查默斯·约翰逊民族主义和发展政治学》,载[美]禹贞恩:《发展型国家》,曹海军译,吉林出版集团 2008 年版,第 27 页。Richard Stubbs, "What ever happened to the East Asian Developmental State? The unfolding debate," *The Pacific Review*, Vol.22, No.1, Mar. 2009, p.8.

④ [澳大利亚]琳达·维斯、约翰·M.霍布森:《国家与经济发展:一个比较及历史性的分析》,黄兆辉、廖志强译,吉林出版集团 2009 年版,第 209 页。

在此前提下，权威政府可以对更为长远的国家和民族利益实施战略性规划，并且对社会进行良好的政治整合与经济整合，特别是对一些分利集团(distributional coalitions)进行抑制甚至打压，①并由此规划与实施有效的产业扶持政策。在这些最终实现了跨越式发展的"东亚奇迹"的国家和地区，强烈的发展意愿对经济的跨越式发展具有重要的凝聚、团结和推动作用。由此，其也可以在很大程度上掩盖甚至压制人们对政府自利性的拷问与揭示。而专门研究发展型国家中的发展与腐败问题的韩裔美国学者康灿雄认为，即使是在最典型的发展型国家的韩国在经济高速增长的阶段，政府机构及其官员的自利性也从未被有效压制，只是由于政府内部的一定的有效控制以及大财阀的外部制约等因素，使得这种"裙带资本主义"复合体内部的官僚与财阀精英之间形成"互为人质"的制衡关系："'相互挟持'的政商格局以许多方式降低了交易成本。商界和政府都明白他们彼此的需要，也都清楚别无选择。权贵裙带的圈子相对较小，因而彼此竞争的代价也就小一些，这是因为投机的可能性和保护投资的需求都比较低。另外，精英们明白自己在玩一个重复性的博弈，各方聚在一起，既带来了互惠的机会，又心存对投资回报的担忧。"②

（三）从"扶持之手"到"掠夺之手"的蜕化

与此同时，拉美和非洲国家都是欧美国家的前殖民地，其文化和社会整合的程度本来就不高，国家政治统一与政治整合的程度也就更低，例如印度、中东和很多非洲国家就是典型。③这些国家并没有整体地集聚出强烈的发展意愿。而与此同时，它们又由于广受英国等欧洲国家殖民的历史影响，进而受到欧美国家政治文化持续而深远的影响，其对政府自利性的担忧显得更为剧烈。这些国家往往处于"弱国家、强社会"的境遇中，甚至难以被称为现代国家，而相对应"回归国家"学派所热议的"国家相对自主性"理论，缺乏基本的国家能力，因为国家能力首先要建立在国家相对

---

① Robert Wade, *Governing the market: Economic theory and the role of government in East Asian industrialization*, Princeton, N.J.: Princeton University Press, 2004, p.375.

② ［美］康灿雄：《裙带资本主义——韩国和菲律宾的腐败与发展》，上海人民出版社 2017 年版，第 113 页。

③ ［美］乔尔·S.米格代尔：《社会中的国家——国家与社会如何相互改变与相互构成》，江苏人民出版社 2013 年版，第 40、43 页。

于社会强势力量的相对自主性的基础之上。①而这些国家的政府多被各大社会集团所挟持甚至支配,即"政府俘获"(state capture)理论所描述的国家被社会集团特别是强势资本集团所"俘虏",而成为社会阶级和社会集团实现自身目的工具、舞台甚至战场。②

　　虽然在现实的政治生活中,由于发展的需要,不少国家还是逐步聚集了一定的政治整合性力量。也就是说,国家的政治整合还是取得了一定的成效。但是,由于整个社会的发展意愿相对低落,加上民主和法律制度发展不健全,给权威主义的统治者留下了很多腐败堕落和自利的机会。③这些国家也可以被归入"政府俘获"的类型,只不过这些国家的相对自主性和国家能力相对更大,他们在很大程度上是"自甘堕落"或者"自愿被(资本或资本逻辑)俘获",进而成为政府自利性的重要表现。不少拉美和非洲国家纷纷堕落为"掠夺之手"的国家类型,即成为发展中国家中的相对的"失败国家"。④虽然不少拉美国家制定和实施了自己的进口替代型的发展战略,但是由于国内政治经济关系复杂,很多受到政府保护的大中型企业通过各种非正式方式和手段获取政府的补贴、扶持和保护,而政府部门与官僚也都以此作为"设租"依据,最终导致国内产业的实力薄弱,难以具有国际竞争力,而这些国家一旦迫于国际压力放开国内市场,这些国内民族产业则会不堪一击。由此,日本经济学家村上泰亮坦言,所谓的产业政策的关键不在于幼稚产业的政府扶持,而在于是否建立起合理、畅通

---

① Stephan Haggard, *Developmental states*, Cambridge: Cambridge University Press, 2018, p.2.

② Joel S.Hellman, Geraint Jones, and Daniel Kaufmann, "Seize the state, seize the day: state capture and influence in transition economies," *Journal of comparative economics*, Vol.31, No.4, Sep. 2003, pp.751—773.

③ 而在诺斯等人的分析框架中,他们认为其实大量发展中国家还面临着惩治腐败和统治集团,与秩序崩溃之间的矛盾,"当人们试图消除那些为经济上的非生产性租金创造及腐败提供支持的制度和政策时,他们应该谨慎地避免由此导致不稳定与暴力卷土重来,那将使有限准入秩序中的发展脱轨。"[美]道格拉斯·诺思、约翰·沃利斯、史蒂文·韦布、巴里·温斯特编著:《暴力的阴影——政治、经济与发展问题》,刘波译,中信出版集团2018年版,第9页。

④ 国家失败亦与前文所提及的政治社会秩序崩溃紧密相关:Jennifer Milliken and Keith Krause, "State failure, state collapse, and state reconstruction: concepts, lessons and strategies," *Development and change*, Vol.33, No.5, 2002, pp.753—774。

和有效的产业扶持政策的退出机制,"必须在产业政策中事先加入使其退出的规则(即以退出告终的规则)。一方面可以考虑将官僚制的灵活性(抑制纵向分割,启用外部人才等)作为处理对策;另一方面,必须培养能够牵制官僚制的政治势力。"①而从 20 世纪 80 年代以来,在欧美新自由主义改革思潮的影响下,拉美国家由此前的进口代替发展战略,比较迅速地实现国有企业的私有化、国际资本流动的自由化、国家政治活动的民主化等全面的政治经济改革,但是却反复经历国际资本炒作、国家债务问题严重、民粹主义泛滥而引发的危机,甚至酿成严重的金融危机、经济危机甚至政府信任危机。这些国家虽然有政府"扶持之手"的帮助,最终呈现出的却是更为明显的政府"掠夺之手"的特征。②

二、政府作为的"灵巧之手"理论

由上文的分析可知,政府作为的"扶持之手"与"掠夺之手"理论虽然成对出现,而两者在东亚模式的发展型国家中又不同程度地得以体现。但问题是,按照东西方的政治界、理论界的观点,东亚模式的政府"扶持之手"应当随着经济快速增长而被取消,所以国际理论界反复出现"世间再无"发展型国家的感叹。不过,如果仔细观察和分析,又会发现东亚模式中的国家和地区的政府作用依然重要,这就使得我们必然需要对在产业扶持政策基础上形成的政府介入市场的"扶持之手"理论进行改造甚至升级,我以政府作为的"灵巧之手"予以概括,并对其进行探究。

(一)政府作为的"灵巧之手"的概念与理念

无论是传统的市场原教旨主义范畴内的"有形之手"理论,还是针对幼稚工业以及工业现代化初期,并为先发现代化国家所允许的政府作为的"扶持之手"理论,还是在"扶持之手"基础上发展出来的"失败形式"——"掠夺之手"理论,均难以为当前的有为政府所用,我们需要借助更为贴切和适宜的理论发现,以支撑当前的有为政府理论与实践创新。

---

① [日]村上泰亮:《反古典的政治经济学》(上下),张季风、丁红卫译,北京大学出版社 2013 年版,第 376 页。

② 综合参见 Alfredo Saad-Filho, "Neoliberalism, democracy and development policy in Brazil," Kyung-Sup Chang, Ben Fine and Linda Weiss, *Developmental politics in Transition: the neoliberal era and beyond*, New York: Palgrave Macmillan, London, 2012, pp.117—139.

虽然中国模式在诸多方面可以实现对东亚模式的超越，但中国现代化发展模式与东亚现代化模式确实有诸多相近之处。而针对一个国家内部不同区域间的产业发展和升级的模式，以及区域内多国在经济发展与现代化发展方面呈现出先行者带动后行者的"雁行发展模式"理论（Flying Geese Pattern），[①]在很大程度上可以突破西方对幼稚工业进行适当保护和促进的"扶持之手"理论。不过，无论是西方国家及其学术界，还是东亚模式中诸多国家和地区的研究者，多将东亚发展模式以及发展型国家的经验归纳为"扶持之手"理论的表现，其实这带有很大的误导性。即发展型国家理论常被混淆于政府"扶持之手"理论而难以被澄清，这不仅无益于政府与市场关系理论的发展，同时也使得相对比较成功的"中国模式""东亚模式"的政府作为模式难以被恰当地整合或者融合到当代比较政治经济学理论体系中。

政府作为的"灵巧之手"模式在东亚发展中得到比较成功的体现，并且在当代中国的经济发展模式中得到更大程度的展现。市场经济条件下政府介入经济社会的"灵巧之手"理论，指中央以及各地方政府可以在特定的历史条件、时代背景与资源禀赋的前提下，以适当的方式，如行政指导与行政规制，综合采用规划、法律、财政、税收与监管等方法，对处于不同阶段的产业类型进行有效的产业扶持、促进、升级、合理化或者限制的举措，即在强烈的发展意愿基础上努力实现国家富强、国民经济的长足甚至快速发展以至人民生活水平和质量的提升。

简单对比政府介入经济社会的"扶持之手"和"灵巧之手"的区别，可以看出政府的作为将不仅体现在工业化初期对幼稚工业的扶持，而且在于其对不同发展阶段和竞争力的产业因地制宜地采用产业扶持、促进、升级、合理化或者限制的举措或者政策，而非简单的财政、外贸或者税收方面的支持和促进。我们还需要处理学术界广泛存在的、对发展型国家发展模式的诸多批判。如果局限于原先的"扶持之手"理论，我们显然会难以解释为何大多数国家和地区的政府都实践了政府作为的"扶持之手"理论，但是唯有东亚模式中有限的几个发展型国家成功地实现了跨越式发展，并不断挤入发达国家行列。这样的混淆，也使得很多人容易出现对发展型国家发展经验做"挑选赢家"这样的简单概括。如果仅局限于政府作为的"扶持之手"概念和理论范畴内，确实比较容易得出类似的结论。

---

① Kaname Akamatsu，"A historical pattern of economic growth in developing countries," *The developing economies*，Vol.1，No.1，Aug. 1962.

由此，综上所述，由于政府作为的"有形之手"理论实际上要站在市场原教旨主义理论基础上反对政府作为的理论；而政府作为的"掠夺之手"

表 4.2 政府介入市场诸理论的对比性分析

不同理论类型 / 对比维度	有形之手	掠夺之手	扶持之手	灵巧之手
政府角色或性质	消极政府、无为政府、守夜人政府	自利政府	积极政府	智慧政府
政府主动性	间接的保障	负面主动性	正面主动性	主动性与灵活性相结合
实现机制	依托自由市场机制	纯粹干扰市场	部分利用部分干扰市场以实现产业扶持①	针对不同产业全过程，因地制宜地实施全过程产业政策并适时调整
竞争环境	国家间军事竞争与经济竞争	国家间或者国家内的激烈生存竞争	国家间激烈的经济竞争	相对友好型的国际大环境，恶劣的小环境催生强烈的发展意愿
典型国家或地区	英国、美国等	发展中国家（拉美、非洲、转型国家等，尤其是部分拉美国家）	后发现代化国家	日本、韩国、新加坡、中国等
代表性研究	斯密：《国富论》、哈耶克：《自发秩序原理》等	施莱弗：《掠夺之手》等	格申克龙：《经济落后的历史透视》等	禹贞恩：《发展型国家》等
理据基础与深度理论论证	分散知识与决策，有限理性假设	理性人假设与公共选择理论	后发优势理论	基于东方社会的"权变理论"

资料来源：笔者自制。

---

① 即所谓的"把价格弄错"，或通俗讲就是"反市场"行为，Stephan Haggard, *Developmental states*, Cambridge：Cambridge University Press，2018，p.21。

理论显然是政府作为的"扶持之手"的失败经验,实质上可以归入政府作为的"扶持之手"范畴。本文注重政府作为的"扶持之手"与"灵巧之手"两者之间的对比性分析,并由此努力将其整合进政府介入经济社会的理论体系中,从而形成更为完整和清晰的有为政府的历史经验和理论谱系。通过表4.2,我们可以比较清晰地展示和对比有为政府的历史经验和理论谱系及其相互之间的异同。

（二）东亚发展型国家在发展过程中的扶持作用

1. 东亚发展型国家主导型扶持产业

其实,西方政府介入经济活动的传统,可以追溯至法国等国家的早期重商主义。"重商主义理论,为了国家的繁荣与强盛,政治要不断地介入经济运行过程。"①而村上也指出绝对主义国家有非常明显的通商性质,"如果要与历史上为数众多的专制主义的例子进行比较的话,这种欧洲绝对主义的经济（通商）性质恐怕非常明显。"②在一定程度上,典型的发展型国家也可以被归入广义的政府"扶持之手"理论范式。因为无论是第二波现代化国家,还是东亚的代表性的发展型国家,都普遍采用了比较适宜的"产业政策"以实现国民经济的跨越式发展,尽管这种产业政策的具体产业类型已经发生很大的改变。例如,第二波现代化国家的重点发展产业是钢铁、矿产、造船、电力、化学、铁路等重化工业。为了实现这些行业的跨越式发展,原本属于联邦体制的德意志帝国不断强化中央集权,逐步实现了对银行业、邮政电信、铁路等重点行业的国家直接管理与经营。③

而发展型国家的政府扶持的产业主要集中于纺织业、食品加工业、机

---

① [英]佩里·安德森:《绝对主义国家的系谱》,刘北成、龚晓庄译,上海人民出版社2018年版,第16页。

② [日]村上泰亮:《反古典的政治经济学》(上下),张季风、丁红卫译,北京大学出版社2013年版,第246页。

③ 邢来顺:《迈向强权国家——1830年—1914年德国工业化与政治发展研究》,华中师范大学出版社2002年版,第183—186页。而且在作为第二波工业化浪潮的代表性国家的德国和日本,发明出"工业银行"从而拉动了整个社会对工业部门的投资。Stephan Haggard, *Developmental states*, Cambridge: Cambridge University Press, 2018, p.8,"从一开始,(德国的)这些大银行就兼具了在英国通常要分开的两项功能:储蓄银行和向工业提供长期资金。"[德]汉斯-乌尔里希·韦勒:《德意志帝国:1871—1918》,邢来顺译,青海人民出版社2009年版,第9页。

械加工制造业、半导体、无线电等轻工业和服务业领域,此后当然也发展出钢铁、汽车、造船、化工、计算机、航空制造业等资本密集和技术含量更高的重工业类型。不过,其在发展对外贸易上的区别显得更为明显,例如以德国为代表的第二波工业化国家,往往以粮食、原材料出口为主,而资本主义大型重工业的发展却主要面向国内,例如国内的基础设施建设、军事设施与设备投入等,而重工业的重要性还凸显在其可以通过提升机械化、自动化程度,以第一、第二产业实现技术革新和生产效率的提高,从而全面带动了这些国家经济的长足发展。①

2. 东亚发展型国家的政府鼓励产业扶持中的技术替代作用

但是,东亚模式中的发展型国家的国防保障多由美国等西方国家"承担"或者辅助,特别是日本、韩国等国家从一开始并没有重点发展资本主义大型重工业和制造业,而是看准欧美市场,将其产业发展目标定位为对欧美生产的差异化优势实现互补,即通过相对廉价的劳动力市场,重点发展轻工业和服务业,逐步打入甚至占领对应的欧美市场。关于这一政府扶持甚至主导的产业扶持和升级政策,是对传统政治经济学上的"比较优势"理论的一个重要扩展甚至颠覆,"小泽辉智(Terutomo Ozawa)对这一过程有一个很精妙的概括:'比较优势循环'"。②而华裔美国社会学家高柏认为,日本政府很早就利用了政府注重技术革新和升级的优势,从而实现了比较优势在技术革新条件下对原先资源禀赋依赖的超越,"生产技术的比较优势只有通过有目的的努力才能达到。为了获得这种优势,日本政府不仅应该为私营企业提供可以用于生产设备投资和技术改造的政府贷款,而且必须支持和发起企业层面的制度改革,以使日本的管理环境更有利于创新的实现。"③

日本通过出口导向的产业发展,赚取大量的外汇,并以此作为工业资本积累,即以此实现国家主导的国民经济发展的资金积累。在部分行业

---

① 以 19 世纪中叶以后的德国工业化进程为例,铁路建设就是整个工业体系建立和效率提升的重要"引擎","铁路建设这一先导部门产生的扩散效应拉动了炼铁、煤炭、机器制造以及其他众多的相关产业的发展。"[德]汉斯-乌尔里希·韦勒:《德意志帝国:1871—1918》,邢来顺译,青海人民出版社 2009 年版,第 7 页。

② Stephan Haggard, *Developmental states*, Cambridge:Cambridge University Press, 2018, p.12.

③ [美]高柏:《经济意识形态与日本产业政策——1931—1965 年的发展主义》,安佳译,上海人民出版社 2008 年版,第 139 页。

实施进口替代以建立自己的独立工业体系，需要进口大量的机械、设备、技术等，从而为此支付大量的外汇。而以出口为导向而赚取外汇则可以大致平衡国家的外汇储备。当然，由于欧美国家，以及其所主导的国际组织和国际社会的援助、技术转让和产业转移等帮扶，其实都有助于几个成功的发展型国家实现初步却快速的工业化，[1]在某些领域甚至对发达资本主义国家实现了赶超，对西方市场形成了局部优势。例如日本在20世纪70年代以来的半导体、汽车产业和机械制造行业、韩国的无线电半导体、数码等产业在当时的优势就十分明显。"20世纪70年代和80年代，日本公司向美国汽车和半导体工业发起攻击，很难想象，如果没有具备足够丰富的技术资源和资金的大型企业，这样的挑战如何才能取得成功。"[2]而这种"海浪式推进"的多国相继形成互补的产业化升级格局与形势被称为"雁行发展模式"，"赤松要（Akematsu）的理论（引者注：雁行发展模式）由两个部分组成，相互之间是补充的。第一点是，就给定产业从主导到追随的演化，实际上表达的是工业化的扩展理论的效应。第二点是展示给定追随者产业结构的渐进扩散以及升级：从基础性消费品到更具资本和技术密集型的产品生产活动。"[3]

由此可见，东北亚国家和地区的跨越式经济增长，在很大程度上可以被归入政府"扶持之手"的范畴之内。虽然在产业发展的类型上有所区分，但确实都是以适宜的产业政策作为政府介入市场经济的主要抓手，从而实现了国民经济的跨越式发展。

（三）政府作为的"扶持之手"理论难以概括的发展情况

1. 市场原教旨主义大本营国家中强有力的政府"扶持"

当然，政府作为的"扶持之手"理论并不能全面概括后发现代化国家的发展情况。例如，第二波工业化和现代化国家的领头羊——美国就是

---

① 日本成功实现经济发展与现代化之后，随着产业转移的需要，逐步向韩国、中国台湾甚至中国大陆地区实施技术转让。［美］阿图尔·科利：《国家引导的发展——全球边缘地区的政治权力与工业化》，朱天飚、黄琪轩、刘骥译，吉林出版集团2007年版，第105页。"在推进韩国迈向重化工浪潮的诸多因素中最重要的还是韩国政府的发展意愿，以及日本人提供必要资本和技术的意愿。"

② ［美］弗朗西斯·福山：《信任：社会美德与创造经济繁荣》，彭志华译，广西师范大学出版社2016年版，第160页。

③ Stephan Haggard，*Developmental states*，Cambridge：Cambridge University Press，2018，p.11.

一个特例,它在政治文化上可以被归入安格鲁-撒克逊传统,即其市场理念根深蒂固,政府对市场的介入相当谨慎,其无政府思想源远流长而又影响深远,甚至其一直难以建成像样的"(中央)政府"来,①如何奢谈政府作为? 但是,仍有不少学术研究着力发掘英国和美国变相的、隐蔽的政府干预形式,例如维斯和霍布森就认为英国通过典型的"不干预政策"实现经济发展,但其强大的海军力量所保障的全球范围的自由贸易,实际上是一种非常典型的国家干预形式,只是这种干预的形式是以"自由贸易"为诉求和目标追求,实际上是一种以其他国家和地区保持不干预为目标的、大英帝国以强大国力为后盾的国家干预行为。"'蓝海'战略有助于伦敦市及英国的海外贸易。因为英国的海军实力足以保障其海上商贸,甚至在全球的投资。"②

与此同时,美国也具备类似于英国的地缘政治优势,其不仅少受他国干扰和影响,而且也独享更为得天独厚的自然环境和资源条件,进而能够在政府不干涉的前提下,比较自然而自由地发展出托拉斯、卡特尔、辛迪加和康采恩等各种类型的巨型垄断企业,"工业集中的一个原因是自然运动,被竞争的压力所鼓舞、趋向更大以及更有效的规模,并且另一个原因是企业有意地以获取垄断实力为目标。"③就此,美国通过自由竞争的方式,形成了以现代大型企业进行市场行为的协调与行业控制的格局。虽然美国民众对垄断现象也难以容忍,而且美国政府也一直迎合大众对经济民主的诉求,甚至以打击、拆解垄断企业为志向,但是一般多是"雷声大雨点小"。④美国大型企业的市场协调与非市场协调的互动强化作用,实际上在很大程度上克服了英国市场协调性的劣势,而又相对比较"自然"地实现了类似于德国和日本等国家政府干预

---

① John M. Murrin, "A roof without walls: the dilemma of American national identity," Richard R. Beeman, *Beyond Confederation: Origins of the Constitution and American National Identity*, Chapel Hill: the University of North Carolina Press, 1987, pp.170—206.

② [澳大利亚]琳达·维斯、约翰·M.霍布森:《国家与经济发展:一个比较及历史性的分析》,黄兆辉、廖志强译,吉林出版集团 2009 年版,第 146 页。

③ [美]加里·M.沃尔顿、休·罗考夫:《美国经济史》(第 10 版),王珏译,中国人民大学出版社 2013 年版,第 416 页。

④ [美]史蒂文·迪纳:《非常时代——进步主义时期的美国人》,萧易译,上海人民出版社 2008 年版,第 13 页。

的客观经济社会效果。[1]而美国学者弗雷德·布洛克(Fred Block)也通过扎实的实证研究发现美国联邦与州政府在大幅度扩大其能力,并通过金融扶持等方法和途径,支持私营部门将新技术市场化从而有利于技术扩散,从航空到信息技术,再到基因工程和纳米技术等方面无不如此。这种发展型国家的隐蔽特征,反映了美国过去的30年里在世界范围传播和扩散市场原教旨主义理念,显然是别有目的之举。[2]由此可见,政府作为的"扶持之手"作用,并非第二波以来现代化国家的独创,而且在市场原教旨主义的大本营国家中也一直隐蔽地存在着。

2. 东亚发展型国家对政府作为的"扶持之手"理论的突破

而最新的几个典型的发展型国家,就更难被政府作为的"扶持之手"理论覆盖。发展型国家中典型的国家都在实施超越式发展的早期就普遍采用相应的领航产业的扶持政策。不过,倘若要挑战在整个发展型国家的发展与壮大过程中的政府作用和定位,显然会颇具争议。本书将另辟蹊径,以论证"扶持之手"理论难以囊括发展型国家的全部特征。作为发展型国家先行者的日本,实际上在1991年经济崩溃之后就走向了所谓的"失去的十年",之后又有所谓的"失去的二十年""失去的三十年"的说法,而其一直以来都处于低度发展的轨道。[3]但是,若将其作为东亚模式的发展型国家衰弱标志,还是比较难以被人们所普遍接受。不过,发展型

---

① [澳大利亚]琳达·维斯、约翰·M.霍布森:《国家与经济发展:一个比较及历史性的分析》,黄兆辉、廖志强译,吉林出版集团2009年版,第246页。Thomas K. McCraw:"第十八章　政府、大企业和国民财富",载[美]A.D.钱德勒主编:《大企业和国民财富》,柳卸林主译与主审,北京大学出版社2004年版,第553页,"日本政府在这些大企业的发展中所其的作用基本上不同于美国。和英国一样,美国市场更多地属于以受政府限制为特征的斯密型市场;但日本市场属于典型的李斯特型市场,政府极力支持大企业的发展。"

② Fred Block, "Swimming against the current: The rise of a hidden developmental state in the United States," *Politics & society*, Vol.36, No.2, Jun. 2008.

③ [日]池田信夫:《失去的二十年:日本经济长期停滞的真正原因》,胡文静译,机械工业出版社2012年版,第6页,"所以90年代就开始的'失去的十年'至今也没有结束,而且这种经济长期停滞的状态或许没有尽头。在90年代进入'失去的十年'时,很多人就在敲警钟,他们表示如果再不调整已经过时的产业结构,将会面临经济的衰退。但是政治家和各党派都没有意识到这个问题。现在已经过去20年了,这么长时间都没有解决的问题,很难想象在接下来的短短几年内可以得到解决。"

国家在 1997 年的东南亚金融危机冲击之后，问题也都浮现出来。当然，人们对发展型国家的各种反思、质疑甚至抛弃的呼声也就此起彼伏。①由于发展型国家的典型国家——韩国遭到了金融危机的剧烈影响，发展型国家的内部问题由此被全面揭示出来，虽然 20 世纪 80 年代以来普遍发生的民主化浪潮，已经开始冲击原先作为经济发展战略保障的威权主义政府。

从解释层面分析，全球化、贸易自由化、民主化进程等都不同程度地影响原先威权主义国家的政府作为，其甚至从根本上影响了国家的相对自主性，②进而会进一步影响政府的政策工具选择和使用，使得原先的产业发展政策、产业保护措施、金融扶持政策、货币供给政策、汇率政策等都遭到剧烈的影响甚至被废除。③由此，不少国家和地区的政治家和学者都声称，世间将再无发展型国家。④由此可见，所谓的政府"扶持之手"带有比较强烈的"幼稚工业"扶持的意思，但是从国家作用的强度来看，其显然无法概括发展型国家中存在的强烈的民族发展主义。而发展型国家是否终结，显然是一个颇具争议的话题。即使我们接受东亚国家已经纷纷终结了其发展型国家，则其他非政府"扶持之手"理论可以囊括，因为日本和韩国等已经经过多次的产业结构调整和升级，而并非工业化早期所对应的幼稚工业扶持理论所能概括。村上泰亮认为，在技术革新日新月异的当代，由政府不断扶持企业的技术创新才是有效产业政策的核心构成，现在已经没有什么新旧产业类型之分，"如果不努力持续依靠技术的引进和开发的技术进步的话，就无法在日益激烈的国际竞争中实现产业的自立，

---

① 人们已经开始纷纷质疑"东亚奇迹"与"发展型国家"到底是否可以成立，是否存在过。K.S.乔莫：《东南亚政府政策角色之反思》，[美]约瑟夫·E.斯蒂格利茨、沙希德·尤素福：《东亚奇迹的反思》，王玉清、朱文晖等译，中国人民大学出版社 2013 年版，第 393 页，"对其他发展中和转轨经济而言，经济自由化是一种更理想、更现实、更有限的选择，而不是东北亚地区那种赢得了快速增长和结构调整的产业政策。"

② Joseph Wong, "The adaptive developmental state in East Asia," *Journal of East Asian Studies*, Vol.4, No.3, Dec. 2004, p.350.

③ 郁建兴、石德金：《发展型国家：一种理论范式的批评性考察》，《文史哲》2008 年第 4 期。

④ Stephan Haggard, "The developmental state is dead: long live the developmental state," James Mahoney and Kathleen Thelen eds., *Advances in comparative-historical analysis*, Cambridge: Cambridge University Press, 2015, pp.39—66.

那些后发国家也就无法实现工业化的腾飞。"①

　　尽管世界范围的政界、学界和商界早就有世间再无发展型国家的"欢呼",但是东亚模式中典型的发展型国家的政府作用依然很大,而且远远超过原先政府作为的"扶持之手"所能容纳的范畴,当然也超过了西方国家所能容忍的限度。所以,西方主流经济学对东亚和中国的发展模式颇有微词,甚至对其中的产业政策的正面作用闭口不提,而林毅夫教授在担任世界银行副行长和首席经济学家期间,在世界银行甚至国际经济学界积极宣讲中国奇迹的产业政策经验,试图将"产业政策"作为世界银行等国际组织的"日常话语"。但是,随着林毅夫其任期届满,西方主流经济学界依然不关注东亚模式和中国模式中的产业政策经验。②而恰恰从产业政策中,我们才可以更好地发现和体会政府作为的"灵巧之手"的意义和价值。

　　(四)"灵巧之手"的灵巧之处:有效的产业政策及其灵活调整

　　1. 产业政策难以为继:"扶持之手"理论难以概括东亚发展型国家的反向佐证

　　当然,发展型国家的维护者从各个方面论证:发展型国家的历史经验和教训将具有持久性,发展型国家所采取的有效的产业(扶持)政策等对其他发展中国家依然有着重要的借鉴意义;也有学者论证发展型国家的产业政策具有历史发展阶段的局限性,其并非外在结构性冲击从而导致国家相对自主性的丧失的结果。即产业政策的有效制定和实施受到客观的经济发展阶段和产业规模的影响。其中的解释机制是信息与规模:唯有在产业发展的起步阶段,当产业规模较小的时候,政府官僚机构对产业发展的规划、扶持、发育与发展工作的需要的信息要求相对比较低,官僚理性可以良好地对接,甚至超越市场理性,进而能够制定并实施有效的产业政策,并获取良好的发展成效。一旦产业规模得以不断扩大,产业政策制定与实施需要的信息的获取、利用等都是官僚理性力所不能及的,即使有相应的产业政策存在,也往往归于失败,由此就难以获得相应的经济成效。③其

---

　　①　[日]村上泰亮:《反古典的政治经济学》(上下),张季风、丁红卫译,北京大学出版社 2013 年版,第 332 页。

　　②　Robert H. Wade, "The developmental state: dead or alive?," *Development and change*, Vol.49, No.2, Jan. 2018, pp.4—5.

　　③　陈玮、耿曙:《发展型国家的兴与衰:国家能力、产业政策与发展阶段》,《经济社会体制比较》2017 年第 2 期。

实其解释机制依然是哈耶克式的:哈耶克对计划经济之不能被采用的解释机制是知识和信息的地方性甚至个体性,以至于造成知识信息及其掌握者的高度分散。①而国家层面的计划及其实施显然难以获取、掌握和运用如此复杂的全部信息和知识。

不过,不同于传统的认知,哈耶克本人实际上也认为"点滴"的小规模的规划与创新是可行的,"在我们力图改善文明这个整体的种种努力中,我们还必须在这个给定的整理中进行工作,旨在点滴的建设,而不是全盘的建构,并且在发展的每一个阶段都运用既有的历史材料,一步一步地改进细节,而不是力图重新设计这个整体。"②就此,我们可以接受,产业政策在产业规模较小和起步阶段更容易获得成功,而随着产业规模的扩大,即随着发展型国家从追赶型成长为领先型,这种产业扶持政策将面临很多方面的挑战。由此,从"扶持之手"理论的解释来看,政府以产业政策等方式介入市场经济活动,进而推动国家的长足发展的实践,实际上就进入了"死胡同"。因为随着国民经济的发展壮大,政府的扶持政策不仅难以成功,而且可能沦为"乱点鸳鸯谱"从而成为发展的障碍。因为反复实施的、无效的产业政策或者失败的产业政策,显然是不利于市场经济的长足发展的。

2. 产业扶持政策之后的新角色呼吁政府作为的"灵巧之手"理论的新解释

而实际上,发展型国家的发展并不只是一个幼稚工业扶持的问题。如果将东亚模式中的发展型国家的发展实践完全归入政府"扶持之手"理论,将是不适宜的。显然,简单的"扶持之手"已经难以很好地解释发展型国家的发展、壮大和转型了。因为转型和继续发展的发展型国家,并非原先的"政府扶持"这样的概念与理论所能准确概括的。而实施良好转型和发展的发展型国家显然需要在借鉴发展成败的基础上,灵活地调整自己的产业发展政策,甚至适宜地退出相应的产业领域并更为充分地借用市场机制这一"无形之手"的作用。正如已经提及的村上所言,产业政策的精髓在于退出机制而非目标产业的"圈定","一旦产业和政府之间建立起所谓的恶性依赖,产业政策就会作为一种单纯的保护政策持续下去,就有

---

① Friedrich August Hayek, "The use of knowledge in society," *The American economic review*, Vol.35, No.4, Sep. 1945, pp.519—530.

② [英]弗里德利希·冯·哈耶克:《自由秩序原理》上卷,邓正来译,生活·读书·新知三联书店1997年版,第82页。

可能阻碍整体经济竞争环境的发展。产业政策最大的危险就在于这种惰性的、产业官僚勾结共存的关系……"①与此同时，政府扶持机制并未伴随着某些特定产业作为幼稚产业扶持、发展、壮大与退出之后一劳永逸地解决所有的发展问题。政府还应该承担新的角色，以规划、引领甚至推动发展高新技术产业，从而推动新兴产业带动国民经济的技术创新和产业升级，并由此向着更高的生产效率的目标进发。

政府作为的"扶持之手"与"灵巧之手"在发展型国家的转型与出路问题上开始明显地"分道扬镳"，政府作为的"扶持之手"理论为政府作为或者政府角色的路径预设是比较快速地转为市场"无形之手"的方向；而政府作为的"灵巧之手"理论为政府作为或者政府角色的路径预设是以更为灵活、隐蔽的方式介入适宜的领域，并以此形成更为灵活的政府与社会的良性互动。尽管表面上东亚模式中发展型国家转型的一个重要结果就是更加注重自由市场的自发调节作用。如果从这一表面现象观察，则政府作为的"扶持之手"的"归宿"显然就是自由市场经济。但是，政府作为的"灵巧之手"的"归宿"依然难以以完全的自由市场来概括，甚至美国、英国这样的典型自由经济国家也难以"符合"完全自发市场经济状态的要求。如果以政府作为的"扶持之手"理论来概括东亚发展型国家的命运，必然会得出世间再无发展型国家的结论。但是，如果以政府作为的"灵巧之手"理论予以概括，东亚国家和地区的政府在经济社会发展诸多领域中依然保持重要的作用，包括产业政策在内的诸多政策依然在经济社会中发挥着不可替代的作用："日本、韩国、中国持续地在产业政策、研发政策、社会福利改革、经济政策等方面尝试更普遍的创新改革，尽管其处于更多的约束之下。"②那么发展型国家并没有消亡而是出于转型甚至升级之中。③

东亚发展模式代表的政府作为模式的最佳概括即为"灵巧之手"理论，而非"扶持之手"理论，遑论"无形之手"理论？这一模式也相对比较有效地避免广大发展中国家的"掠夺之手"的恶果。关于这四种不同的政府作为的理论模式以及对比分析，详见表4.3。

①　[日]村上泰亮：《反古典的政治经济学》（上下），张季风、丁红卫译，北京大学出版社2013年版，第340页。

②　Joseph Wong, "The adaptive developmental state in East Asia," *Journal of East Asian Studies*, Vol.4, No.3, Dec. 2004.

③　Robert H. Wade, "The developmental state: dead or alive?," *Development and change*, Vol.49, No.2, Jan. 2018, p.20.

表 4.3　政府作为的"灵巧之手"理论与其他理论范式的对比

不同理论模式 不同对比维度	"有形之手"理论	"扶持之手"理论	"掠夺之手"理论	"计划之手"理论
"灵巧之手"理论与其他理论范式之同的范畴之间的对比	基于市场规律,又能在一定程度上可以克服市场失灵,尤其是以全面的产业政策推动产业合理化与产业结构构优化(产业升级)	并非简单的扶持,而是加上有力的产业政策,税收优惠政策,汇率操控,银行信贷,出口补贴等各类政府补贴等;适时应变,综合规划,扶持,调整,合理化,升级和退出机制,而非一贯简单的扶持	有些政府可以比较好地克制政府自利性,但政府作为从性质上而言,并非全然可以以"掠夺之手"加以完全概括,例如理性官僚制确实具备一定的公共精神①	可克服计划经济体制的僵化性。强调国家作用,但并非取消市场与社会而直接代以国有体制,从而使得市场价格机制无法发挥作用。具有明显的亲市场性,基本上遵循市场规律

① Peter B. Evans, *Embedded autonomy: States and industrial transformation*, Princeton, New Jersey: Princeton University Press, 2012, p.221,"与新功利主义所预言的正好相反、国家的技术官僚不仅很少腐败,而且他们的工作也很活,一旦他们制定的政策已经过时,会毫不犹豫地弃用。新功利主义的标准假设是:官员们会在政府干预的特定形式中扩展自己的既得利益,这将使得他们抵制政策变正,不过这恰是毫无依据的。"

(续表)

不同理论模式 不同对比维度	"有形之手"理论	"扶持之手"理论	"掠夺之手"理论	"计划之手"理论
"灵巧之手"理论的转型与隐定性	表面上更多地利用市场,甚至完全市场化,但是终归有别于完全自发市场经济,政府在经济活动中的角色依然明显	如果"扶持之手"理论主要注重政府对幼稚工业的扶持这一现象的概括,那么东亚发展模式中的国家与地区将慢慢告别这一阶段,但是他们又不是变为完全自发市场经济状态,①所以以"灵巧之手"对其予以概括,将更为恰当	虽说在东亚发展模式中的不少国家与地区的发展初期,政府的性质多为权威主义性质,并且伴随着诸多的政治腐败,经济低效且浪费,财阀阀财团影响大等问题,但是伴随着发展型国家与地区的发展和转型,这一问题反而不再如过去那么显著,故此其并未"滑向""掠夺之手"范畴,甚至在逐步远离它	渐行渐远。原先可能在不同程度上具有一定的类似性。②尤其是强而有力的中央政府以及积极的经济作为等。但是伴随着东亚发展模式的发展,壮大、转型,其与计划经济体制的距离渐来越远,甚至再难有任何"瓜葛"

---

① 彼得·埃文斯将发展型国家视为区别于西方主流经济学的重要论说,其也是回应现代经济理论和21世纪经济挑战的重要方式。Peter Evans, "The developmental state: Divergent responses to modern economic theory and the twenty-first-century economy," Michelle Williams ed., *The end of the developmental state?* New York: Routledge, 2014, pp.220—240.

② 发展型国家实践的早期甚至很长期的历史阶段中,苏联经济体制特别是"五年计划"体制的超高绩效,起到了重要的灵感乃至刺激作用。Hironori Sasada, *The evolution of the Japanese developmental state: Institutions locked in by ideas*, New York: Routledge, 2012, p.13.

（五）本部分基本结论和内容小结

此外，如果我们回过头来反思东亚模式的成功之道时，就会发现它们走过的每一步其实也都没有那么容易。因为在实践过程中，任何产业政策的实施，例如当年日本的通产省的任何作为，都不是可以轻易达成的事情。如果我们将东亚模式中的产业政策简单化甚至妖魔化为"挑选赢家"，那么显然是难以解释其经济发展成就的。"很明显，其努力并不遵从于所谓的国家直接挑选赢家。"①无论是产业合理化政策，还是产业结构合理化政策过程中，其实往往都蕴含着复杂的朝阳与夕阳产业识别的问题，以及建立在此基础上的一系列有效政策与措施的制定问题。我们切不可以"事后诸葛亮"的心态看待它们此前的成功。约翰逊的经典研究为我们展现的不仅是日本产业政策的艰难形成过程，同时还展现了通产省运作过程中的复杂政治。但是，他们产业政策成功的关键是保持和专家学者、相关产业一线决策层与管理层的良好沟通，同时也需要处理一些部门内外的复杂政治与协调关系问题。虽说现在的很多研究者将日本战后通产省的成功经验追溯到 1932 年建立的"统制会"（the Control Associations）和 1937 年《国家总动员法》建立起的"40 年代（战时）体制"，甚至追溯到日本军政要员在伪满洲国的实践，但是研究者也普遍看到战后通产省的官员在理念、技术、手段和方法上有了非常大的改进和提高，通产省技术官僚借助更多的最前沿的经济理论和统计工具，其经济发展计划更为精细和精致，很多官员到美国等海外高等学府留学深造。②

彼得·埃文斯的"嵌入性自主性"概念表达的就是：要将国家与社会的良好沟通关系进行制度化，"正是这种自主性嵌入社会联结的固定机制，从而使得国家实现对社会的联结，并为政策及其目标的持续的沟通以及再沟通提供制度化渠道。"③而在实践中，通产省无论是"做大"企业规模，还是"做强"企业竞争力的筹划，都会面临着"公平贸易委员会"（Japan Fair Trade Commission）所坚守的反垄断政策的挑战，甚至要经常面对美

---

① Stephan Haggard, *Developmental states*, Cambridge: Cambridge University Press, 2018, p.22.

② Hironori Sasada, *The evolution of the Japanese developmental state*: *Institutions locked in by ideas*, New York: Routledge, 2012, p.168.

③ Peter B. Evans, *Embedded autonomy*: *States and industrial transformation*, Princeton, New Jersey: Princeton University Press, 2012, p.59.

国等国际社会的压力。维斯和霍布森也强调,"无论是什么秘方使通产省能够具有'先见之明',要素之一一定是官僚选择和支持特定部门的标准与工业部门的可靠建议能紧密结合。"[1]

从目前来看,在这一整个转型和发展过程中,相对而言,其发展绩效还是不错的。虽然东亚国家如韩国在 1997 年遭受金融危机的沉重打击,但其经济在 1999 年就迅速复苏,2000 年迅速恢复快速增长。而这一表现也是东亚和东南亚国家普遍经历的过程。[2]也就是说,东北亚和东南亚国家与地区体现出政府介入市场经济生活已经表现出"灵巧"和"灵活"的一面。所以,本书所概括的政府作为的"灵巧之手"具有更适宜的针对性。

三、本节内容小结

(一)有为政府历史经验与理论谱系的结合和对比

总而言之,"灵巧之手"归根到底也可以算是"扶持之手",或者说其是"扶持之手"的转型、改进以至于升级的"版本",因为"灵巧之手"实际上可以在理论层面更好地归纳和完善"扶持之手"的基本策略。两者的基本假设、理想诉求,甚至实现方式上都基本一致。"灵巧之手"需要在历史与现实的经验基础上,更好地理解和归纳发展型国家的实际经验,并努力克服发展型国家的历史发展的教训,同时也需要努力回应甚至纠正广泛存在的误读和误解。我们将以东亚发展型国家的政府微观调节"法宝"——产业政策的分析作为基础,将东亚模式中的国家与地区的政府介入市场与社会的模式归纳为政府作为的"灵巧之手"理论。将其对照世界各经济区域的经济发展战略的历史与现实情况,将这些模式或者理论范畴运用到不同区域的典型的经济发展模式的对比性分析中,即表 4.4 内容所展示的内容。由此可知,政府作为的"灵巧之手"理论不仅具有深厚的理论性,并且也具有广阔的应用前景,同时也可以与比较政治经济学等学科范畴内的政府介入经济的不同模式进行清晰而直观的对比和区分。

---

① [澳大利亚]琳达·维斯、约翰·M.霍布森:《国家与经济发展:一个比较及历史性的分析》,黄兆辉、廖志强译,吉林出版集团 2009 年版,第 200 页。

② [美]约瑟夫·E.斯蒂格利茨、沙希德·尤素福:《东亚奇迹的反思》,王玉清、朱文晖等译,中国人民大学出版社 2013 年版,第 67—69 页。

表 4.4 政府介入市场的不同理论对不同国家与地区发展的解释性的对比性分析

不同对象＼不同理论类型	"无形之手"理论	"扶持之手"理论	"掠夺之手"理论	"灵巧之手"理论
英国	绝大部分	海军与海外贸易保护网络、利用自身帝国网络优势,提倡并实施贸易自由化	分利集团影响:各种利益集团与强势工会等	20世纪特别是二战后不太成功,持续上百年的"英国病"①
美国	大部分	通商与海外贸易保护、早期的贸易壁垒、知识产权保护等	分利集团影响:奴隶主等精英群体主导的"军事—棉花综合体";军工复合体等院外压力集团	颇具灵活性,比较成功。以国防部和农业部等为代表,政府支持、占据并扩大技术和制度优势,同时充分利用完全竞争市场;近几十年来对高新技术产业的隐蔽扶持
德国	小部分	政府扶持与发展大型钢铁、铁路、电力、化学等产业,产业与贸易保护政策	形成强大的支配阶级同盟——"钢铁与黑麦"联盟、政府权力过分集中,收买与压制劳工	工业化进程中以战争方式"转嫁"内部经济社会矛盾,导致德意志帝国与第三帝国的覆灭。当前,发展和巩固其制造业优势,比较成功,成为欧洲为数不多而且真正具有实力的"三驾马车"之一

---

① 国内不少研究将英国在20世纪的衰落现象归纳为"英国病",罗志如、厉以宁:《二十世纪的英国经济——"英国病"研究》,商务印书馆2015年版。英国学者马丁·威纳将其归为英国文化传统的持续影响,以及20世纪工业精神的持续衰落,"19世纪80年代起,对工业和农业革命所作的学术性和通俗性的描述,不仅对无拘无束的资本主义抱有敌意,也对技术进步的价值和追求经济增长本身提出质疑,交织着社会价值准则的彻底变更。"[英]马丁·威纳:《英国文化与工业精神的衰落:1850—1980》,王章辉、吴必康译,北京大学出版社2013年版,第113页。

（续表）

不同理论类型＼不同对象	"无形之手"理论	"扶持之手"理论	"掠夺之手"理论	"灵巧之手"理论
苏联	不容易解释，因其全面消灭了市场经济活动	集中全国资源发展重工业，军事工业；非"扶持之手"所能解释	国有化、官僚主义坐大、"寻租"、生产低效、人为制造短缺等（科尔奈等人的归纳①）	不成功，未能及时而有效地实施调整而导致最终解体
"东亚奇迹"国家	很大部分	有效的出口导向型发展战略的产业政策、金融政策、贸易政策等	裙带资本主义、官僚腐败等；财阀影响太大等	相对成功。1997年亚洲金融危机后的改革相对成功，相关产业转移和升级相对迅速，不过经济增长相对放缓
拉美国家	很大部分	政府主导进口替代型发展战略，相关产业得到扶持和发展，但是总体发展与国际竞争力相对有限，产业升级有限	很大部分，社会不平等问题改变有限，威权主义与选举腐败问题严重，民粹主义盛行	进口替代型发展战略的退出机制运行不畅通，不算成功（政府扶持的企业因受政府保护，国际竞争力不够），受到新自由主义改革运动的负面影响，有效的调整和完善政策基本缺失，外资外债影响太大，经济体制的依赖性强、比较脆弱，现在又多受选举政治钳制

---

① "经典社会主义体制下的短缺现象是非常普遍、经常发生、相当严重和长期持续的短缺，因此,经典社会主义体制是一种短缺经济。"[匈牙利]雅诺什·科尔奈:《社会主义体制:共产主义政治经济学》,张安译,中央编译出版社 2007 年版,第222 页。

（续表）

不同理论类型 不同对象	"无形之手"理论	"扶持之手"理论	"掠夺之手"理论	"灵巧之手"理论
中国	很大部分，充分发挥市场在资源配置中的决定性作用	主要体现在改革开放初期出口导向型企业的政府帮扶政策中，包括出口退税、进口限制、税收优惠与财政补贴等；当前表现为对高新技术产业的鼓励、扶持和支持等	一些基层和地方的政商关系复杂，腐败问题时有发生，弱势群体保护不够等	大部分，长期保持高速经济增长，且在不同时期的增长动力和支柱性产业各有差别，例如20世纪80年代的农村改革与乡镇企业异军突起、20世纪90年代制造业与城市化、新世纪以来的大基建与房地产以及高新技术产业等，[①]充分展示中国政府在产业扶持、调整、合理化、退出和升级过程中的重大作用

（二）本部分研究的小结与展望

本节得出这样的结论：尽管政府作为的"灵巧之手"理论，在很大程度上源自包括中国在内的东亚模式中的诸多国家的政府介入经济的实践经验，但是这也不会影响这一理论模式或者政府介入经济的创新模式的一般性与普遍性，因为其他的不同政府介入经济的模式也有着理论"原型"，而由于东亚国家与地区二战之后出色的经济表现都足以使这一政府介入经济的模式或者创新形式广为人们所认知，甚至成为政府介入经济理论范式的新的类型或者"族系"。[②]

---

① Ching Kwan Lee, "A Chinese developmental state: miracle or mirage?," Michelle Williams ed., *The end of the developmental state?* New York: Routledge, 2014, pp.128—151.

② 英国历史学家彼得·伯克在归纳法国"年鉴学派"的时候认为，以"学派"对其进行概括可能是不准确的，"两个圈内人罗杰·夏蒂埃和雅克·雷维尔提出的'星系'一词也许更加恰当。同样，年鉴'网络''运动'甚或扩大式'家庭'等说法也是有帮助的。"[英]彼得·伯克：《法国史学革命——年鉴学派，1929—2014》(第2版)，刘永华译，北京大学出版社2016年版，第2页。笔者在本书中也只能探索性地以理论的不同"族系"予以概括。

我们可以认为政府作为的"灵巧之手"理论实际上是"扶持之手"的"优化"版本甚至是"升级版"，如此总结和概括颇为符合东亚模式发展的实践，即东亚模式中的代表性国家通过灵活的产业政策调整，比较成功地实现了经济增长方式的转变和经济社会转型，从而实现了从低端制造业、服务业到互联网化、智能化等高新技术产业的扶持，以及不断强化人力资本投资的转变。[①]与此同时，这一理论概括亦可避免发展型国家研究得出的悲观性的结论："世间再无发展型国家"。所有的类型化概念和理论均有经验归纳和逻辑推演的成分，也即世间绝无完全和绝对符合政府作为的"灵巧之手"的国别个案，但这不至于太影响我们的学术讨论与研究，甚至不影响我们在理论和实证经验层面的"来回穿梭"式反复对比性研究。而政府介入市场经济和社会的模式在东亚模式和中国模式中得到最明显的呈现，我们可以将其视为东亚模式和中国模式的"主导"发展模式；虽然其在其他国家和地区的发展经验和发展模式中也多有所体现，但是都难以成为它们的"主导"类型或者模式。

第四节　东亚模式中产业政策的政治基础

从 20 世纪以来的后发现代化国家的历史发展经验来看，残酷但却很现实的是，到目前为止，只有东亚的日本、韩国、新加坡等发展型国家成功地完成了跨越式发展的目标，实现了从经济相对落后到经济发达状况的转变。[②]

[①]　Stephan Haggard, *Developmental States*, Cambridge: Cambridge University Press, 2018, p.47.

[②]　虽然日本有相当多取法德国的地方，但是日本的模式，特别是战后复兴的产业政策等确实可以算是独树一帜的。而由于日本殖民对韩国的持续性的影响，使得日本模式成为分析与理解东亚模式的重要源泉。故此，本文将在涉及东亚模式的分析部分多以日本案例或者日本的情况为代表，辅助以韩国的情况加以支撑。例如，学者都努力探寻韩国现代化过程中日本因素的重要性。奠定了韩国发展重要基础的是朴正熙的威权主义与民族经济主义的长足发展。"首先，重要的部、局如经济企划院、工商贸易部、韩国中央银行等，都是建立在殖民时代的基础上，要不就是按照日本已有的模式而设立，如著名的通产省（MITI）。其次，朴正熙时代的公务员考试和培训都延续了日本的模式。第三，日本人训练的朝鲜公务员还继续留在了高级职位上。"[美]阿图尔·科利：《国家引导的发展——全球边缘地区的政治权力与工业化》，朱天飚、黄琪轩、刘骥译，吉林出版集团 2007 年版，第 78 页。

用沃勒斯坦的世界体系的语言来概括就是,顺利地实现了从外围"边缘国家"(新型工业化经济体,newly industrializing countries,NICs)向工业化"中心国家"转移的过程。①埃文斯以"举案说理"的方式,揭示了这种可能性,"在20世纪70年代伊始,当时的韩国、印度和巴西根本就没有本国所控制的信息技术产品,但是却发展出了一系列新的本土制造者。与此同时,那个在二战后可以在计算科学理论保持领导地位的国家(美国),现在却依赖于总部设在别国的公司。无可辩驳的是,一个国家确实可以在国际分工体系中改变自身的位置。"②学术界多将这些国家或地区的成功奥秘归为有效产业政策的制定与实施。③制定和实施有效的产业政策,显然是要观察与分析当时的国际政治经济大格局,同时利用自身的比较优势,充分调动自身优势资源,特别是政治统合性甚至封闭的压制性的"资源"或者"优势",迅速发展和壮大自己的领航产业,进而实现对整个国民经济的带动。在这一过程中,具有强烈发展愿望的国家意识形态、精湛高效的政府官僚机构,特别是强势的经济规划与发展推进机构的作用则尤为凸显。④

而为了实现产业集聚,以及政府与领航产业相关企业之间的良性互动,并由此实现政府介入相对有效的市场机制过程中,发挥政府的有效经济整合甚至政治整合作用,实际上是这些国家和地区领航产业政策发展与跨越的关键抓手:以自身独立工业体系的建立,进而推动有效的出口导向政策,并由此打入世界市场,从而形成相关产业的国际优势,以带动整个国民经济水平的迅速发展和提升。⑤出口导向政策并不能保证其持续

---

① [美]斯蒂芬·哈格德:《走出边缘——新兴工业化经济体成长的政治》,陈慧荣译,吉林出版集团2009年版,导论,第1—2页。

② Peter B. Evans, *Embedded autonomy*: *States and industrial transformation*, Princeton, N. J.: Princeton University Press, 2012, p.214.

③ [美]查默斯·约翰逊:《通产省与日本奇迹》,唐吉洪译,吉林出版集团有限责任公司2010年版,第125页。

④ 同上书,第57页。

⑤ T.J.潘佩尔:《变化世界经济中的发展型体制》,载[美]禹贞恩:《发展型国家》,曹海军译,吉林出版集团2008年版,第204页。"向美国和其他先进工业化国家出口商品的能力,加上国内维持受保护的制造业和资本市场的能力,是日本和韩国经济成功的关键。做到这些就要允许他们利用相对开放的世界市场,把它作为促进他们自己国内改革的手段。"

的优势,其在发展过程中,通过不断的产业升级,乃至带动高新技术产业跟随甚至与发达国家形成并驾齐驱之势。但是,目前关于东亚模式或者发展型国家与地区的研究,主要侧重点依然放在政府的产业政策上。即当学者都努力去挖掘日本奇迹、东亚奇迹为什么得以发生的原因,都将其归为有效而成功的产业政策,但是对产业政策背后的国家(结构性)特征与政治制度性特点的关注相对比较少,[①]而且更难以"参透"产业政策背后的经济社会秩序的建构与演化逻辑:在东亚社会中,其威权政府在推行产业政策的同时,重构甚至建立了几乎整套的社会秩序。[②]虽然,我们可以质疑这种秩序的稳定性,但是我们显然无法回避这一秩序的历史与现实存在。

一、对传统竞争性市场经济学的"叛逆"

作为第二波工业化代表性国家的日本,通过 1868 年开启的明治维新变革,在国民经济和社会发展等方面实现了迅速"觉醒"和对西方发达资本主义国家的"奋起直追"。作为一个资源相对稀缺的岛国,其主要是以国家之力,强行在整个社会推行现代化事业,实属世界罕见的一个国度(普鲁士与彼得大帝时的俄国也存在类似情况[③])。而由于其工业化进程相对比较成功,所以也成为第一个(在经济发展水平上)"脱亚入欧"的亚

---

① 比较注重发展型国家背后的国家结构、政治制度等方面的因素的重要性的典型作品有:[美]阿图尔·科利:《国家引导的发展——全球边缘地区的政治权力与工业化》,朱天飚、黄琪轩、刘骥译,吉林出版集团 2007 年版,第 489 页,科利强调:"解释国家干预经济之成败的更深层原因涉及国家的政治运作。一些国家能够更好地组织力量并将其集中使用,而其他国家则不能。"[美]斯蒂芬·哈格德:《走出边缘——新兴工业化经济体成长的政治》,陈骏荣译,吉林出版集团 2009 年版,第 18 页,"东亚新兴工业化经济体的成功靠的不仅仅是某种政策,还在于特定的政治和制度背景允许它们最先采取这些政策。"

② 英国学者劳拉·劳特利(Laura Routley)开门见山地强调自己对发展型国家的文献研究将同时关照其政治与社会维度。Laura Routley, "Developmental states: a review of the literature," Effective States and Inclusive Development Research Centre (ESID), *Working Paper*, No.03, 2012, p.5.

③ "彼得将他自己表现为一个伟大的'西方化者',或者用今天的话说,是一个伟大的'现代化者'……"[美]伊曼纽尔·沃勒斯:《现代世界体系》第 3 卷,郭方、夏继果、顾宁译,社会科学文献出版社 2013 年版,第 199 页。

洲国家。①虽然同属于第二波现代化国家,但日本是和美国工业化道路有所区别,而基本上可以归入"取法"德国的典型后发现代化国家。②一直以来,"日本信奉的政治经济学与有时被称为'经济国家主义'或新'重商主义'的德国历史学派是一脉相承的。"③虽然重商主义在欧洲的历史源远流长,但指导德国工业进程的经济学说显然是李斯特的经济学④,而留学德国的美国人带回的李斯特经济学,在美国被称为"叛逆经济学"。⑤由此,我们可以梳理出,日本经济与社会管理实践的基础及德国的"叛逆经济学",主要是相对于英国的自由市场经济的经济学而言的。⑥故此,无论是在历史渊源上,还是从东亚模式的特征上,东亚国家与地区的经济与社会发展成就的取得,显然有别于自由市场经济体制以及其学说指引的方式(自由市场、自由贸易、政府放任主义等),这些在比较政治经济学等领域虽有争论,但是基本都有相对比较可靠的定论。通过下文分析,归纳出日本奇迹代表的东亚发展模式的独特之处,也即东亚模式挑战的传统自由市场经济模式、体制与秩序的要点:

第一,首先从德国和日本开始,他们就有比较显著的产业发展和扶持政策,甚至直接发展出国有甚至国营的核心产业。所谓的产业政策,按照

---

① "弹丸之地的荷兰对明治藩阀的经济力量和军事才能是如此敬畏,以致从1899 年起在法律上将殖民地的日本人摧升到'荣誉欧洲人'的地位。"[美]本尼迪克特·安德森:《想象的共同体:民族主义的起源与散布》,吴叡人译,上海人民出版社2005 年版,第 118 页。

② [美]高柏:《经济意识形态与日本产业政策——1931—1965 年的发展主义》,安佳译,上海人民出版社 2008 年版,第 48 页,"杉原四郎还指出,19 世纪 80 年代,在日本政府决定依据德国模式构建其政治制度后,'全力引进的是作为德国社会科学基石的德国经济学'。同时,英国经济学以及所有英国保守派社会科学的影响一起式微了。"

③ [美]查默斯·约翰逊:《通产省与日本奇迹》,唐吉洪译,吉林出版集团 2010年版,第 18 页。

④ 美国学者詹姆斯·法洛斯也认为,日本经济发展的指导思想是李斯特经济学而非斯密经济学。James M. Fallows, *Looking at the sun*: *The rise of the new East Asian economic and political system*, New York: Pantheon, 1994.

⑤ [美]丹尼尔·T.罗思斯:《大西洋的跨越——进步时代的社会政治》,吴万伟译,译林出版社 2011 年版,第 103 页。

⑥ 罗纳德·多尔(Ronald Dore)简单明了地概括,"他们(日本人)就不相信'看不见的手'(理论)"。Ronald Dore, *Flexible rigidities*: *Industrial policy and structural adjustment in the Japanese economy*, *1970—1980*, London: Bloomsbury, 2012, p.1.

约翰逊的界定，即为："关注本国的产业结构并注重完善能加强国际竞争力的产业结构。产业政策的存在就意味着国民经济具有长远的、定向的发展方针。相反，市场引导型国家一般没有产业政策，或根本不承认有产业政策。"①但是，日本并没有长期发展自己的国有经济，甚至在工业化早期就逐步"出售"了原有的国有企业。当然，这种"出售"也使得政府（相关部门，类似"主管部门"）与这些原大型国有或者国家经营的企业之间有"藕断丝连"的千丝万缕的关系，这也成为日本独特的公私合作方式的基础，即日本很多的大型企业都有较强的政府关系网络，而政府也能够比较有效地引导与控制这些企业的细致入微的经营目标等。②这一点也被韩国延续，"尽管韩国维持了一些国有企业，大规模的私有化还是发生了，为若干工业集团的增长做出了贡献。"③

　　第二，国家在市场经济与社会管理过程中的重要作用，是西方英美国家难以比拟的。虽然，东亚模式有别于计划经济秩序下的传统社会主义国家通过全面、系统的国有化运动而实现国家对经济和社会的全面掌控，日本的国家类型在很大程度上可以被归入危机应对性国家的类型。但是，这种国家控制市场经济与社会的模式，显然根深蒂固，甚至成为现实国家形态的比较持续的模式特征。近代以来的日本，无论是国家的相对自主性还是国家的能力，相对于英美国家，都有更大的发展，虽然还不足以成为"保姆型国家"，但是在很大程度上已经很接近这样的国家类型。例如日本的国家作用不仅表现在经济调节方面，甚至深入到行业培育、管理甚至可能成为相关行业的"托底"保护者。"政府发放信贷或者由政府担保的信贷；确立减税优惠；为了确保所有参与者的利益由政府监督投资协调；在经济困难时期由政府合理分担风险（私营企业组织很难做到这一点）；政府对于产品的商品化和销售的支持；以及当一种行业整体开始经济下滑时政府提供援助。"④这些特征，在英国国家显然是

---

　　① 　[美]查默斯·约翰逊：《通产省与日本奇迹》，唐吉洪译，吉林出版集团 2010年版，第 20—21 页。

　　② 　Richard J. Samuels, *The Business of the Japanese State*：*Energy Markets in Comparative and Historical Perspective*, Ithaca：Cornell University Press, 1987.

　　③ 　[美]斯蒂芬·哈格德：《走出边缘——新兴工业化经济体成长的政治》，陈慧荣译，吉林出版集团 2009 年版，第 59 页。

　　④ 　[美]查默斯·约翰逊：《通产省与日本奇迹》，唐吉洪译，吉林出版集团 2010年版，第 347 页。

难得一见的。而英国的发展模式也进一步影响了他们的殖民模式,因为他们总是以自己的发展模式"刻画"甚至"塑造"其殖民地的发展远景,"英国在印度创造了一整套私有产权的制度,然后就只等着印度的孟加拉地主自己转变成'圈地养羊'的资产阶级。"①所以,东亚模式中的国家协调市场与社会的模式,并非传统的政府干预理论所能准确概括,"从目标、范围、焦点、方式(不一定是政策工具)来看,国家'行动主义'总的来说与世界其他地区的国家'干预主义'(一种常被混淆的形式)有根本的不同。"②

第三,国家深入地渗透到市场秩序与企业经营过程中,甚至可以改变企业的利润最大化追求这一最高目标。尽管发展型国家基本上都遵循市场经济规律,因势利导地利用市场规律与规则,以实现国家发展主义的目标。但是,在此过程中,国家的干预程度为传统市场经济秩序望尘莫及之处在于:国家已经能够在很大程度上改变市场中的企业的最高经营目标——利润最大化。而扭转这一目标追求的替代性目标是:国家利益、公共利益或者国家秩序的导向。③尽管在现实世界中,不同的国家都有不同的目标追求,但是富国强兵却是不同国家比较共同的追求,而且经常以此作为国家整体目标以覆盖甚至替代企业追求的目标。但是,关键在于日本为代表的东亚国家能够逐步改变企业的直接短期利润追求,"在日本,合理化愈来愈强调企业间的竞争应该被'协调'所取代,企业活动的主要目的不是赚钱,而应该是降低成本。"④而且,在很大程度上,这种国家干预市场经济与社会的方式,在快速工业化的国家基本上都存在,特别是如果可以将意识形态和道德正当性先不讨论的前提下,我们会发现成功的后发展工业化国家确实通过政府的"灵巧之手"很大程度上限制了自由开放的竞争性市场经济的基本规律,"高速工业化国家

---

① [美]阿图尔·科利:《国家引导的发展——全球边缘地区的政治权力与工业化》,朱天飚、黄琪轩、刘骥译,吉林出版集团2007年版,第10页。

② [澳大利亚]琳达·维斯,约翰·霍布森:《国家与经济发展:一个比较及历史性的分析》,黄兆辉、廖志强译,吉林出版集团2009年版,第180页。

③ [美]弗朗西斯·福山:《信任:社会美德与创造经济繁荣》,彭志华译,广西师范大学出版社2016年版,第53页,"日本的公共机构和私有企业之间的关联程度是远胜于美国的,甚至于很难分清楚什么是公共,什么是私有。"

④ [美]查默斯·约翰逊:《通产省与日本奇迹》,唐吉洪译,吉林出版集团2010年版,第119页。

中的政府干预经常以政府强化市场的行为为特点，这些行为可以被理解成政府对私人投资利润率的扶持，而不是加强竞争力或开放度，更不是政府自我限制倾向的表现。"①当然，这种限制主要是指市场经济中控制无序、低效、不正当竞争等情况，政府会努力将其控制在有效竞争与自己可以良好控制的范围内，政府与私营企业之间是一种比较融洽的合作共赢的关系，可以恰当地将其概括为"竞争性合作关系"（comparative collaboration）。②

　　第四，国家通过产业政策有效地控制、限制市场（主体之间的）竞争。在诺斯等人的分析框架中，市场竞争机制不仅是经济效应、市场理性的源泉以及内在作用机制，同时也可以依照熊彼特的"创造性破坏"理论，实现政治"市场"领域的理性和自由竞争，从而"自发"形成良性互动的社会秩序，即权利开放秩序。任何对市场竞争机制的限制、干扰、阻碍等行为，都是对市场机制的扭曲和破坏，显然也终将不利于一个国家的经济社会效益的获得。但是，诺斯等人基本漠视恶性市场竞争带来的负面的经济社会后果。所以，在他们的分析框架中，显然也无法容纳政府对市场竞争的干预，因为他们终将破坏哈耶克提炼的市场自发秩序的运作原理，政府干预终将不利于市场秩序的生成与演进。但是，日本的产业政策不仅是通过有效的政府工具的组合使用以实现相关产业的发展，其内在运作机制包括对行业间与行业内的竞争的限制与规制，"通产省高速增长体制中的一些因素出自政府，政府选择一些行业并进行培养，用完善的措施使这些行业的产品商品化、用发展的手段去调节前面两组形式所产生的激烈的竞争。经济官员手中的主要措施包括有……这样，他们就可以有效地监督竞争。"③对于我们熟悉相关文献的研究者来说，其中的产业政策以及政府工具，显然是耳熟能详的。但是，我们比较缺乏的是对其限制市场竞争的内在机理的认知，因为日本等东亚国家都是在市场经济的框架下实

---

① ［美］阿图尔·科利：《国家引导的发展——全球边缘地区的政治权力与工业化》，朱天飚、黄琪轩、刘骥译，吉林出版集团2007年版，导论第7页。

② Richard Boyd, "Government-industry relations in Japan: Access, communication, and competitive collaboration," Wilks, Stephen, and Maurice Wright, *Comparative Government-Industry Relations: Western Europe, the United States, and Japan*, Oxford: Clarendon Press; New York: Oxford University Press, 1987.

③ ［美］查默斯·约翰逊：《通产省与日本奇迹》，唐吉洪译，吉林出版集团2010年版，第218页。

施产业政策的。这显然可以从很大程度上说明产业政策所代表的经济理论显然是对原先传统的自由市场理论的逆反。而在其基础上形成的社会秩序,显然也将有别于自由市场秩序。

第五,东亚国家可以实现对某些产业,甚至产业结构的合理化、调整、扶持与优化。美国管理专家泰勒提倡的科学管理理念,以及由其所发动和推动的科学管理运动曾经在美国风靡一时,但是这一运动显然还主要处于社会倡导的层面,并且止步于企业内部管理优化、产业生产过程中的程序优化等层面。[①]但是,日本发明并优化的合理有效的产业政策,实际上能够在不同的行业内部,甚至在整个产业结构层面实施人为的管控、改造以至于优化,这显然是任何市场经济国家都无法望其项背的。尽管美国的大型企业、行业联盟性质的组织,可以在其行业内部甚至行业间进行产量、价格设定与区域市场分配等方面的协调,[②]但这些市场行为或者组织行为都无法对产业结构本身实施人为的操控与改善。因为这里面将涉及大量的问题,例如企业重组、落后产能的淘汰、预计升级后的相关技术培训、落后产能企业的转型与员工的再就业或者就业安置与社会保障等,这些都是除了国家以外的任何组织都无法解决的重要经济社会问题。"许多亚洲政府执行的产业政策有一个显著的特点,它们通常可以让雇员庞大的过时产业有序地解体。比如在日本,纺织业的雇员总数从 20 世纪 60 年代初的 120 万人下降到 1981 年的 65.5 万人……韩国政府也同样对劳动密集型产业进行过类似的大裁员。"[③]这种为了产业结构调整的长远利益而比较迅速实施的大裁员,在西方国家显然也是难得一见的。即使不论及大面积的裁员与就业安置,对于落后产能的调整,也是需要政府相关部门主导相关产业而实施的,"在某种行业还不至于全面破产的情况下,通产省让它们结成'萧条卡特尔',使这行业中的所有企业

---

① "在科学管理制度下,除了工人方面的这种改进外,管理者则要承担过去想都不敢想的新的职责。例如,管理者要负责把工人已有的传统知识汇集起来,加以分类、制表,并编制成规章制度和操作规程,以有助于工人的日常工作。"[美]弗雷德里克·泰勒:《科学管理原理》,马风才译,机械工业出版社 2007 年版,第 27 页。

② [美]小艾尔弗雷德·钱德勒:《规模与范围——工业资本主义的原动力》,张逸人等译,华夏出版社 2006 年版,第 70 页。

③ [美]弗朗西斯·福山:《信任:社会美德与创造经济繁荣》,彭志华译,广西师范大学出版社 2016 年版,第 19 页。

都平均减产。"①

所以,这种国民经济的产业结构优化实际上体现的是一个国家的经济发展战略性的考量和实施,当然也是一个国家的主要的战略构想与战略行动。而日本100多年的工业化历程,实际上一直伴随着不断的产业调整与优化,"1952到1961年期间是通产省的黄金时代。利用金融投资贷款计划、发展银行、产业合理化委员会以及几个其他强有力的机构,企业局一心一意地把日本的轻型的、劳动密集的部门转变为钢铁、造船和汽车工业,改变了国家的产业结构。直到今天,日本成为这些产业中的世界领跑者。"②而这一重要变革也在韩国发生,韩国一反朝鲜战争后美国与日本对其所做的产业结构的"定位",执意要发展自己的重工业,而且还发展得相当成功,并且为其后来成功地打入半导体、电子信息、计算机、数码与信息通信等行业打下了坚实的实业基础。③而在东亚甚至东南亚产业结构类型的研究中,研究者甚至发现了所谓的不同发展阶段的国家,都伴随着工业化的深化而呈现出不同发展阶段国家之间,在产业结构类型方面的"雁行发展模式"。这在其他国家和地区肯定很难实现,虽然发达国家也都实现了不同程度的产业转移和升级,但是相对比日本、韩国等东亚国家与地区这样的产业转移与升级而言,并没有它们来得如此迅速、

----

① [美]傅高义:《日本第一》,谷英、张柯、丹柳译,上海译文出版社2016年版,第57页。

② [美]查默斯·约翰逊:《通产省与日本奇迹》,唐吉洪译,吉林出版集团2010年版,第264页。其实,日本的政府干预与产业结构升级一直处于"进行时","与此同时,日本迅速将自己的产业结构转向了高新技术。尽管与20世纪70年代相比,由于日本企业经济活动已超越了一国界线,政府控制经济的能力有所削弱,但行政指导和政府规制仍然是1973—1989年间政府干预经济的主要手段。"[美]高柏:《经济意识形态与日本产业政策》,安佳译,上海人民出版社2008年版,第236页。

③ [美]阿图尔·科利:《国家引导的发展——全球边缘地区的政治权力与工业化》,朱天飚、黄琪轩、刘骥译,吉林出版集团2007年版,第107页,"西方国家、国际发展机构甚至是日本公司都怀疑韩国是否能进入钢铁生产行业,因为20世纪70年代早期国际市场已经处于饱和状态,而韩国发展钢铁业的目的还是为了出口。然而,朴正熙不遗余力地推进此事,并最终说服了日本人。"Peter B. Evans, *Embedded autonomy*: *States and industrial transformation*, Princeton, N. J.: Princeton University Press, 2012, p.87,"有关这些工业在20世纪50年代和20世纪60年代的绩效表明,韩国人不仅成功地引入了其急需引入的工业部门,而且还比较高效率地完成了这一重任。"

有序而有效,因为发达国家多受制于国家相对自主性不足,政府宏观经济调控与产业(发展)政策受制于国内政治结构,特别是代表落后产能的利益集团与强势劳工团体等反对。①这从根源上来看,其所反映的正是作为权利开放秩序重要组成部分的多元竞争性民主体制的相关缺憾,"对于美国产业政策最严厉的批评往往不是针对经济,而是关乎美国民主体制的特点。"②

二、东亚发展模式的社会基础与政治保障

以日本为先导和典型代表的东亚模式的产业政策,随着日本的崛起,普遍成为人们关注的对象,不过人们对其背后的政治基础却相对缺乏关注。本部分进一步通过产业政策的政治基础,来挖掘、归纳与阐释东亚模式中的国家协调型的社会秩序的基础与特质。

(一)特定的历史背景与经济民族主义的驱动

不少研究将日本这一由国家主导型发展模式的发端归为明治维新,但是为何明治维新发展出国家主导式发展模式?虽然"黑船扣关"的主角是美国佩里将军,但日本学习的主要对象却是德国。其中的原因可能主要是其与德国的亲和性,例如封建主义传统、相对分散的联邦主义与国家集权需要、自然资源短缺、劳动力相对富足、权威政治传统、服从性国民心态与相应的文化教育传统等。所以,日本从近代化的一开始,就走上了一条有别于英美发展道路的德国发展道路。而日本以及后来的韩国的发展多带有强烈的经济民族主义色彩,"发展中国家经济的主要动机是,通过参与工业文明建设,取得世界列强的成员资格,因为只有这种参与才能迫使其他国家平等对待自己。如果不参与工业文明的建设必然使一个国家

---

① [美]曼瑟·奥尔森:《国家的兴衰:经济增长、滞胀和社会僵化》,李增刚译,上海人民出版社 2007 年版,第 77 页,"在那些长期没有遭受叛乱或外敌入侵并组织民主自由的国家,将会遭受到来自不利于增长的组织和联盟的压力。这有助于解释,为什么大不列颠这个长期没有独裁、入侵和革命的国家在 20 世纪的经济增长比其他发达民主国家低。确切地说,英国具有强大的特殊利益组织网络……商会的数量和实力就不需要描述了……英国也有强大的农民协会和商会。总之,随着时间的推移,英国社会获得了如此众多的强大组织和联盟,以致遭受着'制度僵化症'的困扰,而这又降低了它快速适应变化了的环境和采用新技术的能力。"
② [美]弗朗西斯·福山:《信任:社会美德与创造经济繁荣》,彭志华译,广西师范大学出版社 2016 年版,第 20 页。

在军事上无力对抗邻国,政治上无法控制本国公民,文化上不能参与国际相互交流。"①而日本由于迅猛发展的军国主义、殖民主义的驱动,使得其以强势的国家之力迅速实现经济现代化的压力越来越明显。而由于对外扩张与战争的驱动,更是推动了国家控制模式的生成,"在 20 世纪30 年代期间,日本试图通过移交给国家承担经济发展责任的方式,来解决它所面临的经济问题"②。但是,这里的所谓的"移交"显然来得蹊跷,因为包括日本民众在内的广大东亚人民,在 20 世纪 30 年代的日本军国主义的淫威下,显然难以有挑战和反抗国家强势介入经济与社会秩序的能力,但是却反而形成了强烈的国家忠诚,"在第二次世界大战前有一段时间,国家的确成为忠诚的首要对象,个体公民也很清楚他们希望承担的国家责任,但战争的失败令这种民族主义颜面扫地,除了对极端右翼分子之外。"③

与此同时,不少学者将韩国朴正熙时代的强烈的威权主义发展模式的历史渊源追溯到日本殖民时代。日本殖民者对朝鲜半岛的四五十年的殖民,留下了比较重要的历史遗产,甚至物质遗产。但是,更为重要的显然还是国家对经济发展模式形塑的历史延续性,而且这一影响显得尤为重要、更为持久,"殖民主义角色好像特别重要,并在日本对朝鲜的殖民统治案例中显示得最清楚。"④至于日本殖民者为什么花费如此心血来建设朝鲜半岛,很大程度上是因为日本军国主义提取资源的需要,而且由于文化的相对亲和性等,使得日本殖民者一直妄想将在朝鲜实现持久的控制和殖民。为了更有效的提取资源,⑤日本殖民者甚至花大力气逐步建设

---

① 　[美]查默斯·约翰逊:《通产省与日本奇迹》,唐吉洪译,吉林出版集团 2010年版,第 26 页。

② 　同上书,第 343 页。

③ 　[美]弗朗西斯·福山:《信任:社会美德与创造经济繁荣》,彭志华译,广西师范大学出版社 2016 年版,第 55 页。

④ 　[美]阿图尔·科利:《国家引导的发展——全球边缘地区的政治权力与工业化》,朱天飚、黄琪轩、刘骥译,吉林出版集团 2007 年版,第 455 页。

⑤ 　[美]阿图尔·科利:《国家引导的发展——全球边缘地区的政治权力与工业化》,朱天飚、黄琪轩、刘骥译,吉林出版集团 2007 年版,第 453 页。日本殖民者在朝鲜半岛时,"他们不仅通过对农业社会更强烈的横征暴敛而且还通过促使地主提高生产率来加强自己的税收基础。"

朝鲜的工业体系,[1]进而为朝鲜光复后的工业化进程奠定了不错的公共工程建设、工业(设施)和人力资源的基础。关键之处还在于,这些相对于日本殖民者而言的殖民"成就",显然都是以自上而下的国家主导的模式供给的。所以,在这些地方,国家直接介入市场与社会,为这些前现代社会供给制度甚至秩序,强势地自上而下地将国家政权渗透到最基层社会,增强国家的渗透能力、汲取能力和协调能力。与此同时,由于日本的残酷殖民行为,也埋下了强烈的民族主义的"火种",并且在二战后顺势发展成当年殖民地的比较激烈的经济民族主义。尽管他们的发展在二战后一定程度上曾受益于日本殖民时代的遗产,并且受到战后日本的国家与民间的资本投资、技术转让、产业转移等方面的有利影响。[2]

(二)东亚模式中的官僚相对自主性的保障

本部分着重揭示有效产业政策实施过程中的政府官僚相对自主性的重要性。这种相对自主性首先是国家相对于支配阶级或者统治阶级(或者稍微广义一点,可以指精英阶层等)而言的,官僚自主性具有深厚的德国渊源,"发展型国家是强调经济民族主义和新重商主义的德国历史学派逻辑上的衣钵继承者。这些发展型国家行为的中心是具有超强能力和自主性的国家官僚。"[3]20世纪以来,特别是经由奥尔森的研究揭示,我们纷纷将国家相对自主性的障碍归为各种特殊利益集团[或者带有主观评价性的所谓的"分利集团"(distribution group)]。"一般来说,具有以下特点的国家倾向于更有能力决定和实施工业转型的政策:对经济增长的集

---

① 日本殖民者的不少做法,在短期看来可能是很不合理的,例如,日本在朝鲜殖民期间,为了深入地渗透到整个经济社会中去,花费颇巨地开展土地调查,"在土地调查的8年期间,日本人一共花费了3000万日元来开展这个项目(可以参考的是,1911年总督府的财政总收入是2400万日元)。"[美]阿图尔·科利:《国家引导的发展——全球边缘地区的政治权力与工业化》,朱天飚、黄琪轩、刘骥译,吉林出版集团2007年版,第22页。此外,从统计数据上看,1937年的伪满洲国的财政预算高达25万亿日元,高于日本本土的24万亿水平。Hironori Sasada, *The evolution of the Japanese developmental state: Institutions locked in by ideas*, New York: Routledge, 2012, p.43.

② [美]阿图尔·科利:《国家引导的发展——全球边缘地区的政治权力与工业化》,朱天飚、黄琪轩、刘骥译,吉林出版集团2007年版,第105页。"韩国的重化工浪潮完全是建立在日韩的紧密合作之上,以至于我们'很难区别这到底是韩国的还是日本的'。"

③ T.J.潘佩尔:《变化世界经济中的发展型体制》,载[美]禹贞恩:《发展型国家》,曹海军译,吉林出版集团2008年版,第161页。

中追求、与资本集团的紧密联盟,对其他利益集团的严密控制以及健全的职业化官僚机构。"①也就说,这一结构性特征具有一般性意义,而科尔的扎实研究也发现,像巴西和印度这样的分散型国家只能取得中等的发展绩效,而像尼日利亚这样的新世袭型国家只能持久地处于不发展的状况。约翰逊其实也指出了官僚相对自主性相对于结构性要素的重要性。

由于结构性要素是相对比较稳定的因素,而只有官僚自主性才能"释放"或者强化官员个体与群体的主动性和能动性等,而这些对产业政策的制定和实施来说,其影响可能更具有决定性。"这个历史连续性的问题也使人们注意到一个事实:产业政策起源于日本人政治上的理性和制度革新意识,而不是主要或仅仅根植于日本的文化、封建残余、与世隔绝、勤俭、集体主宰个人或日本社会的其他特征。"②针对于日本的特殊情况,所谓日本人的理性与制度革新意识,显然主要是指日本官僚体制,尤其是所谓的领航机构,例如日本的通产省(MITI),其在整个产业政策的制定和实施过程中的作用最为关键。③后来韩国的经济企划院与总统办公室的经济秘书处,中国的"发改委"等也都起到了类似的"领航机构"的引领作用。正如前文所归纳的,东亚模式体现了政府干预市场与社会的"灵巧之手"理论,显然也体现出理性官僚体制下官员群体所代表的国家的能动性等因素,其对市场和社会的合理干预具有决定性影响。

作为日本产业政策制定与实施主体的通产省,其历史性作用首先是通过其在日本官僚结构中的重要性得以保障的,例如,战后的大多数日本首相都经由通产省大臣而晋升为首相,由此足见其重要性与影响力。而首相一般也都会与通产省的官员保持密切的沟通与联系。日本的政治体制成功地引入并实施了"事务官"与"政务官"的区分,并且严格限定了政务官对官僚管理体制的不适宜干扰。"日本的高级官僚因平时办事不受

①　[美]阿图尔·科利:《国家引导的发展——全球边缘地区的政治权力与工业化》,朱天飚、黄琪轩、刘骥译,吉林出版集团2007年版,第25页。

②　[美]查默斯·约翰逊:《通产省与日本奇迹》,唐吉洪译,吉林出版集团2010年版,第125页。

③　曾经在大藏省实践部门工作过的日本经济学家野口悠纪雄认为,战后日本经济增长的关键性机构是大藏省。[日]野口悠纪雄:《战后日本经济史》,张玲译,民主与建设出版社2018年版,第109—110页,"通产省对民间企业握有强权的时期,是在经济高速增长时期之前的20世纪50年代,也就是实行外汇配给的时期。在经济高速增长时期,通产省对民间企业活动的影响力就减弱了。"

别人横加干涉，他们以身为官僚而自信，善于互相配合，能大胆地发挥领导作用。如果他们不得不奉承外来的领导人，那就谈不上有什么自信和威信了。对他们来说，把第一把交椅让给外来的外行，是难以忍受的。"①而日本通产省官员的综合素质、管理技术能力等可能是举世无双的，尽管他们不像德国和法国那样实现"贵族化"政策，但是通产省每年从日本最好的大学生群体——东京大学法学部毕业生招聘新员工，而且通产省通常从这些学生中择优录取最优秀的学生，无论是他们的综合素质、思想活跃程度、事业心与政治抱负、充分的事业与生活保障等都是保证这些管理技术官僚相对自主性的重要保障。②

而通产省的官员内部管理规则则更为复杂，虽然很多出于非正式规则，却形成了相应的规范性，而且几乎很难受到太多的外在冲击，这些规则的形成显然是更为复杂的事情。例如，通产省官员的轮换培训制度、内部晋升制度、内部合作制度、阶梯式晋升与淘汰进化制度、通产省大臣与事务次官之间的关系处理、退休(退职)制度等都是非常重要的操作性制度。通产省官员队伍并非终身任职，而且退休(退职)年龄很早，一般50岁就退出通产省。但是，通产省却为这些退休(退职)官员预留了重要的退出"出路"，即将不同级别的退休官员安排到其可以直接或间接管控的大型企业集团任职，而一般的高级官员都可以担任大型企业集团的董事会董事等职位。这一通道显然为通产省保持与大型企业之间的良好沟通又设定了固定而且有效的机制。③

第五节　东亚模式中的国家协调型
社会秩序:成型与转型

上文通过比较详细的介绍、阐释与论证，揭示出东亚模式中的政府与

---

①　[美]傅高义:《日本第一》，谷英、张柯、丹柳译，上海译文出版社2016年版，第48页。

②　[美]查默斯·约翰逊:《通产省与日本奇迹》，唐吉洪译，吉林出版集团2010年版，第62—69页。

③　参见[美]查默斯·约翰逊:《通产省与日本奇迹》，唐吉洪译，吉林出版集团2010年版，第214页。复旦大学臧志军教授指出，依照日本的公务员制度，这里论及的"退休"的准确翻译应该是"退职"。

市场、国家与社会关系的特殊性,其基本可以被归入对传统自由市场经济秩序的"叛逆者"范畴。当然,这一模式也无法被归入西方政治经济体系的直接对立面——"传统社会主义"计划经济秩序范畴。也就是说,东亚模式基本上都保留了市场与社会,并且充分遵循与利用现代市场与现代社会的基本规则与市场规律,以实现国家的宏观调控和微观调节,[①]尤其是通过微观的产业政策实施针对市场和社会的协调、管理与控制,进而在很大程度上实现了西方自由市场经济在短期内很难实现的经济社会效果。在此基础上,还着力发掘了其"逆反"自由市场经济规则与规律的表现与特征,并由此试图揭示东亚模式相对于诺斯等人所谓的权利开放秩序的特殊性。本节在前面四节内容的基础上,进一步从对比的角度梳理、归纳和总结东亚模式中的国家协调型社会秩序的特征、前提条件、生成原因、实践中作用的方式以及其转型诸问题,并以此从学理与实践层面,概括出这种与权利开放秩序截然相对立的一种国家协调型社会秩序类型的基本特征。

我们可将"国家协调型社会秩序"界定为国家在现代社会中的作用,并非如西方经济和社会理论家基于西方历史经验所归纳的仅仅包括宏观经济调控、市场监管、基本公共产品提供等方面。通过东亚模式和中国模式的成功发展经验,我们可以看到现代国家在复杂多变、风险不断升级的现代社会中将承担更为多样的角色,例如着力推动经济发展和社会进步、广泛渗透和影响社会组织和社会活动,并尽量不再采用传统强制性的手段和方法,而是更多地采用长期规划、统筹协调、协同合作、监督监管等方法,以达到对整个国家和社会实现协调发展的目标。

一、国家协调型社会秩序的形成背景与社会基础

东亚模式中的"国家协调型的社会秩序"显然类似于西方 20 世纪 80 年代在学术界兴起的所谓的"统合主义"(corporatism)的国家与社会关系模式,[②]学术界后来为了对统合主义进行更清晰的区分,将其进一步界分

---

①　也正是在于此(充分利用市场经济规律),在西方主流经济学有关东亚模式或者东亚奇迹的"叙事"中,他们都将东亚国家和地区的经济增长和社会发展归为"自由市场"的"胜利"或者"成功"。但是,东亚模式和中国模式成功的秘诀更大程度上在于,充分发展市场经济和利用市场的前提下,同时更好地利用、管控甚至规制市场从而能够最大限度地发挥市场作用,而非尽量使市场发挥作用即可。

②　Philippe C. Schmitter, "Still the century of corporatism?," *The Review of politics*, Vol.36, No.1, Jan. 1974.

为"国家统合主义"和"社会统合主义"。①统合主义显然有别于比较政治学的"多元主义"(自由民主主义)和激进主义模式。②而这里的多元主义比较接近于诺斯等人的权利开放秩序的情况,而激进主义显然建立在对多元主义批判的基础上,着重揭示多元主义范式的虚假性、虚伪性以及现实中现代国家的重要作用,但又不至于落入传统国家主义的窠臼(以斯大林模式的国家吞噬社会的样式最为典型)。

这里归纳的国家协调型的社会秩序也并非西方意义上的统合主义模式,因为统合主义的理论前提是国家与社会的二分,而后才可以论及所谓的国家与社会的互动,所以统合主义讨论的主要案例国家是法国、德国和北欧等典型现代化国家。③而米格代尔则借助前现代化社会的国家与社会关系模式,挑战西方传统的国家与社会二分的论调,只是其主要以印度、中东和非洲等欠发达地区的案例,说明国家在多元社会主体中的作用非常有限。④

不过,东亚模式中国家与社会的关系虽然也是相互渗透和互动的,但是其特点在于国家在经济与社会生活中的作用很大,从而有别于欧洲和一般的发展中国家的社会秩序类型。东亚模式中的国家与地区虽然都取得了不小的现代化成就,但是在这一历史进程中,国家与社会并非如同西方国家那样逐次形成相对分离甚至对立、对抗的格局,⑤而是一个在很大程度上以国家的力量和国家的作用去改造、重组或者重建前现代社会的

---

① Colin Crouch, "Neo-corporatism and democracy," Colin Crouch, and Streeck Wolfgang eds., *The diversity of democracy: corporatism, social order and political conflict*, Cheltenham, UK: Edward Elgar Publishing, 2006, pp.46—70.

② Louis J. Cantori, and Andrew H. Ziegler, eds., *Comparative politics in the post-behavioral era*, Boulder, Colo.: Lynne Rienner, 1988.

③ 拉美问题研究专家威亚尔达以"法团主义"(corporatism,即这里的统合主义)概括伊比利亚半岛(包括拉美地区)的政治文化传统权威色彩以及社会整合方式,只是他后来经过多年的再观察和思考,试图承认这一概念具有广泛适应性,其为一种特定的政府整合社会的方式。Howard J. Wiarda, "The Political sociology of a concept: Corporatism and the 'distinct tradition'," *The Americas*, Vol.66, No.1, July. 2009.

④ [美]乔尔·S.米格代尔:《社会中的国家——国家与社会如何相互改变与相互构成》,江苏人民出版社2013年版,第40、43页。

⑤ William T. Rowe, "The problem of 'civil society' in late imperial China," *Modern China*, Vol.19, No.2, Apr. 1993.

互动关系。例如，作为东亚地区的早发现代化国家的日本，在经历三十多年的战后高速经济增长以及社会进步之后，到 20 世纪末，其社会组织的发育程度依然无法与西方国家相比，其国家/官僚依然主导社会议题与政策走向，直到 20 世纪 70 年代的改变都非常有限。[1]这就足以引导我们借助米格代尔有关国家与社会融合的相关研究，重新审视东亚模式中特殊的国家与社会关系模式，以有别于西方主流的国家与社会二元分割观念，也可以在本书的"国家协调型社会秩序"中得以运用和体现。

（一）殖民、战争与现代化压力：国家协调市场与社会秩序的历史背景

研究者可以明显觉察到，东亚模式中的诸多国家与地区的国家作用非常明显，而这种作用显然是西方现代国家难以比拟的，所以东亚模式的很多研究并不被西方学者所重视，因为他们很难理解其中的现象和规律。或许他们总是以为，无论前现代社会的特征如何，他们终将"殊途同归"，即他们都将逐次步入西方式的现代化道路。这也是当年西方主流的现代化理论的核心观点。东亚模式中的典型国家都是现代化事业的"后来者"，它们都被迫走向现代化道路，因为其前现代化社会的经济社会发展模式遭受外来文明，甚至殖民者的强烈冲击，这以晚清中华帝国在鸦片战争中遭受英军军事打击、日本在美国佩里将军的四艘"黑船"叩关事件之后所受的冲击最为典型。而日本成功的现代化事业后来又通过中日甲午海战、日俄战争等进一步刺激、冲击甚至侵略了中国以及东亚诸国。

它们不仅面临着西方列强与殖民者虎视眈眈的势力范围划分甚至完全殖民化的压力，而且其相互之间也存在激烈的经济与国家实力的比拼，这又以日本的"大东亚共荣圈"的殖民野心以及其所引发的冲突和战争最为典型。这些地方具有一定威权基础或者最起码是象征性基础的国家，纷纷成为现代化事业的主要担当者、引导者和实现者。[2]现实不断反映出，作为社会唯一整合性力量的国家的实力扩充比正式法律制度与程序

---

[1]　Robert Pekkanen，"After the developmental state：Civil society in Japan，" *Journal of East Asian Studies*，Vol.4，No.3，Dec. 2004.

[2]　以古代中国为代表的东方社会的国家与官僚制早熟已广为学界所接受，不过王亚南先生关于"中国官僚政治"的研究基本推翻了韦伯、魏特夫等人的中国早熟的官僚制国家的"治水社会"起源说、应对外敌说、士人创设说等，并将其与"秦制"（大一统的中央集权的专制制度体系）实施了"捆绑"。王亚南：《中国官僚政治研究》，商务印书馆 2010 年版，第 40—50 页。

的合法性更为重要,"存在于两次世界大战之间的日本、战后的韩国(直到 1987 年)的公开的威权主义,加之西方的耻辱以及强烈的民族主义,被证明是合法性政治权力最终兴起的有力的整合力量。"①

日本战后很快就实现了长期高速经济增长的"奇迹","在从 1955 年(昭和三十年)到 1973 年(昭和四十八年)的不到 20 年的时间里,日本经济创下了 9.2%的年均增长率的记录。"②不过,其他东亚模式的发展型国家的经济现代化的成功多是 20 世纪 70 年代及其以后的事情。大国沙文主义、"社会帝国主义"被东亚模式诸多国家视为可感知和可信的"外在威胁",加上南北韩之间的潜在战争威胁,不同程度地强化了这些国家的团结和精英共识,进而也将合法性纷纷赋予各种政体类型的政府。

(二)国家协调型社会秩序的社会条件普遍比较薄弱

如此紧急而重要的现代化使命,使得东亚威权国家成为现代化事业当仁不让的组织者、推动者、主导者和协调者,但这是必然会发生的吗?这一历史任务驱动的现代化与工业化历程,显然需要建立在特定的社会基础之上:东亚社会的前现代化社会相对多元而分散,社会的组织化程度也相对较低。尽管东亚模式中的家庭、家族甚至宗族的组织化程度相对比较高,而且也起到了一定的治安防控、征粮纳税、纠纷仲裁、濡化教育等调节功能。但是,相对于现代化事业的需要而言,他们显然难担大任,因为家庭主义、家族主义、地域主义显然难以形成社会整合的局面,甚至会成为社会与政治整合的重要障碍。③

东亚模式中传统社会秩序建构的成效如何,关键要看与什么国家相比较。如果与欧美相比,其社会的组织性显然是不够充分的,而且古代中国、朝鲜和日本都受到小农经济型自然经济模式的长期影响,社会交往与社会资本扩展十分有限,虽然以古代中华帝国等为领航者的东亚、东南亚、印度洋商贸圈的发展也相对不错。④但是从总体上看,无论是这些古

---

① 禹贞恩:《查默斯·约翰逊民族主义和发展政治学》,载[美]禹贞恩:《发展型国家》,吉林出版集团 2008 年版,第 27 页。

② [日]浜野洁等:《日本经济史:1600—2000》,南京大学出版社 2010 年版,第 243 页。

③ [美]弗朗西斯·福山:《信任:社会美德与创造经济繁荣》,彭志华译,广西师范大学出版社 2016 年版,第 94—95 页。

④ Jack A. Goldstone, *Why Europe? The Rise of the West in World History 1500—1850*, Boston: McGraw-Hill Higher Education, 2009, p.61.

代国家对社会的渗透，还是其社会自身的整合程度相对都比较低。而西方世界于公元 1000 年前后就开启了繁荣的远程贸易，推动了资本主义商业贸易的发展与繁荣，由此还推动了商贸型城市的兴起，进而促进资本主义性质的家庭工业化、手工业、工厂制造业等方面的迅速发展，社会组织化程度也伴随经济、社会交往而不断提升。[①]

但是，东亚国家毕竟属于比较重要的传统文明社会体系，积淀了比较充足的社会文化资本与物质资源，由于地缘辽阔或者社会交往密度太低，其自上而下的政府体系成为社会黏合与治理的主体，并以此克服社会的松散局面。不过，关键之处还在于东亚的传统国家权威还是比较高的。日本以天皇为象征的国家架构，在传统社会的政治象征意义比较大，虽然其对整个社会的治理与渗透能力相对缺乏，但这一权威性制度架构在日本现代化进程中实际上被放大，甚至被利用，从而为其走上现代化强国道路奠定了威权主义国家的基础。"日本在 1868 年明治维新之前，比 1789 年独立时的美国更处于权力分散于地方的状态。可是，为迅速完成近代化，日本的领导人毫不犹豫地采用了中央集权制。"[②]日本与韩国等东亚模式中的国家与地区得以成功发展的一个非常关键的因素就是以国家力量整合社会，并且由此形成经济发展主义上众志成城的"统一体"，如所谓的"日本股份公司"（Japan Inc.）、"韩国股份公司"（Korean Inc.）的说法。"政权机构与大型综合商业集团（财阀）之间的联结变得如此紧密，以至于国外的经济学家总结道：毫无疑问，用于描绘韩国情况的所谓'韩国股份公司'比'日本股份公司'一词来得更传神。"[③]当然，由于日本后来"走火入魔"不断陷入军国主义和军事扩张主义泥潭而遭受战败重创。日本财阀也被当作帝国主义与军国主义的帮凶而纷纷遭受很大程度的肢解、改造和重组。

二、国家协调社会秩序的主要实现途径：行政指导与行政规制

相对而言，东亚模式中的国家介入和协调社会的方式还是比较隐蔽的，虽然有时候也会比较直接，甚至伴随着一定的强制性，但这种强制特

---

①　陈兆旺：《中世纪城市自治的制度分析》，《甘肃行政学院学报》2012 年第 2 期。

②　[美]傅高义：《日本第一：对美国的启示》，谷英、张柯、丹柳译，上海译文出版社 2016 年版，第 71 页。

③　Peter B. Evans, *Embedded autonomy：States and industrial transformation*, Princeton, New Jersey：Princeton University Press，2012，p.53.

征多随着现代化的进程而逐步消减。我们将在下一步探讨东亚模式中发展型国家在转型过程中带来的社会秩序特征的显著变化问题。在这里，我们先主要分析的是，国家协调社会秩序的主要方式是行政指导（administrative guidance）与行政规制（administrative regulation）。

（一）介于国家全面吞噬社会与自由自发社会秩序之间

我们先行分析的问题是，为何东亚模式中国家对社会的介入相对比较"中庸"，即既没有全面吞噬社会，又没有放任社会或者简单引导社会自主发展，而是以比较强势和较隐蔽的方式实现了对经济与社会发展的协调与有效规制？这种特殊的国家与社会的良性互动或者协调模式的生成，显然是由于东亚都为后发现代国家，难以长驱直入地实现对整个社会的全面控制，因为其国家能力相对不足。[①]

但是，他们为何采用国家主导、引导、指导和规制等方法，而不是采用显得相对简单和辅助型作用方式？这在上文已经有所解释，即由于东亚国家超赶型现代化任务的繁重、国际国内的政治社会形势不允许等，使得东亚模式的国家纷纷实施国家对经济和社会的相对强势介入、引领甚至直接操办，以期实现维护社会秩序成长与现代化任务。

（二）行政指导的实质：行政规制

这种国家协调型社会秩序模式的特征主要表现在国家介入市场与社会的方式相对比较隐蔽，而且日本当年实施的行政指导实质上并非我们一般意义上的"指导"，而只是借用这个相对非强制性的行政规制的"美名"，迷惑西方国家以及民众而已。即他们可以以行政指导和行政规制等方式培育社会，又实质上不断地介入社会活动之中。"行政指导是使日本企业不断运转的东西，正是它使这个国家成为世界上的第三工业大国。它是支撑日本股份公司的栋梁之一。行政指导并没有什么神秘的。它指的是依据法律建立的政府各部门所拥有的权力，在某一个部门的管辖范围内，对企业或管辖对象发布命令、要求、通知、建议和鼓励。"[②]约翰逊将

---

① 黄仁宇先生对中国古代史，特别是明史的研究揭示出，由于缺乏现代金融、会计、商业管理手段，传统中华帝国的国家渗透能力与组织动员能力都非常有限，只能依赖于传统的、形式主义的"德治"以弥补其不足。黄仁宇：《万历十五年》，生活·读书·新知三联书店1997年版，自序第3页。

② ［美］查默斯·约翰逊：《通产省与日本奇迹》，吉林出版集团2010年版，第294—295页。

行政指导的主要手段归纳为:行政施压、限产恳谈会、企业合并等方式。但是,从约翰逊对行政指导的概念界定以及相关实践经验的发掘中,我们可以看到,行政指导和行政规制在实际运行中的样式是非常多样,而并非拘泥于行政法治的概念或者"本本主义",也即其运作的弹性和操作空间是非常大的。甚至非正式性行政指导也经常被使用,"通产省也帮助其青睐的公司获取外国技术、免税设备、税收补贴及助其享受日益弱化的反垄断法律的豁免。大量此类实施这些政策的自主权是基于正式的法律条文的,但也有不少源自更加非正式的'行政性指导'。"①而所谓行政指导的概念可以从日本军国主义时代一直延续到日本战后经济高速增长时代,而只需要对某些重要方式做一定的改动,比如将一些过于强制性的手段尽量剔除掉。"总结而言,战后日本的领航机构是从其伪满洲国和战时体制演化而来,并继续作为快速经济增长的引导者。"②

　　区别于西方国家的市场经济发展历程,东亚模式中的政府经济管理机构,即所谓"领航机构"(pilot agencies)完全可以以其他相对比较合适的方式对个别重要企业,甚至整个行业、产业结构进行规划、引导甚至施压,并由此达成政府调控市场与社会的目的。"有些私人企业可自行作出调整或重新起步进入新的行业,但涉及整体行业、工业甚至整过国家经济时,成功的转型往往需要中央信息协调机构的帮助——无论是分配调整成本还是突出与它的需要和优势有关的经济机构。"③也就是说,这样"巧妙"的政府培育、发展与介入社会的方式一旦形成,并不需要在具体操作和实施方法上有太大的变动,而只需要在不同历史时期的不同政治目标的指引下,通过原有比较成熟的干预手段,努力实现特定的政治社会目标即可。

　　当然,所谓"行政指导"是约翰逊对日本通产省"政策工具"以及政府干预的学术发现,其有特定的国别属性,在发展型国家的国家协调型社会秩序的相关研究中并不多见。约翰逊发现的"行政指导"基本上可以被纳入我们一般的行政规制概念范畴,而且在日本战后经济的自由化和国际化

---

① ［美］T.J.彭佩尔:《体制转型:日本政治经济学的比较动态研究》,徐正源、余红放译,中国人民大学出版社2011年版,第76页。

② Hironori Sasada, *The evolution of the Japanese developmental state:Institutions locked in by ideas*, New York:Routledge, 2012, p.171.

③ ［美］琳达·维斯、约翰·M.霍布森:《国家与经济发展:一个比较及历史性的分析》,吉林出版集团2009年版,第263—264页。

改革过程中,此前许多得心应手的带有强制性的行政指导方法和手段慢慢地也被主动放弃,或者由于反对和改革的呼声太大而被逐步放弃。通产省虽然美其名曰"行政指导",但是其毕竟脱胎于伪满洲国、战前的"统制会"(the Control Associations)和"战时体制"的实践。由此也可以理解其为何带有强烈的隐性强制性,而且由于政府干涉的范围太大、强度太大而难以被长期接受。"通产省引入生产压缩体系,即为每家企业设置暂时性生产定额,并且为每家企业实施'行政指导','建议'他们依据暂时性定额进行限产。行业协会(Industrial Associations)协助通产省,并提供其成员企业的商业计划和生产能力的详细信息,同时,也监督其成员企业遵从通产省的'指导'。通产省通过削减外汇配额等方式惩戒违规企业。"①而在行政法领域,行政规制可以比行政指导具备更大范围的适用性,因为日本的行政指导的"名实"相差太大,反而使得这一概念容易被人们"认而不用"。不过,无论是日本特殊实践经验,还是发展型国家的一般性经验,都可以被归入行政规制范畴而被广为交流,同时也不容易被指责为"名实"不符。

(三)绩效合法性强化国家行政主导的协调型社会秩序

为什么行政指导与行政规制具有如此的"魔力"以容纳如此多元的手段,并成为实现特定政治经济目标的主要途径? 行政指导实际上蕴含着强烈的国家协调的使命、任务与责任感,同时也是以国家管控社会的诸多方法、手段、工具等为支撑的。如果没有长期的历史传统及其延续性、诸多操作成熟的政府工具、辉煌的历史业绩为支撑,行政指导与行政规制的作用只能流于表面甚至适得其反。行政指导的实施效果,将提升行政指导的社会支持度,因为行政指导有其内在的、隐蔽的社会授权性质的"契约","行政指导的权力就像给军队的司令或者轮船的船长所授予的权力一样,要求他们在自己职责范围内全权负责一切事务。行政指导是资本主义发展型国家完全合乎逻辑的延伸,强调效力而不是合法性。"②这一授权是相对比较隐蔽的,但是也会经过社会的反复验证,虽然实施行政指导与行政规制的官员可能会在一时一地获得行动的自主性和腾挪的空间,但是终将接受公众与社会的"检验",而且一定会成为今后行政指导与

①　Hironori Sasada, *The evolution of the Japanese developmental state*: *Institutions locked in by ideas*, New York: Routledge, 2012, p.138.
②　[美]查默斯·约翰逊:《通产省与日本奇迹》,唐吉洪译,吉林出版集团2010年版,第303页。

行政规制相应授权的依据甚至支撑。如此一来,一旦形成良性循环,无论是行政指导与行政规制,还是社会经济效益等都会得到持续"循环"。

(四)行政指导和行政规制之外的相关制度设置

由于行政指导与行政规制以国家之力实现国家与市场经济社会的沟通,那么,这样在很大程度上就可以降低诸多企业、整个行业甚至整个国民经济体系的生产成本与交易成本,实现诸多方面效率的提升。当然,随着日本的诸多自由化改革政策,例如信贷多元化、外汇自由化、贸易国际化等政策的推进,通产省以及行政指导的作用后来变得越来越弱,尤其是其所把控的、可以作为对不服从行政指导企业的惩戒手段的外汇管制等手段逐步弱化。不过,由战前的"统制会"转变而成的"行业协会"依然是政府实施行政规制的重要辅助,"行政官僚机构的权力,在战后经济高速增长时代(1955—1973 年)之后就一落千丈,但是行业协会依然在当代的日本经济中扮演重要角色。因此,行业协会的重要性与间接的国家管控不可轻易分开。"[1]当然,行政指导也并非日本通产省独有。在东亚模式的发展型国家中,类似的行政指导和行政规制方式其实是很普遍的经济管理现象。

学术界对以日本为先导的东亚发展模式中政府作为的方式、方法或者途径有很多的研究,而发展型国家的相关研究文献除了研究行政指导和行政规制这一途径以外,大部分的研究主要集中于其强烈的发展意愿、国家相对自主性或者嵌入性自主性、国家能力、市场导向、社会管控(尤其表现为对劳工诉求的压制)、政府对市场的嵌入性和规制等方面。[2]而国家的相对自主性、国家能力、国家的嵌入性等多是学者在观察、思考和总结其国家与社会关系的基础上的学术概括,例如国家能力主要体现在行政官僚的社会规制能力上,而这主要就是通过行政指导和行政规制过程中的强势地位和实际有效作为得到体现的。发展型国家对市场规则和规律的积极利用,以及实际上对社会的管控等,主要是通过行政指导和行政规制表现出来。当然,对劳工利益诉求的暂时性压制等实际上很难从行

① Hironori Sasada, *The evolution of the Japanese developmental state: Institutions locked in by ideas*, New York: Routledge, 2012, p.177.

② Robert H. Wade, "The developmental state: dead or alive?," Development and change, Vol.49, No.2, Jan. 2018. Joseph Wong, "The adaptive developmental state in East Asia," *Journal of East Asian Studies*, Vol.4, No.3, Dec. 2004.

政指导和行政规制中直接观察和提炼出来,但是其往往可以从特定的政商关系以及政府对国民经济和产业整体发展规划和发展的管控中提炼出来,例如和谐劳资关系不仅是政府的重要诉求,同时也是政府作为第三方有效作为的结果,为了实现这一和谐的劳资关系,政府显然会默认、鼓励甚至推动形成终身雇佣制、年功序列制等制度安排。

当然,这并非意味着除了行政指导和行政规制以外的制度安排和政府作为等都不重要,或者不值得讨论。其实国家协调社会秩序的途径是多元多样的,彼此之间也是互相渗透和支持的。例如,在日本经验中讨论比较多的财阀制度(日本的 Zaibatsu;韩国的 Chaebol)、主银行制度(bank-centered financial systems)和卡特尔等其实都是在政府有效管控下被选择或者创造出来,而且有利于政府对经济社会发展进行有效规制和引领的重要制度安排。例如卡特尔在传统政治经济学中,是典型的垄断资本主义的重要表现,但是其又内含着"规模效应"和降低交易成本的机理,如果运用和管控得当,显然能够起到不错的经济社会绩效。这里涉及大量的制度安排,华裔社会学家高柏将其统称为"非市场治理结构":"非市场机制也成为管制经济的一个重要组成部分。根据吉野信次的说法,20 世纪 30 年代初期,卡特尔被商工省看成是减轻大萧条对日本经济破坏效应的唯一途径。"①

当然,这里所谓的"非市场治理结构"并不完全是"非政府"的治理结构,而是受到政府默认、支持,甚至直接管控的,其在很大程度上显然也具有很强的"社会属性"。由此可见,东亚发展型国家的社会秩序在很大程度上符合本文所概括的"国家协调型的社会秩序"模式的概念特征。

表 4.5 两种秩序的对比性分析

	概 况	特 征	机 制
权利开放秩序	由社会多元政治经济主体相互竞争而自然、自发地形成社会秩序	在自由、开放、竞争的市场社会中,各类政治经济主体、精英主体的相互竞争,国家仅为其中一个互动主体,主要为其他主体提供"竞技场"和平台	市场社会的自发自由秩序原理,其创新机制为:"创造性破坏"机制

---

① [美]高柏:《经济意识形态与日本产业政策——1931—1965 年的发展主义》,安佳译,上海人民出版社 2008 年版,第 64 页。

（续表）

	概　况	特　征	机　制
国家协调型社会秩序	国家培育与协调社会秩序	国家遵循市场与社会发展规律,但限制过度竞争,作为协调者甚至秩序供给者和生产者的国家的作用很大,①经济与社会发展效果比较明显	国家引导的经济民族主义,以行政指导、行政规制等方式降低生产、交易与社会运行成本,不断推动产业优化与升级,以提升生产效率,进而不断推进国民经济增长和社会发展

三、国家协调型社会秩序的转型与延续

在东亚模式中,由于国家深度而巧妙地介入到对市场与社会的培育、扶持与发展的历史进程中,这样的社会秩序必然会呈现出国家主导与协调的特征。我将其命名为"国家协调型社会秩序"。从政府干预市场经济与社会秩序的角度来看,东亚模式虽然借用市场经济与公民社会的基本规则,也遵循市场经济和社会治理的基本规律,但在很大程度上又有效地

---

① 典型如日本在战后经济发展过程中对看似"落后产业"或者企业经营模式的支持和扶持,例如出台诸多对小企业的扶持政策,"政府通过专门设立的一个公司为小企业实现这些目标提供特殊补贴、税收减免和优惠贷款。从 20 世纪 60 年代初期到中叶,约有 20 个行业因此受惠,到 1966 年,受惠面扩大到 68 个行业,1974 年多达 118 个行业,涵盖中小型公司消费总额的 70%。"[美]T.J.彭佩尔:《体制转型:日本政治经济学的比较动态研究》,徐正源、余红放译,中国人民大学出版社 2011 年版,第 76 页。更为直接非市场化干预行为是"大店法"的制定和实施。日本的《关于调整大型零售商店零售业务活动的法律》,基本上是承袭《百货店法》的做法(1937 年、1956 年分别制定实施),1974 年 3 月开始实施,1997 年 12 月被废止,其间历经日本的两次流通革命,是日本行政改革规制缓和的核心内容。"其目的主要在于:保护消费者的利益,适当保护大型店铺周边中小零售业者的商业活动机会,确保零售业的正常发展,促进与周边社会相协调的商业配置的完善。但从实践来看,保护中小零售业者、促进零售业正常发展成为该法实施的重点和核心。""即使是《大店法》废除以后,也并不是每一例外资进入都取得了成功,沃尔玛、家乐福等国际零售巨头在日本市场就频频受挫。根据日本泉屋研究所的报告,在自 1980 年进入日本市场的 79 家外国零售公司中,有 39%的公司发展了 10 家以上的分店,但也有 38%的公司折戟沉沙,不得不退出日本市场,其中也包括不少知名企业。"贺平:《规制缓和中的双层博弈——以日本〈大店法〉为例》,《日本学刊》2009 年第 2 期。

限制和规制了自由市场与自由竞争机制,也就是以行政指导和行政规制等方式或者政府工具实现了对自发自由市场经济的价格机制在很大程度上的限制,纠正甚至替代——"把价格弄错"("getting prices wrong")。[①] 就此表现为直接动用国家力量,以期实现国民经济的快速发展。这样的政治社会形态,构成了对诺斯等人的权利开放而又自发生成的自由竞争秩序的一种重要的路径替代。

东亚模式国家通过长期的经济快速发展,已经在各类经济指标上接近甚至达到发达国家的发展水平,[②]同时也在 20 世纪 80 年代普遍开启民主化进程(日本在二战后,以美国占领改造的方式获得基础性的经济民主与政治民主),并且在公民自由权利保护、保障与行使等方面的进展也普遍比较顺利,"民主指数"和"公民权利指数"等也都接近甚至达到发达国家的水准。概括而言,东亚模式的代表性国家在相对比较短的时间内完成了转型,基本完成诺斯定义的权利开放秩序的"真正意义上的转型",纷纷迎来自由民主时代,经济自由化也不断深化。但是,东亚模式显然还是呈现出与英美资本主义社会秩序迥然有别的特征。通过下文的分析,我们将从大家普遍认知的所谓东亚模式的转型中发掘其内在的连续性特征,即重点发掘转型中依然得以延续的要素。

(一)东亚模式中国家协调型社会秩序的临时性与转型的推动力

国家协调型社会秩序是否具有相对稳定性?如果不具有长期稳定性,其对权利开放秩序构成的挑战一定程度上只能是暂时的。我们应该如何看待这种秩序一直遭受到的质疑与冲击,以及其主动或被动实施的转型?其实,这种秩序从其生成之时,就带有一定的临时性。其突出表现为超赶型现代化事业或者任务非常繁重、时间和形势又很紧迫等特征,这就蕴含着国家主导的现代化进程具有危机回应性的特征。"虚拟"的、或者不在场的、或者难以自主自立的社会所"让渡"给其国家的领导、主导、统合、协调、组织社会与经济主体加速实施现代化的权力,从一开始就具有临时性和时效性等特征。

为何由国家来统合协调社会秩序,而不是其他主体来实施?从根源

---

① Stephan Haggard, *Developmental states*, Cambridge: Cambridge University Press, 2018, p.21.

② Robert H. Wade, "The developmental state: dead or alive?," *Development and change*, Vol.49, No.2, Jan. 2018.

上讲,这是由于长期以来,东亚地区社会的整体性和组织性不足,而与此同时,其政府具有相对比较明显的权威性和政治象征价值。而这种权威性显然也有危机应对性的特征,无论是魏特夫研究的治水社会与集权政治的起源,①还是历代以来的荒政与中央政府公共产品供给等,都是由于地方和社会力量不足以实施大范围、大规模的社会工程、社会救济与社会治理活动,更无法承担秩序供给与社会整合等任务,由此推动了中央政府的不断集权与膨胀。总体而言,由于"革命(或变革)形势"的紧迫性,使得人们对权威合法性的追问甚至拷问被相对淡化了,"合法性来自国家的成就,而不是获取权力的方式。"②而与此同时,不可否认的是,其在客观上还是起到了比较良好的统合协调的作用。

(二)东亚模式中领航机构的历史贡献与持续影响的途径

不少研究暗含这样的疑问:东亚模式中的"领航机构"在信息化时代的新产业发展中,是否变得无能为力了?无论是笔者在政府作为理论范畴内针对东亚模式所归纳的政府"灵巧之手"理论,还是此前学界所热议的东亚模式中的发展型国家理论,都内含着以政府主导凝练其国家的发展愿望,即通过有效的产业政策,在遵循市场规律的基础上,促进快速经济增长的要义。"决策的主要标准就是向经济增长看齐,如果市场运作良好,那就让市场自己管理;如果市场有问题,政府就马上会干预,直接或间接的措施都可以。"③不过,有学者认为,追赶型的发展型国家的产业政策的制定和实施工作相对容易,但是伴随发展型国家的发展与成熟,产业政策将难以为继。因为产业规模越来越大,信息越来越复杂。④如果我们回顾东亚模式成功的发展道路可能会发现,他们当年经历的每一步其实都是非常艰难的。成功的产业政策多是"说起来容易、做起来难",即任何产业政策的酝酿、制定与实施都并非容易达成的任务。不少学者将东亚模

---

① [美]卡尔·A.魏特夫:《东方专制主义:对于极权力量的比较研究》,徐式谷译,中国社会科学出版社1989年版,第三章。不过,不少学者指出其颠倒了因果关系(即倒果为因)。王亚南:《中国官僚政治研究》,商务印书馆2010年版,第40—41页。

② [美]查默斯·约翰逊:《发展型国家:概念的探索》,载[美]禹贞恩编:《发展型国家》,吉林出版集团2008年版,第41页。

③ [美]阿图尔·科利:《国家引导的发展——全球边缘地区的政治权力与工业化》,吉林出版集团2007年版,第102页。

④ 陈玮、耿曙:《发展型国家的兴与衰:国家能力、产业政策与发展阶段》,《经济社会体制比较》2017年第2期。

式中的产业政策等发展战略归为"挑选赢家",这其实很难解释其经济发展的"秘密"。东亚模式或者发展型国家的秘密就在于"挑选赢家",这一说法被哈格德等发展型国家的研究者明确否认。"很明显,其努力并不遵从于国家直接挑选赢家。"①因为,无论是产业合理化政策,还是产业结构合理化政策,都蕴含着复杂的政策"技艺",例如如何识别朝阳与夕阳产业,如何在此基础上推动有效政策的制定和持续的跟踪实施,以期取得良好的政策效果等问题。村上泰亮认为,产业政策的成功奥秘并非"挑选赢家"而在于"退出机制","产业政策的困难之处,与其说在于制定重点产业,不如说在于取消这种指定,即让这种指定'退出舞台'。"②拉美国家的进口替代政策的失败就在于不能及时地使得之前需要扶持的产业适时退出扶持甚至补贴体系,从而使得政治经济领域的寻租拖住了整个国民经济的长足发展。

有时候,我们会不可避免地以"事后诸葛亮"的心理去总结东亚模式的成功经验。而约翰逊有关日本奇迹的研究不仅为我们展现了日本产业政策艰难的制定和实施过程,同时也比较全面地展现了日本的政治经济体制及其运作过程。不过,它的产业政策成功的关键主要还在于是否能够保证政府决策部门的事务官与相关领域的专家学者、相关产业的重要管理者与决策者之间保持良好的互动与沟通,甚至建立起比较常规化的互动渠道和制度,并以此处理好决策部门内外部的复杂政治与协调关系问题。而埃文斯所谓的"自主性嵌入"概念,实际上在很大程度上就是想把国家与社会的良好沟通关系进行制度化,"正是这种自主性嵌入社会联结的固定机制,进而使得国家实现对社会的联结,从而为政策及其目标的持续的沟通以及再沟通提供制度化渠道。"③而在产业政策的实践工作中,日本通产省无论是"做大"企业规模,还是"做强"企业竞争力的筹划,都会面临"公平贸易委员会"[the Fair Trade Commission(FTC)]等部门所坚守的反垄断政策的挑战,甚至要经常面对美国等国际社会的压力。

① Stephan Haggard, *Developmental states*, Cambridge: Cambridge University Press, 2018, p.22.

② [日]村上泰亮:《反古典的政治经济学》(上下),北京大学出版社 2013 年版,第 340 页。

③ Peter B. Evans, *Embedded autonomy: States and industrial transformation*, Princeton, New Jersey: Princeton University Press, 2012, p.59.

"最重要的就是公平贸易委员会强烈反对政府的国家管控政策。公平贸易委员会……其背后还有美国占领军的背书。其一经建立,就充当自由市场的向导,并致力于和日本政府中其他官僚机构的激烈的斗争。"[①]维斯和霍布森也强调,"无论是什么秘方使通产省能够具有'先见之明',要素之一一定是官僚选择和支持特定部门的标准与工业部门的可靠建议能紧密结合。"[②]

当然,东亚模式中此前影响一时的领航机构伴随经济快速增长时代而淡出公众视野,与此同时,由于经济自由化、资本国际化和政治民主化改革进程的推进,使得其职权范围和经济社会影响也在不断缩小。2001年1月6日,日本中央省厅改革之后,此前的通产省被改名为经济产业省(经产省,METI)。不过,传统文献中不少研究者也并不赞同约翰逊等人将日本快速经济增长和社会发展的领航机构定位为通产省,例如肯特·考尔德(Kent Calder)就认为通产省的作用比较小;日本经济学家、大藏省前官员就认为日本战后经济腾飞的领航机构是大藏省而非通产省。[③]当然,总体上来讲,通产省为代表的发展型国家的领航机构的职能、职权及其作用的削弱是不争的事实,不过还是可以通过上文所述的政商关系途径直接或间接地实现经济社会协调的目标。

(三) 初步转型后国家协调性作用的延续

尽管西方社会秉持自由市场与民主人权等理念,并对东亚国家"施压",而这种压力可能是有形的,也可能是无形的。但是,这些理念会以各种形式渗透进东亚社会,并且伴随着历史的延续,逐步影响到人们的认知和行为,继而引起社会秩序的变迁甚至比较大规模的转型。作为社会秩序主导型因素的国家,政府作为重要的政治力量,得到了相当的发展。国家的"退场"并非轻而易举。这里不仅涉及政府角色转变、理念更新、组织

---

① Hironori Sasada, *The evolution of the Japanese developmental state*: *Institutions locked in by ideas*, New York: Routledge, 2012, p.155.上文提到的日本《大店法》的修订和废除等背后就有美国自由贸易集团和势力强烈推动的因素。贺平:《规制缓和中的双层博弈——以日本〈大店法〉为例》,《日本学刊》2009年第2期。

② [美]琳达·维斯、约翰·M.霍布森:《国家与经济发展:一个比较及历史性的分析》,吉林出版集团2009年版,第200页。

③ Haggard, Stephan. *Developmental states*, Cambridge: Cambridge University Press, 2018, p.26.[日]野口悠纪雄:《战后日本经济史》,张玲译,民主与建设出版社2018年版,第104—110页,特别是"大藏省是唯一的赢家"部分。

削减、人员安置等方面的工作,同时民众也需要一个比较长时间的调适过程。例如,埃文斯认为在韩国案例中,来自商界与工人阶级对发展型国家的挑战依然隐含着许多难以被挑战的地方,"像郑永泰这样的实业家可能也将他们对国家介入市场行为的批判的目标定位为降低国家干预,而并非降低国家干预的能力。即使是那些地铁建设工人,也是将其自己的行为视为降低国家镇压大多数人民利益的能力。"①

虽然垂直型政府供给的社会资本对原生自发型的社会资本形式具有一定的"挤占"效应。但如果没有长期酝酿与努力调适,社会秩序也难以一下子适应强势国家在不少领域的"退场"。这种"难以适应"不仅体现在话语层面,同时也体现在深层的"思维结构"层面。例如韩国 20 世纪 80 年代和 20 世纪 90 年代是在市场自由化、政治民主化、资本外汇国际化等方面最积极也最彻底的发展型国家。"经济自由化、私有化与政府干预可以在韩国的金融市场改革中得到最好的观察。"②但是在突如其来的 1997 年亚洲金融危机中,其受到的冲击也最大。在金融危机失利的归因中,很多新自由主义经济学家和政客都将发展型国家的典型经济社会管控作为批判对象,认为其根源还是在于市场自由不彻底,但是韩国顺利克服金融危机的经验以及此后的一系列改革在很大程度上借用了国家主导经济社会发展的"旧思想"和"旧方法",其中很重要的一项改革就是加强了对银行系统的政府管制,"实现结构性调适工程结束之后的 2000 年,大约 54% 的银行资本由政府控制,而在 1998 年金融危机之前,这一比率是 33%。"③

而在一些特定的领域和经济问题上,东亚模式中的政府干预并非简单退出,可能还得到了加强,"事实上,在新的国际化时代的政府精致化的管理中,需要具备比此前更高水准的处理能力与更多的资源。故此,对国家干预能力的需求不是减少了,新的国际化反而增加了这种需求。"④依

---

① Peter B. Evans, *Embedded autonomy: States and industrial transformation*, Princeton, New Jersey: Princeton University Press, 2012, p.232.

②③ Thomas Kalinowski, "Korea's recovery since the 1997/98 financial crisis: the last stage of the developmental state," *New Political Economy*, Vol.13, No.4, Dec. 2008.

④ Peter B. Evans, *Embedded autonomy: States and industrial transformation*, Princeton, New Jersey: Princeton University Press, 2012, p.205.

然以韩国为例，有学者总结指出，除了对市场敏感度极高的金融体系需要强化政府监管之外，其实发展型国家21世纪依然在诸多领域发挥非常重要的作用，"不稳固的金融体系是（市场）需要政府干预的最佳例子，不过，在其他很多政策领域，例如社会保障、中小企业扶持、IT基础设施等领域，政府干预的需求也日益明显。"[①]日本政治经济学家村上泰亮认为，在技术革新背景下"规模成本递减"就呼吁政府有效的作为，特别是通过产业政策去克服障碍而形成维持市场竞争的良好经济社会局面，"产业政策从短期来看可能像是一种统制政策，但从长期来看其本质是一种竞争维持政策。认为只要去除行政干预就可以维持竞争的这种一般说法并非一般性真理。在成本递减状态和经济决策眼光的长期化这两个条件之下，行政干预是维持竞争所必需的。"[②]

（四）东亚模式中的多元社会竞争与政治竞争一般多比较隐蔽

在东亚模式的各个国家和地区的政治社会秩序范畴内，人们对公共性和公共利益的强调还是比较强烈的，无论是对公众人物、政治过程甚至私营企业等社会主体的隐性要求都是如此，对私营企业社会责任的强调就是其典型的表征。尽管东亚人非常强调公共利益、公共价值，但却不可避免地存在各种内幕交易甚至腐败腐化等现象，东亚国家和地区的政治腐败与经济腐败现象虽说已经有了较大幅度的减少，但依然是干扰正常经济社会秩序的一个重要方面。无论是从实践还是从理论角度看，我们对此还存在一些思维定势，例如传统和当代政治伦理以及西方的廉洁政治观念等基本上都对寻租以及一系列的官商勾结持反对态度，但专门研究发展型国家中腐败与发展问题的美国学者康灿雄以东亚模式尤其是韩国案例，挑战了我们原先对寻租负面效应的定见，"寻租并不必然扭曲经济效率：如果从商人到政客的财富转移带来更有建设性的投资，那么这个国家就能从机械化的政治模式中获取收益。"[③]而美国反腐败专家魏德安也基于东亚发展模式中不同国别个案的特殊情况，提出所谓"双重（腐败）

---

① Thomas Kalinowski, "Korea's recovery since the 1997/98 financial crisis: the last stage of the developmental state," *New Political Economy*, Vol.13, No.4, Dec. 2008.

② ［日］村上泰亮：《反古典的政治经济学》（上下），北京大学出版社2013年版，第327页。

③ ［美］康灿雄：《裙带资本主义——韩国和菲律宾的腐败与发展》，上海人民出版社2017年版，第179页。

悖论"的问题,其实质就是对传统腐败与发展一般关系的反思:"在少数的案例中,腐败可以解决核心政治矛盾,降低阻碍经济增长的政治因素,那么我就可以解释腐败与经济快速增长的第一个悖论。"①而由于东亚模式中的政府依然广泛而深入地介入国民经济和社会发展的诸多领域,在很大程度上可以克服经济发展、非政府组织活动中诸多"集体行动的困境"和各种高额交易成本,不过与此同时,其也使得政治腐败发生概率和存量比西方多得多。

"裙带资本主义"也在1997年东南亚金融危机发生之后,成为世界范围学术界对东亚模式的广泛认知和批判工具。其显然之处在于,东亚模式中的"政治人"与"经济人"的表现,还是难以完全"符合"西方社会根深蒂固的"理性人"假设,或者自由开放竞争的利益竞争格局的要求。这可能是由于文化传承下来的一种古老文明的形式"包装",但确实有别于西方社会以比较直接的方式来追求竞争性利益的理念、认知与现实格局。对于"裙带资本主义"的第一印象可能是对东亚模式中复杂甚至腐败的政商关系的精确概括,但是裙带资本主义的研究专家康灿雄却提出了颇具悖论性的论点:"在(韩国)朴正熙政权时期,政府对经济的介入受到商业部门多种多样的约束,这些手段既减少了企业家的寻租,又降低了政治高层和官僚监督政策过程的交易成本。"②也就是说,埃文斯提出的"嵌入性自主性"其实也只是国家相对自主性,这种嵌入性或者"裙带资本主义"就意味着政商关系的相互制衡,康灿雄甚至形象地将韩国的复杂政商关系比喻为"互为人质","交换'人质'作为一种策略,还包括公开我方采取行动所可能给另外一方造成的潜在影响。"③

这里涉及的国家相对自主性,在东亚模式中意味着国家既要能够有强烈的发展意愿,又能够围绕着发展目标,采用适宜的发展方式来推动国民经济和社会快速甚至长足发展。当然,其潜在的一个重要问题是,这样的发展型国家一般都会将这种重任经由一个重要的领航机构来承担,同时又要能够对其实现有效的制衡和监督。而东亚模式的领航机构受到的

---

① Andrew H. Wedeman, *Double Paradox: Rapid Growth and Rising Corruption in China*, Ithaca: Cornell University Press, 2012, p.5.

② [美]康灿雄:《裙带资本主义——韩国和菲律宾的腐败与发展》,上海人民出版社2017年版。

③ 同上书,第111页。

约束相对较少。具体而言,韩国就是通过财阀而对政府(腐败)实现一定的约束。发展型国家在新的时代背景下的有效作为时,在很大程度上也依然是依托财阀实施其战略目标,"韩国电子通信研究院的职责并非自己做研发,其任务是通过激励和协作工作,以推动大型财阀自己去研发芯片。"①

当然,众所周知的是,由于东亚这种政商关系模式下的政府与经济社会组织的互动的隐蔽性,远不同于欧美国家显性甚至激烈的院外压力集团的广泛活动,从而使得其多被视为腐败活动而广受争议。我们可暂不介入其中的价值纷争,不过确实可将其视为中西方社会利益表达、综合和实现模式的重要区别。

（五）东亚模式中发展主义的福利制度与社会规约

欧洲国家通过福利国家的形式实现了公民社会权利的扩张,美国则通过低度、不平等、不平衡的社会福利供给,依然保持了市场经济的活力与强大的社会控制。②表面看来,在福利国家与社会规约问题上,东亚的发展主义与美国的市场原教旨主义有"异曲同工之妙"。但是,两者之间的内在逻辑差异却很大,因为东亚模式国家基本上都是在相对比较公平的发展主义前提下,维持了比较低水平的社会贫富差距。而在教育、收入和医疗等方面的相对平等,也成为东亚模式的一个重要特征。③傅高义的调查和研究揭示了,大多数日本人认为自己属于"中产阶级"。"各地自治体尽管有贫富之差,但通过平均税收负担和缩小公共福利的差别,可以使整个日本社会达到同等水平。"④其进而能够在不动用高福利"法宝"的情况下,就能够维持比较稳固的社会秩序。不过,美国却是发达国家中最不平等的国家,但也可以以市场逻辑应对福利支出压力,也算是一大奇迹。在此意义上,美国的自由市场资本主义依然最为典型,进而完全取代英国的自由市场经济秩序的代表地位。

无论是在经济发展、社会治理还是在政治革新等方面,以日本为代表

①　Stephan Haggard, *Developmental states*, Cambridge: Cambridge University Press, 2018, p.43.

②　陈兆旺:《通过福利国家实现的社会规约与国家治理——基于英、德、美三国实践的比较研究》,《学术月刊》2022 年第 5 期;陈兆旺:《美国福利公民身份缺损的政治制度解释》,《甘肃行政学院学报》2014 年第 6 期。

③　Linda Weiss, "Developmental states in transition: adapting, dismantling, innovating, not 'normalizing'," *The Pacific Review*, Vol.13, No.1, Nov. 2000.

④　[日]傅高义:《日本第一:对美国的启示》,上海译文出版社 2016 年版,第 73 页。

的东亚模式成功的秘诀在于其相对强而有力的国家能力以及灵活的体制,傅高义也对其进行了归纳:"这是因为,20 世纪后半叶以来,工业发达国家的社会、经济、政治等方面发生了前所未有的激烈变化,污染、资源缺乏等问题造成很大政治影响,只有像日本那种中央集权而又灵活的体制、协商一致的社会,才有能力适应这个时代。"①以此为例,我们现在也可以看到包括东亚模式国家在内的世界范围的政府与民众,都对环境污染问题与环境保护问题越来越关注,并且采取多种形式保护环境。但是,东亚模式中的政府作为和作用远不同于欧美国家的情况,例如西方社会的环境保护多是采用了社会运动的方式,进而引发整个社会的关注,并就此推动政府启动相应的举措,从而使得整个社会都行动起来。但是,通过日本环保主义发生的历史经验,我们就会发现,日本当年的环境保护行动基本上是政府主动作为的结果。"正是因为影响巨大的一揽子反环境污染举措,使得 1971 年的内阁被誉为'环保内阁'。尽管有数以千计的环境保护组织从 1965 年到 1975 年迅速在日本出现,但是他们在推动反环境污染举措出台的议程中,没有扮演任何角色。"②

(六)本部分内容小结:国家协调型社会秩序所面临的挑战及其应对

东亚模式在近几十年来所遭遇的挑战与其应对之策,表 4.6 予以直观的概括。综合而言,东亚模式中的发展型国家从 20 世纪 80 年代以来,一直承受着巨大的压力,这种压力主要来自以美国为首的西方社会。当然,在比较长的一段时间内,其纷纷又将这些压力转换为经济社会发展的动力,即通过民族主义将其纷纷转换成国家主导的以经济发展为主要目标的"经济民族主义"。到了 20 世纪 80 年代,这些典型的发展型国家面临着相对西方自由市场和社会发展模式"独立特性"的"挑战风险",也面临环境保护、可持续发展、以人的自由和能力为核心的新增长理念等发展范式和社会观念的持续变迁的挑战。③环境保护并非要"踢开"政府,而是需要政府更多、更深入地介入经济社会生活,"复杂的环境挑战,要求强政

① [日]傅高义:《日本第一:对美国的启示》,上海译文出版社 2016 年版,第 208 页。

② Robert Pekkanen, "After the developmental state: Civil society in Japan," *Journal of East Asian Studies*, Vol.4, No.3, Dec. 2004.

③ Michelle Williams, "Rethinking the developmental state in the twenty-first century," Michelle Williams ed., *The end of the developmental state?*, New York: Routledge, 2014, p.6.

府行动,因而推动着北半球的国家纷纷成为发展型国家。"①

不过,学界对发展型国家的存续问题依然存在激烈的争议,西方主流的经济学者多以自由市场经济的固有原则否定发展型国家,也由此否定东亚模式中国家协调型的社会秩序模式。而发展型国家的不少研究者认为发展型国家并未消亡,而只是一直经受着挑战和冲击,并且不断自发地推动着发展模式的转型。更有学者将这一转型归纳为从发展型国家 1.0到 2.0 的升级。②其论证的支撑性理论基础有村上泰亮概括的科技革命下成本递减需要持续的国家协调,也有学者从环境保护、信息革命和知识型社会等角度,去论证国家推动教育与人力资本投资以及协调社会各方的必要性,③即我们不仅不应该抛弃发展型国家与国家协调甚至主导的社会发展和社会秩序模式,甚至应该不断强化国家的作用。

表 4.6 协调型的社会秩序面临的挑战及其应对之策

挑 战	应对之策
产业规模变大,信息复杂,政府难以处理	并非简单取消政府作为与产业政策,而是更加注重协商、协调与互动,④不断提升政府经济管理机构的统合与引领水准
官僚威权主义工业化体制中公民权利保护缺失,政府协助资方压制劳工利益诉求⑤	已经慢慢实现劳动力市场进一步规范化管理,改革封闭与压制型的体制,建设更为自由开放的权利秩序,不断推动工资与福利等水准的提升⑥

---

① Michelle Williams, "Rethinking the developmental state in the twenty-first century," Michelle Williams ed., *The end of the developmental state*?, New York: Routledge, 2014, p.23.

② Robert H. Wade, "The developmental state: dead or alive?," Development and change, Vol.49, No.2, Jan. 2018.

③ Joseph Wong, "The adaptive developmental state in East Asia," *Journal of East Asian Studies*, Vol.4, No.3, Dec. 2004.

④ Michelle Williams, "Rethinking the developmental state in the twenty-first century", Michelle Williams ed., *The end of the developmental state*?, New York: Routledge, 2014, p.6,"发展型国家的嵌入性自主性将需要超越企业精英,以缔造与公民社会紧密关系,并由此构建民主协商的组织架构。"

⑤ [美]布鲁斯·康明斯:《无蜘蛛之网,无网之蜘蛛:发展型国家的系谱》,[美]禹贞恩编:《发展型国家》,吉林出版集团 2008 年版,第 84 页。

⑥ [美]沙希德·尤素福:《新千年的东亚奇迹》,[美]约瑟夫·E.斯蒂格利茨、沙希德·尤素福:《东亚奇迹的反思》,中国人民大学出版社 2013 年版,第 25 页。

（续表）

挑　　战	应对之策
社会不平等问题	相对而言,东亚模式中的日本、韩国的社会不平等程度控制得非常好,新加坡的基尼系数比较高,但也没有美国高,与一般的发展中国家相比也并不算高。① 而恰恰是 20 世纪 80 年代推行自由化、国际化、民主化改革以后,其社会不平等程度才不断升高
裙带资本主义与官员腐败②	如上文所述,许多学者对东亚模式中的腐败与发展的关系有新的理论反思。新世纪以来,逐步建立健全官员的保障体制,打击高层腐败现象,提升政府透明性、政策公开性等,成效显著
对欧美国家构成不正当竞争	一直存在这样的反对声音,其实主要是东西方在国家利益与意识形态冲突的表现而已,③两方都存在隐蔽化的扶持政策,例如大力投资高等教育与人力资本④
金融管制政策偏弱	放松(金融)管制是 20 世纪 80 年代西方推动的自由化改革的重要方式和内容,1997 年亚洲金融危机后多强化了改革与政府管制⑤

资料来源:笔者自制。

---

①　维斯和霍布森曾质疑东亚模式的"低薪"现象,"对'低薪'的假设忘记了日本和韩国都属于高薪经济体系,正因如此本国生产者现在将劳动密集型产业转向廉价劳动力市场,如中国大陆和印度尼西亚等地。"[美]琳达·维斯、约翰·M.霍布森:《国家与经济发展:一个比较及历史性的分析》,吉林出版集团 2009 年版,第 178 页。

②　Peter B. Evans, *Embedded autonomy*: *States and industrial transformation*, Princeton, New Jersey: Princeton University Press, 2012, p.44,"这些发展型国家亦难以免俗:当权者可能会将社会剩余配置给自己以及他们的狐朋狗友,而并非使得全民受益。但是,相权衡而言,他们的行为依然是促进而非阻碍变革。"

③　[美]张夏准:《富国的伪善:自由贸易的迷思与资本主义秘史》,社会科学文献出版社 2009 年版,第 15—16 页,"如今的富国都曾运用过保护补贴,也歧视过外国投资者——所有这些都是被当今的经济正统所痛斥的……如今,富国中有些人肯定是为了获得穷国市场更大的份额并预防潜在竞争对手的出现而向穷国鼓吹自由市场和自由贸易的。"

④　[美]梅雷迪思·伍卡明斯:《从奇迹开始:韩国政府和公司部门的改革》,载[美]约瑟夫·E.斯蒂格利茨、沙希德·尤素福:《东亚奇迹的反思》,中国人民大学出版社 2013 年版,第 73 页,"亚洲危机使韩国在 90 年代的大部分时间隐退幕后的发展型政府重新启动。从这个意义上讲,韩国过去 10 年的增长——即'奇迹'——只是未来的一个开端。"

⑤　[美]沙希德·尤素福:《新千年的东亚奇迹》,载[美]约瑟夫·E.斯蒂格利茨、沙希德·尤素福:《东亚奇迹的反思》,中国人民大学出版社 2013 年版,第 73 页。

第六节　本章小结

东亚模式中的国家协调型社会秩序的现代转型有其必然性,而其中关于国家角色的重新定位,特别是其在诸多领域的"退场",市民社会发展壮大,民主化与公民权利的实现等,都实现了这一模式向着诺斯等人的权利开放秩序的转型和发展。但是与此同时,又保留了不少自身具有的传统特征和特色。这种秩序格局的生成是有意而为之,还是纯粹的历史巧合? 也就是说,东亚模式是否为了达成西方自由开放的竞争秩序而"自我隐忍",进而在经济社会快速发展以至于高度发达之后,才实现这种秩序的顺利转型?

实际上,在英国工业革命之后,后发现代化国家都在不同程度上为了实现经济的跨越式发展,而作出一定甚至大量的"让渡"甚至"牺牲",李泽厚意义上的"救亡图存压倒启蒙"可能只是其"冰山一角"而已。"在工业化的竞赛中……是要解决 19 世纪中期第二次工业革命的问题,或者更重要的是解决赶超英国的问题。简言之,这就是后发展的政治理论,将困扰早期工业化国家的人民意志、民主代议制、公与私或国家与公民社会的问题推延到了遥远的未来。"①而且,所谓的"延时享受"可能也并非虚假之说,因为其背后可以由国家认同和民族自豪感而支持起个体、家庭与社会的精神世界来,"不断被感知到的国家富裕之后个人才能享有更多的物质便利。直到 20 世纪 90 年代,日本人才认识到,在日本已经成为一个富裕国家之后,作为个人他们依然相对贫穷。这一结果使人相信,在一个挑战性环境中,隶属于一个国家的感觉会为个人创造安全感、归属感和舒适感,因此对国家的忠诚会压倒对社会阶层的忠诚。"②如此一来,倘若我们暂且不论东亚秩序格局与诺斯权利开放秩序之间的诸多差异,诺斯等人对权利开放秩序与权利受限秩序两者之间所进行的二元区分的合法性和正当性就应该受到很大挑战,甚至道德上的质疑。

① 　[美]布鲁斯·康明斯:《无蜘蛛之网,无网之蜘蛛:发展型国家的系谱》,[美]禹贞恩编:《发展型国家》,吉林出版集团 2008 年版,第 106 页。

② 　[美]高柏:《经济意识形态与日本产业政策——1931—1965 年的发展主义》,安佳译,上海人民出版社 2008 年版,第 272 页。

但是,东亚模式在实现经济社会现代化过程中的社会规制与压制等,也面临着道德与政治正当性的拷问。所以,这给广大的发展中国家的发展提出了巨大的挑战:我们是愿意在自由与权利受限制的高速发展之后享受西方式的自由开放竞争,还是只愿意享受低度发展的多元分散状况下的自由?我们的回答是否可以保持前后连贯,而不受历史情境与特定境遇的影响?也就是说,尽管东亚模式中的政府角色逐步淡化,甚至不断退出经济社会诸领域,而只是在某些重要的战略性产业、事业和社会领域依然起着重要的协调者的作用。这是一成不变的定律吗?

1997年亚洲金融危机中韩国政府的表现就挑战了这一定律。韩国政府迅速投入金融危机,并且取得了不错的成效。人们在反思这一现象时,将其基础依然定位于韩国的民族主义依然盛行、韩国政府依然拥有比较高的民众信任,"最起码在(金融危机发生)最初,韩国政府深得其公民的信任,因此具备了管控金融危机的政治能力。"[1]其内在的逻辑是,公众依然像传统发展型国家兴盛时代那样进一步为政府授权、赋予政府不拘泥于常规作为的合法性,甚至自愿承担一定的成本分摊。托马斯·卡利诺斯基(Thomas Kalinowski)由此赞许传统发展型国家模式的魅力之举,但紧接着又声称这是"发展型国家"的最后阶段。其实际上忽视了东亚模式中国家协调型经济秩序和社会秩序的特质。也即谁能保证发展型国家今后不会再遭受类似的挑战和冲击?或者,面对将来可能的挑战和冲击,可以彻底摆脱原先的行动法则和内在机制?通过对比性分析2020年初以来影响全球的新冠疫情中不同国家、区域与文化圈的政府应对以及人民对政府临时管制的态度,东亚模式依然有其明显的优势。虽然我们对政府疫情防控中的某些举措有一定的质疑甚至辩驳,但是社会整体上认可和服从这种特殊的国家协调型的社会秩序,从而保证了国家与社会的长足发展,其绝非暂时性的临时之举。故此可见,诺斯等人提出的"非此即彼"、全人类都会对西方发展道路和模式"亦步亦趋"的人类发展阶段论,有其无法克服的不足。

---

① Thomas Kalinowski, "Korea's recovery since the 1997/98 financial crisis: the last stage of the developmental state," *New Political Economy*, Vol.13, No.4, Dec. 2008.

第五章

巴西权利开放秩序的限度：
政治竞争与社会再分配

　　通过以上几章内容的介绍、梳理与分析,我们可能已经对暴力控制、社会秩序和经济发展等问题及其之间的相关性有了一些基本的认识。接下来,我们将对以巴西为代表的拉美国家的发展情况作进一步的探讨。与前几章有所区别,本章将首先交代案例选择的问题,因为只是笼统地将拉美地区作为比较案例,落实到实际案例分析时,会发现拉美地区各国的实际政治状况与发展情况也是差异极大、内容复杂的。[①]

　　在东亚模式中,暴力与社会秩序一般不是影响各国发展的关键问题。第四章直接以美国内战为研究对象,但在很大程度上,它又被人们"排除"出一般的暴力政治研究的范畴,因为内战显然是"非正常"的政治与社会形态下的政治现象,是"非常规"的政治现象。本章将着重探讨,在实施政治秩序开放之后,即政治民主化与经济自由化之后,巴西的社会暴力的状况,并由此探讨特定社会中的暴力控制与社会秩序维持问题。在第四节中,我们将探究巴西频繁和蔓延的社会暴力与社会失序等现象或者问题的社会根源。不难发现,再民主化后的巴西社会中的暴力问题的根源并非民主,而是高度的社会不平等。我们着重探讨巴西长久以来严重的不平等问题,并探讨在民主社会秩序下,人们对降低社会不平等程度而作出的巨大努力及其成效的初显。当然,我也将在此基础上进一步探究这些努力的不足之处、缺陷甚至隐患,将这种隐患归为"巴西政治竞争的困境",这种困境主要表现在选举民主体制下的社会再分配压力较大,由此导致在实施降低社会不平等、缓减社会贫困的同时,由于多方面的复杂因

---

　　① "拉美是一个复杂多样的地区,并不是一个容易理解的地区。"[美]托马斯·E.斯基德莫尔、彼得·H.史密斯、詹姆斯·N.格林:《现代拉丁美洲》(第7版),张森根、岳云霞译,当代中国出版社2014年版,第4页。

素的交互影响而可能使得整个国家不断地陷入低度发展甚至经济衰退的陷阱。

或许这样的结论有点危言耸听，不过将其归为"隐患"，意味着没有人"想"看到这样的恶果。本章的小结部分将这些研究的旨趣归为只是对诺斯等人的研究框架以及一些基本论断的挑战和纠正。也就是说，以巴西为代表的、发展表现与潜力还不错的国家，难以伴随着开放权利的过程形成良好的社会政治秩序，也未能实现诺斯等人所期望的、在竞争型社会秩序下拉动经济发展的"美好愿景"。

第一节　本章案例选择与研究设计

由于案例选择会隐藏相当多的研究问题，所以将对此作比较详细的交代，特别要实现与其他章节的案例分析进行有效对比。

一、权利开放秩序下的社会再分配问题的相关研究

本书所探讨多是"元问题"（meta-problem）。也就是说，诸多细节性的研究，都有重要的历史性基础，例如可以引入的一个重要的问题就是，民主或者诺斯等人所谓的权利开放是具有价值含义的，即其是值得追求的，但权利、自由与民主等价值是否具有实际的效用？这个问题显然难以回避，如果没有一定的社会经济效用作为支撑，很多社会价值的吸引力将会大打折扣。在人类漫长的发展历史上，很多价值被赋予甚至强加了社会经济效用，甚至被"允诺"了许多经济社会效用。这些允诺在很多时候，可能会是误导甚至有害的。[①]

在人类社会的漫长历史上，自由、权利与物质财富之间的矛盾一直存在，但直到近代以来，特别是伴随着"大众社会"的来临，人们对平分财富的冲动才变得更为直接（当然，古往今来的军事战争都意味着"非法"或者最起码是"非正常秩序"下的财富掠夺），而西方社会也承受着更为巨大的

①　当然，事情复杂之处在于，发达国家享受了民主与经济发展"相得益彰"的效应，但普遍的新兴民主国家的经济发展情况却差强人意。Marcos de Barros Lisboa, and Zeina Abdel Latif, "Democracy and growth in Brazil," *Democracy Consensus workshop*, *Rio de Janeiro*, 2013, p.10.

财富均分的压力。①当然,在一般情况下,或者说在和平秩序下,这种平分财产与财富的冲动都受到很多方面的很大限制,特别是会受到我们这里反复讨论的"社会秩序"和"政治秩序"的约束。不过,如果一旦社会失序,那么这种冲动就可能就变得难以阻挡。例如德裔美国政治哲学家汉娜·阿伦特关于美国革命与法国大革命的对比性分析,就赞许了美国革命的历史性意义:相比较法国大革命,美国的和平宪则革命才是具有深远的世界性意义的革命。而法国大革命带来的其实主要是社会失序,以及更大范围、规模和深度的社会革命的威胁,因为革命一度"吞噬了自己的孩子"。在法国大革命中,社会政治动荡不堪,而伴随着革命的深化,法国大革命将太多的"饥肠辘辘"的平民,即"无套衫汉"和法国农民过早地引入政治场域,"第一次出现在光天化日之下的群众,实际上是穷人和被踩踏着的群众,自古以来都躲藏在黑暗中,羞于见人……而最广大的多数人之所以不自由,乃是因为他们受困于日常需要。"②这最终导致了原有的社会控制方式失效,政治生活失控。当然,我们也知道,法国大革命中很多次的起义、暴动或者暴乱是由于"饥饿"推动的,③而法国大革命推动的平均地权等行为,实际上也将法国长期地束缚在小农经济的陷阱中,影响了法国经济的长足发展。

　　政治学家亨廷顿关于政治现代化的研究也提出了类似的问题,即大量的第三世界国家在二战后普遍经历了政治混乱和政治动荡,导致我们开始再次关注社会秩序问题。他的"至理名言"在近几十年里被人们奉为圭臬:"现代性带来稳定,现代化引起动乱。"亨廷顿将这一问题的机理归

---

①　近代的无政府主义对财产权进行了激烈的批判,著名的代表就是蒲鲁东直接批判道:"财产就是盗窃。"关键问题是,无政府主义受到各国人士不同程度的"追捧"。[法]蒲鲁东:《什么是所有权:或对权利和政治的原理的研究》,孙署冰译,商务印书馆2017年版,第40页,"所有权就是盗窃!……这是人类思想上多么大的转变啊!"英国的税改在20世纪初获得比较大的突破,"差别征收、累进制和儿童优惠结合在一起打击了土地利益集团……在这个政治说辞策略下,把生产者和依靠非劳动和累积收入的寄生所有者对立了起来,寄生所有者的范围从地主扩大到一般食利者。"而二战期间,英国由于战事的吃紧甚至出台了各类没收性个税政策。[英]马丁·唐顿:《信任利维坦——英国的税收政治学(1799—1914)》,魏陆译,上海财经大学出版社2018年版,第377页。

②　[美]汉娜·阿伦特:《论革命》,陈周旺译,译林出版社2007年版,第37页。

③　"农村群众深受粮食短缺之苦,因为农民收入甚微,不足以维生,当收成欠佳时,随着日子的流逝,那些处在贫苦中的人口数量显著增加。"[法]勒费弗尔:《法国大革命的降临》,洪庆明译,格致出版社、上海人民出版社2010年版,第96页。

纳为：政治生活的制度化程度不足的同时，现代性的期许却引发社会大众政治参与的热情高涨，但原先的政治架构与政治制度却无法容纳如此膨胀的社会政治参与，所以就使得原先的政治秩序难以为继。是什么样的推动力导致民众的参与热情高涨，并且对现有的政治秩序形成强烈的冲击呢？亨廷顿认为，由于革命需要而对广大民众的动员，并给予他们现代化图景以期许。而在现代化的过程中，这些期许推动了人们的"参与爆炸"，使得社会失序成为很多发展中国家的噩梦。"看来有理由认为，社会动员和政治动荡之间的关系是直接的。城市化、识字率、教育和接触传播媒介的水平的提高，都在提高人们的愿望和期待，而如果这些愿望和期待不能得以满足，就会刺激个人和集团投身于政治。在缺少强有力和灵活的政治制度的情况下，这种参与的增加便意味着动乱和暴力。这就淋漓尽致地反映了这样一种矛盾现象：现代性带来稳定，现代化引起动乱。"①不过这一分析存在一些模糊之处，在很多发展中国家，人们实际上主要是对于再分配性政治的渴望，就此可以通过选举政治以及实际行动，推进更多社会福利政策的出台，以期实施更大范围和更大幅度的社会资源和财富的再分配。

其实，这一问题也体现在政治权利开放秩序过程中，人们普遍比较担心的重要问题，是有产者担忧饥肠辘辘的贫民一旦获得政治权利，特别是政治选举权利，可能很快会脱离正常的社会政治轨道，打破原先的社会秩序，并且对原先的资产和财富架构形成巨大的威胁，通俗讲就是要"平分财产"，甚至对原先的社会上层阶级、阶层人士形成人身、自由甚至生命的威胁。因为这些普通大众具有人数上的优势。即使社会底层人民不通过暴力革命的方式，也完全可以利用社会权利开放的大趋势，即通过民主、合法的渠道和方式，实现对富人的财富甚至生命的剥夺（当然，在法治前提下，会对民主规则和程序实施必要的限制）。正如美国民主理论家伊恩·夏皮罗教授的研究所表明的那样，19世纪以来，社会精英对民主（选举权）的普遍抵制原因是，担心在民主权利扩大后，人们对富人实施社会财富的再分配，甚至对富人实施财富剥夺。②当然，在西方社会，这一切都没有发生。夏皮罗总结了一些重要的影响机制，例如贫民总是将自己境遇的比较对象设定为

---

① ［美］塞缪尔·P.亨廷顿：《变化社会中的政治秩序》，王冠华、刘为等译，上海人民出版社2008年版，第36—37页。

② 这一问题在拉美国家的民主化进程中依然显现出来。［美］彼得·H.密斯：《论拉美的民主》，谭道明译，译林出版社2013年版，第385页。

比自己略高的社会阶层人士,同时由于社会诸多方面的分割,使得社会分层表现得比较隐蔽,这些机制都使得人们主要会选择通过努力工作而实现垂直的社会流动,即通过自己的努力改变自己的经济与社会地位。①

但问题是,这一切虽然也没有在发展中国家大面积发生,但零星的发生就可能足以造成严重的心理威胁。无论是在发达国家还是在发展中国家,富人多开始选择隐藏自己的财富甚至身份,即不断建设起封闭小区,使得财富与社会的不平等变得更加隐蔽,"在城市的各类围墙下,这里的居民都对陌生人疑虑重重,他们改变自己的生活习惯以避免在公共场合中相互之间的交流,尤其是与那些身份相似度低的人群。"②但是,毕竟发展中国家现在多处于一个社会流动性更大、社会媒体更为发达、社会信息传递更为通畅的时代,这些主动实施的"低调"行为与财富"隐藏"行为,到底会起到多大的作用? 而且,从社会结构角度来看,特别是从社会分层的角度来看,发展中国家普遍的社会不平等程度要高得多,即使与西方社会的整体历史上的情况相比较而言,也是要高得多的。在一个不平等程度很高、存在大量的贫困人口的社会,③人们对财富再分配与剥夺的担忧显然并非空穴来风。这些国家的富人或者财富拥有者对政治失序、政治民主化条件下的社会财富再分配问题则更加敏感。因为既然广大的发展中国家多数已经建立起民主体制,而西方社会的民主体制普遍"附带着"高度发达、相对平等等梦想,对社会底层民众的吸引力还是很大的,而对财富再分配的冲动也将是持续的。而且,在这其中,还不乏政治投机分子,即政客蛊惑民粹主义运动的盛行,使得原先的社会紧张结构对财富再分配的压力变得更加敏感。④

---

①　[美]伊恩·夏皮罗:《民主理论的现状》,王军译,中国人民大学出版社 2013年版,第 125 页。

②　Teresa P.R. Caldeira, and James Holston, "Democracy and violence in Brazil," *Comparative studies in society and history*, Vol.41, No.4, Oct. 1999, p.714. Teresa P.R. Caldeira, *City of walls: crime, segregation, and citizenship in São Paulo*, Berkeley: University of California Press, 2000, p.246,"对于那些只想与同阶层人生活在一起的人来说,墙壁确实必须很高,而且富豪住宅不会隐藏他们的电栅栏、摄像机和私人警卫。"

③　拉美地区整体上的贫困情况非常严重,贫困人口比重在 20 世纪 80 年代为40%。债务危机时期为 48%,2002 年时为 44%,2010 年时逐步降至 32%。[美]彼得·H.密斯:《论拉美的民主》,谭道明译,译林出版社 2013 年版,第 274—275 页。

④　智利学者爱德华兹将拉美的问题多归为民粹主义的躁动。[智]塞巴斯蒂安·爱德华兹:《掉队的拉美:民粹主义的致命诱惑》,郭金兴译,中信出版集团股份有限公司 2019 年版。

二、发展中国家的发展困境：发展任务与顺序的"颠倒"

我们现在已经能够比较频繁地探讨发展的具体内容与发展的顺序。例如美国经济史学家罗斯托对不同发展阶段的"切分"与逐次分析，实际上是对西方国家普遍的发展模式、发展道路、发展顺序的历史经验的归纳和总结。①当然，从发展经济学的抱负来看，他们是要将其广泛、深度地运用到发展中国家的发展实践中去的。不过，在很大程度上，这些发展经验、发展规律的总结对发展中国家的借鉴意义比较有限。如果我们以"事后诸葛亮"的视角来看，二战的发展中国家的发展虽然取得了不错的成效，但真正实现了"跨越式"发展的国家寥寥无几。在整个世界经济发展版图中，相对比较成功的可能就是包括中国在内的东亚发展模式最为"耀眼"。这种发展差异性的根源显然是多方面的，不过其中有一条肯定是显而易见的，那就是东亚发展模式成功之处显然是实施了"因地制宜"的产业政策。

诺斯等人所归纳的、西方的发展道路和发展模式到底是什么样子的？通过精英意识主动"识别"以实现整个社会的政治权利与经济权利的开放与自由竞争，进而建立起以竞争性两党制为标志的政治竞争格局，以高度多元化的经济竞争秩序，即打破经济权力垄断为标志的经济竞争格局，从而实现一个社会在竞争格局下的各类创新实践，由此不断迸发出竞争性发展活力，最终从根本上推动一个社会的经济与社会的整体发展。②这就是诺斯等人归纳的"人类有文字以来的历史"的发展经验。但是，不得不指出的是，这显然主要是指西方国家的成功发展经验。

---

① ［美］W.W.罗斯托：《经济增长的阶段：非共产党宣言》，郭熙保、王松茂译，中国社会科学出版社 2001 年版，第 4 页，"从经济角度将所有社会归于五种类型之一是可能的。这五种社会是：传统社会、起飞前提条件、起飞、走向成熟、大众高消费时代。"

② 当然，诺斯也指出在权利开放秩序之前相继存在的自然秩序和限制开放秩序社会，由于社会整体并没有大规模产生熊彼特意义上的"创造性破坏"，所以其社会发展是缓慢的。当然，精英之间的、寡头垄断式的"和平"协议以实现最高权力更替的精英内部的竞争与协商，对一个社会的政治稳定和经济发展的意义也很大。这一点也为普沃斯基等研究者的实证研究所确定，"在 1831 年之后，很多拉美国家效仿智利建立了稳定的政治竞争体制，即在职总统忠实地遵守任期的限制，同时精心地选择接班人并且通过种种措施确保他能够在选举中获胜。"［美］弗朗西斯·福山：《落后之源——诠释拉美和美国的发展鸿沟》，刘伟译，中信出版社 2014 年版，第 117、144 页。另外参见［美］彼得·H.密斯：《论拉美的民主》，谭道明译，译林出版社 2013 年版，第 84 页。

很多发展中国家确实在"二战"前后遵循西方国家的发展经验和发展道路,并且不断推动了政治民主化的发展进程,从而推动了政治竞争格局的形成。当然,我们也可以看到在第三波民主化浪潮中,真正实现经济与社会长足发展的国家并不多。这些成功实现经济与社会跨越式发展的国家主要是东亚模式国家。而且,现在学术界有很多的研究也发现:政体形式与发展与否之间并不存在着相关性、更不用说存在直接的因果关系。①例如,在东亚模式的韩国不是在民主体制下,反而是在典型的威权体制下打下了经济发展的基础,并由此实现了经济的长足发展。而其民主化进程反而是在其经济社会得到长足发展之后而逐步实现的。

那么,人们又将如何维护这样的论点:以竞争性两党制为代表的政治民主化是实现经济发展的前提条件? 对这一点进行维护的原因并不复杂,虽然民主与否与发展与否两者之间并不相关,但民主的价值还是值得追求的,这一点其实难以加以反驳。此外,林茨等人的研究表明:民主体制对经济社会危机具有很强的抵抗性,人们普遍接受民主规则之后,可能会质疑的是具体的政府的具体的政策,而非民主体制本身,这样的国家就是巩固的民主国家了。②既然如此,作为民主的良好经济社会效果的最新维护者如诺斯等人的立场又该如何坚守? 如果民主的价值就值得追求,那么民主所"允诺"或者最起码所"暗示"的经济社会效果如何获取? 事情变得复杂之处在于,亨廷顿在 20 世纪 90 年代初时的研究就揭示出,民主化的进程并非如西摩·马丁·李普塞特所言的那样,是简单建立在经济社会发展的基础上的,或者甚至是以经济社会发展为前提条件的。③而美

---

① Adam Przeworski, et al., *Democracy and development: Political institutions and well-being in the world, 1950—1990*, Cambridge: Cambridge University Press, 2000, p.158.

② 林茨等人关于巩固的民主体制采取了行为、态度和制度等多方面的界定,其中关于态度方面的约束有:"就态度层面而言,一个巩固的民主政体之中,绝大多数民众具有这么一种信念,即民主程序和制度是治理社会集体生活最合适的方式,反体制力量的支持者非常少,或者是或多或少地被孤立于民主的支持者。"[美]胡安·J.林茨、阿尔弗莱德·斯泰潘:《民主转型与巩固的问题:南欧、南美和后共产主义欧洲》,孙龙等译,浙江人民出版社 2008 年版,第 6 页。

③ Seymour Martin Lipset, "Some social requisites of democracy: Economic development and political legitimacy," *American political science review*, Vol.53, No.1, Mar. 1959.亨廷顿归纳了包括长期经济增长、短期经济危机在内的多种民主化的原因。Samuel P. Huntington, *The third wave: Democratization in the late twentieth century*, Norman: University of Oklahoma Press, 1993, pp.45—46.

国著名政治学家亚当·普沃斯基等人的研究指出,当代的民主化可以在任何发展水平的国家"发生",只不过经济发展水平越高,民主体制的存活率会越高,"我们没有发现任何发展的门槛,使民主的出现可以预测……我们发现民主政体的存活是很容易被预知的。虽然其他一些因素也起作用,但人均收入是民主国家生存的最佳预测因素。无论发生什么,民主都会在富裕社会中起到作用。它们在穷国则很脆弱。"①而对照拉美案例整个 20 世纪的民主化进程也深刻地表明,民主化发生所需要的"经济条件"越来越不重要。②

但是,20 世纪中叶以来的发展中国家发展的现实是:以权利开放为标志的民主化进程纷纷"肆意"发生了,由此使得权利开放、经济发展、社会公平等问题都纠结在一起,从而使得发展中国家的发展议题变得更为复杂。那么,这一"颠倒"了的,或者说更为复杂的发展议题便成为发展中国家的诸多发展困境与难题的根源。因为这样的发展顺序、发展要素的复杂组合是西方发展经验和规律难以覆盖的,当然其也难以"指导"这些新现象和新问题。可惜的是,我们对这一问题的认识、追踪和研究还显得比较薄弱。更可怕之处在于,西方世界的主导话语会以原先固有的价值、理论、权力、制度与资源优势为前提,在"换汤不换药"的情况下,试图继续"指导"诸多发展中国家的发展大业。而诺斯在新世纪又重新挑起类似话题的研究和讨论,实际上也成为本书的研究的起点和批判的"靶向"。

三、本章研究问题的归纳与凝练

通过上一部分的基础性介绍与分析,我们可以进一步追问的是,为什么西方国家的"普遍"的发展经验,在很多发展中国家的运用大多没有取得比较好的效果? 我们并非想以此责备西方的发展经验,我们应当追问的是,在过去的几十年里,非西方国家的发展都经历了什么样的历史过

---

① Adam Przeworski, et al., *Democracy and development: Political institutions and well-being in the world, 1950—1990*, Cambridge: Cambridge University Press, 2000, p.137.

② [美]彼得·H.史密斯:《论拉美的民主》,谭道明译,译林出版社 2013 年版,第 64 页,"随着时间的推移,拉丁美洲的经济发展与政治民主化之间的关联逐渐失去了实证上的说服力。"

程,他们为何在采用相对"先进"的发展模式之后并没有能够取得相应的发展效果?是不是其本土或者内在的因素,影响了其发展大计,还是由于其他的结构性因素,影响了其长足的发展?例如,以拉美历史与现实的基本经验为基础而提出并风靡一时的"依附论"认为,不对称、不平等的国际政治经济秩序——"中心—半中心—边缘"的结构性因素,使得广大的发展中国家的发展成为典型的"依附式发展",①即实质上是"依附式(相对)不发展"。

我将在前人的研究成果的基础上提出这样的论点:诸多发展中国家的权利开放,特别是政治权利开放的幅度、方式、时机等可能会存在各种隐患,而且,在普遍缺失广泛的制度性规范与制约,即缺乏法治约束下的民主权利的开放可能在很大程度上是可怕的,因为这会使得这种权利开放格局恶化原先的社会政治问题。

我们显然是要交代,如果两者之间存在这种逻辑关系,那么不恰当的、不规范的、不成熟的、简单的政治权利开放,到底会恶化甚至导致什么样的社会政治问题。本章分别研究:权利开放秩序下的选举民主秩序可能会影响政治稳定,并且不断提升平民特别是贫民的经济社会权利期望,而在一段时间的"自我检验"之后还是同样需要面对现实的残酷性,由此又会挫伤他们对民主政治以及自由民主等价值的期许,从而引发进一步的政治失序;权利开放的不恰当实施,以及不得力的公民权利保护,特别是自由价值的泛滥,可能反而会引发或者最起码会恶化特定社会的暴力化程度;在一个不平等问题严重的社会,简单的权利开放可能难以带来高度的良性竞争格局下的社会活力的激发,而更可能激发了不同社会基层和社会群体对国家实施社会再分配的诉求。虽然这种诉求并不罕见,这在发达国家也普遍存在。但是,在很多发展中国家,这将导致更为严重的经济社会问题,甚至政治秩序问题。因为这些国家不仅无力解决甚至缓

---

①　"帝国主义宗主国利用它的对外贸易和对外金融更加彻底地渗透进拉丁美洲经济,并且更加有效地利用拉丁美洲的生产潜力来促进宗主国的发展,远远超过殖民地宗主国所能做的。"这就导致更为严重的后果,"这种情况最终肯定使这些经济社会将来进而绝无可能在数量上和质量上取得资本积累,并使'民族'资产阶级(如果竟然存在的话)在新帝国主义时代在民族资本主义(甚至国家资本主义)生产方式的狭小范围内推进经济发展的一切政治愿望归于无望。"[德]安德烈·冈德·弗兰克:《依附性积累与不发达》,高铦、高戈译,译林出版社1999年版,第173、177页。

减这些经济社会不平等问题,而且可能会导致民众的民主政治效能的持续降低。以上三个大问题,将正好对应以下三节内容。

四、案例选择的缘由以及分析内容的进一步细化

在实施比较案例分析时,一般会选择相对比较"对称"的案例进行,这种对称可能是相似案例或者相对案例,但都会讲究所谓的"可对比性"的问题。①我们知道拉美作为一个地区,虽然有诸多的相似之处,但内部差异极大,难以被融合到一个单独案例的分析之中。所以,为了相对便利地完成分析和研究的任务,本章选取巴西这一国别个案,并将其作为拉美地区的代表性国家。

我们着重分析将巴西作为拉美地区代表性国家的合理性,甚至要交代,对巴西这一作为国别案例的选择,是否可以和绪论部分的铺垫性的研究分析相互保持一致。当然,这两个问题之间可能不仅不会冲突,甚至可以合而为一。因为如果巴西相对于其他 20 多个拉美国家而言,具有充分的代表性和典型性。就竞争与秩序的关系结构而言,拉美属于"高度竞争—暴力型社会秩序"范畴,巴西的情况是否也基本如此? 巴西社会存在严重的暴力现象,这是毋庸置疑的,这一问题并没有随着民主的巩固而得到缓解。巴西的政治经济竞争是否属于高度竞争范畴? 相对而言,巴西的社会竞争尤其是政治竞争的强度或者烈度要稍微低一点,因为最起码没有发生过大范围的内战、热战与伤亡,甚至对外战争都十分有限,只发生过一次比较长时间和大范围的战争,即 1865 年到 1870 年的乌拉圭战争。当然,巴西的政治竞争的强度相对拉美的其他国家,可能也是比较低的,而且社会分裂和政治冲突的程度也不算高。②但是,相对于诸多的发展中国家,巴西的政治冲突程度还是相对比较高的,特别是如果将东亚等地区都加入"对比性样本"的话,将表现得更为明显。相对于发达国家而言,这种政治竞争甚至以政治竞争的形式出现的经济竞争的强度也很高,

---

① 李路曲:《国家间的可比性与不可比性分析》,《政治学研究》2020 年第 5 期。

② "'冲突社会''病原政治''硬化病''无脊椎社会''僵局',在这些现在广为人知的比喻中,无论哪一个都适用于这一时期的拉美……传统的法团主义范式要么已经失败,要么就是将拉美引入冲突和不可治理的绝境。"[美]霍华德·J.威亚尔达:《拉丁美洲的精神——文化与政治传统》,郭存海、邓与评、叶健辉译,浙江大学出版社 2019 年版,第 360 页。

尤其表现在政治格局高度不稳定这一特征上。

在拉美,巴西的情况还算是比较好的,政治竞争可能要稍微好一点,因为巴西就连其民粹主义性质的社会运动都要少得多、强度也是低得多,巴西劳工党党魁卢拉于 2002 年当选总统之后的意识形态与政策偏向也倾向于"粉红色","不论在国内还是国外,卢拉都被誉为是一位世界事务上采取独立但'温和'路径,有深度、建设性的倡导者。"[1]但是这并不影响本章关键内容的讨论:在初步建立的民主体制下,社会再分配的压力使得以巴西为代表的发展中国家的经济社会发展变得举步艰难,而这些问题的根源在很大程度上就是权利开放秩序的问题。

我们继续来看巴西作为个别案例选择。作为拉美国家,其实巴西具有相当多的"不典型性"。例如,巴西是拉美地区国土面积最大的国家,也是人口最多的国家,而且是唯一一个经由葡萄牙殖民的国家,而其他拉美国家都是曾经被西班牙殖民的国家。巴西的语言也是拉美地区独一无二的,即巴西使用的是葡萄牙语,而非西班牙语。其实,最具有挑战性的问题在于,巴西在经济、社会、政治、文化等诸多方面都不特别,例如其经济发展波动不算最大,政治民主化进程相对还算平稳,民主指数得分不高不低,[2]但是其社会不平等程度很高,不过拉美国家的社会不平等程度也都比较严重。[3]巴西的种族与宗教分化、分裂与冲突也算严重。

我们选择巴西这个案例到底是否可行? 既然它如此"不典型",如何能够代表广大的拉美地区的诸多国家,而成为本书的重要案例之一? 当然,笔者在第一章的绪论中也交代了本书的主要研究方法之一——地区与国别比较相结合的方法。不过,这并不能解释巴西作为重点的对比性

---

①　[美]彼得·H.密斯:《论拉美的民主》,谭道明译,译林出版社 2013 年版,第 10—11 页。

②　在《经济学人》杂志 2018 年度的世界各国民主指数排名中,巴西得分 6.97 分,位列拉美 24 国的第 9,基本处于中位,可以被归入"有缺陷的民主"(国家),也正好处于所有"有缺陷的民主"(国家)的中位。http://www.eiu.com/Handlers/WhitepaperHandler.ashx?fi=Democracy_Index_2018.pdf&mode=wp&campaignid=Democracy2018.

③　新世纪以来,包括巴西在内的拉美国家的社会不平等程度(依据基尼系数测量)都有所下降,不过就全球情况而言,依然属于社会不平等程度最严重的地区之一。参见世界银行数据库所提供的数据:https://data.worldbank.org.cn/indicator/SI.POV.GINI。

案例选择的合理性。正是巴西的这种"不典型性",方才使得其能够成为最佳的案例选择,因为我们的比较政治学、比较政治经济学研究为代表的比较社会科学研究的案例选择,应该尽量不选择极端案例,除非我们的研究设计就是要跟踪、比较或者解析极端案例。如果,是进行常规的比较研究,当然应当选择偏向"中间"程度的案例,这样的案例才具有典型性和代表性。

选择巴西这一国别案例还存在这样的问题,即其社会分裂、社会矛盾和冲突还不够"剧烈",政局还不够"不稳定"。①这一情况当然是事实,但是,这也是笔者有意选择的结果,这一选择取决于我们研究问题的导向。通过上文的简单分析,我们实际上是要以诸多发展中国家发展的状况作为分析前提,来挑战、批判甚至反驳诺斯等人提出、分析甚至试图予以广泛运用的权利开放秩序理论,而将其理论抱负归为具有典型的"理想"色彩,可能会忽视发展中国家在发展过程中存在的诸多问题以及诸多的隐患。即使在巴西这样一个社会分裂与冲突、政治不稳定还是相对较好的国家,相对而言(最主要是相对拉美地区国家而言),也还存在着诸多严重的社会政治问题与经济发展隐患,即使是政治权利高度开放和经济竞争格局下,情况依然如此。

第二节　巴西的政局变换与长期经济波动

政治变换、长期经济波动与暴力问题突出这三大问题是勾连在一起的,并且成为诸多拉美国家的"标配"。我们对"拉美国家"这一标签的一般印象往往就是高度的社会不平等,而高度的社会不平等可能会引发诸多的社会问题,社会暴力化便是其重要的表现,而社会经济问题又都会迟早、不同程度地引发政治动荡问题,以此循环往复。②

---

① "总体来说,本分析强调了另外一项基本事实:政治不稳定是拉丁美洲的地方病。实际上,在 1900 年至 2000 年的 101 年间,该地区总共发生了 155 次制度变革……"[美]彼得·H.密斯:《论拉美的民主》,谭道明译,译林出版社 2013 年版,第 49 页。

② 可以作为参照的是,由于菲律宾独立以后一直面临政治上的纷争和混乱,而常常被视为亚洲的"拉丁美洲国家"。[美]康灿雄:《裙带资本主义——韩国和菲律宾的腐败与发展》,李巍等译,上海人民出版社 2017 年版,第 23 页。

一、早期巴西的经济与政治发展及其特点

学术界有很多研究,十分注重南北美洲当今发展差距的历史分析,即将南北美洲的发展差异的根源归为殖民遗产。[①]但是,巴西是拉美的一个独特案例,因为它是由葡萄牙人实施殖民的。在我们的一般历史印象中,西班牙的殖民历史的影响更为巨大,人们对其印象也更为深刻,因为其伴随着诸多的殖民罪恶。[②]不过,巴西的情况相对要好一点,因为巴西的国土资源并不算丰裕,尤其是在殖民地开拓的早期,而殖民者也并非主要以金银矿侵占和掠夺为殖民直接目标,其在整个 16 世纪对葡萄牙王室的"贡献"也比较有限。[③]17、18 世纪在圣保罗、米纳斯吉拉斯、巴伊亚、戈伊亚斯等地发现了黄金和钻石等,引发葡萄牙人的"淘金热",并且就此推动蔗糖经济发展。[④]其生产过程也具有典型的拉美殖民色彩,即将土著印第安人和从非洲"进口"黑人奴隶作为其主要的劳动力从事艰辛的蔗糖种植(在当时的欧洲,糖属于奢侈品,所以长途跋涉来到殖民地种植蔗糖的利润很大[⑤])。巴西的国土面积很大(855 万平方公里,位列全球第 5),而且

①　[美]弗朗西斯・福山:《落后之源——诠释拉美和美国的发展鸿沟》,刘伟译,中信出版社 2014 年版。Daron Acemoglu, Simon Johnson, and James A. Robinson, "The colonial origins of comparative development: An empirical investigation," *American economic review*, Vol.91, No.5, Dec. 2001.

②　参见加莱亚诺遵循"依附理论"所做的"揭露"或者"控诉"型研究:[乌拉圭]爱德华多・加莱亚诺:《拉丁美洲被切开的血管》,王玫等译,南京大学出版社 2018 年版。

③　[巴]鲍里斯・福斯托、塞尔吉奥・福斯托:《巴西史》,郭存海译,东方出版中心 2018 年版,第 12 页。

④　同上书,第 44—45 页。

⑤　"早在 17 世纪之前人们就已经清醒地意识到了大众对蔗糖的渴望以及它的市场潜力,简言之即意识到了蔗糖作为一种商品可能带来的长远利益。"[美]西敏司:《甜与权力:糖在近代历史上的地位》,王超、朱健刚译,商务印书馆 2010 年版,第 47 页。"由于中心地区国家创造出新的食物口味,对糖的绝对需要在 17 世纪不断增长。"[美]伊曼纽尔・沃勒斯坦:《现代世界体系》第 3 卷《资本主义世界经济大扩张的第二时期:1730—1840 年代》,郭方、夏继果、顾宁译,社会科学文献出版社 2013 年版,第 180 页。"巴西东北部是西半球最不发达的地区,这是一座容纳三千万人的巨大的集中营。如今它继承了单一种植甘蔗的遗产。过去在这块土地上曾萌生拉丁美洲殖民农业经济'最能赢利的买卖'。"[乌拉圭]爱德华多・加莱亚诺:《拉丁美洲被切开的血管》,王玫等译,南京大学出版社 2018 年版,第 74 页。

是拉美地区的第一大国。它在历史上经由一个小国殖民,即由国土面积要比西班牙小得多的葡萄牙进行殖民的。但巴西却一直保持了庞大的统一国家,并没有像拉美其他地区一样,不断分裂为更多更小的国家。而不少研究指出,这一分裂不仅违背了拉美早期革命者玻利瓦尔的遗愿甚至担忧,也成为拉美地区整体不强大甚至无力的重要因素之一。

(一)封建制的土地产权制度及其深远影响

当然,葡萄牙殖民者在殖民、掠夺、开发与建设巴西的时候,也是采取"恩赐"的方式对巴西的国土进行"分封",这使得大庄园成为少数几个贵族精英的主要财富,而大规模的种植业也成为巴西历史上的主导型产业。不论后世如何评判,巴西殖民地早期的经历和诸多拉美地区很相似,不过,其社会发展显然相对比较平静,没有经历其他国家那样的大起大落,这种发展的大起大落实际上主要是由于金银矿的发现与开发而导致。①当然,巴西早期的发展模式也给后世,甚至 20 世纪的发展埋下了隐患,使得其难以超脱这一历史模式的影响进而取得更为长足的发展。例如,人们普遍比较关注的土地所有制形式就是诸多问题的根源。而这一问题一直延续至今。实际上也就是说,拉美地区至今都没有经历过大范围、深刻的土地改革和土地革命。"1980 年,小庄园,即面积小于 10 公顷的农场占全部农业企业的 50.4%,但只占全部农业用地的 2.5%。"②土改的议题一经提出或者一经议论,便将面临社会、经济与政治精英的激烈反弹和反对。在巴西,传统土地贵族主要是借助于军队力量实现对土改"幻想"分子的各种打压和镇压。可以说,当今巴西的很多经济、社会和政治精英多是借助 5 个世纪以来的大地产发展模式而延续至今。著名的拉美问题研究专家威亚尔达叹曰:"如果你是政治学研究者,就不得不钦佩拉美精英在捍卫自己的权力体系时所表现出来的即兴反应能力、灵活性、适应能力、非凡的生存能力和卓越的才能。"③

---

① 加莱亚诺整理了拉美很多具体的案例,很多地方伴随着金银矿的发现而繁荣一时,但当矿产被开发采完之后迅速萧条:[乌拉圭]爱德华多·加莱亚诺:《拉丁美洲被切开的血管》,王玫等译,南京大学出版社 2018 年版,第 42 页,"在波托西和苏克雷,只有已不复存在的财富的幽灵还活着。"

② [巴]鲍里斯·福斯托、塞尔吉奥·福斯托:《巴西史》,郭存海译,东方出版中心 2018 年版,第 274 页。

③ [美]霍华德·J.威亚尔达:《拉丁美洲的精神——文化与政治传统》,郭存海、邓与评、叶健辉译,浙江大学出版社 2019 年版,第 335 页。

　　当然,这一结构性的经济背景导致的严重后果就是极端的社会不平等。现在来看拉美的社会不平等的起源时,都将其归为最重要的殖民遗产之一,即由于当年的独特的殖民方式,使得拉美各国都存在着土地产权分配的严重不公平。如上所述,拉美国家又都没有实施过重大的社会革命,即土地产权改革。实际上就是将这一封建制的生产关系上一直延续至今。在拉美各国之中,只有墨西哥和古巴实现了比较彻底的土改,其他各国都没有实现过类似的彻底的土改。①当然,美国政治学家巴林顿·摩尔的研究表明,虽然封建土地贵族是现代化,尤其是政治现代化的重要障碍,但以英国为先导,西方发达国家先后都实现了土地贵族的资产阶级化,使得他们后来都转化为新兴资产阶级的一个重要组成部分,并且就此扫除了政治现代化道路上的重大障碍。②

　　但是,拉美各国为何没有发生这样的"转化"? 拉美各国其实也实现了普遍的资本主义生产方式的引入,但为何没有能够对原先的土地贵族实现资产阶级化? 关键并不在于土地贵族的资产阶级化,而在于拉美整体上并没有经历重大的社会变革,特别是重大的战争。奥尔森关于战争与社会变革的研究发现可以被运用到这里进行分析。在那些没有经历过大规模的战争,特别是没有遭受两次世界大战的"洗礼"的国家(这确实是拉美各国的幸运之处,但也是其没有足够的动力和机遇实施土改和更广泛社会革命的重要原因),多由于"食利集团"得不到清理而成为国家的"分利集团",并成为影响国家经济长远发展的重要障碍,"总而言之,特殊利益组织或联盟降低了社会效率或总收入,并且加剧了政治生活中的分歧。"③而东亚模式中的日本、韩国和中国都经历了比较彻底的土改,尽管有自身的特点。当然,与此同时,东亚各国的社会不平等程度也相对比较低,而以土改为标志、彻底的社会革命也是其后来实现跨越式发展的重要优势。对巴西的土地制度实施改革,一直是巴西底层民众,特别是农业工

---

　　①　"到目前为止,拉美只有墨西哥和古巴发生过全面的社会革命,玻利维亚和尼加拉瓜也经历过,不过没有那么彻底。"[美]霍华德·J.威亚尔达:《拉丁美洲的精神——文化与政治传统》,郭存海、邓与评、叶健辉译,浙江大学出版社2019年版,第352页。

　　②　Barrington Moore, *Social origins of dictatorship and democracy*: *Lord and peasant in the making of the modern world*, London: Penguin Books, 1993, p.418.

　　③　[美]曼瑟·奥尔森:《国家的兴衰:经济增长、滞胀和社会僵化》,李增刚译,上海人民出版社2007年版,第47页。

人和贫民的诉求,但是其一直没有被提上日程。以土地为代表的资源和财富依然非常集中。①不过,即使现在马上被提上日程,其经济社会影响可能也会非常有限。因为农业生产在整个国民经济中所占比重已经大大降低了。当代巴西的社会不平等已经渗透和蔓延到社会的方方面面。相对而言,城市内部各阶层之间的贫富差距问题来得更重要、更严重、更难以改变。

(二)依附型的生产关系与社会关系

其实,整个巴西的土地贵族虽然占据着巴西的主要土地资源,但他们的生产活动却主要是面向欧洲的,因为巴西独立的时间在拉美地区算是最晚的,直到 1889 年才实现国家的独立。此前,一直和葡萄牙、欧洲其他国家尤其是英国和美国等保持着密切的国际联系。巴西贵族和精英其实不仅在经济上与欧洲保持密切的联系,而且在整个社会、政治和外交等方面都和欧洲保持着紧密的联系,甚至直到最后的军政府都是"面向欧洲的","在军人统治的早期,巴西的军人统治者就有着这样的思想倾向,他们更多的是按欧美的执政者来界定自己的身份,而不是按他们所治理的巴西民众来界定自己。"②在巴西数个世纪的历史上,相对拉美其他国家,巴西的这种依附于欧洲的情况可能显得更为严重。因为,巴西是葡萄牙海外殖民的"独苗苗",后者而不像西班牙在海外拥有数量庞大的殖民地网络。虽然西班牙的殖民地也多集中于拉美,但是毕竟要比葡萄牙拥有更为广泛、更为多样和更为丰富的殖民地资源。在整体上,巴西对于葡萄牙的重要性,显然是大于其他任何拉美国家对于西班牙的重要性。这一重要性还可以通过另外一个方面观测得来,即实际上西班牙在拉美地区的影响力呈现日益衰弱的趋势,因为西班牙的国力相对较小、资本主义发达程度低、商业也不发达,西班牙的殖民地主要是通过直接的财富掠夺形式实施。不过,在很大程度上,它主要是一个"为他人做嫁衣"角色。特别是 17 世纪以后,荷兰和英国利用其发达的商业、初兴的工业生产以及强大的海军和海上运输能力,将西班牙掠夺的财富逐步消化为自己的国民经济实力,并且用自己的制造业产品换取西班牙的金银财富。但是,巴西

---

① Edmund Amann, and Werner Baer, "Neoliberalism and its consequences in Brazil," *Journal of Latin American Studies*, Vol.34, No.4, Nov. 2002, p.957.

② [美]阿图尔·科利:《国家引导的发展——全球边缘地区的政治权力与工业化》,朱天飚、黄琪轩、刘骥译,吉林出版集团 2007 年版,第 218 页。

对于葡萄牙的重要性就完全不一样了,在殖民时代的巴西,葡萄牙在巴西所取得的利益达到其收入的一半。①而且,在拿破仑战争期间,葡萄牙王室甚至整体"转移"到巴西。

当然,巴西精英的经济生产依附于葡萄牙和欧洲的地方主要体现在资本和技术等方面,其实大多数早期殖民地也多是如此。但问题是,巴西早期农业生产主要是"出口导向",即为了生产欧洲当时还算是"奢侈品"的蔗糖,从而大面积地种植甘蔗。后来的咖啡生产也主要面向海外市场,一开始主要面向欧洲,然后主要面向美国。因为欧洲人,尤其是英国人没有咖啡消费的习惯(主要消费红茶)。对海外的资本和技术依赖是巴西经济发展的重要特点,当然也是其诸多经济社会问题的根源。②而且,经济依赖的另一个方面,就是能够发展起自己的独立工业体系来。不过,长期以来,对巴西而言,这在很大程度上仿佛并不需要,因为欧洲特别是英国以及后来的美国,可以为其提供全方面的、高质量甚至是相对廉价的工业产品、消费品和奢侈品。所以,巴西制造业的发展非常滞后,一直到两次世界大战的时候,由于战争的剧烈影响,欧美国家难以满足海外市场需求的时候,巴西方才开始成体系地逐步筹建和发展自己的制造业体系。

当然,或许我们对此无法"责备"巴西,因为它在历史上一直忽视现代国家建构,而且巴西的民族主义影响一直非常有限。原因也是多方面的,巴西的精英,特别是巴西的国王与欧洲有着长期复杂的联系。巴西虽然于1822年宣布独立,但实际上是以拥护葡萄牙的佩德罗王子作为巴西独立后的第一位国王为标志的。巴西民族主义比较淡薄的原因在于,其一直没有强大的内外部敌人的存在。美国往往成为其他很多拉美国家的"外在威胁"而能够就此激发拉美国家的民族主义,不过由于巴西毕竟是拉美第一大国,所以巴西和美国之间的合作往往要比其他国家更紧密。欧洲强大的民族主义是欧洲国家实施现代国家建构的重要推动力,例如法国大革命中萌生的法兰西民族主义就是欧洲民族主义的早期形态。而再往前推,就是各国国王推动民族国家教会("国教")的建立,其实都是以

---

① Marcos de Barros Lisboa, and Zeina Abdel Latif, "Democracy and growth in Brazil," *Democracy Consensus Workshop*, Rio de Janeiro, 2013, p.13.

② "当外资投向巴西的时候,巴西发展就好;而当外资撤离巴西的时候,巴西发展就烟消云散。"[美]阿图尔·科利:《国家引导的发展——全球边缘地区的政治权力与工业化》,朱天飚、黄琪轩、刘骥译,吉林出版集团2007年版,第124页。

罗马教廷为抗争对象的。但是,巴西的宗教主要是天主教。在早期殖民过程中,天主教教徒甚至和野蛮的殖民者之间发生过频繁的冲突,①但宗教矛盾和冲突的程度相对还是较低的。我们知道,在整个第三世界民族主义相对是比较薄弱的,民族主义是伴随着殖民主义和帝国主义而兴起的。但是,巴西的案例就非常有趣,因为巴西人民,或者最起码是巴西的精英拥护葡萄牙的王子为巴西独立后的国王,直到1889年才最终废除君主制而实行共和制,而此时的巴西王室又整体"迁回"葡萄牙。既然连基本的民族主义都缺乏,以民族主义为基础的现代国家建构和独立的国家工业体系的建立,则更是难以企及之事。

二、独裁者瓦加斯的历史贡献及其局限性

巴西在五个世纪的历史中,有长达四个世纪的时期是一个非常分散和"低调"的存在,甚至罕有民族国家存在的形态,虽然整个巴西在名义上属于巴西国王统治,但实际上是被人数比较多的封建色彩浓厚的大庄园主,即地方土地精英所操控和把持。②我们很难谈及巴西20世纪之前的"国民经济",因为巴西在历史上的政治存在形式就是一个分散存在的地域分邦,各自相互独立并"高度自治","咖啡经济集团和军队的出现有助于奴隶制的终结,也有助于建立一个具有地方分权特色的共和国——巴西第一共和国(1889—1930)"。③加上各邦州与外国特别是欧洲的英国、葡萄牙等国家的政府、商业团体、社会团体都保持着良好的合作关系,所谓的统一国家的实质内涵是相当缺乏的。而由于社会底层是由广泛的印第安人、黑人奴隶、产业工人与为数有限的小地产者、有限的城市手工业者和商业人士组成,无论是数量还是社会政治影响力都非常有限。正如普林斯顿大学阿图尔·科利教授归纳的那样:"权力被分散在不同的人手中。没有一方力量能够把巴西带入现代化、工业化的道路。"④而巴西的

---

① [巴]鲍里斯·福斯托、塞尔吉奥·福斯托:《巴西史》,郭存海译,东方出版中心2018年版,第42页。

② 同上书,第29页。"大庄园主始终占据着支配地位,他们有行使统治、立法和执法之权,也有权对边远地区印第安人部落发动战争。"

③ [美]阿图尔·科利:《国家引导的发展——全球边缘地区的政治权力与工业化》,朱天飚、黄琪轩、刘骥译,吉林出版集团2007年版,第131页。

④ 同上书,第133页。

军队在很大程度上成为其现代国家建构的重要推动者。1865—1870 年的乌拉圭战争对巴西的现代国家建构的作用很大,因为其增加了巴西的军队数量,从此以后,军队成为巴西政治生活中重要的力量,并且深刻地影响了巴西的现代国家建构历程,其伴随着 20 世纪初期以来的初步工业化、城市化与经济社会发展。当然也从根本上推动了这一重要的历史进程。这一部分我们将比较详细地介绍瓦加斯(Getúlio Dornelles Vargas)总统执政时期的经济表现。总体上,在巴西第二共和国时期(1930—1945 年),即瓦加斯第一次当政时期,其在独裁体制下锐意建构巴西现代国家体制,实施中央集权,建立健全现代国家体制,特别是现代官僚体制,并以军队现代化为先行和支撑,锐意推动经济增长和现代化发展事业。[①]

（一）针对州与地方权力主体实施国家集权并推动国家基本制度建设

我们首先来看瓦加斯上台执政的时代和经济背景。巴西经济社会中的一个重要矛盾是区域之间的矛盾,这种矛盾又由于经济发展以及由此带来的社会分化而被不断强化,即巴西的经济中心主要集中于沿海地带,这也是拉美地区发展的一大特色(在世界上很多地方也大多如此)。也就是说,巴西的经济是外向型的,即其面向欧洲和后来的美国的;同时又由于其地理环境的原因,只有沿海地带比较容易开发。当然,其实在 19 世纪以及之前,巴西的经济主要集中于东部和东北部的蔗糖种植业。但 19 世纪中叶以来,伴随着咖啡种植业的发展和壮大,巴西的经济版图发生了迅速的变化,圣保罗州、里约热内卢州等地逐步成为巴西的经济重心。巴西咖啡出口所获得经济收益,是整个巴西的重要经济"产出"。而由于巴西现代国家建构的进程非常缓慢,联邦政府运行需要的基本的财政收入无法通过普遍的、直接的收税的方式获得。如此一来,就只能通过对进出口贸易收税进行获取。而咖啡出口在巴西的对外贸易中的比重越来越大,"咖啡出口平均占全部出口收入的 60% 左右。在第一共和国末期,这一数字又升至 72.5%。巴西最发达地区的增长和就业都依靠咖啡种植。

---

① 不少学者强调集权带来的秩序对拉美政治稳定和经济发展的重要意义:"事实已经证明,如果不采用中央集权制,拉丁美洲永远不得安宁。"[美]弗朗西斯·福山:《落后之源——诠释拉美和美国的发展鸿沟》,刘伟译,中信出版社 2014 年版,第 37 页。

咖啡还贡献了大部分的外汇,以满足进口、履行对外承诺,特别是偿付外债等方面的需要。"①而此时,甚至 20 世纪中叶之前,咖啡依然占据巴西出口贸易的绝对主角,"直到 1960 年代中期,出口结构基本没有变化,咖啡仍然是重要的出口物,工业产品出口基本没有。"②所以,整个巴西联邦政府总体上依赖于以圣保罗州为最重要代表的咖啡生产州。由此,巴西的各州以圣保罗的影响最大,不过由于各州之间的权力争夺而使得巴西只能建立起以圣保罗为核心的强权州的寡头精英共和国,"巴西独立后……正如殖民时期那样,帝国行政机构集中于靠近首都的地区和某些州的首府,但在比较边远的地区,这种行政机构就瓦解了,甚至在某些州的内部,仍有不同的分散的区域。"③

由此,联邦所属的各州拥有广泛的政治经济权利,例如最为"骇人听闻"的权利包括向国外政府和公司借贷的权力,以及实际上拥有武装力量的权利,虽然是以民兵和州警察的名义拥有,但其实力还是不可小觑。以圣保罗州为代表的各州相对于联邦政府,都是强大的军事存在。在巴西历史上,如果说有什么能够严重威胁到巴西政治稳定的政治性力量,显然非军队莫属。在 20 世纪 30 年代之前,巴西所属各州,尤其是那些强大的邦州所拥有的实际武装力量是巴西政治稳定的最大威胁。由于在 20 世纪之前,巴西的联邦是一个比较虚弱的存在,所以各州的矛盾和冲突则是难以调和的。联邦各州,特别是实力州都为了争取有利于自己的政策而争相试图对联邦政府实施把控,其表现就是对联邦总统职位的竞争。当然,在 1930 年之前,以圣保罗州与米纳斯吉拉斯州这两大实力州之间轮流当政为常态,"在米纳斯吉拉斯州欧鲁菲努市,米纳斯吉拉斯人和圣保罗人最终签署不成文协定,双方同意努力轮流担任国家总统一职。"④但是,由于 1929 年的经济社会发展形势的突变,即 1929 年世界范围的"大萧条"导致国际咖啡价格暴跌,使得圣保罗州等地的咖啡出口受到很大的

① [巴]鲍里斯·福斯托、塞尔吉奥·福斯托:《巴西史》,郭存海译,东方出版中心 2018 年版,第 141 页。
② [英]莱斯利·贝瑟尔主编:《剑桥拉丁美洲史》第九卷,吴洪英等译,当代中国出版社 2013 年版,第 387 页。
③ [巴]鲍里斯·福斯托、塞尔吉奥·福斯托:《巴西史》,郭存海译,东方出版中心 2018 年版,第 133、125 页。
④ 同上书,第 140 页。

冲击,从而也对其政治把控权力造成深刻的影响。①而 1930 年,军队则通过军事政变的方式,推举瓦加斯执掌总统大权,其即为反对圣保罗州长期霸权的必然后果。

所以,瓦加斯上台之后的重要行动就是实施对州权力进行剧烈削减的行动。这一行动当然是"应景"之举,因为当时的全世界都在经历着巨大的经济社会变迁甚至革命,瓦加斯牢牢地抓住了这一"契机"。在 1930 年军事政变之后,瓦加斯就在与军队依然保持着"蜜月"关系的基础上,同时利用自己的社会支持,迅速推进对州权的整合。这种整合当然是非常有力的,首先就是实际上"废除"州长的大权,以联邦"特派员"(federal interventores)的方式行使各州管理大权,其甚至有点军事"接管"的色彩。"在临时政府不到 4 年的执政期间,总共派了 57 名特派员,其中有一半来自军方。"②而实际上占据"特派员"的多是 1930 年军事政变的主要推动者——"尉官",即在"尉官运动"中涌现出的一大批具有现代化意识的中层军官。而这些中层尉官,实际上就是瓦加斯 1930 年"革命"的主要推动者和实施者。不过,在 1932 年以圣保罗州为领导者的"立宪者派"的兵力一度达到 4 万到 5 万人,他们发动持续了 85 天的内战以反对联邦政府,只是在 10 月 2 日才无条件投降。③

当然,最为有力、具有深远意义的行动是,瓦加斯实际上解除了各州的武装力量,尤其是那些以类似军队形式的武装力量。"在 20 世纪 30 年代,巴西的联邦军队解散了各式各样的地方军和私人民团组织。"④最终终结巴西强大州权的、具有象征意义的行动,是瓦加斯通过 1937 年的军事政变维持总统大权之后实施的"焚烧州旗"活动,"1937 年 11 月政

---

① "1929 年 9 月,外汇储备为 3100 万英镑,到 1930 年 8 月,只剩下 1400 万英镑,而到 11 月,已所剩无几。咖啡价格和外汇汇率仍然下跌,1930 年中期外汇贬值后,咖啡生产量极大地减少,财政危机极其严重。"[英]莱斯利·贝瑟尔主编:《剑桥拉丁美洲史》第九卷,吴洪英等译,当代中国出版社 2013 年版,第 394 页。
② [英]莱斯利·贝瑟尔主编:《剑桥拉丁美洲史》第九卷,吴洪英等译,当代中国出版社 2013 年版,第 30 页。
③ 同上书,第 39—41 页。
④ 科利将瓦加斯的历史性贡献归为在军队的支持下,破解"分散性国家"困境,并由此而着手建设一个"中心化国家"。[美]阿图尔·科利:《国家引导的发展——全球边缘地区的政治权力与工业化》,朱天飚、黄琪轩、刘骥译,吉林出版集团 2007 年版,第 167 页。

变一个月后,在里约热内卢市中心的布赛尔海滩举行了一个焚毁'州旗'的仪式,包括著名的南里约格朗德州州旗,这标志着州自治力的终结。"①瓦加斯的这些行动之所以可以取得比较大的进展,主要在于巴西社会在整体上都对圣保罗一州独大甚至把控联邦权力多年而积怨已久。如若要削减、整合甚至肢解州权,那么显然主要是针对圣保罗州的。此时的圣保罗州由于世界范围的经济危机、出口受限等因素而变得实力有所削减。巴西在1932年短期的"内战"后基本实现了对各州经济、政治和军事力量的整合。"各个州的权力被逐步地侵蚀。1934年的巴西宪法正式剥夺了州的几项重要权力:对出口进行征税以及维持各州武装力量的权力。"②

当然,瓦加斯整合州权的行动间接地甚至直接地推动巴西民族国家建构的运动也是有其限度的。这一限度是,从长远来看,瓦加斯或者其他任何执政者,都只能是逐步削减邦州与地方的权限,而不可能迅速地实现对州权的完全把控,"1933年,瓦加斯最终任命了一位当地的文职督察员……圣保罗的政治精英从那时起变得愈发谨慎。"③同时,我们可以看到,圣保罗州等逐步形成强大的反瓦加斯同盟,④并且形成对瓦加斯执政与政治行动的长期制约,甚至直接推动了他后来的倒台。

(二)瓦加斯在推动经济发展方面的贡献以及其局限性

虽然学术界对瓦加斯发动的所谓的"1930年革命"的评判不一,但瓦加斯所领导的、以针对州权所实现的改革为先导,进一步实施带有强烈现代化色彩的巴西现代国家建构,显然具有重要的历史性贡献。例如,其对州权所实施的限制和规范,实际上就是巴西的现代国家政权建设,特别是"清扫"社会中间层的阻隔,形成统一、有效的行政与司法权力,并以此形

---

① [英]莱斯利·贝瑟尔主编:《剑桥拉丁美洲史》第九卷,吴洪英等译,当代中国出版社2013年版,第79页。

② [美]阿图尔·科利:《国家引导的发展——全球边缘地区的政治权力与工业化》,朱天飚、黄琪轩、刘骥译,吉林出版集团2007年版,第163页。

③ [巴]鲍里斯·福斯托、塞尔吉奥·福斯托:《巴西史》,郭存海译,东方出版中心2018年版,第175页。

④ 这一联盟的主导者就是圣保罗的精英们,"圣保罗的精英阶层——咖啡种植园主、工业家、城市上层和中层阶级——都被广泛地动员起来,团结一致地强烈反对瓦加斯的'独裁统治'……"[英]莱斯利·贝瑟尔主编:《剑桥拉丁美洲史》第九卷,吴洪英等译,当代中国出版社2013年版,第35页。

成统一的国家认同等,其实都是现代国家建构的重要任务。[1]当然,其意义不仅在于此,对州权的限制实际上是对圣保罗州的咖啡集团所实施政治限制,也就是我们通常所说的:国家相对于支配阶级的相对自主性。当然,这一自主性同时也需要体现在现代国家相关机构的建立健全等任务上,而西方国家普遍是通过行政机构和司法机构建构起这样的自主性来的,在 20 世纪尤其是以独立性更强的经济管理部门和机构的建立为标志。当然,我们将在下文进一步探讨以巴西为代表的拉美国家在司法进步方面的缺憾,[2]但其行政权力扩张与行政机构的建设确实非常成功。例如,瓦加斯比较顺利地建立起更具正式更具规范性的现代国家公务员部门,而这种职业性公务员部门的建设实际上是针对拉美根深蒂固的政治庇护主义的纠正,因为此前的巴西的公务员等公共部门岗位多是通过恩惠等方式进行填充的。从瓦加斯开始,对职业官僚机构以及其公务人员,特别是后来的行政机构中的经济发展部门的建设角度来看,其确实为后来的进口替代的经济发展模式奠定了坚实的现代官僚制基础。[3]

　　瓦加斯政府对经济的重大贡献,表面看,是出色的经济增长,"在1930—1947 年间,巴西经济以年均 6%的速度增长。工业增长率达到了年均 9%。如果不考虑那些尚未解决的诸多问题,这是显著的增长业绩。"[4]这在巴西的历史上也是非常罕见的、重要的经济成就。当然,这一成就的获得,显然是建立在其初步制造业等工业部门的基础上的,因为瓦

---

[1]　蒂利关于现代欧洲国家建构的过程的分析中,将这些"中间层"归为封建教会势力、地方精英等。[美]查尔斯·蒂利:《强制、资本和欧洲国家:公元 990—1992 年》,魏洪钟译,上海人民出版社 2007 年版,第 122 页。

[2]　Juan Carlos Calleros-Alarcón, *The unfinished transition to democracy in Latin America*, London; New York: Routledge, 2008, p.177, "除哥斯达黎加外,本研究所涉及的所有其他国家(阿根廷、玻利维亚、巴西、哥伦比亚、智利、厄瓜多尔、墨西哥、巴拉圭、秘鲁、乌拉圭和委内瑞拉)的司法部门在腐败方面都存在严重缺陷,其防止或纠正规避法律行为的结构性能力低而低效,且存在无能的法院系统导致囚犯过度拥挤和受虐待,以及法官和检察官个人易受暴力和恐吓行为的伤害。"

[3]　Barbara Geddes, "Building 'state' autonomy in Brazil, 1930—1964," *Comparative Politics*, Vol.22, No.2, Jan. 1990.

[4]　[美]阿图尔·科利:《国家引导的发展——全球边缘地区的政治权力与工业化》,朱天飚、黄琪轩、刘骥译,吉林出版集团 2007 年版,第 173 页。

加斯政府时代的工业增长值达到百分之九。所以,其经济成就很大程度上是由工业投资与制造业发展拉动的,这是其标志性的进口替代发展模式的重要特征。当然,这也是当时拉美国家的主导型经济增长模式。不过,同时也因为在两次世界大战期间,由于世界经济的整体衰退,这些国家不仅面临着农产品和经济作物价格的暴跌,同时也面临着工业产品进口困难。所以,外部经济形势推动着这些国家在一定程度上是被迫实施进口替代型的经济发展模式。当然,尽管有这样的外部形势推动,其实还需要国内的政治家与统治集团因势利导地把握这样的机会,才可以取得理想的经济发展成就。瓦加斯的贡献还在于,在他执政的时代,其贡献可以说是全方位的:"他取得的经济和社会发展成就:包括实行国家计划经济、国家主导国民经济发展、工业增长、基础设施建设和全国一体化、劳工立法和工人社会福利。"①这些贡献具有深远的意义,因为后来的巴西政府在这一方面的表现就相对比较差了,甚至再民主化之后的民主政府在这方面的投资反而少了,其原因当然也是多方面的,其中社会政策推动下的福利支出在很大程度上"挤占"了此前基础设施建设的原有份额,1981—1986 年间的公共部门平均年度公共设施投资占 GDP 的 3.6%,此后一路下降,2001—2006 年的平均值降到 1.15%。2007 年以来就只占到 1% 多一些,整体的基础设施投资也呈现出同样的趋势。②

总体看来,瓦加斯是一位比较出色的政治家,虽然他是一位典型的独裁者,因为他长期、"非法"占据着巴西总统的位置。当然,所谓"出色"也在于他能够灵活地调整自己的施政策略,并且带有很强的"投机性",这种投机性主要表现在他对社会底层尤其是伴随着大城市的兴起与壮大、现代工业部门的发展壮大而逐步登上历史舞台的工人阶级的利用,"瓦加斯政府的劳工政策的主要目标有两个:一是压制工人阶级在国家控制之外组织起来的各种努力;二是将工人阶级整合进政府的支持者队伍。"③所

---

① [英]莱斯利·贝瑟尔主编:《剑桥拉丁美洲史》第九卷,吴洪英等译,当代中国出版社 2013 年版,第 148 页。

② Marcos Mendes, *Inequality, democracy, and growth in Brazil: a country at the crossroads of economic development*, London; San Diego, CA: Elsevier Academic Press, 2014, p.28.

③ [巴]鲍里斯·福斯托、塞尔吉奥·福斯托:《巴西史》,郭存海译,东方出版中心 2018 年版,第 171 页。

谓"利用",还主要表现在他之所以能够于 1937 年通过"自我政变"的方式继续执政,就是利用了世界范围的"反共"浪潮,以激发起巴西统治精英的敏感神经,并借助军队的力量实施"反共"谋略,尤其是对共产党组织、国内共产主义分子甚至工会活动分子实施清洗。瓦加斯就此顺利地实现了政权的延续。但是,当国内的工人阶级力量进一步发展壮大后,他也敏锐地感受到其力量之所在。世界范围的民主化趋势越来越明显,推动了瓦加斯在 20 世纪 40 年代开始实施对工人阶级的打压、控制同时,也实施了"拉拢"策略,并且在很大程度上抛弃意识形态的固化认识,开始偏向于利用和帮扶工人阶级。"新国家的劳工政策具有双面性:一方面给工人带来特别的利益,另一方面将热图里奥·瓦加斯变成一个象征性人物——工人的保护神。"①瓦加斯甚至实施了针对工人阶级的早期福利政策供给,并且归纳出控制工人运动的经验:"管理和解雇工人的劳工立法为社会安宁与稳定提供了保障;社会福利立法有助于提高生产力。"②当然,这一切又是当时巴西的统治集团整体所无法容忍的行为。③所以,国家精英最终推动军方以军事政变的方式,使得偏向或者准备"利用"左翼力量的瓦加斯在 1945 年被无情地撵下台来。这或许在很大程度上也是对一个政治投机分子的有力惩罚。

三、军人统治时期的出色经济增长与诸多隐患

（一）并非为巴西军人专制的经济增长政绩辩护

人们对瓦加斯的评判确实差异明显,而对 1964—1985 这 21 年的军人统治时期成就的学术评价,当然也是一个难以处理的学术问题。因为这里面涉及大量"政治正确"的问题。当然,不可否认的是,在瓦加斯执政时期,尤其是在 1930—1945 年间的经济表现是非常出色的。这一评价也同样可以运用到对 1964—1985 年军人统治时期的经济表现的评价。在

---

① [巴]鲍里斯·福斯托、塞尔吉奥·福斯托:《巴西史》,郭存海译,东方出版中心 2018 年版,第 189 页。

② [英]莱斯利·贝瑟尔主编:《剑桥拉丁美洲史》第九卷,吴洪英等译,当代中国出版社 2013 年版,第 87 页。

③ "在价值观方面,这是一个比较保守的军队。军官的价值观总体上反映出对底层民众的憎恶。在 20 世纪 50 年代,越来越多的军官开始质疑瓦加斯的民族主义加平民主义的风格。"[美]阿图尔·科利:《国家引导的发展——全球边缘地区的政治权力与工业化》,朱天飚、黄琪轩、刘骥译,吉林出版集团 2007 年版,第 188 页。

这两个时期,巴西的经济表现几乎是"前无古人,后无来者",也就是说,这两个时期的经济增长,在巴西的整个经济发展历史上也是史无前例的。"国内生产总值在 1942—1962 年(每年为 7.5%),1968—1974 年(每年为 10.7%)以及 1975—1980(每年为 7%)的增长尤为迅速。"①1985 年至今,巴西的经济表现不仅远不及这两个时期,而且整体的年平均增长值要低很多。当然,从客观角度来讲,我们此前大多不太愿意去触碰这个问题,即我们多数研究者不愿意去研究或者宣扬这两大时期的经济增长表现,因为即使是客观谈及他们的"(经济增长)贡献",也有"为虎作伥"甚至"助纣为虐"的嫌疑,即为独裁和专制政权辩护的嫌疑。"虽然巴西正遭受历史上最黑暗的历史时期之一,但政府在经济领域却成就斐然。"②当然,"发展型国家"理论的相关研究在这一领域的研究作出了重要的学术贡献,它们比较客观地分析、研究不同政体类型下国民经济增长的表现。例如,美国科利教授的研究就将推动国家经济发展的发展型国家归为"凝聚性(资本主义)国家",其主要以韩国为代表,而巴西的某些历史时段也可以被纳入其中;其相对立的类型是"分散型国家",其以印度和尼日利亚最为典型。③当然,概括而言,无论是发展型国家理论,还是凝聚性国家理论,虽然总是想以"客观"的形式为我们展现经济发展的真实的一面(也是鲜为人知的一面),但我也不得不指出,这些研究的议题的选择与评判标准选择本身,也具有一定的偏向甚至偏好。④虽然这些研究都会论及在专制政权或者独裁政治条件下,统治者必然会有各种压制、镇压甚至迫害劳工(组织)、社会进步人士和团体的行为,但从"整体上"仿佛并不影响经济发展。或许,无论是历史发展还是经济发展,都有其残酷的一面,只不过我们有时候不愿意直面这些问题而已。

---

① [英]莱斯利·贝瑟尔主编:《剑桥拉丁美洲史》第九卷,吴洪英等译,当代中国出版社 2013 年版,第 382 页。

② [巴]鲍里斯·福斯托、塞尔吉奥·福斯托:《巴西史》,郭存海译,东方出版中心 2018 年版,第 245 页。

③ [美]阿图尔·科利:《国家引导的发展——全球边缘地区的政治权力与工业化》,朱天飚、黄琪轩、刘骥译,吉林出版集团有限责任公司 2007 年版,第 199—200 页。

④ 当然,关键问题还在于,我们如何客观地解析那些不同的、具体的政体下有利于或者不利于经济增长的因素和作用机制。参见[美]彼得·H.密斯:《论拉美的民主》,谭道明译,译林出版社 2013 年版,第 262 页。

（二）军人执政的理由是保障国家安全与政治秩序稳定

如果说瓦加斯的执政经验大有针对此前圣保罗州的强大咖啡集团的意味,后期他甚至带有拉拢工人阶级的意味,那么巴西的军人统治政权的成就很大程度上是在直接针对工人阶级的政治、经济甚至人身打击的基础上而取得的。巴西的军人多来自社会的中间阶层,虽然他们也有对传统社会精英逆反的一面,尤其是在军事院校接受现代化教育从而受到了现代思想意识形态影响之后。但是,巴西的军人在整体的政治意识形态上,多针对社会底层,尤其针对城市工人阶级和巴西共产党。当然,军人政权会更为强烈地针对农业工人的组织化行动,因为他们是社会更底层的群体。我们很难说军人集团有多大的自主性或者中立性。不过,从另一个角度来讲,军人大有被巴西社会精英阶层"利用"的一面。

当然,从军人集团自身角度来看,他们并不会认为自己被社会精英群体所利用,因为他们也有对社会精英逆反的一面。但是那些具备强烈的现代化意识以及强烈的国家主义和民族主义的(中层)军官,往往是将自己定位为国家安全保障、实现政权稳固和社会秩序稳定的维护者。"就军方而言,他们坚持更重要的原则:维持社会秩序、尊重等级制度和控制共产主义的蔓延。"①所以,他们总是强调自己实施的并非"政变",而是作为国家政权的最终"监护者",依据自己的"担当"与"使命"而果断地采取必要的政治干预行动,就此才能够恢复原先的社会秩序和政治稳定。当然,殊不知,他们的这一定位,显然会经常性地被巴西精英集团所利用,因为他们会经常性地宣扬共产主义、工人阶级运动可能会带来颠覆现有政治秩序的危险,从而呼吁军人及时"出场"收拾混乱的政治局面。"尽管对于旧共和国将军们而言,军队实质上一直是一个维护地方寡头权势的工具,对于尉官派而言,军队是一个进行社会革命的手段,但戈伊斯将军则认为,军队应该是实现稳妥的国家现代化和民族振兴的工具。"②而在事物的另一面是蠢蠢欲动的政治家看到民主化或者自由化大势浩浩荡荡、势不可挡,进而在有力、有效实施控制的基础上,主动接近、拉拢甚至收买工人阶级,从而试图在政治庇护主义指导下,实现对工人阶级为代表的人民

---

① ［巴］鲍里斯·福斯托、塞尔吉奥·福斯托:《巴西史》,郭存海译,东方出版中心 2018 年版,第 171 页。

② ［英］莱斯利·贝瑟尔主编:《剑桥拉丁美洲史》第九卷,吴洪英等译,当代中国出版社 2013 年版,第 47 页。

大众等新生力量的吸纳。[①]也就是说，政治家常常将"人民"的支持作为其执政的合法性基础。进而，这多向的逻辑必然引发激烈的政治斗争，并且不断激化各种政治矛盾，从而严重影响巴西的政治稳定以及经济的长期增长。所以，拉美军人政治在 20 世纪的很长时期的政治生活中起到非常重要的作用，其所谓的维护政治秩序与推动经济发展等"天命"的存在甚至拥有政治活动中的"准宗教"的基调。[②]

（三）军人集团执政合法性的基础即为经济绩效

尽管军人执政者可以宣扬其诸多的执政理念，但他们内心应该也非常明确，或者最起码是默认的：他们执掌政权只能是暂时性的，总会有一天他们将"还政于民"，"1964 年没有一位军人或文官想象得到新的军人政权将会持续 20 年之久。"[③]他们的"出场"实际上是为了阻止共产主义推动下的工人运动，特别是防止民粹主义色彩浓重的政治家假借工会运动以及其背后的左翼力量的支持而"颠覆"当时的社会秩序。当军人政权对其实施了充分的"清理"行动，尤其是对工人运动进行血腥镇压以及对左翼政治力量实施打压之后，他们必然是要还政于民的。其实，从一开始，巴西的军人执政者就非常清楚，他们毕竟是通过非正当的方式获得执政权的，而且上台伊始就开始有序废除原先的民主制度安排，尤其是史无

---

① 关于政治家、现代国家特别是中央政府，以福利与有力的劳工政策为"代价"等吸引和收买工人阶级的政治实践参见陈兆旺：《民主与福利：社会结构与公民身份制度变迁的路径》，上海人民出版社 2017 年版，第三章"以福利抵制民主：公民身份制度变迁的权威主义模式"。而这一政治策略在很大程度上多被归入"法团主义"，威亚尔达早年的研究明确了法团主义实践的主要策略："包含了收买和控制两方面：收买的方式是为工人提供新的社会保障计划，控制的方式是政府对工人活动进行监督和管理。"［美］霍华德·J.威亚尔达：《拉丁美洲的精神——文化与政治传统》，郭存海、邓与评、叶健辉译，浙江大学出版社 2019 年版，第 302 页，而他后期的研究将法团主义实践突破伊比利亚半岛和拉美的政治实践范畴，推至欧洲甚至潜在着可以推至所有政治体制中的政治实践，而非囿于特定的政体特征。Linda Chen, "Corporatism Reconsidered: Howard J. Wiarda's Legacy," *Polity*, Vol.50, No.4, Sep. 2018. Howard J. Wiarda, "The Political sociology of a concept: Corporatism and the 'distinct tradition'," *The Americas*, Vol.66, No.1, July 2009.

② ［美］彼得·H.密斯：《论拉美的民主》，谭道明译，译林出版社 2013 年版，第 90 页。

③ ［英］莱斯利·贝瑟尔主编：《剑桥拉丁美洲史》第九卷，吴洪英等译，当代中国出版社 2013 年版，第 233 页。

前例地暂停了国会的正常运转,"国会自 1968 年 12 月以来一直被关闭……直到 1970 年 3 月 31 日才被允许重新开张。"①他们后来甚至取消了所有的政党活动,并且组织起两大政党联盟,其实际上只是为了获得"民主"的表象并以此维持民主的门面。他们甚至制造了一个官方"钦定"的"反对党(联盟)",不过,他们与此同时又不断打压反对党,甚至经常性取消他们的选举和正常的政治活动,以至于所谓的"反对党"反复提议:他们想自己自行解散。当然,这也说明军人政权还是非常注重民主表象的,因为虽然美国由于冷战的战略对峙而需要强而有力的巴西军方控制其国内的左翼政治势力。但是,现代化色彩比较明显的军人,尤其是军队高层也认为一直抵制民主的任何形式和运作,将是难以为继的。他们从一开始就将"赌注"都压在了刺激经济增长这一合法性基础之上。"用罗伯特·堪布斯(他是卡斯特罗·布朗库执政时期巴西执掌经济的官员)的话来说,就是'我们迫切地需要商业增长,因此我们需要维持社会秩序,这样商业增长才能继续。'"②

　　一旦有了这样的军方内部"共识",他们就开始迅速地落实快速经济增长的目标与计划。其实,瓦加斯执政时期的经济发展成就还有"自然"或者"引导"的成分在内。与此同时,瓦加斯对国家的基础设施建设、社会政策出台与完善和公共教育投入等方面的表现还是不错的。与此相对照的是,军人政权将功夫全部用在了经济增长上,基本上忽视了其他方面的有为、有力和有效投入和建设。也就是说,在军人政权时代,巴西的主政者的目的非常清晰而明确,他们一方面要镇压左翼政治力量,另一方面又要实施快速经济增长的计划。有趣的地方就在于此,这两方面在很大程度上可以合而为一。巴西军人政权时代的经济政策也是有一定的延续性的,例如他们依然保持着进口替代的经济发展战略不变、加大了国有企业扶持力度、通过加大工业投入等方式而不断拉动经济增长等。但是,其经济政策与此前相断裂的地方也不少,其中就包括在一般年代所罕见的经济发展政策的实施,例如对工会组织的系统性破坏、对工人运动尤其是罢工行为的禁止、对工人工资的强制性约束以及对社会福利的削减等多是针对工人阶级而实施的。也就是说,军人政权的政治打压和对工人此前

①　[英]莱斯利·贝瑟尔主编:《剑桥拉丁美洲史》第九卷,吴洪英等译,当代中国出版社 2013 年版,第 268 页。

②　[美]阿图尔·科利:《国家引导的发展——全球边缘地区的政治权力与工业化》,朱天飚、黄琪轩、刘骥译,吉林出版集团 2007 年版,第 213 页。

的经济权利活动的限制,而产生一个重要的经济效果,就是严重打压了巴西工业社会中的非生产性活动,包括对经济增长具有破坏性的罢工活动以及提高工资待遇和福利的再分配性质等方面的诉求等,"1964 年……对 500 多个工会进行'干预'并更换他们的领导人,禁止自由集体谈判和罢工,导致'工资冻结'成为可能……";①而与此同时,军人政府还通过工业投资,以及工业扶持等,提高了就业率,也从整体上创造了更多的经济机会。

巴西军人政权明目张胆地实施工人工资压缩以及社会政策的削减等行动,这些也都可以减轻财政给付的负担,从而也使得通货膨胀、财政赤字等压力得到疏解。所以,由于军人政府的直接、大胆而果断的政治行动与经济措施,他们从多方面直接提升了巴西整体的经济效率,减轻了经济运行的负担,并就此拉动了经济增长,而且创造了所谓的"巴西奇迹":"经历了艰难的 1967 年之后,从 1968 年到 1973 年巴西经济增长壮观。国内生产总值年均增长 11.2%,其中工业年均增长 13.3%。连农业产量的年增长率也达到 4.5%。"②军人政权推动巴西经济的结构性变革的可圈可点之处还在于,他们虽然依然实施进口替代型经济政策,但在很大程度上还是推动了出口增长,而且制造业产品的出口比重越来越高,"1965 年开始对出口的促进受到更大的重视……1968—1973 年出口价值增长了 3.3 倍,平均年增长率为 26.9%……1965—1966 年间,制造品出口平均增长到总出口量的 6.2%,从更广泛的定义来说,这一比例从 1968 年的 10.8%,迅速增长到 1973 年的 23%。"③

不过,在军人政府的高速经济增长背后却也隐藏着大量的问题。军人政府的经济政策取得明显效果的原因在于,必然有阶级、阶层要在此过程中被牺牲,"任何稳定化计划的贯彻执行都有赖于社会做出牺牲。鉴于巴西社会的特点和政治行为体的目光短浅,很难在民主环境下实现这一点。权威主义政府使得坎波斯和布良斯可以采取强制作出牺牲的措施,特别是要求工人阶级作出牺牲,因其不能反抗。"④这一点从军人政府时

① [英]莱斯利·贝瑟尔主编:《剑桥拉丁美洲史》第九卷,吴洪英等译,当代中国出版社 2013 年版,第 271 页。

② 同上书,第 490 页。

③ 同上书,第 485—586 页。

④ [巴]鲍里斯·福斯托、塞尔吉奥·福斯托:《巴西史》,郭存海译,东方出版中心 2018 年版,第 241 页。

代的社会贫富差距进一步拉大的问题上就可以透析出来,"贫困程度仍然很高,非常极端的收入的不平等程度不变,在 1970 年到 1980 年之间只占总收入的 3.2%。但是最高一成人口的收入份额,从 46.5% 增长到 47.9%。"①当然,军人政权的隐患在于它难以抵抗更多强烈的外部打击,这种打击表现为美国卡特政府对国际范围内人权政治的支持,以及 1973 年经济危机冲击等。但是,蹊跷之处在于,区别于其他的诸多拉美国家,巴西的军人政权竟然在 1973 年石油危机之后,又延续了 12 年之久。其原因在很大程度上确实是巴西军政府的经济绩效表现良好,并且因此而获得比较充实的绩效合法性基础。但是,军人政治统治的合法性依然在不断地流逝,而且经济增长并不等于经济发展,这些"漂亮"的经济增长数字背后的经济发展隐患,逐步在 20 世纪 80 年代初爆发出来,并且直接导致巴西 20 世纪 80 年代的"失去的十年"。而在 20 世纪 80 年代,巴西也同时启动了民主化进程(或者准确说再民主化的进程)。最后,军人也都主动地退出政治舞台而回到军营,甚至最终完全退出政治舞台,虽然其还是作为重要的政治力量存在,但再也没有直接发动军事政变,或者其他直接而重要的干预政治的行动。

四、再民主化至今的巴西政局变动与经济表现

(一)20 世纪 80 年代以来巴西经济表现的整体观测

在经历着痛苦的"失去的十年"的巴西,民主制度却得到比较不错的巩固,经济增长表现尚可,属于低度发展、偶尔停滞的状态。但是一个重要的观察点是,诸多经济社会指标的表现还不错,甚至对世界性的金融危机、经济危机都具备了一定的抵抗力。②关键是,巴西于 2012 年清偿了美元债务,从而几乎是一劳永逸地解决了此前一直困扰着巴西甚至拉美诸多国家的外债隐患,而这些外债一直以来都是将拉美国家不断地推向经济危机的主要祸根。③不过,20 世纪 80 年代以来的巴西,虽然在民主化进

---

① [英]莱斯利·贝瑟尔主编:《剑桥拉丁美洲史》第九卷,吴洪英等译,当代中国出版社 2013 年版,第 504 页。

② 整个拉美地区对 2008 年全球金融危机的应对表现较佳。[智]塞巴斯蒂安·爱德华兹:《掉队的拉美:民粹主义的致命诱惑》,郭金兴译,中信出版集团 2019 年版,第 104 页。

③ Peter Kingstone, "The Brazilian Miracle and Its Limits," *Law & Bus. Rev. Am.*, Vol.18, No.4, Mar. 2012, p.463.

程中的表现不错,但其经济表现只能说是差强人意,即有一定微弱的经济增长,"我们可以总结:在最近的三十年里(1980—2010 年),巴西的增长绩效是差的。"①从整体上而言,有点"逆水行舟,不进则退"的感觉。

在 20 世纪 80 年代,巴西和整个拉美地区的经济发展都呈现出严重的波动。现有的研究表明,在 18 世纪甚至 19 世纪初期,拉美和美国之间的差距并不算大。但是,从 19 世纪开始,拉美就开始逐步落后于美国的经济增长,而 1870—1930 年间,拉美国家纷纷独立,并且也逐步赢得了稳定的社会政治秩序,所以经济增长率开始基本等同于美国,但在这时候,两者的差距已经形成,并且有进一步扩大的趋势。不过 1870—1930 年间拉美的经济增长,在整个世界经济发展的版图上,表现也是不错的。而从 20 世纪 30—70 年代的长期经济表现也是很不错的,甚至要比当时的东亚国家的表现要好。但是,在 20 世纪 80 年代,拉美国家不仅没有能够实现对美国的追赶,而且陷入了十年、十数年甚至更长时间的经济衰退。在 21 世纪来临前后,很多拉美国家的经济波动依然很大。当然,其主要原因是外部经济危机的持续冲击,进而使得它们的经济波动过于剧烈。拉美国家不仅没有能够缩小与美国等发达资本主义国家之间的经济发展差距,甚至已经严重落后于东亚的发展型经济体。②因为就从 20 世纪 80 年代开始,东亚国家和地区的发展成效显著,并且保持了高速的经济增长,甚至作为 1997 年金融危机的主要"发源地",所受的影响反而比较有限,而且比较迅速地走出经济危机和经济衰退的险境,而 2008 年的美国次贷危机的影响虽然来势凶猛,但东亚各国表现更为出色,2009 年的经济增长就有起色,2010 年就开始回复原先的高速经济增长。(在第四章内容中有所分析)当然,美国自己的反映也是比较迅速而有效的,其经济增长恢复也很快,但这时候拉美的很多国家,又一次遭受巨大的影响,经济发展又一次遭受重大影响。

(二)20 世纪 80 年代以来巴西经济表现不佳的原因

为什么拉美的经济难以招架外来的经济危机或者经济波动的影响?

---

① Marcos Mendes, *Inequality*, *democracy*, *and growth in Brazil*: *a country at the crossroads of economic development*, London; San Diego, CA: Elsevier Academic Press, 2014, p.11.

② 参见:[乌拉圭]米奇·阿尔博姆、[哥伦比亚]何塞·安东尼奥·奥坎波:《拉丁美洲独立后的经济发展》,石发林译,上海译文出版社 2017 年版。

相对于拉美其他国家,巴西的经济表现还算是不错的,因为尽管 20 世纪 80 年代以来的经济表现有波动,但就其作为代表性的拉美国家而言,这种波动还是可以接受的。不过,相对于东亚诸国而言,其表现就算是比较差的了。巴西 20 世纪的强劲的经济增长在 1980 年基本上告一段落,此后的经济虽有所增长,但都很难称得上是"发展"了,尽管有所进步,但都在不断地扫除此前埋下的各种经济制度和经济政策隐患,或者频于解决巴西经济结构中长期存在的结构性问题。[1]而且,在很大程度上,巴西的经济表现其实是在退步,因为巴西与发达国家之间的差距在 20 世纪 80 年代之前的整个 20 世纪是在不断缩小的,"在 1930 年至 1980 年的 50 年间,巴西的经济增长表现优异,人均国内生产总值以每年 3.7% 的平均速度递增。"[2]但 20 世纪 80 年代以来,巴西的经济增长基本上停滞不前。20 世纪 80 年代的时候,巴西的人均 GDP 还高于韩国,不过 1983 年韩国首次超过巴西(韩国 2180 美元,巴西 1570 美元)。到了 2019 年,韩国的人均 GDP 已经达到 31363 美元,而巴西的人均 GDP 依然没有达到 1 万美元,只有 8921 美元。[3]

我们接下来简单讨论一下,在 20 世纪 80 年代以及 20 世纪 90 年代,巴西经济大幅波动的原因。当然,很多人会将其简单归为民主化带来的混乱,这样的看法显然不太准确。政局的不稳定显然会影响整体经济表现,但是这种影响,一般只是小幅度的、短期的波动,但为何巴西遭遇了 20 世纪 80 年代重大的经济发展挫折? 其表现与其他的拉美国家也很相

---

[1]　当然,民主与民主化的文献也都会研究不同的转型方式及其社会政治效果的差异,巴西是典型的通过自上而下、"和平"谈判的方式实现转型的,短期内的社会牺牲比较小,但长期而言会遗留大量的社会政治问题,"巴西社会存在一系列根深蒂固的问题,比如机会不平等、缺乏向公众开放且可信赖的国家机构、腐败,以及政治庇护。当然,这些问题绝不会朝夕之间就能解决,但在此关键转型时期这些可能都是必须开始直面以对的问题。"[巴]鲍里斯·福斯托、塞尔吉奥·福斯托:《巴西史》,郭存海译,东方出版中心 2018 年版,第 268 页。

[2]　[英]莱斯利·贝瑟尔主编:《剑桥拉丁美洲史》第九卷,吴洪英等译,当代中国出版社 2013 年版,第 508 页。

[3]　具体数据参见世界银行官方数据:https://data.worldbank.org.cn/indicator/NY. GDP. PCAP. CD? end＝2018&locations＝BR-KR&most_recent_year_desc＝false&start＝1960&view＝chart。两国发展模式的具体比较参见:江时学等:《拉美与东亚发展模式比较研究》,世界知识出版社 2001 年版,第 302—313 页。

似:大幅度的、严重的超级通货膨胀;巨额外债难以偿还,[1]甚至一度暂停偿还利息,引发国际社会的普遍担忧,从而长远地影响海外的资本投资;[2]而社会底层民众则深受影响,从而导致社会运动频繁,最终不断地影响社会稳定。当然,我们会发现其中很多问题是纠结在一起的,例如,由于外部经济危机的冲击,投资者变得非常谨慎,而这种谨慎尤其针对很多经济信誉不佳的拉美国家。所以,巴西面临着巨大的外资撤资、外债压力等风险。"对外国资本与技术的依赖容易遇到撤回投资的约束,也存在国际收支平衡的潜在约束,尤其是当巴西的外资流入放慢以及外资的利润汇款增多的时候,这个约束就更为明显。"[3]而外资在短时间内的迅速外流,将严重冲击一个国家的外汇管理系统、外汇储备系统等。为了能够应对这些风险就只能不断提高国内储蓄利率,以高利息吸引和留住外资,甚至希望就此吸引债权人追加投资。但是,利率的提升将严重影响国内的投资和经济增长,因为资本投资的成本变得越来越高。一旦经济增长受限,必然影响国民经济,同时也会直接影响就业和工资增长,经济增长受限甚至停滞势必引发严重的退工压力。由于所谓的"工资刚性"的存在,以及巴西比较大规模的公共部门的存在、最低工资标准的强力约束,使得政府在面对工人为代表的民众的强烈抗议之时,[4]只能以滥发货币作为"饮鸩止渴"的临时性措施。短时间内滥发货币当然会不断地制造和推高通货膨胀水平,从而导致物价飞涨,不仅会影响民众的实际工资的购买力从而严重影响人民生活水平,而且会造成高利率等措施完全失效,从而进一步推动资本外流。更为可怕的是,这一系列经济现象会不断反复地循环出现,以至于,按消费者价格指数衡量,巴西的年度通货膨胀率在

---

① Albert Fishlow, "Brazilian development in long-term perspective," *The American Economic Review*, Vol.70, No.2, May 1980.

② 债务违约甚至直接宣布停止债务偿还是拉美的"传统"操作方法,拉美国家频繁的债务违约事件与数据参见[智]塞巴斯蒂安·爱德华兹:《掉队的拉美:民粹主义的致命诱惑》,郭金兴译,中信出版集团2019年版,第35—38页。

③ [美]阿图尔·科利:《国家引导的发展——全球边缘地区的政治权力与工业化》,朱天飚、黄琪轩、刘骥译,吉林出版集团2007年版,第204页。

④ 因为当时的巴西工人的工资主要取决于两个方面:市场机制和政治谈判决定。Marcos de Barros Lisboa, and Zeina Abdel Latif, "Democracy and growth in Brazil," *Democracy Consensus workshop*, Rio de Janeiro, 2013, pp.4—5.

1990 年冲到将近 3000％,为 2948％。①在整个 20 世纪 80 年代甚至 20 世纪 90 年代前半期的巴西,都在这样的混乱中备受煎熬。②

拉美国家资源配置的差异较大,随着世界生产和消费(偏好)的变化,很多资源可能变得不再紧缺,可以由于替代品的出现或者过剩供给而价格暴跌,从而导致拉美国家对外出口遭受冲击,严重影响一个国家的财政稳定与经济发展。而很多拉美国家由于在出口强劲的时候"寅吃卯粮",导致后续经济困难时期的财政状况雪上加霜。问题是,为什么巴西如此较严重地依赖外资? 通过本节第一部分的介绍,我们可以发现巴西等拉美国家在历史上就是过分依赖型的经济体。而且,由于奴隶制等殖民遗产的长久影响,其社会不平等状况改观有限,普通的国民收入有限,不仅收入和储蓄有限,而且大众消费需求也十分有限,所以难以发展出成规模的国内消费市场,但其经济又不是外向型经济导向的,而是进口替代型经济发展战略。但是,进口替代生产的商品主要是什么? 满足了什么样的市场? 20 世纪 80 年代巴西的制造业主要面向国内相对中高端的消费市场,例如汽车产业,"政府选定那些带动经济增长的产业是发展最快的产业,像汽车产业。"③而汽车产业又过分依赖于石油进口。由于国内的石油储量有限,所以巴西就高度依赖国外进口的石油。"而巴西居高不下的进口密集程度很大一部分是由于巴西对进口汽油的需求在不断增长导致的。"④而过分依赖于外部资源,使得其国际收支平衡经常被打破。1973 年和 1979 年的两次世界性石油危机发生后,巴西的经济就濒临崩溃,以至于债台高筑,难以为继。

(三)新世纪以来巴西经济增长乏力的主要原因探析

当然,到了 20 世纪 80 年代之后,巴西的军人政权就已经摇摇欲坠了,因为此前维系其执政合法性的经济绩效也已经难以持续,而且由于其对社会实施长期的压制使得巴西社会(通过各种社会运动而实现)的反弹变得越来越明显,甚至精英阶层也开始反弹。因为,毕竟此前有限开放的

---

① 参见世界银行官网数据库:https：//data.worldbank.org.cn/indicator/FP.CPI.TOTL.ZG?locations＝BR。

② 此段是综合参见了上文注释中提及的多方文献资料而进行的整理。

③ [美]阿图尔·科利:《国家引导的发展——全球边缘地区的政治权力与工业化》,朱天飚、黄琪轩、刘骥译,吉林出版集团有限责任公司 2007 年版,第 203 页。

④ 同上书,第 228 页。

民主政府是各地方、各阶层、各行业的精英人士重要的支配场域,不可能交由军人政权长期把持。而伴随着十多年的高度经济发展,工人阶级与城市平民阶层的人数与政治影响力也与日俱增。马克思曾坦言无产阶级是资产阶级的"掘墓人"。①在 20 世纪 80 年代前期的巴西,由于军人政府强势刺激和拉动经济增长而导致日益强大的工人阶级以及广大的平民阶级也成为军人高压政权的"掘墓人"。不过,军人还是有退路的,即他们可以通过协商谈判等和平方式,甚至在获得了足够的政治保障之后,退回到军营中去。但是,我们会发现,在军人政权后期,即 20 世纪 80 年代,其经济表现就非常糟糕了。而且,很多学者也将 80 年代甚至 90 年代的经济波动和衰退,归为军人政权时代留下的隐患的集中爆发。科利对军人政权时代的高度经济增长大有赞赏之意,但是也将其归纳为"这一代人发展,下一代人还债","是巴西的下层民众为快速的工业化承担了大部分成本的话,到了第二阶段,则是让后代人来为不断增长的债务埋单。"②

　　20 世纪八九十年代的巴西人经历了恶性通货膨胀,生活水平受到的影响非常大。不过,由于当时的巴西已经处于新生的民主政权之下,所以,政治局面还相对比较稳定。然而,直到费尔南多·卡多佐(Fernando Henrique Silva Cardoso,1931—　)就任总统之后,巴西的政治局面才算稳定下来。卡多佐于 1993 年 12 月制定并于 1994 年实施"雷亚尔"计划(Real Plan),迅速遏制恶性通货膨胀而赢得广泛的民意,于是于 1994 年顺利当选总统。不仅于此,卡多佐还在第一任期内推动 1997 年宪法的修改,实现总统职位可以连任,③并且在 1998 年的大选中首轮就以 53%的得票率而顺利当选新一届总统,成为巴西历史上第一位通过民选方式获

---

　　① ［德］卡·马克思、弗·恩格斯:《共产党宣言》,载《马克思恩格斯文集》第 2 卷,中央编译局译,人民出版社 2009 年版,第 43 页,"随着大工业的发展,资产阶级赖以生产和占有产品的基础本身也就从它的脚下被挖掉了。它首先生产的是它自身的掘墓人。"

　　② ［美］阿图尔·科利:《国家引导的发展——全球边缘地区的政治权力与工业化》,朱天飚、黄琪轩、刘骥译,吉林出版集团 2007 年版,第 231 页。

　　③ 这一宪法规则的改变的意义重大,因为拉美国家的普遍实行总统制,而且自从 19 世纪初的拉美国家独立运动以来,他们就出于对垄断权力的考虑而多规定总统不能连任,所以使得拉美的政治格局便随短期总统更替而经常性面临最高权力更替而导致政局不稳的风险甚至危机,从而威胁政治稳定。［美］彼得·H.密斯:《论拉美的民主》,谭道明译,译林出版社 2013 年版,第 188 页。

得连任的总统。由此可见,实施通货膨胀稳定计划的"雷亚尔"计划,为卡多佐赢得非常广泛的选民基础。不仅如此,作为拉美经验基础上的"依附理论"的重要理论者的卡多佐,不仅当选为总统,而且还广泛实施了新自由主义改革,将延续了半世纪的"进口替代型"经济发展战略彻底转换为新自由主义发展战略。当然,卡多佐时代的经济发展表现也一般,不过卡多佐执政时期已经开启偏向降低社会不平等的诸多努力,包括加大教育投入、实施更为有效的社会政策,尤其是开始实施"家庭补助"计划。这一社会福利计划的实施是非常有效的,而且在后来的卢拉总统任内得到进一步整合和强化,其实施的社会经济效果非常好,也成为左翼执政党主要经济贡献。可喜之处在于,通过强而有力的社会政策实施,从新世纪以来,巴西的社会不平等程度开始稳步下降,每年降低的幅度达到 0.5% 左右,十多年下来,竟然降低了将近 10 个百分点,从之前的一度超过 60% 而降到接近 50%。①尽管这个数字还是非常高,而且这也表明巴西依然是世界上社会不平等程度最高的国家之一。不过,事情的另外一面是,由于经济领域偏向于再分配类型的社会福利支出,必然会影响到经济增长。当然,新世纪以来巴西的出口还是非常强劲的,其原因主要在于以中国为代表的新兴市场国家的快速经济发展而产生对原材料的巨大市场需求,推高了国际市场上初级产品的平均价格,进而带动了巴西的大豆、油菜籽、铁矿石、牛肉等农产品和原材料的出口。也就是说,巴西再一次以初级产品"出口拉动"的方式实现了经济发展,不过此时的贸易结构依然被"钉死"在附加值有限的初级产品上,其工业产品的出口依然非常有限。②

五、本节小结

本节介绍、梳理与分析巴西一个多世纪的经济发展状况,就某些具体经济状况的介绍与原因的解释性分析可能会存在各种问题和瑕疵。为了推进本书的研究进程,依然以提纲挈领的方式对这一研究对象实施了比

---

① 巴西 20 世纪 80 年代、20 世纪 90 年代的基尼系数基本上都高于或者接近于 60%,但是 2000 年之后就一路下降,到 2015 年降到最低的 51.3%,不过近几年又有所反弹。参见世界银行官方数据库:https://data.worldbank.org.cn/indicator/SI.POV. GINI?locations=BR。

② Peter Kingstone, "The Brazilian Miracle and Its Limits," *Law & Bus. Rev. Am.*, Vol.18, No.4, Mar. 2012, pp.458, 465.

较浅显的梳理和分析。另外一个分析路径是着重分析巴西近一个世纪经济发展历程中的政治影响。就此,可以从上文的分析中得出几个基本的结论或者发现:

第一,巴西近一百年政局变换对长期经济表现有重要影响。通过巴西的案例可以强化这一认识。"多年来巴西面对的一个巨大难题恰恰就是,新政府完全颠覆前任经济政策这样一种现象就像一个始终无法摆脱的幽灵。"①稳定的政治局面有利于经济增长,而混乱的政治局势将对经济增长造成很大的负面影响。巴西的案例充分证明,不管在独裁、专制、半民主还是自由民主体制下,倘若不能处理好最高政权及其更替的问题,政治秩序和经济发展将都会受到极大的影响。"那些对国家——无论是威权国家还是民主国家——领袖的任免更替拥有制度化程序的政治体制可以对公民的基本经济权利提供长期的安全保障。"②

第二,每一时代的政治格局的中间时段的经济增长表现好,两端表现差。例如,瓦加斯能够在 1930 年通过军事政变的方式执政,就是因为此前发生了 1929 年的世界性大萧条,而后来的重大政治局势的变化无一例外地都有经济衰退或者剧烈波动的背景。而与此同时,无论是独裁者瓦加斯还是军人政权,都在上台后强势推动政治社会变革,直接或者间接地推动了经济增长。所以,他们在执政中期的经济表现都比较良好。不过,这一美景一般也不会太长。正如普遍性研究所揭示的,政治稳定对经济发展的内在机制是多方面的:"政局不稳定显然不利于经济发展,这是因为政局不稳定一方面容易导致国家政策变幻莫测、投资环境阴晴不定,另一方面还会让决策者无法专注于经济发展。"③

第三,政体类型与经济表现之间没有直接的关联。其实,通过上面两点分析也可以间接推出这一要点来。因为不同类型的政体,甚至独裁者、专制者也都会直接或者间接地推动经济增长,他们甚至应该会更加在乎其执政期间的国民经济的表现。但是,这种试图以经济绩效获得执政合法性的行为只能是"孤军深入",而并非推动一个国家发展和进步的长久

---

① [英]莱斯利·贝瑟尔主编:《剑桥拉丁美洲史》第九卷,吴洪英等译,当代中国出版社 2013 年版,第 577 页。

② [美]弗朗西斯·福山:《落后之源——诠释拉美和美国的发展鸿沟》,刘伟译,中信出版社 2014 年版,第 86 页。

③ 同上书,第 272 页。

之计。反过来看,很多自由政治与选举民主政治的推动者,倘若试图以"经济增长"和"社会福祉"等美妙的"附加值"来吸引政治家或者民众,可能也是徒劳的。这样的行为甚至可能是有害的,因为民主政体的经济表现相对并不突出。[①]在巴西这个个案中,我们也可以确定这一规律:巴西在 1980 年再民主化之后的经济表现确实不佳。[②]当然,这也不必然严重影响其政权合法性。

第四,经济增长与经济发展之间并非等同关系。瓦加斯的独裁与军人政权都是非民主政体,不过他们也都促进了巴西的经济增长,但也都在不同程度上侵害了人权,特别是对左翼分子及其政党组织的侵害和镇压。但两者的经济社会效果的区别还是很大的。例如,瓦加斯不仅推动了国民经济的增长,而且为其国家构建做出了不小的贡献。而瓦加斯之后的巴西虽然建立了"部分民主"体制,但在经济政策上却和瓦加斯时代还是具有相当大的连续性,"杜特拉、瓦加斯(在小一点的程度上)、小卡费以及库比契克政府之间的连续性,比通常人们承认的更甚。在库比契克执政阶段,经济增长更迅速,进口替代影响了工业中愈益尖端的部门。但是自从杜特拉执政起,趋势一直如此。"[③]所以,在整个 20 世纪 50 年代和 60 年代初期,巴西的经济表现还是不错的。但是军人政权虽然锐意推动经济增长,但很大程度上多是"蛮干",即为了增长而增长,甚至为了经济增

---

① "在经合组织成员国,更广泛的选举权和更高的立法选举参与比例曾经促进了经济发展。但是,拉丁美洲的情况却并非如此,在那里,更广泛的选举权和更高的参与比例对于经济发展几乎没有什么影响。"[美]弗朗西斯·福山:《落后之源——诠释拉美和美国的发展鸿沟》,刘伟译,中信出版社 2014 年版,第 111 页。

② 关于民主的经济增长效应,学术界进行了长期的研究和争论。查尔斯·库兹曼(Charles Kurzman)等人的研究揭示了一些更为复杂和细化的影响机制:民主经由投资对增长的间接影响,民主对经济增长只有边际上正向的间接影响;经由被削减的政府支出,民主对经济增长有着统计上显著的负向的间接影响;经由增加的社会动荡,民主对增长有着负向的影响。Charles Kurzman, Regina Werum, and Ross E. Burkhart, "Democracy's effect on economic growth: a pooled time-series analysis, 1951—1980," *Studies in comparative international development*, Vol.37, No.1, Mar. 2002.如果我们简单对照这三项内容的话,我们会发现巴西的民主对经济增长必然有比较明显的负面效应(虽然巴西的政府支出一直在增加,不过其基础设施等方面的投入比重一直在下降。)

③ [英]莱斯利·贝瑟尔主编:《剑桥拉丁美洲史》第九卷,吴洪英等译,当代中国出版社 2013 年版,第 79 页。

长指标而发展。"在扩张主义的经济政策下,巴西实施进口替代的政策。这一时期的财政政策、货币政策、短期的国际贷款都服务于经济增长。公共支出增长幅度很大,这体现了政府对国家引导发展的认同。"①所以,在军人政府时代,他们为了实现经济增长动用了大量的政府干预工具,对国民经济实施了强烈的短期刺激。其在 70 年代中后期、80 年代的经济发展隐患,都在 80 年代中后期、90 年代爆发出来,其不均衡甚至错误的发展策略其实是巴西 80 年代以来、若干个"失去的十年"的祸根。"巴西国家促进快速的经济增长的意愿更多是为了提高精英的收入,而不是为了促进国家构建。"②

第三节　巴西再民主化后的暴力与社会秩序问题

诺斯等人实际上也发现了发展中国家在经济社会发展过程中的暴力问题的持续存在,以及其严重的社会危害等问题。不过,从经济(史)学的角度,简单"谴责"暴力的危害性,对于学术研究而言,可能是徒劳无益的。我将其归为"暴力控制"的问题:一方面,在发展中国家完全消除暴力或者暴力因素几乎是不可能的事情,因为暴力也是政治和经济竞争的表现之一,其内含着竞争与进步的因子;另一方面,我们应当着力研究其内在的运作机理,进而能够最大程度地控制这些非法、非程序、危害极大的暴力形式。本节直接分析巴西现代化过程中的暴力问题。

一、"暴力"在诺斯等人的分析框架中无"用武之地"

诺斯等人在权利开放秩序分析框架中,非常强调"暴力"这一因素的重要性,这也是近年来国际社会科学界研究的一个重要的动向。其实,美国政治学家巴林顿·摩尔在其经典之作《专制与民主的社会起源》一书中也强调西方社会对现代化进程中的暴力因素的忽视甚至遗忘,人们现在甚至普遍认为英国的"光荣革命"就是英国政治现代化与自由化的全部。③但是,

---

① 　[美]阿图尔·科利:《国家引导的发展——全球边缘地区的政治权力与工业化》,朱天飚、黄琪轩、刘骥译,吉林出版集团 2007 年版,第 195 页。

② 　同上书,第 236 页。

③ 　Barrington Moore, *Social origins of dictatorship and democracy*: *Lord and peasant in the making of the modern world*, London: Penguin Books, 1993, p.418.

在诺斯等人的分析框架中,他们反复强调的是完全消除暴力的构想或者理想,他们不仅对此振振有词甚至坚信能够尽快实现的可能性。如果不能实现,那这一国家也就只能"无缘"于现代化,算是发展中国家"宿命"的必然结果。但是,诺斯等人对现代社会中暴力的研究仅停留于将暴力归为一个简单的"算计"、妥协与退让的过程。因为在他们的分析框架中,在权利开放过程中的暴力,甚至一般形式的和平抗争等都"无用武之地",因为权利开放秩序的生成是(政治)精英审时度势,主动让渡的过程。而在权利开放秩序形成之后,既然权利都已经开放,人人享有了广泛和真实的政治和经济权利,为何还会存在暴力? 人们完全可以在合法、合规、合理的渠道范畴内展开竞争,从而从根本上推动一个社会的经济和社会发展。诺斯等人为何要将"暴力与社会秩序"作为他们合作作品的书名,其意图到底何在?

　　我们通过本章第一节内容的简单介绍,其实也涉及巴西近百年来的政权更替的问题。如果说在诺斯等人的分析框架中蕴含着暴力问题的探讨,那实际上主要是指最高权力更替过程中的暴力问题。因为在限制性权利开放秩序社会中,最高权力的更替实际上是通过精英之间协商的方式解决的。但问题是,其也会存在各种失控的可能性。而权利开放秩序则意味着国家已经建立起竞争性两党制,人们围绕着这两党而展开合法的竞争,即通过选举民主中的选票决定谁可以上台执政,实际上就是将暴力排除出政治生活中最高权力争夺的过程之外,从而保证一个国家和社会的长治久安。当然,通过诺斯等人对法国进入权利开放秩序的过程的分析,可以窥见他们想要实现的暴力控制的理想方式和途径。诺斯等人论述到,我们此前一直忽视法兰西第三共和国的重大历史贡献,因为此时上台执政的共和党人不再像以前的执政党那样,利用其执政优势对此前执政者而现在已经沦为在野党的保守党实施镇压。这种镇压包括对政治对手的政治迫害,或者最起码是政治打压,特别是封杀政治对手的报纸发行与政治宣传等。这一切在法兰西第三共和国建立之后都再也没有发生过。[①]

　　为何要强调这一"发现"? 因为诺斯等人的研究主要涉及权利开放秩

---

　　① 综合参见诺斯等人的实际分析:[美]道格拉斯·C.诺思、约翰·约瑟夫·瓦利斯、巴里·R.温格斯特:《暴力与社会秩序:诠释有文字记载的人类历史的一个概念性框架》,杭行、王亮译,上海人民出版社 2013 年版,第 303—305 页。

序建构过程中的三个国别案例的相对简单的分析：英国、美国和法国。上述情况在英国和美国都鲜有发生，而在法国的情况则比较典型。针对发展中国家的状况，他们可能会更加接近于法国当年的情况。也就是说，我们可以从诺斯等人对法国历史经验和教训的分析中，"析出"指导性甚至普遍性的规律来：倘若一个国家的政治活动不再是"你死我活"的生死之斗，暂时的失利者可以坦然和相对有保障地地离开最高执政位置，而不必担心政治对手的打击报复。①而占据执政优势的执政者不再对暂时失利者或者竞争对手"赶尽杀绝"，就此形成自由竞争的良好政治格局。②倘若能够实现如此目标，我们就可以说，这个国家基本符合了政治权利开放秩序的标准了。

二、巴西在再民主化进程中彻底解决了最高权力的和平更迭问题

在巴西历史上，政治活动是否"生死之斗"？ 总体上来看，巴西的政治活动的危险性相对还是比较低的，虽然巴西历史以来的政治生活充满竞争，不过政治生活中的"你死我活"的恶性竞争事件相对还是比较少见的。其原因何在？ 即巴西一直是葡萄牙海外殖民的"独苗苗"，葡萄牙王室和贵族阶级当然会全力以赴地实现对巴西的把控，虽然这是徒劳的。不过

---

① 中国古代政治家、一代枭雄曹操对此曾经有一段"掏心话"，可以作为古代政治惊心动魄的描述，"然欲孤便尔委捐所典兵众，以还执事，归就武平侯国，实不可也。何者？ 诚恐己离兵为人所祸也。既为子孙计，又已败则国家倾危，是以不得慕虚名而处实祸，此所不得为也。"[晋]陈寿撰、[宋]裴松之注：《三国志》（上下册），中华书局2011年版，第26页。

② 对法国第三共和国对共和思想和理念深入人心的讨论参见：陈乐民、史傅德：《对话欧洲——公民社会与启蒙精神》，晨枫编译，生活·读书·新知三联书店2009年版，第43、104页，"法国第三共和国本来是临时的，但结果是持续时间最长的，正是因为这个共和国是建立在统一的共和国价值观、统一的教育体制上的，这些价值观和制度一直持续至今。""法国第三共和国则在内部获得成功，唯一的失败者是天主教，他们失去了政治势力。"而法国史学家罗桑瓦龙则认为法国第三共和在公民社会成长方面延续了第二帝国的成效，[法]罗桑瓦龙：《法兰西政治模式：1789年至今公民社会与雅各宾主义的对立》，高振华译，生活·读书·新知三联书店2012年版，第292页，"第二帝国由此进行了多种增加公民社会自我调节能力的改革，同时维持了高度集权的政治权力。社会的自由主义和政治的非自由主义就这样地共存着。除了我们提到的领域外，许多领域都被牵涉其中。互助会和生产合作社在这里就值得一提。第三共和国继承了这一模式，没有转变大精简的趋势。"

巴西本土的土地贵族由于相互之间的往来和竞争有限,而最高权力象征的联邦政府甚至国王也都是微弱的存在。所以,也不至于为了一个微弱的政治象征而拼得你死我活。这一政治文化也延续到第一共和国时代,政治活动虽然有竞争,但多是精英内部的竞争,相对比较和平和有序,这符合本书的导论中提及的,达尔所论述到的贵族之间的民主协商和竞争的样式。所以,再到后来的巴西第二共和国时代甚至军人政权时代,在巴西的整个最高权力更替的过程中,暴力实施的情况还是比较少见,虽然军队频繁干预政府与政治过程。相对而言,他们的行为还是比较克制的,不过对政治反对者、左翼势力、工会组织与"社会进步人士"的镇压还是比较残酷的。不过,相对于诸多邻国的血腥镇压,甚至伤亡惨重的内战,这些暴力实施的行动及其破坏性相对还是比较有限的。巴西政治最高权力更替中的暴力因素比较少见,但这并不意味着这一过程会来得比较顺利。由于军队对政府与政治的频繁干预,都干扰了正常的政治过程,由此造成政治进程的很大不确定性,从而影响其短期、中期的经济增长,也可以算是"惊心动魄"的过程。"当权力从一个总统转交到另一个总统手中的时候,不是给巴西带来巨大的创伤,就是像在上演全国性的大型戏剧。"①

但是,关键问题是,巴西的政治生活依然是比较危险的活动,特别是对于左翼政治家尤其如此。当然,我们也会发现,巴西的最高权力争夺其实是有一定的民主要素的,虽然巴西第一共和国以来的总统职位"竞争"多是精英之间协商和妥协的结果,但其毕竟长期采取间接选举这样的半民主形式。不过,按照选举民主的主要标准来看,这些选举并非自由竞争的结果,因为在巴西这样一个"半现代化"的社会,无论选民如何努力地参与投票的过程(巴西实施法律上的"强制投票"),但政治高层供他们选择的候选人也都是社会各方面的精英,甚至到了1985年逐步实现再民主化之后依然如此。当然,直到2003年,卢拉获得巴西总统大选的胜利则标志着巴西民主的深化,因为卢拉已经经历了三次总统大选并且屡次败北,第四次方才赢得大选,并且于2007年获得连任。巴西政治在整体上精英色彩还是非常浓厚的。在1965年之后的军人政权时代,巴西军方对左翼分子的镇压可谓"登峰造极",成为巴西历史上最为残酷的政治时代之一。军方"及时出手",推翻文官政府的原因就是当时的总统若昂·古拉特

---

① 〔美〕阿图尔·科利:《国家引导的发展——全球边缘地区的政治权力与工业化》,朱天飚、黄琪轩、刘骥译,吉林出版集团2007年版,第186页。

(João Belchior Marques Goulart)触碰了巴西的"政治红线",即试图动员社会底层力量。而且,这一规律几乎在古拉特之前已经被反复验证过,所以政治史学界始终难以解释为何古拉特要铤而走险。[①]古拉特的执政实际上标志着巴西民粹主义运动的再次活跃,而且他已经着手动员当时巴西的最底层群体——农业工人,[②]这当然是代表着巴西精英阶层利益的军方无法容忍的,所以他们比较迅速地采取行动,"随着古拉特政府越来越激进和不稳定,高等战争学院、社会调查与研究所和巴西民主行动研究所的联系成员们愈加相信:只有一场武装运动才能结束民众主义的无政府状态、阻止共产主义的蔓延。"[③]最后,古拉特只能败走乌拉圭,最终客死阿根廷。不过,军方直接执政的21年经历也使得他们自己饱尝了执政的艰难,虽然他们开足马力不断推动经济增长,但最终被民众和历史所抛弃,从此只能永久性地回到军营,不再谋求干预政治。我们难以想象,这是一个怎样的"痛定思痛"的过程。

从1985年至今,巴西的军方确实没有再次直接干预最高权力的争夺事件,甚至在很多人暗示甚至怂恿的情况下都没有再次"出手"。[④]而且,在卡多佐时代,卡多佐的一个重要贡献是采取了一项重要行动,把军方人士大幅度地推出正常的政治活动场域之外,即于1998年设立国防部,并且由文官担任国防部部长。[⑤]所以,从1985年开始,巴西的最高权力争夺的方式主要就是通过竞争性选举来实现,而其后也经历过多次总统弹劾的事件,新闻媒体、国会和司法机构也频繁介入其中,但是军方一直保持着极

---

① "他高估了那些赞成政治、经济和社会变革势力的实力,低估了现有的权力体系(包括官僚与军方)的实力,低估了那些既得利益集团一旦利益受到或似乎受到威胁时会团结一致和果断行动的决心和意志力。"[英]莱斯利·贝瑟尔主编:《剑桥拉丁美洲史》第九卷,吴洪英等译,当代中国出版社2013年版,第214页。

② 同上书,第200页。

③ [巴]鲍里斯·福斯托、塞尔吉奥·福斯托:《巴西史》,郭存海译,东方出版中心2018年版,第230页。

④ 军方"退场"之前,实际上是"留了一手"的,即保留军方介入严重政治危机的干预权,不过军方确实没有再实际使用过这项"权力"。"在这次弹劾危机中(引者注:1992年弹劾科洛尔总统的政治危机),尽管媒体和包括科洛尔在内的一些政客都有所暗示,军队却没有进行任何干预。"[英]莱斯利·贝瑟尔主编:《剑桥拉丁美洲史》第九卷,吴洪英等译,当代中国出版社2013年版,第347—348页。

⑤ 同上书,第200、364页。

大的克制。也就是说,从 1985 年开始,巴西的最高权力的更替已经实现暴力的实质性控制,甚至暴力威胁也受到极大的限制。在政治生活中,各种非法的威胁甚至人身和生命威胁或许还依然存在,但只要军方不介入其中,大范围的暴力现象就可以得到很好的控制,而且只要军方不介入其中,其自身反而可以成为政治领域和平竞争的最重要的"压舱石"和"稳定器"。

三、西方社会是如何实现对社会暴力有效控制的

巴西的暴力程度是非常高的,甚至可以说是惊人的。采用的指标就是(10 万人口中每年平均)谋杀犯罪率,巴西的数字非常高,2017 年达到 30.5 人,而我们所熟知的美国堪称发达资本主义国家中社会秩序最为混乱,谋杀率最高的国家,其 2017 年的数字为 5.3 人,而且从 20 世纪 90 年代以来就降到 10 人以内。巴西在 80 年代实现再民主化之后,这一数字不仅没有下降,反而节节攀升,从 1990 年的 19.6 人一路飙升到 30.5 人。与此相对照,韩国的这一指标从 1990 年以来一直保持在 1.0 人以内,而日本近几年的"近似值"是 0 人,韩国的近似值是 1 人。[①]如果说巴西的社会秩序问题难以和日本相比较,甚至也难以和美国相比较,不过韩国一直是巴西的一个重要的比较对象。但可惜的是,在这一指标上,韩国要远远优于巴西。既然都是在 20 世纪 80 年代中后期开启民主化进程,两者之间在社会秩序上的差距为何如此之巨大? 考虑到当时韩国由于民主化而引发的社会抗争事件的热度可能并不亚于巴西,甚至"有过之而不及"。但是,为何巴西一直没有能够很好地处理其暴力与社会会秩序问题,而且呈现出愈演愈烈的趋势? 在对巴西的暴力与社会秩序控制问题进行详细分析之前,我们将先从文献角度来看一看当年的欧洲国家是如何控制暴力的,其背后又体现出什么样的运作机制。

德国社会学家马克斯・韦伯给现代国家下了一个经典的定义:"暴力垄断的合法化"。即国家是"一种政治性'经营机构',如果而且唯有当此机构的管理干部成功地宣称:其对于为了施行秩序而使用暴力的'正当性'有独占的权利,则称之为'国家'。"[②]这其实是直指现代社会秩序的保

---

① 参见世界银行官方数据库:https://data.worldbank.org.cn/indicator/VC.IHR.PSRC.P5?locations=CN-US-BR-AR-MX-CL-KR-JP。

② [德]马克斯・韦伯:《社会学的基本概念》,顾忠华译,广西师范大学出版社 2011 年版,第 97 页。

障问题,因为其中提到三个关键词,一个是"暴力",当然不管何样的形式存在的权力,都会以一定的暴力作为支撑或者作为隐性的保障;"垄断"也就是说国家,特别是中央政府的相关机构垄断了一个国家范围内的暴力的行使,而其他任何机构、团体和个人都不得使用暴力;但是,问题是除了政府垄断的暴力使用之外,多多少少地依然存在着各种暴力的形式。不过,在现代国家的视域下,这些暴力的形式都是"非法"的,甚至家庭内部等私域范畴内的各种暴力形式也都被逐步禁止、监管甚至被实施严格的惩戒。当然,韦伯对这一概念所指向的"实现过程"却没有做详细的介绍。

我们可以从其他诸如政治学、社会学领域中借鉴有关的研究,来"补足"这一过程的观测与理解。法国社会学家福柯就为我们展现了这一复杂过程到底是如何实现的。福柯以微观权力分析方面的学术贡献为人们所熟知,他在《规训与惩罚》一书中,以近代以来的监狱制度的建立与发展为研究对象,重点研究现代国家对罪犯实施的惩戒方式的重大变迁。以近代早期的法国为典型代表,公开执行刑罚特别是绞刑等极刑是各地定期不定期的群众围观的"大戏",一般都会吸引大量的民众围观,刽子手一般都会以戏剧性的场景,给人们展现执行死刑的血淋淋的场面。而权威机关通过这样的社会场景的展现,主要是为了展现其强大的权力以及规则的重要性,特别是要对潜在的各种叛乱者、违法犯罪分子予以强烈的震撼和威慑。但是,到了近代,随着社会监控手段的演化,全新而科学的监狱制度得以建立,这使得这种赤裸裸的权力展示最终退居幕后,甚至不再需要。统治者已经将惩戒权力的形式日益隐蔽化,并将其广泛地渗透到社会各方面,形成边沁所构思的"全景敞视模式"。①古代中国历史上也有"十恶不赦""凌迟处死"等罪罚和惩戒方式,当然也循着类似的法则和规律。但是,到了19世纪和20世纪初这些反而成为西方人眼中极其残忍的事情,甚至成为中西法律文化冲突的焦点问题,"事实上,我想要说明的是,中国的死刑是明确依照法律程序进行的,只是它不以西方的惩罚逻辑为标准,不同于西方长久形成的对死刑救赎的观念。"②

---

① 〔法〕米歇尔·福柯:《规训与惩罚:监狱的诞生》,刘北成、杨远婴译,生活·读书·新知三联书店2012年版,第233页,"全景敞视模式没有自生自灭,也没有被磨损掉任何基本特征,而是注定要传遍整个社会机体。它的使命就是变成一种普遍功能。瘟疫侵袭的城镇提供了一种例外的规训模式:既无懈可击但又极其粗暴。"

② 〔加〕卜正民:《杀千刀——中西视野下的凌迟处死》,张光润译,商务印书馆2013年版,第229页。

当然,所谓的微观权力的广泛和深入渗透,其实还是比较委婉的表达,或者我们不太熟悉的表达。如果我们用德国著名社会学家诺贝特·埃利亚斯(Norbert Elias)的表述,可能在理解上会显得更加清晰明了。埃利亚斯从常见的研究材料入手,将中世纪以来的各种"儿童行为规范(手册)"作为研究对象,发现早期的很多禁止性的行为规则,在后来的行为规范手册中逐步消失了。以我们现代的眼光来看,越不文明的行为的约束性规则消失得越早。埃利亚斯的分析结论是,因为这些行为已经都被禁止了,即这些行为规范或者规则已经"深入人心"了,而且成为文明社会的内在化的规范,不再需要外在规则去强调和约束了。当然,埃利亚斯追溯到中世纪后期,人们对暴力限制过程是原先没落的骑士逐步转变为依附于大小贵族的"游吟诗人",而他们为了讨好男女主人而逐步对自己实施自我约束,从而实现个体行为的文明化进程。[①]当然,埃利亚斯还从这一"文明的进程"中发掘出所谓的"宫廷社会"机制,即这些所谓的文明行为、礼貌和各种规则的来源其实多是皇室宫廷,特别是法国国王为了实现对大小贵族的严密控制,而在等级制度和宫廷礼仪基础上形成了复杂的宫廷行为规范体系,而由于人们的主动社会化的行为实施,使得这些宫廷行为规范逐步自上而下地传播并渗透到社会各阶级和各阶层,逐步成为整个社会的规则。[②]

不过,虽然埃利亚斯归纳了现代社会和国家建构的"国王机制",但对其背后强制性的规则渗透的展示和剖析还是相对比较有限。因为作为著名的社会学家,他可能还是主要注重规则的社会化以及行为的主动习得的过程,但比较忽视其背后的强制性社会化的过程。在埃利亚斯揭示的"国王机制"背后其实是查尔斯·蒂利归纳的"强制"与"资本"两者之间的较量,即国王(强制力)与中世纪以来的城市(资本或者财富)之间的较量。在欧洲,最终以现代国家作为胜利者而留存在欧洲的历史舞台上。不过

---

① ［德］诺贝特·埃利亚斯:《文明的进程:文明的社会起源和心理起源的研究》,王佩莉、袁志英,上海译文出版社2009年版,第310页,"在大骑士的封建宫廷中,同时也形成了某种固定的交际习俗,对本能的某种程度的控制,对举止风度的调节。那种风度标准,交际习俗,对行为举止刻意讲究,在这一社会里人们将其名之为'库忒息'(Courtoisie,法文:礼貌,客气,宫廷式,骑士风度,宫廷礼仪)。"

② ［德］诺贝特·埃利亚斯:《宫廷社会》,林荣远译,上海译文出版社2020年版,第332页,"即使在这种制度的最后阶段,即使是地位最高的人,即国王和王后、王室成员、宫廷贵族和宫廷男士,在很大程度上也成了他们自己的仪式和理解的囚徒。"

与此同时,国王的一系列强制性的规范,特别是以行政权力、司法权力等现代国家机构广泛地渗透到社会的方方面面,从而形成对过往各种暴力形式的合法垄断,而就此可以大幅度地降低社会暴力化程度,"如果不是由于战争、国家镇压、汽车和自杀,任何种类的暴力死亡的可能的机会在今天的大多数西方世界比在二三百年前是无法相比地小得多。"①

而且蒂利还从另外一个视角揭示了现代国家建构的成效,即社会抗争"剧目"的重要变化:现代国家建构完成之前,社会抗争的形式多是以各种暴乱、骚乱、武装起义等形式出现的,其主要是针对地方豪强或者地方精英的。但是,一旦现代国家的建构完成,地方精英或者权力机构要么被国家所消灭而替代,要么就臣服于现代国家的中央政府,从而使得社会抗争的剧目都是针对中央政府的各种请愿、游行示威、静坐抗议等形式。②其背后的机理是:在这一历史过程中,不仅抗争对象发生了变化,而且抗争的形式也日益和平化了。因为相对于原先的地方权威而言,当现代国家建构任务完成后,此时的中央政府当然是各种抗争者不可小觑的庞然大物,贸然以暴力化的抗争方式挑战国家或者中央政府,那只能算是"以卵击石"之举。当然,这一历史进程背后还暗含着诸多的微观实现机制,其实主要就是现代社会的监控体制的建立和健全,英国社会学家吉登斯就注重研究现代国家建构背后的暴力控制问题,尤其城市化带动的大范围人口流动后的现代社会控制机制的建立则显得尤为重要:"新的城市人口的急速扩大,给'违法'创造了浑水摸鱼的条件,变动中的生活方式还需要相当的时日才能建立起来。在某种程度上,一个更稳定的居住模式会减少违法的发生率。但是,毋庸置疑,主要的作用还得归功于控制。而新的治安,结合以编纂法和监狱的制裁机制,就能实现这种控制。"③

---

① [美]查尔斯·蒂利:《强制、资本和欧洲国家:公元990—1992年》,魏洪钟译,上海人民出版社2007年版,第75页。

② [美]查尔斯·蒂利:《政权与斗争剧目》,胡位钧译,上海人民出版社2012年版,第62页。

③ [英]安东尼·吉登斯:《民族—国家与暴力》,胡宗泽、赵力涛译,生活·读书·新知三联书店1998年版,第231页。吉登斯还发掘出资本主义生产模式其实也蕴含着暴力控制的要素,"资本主义的出现刺激了阶级体系的发展,使得统治阶级不再基于对暴力手段的直接控制,使得暴力从劳动契约中被排除出去,从而强化了现代国家的一些关键趋势。国家权威对暴力工具的成功垄断,是在工作区及控制越轨时所用监控的另一个维度。"

四、政治权利与经济权利开放后巴西社会暴力的不断蔓延及其原因

（一）巴西的再民主化即完成最低限度的"任务"

相对于人们对巴西现代化特别是民主化的期许而言，其当前的社会治安状况是人们当年无法想象的。因为，人们之所以不遗余力地推动民主化、自由化运动的主要动力就是想就此过上幸福美好的生活、享受自由民主的权利，但事实却是如此残酷，反差也是如此巨大。他们并没有因再民主化而享受特别高质量的经济生活，同时却发现自己深陷社会治安不断恶化的困境。是不是民主与民主化出了问题？民主和民主化是没有出问题的，而是被"附加于"甚至"捆绑于"民主价值和民主制度上面的各种经济社会效果甚至"允诺"并没有能够得到顺利实现。"巴西虽然结束了20年的军人专制统治，但（引者注：20世纪）80年代的民主化曾经允诺的个人自由、自治和安全并未实现，事实上，每一件针对巴西人的暴力事件都继续制造或者增加了公民人身的脆弱性。"①是不是民主就不应该捆绑更多的价值追求和制度性规范？其实也并非如此，因为"民主"在近几十年来被我们一直错误地理解，因为民主是一个难以测量甚至难以取得共识的概念，学者将此前人们对民主的概念界分为最低限度的民主标准，与各种程度不一的、更高标准的民主要求，内容涉及大量的治理方面的标准或要求。最低限度的民主标准就是选举民主的制度建设和实践规范。当然，选举也需要受到各种要求或条件的约束，例如公开、自由、平等、秘密、竞争等。②不过，这些要求，在很多发达国家可能都难以做到，何谈那些刚刚实现现民主化的发展中国家或者贫困国家？而关于民主概念争论的结果就是，最低限度的民主标准最容易被"测量"和比较，而且也容易形成共识，而其他民主形式的标准或者要求都要么显得太高，要么难以形成共识，要么难以测量与进行相互比较。所以，最低限度的民主标准的概念被

---

① Teresa P.R. Caldeira, and James Holston, "Democracy and violence in Brazil," *Comparative studies in society and history*, Vol.41, No.4, Oct. 1999, p.694.

② 美国民主理论专家达尔坦言民主与竞争性选举的关系及其在西方世界的初步实现："任何国家都不需要在对高度自由化的政体所要求的基本制度毫无概念的情况下摸索几个世纪：竞争性的政党和非强制性的选举不仅仅是一个目标，而且是一个事实。"[美]罗伯特·达尔：《多头政体：参与和反对》，谭君久、刘惠荣译，商务印书馆2003年版，第57页。

人们广泛接受,即民主就是竞争性选举。①

所以,我们现在关于民主和政治学的很多概念的讨论往往会陷入误区,甚至陷入无谓的争论的主要原因在于,如果以最低限度的选举民主标准作为民主实现的标准,那么实现了民主化的国家确实数量非常可观,民主化的成熟确实也是"有目共睹"的。但问题是,这些新兴民主国家的整体治理表现大多不尽如人意,甚至表现得问题重重。也就是说,这些新兴民主国家在民主化后的经济社会问题非常多,甚至可谓一言难尽,而我们在这里将主要讨论民主化后的暴力问题。巴西的再民主化进程相对而言还是比较顺利的,不仅表现在民主化的过程没有很多的反复,甚至并没有遇到太多的阻力。20 世纪 80 年代的再民主化的阻力本来主要应该来自军人政府,而巴西的军人政府已经为近 20 年的经济社会发展而"伤透脑筋",到了"黔驴技穷"的境地,"军人政权的发展能力却有限。"②他们不仅不想"恋战",而且大有"急流勇退"的打算。军队内部也无法在各类问题上达成共识。"经过近 20 多年的执政掌权,军政权变得疲惫不堪。不清楚军人为什么还要继续掌权,也不清楚什么是军政权继续掌权的合理理由,甚至连军人自己也不明白这一点。"③所以,军队退出当时的政治舞台只是一个时间的问题。当时的民主化力量确实也开始显现。至于他们是否具有比较成熟的民主想象,则不得而知。从巴西百年历史来看,很难将其对民主的想象直接归入民主范畴,因为无论是巴西的选举政治还是半民主政治实践,无论是普遍的选民还是社会精英,对政府与政治都有"效

① Philippe C. Schmitter, and Terry Lynn Karl, "What democracy is ... and is not," *Journal of democracy*, Vol.2, No.3, Jan. 1991. 民主最低限度的概念定义源自奥地利裔美国经济学家熊彼特,"民主方法就是那种为作出政治决定而实行的制度安排,在这种安排中,某些人通过争取人民选票取得作决定的权力。"[美]约瑟夫·熊彼特:《资本主义、社会主义与民主》,吴良健译,商务印书馆 1999 年版,第 395—396 页。而达尔关于民主的最低限度的界定则属于更高一点的要求,"在最低水平上,对我来说,民主理论关心的是普通公民借以对领导行使相对强的控制的过程;这是一种最低的定义……"[美]罗伯特·达尔:《民主理论的前言》,顾昕、朱丹译,生活·读书·新知三联书店 1999 年版,导言第 4 页。

② [美]阿图尔·科利:《国家引导的发展——全球边缘地区的政治权力与工业化》,朱天飚、黄琪轩、刘骥译,吉林出版集团 2007 年版,第 182 页。

③ [英]莱斯利·贝瑟尔主编:《剑桥拉丁美洲史》第九卷,吴洪英等译,当代中国出版社 2013 年版,第 306 页。

应递减"的情感。即他们总会在遭遇各种困难,尤其是经济困难之后,试图通过"别的方法"做点尝试。当年的军人政府确实在 1967 年至 20 世纪80 年代实现了突出的经济发展成就,但 20 世纪 80 年代以来的经济表现已经非常糟糕。所以,他们最终遭到巴西人民大众和社会精英的抛弃也是可以预见的事情。当时人们可能并不能确定,巴西军人到底是暂时还是永久地离开政治舞台。

竟然巴西已经在 1985 年解决了最高权力争夺的暴力控制问题,但为什么巴西社会的暴力化程度不降反升? 一定程度上,以巴西为代表的拉美地区各国只是简单地完成了民主化的最低标准的要求或者最低任务,而且还把民主的"大戏"演得精彩纷呈,但国家治理与社会发展进步方面的表现相对有限。这当然也符合所谓的拉美人的特征:"做给英国人看"(后来又演化为"做给美国人看"),"确切地说,他们这样是做给英国人(现在的替代者——美国人)看、欣赏和鼓掌,而且最终的是获取经济支持。"①按照传统看法,如果民主就是要改变向上负责而向下不负责的弊端,那么巴西的民主在一定程度上还没有完全做到对下负责,而只是更加符合国际社会普遍认可的民主标准而已(一种更严重的"向上"以及"向外"看的政治形态)。即巴西人总是努力"达到"所谓的民主与民主化的基本标准的主要目的是想由此获得国际社会,尤其是欧美国家的经济援助、国际资本的贷款和国际社会的认可和支持,其原因当然还是在于它是一个典型的经济依附性的国家。巴西这种过度依赖国际市场、资本和技术的情况,四百多年来未曾有过重大的改变。

(二)巴西再民主化后的社会暴力形式

我们通常看到的巴西的社会暴力形式,其实主要是城市的暴力行为,尤其是有关毒品犯罪以及城市中的其他各类暴力活动和犯罪行为。当然,巴西存在严重的社会治安问题,但这还不能完全反映问题的严重性。因为上文罗列的数字都是指全国的平均水平,巴西的城市犯罪率还要比这些指数高得多,尤其是像圣保罗、里约热内卢等超大城市,暴力(犯罪)问题更为严重。②按照人们的一般印象,这么多的社会犯罪特别是烈性犯

---

① [美]霍华德·J.威亚尔达:《拉丁美洲的精神——文化与政治传统》,郭存海、邓与评、叶健辉译,浙江大学出版社 2019 年版,第 382 页。

② Teresa P.R. Caldeira, and James Holston, "Democracy and violence in Brazil," *Comparative studies in society and history*, Vol.41, No.4, Oct. 1999, pp.696—697.

罪往往都涉毒、涉黑、涉枪,所以杀伤率极大,导致平民伤亡率非常高。我们要反思的是,为何巴西的犯罪率如此之高?直观而言,我们可以将其归为社会不平等和贫困问题。其内在的逻辑应该在于:人们由于极度的贫困而不惜以生命为代价铤而走险,进而从事暴力犯罪行为,以期获取更多的权力、金钱和财富。但问题是,巴西城市的社会问题并非可以被简单地归为社会犯罪问题,可能牵涉其背后大量的政治、经济和社会问题。

大量的谋杀、死亡和针对平民的犯罪导致极高的伤亡率,这只是问题的一部分,黑帮之间由于利益之争、地盘之争而发生火拼,导致大量的人员伤亡。其背后隐藏着大量的政治与经济问题。这么高的致死率有黑帮或者犯罪集团、犯罪分子自身或者有意无意针对平民的行为而导致,而针对富人的抢劫、施暴甚至枪杀等行为也都司空见惯。为了防范这些风险,富人为此加强防备,例如雇佣更多的私人保镖、加强私宅防护、建设更多封闭式小区等。①但其中也有很大一部分的致人死亡的案件,是由于警察滥用执法权限导致,即警察在执法过程中,可能会滥杀无辜,或者麻痹大意、处理不当,从而使得大量平民伤亡的事件屡有发生。也就是说,警察针对犯罪嫌疑人采取了太多的过激、过分的行动,例如在双方交火甚至交涉过程中,将嫌疑人甚至无辜平民枪击致死。当然,在 20 世纪八九十年代,巴西还存在着各种形式的、严重的警察虐待嫌疑犯、侵害平民、侵犯人权的行径,当时的巴西虽然已经完成民主化的"任务",但并没有实施重大的政治、社会变革,反而保留了原先军政府统治下的机构,包括警察机构,甚至保留了所谓"军警机构"。"在巴西和哥伦比亚,数以百计的贫困儿童和青少年年复一年地被杀害。T&F 证据表明:在巴西的主要城市,每年都有数百名青少年、街头儿童和成年人被警察和死刑队杀害或'失踪',其中通常包括下班后警察……事实上,巴西、哥伦比亚和委内瑞拉存在一种准合法性,其形式是国家力量与私人力量和有组织犯罪之间的联盟,通常与当地商人和政治家勾结。1995 年,官方承认约 30％的里约热内卢警察参与了这种所谓的'灭绝组织'。巴西国会报告称,1990—1993 年,4611 名年轻人(大部分为黑人)被杀害。此外,1993 年 9 月至 1994 年 6 月,有 1200 名巴西人被这种所谓的'行刑队'杀害,其中包括犯罪嫌疑人、街头

---

① Teresa P.R. Caldeira, *City of walls: crime, segregation, and citizenship in São Paulo*, Berkeley: University of California Press, 2000, p.246.

儿童和贫民窟居民。"①

令人愤懑之处在于,大量的警察被控侵害人权或者滥用职权,但最终被依照民事法律而非军事法律审判甚至判罪获刑的比例一直很低,"在巴西,自向民主过渡以来,有 1000 多名农民和农村工会领导人被谋杀。而只有 30 起案件中的罪犯被判刑"。②这些当然是"助纣为虐"之举。警察之所以在镇压黑帮以及各类犯罪集团的过程中采取了很多过激行为,是因为这些犯罪分子的武器装备非常先进,在不少小州,警察的武器装备可能相形见绌,甚至一度出现一般的州警察根本火拼不过大型的犯罪集团和黑帮集团的情况。③涉枪的犯罪分子无论是占据优势还是占据弱势,都有可能采取过激行为。因为倘若他们占据优势,则当然会无畏地报仇雪恨;倘若处于弱势,则大多只能在走投无路的情况上采取更多、更激烈的方式滥杀无辜;加上警察虐待甚至滥杀犯罪嫌疑人的"前科"太多,导致大多数犯罪分子只能负隅顽抗甚至宁死不屈。

(三)大量暴力犯罪背后的复杂原因及其相互影响

通过上文我们不仅了解到巴西的社会治安状况非常恶劣,也了解了西方社会对暴力行为控制的过程与控制机制等。我们可以以此为基础,分析和探讨巴西近几十年来发生的大量暴力犯罪背后的复杂原因。

第一,社会不平等程度太高,大量的贫困人口显然都是暴力犯罪的"温床"。与此同时,大量的贫民,特别是青年人是大量暴力犯罪的受害者。④尽管自新世纪以来,巴西的社会不平等程度在不断下降,但巴西的整体暴力犯罪率并没有下降。不过,这并不能证明两者有无因果关系,因为只要巴西有足够数量的贫困人口存在,暴力犯罪就难以得到有效的遏

---

①　Juan Carlos Calleros-Alarcón, *The unfinished transition to democracy in Latin America*, London; New York: Routledge, 2008, pp.151—152.

②　Ibid., p.151.

③　Teresa P.R. Caldeira, and James Holston, "Democracy and violence in Brazil," *Comparative studies in society and history*, Vol.41, No.4, Oct. 1999, p.712.

④　"穷人是毒贩之间的冲突、警察滥杀或者完全根除行动的牺牲品。"[巴]鲍里斯·福斯托、塞尔吉奥·福斯托:《巴西史》,郭存海译,东方出版中心 2018 年版,第315 页。不仅如此,警察滥用职权甚至滥杀无辜的定罪率在巴西都很低,巴西有些城市在 5% 以下。[美]彼得·H.密斯:《论拉美的民主》,谭道明译,译林出版社 2013 年版,第 336 页。

制。犯罪集团基本上都将贫民窟作为自己的"基地",因为这里不仅生活着的大量无业贫民是他们潜在的吸纳对象,而贫民窟也是警察等公共机构鲜有涉足的地方,即国家的"法外之地"。"在巴西的一些大城市,特别是里约热内卢,有组织犯罪或腐败的警察部队在低收入群体居住的大片地区抢占了国家权力。占领和控制着一些对于毒品销售物流至关重要的地区,由此刺激各方竞相购买重型武器……这种情形很容易让我们联想到内战。"①

第二,非正式社会的大范围存在,使得社会暴力化程度不断加深。由于工资刚性以及社会保障负担的约束,加上企业的税收负担越来越大,使得很多企业不得不从"地上"转入"地下",成为所谓的非正式企业或者部门,而在其中就业的平民也就成为"非正式就业"的人员。这一所谓的"非正式工作"问题在巴西显得更为严重,因为巴西的非正式部门的存在并非正式和正规公司的"补充"或者"点缀",而是已经成为后者很重要的替代。巴西人每天面对这样大范围的非正式甚至非法部门和人员的存在,"1990年,有大约40%的劳动力是在非正规就业。10年后,这一数字已经上升到50%以上。"②但巴西这个国家的各级政府与各相关部门对此却无动于衷,甚至推波助澜,使得整个社会的管理状况不断恶化。由于大量的非正式部门都有意无意、合法非法地避税、欺压劳工,③这其实就是国家政权组织坐视非正式的甚至非法的经济与社会活动的存在与发展,必然导致或者恶化社会的暴力化。

第三,社会暴力化严重的背后,依然是大众与精英之间关系的恶化。犯罪集团当然触犯法律甚至总是直接触犯刑律的,和警察之间应该势不

---

① [巴]鲍里斯·福斯托、塞尔吉奥·福斯托:《巴西史》,郭存海译,东方出版中心 2018 年版,第 315 页。

② 同上书,第 314 页。而整个拉美地区的非正式就业情况也很严重,2000 年时,非正式就业的工人数量占到总数的 50%。Peter H. Smith, *Democracy in Latin America*: *Political change in comparative perspective*, New York; Oxford: Oxford University Press, 2005, p.241.

③ 对雇主而言,正式工作岗位的非工资性成本平均占到雇员工资收入的 2 倍,而非正式工作岗位就节省了这笔支出。Marcos Mendes, *Inequality, democracy, and growth in Brazil*: *a country at the crossroads of economic development*, London; San Diego, CA: Elsevier Academic Press, 2014, p.54.

两立。不过,美国加州大学伯克利分校的拉美裔教授卡莱拉(Caleira)和霍尔斯顿(Holston)的研究表明,警察实际上主要代表着社会精英力量,而警察针对犯罪分子甚至平民所施加的暴力实际上是社会精英在民主制下对大众的惩戒,而这些惩戒在巴西社会历史上也比较常见。不过,由于在民主体制下,精英对大众的控制方式受到了影响,所以只能通过警察滥用职权等方式实施对大众的恫吓。①而问题的复杂之处在于,无论如何,贫民总是社会暴力化问题的最主要受害者,他们甚至呼吁警察机关"以暴制暴",要求警察采用任何方式或手段严惩犯罪分子,因为他们更缺乏安全感,更缺乏生命与人身权利的安全保护。②

第四,社会的暴力化反映社会的撕裂与对抗,而政治民主化则又强化了其中的不少机制。这一点也是卡莱拉和霍尔斯顿的主要研究结论之一。不过,确实应当反思,在初步的民主化实施之后,像巴西这样的拉美国家的精英基本上没有受到触动。甚至在很大程度上,巴西的军人也是主动离开政治舞台的,民主化是他们默许的,因为他们已经比较确信,可以驯化甚至操控民主过程,而且由此变得越来越自信。"民主在整个拉美地区已经变得更加普遍(并在某种程度上也更加持久),因为它已被驯服了。从20世纪40年代至70年代,民主被精英们视为'危险'之物。"③但是,在民主化实施之后,他们到底依赖什么样的方式对社会实施控制,即对社会中的大量平民实施社会控制?他们一直掌握着巴西整个社会的命运与发展,所以他们当然是不可能轻易地使得这样的控制放松,他们只有通过严密的控制才可以获得相当丰富的政治与经济特权。不难想见,包括暴力甚至暴力犯罪在内的各种非法活动,应该也是他们经营网络中的必要组成部分。或许,在一个暴力横行的社会,人民大众才更加需要社会精英的安全供给和保护。人们或许会反问,由黑帮和犯罪集团打造成的地下秩序,难道不是针对正常的社会秩序而建立起来的吗?但是,我们也看到很多犯罪集团和黑帮背后,其实都存在大量的资本集团和精英集团

---

①　Teresa P.R. Caldeira, and James Holston, "Democracy and violence in Brazil," *Comparative studies in society and history*, Vol.41, No.4, Oct. 1999, p.699.

②　Ibid., pp.696, 704.

③　Peter H. Smith, *Democracy in Latin America: Political change in comparative perspective*, New York; Oxford: Oxford University Press, 2005, p.313.

操控,①而实际上赤膊上阵拼杀的只能是那些来自贫民窟的小男孩或者年轻小伙子。

第五,巴西的现代国家建构非常不够。社会精英分子涉足甚至操控与经营"地下社会"甚至犯罪集团,难道不怕被法律和国家所惩戒吗?问题是,在巴西这样的社会秩序混乱和司法无能为力的地方,社会精英不仅基本不会受到司法的惩戒,甚至可以利用司法机构和规则为自己的"事业"服务。因为司法不仅是无能为力的,甚至在很大程度上只是为社会精英服务的工具,而非人民大众和国家的司法。巴西也没有具备充分公共性的现代国家建构,行政权力很大,但是包括警察机构在内的行政机构的肆意扩张和滥用的情况也比较常见。更为诡异之处在于,这一切在很多时候还可以迎合大众的呼声,因为相对于其他国家权力的行使,国家行政权力的行使更为直接、更为果断、更为有效。如果巴西的公共性国家建构的任务还如此艰巨,那么同时具备公共性的司法保护和规则之治,则更是巴西民众可望而不可即的理想了。

第六,大量犯罪和暴力行为的根源还在于大量贫民的存在。我们可以反问的是,现代国家建构成效不足的国家比比皆是,为何唯独巴西的暴力化问题如此严重?我们只能将其归为社会结构性的问题,因为在这样一个严重不平等的社会,存在着大量的贫困人口,并且存在着大量的从事"非正式"工作的人口,城市里存在大量的贫民窟,社会贫富差距悬殊。尽管圣保罗等地的富人早就变得更为低调、深居简出,不过在这样的一个贫富差距巨大的社会,两极分化的社会景象是隐藏不住的,掩盖不了的。在这样的地方,尽管贫民违法犯罪的成本很高,甚至要以生命为代价,但依然不能阻挡人们铤而走险。

巴西社会的暴力化问题严重的主要原因在于社会不平等过于严重,以巴西为代表的拉美国家由于社会不平等程度过大,导致大量的"非正式部门"中的"非正式就业"问题严重,甚至超过总就业人数的一半以上。以巴西为代表的拉美国家通过非正式就业而控制了过高的社会政治与经济资源,使得广大贫民难以通过社会流动的方式实现"脱贫致富",更难以实

---

① 与此高度相关的问题就是警察自身的违法犯罪与腐败问题,"事实表明州警察没有能力遏制暴力的急剧增长。不仅如此,还有一些警察本身就从事贩毒和其他非法活动。"[巴]鲍里斯·福斯托、塞尔吉奥·福斯托:《巴西史》,郭存海译,东方出版中心 2018 年版,第 315 页。

现通过民主化"东风"从而深刻地改变根深蒂固的政治结构,以冲破现有的精英—大众对抗格局。

总而言之,以巴西为代表的拉美国家(城市)社会暴力与犯罪问题严重的表面原因是大量贫民的存在,或者是政治社会治理能力缺乏、治理效能不佳的问题,实际上也是精英政治操控的结果。在非正式经济中,在暴力犯罪横行的社会中,只有政治经济精英可以"独善其身",甚至能够"鱼肉百姓"。

第四节　巴西再民主化后的社会不平等与社会秩序问题

拉美国家在 20 世纪 80 年代这个"失去的十年"之后,经济发展一直难有起色。而且,政治民主指数也一直徘徊不前。我们将围绕社会不平等问题讨论其与选举政治以及社会秩序等之间的交互影响。

一、福利依赖及其相关研究

(一)何谓"福利依赖"

美国健康和人类服务部给福利依赖的官方界定是:如果一个家庭年度总收入中的 50% 以上来自诸种福利项目,例如抚养未成年子女家庭补助(Aid to Families with Dependent Children,AFDC)、食物券、公共医疗救助等,我们就可以说这个家庭存在福利依赖。[1]

与福利依赖意思相似的还有一个词叫"福利陷阱"(welfare trap),人们以此来表示社会福利性质的再分配带来的负面效果,而这种"陷阱"理论上可以运用于个体、家庭、群体和社会等多个层面,但实际上往往比较广泛地运用在宏观经济和社会层面,以表示福利的过度供给可能会对一个国家的经济社会发展带来不利影响,即社会性福利支出压低一个国家的社会再投资,从而可能影响其长远发展战略和经济社会竞争力。而"福利依赖"的运用则更多地聚焦于个体、家庭和群体层面:大多是指福利制度运作和福利供给过程中存在的诸多"道德风险",即相对丰裕的福利供

---

① Richard D. Coe, "Welfare dependency: fact or myth?," *Challenge*, Vol.25, No.4, Sep./Oct. 1982.

给可能会影响受救济者的工作主动性或者工作激励,长期如此甚至可能会导致大量的享受福利救济的穷人不再努力寻找工作,而是以现有的福利供给养活自己和家庭,从而形成自身对福利保障体系的依赖,而这种依赖甚至会带有家庭扩散性和代际传递性。结构主义研究者也强调环境的深远影响,其尽量地排除主体的主观责任,更多被归为贫穷生成的"外因说"。实际上,其也默认这种贫困以及连带的福利依赖具有地域性特征和群体特征,例如内城区。①而美国社会舆论多将福利依赖的人群锁定为黑人群体,尤其是黑人单亲家庭和未婚先育的黑人女性主导家庭。②而这一福利依赖现象或想象使得原先暂时性、辅助性的福利保障制度成为沉重的社会负担,即原先试图以福利供给缓减社会问题的办法或者工具变成新的社会问题和财政经济问题。所以,制度设计可能会带有"诱导性",福利供给可能使得原先具备劳动和工作条件的成年人降低工作动机,从而使得福利保障制度的正当性与道德性受到质疑,即其自身的存续也存在所谓的"道德风险"。

"福利依赖"这个污词本身确实存在意义含糊甚至难以经受严格实证证实的问题,不过也有研究证实美国实施了几十年的 AFDC 计划具有代际传递性。③很多人认为其多属于意识形态的争议。④很多论者未能界分的重要原因在于:福利救济与供给对普通工作者或者最低工资标准的替代率如何不清楚,最起码在理论上,这种替代率越高,福利救济和供给的道德风险,即福利依赖的可能性越大。引入福利供给的工资替代率实际上以当前福利依赖"策略行为"为基础,即这种替代水平实际上会对被救济者或者福利领取者的依赖行为产生边际影响。当然,这种替代率还存在着群体、家庭和个体的差异性,也即受到特定社会的文化认知,特别是工作伦理等因素的影响,但是实际上还取决于宏观经济环境与工作机会多寡等外部结构性因素的影响。另一方面,西方发达资本主义国家二战

① 〔美〕威廉·朱利叶斯·威尔逊:《真正的穷人》,成伯清等译,上海人民出版社2008年版,第29—97页,"第二章、内城区的社会变迁与社会断裂"。

② Erin McClam, "Many Americans Blame 'Government Welfare' for Persistent Poverty, Poll Finds," *NBC News. com*, June 6, 2013.

③ John J. Antel, "The inter-generational transfer of welfare dependency," *The Review of Economics and Statistics*, Vol.74, No.3, 1992.

④ Charles Murray, *Losing ground: American social policy, 1950—1980*, New York: Basic Books, 1994.

后建立的健全的、慷慨的福利国家建构，实际上在广泛实施供给福利救济的同时，确实也在一定程度上扩大了福利救济的道德风险。

（二）福利依赖相关的研究

1. 南希·弗雷泽对福利依赖的谱系学研究和类型界分

美国社会理论家南希·弗雷泽有关福利依赖的词源学、语义学和谱系学研究，对福利依赖的内涵和社会认知进行考证、梳理和分析。[①]她认为依赖界分的标准是三个不同时代的意义关涉，尽管其词源意义上的"依附"或"依赖"并非我们所讨论的"福利依赖"，但两者确实有着很大的关联性，20世纪之前的依赖关系内含我们所讨论的"福利依赖"的内涵与要义。前工业化时代的依赖或者依附实际上是普遍存在的社会现象，不同阶级和阶层的男女老少都依赖特定社会结构与社会政治人物，这一依赖类型实际上是混合的，并未形成内部复杂的区分与分化，也不存在什么歧视现象，因为几乎人人都被置于社会政治依附关系中。工业化时代的依赖主要是指经济层面的依赖关系，而非政治和法律关系的依赖关系。因为伴随着工业化与民主化运动，工人阶级逐步获得了普选权和政治公民身份，妇女虽直到一战以后才普遍获得选举权，但是其大部分活动与政治无涉，而且发达资本主义国家同时也早已实现中产阶级妇女的组织和结社自由。不过，至此女性对丈夫"家庭工资"依赖的状况却越发明显，但依赖也依然未被"污化"。20世纪以后，特别是二战以后，由于中产阶层女性就业率不断提高，女性在政治、法律和经济等权利方面的障碍逐步被清除，使得女性参与工作成为时代发展的趋势，而不参加工作的女性（越来越集中于弱势的女性群体[②]）则成为不合时宜的依赖者，而美国女性家长主导的单亲家庭和未成年生育女性大部分依靠AFDC项目维持生计，从而成为美国福利依赖的典型群体。与此同时，人们普遍认为，福利依赖的诱因是个人品质，道德缺陷甚至精神问题等。

---

① Nancy Fraser, and Linda Gordon, "A genealogy of dependency: Tracing a keyword of the US welfare state," *Signs: Journal of women in culture and society*, Vol.19, No.2, Winter 1994.

② 中产阶级妇女占主导的女权主义（组织）漠视社会舆论和政治家对实际上针对妇女的福利项目的削减，因为他们大多希望贫困人口中的女性（尤其是单身母亲）做到像他们一样自食其力。Gwendolyn Fraser, "The lady and the tramp(II): Feminist welfare politics, poor single mothers, and the challenge of welfare justice," *Feminist Studies*, Vol.24, No.1, Spring 1998.

这就意味着实际上存在着对依赖以及福利依赖作进一步内部区分和对比的必要,弗雷泽的研究表明所谓的"福利依赖"可以通过人身、政治、法律、经济、社会、道德心理即精神等多因素和多层面差异进行区分。本节将结合外在的政治经济与社会结构或者背景,对其进行经济和政治两个不同层面或者维度的区分,并分别对应发达资本主义国家(特别是美国)以及发展中国家(典型如巴西)的具体情况。

2. 发达资本主义国家福利制度与福利依赖的相关研究

在西方福利政治学研究领域,大量的研究主要集中于对福利权利与福利国家形成的描述与解析。就福利国家形成的学理解释大致可以归纳为:经济——工业主义的解释、社会——功能主义的解释、文化——民族观念的解释、政治——权力资源的解释、政治——国家中心主义的解释。①不过,对福利国家形成之后的社会政治效应的研究则还比较粗浅。皮尔逊等人开展的福利制度的新政治学研究将现有的福利国家体制作为自变量而非原先的因变量,即通过大量的经验性研究,强调所谓的"(社会)政策产生政治"这种新观点。②

人们经常用"福利陷阱"一词来形容社会福利性质的再分配所带来的负面效果。例如德意志帝国的首相俾斯麦首先推行的社会保险立法,对当时的德国工人阶级与工人运动而言,其实是一种比较明显的"政治陷阱"。③而二战之后,主要的资本主义国家都开始全面建设福利国家,从而导致社会大众对各种福利供给产生一定程度的依赖,其在美国政治生活的福利批判思潮中明显可见。④其中,对福利依赖现象批判得最为激烈的要属秉持市场原教旨主义的新保守主义者,他们在20世纪七八十年代甚至已经不再满足于对当时美国福利体制的小修小补,而是想要彻底取消

---

① 陈兆旺:《作为特例的美国福利国家发展》,载肖斌、郭忠华主编:《公民身份研究》第2卷,格致出版社2016年版,第97—131页。

② Paul Pierson, "When effect becomes cause: Policy feedback and political change," *World politics*, Vol.45, No.4, Jul. 1993.

③ 陈兆旺:《民主与福利:社会结构与公民身份制度变迁的路径》,上海人民出版社2017年版,第163页。

④ Martin Gilens, *Why Americans hate welfare: Race, media, and the politics of antipoverty policy*, Chicago: University of Chicago Press, 1999, p.32. Christopher Howard, "The hidden side of the American welfare state," *Political Science Quarterly*, Vol.108, No.3, Autumn 1993.

所有福利供给并废除全部福利制度,也就是说他们要彻底肢解现有的公共福利供给体系。①在宏观经济分析领域,很多学者将西方国家 20 世纪中后期的经济滞胀、政府财政赤字过大、官僚机构膨胀和无能等问题的原因归为国家过度的社会福利支出。而这些问题或者困境,又会被选举政治的政党竞争的"短见"行为而推动,进而导致更为严重的福利政治问题。②

与此同时,由于经济滞胀危机以及持续不断的财政危机,就连美国的传统左派也基本接受福利依赖的话语与福利削减的改革主张,例如美国前总统克林顿在 1992 年提出"终结我们所知晓的一切福利"的口号。被誉为英国前首相、工党党魁布莱尔的精神导师的英国左派社会理论家吉登斯,在其"第三条道路"的"政治纲领书"中也强调实施福利改革,不断推广所谓"工作福利"(workfare)的理念。③而这一概念的时代背景是 1980年以来政学两界以及新闻媒体对福利依赖的指责,其实际上是要在这种指责的基础上推出一种新的福利供给"替代方法"。更有甚者,2008 年经济危机之后持续数年的经济衰退使得人们开始质疑,美国到底是否还有"向贫困开战"的政治抱负,约翰逊的"伟大社会"计划和"向贫困开战"的政治作为经历 50 年的发展之后变成了"向穷人开战"。④不过,提出这样质疑的研究者提供的方案或者政策建议基本都是"经济性质"的,都是倡议民众经由自强不息而实现经济独立。他们的目的也是经济导向的:增加国家经济产出、增加消费需求以及减少福利依赖等;而其主要的方案包

---

① Charles Murray, *Losing ground*:*American social policy*, *1950—1980*, New York: Basic Books, 1994, p.218. "我的结论是,民主社会中的社会项目,在处理最困难的问题时往往会产生净伤害。他们天生倾向于具有足够的诱因而产生不良行为,但却没有足够(有效)的解决方案来激发良好行为;问题越复杂,这种关系越有可能如此。这给我们的教训并不是我们不能做得很好,而是我们必须采取行动。"George Gilder, *Wealth and poverty*: *A new edition for the twenty-first century*, Washington, D.C.: Regnery Publishing, 2012.

② 赵聚军:《福利民粹主义的生成逻辑及其政策实践——基于拉美地区和泰国的经验》,《政治学研究》2015 年第 12 期。

③ Janice Peterson, "'Ending Welfare as We Know It': The Symbolic Importance of Welfare Policy in America," *Journal of Economic issues*, V.31, No.2, Jan. 1997.

④ Anna Maria Santiago, "Fifty years later: From a war on poverty to a war on the poor," *Social Problems*, Vol.62, No.1, Mar. 2015, pp.2—14.

括提供工作、经济安全、岗位发展、公益创业、置业和社区发展等。①其中并没有什么太明确的福利供给和保障的措施,基本都是围绕着"人力资本投资"的视角进行讨论。

3. 巴西福利制度与福利依赖的相关研究

对照发达资本主义国家的福利制度,尤其是浩如烟海的福利国家的研究文献,发展中国家学者对自身福利制度构筑等也有不少研究成果。不过,总体上,其国际影响力相对有限。而美国政治经济学家斯蒂芬·哈格德和罗伯特·考夫曼延续着民主转型的政治经济学、金融危机的政治经济学等研究,对发展国家的三个典型代表性区域(拉美、东亚和东欧)的福利国家建构和发展的状况进行了比较精细和深入的对比和分析。②虽然这三个地区的福利制度创设大多是西方发达资本主义国家福利制度创新扩散的结果,不过前者尤其受到俾斯麦的社会保险立法的深远影响,显示出其背后的政治运作或者操控性的福利逻辑。当然,哈格德和考夫曼的研究重点在于进一步探究不同的发展战略类型、民主或者专制体制对福利国家建构和发展的综合影响等议题。他们不再拘泥于政体类型的福利影响,而是试图更为清晰地解释福利制度创设与变迁背后的政治筹谋,从而能使我们更好地理解政治依附型福利依赖的内在机理。

对巴西福利国家和福利制度的研究多集中于工具主义而非规范主义的一面,③即福利制度创设、变迁、扩展与改革等都受制于诸多的政治因素,以及不同阶级阶层主导的利益集团和组织化力量的博弈。当然,如尼塔鲁德拉的分类和讨论所表明的,巴西的福利体制既非生产型亦非保护型,而是综合两者的多元型。即巴西的福利国家诉求不仅是资本保护型的,同时又能够在一定程度上保护劳工。④当然,我们在处理巴西福利国

① Anna Maria Santiago, "Fifty years later: From a war on poverty to a war on the poor," *Social Problems*, Vol.62, No.1, Mar. 2015, pp.9—10.

② [美]斯蒂芬·哈格德、罗伯特·R.考夫曼:《发展、民主与福利国家:拉丁美洲、东亚和东欧》,满易译,中国社会科学出版社 2020 年版。

③ Mahrukh Doctor, "Inequality, Social Policy and State Welfare Regimes in Developing Countries: The Case of Brazil," James Connelly and Jack Hayward, eds., *The Withering of the Welfare State*, Macmillan, New York: Palgrave Macmillan, 2012, p.159.

④ Nita Rudra, "Welfare states in developing countries: Unique or universal?," *The Journal of Politics*, Vol.69, No.2, May 2007.

家建制的时候,需要特别注意巴西的工人阶级及其诉求或者统治者精英主动自上而下建构下的社会保障体系,其实质上是特权性质的,即将其他的劳动者如农民以及诸多的非正式劳动者排除在外。不仅如此,巴西公共部门以及国有企业等组织化工会的强势发展,使得其社会保障基金甚至国家财政面临经常性困难。而与此同时,由于正式劳工的强势地位和政治影响力,加上巴西政治体制的"否决点"太多而难以形成福利供给的实质性的削减和改革,[①]"(引者注:巴西)公共部门养老金的大额支出继续对国库造成了沉重的负担"。[②]故此,有学者通过对比分析发现:尽管拉美等发展中国家也广受 20 世纪 80 年代以来新自由主义改革浪潮的影响,但是与英美等国扬言大刀阔斧的福利削减相比,发展中国家的新自由主义改革反而都在渐进式地扩张福利国家的覆盖面和给付水平。与此同时,他们也并没有像发达资本主义国家那样拆散福利国家以克服"大政府病",而是在不断地强化政府角色和作为。[③]

当然,大部分学者比较认可巴西福利国家建构的成就,即其在 20 世纪早期受到欧陆尤其是德国模式的影响,初步建立起覆盖面非常狭窄的特权型福利保障体系,到 20 世纪中间的五十年得到缓慢发展,在 20 世纪 80 年代的再民主化过程开启之后,逐步加速福利国家扩张,其背后显然是民众在民主体制下逐步推动更为广泛的社会福利制度建制,而选举政治则推动各级政府的政治家和政客将原先收买核心工人阶级群体的政治互动机制逐步推广到更为广阔的社会群体。"(巴西民主)也持续地为更多的社会精英提供了机会,这些精英可以通过良好的组织争取利益;其同时还激发政治家致力于发展庇护政治以及选举获胜的代理人基础战略。"[④]而这一发展确实也在很大程度上符合西方福利国家建构的理论基础——社会公民权理论范式的诉求,如福利保障的制度化、覆盖面和再分

---

① Kurt Weyland, "Obstacles to social reform in Brazil's new democracy," *Comparative Politics*, Vol.29, No.1, Oct. 1996.

② [美]斯蒂芬·哈格德、罗伯特·R.考夫曼:《发展、民主与福利国家:拉丁美洲、东亚和东欧》,满易译,中国社会科学出版社 2020 年版,第 281 页。

③ Mahrukh Doctor, "Inequality, Social Policy and State Welfare Regimes in Developing Countries: The Case of Brazil," James Connelly and Jack Hayward, eds., *The Withering of the Welfare State*, Macmillan, New York: Palgrave Macmillan, 2012, pp.168—169.

④ Ibid., p.168.

配性等方面的诉求。不过,即使其福利体制已经拓展到广大民众,由于其再分配性质太微弱,而且福利体制的社会分层严重,所以索尼亚·弗勒里,将其命名为"大众特权型"福利体系。①而在很多发展中国家福利发展进程中面临的普遍的财政困难,也因巴西资源相对丰裕和税收财政相对宽裕而显得没有那么严重。不过,很多学者也指出其福利制度的缺陷其实并未得以克服,而是伴随着民主化、市场化和自由化等进程而进一步得以巩固甚至变得更加难以触动。"实现民主转型的 25 年后,(巴西)福利支出的结构依然在退化,并持续地偏向于社会的特权者。"②原因显然是强势利益集团如资产者和富豪等群体支配的税收体系的社会财富再分配性质微弱,其税收体系更多地依赖于间接税而非财产或财富的保有税等直接税,特别是累进式的收入税和财产财富税等。③

福利国家中"福利"的范畴一般是指英国等欧洲国家的社会保险,即包括养老保险、失业保险、医疗保险等在内的社会保险立法;针对贫穷者或者特殊群体的社会救济或者救助,在美国则被称为狭义的"福利",这些福利一般都伴随着家计调查(means-tested)、官僚机构审核、官方检查等复杂规范与程序,所以在客观上基本都会带有一定的歧视性。当然,发展中国家后来逐步建立健全的福利体制都对初中等教育进行扶持,这些带有社会公平价值诉求的举措使得其带有福利性质,而且社会歧视也相对微弱。伴随着不少国家私立教育体系的产生与壮大,对公立教育的社会歧视也在不同程度上存在。有一些学者将福利国家以及其背后支撑性的政治经济政策进行统合性分析,创造性地提出所谓的"隐性福利国家"的概念,其比较偏重于广义"福利",即将大量中产阶级的隐性福利项目也包括在内,而这些所谓的福利项目多是资产型的,例如住房公积金、政策性贷款优惠、购房补贴、消费补

---

① Sonia Fleury, "The Hidden Welfare State in Brazil," IPSA Seminar Whatever happened to North-South, Panel "*Development and Welfare Regime*"—USP, São Paulo, Vol.16, No.2, 2011, p.7.

② Mahrukh Doctor, "Inequality, Social Policy and State Welfare Regimes in Developing Countries: The Case of Brazil," James Connelly and Jack Hayward, eds., *The Withering of the Welfare State*, Macmillan, New York: Palgrave Macmillan, 2012, p.165.

③ Sonia Fleury, "The Hidden Welfare State in Brazil," IPSA Seminar Whatever happened to North-South, Panel "*Development and Welfare Regime*"—USP, São Paulo, Vol.16, No.2, 2011, p.10.

助等,甚至包括劳工权利的政治与司法保护等。[1]弗勒里也分析和阐释了巴西的"隐性福利国家"体系,即以住房公积金系统建立起来的资产型福利国家。而住房公积金系统不仅涉及住房政策和相关的诸多补贴与优惠政策,同时还涉及金融、投资等诸多行业的发展。到 2010 年,巴西实现了73%的人拥有房产。[2][4]一目了然,这些所谓的"隐性福利国家"的研究,实际上是要揭示出社会保障、社会救济之外的新的类型的福利国家支付体系,即建立在一定资产拥有基础上的住房投资的国家优惠政策甚至给付。这些都将进一步被视为福利国家的中产阶级属性。[3]而其之所以是资产性质的,是因为其出发点和归宿都是经济增长目标,而非社会权益保障。[4]

4. 对相关研究的简单评价与本节研究问题凝练

当前的福利国家研究的文献资料都集中于英文材料,使得其对英美福利国家建制和经验的过分偏重,反而对现代福利国家的"鼻祖"——德国俾斯麦推动的社会保险立法所建构起来的福利国家缺乏相应的研究。这一福利国家政治或者内在逻辑恰恰在很大程度上更契合于当今诸多发展中国家的实际情况,巴西可以被视为其中的典型代表。其深层次的政治结构就是福利国家建构在很大程度上是由支配阶级(ruling class)或者国家机构推动的,其性质属于旨在维持甚至拓展自身统治而实施的统治者策略。[5]因而发展中国家的福利国家建构以及由此产生的福利依赖等都有很强的政治依附性。

尽管也有学者提出,发展中国家在建构福利体制和发展福利事业的时候往往比较注重扶贫开发和公共教育,其主要出发点不再仅仅是社会公平而是人力资本投资导向的经济发展诉求。[6]但是,即使是其经济发展

---

① Christopher Howard, "The hidden side of the American welfare state," *Political Science Quarterly*, Vol.108, No.3, Autumn 1993.

②④ Mayra Mosciaro, and Manuel B. Aalbers, "Asset-based welfare in Brazil," *Housing Studies*, Vol.35, No.2, Jun. 2020.

③ Robert E.Goodin, and Julian Le Grand, *Not only the poor: The middle classes and the welfare state*, London: Allen & Unwin, 1987.

⑤ Michael Mann, "Ruling class strategies and citizenship," *Sociology*, Vol.21, No.3, Aug. 1987.

⑥ Mahrukh Doctor, "Inequality, Social Policy and State Welfare Regimes in Developing Countries: The Case of Brazil," James Connelly and Jack Hayward, eds., *The Withering of the Welfare State*, Macmillan, New York: Palgrave Macmillan, 2012, p.157.

目标和战略等也都是在长期存续的政治社会结构约束下凝练出来的,同时又受到政治格局的深远影响。我们将在学术研究的基础上,就福利依赖在发达资本主义国家如美国,与发展中国家如巴西之间的异同展开相应的研究,并在两者差异性基础上,凝练出"经济依附型的福利依赖"和"政治依附性的福利依赖"两种福利依赖的子类型。

发达资本主义国家,特别是美国的福利依赖现象或者想象的根源都是经济性质的,而政治家、政客、理论家、新闻媒体、民众、福利受益者等群体的讨论和争议也多是经济性的。发达资本主义国家的福利依赖问题的经济属性有其历史渊源,其福利体系之所以能够得到扩张是因为美国经历了 1929 年到 1933 年的"大萧条",当时的失业问题极其严重,然后罗斯福总统推动 1935 年的社会保障立法并逐步建立健全社会保障和社会救济体系。1964 年,约翰逊总统推动的"向贫困开战"和"伟大社会"计划等得以出台,是因为二战后的高速经济发展为美国福利国家建构提供了良好的经济基础。而从 20 世纪 60 年代末延续到 20 世纪 90 年代的福利依赖问题的争议,实际上主要是因为 1973 年整个西方的"滞胀危机"导致经济困难,为削减福利提供了意识形态基础,[①]但在根源上依然是经济问题,即从根本上,均是为其经济发展和经济竞争等问题而考虑的。发达资本主义国家尤其是英国和美国的福利供给对经济波动非常敏感,也容易受到宏观经济形势的影响。尽管美国也存在对社会大众的政治支配现象,但是国家政治对经济形势更加敏感,里根的福利改革其实在后来一直有"回响",例如美国前总统克林顿于 1996 年在广泛争议甚至抗议的压力下,依然批准废除"对有子女家庭补助"计划(AFDC),而此后将其调整为新的、以工作福利理念为导向的"贫困家庭临时援助"项目(Temporary Assistance for Needy Families,TANF)。[②]这就"做实"了右派政治家和理论家此前二十多年对美国福利制度的抨击,也"做实"了福利依赖的话语建构。所以,其为典型的经济依附型的福利依赖。

巴西政治依附型的福利依赖是其严重的社会政治问题的主要表征。而无论是巴西的政治秩序问题,还是经济社会可持续发展问题,其面临的主要障碍是长期存在的严重的社会不平等问题,而且巴西的社会贫富差

---

① 徐丽敏:《国外福利依赖研究综述》,《国外社会科学》2008 年第 6 期。

② Janice Peterson, "Ending Welfare as We Know It: The Symbolic Importance of Welfare Policy in America," *Journal of Economic issues*, Vol.31, No.2, Jan. 1997.

距问题的根源主要是政治性的。巴西的国家福利建制实际上是出于政治吸纳的需要。例如 20 世纪 30 年代逐步建立的福利保障体系是主要适用于工人阶级的"特权"型的福利保障，而且一直维持着非常狭窄的覆盖面。这实际上是以政治手段俘获和收买工人阶级，使得其呈现出典型的法团主义和威权主义色彩。巴西的工人阶级对社会保障的享有是政治依附型的。而巴西在 20 世纪 80 年代的再民主化改革以后，福利保障得到不断的扩展，原因是在选举政治压力下进一步吸纳更多的选民群体而扩大忠实选民基础的需要。尽管此时的巴西福利保障的覆盖面有很大的提高，但是福利保障的支付水平依然很低，而其社会成效特别是社会再分配的意义则非常有限，整个国家的不平等程度依然居高不下。所以，无论是被逐步纳入福利体制的民众，还是依然没有实质性福利保障的非正式工作者以及部分的农民等，都被政治依附机制控制和支配，其制度实际上都是政治依附型的。"每个群体都拥有自己的养老金立法和权益，而他们的谈判交易权均取决于他们的政治、社会和经济影响力。"[1]其中的经济因素相对次要，例如瓦加斯时代的工业化与国家建构的实效确实也是国家福利体制建构的重要基础。但是，庞大的工人阶级群体以及集体行动甚至是政治抗争等激进行动，才是推动瓦加斯推出福利供给的关键和直接的原因。民众对社会不公正的抗争甚至推动军政府于 1971 年尝试基于法团主义原则将福利保障体制延伸至农民群体。[2]而 20 世纪 80 年代的经济困难不仅没有削减原先的社会保障和福利供给，反而在再民主化后进一步得以扩展，尽管巴西经常性面临通膨压力、外债压力及其导致的财政困难等经济难题。所以，我们可视其为典型的政治依附型的福利依赖。

二、现象描述：新世纪以来巴西多种福利保障的社会效应相对有限

现代社会保障和福利救济是通过保障脆弱的个体或者家庭，以应付市场经济条件下的各种风险和不确定性，实质上是要降低社会不平等程度。福利依赖批判针对的是福利供给制度，如果这一制度的社会效应有

---

① Mayra Mosciaro, and Manuel B. Aalbers, "Asset-based welfare in Brazil," *Housing Studies*, Vol.35, No.2, Jun. 2020.

② Helmut Schwarzer, and Ana Carolina Querino, "Non-contributory pensions in Brazil: The impact on poverty reduction," *ESS Paper 11*, Geneva: Social Security Policy and Development Branch, ILO, 2002, p.8.

限,其存在和扩张的正当性就会被质疑。通过纵观巴西百年的社会不平等问题会发现,其逐步建立起来的福利保障体系的社会效果比较有限。而21世纪以来,巴西社会不平等状况确实有了比较大的改观:进入21世纪,巴西的基尼系数确实一直在平稳下降。但是,学术界对巴西社会不平等改善程度的评判不一,很多学者认为这种改变的成效是有限的,因为一方面巴西的社会不平等程度依然处于高位;另一方面,依照目前的社会政策目标与计划,进一步降低社会不平等程度的空间已经比较有限了。[1]

（一）优化福利制度设计:家庭津贴计划(Bolsa Família Program)

1. 持续有效推进的家庭津贴计划

我们首先来看,进入21世纪巴西是通过何种方式逐步缓减其严重的社会不平等问题的。20世纪90年代的巴西民主已经得到进一步的巩固。而在民主体制下,由于选举民主的压力,政治家特别是执政者开始兑现对平民的选举承诺——推行强而有力的社会再分配政策将是必然之举。在卡多佐时期(1995—2002年)设计和出台的"家庭津贴计划"赢得民众的普遍好评,因为其设计得比较合理,而且执行的效果也很不错。"家庭津贴计划获得广泛支持,原因在于财政成本低,而效果显著。"[2]这一政策经由卢拉总统而延续,并且被整合到一个统一的项目下,并被命名为"Bolsa Familia"。

这一政策设计是以现金支付的方式资助最贫困的家庭,并缓减其子女入学难题,前提条件是这些资助直接支付给家庭主妇。在巴西的文化氛围下,贫民的家庭主妇相对男人可以更好地打理家庭财产,而且能够对其进行很好的控制;另外,巴西的很多贫困家庭并无男性支持。当然,这一计划的目的是多重的,但其更大程度上是偏向对学龄儿童的支持,这一计划捆绑了一些重要的前提条件,例如受资助家庭子女上课率需要达到并超过80%,为儿童实施常规体检等。这一计划一经实施,确实提高了巴西最贫困家庭子女的上课率。

2. 相对于美国"对有子女家庭补贴"计划的制度性优长

在西方的福利计划中,有不少以现金支付福利项目由于实施效果太

---

① Marcos Mendes, *Inequality, democracy, and growth in Brazil: a country at the crossroads of economic development*, London: Academic Press, 2014, pp.95—96.

② [巴西]鲍里斯·福斯托、塞尔吉奥·福斯托:《巴西史》,郭存海译,东方出版中心2018年版,第334页。

差而广受批判,因为很多受资助者会把现金用于购置烟酒甚至奢侈品等,这些对穷人,不仅是无益的甚至是有害的;其不仅起不到资助穷人自强自立的作用,反而可能会使其养成福利依赖的"品质"。不过,巴西的这一政策设计是以借记卡的方式支付,即这些资助只能用于购买食物、学习用品和儿童衣物等家庭日常支出,相关部门人员审核合格后由福利机构直接打入借记卡。这样就最大程度限制了福利支付的使用范围,而且克服了拉美国家根深蒂固的政府代理人、地方权势势力或者其他中间人对贫民福利资助的"截留"。[①]其也会同时捆绑贫困子女的上课率作为领取的前提条件。这种制度设计相对于美国影响最大的"对有子女家庭补助"(AFDC)计划更优化。巴西的家庭津贴计划不仅可以对一些家长实现约束,同时也相当于将教育和人力资源投资等目标一起捆绑进这一福利支持计划。[②]或许这就是福利制度研究中所谓制度设计的"后发优势"。

(二)巴西教育事业的发展:从数量与质量视角的综合分析

1. 巴西百年来教育事业的长足发展及其限度

不仅如此,我们从巴西近一个世纪的教育发展的成就来看,其在社会进步方面取得的成就也是喜人的。当然,由于巴西的社会不平等程度过于严重,即使取得一点成就都不足以维持原先的国际排名。在联合国的人类发展指数这一指标上,巴西近些年来虽说有不小的进步,得分从1990年的0.639逐步提升到2018年的0.761,但其国际排名却在持续下降,从1990年的第59位,降到1998年的第74位,然后又降到2018年的第79位。[③]如果社会进步的程度不够大,其在相对意义上还将意味着退步。巴西教育程度提升的成就确实不错,无论是从青少年的受教育年限

---

① Peter Kingstone, "The Brazilian Miracle and Its Limits," *Law & Bus. Rev. Am*, Vol.18, No.4, Mar. 2012.

② 这在很大程度上可以验证彼德·林德特(Peter Lindert)的研究,学者认为连接统治和经济增长之间的桥梁是影响经济增长的各种类型的制度——财产权和法治,不过伴随着经济发展,使得非人力资本(诸如土地)对于增长越来越不重要,而人力资本则恰恰相反。Peter H. Lindert, "Voice and growth: was Churchill right?," *The Journal of Economic History*, Vol.63, No.2, Jun. 2003.

③ 参见联合国人类发展指数的2019年报告:http://hdr.undp.org/en/content/table-2-human-development-index-trends-1990—2018。其中部分早年的数据参见Edmund Amann, and Werner Baer, "Neoliberalism and its consequences in Brazil," *Journal of Latin American Studies*, Vol.34, No.4, Nov. 2002.

还是从整个国民的文盲率等指标进行观测和对比,巴西每个时间段的教育成就都是斐然的。只是在军人政府统治时期的进步比较有限,而在新自由主义改革时期的进步也还是很不错的。

当然,巴西教育与人力资本投资的一个重要困境是,尽管巴西人的受教育程度在不断提升,但其教育质量依然令人担忧,尤其体现在教育质量的国际比较方面,巴西在拉美地区处于中下游,在全球的排名也非常低。很多人将其归为教师队伍的问题,因为强势的公立教师工会,一直反对在公立教育学校引入绩效评估制度,顽强地抵抗触动其利益的教育改革。教师待遇水平低也是巴西为代表的拉美国家教育质量落后的一个重要原因。①相对而言,巴西私立教育的成效还是很不错的,巴西富人甚至中产阶级多将子女送进私立学校就读。由此可见,一个国家若想采用提升公立教育为主的方式以改变社会不平等的问题,也是有其瓶颈的。不过,教育质量偏低的原因也可以从投入进行分析,尽管以巴西为代表的拉美国家在教育方面的进步是有目共睹的,但问题是其依然经受不住国别和区域之间的比较,"试想,拉丁美洲教育最为发达的智利在人力资源开发投资方面尚且落后国际水平,那么,拉丁美洲整体竞争力就可想而知了。"②

2. 巴西民众难以有效利用教育以实现个体自主独立

其实,无论是发达资本主义国家,还是发展中国家,教育特别是基础教育是实现社会流动、降低社会不平等程度的重要方法之一,而且也有别于其他一般类型的福利制度和政策安排,因为教育不仅是一种最直接和最有效的人力资本投资方法,也是实现民众个体自强自立的重要途径,由此民众才可以摆脱不良社会政治境遇而产生外在依赖。不过,巴西教育水准总体不佳,其与东亚和东欧国家依然存在很大的差距。有研究者将其归为进口替代型经济发展战略失败,但是以巴西为代表的拉美的殖民传统,复杂的城乡关系和种族关系,以及建立在这些基础上的社会结构都是其教育质量不高的原因。巴西在这方面改进有限,意味着社会中存在着的政治

---

① 综合参见[美]乔治·多明格斯:《20世纪后半叶拉美落后的根源:发展战略、不平等以及经济危机》,[美]弗朗西斯·福山主编:《落后之源——诠释拉美和美国的发展鸿沟》,刘伟译,中信出版社2014年版,第80—81页。

② [美]乔治·多明格斯:《20世纪后半叶拉美落后的根源:发展战略、不平等以及经济危机》,[美]弗朗西斯·福山主编:《落后之源——诠释拉美和美国的发展鸿沟》,刘伟译,中信出版社2014年版,第81页。

依附型"福利依赖"的情况更为普遍，也更难改变，甚至缺乏普遍的认知。

（三）巴西存在大量有工作而无法实现独立的"非正式就业者"

1. 巴西高质量就业缺失背景下的失业问题

其实，降低社会不平等程度的最重要的方式应该是有效就业，就业不仅能够迅速提高就业者的直接收入，而且可以使其间接获得各种社会保障、津贴、职业教育与培训等非货币收入和福利。很多研究表明，巴西实施的"进口替代"经济战略的一个重要缺陷是其会强化社会不平等。而从20世纪80年代慢慢转向新自由主义经济发展战略之后，巴西又伴随着经济自由化、私有化和国际化，导致大量工作岗位被削减，"制造业部门的雇佣岗位数量不断下降，在1989年到1997年间削减达到100万个，2001比1994年的平均工资水平下降了8%。"[1]

但是，巴西的困境不是一般就业的问题，而是普遍高质量就业困难的问题。而高质量就业必然又涉及产业结构的升级，以及高质量教育与人力资本提升的问题。进入21世纪以来，巴西平缓的经济增长，依靠的主要是新兴市场国家（特别是中国）对原材料、农产品消费的需求而实现的强劲的出口拉动。[2]我们暂且可以不讨论这一低附加值产品出口是否具有可持续性的问题，以巴西为代表的拉美国家已经在历史上反复遭受原材料和农产品出口依赖的问题。[3]不仅如此，巴西的产业结构依然失调，其工业占国民经济的比重，从20世纪80年代以来就一直稳步下降，而第三产业即服务业的比重却一直在提升。

2. 巴西高质量就业缺失的表现：低端第三产业占比过高

很多人可能会认为，这不就是发达国家正在经历的"去工业化"过程吗？这难道不是发达市场经济的自然发展结果吗？问题是，第三产业或者服务业包括的产业类型太多、太复杂，既包括高端的金融、财会、计算机与数码研发、工业设计、人工智能、航空航天、医疗法律与公共管理等知识型、智能型、创新型的服务业，也包括批发和零售业、住宿和餐饮业等辅助

① Alfredo Saad-Filho, "Neoliberalism, democracy and development policy in Brazil," Chang Kyung-Sup, Ben Fine, and Linda Weiss ed., *Developmental politics in Transition*, New York: Palgrave Macmillan, 2012, p.128.

② Peter Kingstone, "The Brazilian Miracle and Its Limits," *Law & Bus. Rev. Am*, Vol.18, No.4, Mar. 2012.

③ Peter H. Smith, *Democracy in Latin America: Political change in comparative perspective*. New York, Oxford: Oxford University Press, 2005, p.286.

类、相对低端的商贸业和服务业。而巴西的服务业之所以得到如此快速的增长,主要原因在于其制造业难以为继,而将大量的"剩余"劳动力不断地被排挤到了所谓的低端第三产业中去。削减制造业的原因是多方面的,而20世纪80年代以来实施的新自由主义改革中一个重要的措施就是对国有大中型制造业企业实施私有化。在没有国家的关税政策、贸易政策、贷款优惠、财政政策等方面扶持的情况下,在激烈的国际竞争中,巴西的制造业经历了萎缩衰败的历史过程。另外,由于制造业工人的工资具有刚性,而巴西1980年以后反复经历严重通货膨胀和最低工资增长压力,官方索性通过国有企业私有化等方式逐步降低国家制造业企业的数量。当然,如果巴西一直徘徊于一般甚至低端制造业,恐怕难以提供很多高质量的就业岗位,因为现在一般的制造业的国际竞争也非常激烈。所以,大量的城市平民从工业领域被挤出来,只能在大城市从事各种"非正式"工作。这种工作不仅工资低、待遇差、保障不足,甚至很多工作没有像样的福利与保障,而且难以享受诸多劳工保护政策,大多数属于低质量就业。

3. 巴西福利依赖的症结所在:有工作而无工作福利保障

综合以上各种因素,巴西的平民大众在短时间内也难以具备高质量就业的各种要求。伴随着19世纪工业化的加速发展,工人阶级逐步从原先的封建主义政治经济结构的束缚与依赖中解放出来,其主要途径是提高工资、改善工作条件,以及通过社会运动甚至激烈抗争的方式争取男子普选权。而在其理论范式中,工人阶级主要是通过争取有保障的工资从而拥有更多的财富和财产权,就此成为政治和法律上的独立个人。只有这样,他们才能获得政治经济范畴的独立资格和地位,进而摆脱原先的封建制约束或者贫困约束条件下的社会关系依赖地位。霍布斯鲍姆首先开展"工人贵族"的研究,而技术工人就是因为工资收入可观而获得这种独立自由地位的工人阶级。[①]这种工人阶级与人民大众的理想实际上是通

---

① "只有能够预期一定工资水平的人,才能享受劳动贵族的生活方式,发展其品位和特色活动。19世纪的工资水平表明,自由市场是相对稀缺的,但这是可以实现的。为此,你需要的资金,比通常的保障措施和反对周期性失业要更多,或者说需要比通常储蓄的潜力更多的工资收入。我们知道,19世纪的阶级和金钱的关系适用于所有阶级。诺曼·加斯(Norman Gash)最近提醒我们,一般来说,被提升为贵族的男性首先要证明自己足够富有,能够像贵族一样生活。"E. J. Hobsbawm, *Worlds of labour*: *further studies in the history of labour*, London: Weidenfeld and Nicolson, 1984, pp.220—221.

过所谓的工人阶级的"家庭工资"来实现的,即工人阶级的工资不仅要能够保证自己的正常生活需要,同时也能够实现家庭与工人阶级的代际再生产,即工人工资应该能够养活全家老小。[1]

巴西存在大量的非正式工人,"从 1995 年到 2003 年,大都市地区的失业率从 7％增长到 13.9％,而超过 45％的工人属于非正式工作。"[2]而他们的工资以及工作保障和福利非常有限,工资性收入难以达到"家庭工资"的标准。他们多是有暂时性工作而无工作福利保障的非正式工作者,而这显然是巴西福利依赖的重要表现。当然,其存在和固化其实有着非常复杂的历史背景和政治根源。我们将在下文做进一步的深入探讨。试图依赖福利救济性质的社会政策供给而实现大幅度甚至彻底解决社会不平等问题,肯定是不现实的。目前确实没有什么好的办法缓减社会不平等问题,或许可以期待以上各种政策得到长期的有效实施,进而综合"发力",然后通过更为长期的实践来进一步逐渐降低社会不平等程度。

（四）解决福利依赖和社会不平等问题困难重重

理论和实践层面,降低社会不平等程度从而最终解决福利依赖问题的方法还是不少的,关键是能否因地制宜地实施有效的社会政策。例如,前文反复提及的"家庭津贴"计划就是成效不错的福利计划。但是,能够从根本上缓减社会不平等程度的方法主要是平均财产,但这在当今社会很难实施。或许通过直接税的方式可以在某种程度上实施,但是其难度肯定很大的。而巴西的税赋水平已经很高,不仅相对于发展中国家算是高的,相对于发达国家都不算低。另外巴西的税法过于繁琐,总计有超过 4700 部新法、1162 部临时措施和 13000 部补充规定等。[3]所以,试图采取税收的方式调节国民收入差距的可能性是很低的,因为其实施的难度很大,除非发生剧烈的社会变革。而平均财产中的平均地产也很难实施,虽然其在历史上不断被提起,但难度很大,在农产品出口势头强

---

① Nancy Folbre, "The unproductive housewife: Her evolution in nineteenth-century economic thought," *Signs: Journal of Women in Culture and Society*, Vol.16, No.3, Spring 1991.

② Sonia Fleury, "The Hidden Welfare State in Brazil," IPSA Seminar Whatever happened to North-South, Panel "*Development and Welfare Regime*"—USP, São Paulo, Vol.16, No.2, 2011, p.9.

③ Lisboa de Barros, Marcos, and Zeina Abdel Latif, "Democracy and growth in Brazil," *Democracy Consensus workshop*, *Rio de Janeiro*, 2013, pp.31—32.

劲的条件下尤其如此。在巴西再民主化之后实施的财政转移支付的方式,即试图通过各种福利项目改善社会不平等程度、降低贫困率的空间也越来越小。①

三、主体分析:巴西依附政治结构中不同阶层群体及其再分配诉求

本部分将结合政治社会学的社会分层理论,分别检讨巴西不同社会阶级和阶层在社会再分配格局中的诉求及其实现的情况。这部分深入探究巴西福利制度的社会分层效应,进而更为深入地探究其社会效应不佳的原因。我们将紧密围绕"谁得到什么"(即本书的"谁依赖谁")的政治科学中的主体分析路径展开,实际上即探究为何本质上是为了实现社会再分配效应的福利制度安排并未能起到相应的作用,反而进一步固化了原先的社会阶层结构。

(一)社会大众的社会再分配要求是否影响一个国家的经济发展潜力

以巴西为代表的新兴国家存在着很大的福利再分配压力,而选举民主又不断地放大这样的社会压力,即主要来自社会大众对国家掌握的或者富人精英拥有的财富的再分配诉求压力还是不小的。②通过"家庭津贴"计划等社会政策的实施,巴西也确实为社会大众尤其是最贫困的家庭提供了有效的、直接的经济补助,从而在很大程度上改善了他们的经济社会状况,降低了整个国家的社会不平等程度。但是,这样的简单推导和逻辑展示具有误导性,使得很多政治家甚至研究者不经意间掉入其中的"陷阱"。因为如此一来,社会大众马上就会被无端地指责为国家财富的"窃取者":他们总是试图以选举民主政治为"工具",支持甚至推动对自己有利的社会政策,进而"绑架"甚至"瓜分"国家既有财富和资源,从而影响一个国家的长足发展,"巴西政治过程的一个重要特征是,政府代理人能够为特定的部门或社会团体提供特权与好处,但由于政治代表性与政治责任的缺失,则迫使其他社会主体来承担其成本"。③

---

① Marcos Mendes, *Inequality, democracy, and growth in Brazil: a country at the crossroads of economic development*, London: Academic Press, 2014, p.79.

② Lisboa de Barros, Marcos, and Zeina Abdel Latif, "Democracy and growth in Brazil," *Democracy Consensus workshop*, *Rio de Janeiro*, 2013, p.29.

③ Ibid., p.6.

其内在机理是:一个国家的社会财富总是相对比较有限的,一旦在社会再分配中投入的资源和财富多了,那么无论是公共部门还是私人部门,其投入经济再生产的资金的份额势必受到影响。这不仅会影响一个国家的经济增长,甚至会长期影响一个国家在世界经济格局中的相对位置。在全球化的今天,各国经济一体化进程日益推进,一旦不能在世界经济格局中"抢占"比较好的位置,这个国家可能面临越来越差的经济发展环境和形势。[①]现代国家之间的竞争,更多地体现为高新技术等高端产业之间的竞争,而不同国家可以将自己的主导性产业提升到什么样的类型,取决于一个国家的教育与研发的投入,同时也涉及一个国家方方面面的投资和建设,特别是(城市)基础设施和现代化市政建设的投入。如此,大众是否强烈要求实施再分配性质的社会政策,很自然地就成为一个国家经济发展与否的决定性因素。这一问题并非简单的经济问题,而是一个经济伦理问题,很难作答,因为其回答的主观性比较强。从表面看这似乎是一个福利依赖的问题,社会大众依赖和依附于社会强势集团的问题,实际上是一个社会资源和价值的竞争性分配问题,也即公共政治问题。

关于社会大众以选举政治为筹码,不断推动社会再分配政策的实施,是不是一定会影响一个国家的经济效率? 这是一个值得进一步深入探讨的问题。因为如果按照一般性的理解,再分配显然会"挤占"一个国家的投资,这样的再分配可能会有害一个国家的经济增长。但是,是不是所有的再分配类型都是消费型而非生产型的,或者说,到底是否存在投资性或生产型的再分配方式? 关键可能要看被分配后资源与财富的具体消费情况,如果这些再分配之后的消费多面向再投资和再生产导向方面,其可能进一步持续地降低社会不平等。例如,国家出台助学贷款或者奖学金性质的助学政策,其不仅具有社会再分配的性质,同时也具有强烈的教育投资性质。长远来看,其肯定有助于一个国家的经济水平的长足发展和提升。因为这类再分配在一定程度上也可以被归为"教育投资"或者"研发投入"范畴。例如,东亚国家普遍重视教育,其对社会大众的一点点再分

---

① 所以福山指出民粹主义的实质要害在于未能处理好经济发展的长期与短期的关系:"民粹主义的问题并不在于它刻意地去迎合民众的心理,而在于它所提供的短期方案实际上会损害穷人的长远发展。"[美]弗朗西斯·福山:第十章　结束语,载[美]弗朗西斯·福山主编:《落后之源——诠释拉美和美国的发展鸿沟》,刘伟译,中信出版社2014年版,第288页。

配倾斜,就会带来很好的经济社会效果。在东亚模式的发展型国家研究文献中,研究者都会强调东亚社会对教育的重视,以及其带来的良好的长期经济效应。但巴西的情况并非如此,而它多是以直接、简单和低端的消费为导向,直到"家庭津贴"计划开始,才将对未成年人的教育直接捆绑到贫困家庭的资助项目上,在短期内就取得了非常好的经济社会效果。

(二)巴西再民主化后富人依然掌控并扩展其广泛特权和利益

1. 有利于富人的"反向再分配"及其机理

从话语上将社会福利再分配作为一个国家的再分配的主要甚至唯一形式,显然具有误导性,而且这样可能很容易地将社会大众视为国家经济活力不够、停滞甚至衰退的"罪魁祸首",实际上他们在很大程度上只是这些经济社会后果的替罪羊。因为,社会再分配的类型复杂多样,而且很多形式以隐藏的、非货币化甚至非经济化的形式存在,而这些又都是社会精英以及特权阶层有意而为之的必然结果。

研究民主化后的底层民众推动政治家实施社会再分配的形式,确实可以发现类似的情况。理论上,民主化初期的政治家为了巩固民主政体,应该会更多地实施偏向于工人阶级为代表的社会大众的再分配。民主政府在经济发展水平较低的国家会更多地倾向于回应公民即时需求,如恩惠性工作机会的笼络,从而造成民主化国家普遍的再分配压力。[1]例如,为了应对惯性通货膨胀,巴西总统若泽·萨尔内(José Sarney)在1986年开始实施带有"政治策略性"的克鲁泽多计划(Cruzado Plan),试图利用收买性的收入政策拉拢左翼反对派,在价格冻结前大幅提升工资水平,由此实现了实际收入的大幅上扬。但是,在随即(1988—1990年)发生的经济过热和经济危机中,巴西发生了超级通货膨胀。[2]国家对工人阶级的保护不限于直接的经济再分配(例如不断提升最低工资标准),还在于在处理劳方与资方关系的时候虽然以裁判者的中立角色出现,但是在实际上可以偏袒劳方,例如国家可以默认甚至支持劳方的集体工资谈判、行使罢工等政治经济权利。但是,如果国家对工人阶级实施限制集体工资谈判、限制甚至禁止罢工等政策,这就意味着国家实施了有利于资方的(社会资

---

① Nicholas Charron, and Victor Lapuente, "Does democracy produce quality of government?," *European journal of political research*, Vol.49, No.4, 2010.

② [美]斯迪芬·海哥德、罗伯特·R.考夫曼:《民主化转型的政治经济分析》,张大军译,社会科学文献出版社2008年版,第211—213页。

源的)再分配。而这种社会再分配和传统意义上的再分配完全相反，可被称为"反向再分配"，其实质是资源和财富的进一步集聚，而非我们一般意义上"矫正型"的社会再分配。

2. 无论何种政体类型均会在广义社会政策中拉拢强势利益集团

在民主与专制两类政体中，到底是哪一种政体更倾向于实施再分配政策？传统研究认为，在所有情况下，独裁政府比民主政府都更可能进行再分配。而实际上，无论是独裁政府还是左翼政党(联盟)都进行了广泛的再分配。"就像智利的皮诺切特将军或者南韩的朴正熙这样的独裁政府，他们主要的再分配方式是将劳工的财产转给以国家为后台的资方。这其中包括提高工人的就业成本，取消或禁止工人集体工资谈判权，并通过其他方式汇集自愿以低工资就业的劳动力大军。"①也就是说独裁政府的支持力量主要是大资本家，出台和实施有利于大资本家的再分配政策也就相当于增强统治者自身的力量。这里所谓的"再分配"实际上是与社会大众权益相背离的经济社会政策。但不得不承认，这也是一种类型的社会再分配，实际上是直接或者间接有利于社会精英的再分配形式。通俗地讲就是，"在民主社会中，不同的行为体和社会群体均试图增加他们从国库中获得份额。"②

3. 巴西包罗万象的"反向再分配"政策及其持续

如果突破了对社会再分配形式的传统认知——经济甚至是直接的货币形式，往往是有利于工人阶级等社会大众的福利再分配类型——我们将能够更清晰地认知到，在民主社会中还存在着诸多不同类型的社会再分配类型，进而能够更深刻地分析其更为深远的社会经济效应。可以有利于这一分析视角理解的理论研究，主要是经济学领域的寻租理论。③巴西的经济学家马科斯·曼迪斯对此作了详细研究，他甚至将富人通过金钱、财富与权势而享受到的经济特权、司法特权、政治特权等都归入社会

---

① Albert Breton, et al., eds, *Understanding democracy: economic and political perspectives*, Cambridge: Cambridge University Press, 1997, p.141.

② [巴西]鲍里斯·福斯托、塞尔吉奥·福斯托：《巴西史》，郭存海译，东方出版中心2018年版，第12页。

③ "经济学的文献创造了'寻租'一词，并以此指涉特定的群体试图从政府代理人那里获取特权与好处。"Lisboa de Barros, Marcos, and Zeina Abdel Latif, "Democracy and growth in Brazil," *Democracy Consensus workshop*, *Rio de Janeiro*, 2013, p.2.

再分配范畴。①这些不仅是社会大众难以享受的特权,甚至是金钱都难以买到的非货币财富和资源。为何富人可以轻易地享受这样的特权?因为巴西依然还是一个精英主导的国家,国家体制也偏向于富人阶层,并且可以通过行政、司法和立法等各种方式和渠道为富人的经济、社会甚至社会生活提供各种便利。而民主化的过程不仅没有削减这些特权,反而不断地强化了这些特权,学者因此称其为"特权的民主化"。②而社会大众倘若以为一旦获得了政治选举权就实现了"人民当家作主",实现了对国家政权的控制,那显然是"痴人说梦",残酷的现实很快会敲醒他们。可以佐证的事实是,拉美的民调也显示,富人对民主的实际绩效最为满意。③

(三)巴西中产阶级通过组织化而享用大量社会保障权益

1. 巴西中产阶级与强势公共部门工人的组织化及其广泛利益实现

那么,巴西的中产阶级是否可以在社会再分配过程中获得更多的权益?由于中产阶级既没有社会精英的各种特权保护以获得更多的特权与利益,也没有社会大众在选举民主中占据的人数和选票优势,他们是否能够获得相应的社会再分配权益?中产阶级虽然在人数上不及社会大众,但他们的人数也不少,关键是他们早就利用组织化力量实现了自己诸多的利益诉求。而早年被国家所统合的工人阶级("贵族"),以及后来的公共部门的工人阶级其实也可以被归入中产阶级范畴,因为他们不仅享有比较高的工资,而且享有很不错的社会保障。当然,巴西的中产阶级不仅在工资收入、福利待遇等方面享有优势,而且其公共部门的数量和影响也很大,所以他们的政治影响力也很强,由此导致他们占据了相当大的社会保障份额。

巴西的中产阶级所享有的养老金保障一直都非常好,甚至是可以实现"完全工资替代",这是在大多数发达国家都是难以享受得到的、非常好的退休待遇。当然,这一保障制度的经济和社会代价又是非常昂贵的,因

---

① Marcos Mendes, *Inequality, democracy, and growth in Brazil: a country at the crossroads of economic development*, London: Academic Press, 2014, pp.114—148.

② Lisboa de Barros, Marcos, and Zeina Abdel Latif, "Democracy and growth in Brazil," *Democracy Consensus workshop*, *Rio de Janeiro*, 2013, p.48.

③ [美]彼得·H.密斯:《论拉美的民主》,谭道明译,译林出版社2013年版,第361—362页。

为它的总额占据 GDP 的 11%,占据社会支出中的家庭现金支付的 85%,这一比率高于经合组织(OECD)的平均水平。① 那么高比率的非正式就业人士(甚至能够达到 50% 以上)是不被纳入养老金保障体系的,"私营部门和低工资收入的非正式工人被排除在这一体系之外,正如上文所述,这些养老金保障只针对正式部门的工作岗位。"② 考虑到巴西的人口结构,它并无如发达国家那样由于严重的人口老龄化问题而陷入养老金发放的困境。也就是说,巴西国家的养老负担,相对而言,应该是很低的,例如在老年抚养比(占工作年龄人口百分比)这一指标上,巴西 2018 年的指数是12.79%,而当年中国是 14.42%,韩国是 19.86%,美国是 24.14%,日本是46.13%。③

2. 巴西中产阶级福利中广泛存在的"浪费型再分配"

更为关键的在于,如此高额的养老金是否会被投入像教育、技术以及其他的人力资本等领域,从而有利于长远经济竞争力的提升? 巴西中产阶级的子女确实可以享受免费的大学教育等方面的优惠政策,这算不算直接投入教育领域的社会再分配? 收费的高等教育与自费的高等教育,是否会影响到一个国家的高等教育质量? 或者更为准确地说,对中产阶级子女的高等教育进行收费是否会影响巴西的高等教育质量? 如果说,巴西能够只对贫困家庭的子女实施高等教育免费的政策,那么我们可以将其视为一个优化的、具有正向再分配性质的教育政策。总而言之,以巴西为代表的拉美国家之所以深陷高度社会不平等与高额的政府公共支出两难困境的原因在于其不完善的民主政治导致或者最起码强化了低效率甚至浪费性质的再分配性社会政策,即李·L.奥尔斯顿所谓的"浪费型再分配"(dissipative redistribution)。④ 而产生着所谓的"浪费型

---

① Lisboa de Barros, Marcos, and Zeina Abdel Latif, "Democracy and growth in Brazil," *Democracy Consensus workshop*, *Rio de Janeiro*, 2013, pp.32—33. 彼得·金斯通(Peter Kingstone)援引的数据表明,这一比重达 18%。Peter Kingstone, "The Brazilian Miracle and Its Limits," *Law & Bus. Rev. Am*, Vol.18, No.4, Mar. 2012.

② Marcos Mendes, *Inequality, democracy, and growth in Brazil: a country at the crossroads of economic development*, London: Academic Press, 2014, p.82.

③ 参见世界银行官方数据库: https://data. worldbank. org. cn/indicator/SP. POP.DPND.OL?locations=BR-CN-KR-US-JP。

④ Lee J. Alston et al., "Changing social contracts: Beliefs and dissipative inclusion in Brazil," *Journal of Comparative Economics*, Vol.41, Vol.1, Feb. 2013.

再分配"的实质必然是政治性的,所以本书将其命名为"政治依附型福利陷阱"。

四、政治因素分析:巴西政治依附型福利依赖得以生成与固化的原因

巴西各个阶层围绕国家掌控的社会资源再分配的竞争非常激烈,这种竞争的方式或者形式主要是政治性的。这种政治性的福利再分配以及在此基础上的福利依赖话语争论,存在很大的不公平性。这种不公平长期存在。在很多时候,这一类型的竞争可能并非都以"社会资源"的再分配形式进行竞争,因为上文反复强调富人、中产阶级从国家和社会中占有、提取、获得和维持优势地位和资源的方式都显得比较隐蔽,很多方面的"占有"甚至"侵占"不仅不容易被观察和想象,甚至难以引发关注和认可,而且更为诡异的,大家对此早已习以为常。巴西政治依附型福利依赖得以生成与固化有着复杂的原因。我们将进一步深化巴西的政治依附型福利依赖的政治分析,揭示巴西社会政治系统中的诸多政治性因素及其对政治依附型福利依赖所产生的影响甚至决定性作用。总而言之,在这个受到传统政治结构、政治文化和支配阶级政治策略深远影响的国家,政治依附型的福利依赖得以产生和持续的决定性因素显然是政治性的。政治性因素包括结构性的"历史合法性",也包括自由市场与自由政治等政治策略性改革。

(一)巴西的政治经济安排与制度结构的固化及其"历史合法性"

1. 习以为常背后的历史合法性:难以置信却又真实存在

这种"历史合法性"是延续了数个世纪的、根深蒂固的社会结构与阶层分化长期演化的"自然"结果。从历史来看,这就是一种非常"自然"和"正常"的社会秩序,尽管这种秩序难以经受学术的质疑和批判。这与美国的情况也大有差异,美国自13个英属北美殖民地时期开始就有比较强烈的反封建和反特权的社会文化,尽管其精英支配的历史影响也很大。在巴西,由于其经历了漫长的历史演变和沉淀,传统精英支配的社会秩序最起码在社会生活中变得越来越"自然而然",而且难以被触动。

巴西存在着长期的殖民传统,矿产、庄园和大地产所有者力量一直强大,而巴西的现代国家建构的过程相对和平,使其避免了大规模的社会革命,特别是土地(所有权)改革即平均地权运动的影响。美国南北战争期间由于战争推动的1862年《宅地法》具有强烈的平均地权性质,而东亚的代表性国家大多经历过二战后土地改革运动。巴西在19世纪以后逐步

开展的工业化进程又多依赖于向大地产所有者和海外（欧美）资产所有者举债，从而长期依赖初级产品出口（如甘蔗和咖啡豆等）。20世纪的进口替代发展战略则使得国家进一步依赖工商业大资产阶级和海外资本集团，也即相对于东亚模式中出口导向的进口替代工业，其国内工业发展多集中于资本密集型产业。①重工业的长足发展虽然引发影响深远的工人运动，但是很快被瓦加斯的社会保障制度吸纳和收买，此后也一直面临着"胡萝卜加大棒"的综合防范。巴西的社会大众，特别是原先的大地产体制下的农民多被束缚在土地上广受经济剥削和政治压迫，同时也存在着严重的封建依附关系。而当农业现代化进程推动着越来越多的农民、旷工等走出庄园领地和矿区，走向城市时，他们都面临着极大的挑战，他们大多沦为城市贫民窟中的无业者或者非正式工作者。

　　这样的制度安排、社会资源分配的类型经由历史而获得相当的"合法性"，尽管偶尔可能会遭遇到一定的质疑、反讽或者嘲弄，但大家对此都显得麻木与无能为力。如果社会秩序意味着社会稳定的话，这种长期延续而变得自然而然，甚至不断变得"优化"而难以改革甚至难以触及的社会秩序，可能在很长一段时间内就是合法和稳定的。美国的著名民主理论家夏皮罗的研究表明，大家多会选择垂直型的个体社会流动来努力实现自己社会阶层归属的跳跃，②但多不会去挑战类似的社会秩序安排的合法性和合理性，因为漫长的历史"赋予"了它比较充分的合法性。

　　2. 巴西福利保障制度演进中的"路径依赖"：垄断与竞争的限度

　　我们进一步检讨巴西社会结构层面的问题就会发现，社会大众的整体努力是利用当前已经逐步完善的民主政治体制与运作规则，通过选票或者带有民粹色彩的政治家而施加福利再分配的压力，从而尽可能多地从社会资源中分得更多的福利收入和权利。不得不承认的是，这样的争取方式显然是其政治竞争的表现，而且也是当年伴随着工业化、城市化与

----

　　①　Mahrukh Doctor, "Inequality, Social Policy and State Welfare Regimes in Developing Countries: The Case of Brazil," James Connelly and Jack Hayward, eds., *The Withering of the Welfare State*, Macmillan, New York: Palgrave Macmillan, 2012, p.160.

　　②　"除非已经彻底绝望，否则人们对个人流动性的偏好要胜过集体行动。"［美］伊恩·夏皮罗：《民主理论的现状》，王军译，中国人民大学出版社2013年版，第145页。

大量城市制造业无产阶级争取政治权利而获得的附带好处，①其在很大程度上属于支配阶级"收买"工人阶级的"诱饵"，而在无产阶级看来，也可以将其看作国家扶助工人而从工业资本家那里争取到的"赎金"。②

巴西的不少政党、社会团体和组织等也多多少少地推动了20世纪80年代以来的社会保障与福利制度的扩张。不过关键问题是，大家在此过程中很容易被"满足"，即普通民众一般不会对这一有利于社会上层阶级的、长达数个世纪的政治经济制度安排刨根问底，而可能只会简单满足于境遇的轻微改变，而非诉求彻底改革。即使民众能够形成一定的组织化力量并凝练出相对一致的福利诉求，但是无论是面临强势政治利益集团，还是面对公共部门工人特权化的社会保障，其可变革的空间总是非常有限。巴西福利国家的建构虽然建立在工人阶级特权性质的福利保障基础上，然后又进一步拓展到新的社会群体，例如农民和非正式工人，但是无论是覆盖面还是保障水平等都还比较有限。只能算是"点缀"式的福利扩展，其对非正式工人和农民在内的社会大众的助益非常有限。这种福利保障制度变迁的样式确实呈现出"路径依赖"的特点。在政治垄断的前提下，社会大众试图通过政治竞争而实现社会再分配从而使得民众摆脱福利依赖的风险，那显然是不现实的。

（二）自由市场与自由政治：民众更多的自由"权利"与国家更少的社会责任

1. 新自由主义改革与自由无情的市场经济体制

当然，我们也应当从这样的民主制度安排中看到其"优长"之处，即这样一个社会的控制成本相对要低。因为伴随着新自由主义改革中所谓的

---

① Ruth Berins Collier, *Paths toward democracy: The working class and elites in Western Europe and South America*, Cambridge: Cambridge University Press, 1999, p.110. "这些典型的组织化和被动员起来的更大型的工人阶级团体，在很多贫困地区，而不是在工作场所，经常介入与阶级关系相关的不满、要求和身份。"威亚尔达也指出工人阶级甚至后来"新社会运动"显示出的社会底层民众的政治力量，不过他认为，其依然都可以被归入法团主义的框架："20世纪60年代和70年代的法团主义政权有选择地将法团主义劳动法和社会福利法的适用范围扩大至这些新的团体。"[美]霍华德·J.威亚尔达：《拉丁美洲的精神——文化与政治传统》，郭存海等译，浙江大学出版社2019年版，第328页。

② John Saville, "The welfare state: an historical approach," *New Reasoner*, Vol.3, No.1, 1957.

"华盛顿共识"的知识与理论供给，拉美国家都在 20 世纪 80 年代实施了大规模的国有企业私有化、对外贸易自由化（汇率自由化、降低整体关税、消除贸易壁垒）、国家政治民主化等方面的全面改革。[①]我们都说改革是有阵痛的，而拉美的改革则可能是长期的剧痛。不过，20 世纪 90 年代以来的拉美普遍完成了大规模的经济政治体制改革，然而其经济的对外依赖性、经济体制的脆弱性则依然如故。也就是说，拉美国家普遍地建立起了自由市场体制，而且将民主原则逐步嵌入原有的威权结构中，"拉美传统的精英集团虽然遭到压制，但并没有瓦解；他们接受了某种可控的变革，但拒斥其他变革；他们展示了自己的灵活性和包容性，同时仍保持其传统本质和基本权力结构不变。"[②]

2."选民的民主"与无权利保障的民主建制

巴西在 1985 年开始推动再民主化进程，体制的民主性也在不断增强。伴随着政治和经济领域的自由化，巴西和其他拉美国家的政治与经济自由权利被广泛地赋予平民，公众也确确实实地获得了广泛的自由权利。但这些自由权利多是"消极"意义上的，主要是放松以前针对社会运动的高压态势。而"积极"意义上的权利保护、保障还是相对缺乏的，因为像巴西这样的国家没有足够强大的资源、动机（意愿）、能力、组织或者机构去实现公民基本权利保护，除非在经济形势还算好的情况下。拉美各国又太倚重世界经济形势，而进入世纪以来的国际经济形势波动又太大。所以，学术界将巴西为代表的民主称为"选民的民主"，"人们经常说，巴西是选民的民主而不是公民的民主。"[③]其实这主要是从公民选举权与其他权利之间的二元分离角度来讲的，"人们普遍以为自由公正的选举与公民自由和权利携手并进，然而事实并非如此。"[④]由此，我们通过表 5.1，对巴西普通公民的权利与境遇改变的情况作一个小结。

---

① ［智］塞巴斯蒂安·爱德华兹：《掉队的拉美：民粹主义的致命诱惑》，郭金兴译，中信出版集团 2019 年版，第 69—70 页。

② ［美］霍华德·J.威亚尔达：《拉丁美洲的精神——文化与政治传统》，郭存海等译，浙江大学出版社 2019 年版，第 418 页。

③ ［英］莱斯利·贝瑟尔主编：《剑桥拉丁美洲史》第九卷，吴洪英等译，当代中国出版社 2013 年版，第 271 页。

④ Peter H. Smith, *Democracy in Latin America：Political change in comparative perspective*. New York，Oxford：Oxford University Press，2005，p.264.

表5.1 巴西公民的权利保障不足:民主化与改革未能深刻改变的方面

	主要诉求内容	实现的障碍	近 况
基本权利	人身自由与安全	精英社会,传统庇护与恩惠关系、城市暴力犯罪	庇护关系明显,毒品交易与城市犯罪、警察滥用职权与人权侵犯等问题依然比较严重①
政治权利	政治选举权利与政治效能	固化的政治结构与制度安排难以改变	真实有效的选举权利,但普通人的政治影响有限,政治效能感低
经济权利	通过就业实现境遇改观	非正式就业(工资低、福利待遇差),低质量就业	尽管有一些改善,依然严峻
社会权利	社会保障(医疗、失业、养老、教育等)	存在大量贫困人口、真正实现再分配性质的转移支付相对有限	不平等程度持续降低,但依然是拉美最不平等的国家

3. 自由市场和自由民主的"巧妙之用"

通俗讲就是,巴西的民众被无情地推到了市场经济中去,成为市场经济中更为"独立"的个体,实际上也就消除了原先强大公共部门、制造业相对偏重、国家试图拉拢广大工人阶级选民的支持下而可以获得的更为广泛的经济社会权利的社会压力。而在自由市场和自由民主条件下,民众只能通过更为复杂的政治经济过程去争取更多的经济社会权利,不过这一过程不仅显得非常艰难,而且经常被中产阶级和富人集团所诟病,往往成为国家和经济发展成效不佳的"替罪羊"。

与此同时,自由市场与自由民主给富人阶层和国家带来的一个重要好处在于,国家就此被解除了对社会与经济发展、缓和社会不平等问题的政治责任,因为现在的巴西政府是"民选政府",巴西总统是"民选总统",民选政府的执政绩效不佳的后果,只能由人民自己来承担。匈牙利裔英国社会学家波兰尼早在七十多年前,就通过扎实的历史与理论分析,揭示

---

① Teresa PR. Caldeira, and James Holston, "Democracy and violence in Brazil," *Comparative studies in society and history*, Vol.41, No.4, Oct. 1999.

了人民大众在自由市场经济条件下的脆弱性。[①]而巴西人民在自由市场和自由民主条件下,尽管通过自由选举仿佛获得了不少的经济社会权利。但相对而言,其境遇改善比较有限,而且这种脆弱性依然存在。这种脆弱性主要体现在应对市场风险方面,因为市场的"优势"确实给了广大民众不少的期许,毕竟市场经济条件下机会会变得更加平等,而且为数不多的、实现社会阶层跳跃与经济社会地位改善的人们往往成为社会各阶层的模范和榜样,进而会给予他们更多的希望。但是,机会总是留给少数人的,社会普罗大众的社会经济境遇改善依然有限。在这种偏重于政治分配型的社会中,人们围绕着既得利益结构展开的激烈的政治斗争,不管是在何种政治体制都会影响社会整体效益,对政治稳定和经济增长都是有害而无益的。

我们再简单分析一下严重的社会不平等、贫富差距过大与社会暴力化的关联性。拉美问题研究专家赫希曼的研究得出这样一个结论,人们之所以容忍一定程度的社会不平等,或者他们在情绪上会相对缓和的原因在于,最起码要给予他们一定的希望,即必须使得他们中的一部分人的境遇有所改变,否则人们会变得越来越不耐烦,越来越激动,甚至会酿成更为严重的社会冲突。[②]然而,巴西的自由市场经济与自由民主政治的"欺骗性"在于,巴西的严重社会不平等能够在自由市场和自由民主条件下依然如故。相对而言,更多的机会可以带来不少的垂直型社会流动,会给大部分人生活境遇改善的希望。但是,问题在于,这样良好的机会可能只会有很少的一部分人所能抓住和利用。"巴西社会是一个高度向上流动的社会。最后,应该指出的是,'富人'中有 87% 是白人,91% 是男性。"[③]年深日久之后,很多人会变得更加消极,"宿命论"在巴西也颇为流行。与此同时,也会有不少人选择"铤而走险",进而引发社会暴力问题严

---

①　[英]卡尔·波兰尼:《巨变:当代政治与经济的起源》,黄树民译,社会科学文献出版社 2013 年版,第 232 页,"本质上,经济社会就是建立在自然之冷酷的现实上;如果人们不遵从支配这个社会的法则,可怕的刽子手就会扼杀那些没有远见者的子孙。一个竞争性社会的法则是被置于生死关头的惩罚之下的。"

②　Albert O. Hirschman, and Michael Rothschild, "The changing tolerance for income inequality in the course of economic development: With a mathematical appendix," *The Quarterly Journal of Economics*, Vol.87, No.4, Nov. 1973.

③　[英]莱斯利·贝瑟尔主编:《剑桥拉丁美洲史》第九卷,吴洪英等译,当代中国出版社 2013 年版,第 577 页。

重等难题。就此,我们将可以把社会暴力犯罪问题严重和社会不平等问题紧密地联系在一起。

五、本节小结

(一)对巴西政治依附型福利依赖分析的小结

以巴西为代表的拉美国家由于民主开放而导致其各阶级、群体为再分配而展开激烈竞争。[①]而在巴西,所谓的"自由竞争"其实就是在自由市场经济和自由民主条件下展开的竞争,而其决定性的因素主要集中于政治领域,即试图通过各种正式或非正式的、合法或不合法的、温和或激进的途径和方法,强势利益集团和富人可以争取从这些本来就不太富裕的国家中去获得更多的、更直接的经济利益,他们总是试图通过社会再分配方式获得更多的资源、权力和利益,而将社会经济发展的成本转由社会整体或者主要由社会大众承担。

既然整个社会的不同阶层都努力地通过政治竞争的方式,想从国家层面获取更多的资源、权力和利益,那么这样的政治竞争是否公平?表面上,可能是公平的,因为巴西已经建立起自由市场经济和自由民主政治。但问题是,工人阶级以及广大的平民是否从经济生产活动中获取了他们应得的酬劳?当然不是。马克思和恩格斯早就通过"剩余价值"理论,明确地指出了资本主义法权条件下资本剥削的实质。"由工人阶级生产出来并从他们那里无偿夺走的剩余价值在各个非劳动阶级中间的分配,是在很有醒世作用的争吵和相互欺诈中完成的。"[②]不过,这一情况在巴西更为严重。因为其社会大众几乎不可能脱离商品经济的生产过程,即使在农业生产中,巴西的农业工人与城市平民一样,也遭受着严重的经济剥削。如此一来,资本的控制者,即富人集团通过资本扩张和生产或再生产过程,特别是通过"非正式部门"等方式,轻松地榨取了丰裕的"企业利润";与此同时,巴西的社会大众却要通过极为复杂和艰辛的政治竞争过程,去争取少得可怜的福利再分配,并且还要因此背上各种骂名(例如懒惰、贪婪、好斗等与福利依赖相关的恶名),甚至背负阻碍国家和经济发展

---

① Marcos Mendes, *Inequality, democracy, and growth in Brazil: a country at the crossroads of economic development*, London: Academic Press, 2014, p.11.

② [德]弗·恩格斯:《论住宅问题》,《马克思恩格斯文集》第 3 卷,中央编译局译,人民出版社 2009 年版,第 251 页。

的罪名。[①]

到底是谁更加依赖通过国家实现更稳固的社会再分配? 显然是强势利益集权,例如大资产者、大富豪、强势工会组织下的公共部门或者大企业工人以及其他中产阶级。他们通过诸多机制保障的稳固的"反向再分配"获取绝大部分的"企业利润",同时以覆盖面和收益都很有限的福利救济和保障稳定民心,从而使得社会大众不至于起来反对或者反抗。但是,民众在接受这些福利救济和保障的同时,也需要接受被污名化的无奈,即被指责为福利依赖者甚至国家经济社会发展的阻碍者。这种特殊类型的福利依赖就是政治依附型的福利依赖,同时还受到前现代社会政治结构性支配和短期政治改革策略的综合影响,即受到其政治结构、政治文化和政治策略持续深远的影响,并且能够在现代化与工业化进程中得以稳固运行。

（二）巴西和美国福利依赖的相似之处

发达资本主义国家尤其是美国社会舆论关于福利依赖的讨论是比较多的,正是因为经济性质比较明显,所以对此问题讨论的敏感度要低一些;而巴西等发展中国家的福利救济与给付水平比较低,政治依附性色彩更为明显,所以社会支配阶级一般也不太愿意放开讨论和探究这一问题。此外,美国的各界精英在竞争环境中显得更为积极,似乎觉得自己有资格对福利领取者"说三道四";巴西的社会大众累死累活也没有什么出头之日,而精英阶层反而可以通过政治优势保有甚至不断扩张自己的经济垄断和支配地位,其在日常生活中也会显得相对懒散,所以也不太愿意放开去探究所谓的"福利依赖"问题。

为了能够更为清晰地凸显"政治依附型"福利依赖,在此作一个对比性的综合分析(见表5.2)。在此基础上,对福利依赖不同类型的共性及其深层结构作一定的探讨。对福利依赖或者福利陷阱问题的研究,带有一定的学术道德风险,因为可能会面临"政治正确"问题的拷问,尤其是在美国以及发展中国家的选举政治格局下。所以,大量的研究并非去做大量的个案分析或者严格的量化分析,尽管有人将福利依赖的研究归为意识形态的论争,但是在很大程度上也只能流于泛泛而谈,而不是具有针对性的意识形态争论。与此同时,如果从宏观经济环境以及社会环境角度来

---

① 对社会福利享用者的污名化问题,在美国也表现得非常明显。Janice Peterson,"'Ending Welfare as We Know It': The Symbolic Importance of Welfare Policy in America," *Journal of Economic issues*, Vol.31, No.2, Jan. 1997.

看,贫困和福利依赖的结构主义论者显然可以多少排除掉个体主观上的责任。但是,这也不利于福利依赖问题的深入探究。无论是在发达资本主义国家美国还是在发展中国家巴西,无论是经济依附型的福利依赖还是政治依附型的福利依赖都呈现出复杂的景象。数量庞大的贫困民众经由复杂的(民主)政治过程,通过国家干预而享有一定的福利保障和救济,但是无论是美国的资产者、富人群体还是中产阶级都通过优厚的私人医疗保险与社会养老金而生活富足无忧。而且,这一切都来得似乎非常合理、合法甚至正当。但是,普通民众却明显地或隐蔽地被指责为通过民主而窃取国家甚至富人财富。在巴西,这一切依然在上演而且有过之而无不及,因为巴西的资产者和富豪占据着更为强势的社会地位、财富占有和政治影响力,从巴西一直居高不下的社会不平等程度即可以更好地理解这一现象。巴西社会再现了福利国家和福利保障的二元体系特征,即社会大众通过千辛万苦争取到的福利保障和救济被或多或少地指责为带有依赖性,从而遭到"污名化"。但是,我们今日也切不可忘却马克思对"剩余价值"的伟大发现,即使社会民众对国家和社会的福利救济和保障有一定的依赖性,那也是自由市场经济、自由选举民主和风险社会前提下脆弱性的表现。真正依赖于这个国家和社会的恰恰是资产者、富豪以及中产阶级,因为他们通过"剩余价值"榨取而占有过多的社会财富,却通过杯水车薪的福利供给而将社会民众打入政治、经济、道德、心理甚至精神依赖者的行列。国家机构恰恰是这一切变得稳固不动和"自循环"的坚强后盾和有力保障。

不过在破解之道方面,除了表 5.2 中所归纳的方法之外,我们还可以从相关研究中得到启示,即我们对福利依赖的争议在很大程度上是因为其可能存在被歧视的道德风险,所以我们一般不太愿意去触碰这个敏感话题。只要有区分和界分,就有可能存在歧视现象。例如,美国福利依赖导致的社会歧视的源泉在很大程度上就是将穷人区分为"值得救济"和"不值得救济"。[①]这一界分制度文化性源泉是英国传统救济文化,其制度起源是 1601 年的《伊丽莎白济贫法》。但是,我们忘却了福利国家建构的初衷就是反对这种由于社会保障和社会福利的领取而产生的社会区分、间隔以及建立在其上的社会歧视。或者说,在福利国家生成的整个过程中,其都是在与福利政治中的依赖尤其是可能存在的歧视作持续性斗争。

---

① Martin Gilens, *Why Americans hate welfare: Race, media, and the politics of antipoverty policy*, Chicago: University of Chicago Press, 1999, p.67.

所以,以英国为代表的福利国家建构的主要措施就是广覆盖甚至全覆盖,从而使得其社会歧视最小化,例如英国的全民养老保险和二战后建立健全的著名的全民公共医疗体制在很大程度上就是为了避免过往济贫事业中的社会界分和潜性歧视。但是,在各国的福利建制过程中又由于复杂的社会文化传统和政治影响而逐步在福利国家建制内部延续甚至扩大了其原先的社会分层。所以,伊娃·费德·基泰(Eva Feder)针对美国20世纪90年代大刀阔斧的福利改革,提出我们不应该排斥和歧视依赖本身,所谓的单身母亲依赖于福利供给,实质上是其未成年子女依赖性的转嫁。而在当代政治经济结构下,我们所有人都会在个体生命的某段时间、某些方面、某种情况下依赖于他人,同时又被他人所依赖。[1]所以,我们的紧要之事是去除社会对福利与依赖的歧视,而非去除福利依赖,更不是直接废除福利项目甚至福利体制。

表 5.2 经济依附型与政治依附型区别

区分点\类型	经济依附型	政治依附型
产生与发展的时间	强调个体在市场经济和新自由主义前提下的独立,尤其是经济独立。二战后,在福利国家扩张和福利救济体系逐步完备之后(20世纪60年代)逐步形成规模比较大的社会福利供给	政治依附一直存在,福利救济体系也在二战以后逐步建立起来,但覆盖面和受惠程度非常低,20世纪八九十年代得到长足发展[2]
工业化背景与进程	工业化进程迅速推进,工人阶级通过抗争方式逐次获得普选权,政治上获得自由独立和自主,残余封建体制下的政治依附关系逐步被消除。而由于经济、种族、性别等原因使得不少群体存在经济依附型的风险	工业化进程相对比较慢,大地产特权阶级势力一直强盛,不同阶级、阶层对支配阶级的政治依附型强,支配阶级已经发展出选举政治下保持政治支配地位的诸多方法,大多数民众受制于政治性依附

---

① Eva Feder Kittay, "Dependency, equality, and welfare," *Feminist studies*, Vol.24, No.1, Spring 1998.

② Mahrukh Doctor, "Inequality, Social Policy and State Welfare Regimes in Developing Countries: The Case of Brazil," James Connelly and Jack Hayward, eds., *The Withering of the Welfare State*, Macmillan, New York: Palgrave Macmillan, 2012, p.162.

（续表）

类型 区分点	经济依附型	政治依附型
政治传统 与特性	前现代的封建传统的影响很小，或遭受战争与革命的洗礼，小政府传统，宏观经济干预与福利供给成为二战后政府扩张的充分理据，①所以其福利陷阱主要是经济型的	前现代的封建土地贵族的影响深远，未经历过大规模"土改"，新旧贵族与精英系统地掌控大政府，通过政治、经济、文化甚至司法特权实现对社会大众的全面控制和盘剥
支配阶级 的态度	不希望社会大众依附于国家供给型的福利救济，但是为了社会稳定和政治安抚，又不得不安排一定的"必要"救济，同时利用话语与舆论对福利供给进行"污名化"	支配阶级一直想让底层民众依附于自己的权力建构体系；同时通过"特权型"福利笼络日益强大的工人阶级群体，以形成坚固的福利庇护主义体系
深层原因 解释	美国新教工作伦理影响深远，主流价值与文化对依赖或者依附越来越反感。②20世纪70年代开始，经济结构转型与产业升级导致失业率攀升，市场化与劳动力商品化进程加速，新保守主义者建构出"福利依赖"话语体系，攻击现有的福利救济体系，以配合劳动力"再商品化"进程	天主教教义与传统下，主流文化传统观念对依附或者依赖并不反感。选举民主形势推动下，支配阶级的政治统治和支配的政治谋略转换，以一定量的社会救济性的福利供给，强化原先的政治支配结构
深层次 政治经济 因素分析	解决提高工作积极性问题，克服对国家供给型福利的依赖，强化工作伦理，减少福利政治中的道德风险，最终为20世纪70年代的经济滞胀以及"政府失灵"或者"官僚病"等找到"替罪羊"，服务于20世纪70年代开始的新自由主义改革	政治谋略与技巧：一方面通过"非正式工作（岗位）"消减雇主和国家对公民社会权利保障的责任，强化市场经济条件下的个人责任；同时，又用少量的福利供给，收买或者俘获社会大众，令民众对其感恩戴德，由此保证社会稳定和政治支配格局
破解之道	实施发展型社会政策，建设多元主义福利国家，建立以促进就业为导向甚至前提条件的社会保障制度	全面而深刻的政治经济体制改革，或者经历漫长的社会演化，通过长期的社会运动、社会流动与现代化逐步实现"去依附"化

---

① John B. Williamson, and Joseph W. Weiss, "Egalitarian political movements, social welfare effort and convergence theory: A cross-national analysis," *Comparative Social Research*, Vol.299, No.2, 1979.

② Nancy Fraser, and Linda Gordon, "A genealogy of dependency: Tracing a keyword of the US welfare state," *Signs: Journal of women in culture and society*, Vol.19, No.2, Winter 1994.

第五节　本章小结与展望

本章小结的主要任务是将前文所述的诸多重要问题串联起来。第二节重点分析了巴西的政局变幻及其长期经济波动之间的复杂关系。不过，或许有人会提出，巴西的政局变动已经是"明日黄花"，当今的政治局面已经相对比较稳定和固定了。当然，这也是巴西一百多年的共和制发展演变的重要成就。如果说巴西的政局已经不再影响其经济发展了，那也是比较草率的说法。因为，就在 2015 年与 2016 年，巴西的经济又再次发生严重的下滑，[①] 其政局的混乱是其重要的原因。被誉为"巴西之子"的前总统卢拉在卸任总统之后，陷入腐败丑闻。2015 年 4 月，卢拉卷入巴西石油公司贪腐案。2016 年 3 月 17 日总统迪尔玛·罗塞夫（Dilma Rousseff）推举卢拉担任总统府民事办公室主任，被反对派和舆论指责为试图通过此举为卢拉进行政治庇护。这一入阁的任命也最终被废除，卢拉于 2016 年 9 月被起诉。与此同时，2015 年 4 月，罗塞夫也随即遭受弹劾。参众两院最终通过了针对总统罗塞夫的弹劾案，由时任副总统米歇尔·特梅尔（Michel Temer）代行总统职权。

我们可以看到，民主政体在面对政治与经济危机时的韧性还是比较大的，而且也可以从巴西的案例验证学术界关于民主体制与经济波动的一项研究结论，即民主政体的经济增长优势并不明显，但是民主政体相对于威权政体，其经济大幅度下滑的概率更低。尽管巴西的经济波动一直很大，但经济衰退的时间相对此前的瓦加斯独裁时代和军人政府专制时代要少得多，所以巴西经济大起大落的情况已经少得多。不过巴西政治领域的诸多问题依然如故，例如总统权限虽大，但也更加受制于国会，而联邦政府与州政府中的政党结构高度分散，使得总统更加受制于国会两院中的政党权势对比格局，当总统所在政党为少数党时（经常如此，因为巴西的政党政治高度分散，被讽刺为世界上最分散的政党体系），问题将会变得尤为严重，所以比较政治学有所谓的巴西"联盟总统主义"

---

① 2015 年、2016 年，巴西的经济分别负增长 3.55％和 3.31％，是巴西 60 年来最严重的经济衰退（只有 1981 年经济负增长 4.39％更严重）。参见世界银行官方数据库：https://data.worldbank.org.cn/indicator/NY.GDP.MKTP.KD.ZG?locations=BR。

(Coalition Presidentialism)的说法。①卢拉时期的"大月费"腐败案的主要指向就是,政府通过向国会议员发放"月费"的方式贿赂他们,以促使他们在审议政府法案时予以配合。②而这只是巴西民主政治制度困境中的突出一例。③

不过,巴西政治生活的重要问题是其社会治安状况依然非常严重。巴西的经济前途渺茫,因为巴西以及很多拉美国家,习惯于"靠天吃饭",即依靠相对丰富的资源和国际市场的需求而实现经济增长的道路显然是充满风险和隐患的。不过,巴西可以大力发展旅游业,他们在这方面的优势不必多言,而且旅游业确实是附加值比较高,而且可以提供更多质量不错的就业岗位。不过,在这么一个城市暴力犯罪问题如此严重的国家,高烈度的暴力犯罪肯定吓跑了不少潜在的旅游者甚至投资者,对其社会和经济的危害性是不可低估的。而暴力问题变得复杂就在于,西方社会多是在民主化之前就解决了合法暴力的国家垄断,所以西方经验基础上的民主实践并没有太多的暴力及其控制的问题考量。④广大发展中国家却都是匆匆实施民主化的,而暴力问题在民族主义等思潮影响下,在民主化之后变得猖獗。其在很大程度上是由于民主社会中价值、程序和制度等在多方面可能会限制合法暴力的国家垄断,新兴民主国家的精英操控也使得暴力问题更为严重,"新兴民主国家的政治联盟常常被民族主义集团的政策偏好所挟持,这些集团包括在既定的军事和贸易保护政策中有既得利益的集团。竞争性精英的民族主义措辞也会为这些政治联盟设下陷

---

① Marcos Mendes, *Inequality, democracy, and growth in Brazil: a country at the crossroads of economic development*, London; San Diego, CA: Elsevier Academic Press, 2014, p.69.

② "在卢拉政府暴露出来的所有丑闻中,所谓的'大月费'是唯一一桩真正威胁到政府和巴西政治稳定的腐败丑闻。"[巴]鲍里斯·福斯托、塞尔吉奥·福斯托:《巴西史》,郭存海译,东方出版中心2018年版,第337页。

③ Barry Ames, *The deadlock of democracy in Brazil*, Ann Arbor: University of Michigan Press, 2002, p.1, "一个正式的民主国家多年来面临着国家危机、政府浪费和腐败、养老金制度和社会服务不足、暴力和社会不平等……一些提案最终获得了批准,但长期拖延和实质性让步削弱了他们的影响。总统几乎无法避免为获得立法支持而付出高昂的代价,如政治恩惠和职位授予等。"

④ Teresa P.R. Caldeira, and James Holston, "Democracy and violence in Brazil," *Comparative studies in society and history*, Vol.41, No.4, Oct. 1999, p.725.

阱,争相叫嚣民族主义战争,以获取民众支持。联盟领袖也许缺乏加强约束这些政治势力的权力。"①

　　总而言之,我们通过巴西这一独特案例的研究,发现诺斯等人开辟的成功发展道路的理想性太强了,他们将政治与经济发展的序列简单归为:精英审时度势地开放(政治、经济、社会等自由)权利,而普通民众一旦掌握了自由权利就会将其充分地运用到良性的政治和经济竞争过程中,然后就此迸发出创新、创业、创造的活力,最终可以享受经济社会甚至政治领域同步发展的实惠。不过,在巴西这一可以代表拉美地区国家,甚至可以代表广大发展中国家的情况是:他们并没有走上诺斯等人指引的"阳关道",而是偏偏走向了"独木桥"甚至"悬崖险境":在自由市场经济和自由民主政治条件下展开的自由竞争,主要集中于政治领域,即试图通过各种正式或非正式的、合法或不合法的、温和或激进的途径和方法,争取从这些本来就不太富裕的国家去获得更多的、更直接的经济利益,即试图通过社会再分配方式获得更多的资源、权力和利益,而将社会经济发展的成本转由社会整体承担。至于通过经济领域的自由竞争,甚至"争先创优"等高精尖的创新、创业活动,则并非大家所关注的事情。②在这样一个过分依赖再分配和政治竞争的国家,经济社会的整体境况是不可能取得突破的,甚至难以维持长久的经济社会发展。

---

　　①　[美]杰克·斯奈德:《从投票到暴力:民主化和民族主义冲突》,吴强译,中央编译出版社 2017 年版,第 58 页。

　　②　在独裁、专制与威权政体下,很多拉美国家反而可能取得较好的经济发展,一方面他们可能因为长期的政治合法性隐患而选择不断推动经济发展而获得经济绩效合法性;另外一方面,他们也可以顺利地采取非民主的方式以获得"果断决策",从而克服完全民主体制下的民主合法性偏好而导致政治参与频率高、无法实现"果断决策"及其(在某些特定条件下)良好的经济效应取得的障碍。参见福山对此问题的阐释与总结:[美]弗朗西斯·福山:《落后之源——诠释拉美和美国的发展鸿沟》,刘伟译,中信出版社 2014 年版,第 206—208 页。

第六章

研究总结与研究检讨

本章将集中于对第二章到第五章的研究问题进行回顾,并且尽量能够将差异性极大的四大案例放到不同维度中进行进一步的对比、分析和总结。还将对这一研究的缺憾或者不足之处略加交代。

第一节　回应研究问题与研究案例的对比性分析

一、研究问题的贯彻与落实情况检讨

在我接触到诺斯等人的研究后,在叹为观止之余,也发现其精英主义色彩特别明显的瑕疵。精英主义色彩的研究,一般对人类社会发展历史采取"和谐"的分析视角。因为这与我们经常读到的文献的视角和观点大异其趣,这就引发我的兴趣,试图更为深入地对诺斯的这一分析视角与分析框架的内在缺陷实施学术批判。

不过,我发现这一工作实际上并非最为重要。因为在诺斯这样的经济史学家、温加斯特这样的政治经济学家、瓦利斯这样的宪则经济史学家笔下,我们呈现出典型的直线式现代化发展的样式。其实,在20世纪80年代,国内学术界已经对单一现代化路径实施了广泛的学术批判。[①]不过,诺斯等人又在21世纪初"挑起"类似的学术话题。他们甚至包括很多人在内,都还没有注意到其内在的缺憾和不足。在对他们的分析框架进行深入分析的基础上,通过多案例对比性的分析,试图对其进行严谨的学

---

① 　罗荣渠:《现代化新论:世界与中国的现代化进程》,商务印书馆2004年版,第56页,"西方社会科学流行的是一种单线的社会发展理论,即把现代化看成是传统农业社会向现代工业社会的单线演进过程。"

术批判。当然,这也并不意味着起初关注的问题就无须再受重视,即人类社会的政治经济发展到底是精英合谋的结果,还是社会运动甚至社会斗争的结果。不过,正如我们在案例分析过程中反复验证的那样,这些问题其实都是交织在一起的。

我们需要回应这样的问题:我们是否将绪论中的研究问题贯彻到整个研究过程中去了? 其实,我的研究设计和整个研究的展开,都服务于这一关键性研究问题。我们实际上就是要揭示出:人类社会的政治经济发展道路,并非如诺斯等人梳理和归纳的那样,只有西方一条。我们通过多案例分析对比的方式,或者类似型学的比较研究方法,比较充分地论证了人类社会在实施政治经济发展过程中,所遵循的发展路径显然不可能只有欧美一座"独木桥",而是存在着多条发展和实现路径,正如学术界普遍研究的多元现代化理论揭示的那样,"'多元现代性'作为一种研究范式有特殊的优越性"①。

与此同时,通过详细的多案例对比性分析,发现诺斯等人的研究给我们呈现出一个独特的研究现象。即本书所揭示的,诺斯等人抱有的单一发展路径背后,有单向度(经济学)发展思维或者单一现代性的支撑。这种单向度或者单一的现代性发展路径往往伴随着强烈的目的论与欧美单一经验的支持。为了能够充分论证这一问题,他们往往多会采取比较单调甚至错误的经济算计方式,而罔顾人类社会历史的复杂性,而这种复杂性又广泛地体现在人类社会在区域、国别、民族、历史发展阶段与发展境遇等诸多方面的多样化。我试图呈现的人类政治经济发展的"拓展性多元现代性"与诺斯等人抱有的"单向现代性"有着诸多重要区别,这些在表6.2中有所呈现,我们将以此作为全书研究的一个总归纳与总结,也算是为本书问题探讨的系统呈现。

二、通过比较案例分析对诺斯等人分析框架的批判

为了能够更好地对原先设定的研究问题进行深入的研究和反思,我设计了比较案例分析的研究路径。不过,无论是个案分析还是多案例比较分析,都应该服务于研究问题。多案例比较分析的问题,通常会表现为多案例之间"井水不犯河水"的尴尬,即对多案例的对比缺失。当然,我在研究过程中,总是试图多联系、对比不同案例的行动主体在不同境遇下的

---

① 方朝晖:《多元现代性研究及其意义》,《马克思主义与现实》2009年第5期。

表6.1 由多案例对比分析落实对诺斯等人的学术批判的工作检讨

批判维度①	（中世纪）西方城市	东亚模式	美国内战期间	拉美—巴西
严重美化西方发展道路	对中世纪以来的西方城市秩序进行批判,揭示城市公社自治的开创性意义及其历史局限性	呈现东亚模式的成功之处,以此挑战西方道路之"完美"的单一发展道路的话语霸权	美国内战就是西方发展道路的非常惨重的挫折,无论其客观意义多大,都难以磨灭其灾难性	巴西为代表的拉美国家甚至发展中国家,在不同程度上走的是西方自由民主发展道路,但问题较多,不少领域的前景堪忧
权利开放秩序生成时间起点上的偏差	公元1000年开始的欧洲城市复兴运动实际上已经在很大程度上呈现出权利开放秩序的样式,12世纪中后叶的城市公社兴起的意义重大	未涉及该问题	美国已经于19世纪20、30年代实现了权利开放秩序。不过,其却在19世纪60年代爆发了惨烈的内战,社会政治秩序全面崩塌	未涉及问题
经济与政治发展动力归纳的错误	通过城市公社与领主之间的斗争和斗争而完整呈现,中世纪欧洲城市权利实现的斗争过程提供了历史发展的重要动力	内部也有不少抗争与斗争,相对而言,不太明显。特别是1960年代美日安保条约《签署》之后,池田勇人推出"国民收入倍增计划",推动日本从"政治季节"向"经济季节"的转型	美国的权利开放秩序的实现虽然相对顺利,但是依然经历了伤亡惨重的内战	斗争不断,成效有限,社会不平等及其引发和强化的诸多社会政治问题严重制约经济社会发展
权利开放秩序的建立并非一劳永逸之事	中世纪欧洲城市于14世纪的巅峰开始衰落,由此证明权利开放秩序内部的脆弱性。城市之间和城市内部的"自由竞争"使得城市公社自治最终被人(家族)精英寡头统治	未涉及该问题	美国早已建立起权利开放秩序,但是却在30多年后迎来内战,南方邦联直接取消政党和政党政治,权利开放秩序难辞其咎	巴西已经在20世纪80年代逐步实现成功的的"再民主化",不过其社会与经济发展依然任重而道远,社会不平等、暴力犯罪,政治依附型福利依赖等现象严重

① 这些不同的批判维度的具体内容来自本第一章。

（续表）

批判维度	（中世纪）西方城市	东亚模式	美国内战期间	拉美—巴西
从权利制度性扩张到体制转付之阙如 如研究	可以比较清晰地展示这一复杂而艰难的过程，不过并非民族国家范畴的	有所涉及，但是相对而言实现的程度并非等同于诺斯等人的分析框架	案例分析更为集中于集权力竞争的协调性机制及其失灵，可以有力实现对诺斯等人欠缺之处的分析	明显可以呈现这一重要问题，巴西民众享有广泛的消极权利，但是依然难以实现政权性质的巨变
暴力为何难以被完全控制	城市治安相对向好，但是城市底层民众权益难以得到保障，社会分层之间、城市精英势力之间以及其各封建势力之间暴力斗争不断	控制得相对比较好，良好的教育与文化以及历史基础，社会秩序相对稳定和稳固	内战是美国历史上最大的暴力事件，内战后暴力程度化，但是南方的暴力犯罪问题依然严重，种族冲突与社会问题是其重要案与社会问题是其重要根源	社会不平等，社会分化以及相互之间的对抗，包括城市犯罪和毒品交易等暴力蔓延的重要原因
背后隐藏的社会控制机制	良好地呈现出来，尤其是城市门阀、望族与富商巨贾对城市政权的实际操控和把握。领主让渡权利却保持对城市的影响力，亦是社会控制的一个重要维度	以国家为主要的协调者甚至集权作的良好的社会控制，尤其是对大量资源的控制以及政策的控制，只是效果相对比较好，所以少有人关注而已。民主化后逐步转向法治控制	社会控制更为隐蔽，主要是通过法律控制的方式实现对社会的控制，而其所谓的权利开放也有强烈的社会控制的一面，例如白人男性普选权的迅速实施主要是种族控制的需要而被推动的	完全具有各种社会控制机制，而且还有很多隐藏甚至深层次的控制机制，即以各社会阶层的社会再分配竞争，掩盖了富人和统治者的经济剥削和政治压迫本质
法治建设比权利开放来得更为重要和紧迫	初步建立起法治，但是平等和公民权利保护不足，导致社会问题不断冲击法治和治体制	如上所述，逐步实现了传统政治控制到法治控制的转变	一直有比较好的法治传统，但是内战使其崩塌，经历内战后法治建设成效不错，但南方"自由人"的社会境遇很差，并继续深受白人歧视，剥削甚至毒害	巴西最缺乏实质性的法治建设，其法治相关的各方面进展比较有限

不同或者相似的应对策略和行为等。不过,这显然还是不够的。与此同时,多案例比较分析的难点还在于,我们难以将多案例的情况放到相似的情境下,就某一维度的问题或者议题进行充实的对比与分析。这样的工作,在具体实施个别案例的实际分析过程中,会显得更艰难,因为这可能会扰乱个案分析的"节奏",甚至影响其分析的流畅性。所以,一般会选择在研究的最后实施更为充实的多案例对比性分析,只是在案例分析过程中,需要视情况适宜地实施细节的对比。

当然,在此也无心对四大案例再进行一次细节化的呈现和对比分析。我们对诺斯等人分析框架的批判不能"逞口舌之快",需要将这种批判"进行到底",即将其渗透到整个案例分析过程中。因为我们的案例分析或者整个研究实际上都应该服务于全书的研究目的和研究问题的需要。本书的主要研究目的是对诺斯等人的分析框架实施学术批判和新的发展模式的构想。我们将检讨是否成功地将这种批判和构想贯彻到具体案例的对比性分析中。为了能够更直观地呈现案例对比性分析在学术批判中的作用,我们以表格的形式予以展示(见表 6.1)。

第二节　研究成效与研究检讨

上一节初步回应了序言中提出的研究问题,同时回应了序言中针对诺斯等人所做的学术批判在多案例的对比性分析中是否呈现。通过表 6.1,我们应该可以更加清晰地呈现我们基于诺斯等人的研究所做的学术批判和构建的工作,而通过各大案例在不同的批判维度上的"功效",我们也能够将各大案例集在相对比较具体和清晰的维度上实施对比性的分析,从而强化我们多案例分析研究的初步成效。本节将回顾和回应序言中相关研究文献综述的内容,并且由此相对简练地提炼本书的一些研究发现或者研究成效。最后,对我们的研究的不足和缺憾之处予以归纳和检讨。

一、相关研究检讨:复杂因素与机制的归纳

我们在序言中对学术界有关国别经济发展的重要影响因素进行了分门别类的分析、对比和研究,实际上是对诺斯等人长期的学术研究问题的扩展性的研究综述。那么,我们实施如此相对大量学术归纳性工作的意义何在?我们在序言中已经有所交代和总结,即从中能够尽量"析出"重

要的学术发现,例如,我们在相关研究评价部分将其归结为四个方面的发现:一是融通各大影响因素的关键机制:竞争机制;二是单因素解释还是多因素综合解释;三是寻找成功的解释逻辑;四是识时务者为俊杰:"精明"的诺斯。行文至此,可以更好地回应这几个方面的发现,例如第二个"发现"其实是老生常谈,不过我是通过相对比较多的相关研究文献的梳理工作而得出这一结论的,更多针对诺斯数十年的学术研究与学术成果。诺斯是在"产权制度"理论基础上,不断加入新的解释性因素,进而能够比较好地解释经济发展差异问题。这也是第四个方面要呈现的主要意思。不过,第三个方面实际上是笔者的一点研究感悟,还需要今后进一步的学术工作予以提炼和验证。

由此就可理解,无论是归纳诺斯等人的学术研究成果,还是要对其实施严格的学术批判,都绕不开"竞争机制"这一重要发现。因为,诺斯等人确实发现了人类社会的政治经济发展的重要推动性因素。不过,这也非诺斯等人的独特发现。虽然其产权保护制度以及由此带来的经济发展激励是促进经济发展的关键机制,但是所谓的竞争机制的发现主要应当归功于熊彼特的"创造性破坏"这一概念的阐发。①诺斯等人在此犯了一个严重的学术错误,就是想轻易地将其运用到政治场域,并认为各类公民权利的开放,由此导致的政治竞争和经济竞争将会相得益彰,并同步推进社会的整体发展,特别是经济发展。这是我着重批判他们的分析框架的地方。他们虽然也注意到在前现代社会、现代化过程中的国家,暴力问题非常重要,但是他们只是简单地将暴力排除出关注的视野,并且以暴力控制取代暴力分析。正如我所归纳的,这只是他们的"小技巧",因为竞争之中蕴含着暴力的因子,而暴力是竞争的极端表现。而作为经济(史)学家的诺斯等人则将竞争一分为二,有利的、良性的竞争就是他们所谓的开放权利秩序中的竞争,不利的、恶性的竞争就都属于暴力范畴。而在有效控制暴力前提下,通过权利竞争就会实现良好的社会秩序和经济社会发展。

---

①　"是新商品、新技术、新供应来源、新组织形式(如巨大规模的控制机构)的竞争,也就是占有成本上或质量上决定性优势的竞争,这种竞争打击的不是现有企业的利润边际和产量,而是它们的基础和它们的生命。这种竞争比其他竞争有大得多的效率,犹如炮轰和徒手攻击的比较,这种竞争是如此重要,以致在寻常意义上它的作用发挥得快还是慢,变得比较无关紧要了;可是从长期观点看,扩大产量和降低成本的有力杠杆无论如何是用其他材料制成的。"[美]约瑟夫·熊彼特:《资本主义、社会主义与民主》,吴良健译,商务印书馆1999年版,第149页。

表 6.2 社会经济发展的复杂影响因素及其作用机制

对比项目	诺斯的单一现代性思维	拓展性多元现代性思维	具体解释
暴力	最无一用是暴力,应当完全排除所有形式的暴力	暴力具有一定的社会政治意义,客观的效果不能被轻易低估	作为合理诉求、社会抗争手段的暴力形式,也可以是一种交流互动的方式;有可能会推动社会革新,从更广泛意义上缓和社会矛盾和社会冲突;不少暴力、战争在客观上具有重要的历史性作用,例如伤亡惨重的美国内战的客观历史意义重大
权利	自由参与市场经济、参与民主政治的权利应当尽可能开放,因为其可以激发社会竞争活力	权利的形式与权利的实质可能会高度分割、分离和分裂,诺斯等人严重忽视权利实现的社会基础	法治意义上的人身自由权利最为关键,应当切实保障;民主的自由选举权利、自由参与市场竞争的权利,在很多时候来得比较虚假,因为将要面临复杂的社会情境和社会结构性限制与约束,例如经济社会不平等
竞争	竞争都是良性的,因为竞争可以起到激发社会活力的作用,能够带动很多相关的经济和政治运作机制,进而带来良好的效果	恶性竞争具有广泛、深远社会效应,对社会弱势群体与竞争失利的保护机制是否建立其实才至为关键,否则将影响权利实现,导致暴力泛滥,从而严重影响社会秩序	理论上如此,实际上的竞争可能是非常残酷的,恶性竞争更是极为可怕;西方社会也主要是在二战后建立起福利国家体系,才能够抵制无序市场竞争带来的诸多负面效应。表面上,巴西为代表的拉美国家的社会底层民众通过激烈的政治竞争获得些许"福利救助",其背后却广泛遭受"非正式"部门就业而深受有产者的深重剥削,以及特权的无尽欺凌
秩序	稳定的社会秩序主要就是指排除了社会暴力,获得了社会稳定的竞争性自由秩序	谁的秩序?对谁有利的秩序?可能是有多少社会分层,就有多少"合理"伸张的社会秩序	稳定的秩序是社会经济发展的必要前提条件,但是建立起稳定秩序并不能保证社会经济的发展。稳定的秩序并非自然趋向有序竞争和活力,很多时候可能会意味着利益固化、资源垄断与竞争受限,并形成强大的既得利益集团,以至于影响长期经济发展和社会进步。奥尔森的"食利集团"理论恰好比较恰当地揭示这一过程

由此,这就成为我们四大案例分析的主要的、集中的批判对象。当然,这一研究路径也是建立在复杂的研究综述基础上才得以逐步实施和阐发。我们可以很好地将研究综述工作与实际的研究工作实现紧密的关联,而非将其作为一个必要"任务"来对待。与此同时,我们又通过研究综述而揭示出几个重要的学术发现,并将其运用到实际的工作中去。我们也可以在此将这些关键性的因素或者作用机制,运用到实际的案例分析过程中。甚至可以明确,四大对比性案例的主要研究工作并非简单地介绍他们具体的史实和政治过程,指导实施案例分析的实际上就是这几个关键的影响因素以及其相互之间的复杂关系。这些重要的议题和初步的研究发现和命题,决定了选择什么样的比较案例进行深度的分析。最后,对几大因素和机制进行进一步的区分、对比和解释,以更加完整和充实地呈现我们的研究与思考。在一定程度上,也可以作为实施这一任务繁重的研究工作之后的些许收获,或者也可以称为研究发现或者研究结论。

二、研究缺憾与检讨

通过本书的繁重分析与研究工作,我确实感觉到自身实力不济的困难。因为,这一研究课题确实是要对诺斯等人的扎实的研究成果进行严谨和严肃的学术批判。而诺斯是鼎鼎有名的,并且是享誉全球的政治经济学分析大家,而且这项成果又是多人合作的结果,他们后来也组织了更多的研究者针对各国,特别是发展中国家的情况予以框架的运用性分析。①所以,这一研究的工作量超出我的想象。更为艰难的在于,我们随便翻开诺斯等人的相关著作,就可以发现其很多的瑕疵甚至错误。不过问题在于,当我们一旦着手对其实施系统性批判的时候,研究工作的难度系数就陡增了。我在脑海中几乎每天都闪过"挂一漏万"这个词,这对诺斯等人的学术认识是如此,对我的研究更是如此。

我认为本书最大缺憾在于,只能选择相对比较有限的分析案例,而不能照顾到更多国家和地区的政治经济发展情况。例如,我反复问自己,中世纪涌现出四五千个欧洲市镇,到底要不要做细化分类? 还是简单地通观即可? 我们是否受到现有文献,尤其是中文文献和英文文献的局限性

---

① Douglass C. North, et al., eds., *In the shadow of violence: Politics, economics, and the problems of development*, Cambridge: Cambridge University Press, 2013.

的限制？东亚模式如何界分，是否会影响到其与欧美发展模式的对比？选择巴西作为拉美地区的代表性案例是否可行？我们到底出于什么样的理由要选择以美国内战作为美国案例研究的对象？即使我们选择一个具体的案例，到底具体分析哪一时间段的什么具体问题，都是非常艰难的学术选择。概况性的研究或许可以缓解这一困境，但又是以个案可以实施精致化研究为代价的，当前我们学术研究的一个重要趋向就是更细致甚至更琐碎，而概况性的研究只能是一个初步的尝试，不能替代更为精细的研究。所以，我在处理这个问题的时候经常性地反思，我们到底应该如何把握统揽全局与精细深入这一对研究路径选择的矛盾。

另外一个重要的问题就是，我的研究课题是要批判诺斯等人有关权利开放秩序理论，但是这一理论在他的整个学术生涯中到底处于什么样的位置？当我承接这一研究任务的时候，诺斯还健在。所以，我一直担心对于健在的学者，我们的很多分析和结论可能需要更谨慎的处理。不过，即使诺斯的大脑现在已经停止运作，但是我们应该如何处置诺斯的这一理论创新与之前的理论研究与发现之间的关系？虽然我花了很大的力气去接触、学习和分析诺斯的诸多理论研究成果，但是总是生怕发生挂一漏万、以偏概全的错误。而且，这一研究的框架可能是由诺斯所构想的，但是其中的具体内容，另外两位研究者应该是作出了很多甚至很大的贡献，我们究竟应当如何更为广泛而深入地"进入"他们研究的思维世界和知识结构？

总而言之，当我以一个个疑问句，甚至反问句来质疑诺斯研究中的诸多问题的时候，确实是非常痛快之事。但是，当我通过复杂的、多样化的多案例的对比性研究，不断摸索前行的时候，深刻感受到这一批判性研究工作的艰难性。可以聊以自我安慰之处在于，这一研究也算是我进入诺斯等人的学术研究世界的"敲门砖"，或许如此重要的研究议题需要笔者十数年甚至数十年的时间和精力不断地跟踪和深入地实施长久研究，因为这是一个涉及暴力、权利、竞争、秩序和发展等诸多政治经济研究问题的复杂议题。

附　录

简评诺斯的几本代表作^①

《西方世界的兴起》:以新制度经济学最新成果解释西方何以兴起的初步尝试

一、阅读基础与阅读缘由

几年前曾经读过这本书,原因是当时对西方世界的崛起问题特别感兴趣。因为这是一个非常迷人的问题,而且也是一个涉及政治、经济、军事、技术等多方面因素的大问题,类同于解答罗马帝国的兴衰等人类社会发展的宏观问题。关于西方世界的崛起这一话题其实是一个区域整体崛起的问题,而非简单的国家的兴衰。其中蕴含着不同国家交替兴衰的次级问题。这几年陆陆续续地给学生开设"欧洲文明"的通识课,也经常会讲到这个问题。不过,还是感觉到自己的很多认知拼凑性质比较强,牵强附会之处颇多,或者还不是很系统。但是,这确实是一个令我思考、阅读了多年的问题,读过的相关文献也不少。我还顺利地拿到了国家社会科学基金的项目资助。在美国访学一年期间,也算是有时间有精力系统地学习诺斯的系列专著。

二、研究的时间、空间与主线条

诺斯和托马斯的这本《西方世界的兴起》篇幅非常小,针对这么一个大问题,显然不可能用一本薄薄的专著就能够说明白,因为这里涉及的问

---

① 为了能够更好地进入诺斯的思想世界,我仔细品读了他的多部代表作。这里选取的三篇书评的内容与本书关系密切,故在此以附录的形式附在正文之后。本书理应对诺斯的思想进行梳理,不过由于第一章内容已经有所涉及,另外安排章节又怕篇幅过大或者干扰正常的论证过程,故以附录书评的方式呈现。

题太大,太多。从严格意义上说,这本书并非系统的"新经济史"的解释或者研究,更大程度上是一本研究纲要,或者说是作者诸多尝试中的一个小小的成果。这肯定需要诸多的研究支撑,诺斯多年扎根于西方经济学的理论与历史研究,其学术积累还是非常不错的,例如他此前对美国经济史做了长时间深入的研究,有好几本专著出版。①

在如此小容量的专著中系统地阐述自己的研究发现或者突出其研究成果,还是蛮艰难的事情。诺斯最起码从以下两个方面进行了努力,一是对所谓的西方世界的兴起做了时空上的限制,时间上限定为公元 1000 年之后,到公元 17 世纪为止,时间的起点几乎没有什么争议,因为关于欧洲的近代复苏的观点主要将时间起点落在公元 1000 年,比利时中世纪研究专家皮雷纳的《中世纪的城市》一书中有比较明确分析。②但是,其所研究在 17 世纪为止,肯定是充满争议的。不过,作者在全书最后才明确提出,"产业革命不是现代经济增长的原因。它是提高发展新技术和将它应用于生产过程的私人收益率的结果。"③实际上,诺斯将工业革命的主要表现形式——产业革命的发生,当作经济增长的结果,而非原因,这个也是可以理解的。那么,其结论应该就是,在产业革命发生之前,西方就已经具备了"发生"产业革命的条件,产业革命并非偶然,甚至应该是"万事俱备只欠东风"之事。那么到底是哪些国家,首先具备了这些条件? 显然是英国莫属。实际上,诺斯将西方世界的兴起最终定位于英国,并且将其作为产业革命的(在特定时空内)唯一酝酿者,当然也是第一次工业革命的唯一的成功者。

但是,这里面显然存在着这样一个疑问,那就是 17 世纪的英国和别的西欧国家的重要区别到底是否存在? 到底哪些是关键性的区别? 这当然可以直接引入作者的所谓"产权(保护)制度"作为区分两者的主要因素,而作者这本书的主要创新之处在于,想力图突破简单的、以产权制度

---

① 参加下一篇书评:Douglass Cecil North, *Growth and welfare in the American past*, Englewood Cliffs, N. J.: Prentice-Hall, 1966. [美]兰斯·E.戴维斯、道格拉斯·C.诺思:《制度变迁与美国经济增长》,张志华译,上海人民出版社 2019 年版。

② [比利时]亨利·皮雷纳:《中世纪的城市》,陈国樑译,商务印书馆 2006 年版,第 53 页,"自 11 世纪起,商业进入复兴时期。"

③ [美]道格拉斯·诺思、罗伯斯·托马斯:《西方世界的兴起》,厉以平、蔡磊译,华夏出版社 1999 年版,第 193 页。

作为关键性的区分因素。因为产权制度虽然是重要的关键的区分因素，但是并非终结性的解释变量，很可能只是一个中间变量而已。也就是说，我们还需要进一步反问：到底是什么样的因素或者因素组合的差别，导致有些地方发展出了产权保护制度，而在很多地方并没有发展出来？作者在这里引入的是政府或者其他公共权力组织的制度安排方面的差别。也就是说，产权制度只是一个国家的政治经济制度的一个产物而已。产权制度对一个国家的市场经济的建立健全，经济增长本身，当然是有益的。但是，其本身并非"独立于"政治经济系统而可以"独善其身"。所以，在这本书中，诺斯已经比较明确地提出了比较成熟的"政治经济学"的理论解释，即比较深入地参透了经济学，或者经济增长的"奥秘"，以至于他在《经济史上的结构与变迁》一书中系统地提出产权制度、国家组织和意识形态三种解释变量，以解释人类数千年的经济增长。

三、该书的几个研究特色

（一）将新制度主义研究的最新理论运用于经济史学研究

诺斯和托马斯合作的这本小册子确实是比较精湛的研究，因为面对这五六百年的经济史，创新之处只能是理论解释，而且也不可能事无巨细地解释所有的经济增长问题，而只能专注于几个比较重要的经济增长环节，以克服以往研究的不足。作者开篇就讲得很清楚，这本书显然不可能是事无巨细的系统研究，创新之处是将新经济史的一些理论解释，运用到经济史的研究中去。实际上就是将他们自己的研究成果进一步拓展到经济史研究。

诺斯等人的研究成果，主要是他们的学术贡献，他们的学术贡献显然又都建立在前人的研究基础上，甚至是有针对性的"指向"的。诺斯等人推动的新制度主义经济学的研究显然是针对古典经济学的。古典经济学对市场经济机制的解释的薄弱环节显然是：他们总是默认，人们总是在无"交易"成本的市场实现交易行为的，即所有的经济学问题，所有的经济解释都是模型化的，没有现实的场景和现实的讨价还价的过程。而所谓的供求关系也是自然达成的，自然波动的，不需要人为干预的。对照经济生活的现实，我们就会发现，这样的经济学模式或者经济学解释显然是天真的。科斯提出的，诺斯等人将其广泛运用的"交易成本"概念，一下子就吸引了诸多研究者的关注和讨论，因为这一概念更具现实性和操作性。这里的交易成本显然包括搜寻成本、信息成本、运输成本、讨价还价成本、合同履行成本等。①诺斯在这本书中，充分地将其运用于经济史的解释，即将商品经济的发展直接视为如何降低这几种成本的实践。如果一个国家在经济增长过程中，能够比较顺利地降低交易成本，那么就能够实现国民经济增长的目的。

（二）跨越马尔萨斯陷阱：实现人口增长的同时，实现产业转移与市场机制和制度创新

诺斯的这一研究就显然有了着力点，就是主要看西方世界在不同时期内，有哪些区域成功地突破原有自然经济的局限，不断地进行制度创新，进而实现现代商品经济的发展。当诺斯等人运用这些理论的时候，十分注重产业结构的关系、生产要素的变化与关系等。例如，他大篇幅讨论的其实就是三大生产要素的变化：劳动力、资本和土地，尤其重视讨论劳动力和土地。例如，在长期经济增长的解释中，诺斯等人尤其注重人口增长这一因素的解释性。在传统社会，由于人类生产能力的局限，人类始终没有能够摆脱马尔萨斯陷阱的困扰，直到荷兰的商品经济的发展，以至于实现大幅度提高生产效率方跨越了这一困境。所以，诺斯将其归为"人类第一个摆脱马尔萨斯陷阱的地方"。

实际上，人类社会一直在跟自己作斗争，即如何缓减或者解决人口增长的问题。在传统社会，在土地和资本等生产要素变动有限、制度和组织相对恒定的情况下，经济增长往往是"粗放型"的，即难以实现以大幅度提升生产效率为标志的"集约式"经济增长。简单讲就是，传统社会的经济增长只能以人口增长、资源开发等为主要形式。到了16、17世纪，那些实现了经济增长的区域或者现代国家都在近期实现了快速的人口增长（主要是针对14、15世纪的黑死病等疾病、饥荒和战争的破坏）。而人口的增长必然导致劳动力价值的降低，而农业生产效率低下、土地价值的上升等一系列问题也相伴而生。这实际上又会慢慢导向进一步的"封建化"冲动。②

---

① 交易成本的概念关涉人们比较普遍地接受有限理性假设，详细参见[德]斯蒂芬·沃依格特：《制度经济学》，史世伟、黄莎莉、刘斌、钟诚译，中国社会科学出版社2016年版，第6页。而沃依格特还比较详细地探讨了"政治交易成本"对于经济增长的重要性，同上书，第127页。

② 黑死病打击下的东西欧洲开始走上不同的发展道路，西部欧洲逐步走上"去封建化"的发展道路，而东部欧洲则走上"再封建化"的道路。"当东部仍在经历奴役制发展的整个历史周期时，西方却正在摆脱它。"[英]佩里·安德森：《从古代到封建主义的过渡》，郭方、刘健译，上海人民出版社2001年版，第284页。

我们中国依然面临这样的问题,即如何转移农业剩余劳动力,如果不转移,显然会进一步降低农业生产效率。

不过,传统社会的农业剩余人口将向何处转移? 在该书中,诺斯等人用大篇幅文字分析 13 世纪的欧洲"边疆运动",这非常类似于 1500 年后的殖民运动,欧洲也以此实现了剩余劳动力的大转移。应该如何实现在一个社会内部的劳动力转移和增值? 比较适宜的方式显然是向手工业和制造业转移。但是,一般而言,这种转移的力度和幅度都会比较有限,因为制造业的产品必然需要在商品化社会逐步取代传统自然经济之后,才有可能。也就是说,如果没有相应的消费市场支撑,西方社会是难以进一步发展其手工业和制造业的。那么如何实现这一困境的突破?

作者抓住的关键因素显然就是商贸经济。商贸经济的顺利实现是解答西方世界兴起的关键因素(其中包含产权制度、国家保护、交易成本降低等一系列的因素解释),商贸经济的成功显然实现了"规模经济效应",即可以大幅度地降低交易成本,从而又可以推动进一步的市场化、制度创新、经济增长、社会增益。而商贸经济在一定程度上显然又推动了农业、制造业的专业化蓬勃发展,进而使得越来越多的人可以参与商品经济发展,以不断提升集约化经济发展水平。而且,发达的商贸经济显然也会推动欧洲各地生产的专门化,并且刺激各地多样化的消费需求。由此,诺斯等人逐次揭开了中世纪以来欧洲经济增长的"面纱"。

(三)产权制度与国家制度——复杂的"遗产"

诺斯这本书的前几章显得比较沉闷,因为都是理论分析,而有关欧洲的历史发展的研究,即公元 1000 年开始的欧洲的复苏,显然也是非常缓慢的。当时欧洲各国为了摆脱马尔萨斯陷阱而实施的多次努力,都以失败告终。与此同时,最为关键的因素在于,当时的国家的分界并非明显,因为当时都是区域性的概念,没有民族国家的概念,与即所谓的"有边陲而无边界"。当然,作为经济史学的研究,诺斯大胆地引入了国家(政府)作为解释性的变量,对于当时的经济史学,显然可能会显得有点"离经叛道"。但是,这也正是其重大的理论创新之处,作者在结余部分点出了这一点,即其研究是区别于古典经济学的经济增长解释的。因为,古典经济学的解释显然排除了现代国家的作用。在古典经济学的分析框架中,现代国家的作用多是消极的,即其只是最基本的公共产品提供者。

而新制度经济学研究的一个贡献就在于,他们将市场经济体制纳入国家制度范畴。诺斯在此又将产权制度纳入国家供给范畴,即有效的产权保护是政府的规定或者行动的结果,产权制度并非原动力的、根本的解释变量。在这一点上,诺斯的影响可能是双重的,因为诺斯对产权制度的强调,实际上是强调了西方的制度性优势,而这种制度性优势可能还是别的发展中国家一时间难以弥补的。因为技术革新确实可能通过"后发优势"而得以"补足",即后发国家可以通过各种方法实现技术的赶超,这是格申克龙在《经济落后的历史透析》一书中阐释的"后发优势的"一个重要方面。①

制度创新是需要时间积淀的,而且制度创新必然需要产权制度和相应的社会观念的整体转变为前提,才能够慢慢地实现。与此同时,由于诺斯对国家(政府组织)作用的强调,实际上又符合了近来的国家主义研究范畴的口味。很多持有国家主义的统治者,纷纷将自己作为重要的制度建设者,从而直接或者间接地有利于新兴国家的政府合法性的巩固。但是,诺斯关于国家的作用实际上形成了所谓的"国家悖论"〔甚至直接成为"诺斯悖论"(North' Paradox)〕。例如,法国和西班牙的王权是非常强大的,但是如此强大的王权却发展不出适应时代发展需要的市场经济体制来。诺斯面对国家的态度是复杂的。实际上,他们没有看到的就是,所谓的国家作用的双重性。这是近代政治学研究的核心命题,即我们肯定是需要国家的,但是问题的关键在于,我们需要什么样的国家(或者准确说是什么样的政府)。

(四)诺斯采用了简单的比较案例分析的研究方法

这是该书写作的一大特色,当然也是其研究特色的一个重要组成部分。因为从 14 世纪开始,西方世界的民族国家就逐步兴起,并且也发展成为重要的时代特征。诺斯等人的研究,对近代民族国家的兴起花了不少的笔墨,这其实也是西方历史研究的重要特色。因为传统的国别的区别中最关键的显然是英伦三岛与欧洲大陆之间的界分。国内学术界引入的文献多是英文,而这些文献多有褒扬荷兰、英美,而贬低德国、法国、西班牙等传统。例如,韦伯关于新教伦理与资本主义起源的研究,实际上在法国就不太受欢迎,因为法国和西班牙是典型的天主教国家。韦伯是德

---

① "落后国家在其工业化的较早时点上,往往倾向于集中促进那些在近期技术进步特别快的产业活动领域的发展。"〔美〕亚历山大·格申克龙:《经济落后的历史透视》,张凤林译,商务印书馆 2009 年版,第 13 页。

国人,但其家族与英国的关系密切①,而且英国和德国都属于新教教区,所以韦伯的新教伦理与资本主义发展这一理论学说广为英美学术界所宣扬。

诺斯的研究实际上分出了两组案例进行对比性分析:一组是意大利(隐形的)、荷兰;一组是法国、西班牙。意大利是一个更为复杂的案例,荷兰的很多技术革新和制度创新实际上在意大利早就具有,但是意大利没有实现长期的经济增长,因为其国家统一等政治问题一直没有得到很好的解决。即意大利和德国的国家统一还是遥不可及的事情,所以其在很大程度上也不符合强调政府组织作用的学术研究需要。作者认为法国的主要问题在于,王权过于强大、税制体系不合理、小农经济比重过高等都在很大程度上限制了经济增长,而王权"竭泽而渔"则显然是经济增长的一个重要阻碍因素。西班牙的发展是迅速的,但是其衰弱也十分迅速。而西班牙的王室收入主要依靠三类来源:附属国的朝贡、新大陆财富、羊人团的税赋。也就是说,西班牙的财政收入基于外来财富收入。我们时常感叹的是,为何"富裕"的西班牙最终没有能够维持? 它的财富去哪里了? 王室的挥霍是一个方面,不断拓展附属国和殖民地的军事开支也是其重要的支出。②在这里面,我们隐约可以看到罗马帝国衰亡的原因解释。一个庞大帝国的衰弱是非常迅速的,罗马帝国也是由于无度扩张的停滞而导致其最后的覆灭。他们为何停滞扩张? 因为帝国维持的成本要远远高于帝国扩展的成本。"当军事优势相对降低的时候,帝国控制的管理成本却在不断增加……"③诺斯等人解释荷兰成功的原因时,将其主要可以归纳为依靠商业精神和制度创新,并且由此同时实现了第三产业向第二产业、第一产业的技术反哺。诺斯等人又是如何解释英国的兴起的? 他们认为,英国的兴起主要依赖政治优势、技术的引入和地缘政治等因素。诺斯特别强调了技术革新的作用,在这本书中他也隐晦地指出,英国

---

① 京特·罗特:《准英国人韦伯:亲英情感与家族史》,载[美]哈特穆特·莱曼等主编:《韦伯的新教伦理:由来、根据和背景》,阎克文译,辽宁教育出版社 2001 年版。

② "哈布斯堡王朝造成西班牙没落的一个关键因素是,其耗尽西班牙的财富和美洲的金银,力图扼杀随处可见的新教异端思想,最终却徒劳一场。"[美]霍华德·J.威亚尔达:《拉丁美洲的精神——文化与政治传统》,郭存海、邓与评、叶健辉译,浙江大学出版社 2019 年版,第 93 页。

③ Douglass C. North, *Structure and change in economic history*, New York: Norton, 1981, p.122.

大量引入了荷兰的技术,甚至直接引入大量的"技术人才"以突破自己的技术瓶颈。制度的创新主要是以技术专利权为代表的知识产权制度的建立和扩展而得以实现的。当然,诺斯后来还对英国宪则革命推动的现代财政制度革新做了系统的研究。①

四、小结

诺斯的这本小书的研究,是比较成功的。因为研究大量地吸收和消化了制度经济学的最新研究成果,同时也在经济增长历史中展现了不同生产要素变动、技术革新、制度创新、政府组织保障一系列问题。诺斯的主要论辩对象是古典经济学,而新古典经济学关于经济增长的解释主要集中在技术革新、规模经济等方面。新古典经济学肯定是有道理的,在诺斯的研究中也涉及大量的技术革新和规模经济的解释。但是,诺斯反对技术至上论,因为对于他而言,技术革新本身并非经济增长的决定性因素。技术革新具有随机性,在前现代社会更是如此。但是,有些地方的技术革新更为频繁,而且这些地方的技术革新的推广运用和成功的几率更高,这是为什么呢? 在诺斯等人看来,这显然是技术革新背后的(知识)产权制度的保护政策的差异所导致的。就此,才可实现诺斯等人所谓的个人收益与社会收益无限接近的情况,从而使得技术革新的大规模运用成为可能。其实,在历史述说中,我们也已经看到这样的表述,即产业革命早期的很多技术,例如蒸汽机等其实早就已经存在了,其实并非瓦特"发明了"蒸汽机,而是瓦特"改进"了原有的蒸汽机技术。也就是说,这也可以作为马克思主义所谓的"社会需要"推动了技术革新的典型情况,"社会一旦有技术上的需要,这种需要就会比十所大学更能把科学推向前进。"②技术革新,尤其是技术推广,是社会需要和制度创新的产物。就此,诺斯完成了他的研究的基本任务,但是显然是远远不够的,他们在后来的系列研究中不断充实和扩展早期的研究,对经济史的研究逐步扩展开来。

---

① Douglass C. North, and Barry R. Weingast, "Constitutions and commitment: the evolution of institutions governing public choice in seventeenth-century England," *The journal of economic history*, Vol.49, No.4, Dec. 1989.

② [德]弗·恩格斯:《恩格斯致瓦尔特·博尔吉乌斯》,载《马克思恩格斯文集》第 10 卷,中央编译局译,人民出版社 2009 年版,第 668 页。

《美国过去的增长与福利》:努力排除竞争性解释与因需取材的美国经济史研究

一、诺斯等人对西方经济史的研究及其贡献:放到特定的背景下理解

诺斯关于制度和制度变迁的研究的成就很大,但是他早年的研究却主要集中在新经济史研究领域。也就是说,他的研究工作主要是在实证研究方面,或者说案例研究方面(历史性)的研究。[①]其实,我们应该感到好奇的是,人类经历了两三百年的普遍经济发展,几乎可以说是发生了革命性的变化。昨天看到一横幅上写着:"四分之一个世纪之前,美国家庭很少有能够连接互联网的家庭电脑。"回头一想确实如此,这句话也适用于十几年前的中国。而今,中国的普遍的数字鸿沟到底是缩小还是扩大?我觉得很多基础层面可能是在缩小。这个时代变化得太快了,快得甚至让我们来不及记录、保存、分析与研究这么快速的发展变化过程,而工业革命时代的经济学家、历史学家,对此估计也差不多。诺斯多次讲到,身处工业革命时代的很多顶尖的经济学家,对其时代的变迁好像也并不是那么敏感。

对西方经济史的研究,我估计差不多也停留在这个层面。也就是说,我们在很大程度上,只是在记录和简单分析西方经济增长的过程,利用一些收集到的数据(还是有很多缺失数据)来展现这个过程。而对其展开的研究,特别是解释性的研究,可能还是比较欠缺的。很多相关的研究是描述性的,而对(经济)史学而言,则可能更是如此。对于理论经济学家来说,所谓的经济史也只是其取之不尽用之不竭的"资料库",可能并没有人能够认认真真、踏踏实实地做经济史学的分析和解释工作,进而将如此"波澜壮阔"的历史现象的深层问题加以揭示、解释和分析。而且,更为致命的问题是,早期的很多经济史学不仅没有做出更多的研究和分析,却在很多经济问题的分析和研判上犯下了很多的错误。当然,我们不可以苛求前人,因为历史和时代的局限性都是每个时代的人们无法超脱的约束。

---

① Douglass C. North, *Growth and welfare in the American past*, Englewood Cliffs, N. J.: Prentice-Hall, 1966.

这或许也给后来的研究者留下了充分的研究和进取的空间。当然,还有很多问题本身非常具有争议性,所以,也很难说哪个时代或者哪个时期的理论家的研究更为准确或者精妙。

如果将诺斯的研究放在这个历史背景下,我们或许便可以更好地理解他们的工作及其巨大的贡献和意义了。他和福格尔之所以能够获得诺贝尔经济学奖,很大程度上是因为他们几十年来对经济史研究作出的贡献。他们的贡献,可能需要放到上文反复讲到的这样一个历史性的背景中去理解。也就是说,以诺斯和福格尔为代表的新经济史的研究者,确实在很大程度上厘清了很多的历史现象,并且对很多根深蒂固的传统经济史观念提出了挑战,并同时为我们全面观察和理解经济现象,提供了更广阔的视角。例如,一个简单的经济史学问题就是,我们都讲到,美国的工业革命是由火车拉动的,一部美国铁路建设的历史就是一部美国产业革命历史的缩影。但是,美国的铁路建设对美国整体经济发展和社会福利的影响到底有多大?对此,此前的研究就比较薄弱,我们都是先入为主地将"铁路革命"宣讲为工业革命的象征,或者在铁路建设的时候,甚至在铁路建设规划和设计之前,为了起到相应的"宣传的效果"(当然,火车对人们也具有震撼性的效果),关于火车的高效能的"神话"可能会被不断地宣扬。诺斯在这本书中,甚至还挑战了"轮船"的实际经济效果。使我们感到惊叹不已的是,诺斯通过详细的论证得出这样的结论:轮船的优势直到20世纪初都没有发挥出来,真正占据主导地位的实际上是"帆船","事情已经很清楚,是帆船而不是轮船才是导致19世纪海洋运输成本锐减的主要原因。"①

值得特别指出的问题还在于,诺斯和福格尔两人注定是要拿到诺贝尔经济学奖的,背后深层次的原因在于他们的"精妙"的分析框架,即将产权作为关键性的解释因素,并且杂糅了制度、技术、组织结构和资本等诸多因素,来解释西方世界的"特殊性",或者分析西方"特殊历史发展过程"。诺斯这本书主要是研究美国经济史的。②他的主要研究旨趣是欧洲经济史,从他的《西方世界的兴起》一书中大量引用《剑桥欧洲经济史》即

---

① Douglass C. North, *Growth and welfare in the American past*, Englewood Cliffs, N. J.: Prentice-Hall, 1966, p.103.

② [美]兰斯・E.戴维斯、道格拉斯・C.诺思:《制度变迁与美国经济增长》,张志华译,上海人民出版社2019年版。

可看出。①但是,他们对第三世界发展中国家经济发展的研究严重缺乏关注,福格尔在后期著作《第四次大觉醒与平等主义的未来》一书中,最后还关注到中国为代表的东亚经济的腾飞。但是,他们的普遍问题在于,特别是诺斯的问题在于,他们太关注西方世界了。不过,他们在深层次思维中总是认为:可以将以产权制度保护为特征的西方的经济现代化经验轻松地运用于非西方世界。所以,非西方世界的经济(史)研究只是一个"运用的过程"。那么,就在此处,他们早年的实证研究在实际上,就成了"规范研究":西方的成功经验"应该"被广泛运用到非西方国家。这本书中很多地方带有经济学家的典型思维,而且他们也不惧怕不同学科的社会科学家的质疑和批判。例如,他们关于奴隶制效率的研究,还是留下了很多讨论的空间。尽管他们也承认奴隶制在本质上是一个道德问题,即使其经济效率再高,可能也无补于事。但是,他们还是花了如此多的时间和精力来研究"效率问题",就可以看到他们的"旨趣"所在。而在该书中,诺斯还要介绍平均工资、资源保护等问题,都是非常典型的"经济学家"的思维,这些若是放在中国特定历史和国情下,必然导致强烈的质疑和反对。

二、本书的研究框架

　　诺斯这本书的研究主题是美国的"增长"与"福利"。"经济史聚焦于两个主要问题:一个是社会的经济发展、停滞或者衰退;这些发展、停滞或者衰退给人们带来的后果。后一问题考量的是不同群体的相对经济福利。"②关于增长的理论界定和读者感知应该是比较明确和清晰的,主要包括商品和服务、休闲时光③、美好环境等。关于是用总量还是用人均指标进行衡量,一直颇具争议性。而这个争议恰恰就关涉另外一个问题:"福利"。人们关于福利的界定和研究的争议就更大了。究竟什么是福

---

①　参见附录中的下一篇书评。《剑桥欧洲经济史》已经由经济科学出版社陆续翻译出版。

②　Douglass C. North, *Growth and welfare in the American past*, Englewood Cliffs, N. J.: Prentice-Hall, 1966, p.1.

③　福格尔的《第四次大觉醒和平等主义的未来》一书中大量研究了休闲时间的经济学意义。Robert William Fogel, *The fourth great awakening and the future of egalitarianism*, Chicago: University of Chicago Press, 2000, p.184.

利？是社会福利还是个人福利？平均福利还是个体福利？"这一猛烈的增长意味着商品和服务产出量的增加,但是并不必然意味着人均产出的增加。经济学家视后者为经济增长的重要指标,因为它关注人均的福祉。"①但是,这就是所谓的最终的"福利"？

我们可以看到经济学家普遍地忽视社会福利的本质,即福利主要关涉的是经济平等问题,所谓的"个人平均"究竟有何现实意义？这一问题的回答,实际上直接挑战经济学家的诸多研究成果。假如有四个社会存在,每个社会都只有两个人,那么在不同社会中的人的收入或者财富可以分别为:A 社会:90 和 10；B 社会:80 和 20,C 社会 60 和 40,D 社会 50和 50。那么,我们可以认为,哪个社会更加公平？D 社会？D 社会其实是被普遍抛弃的"(简单)平均主义",为什么会被抛弃？因为经济学家普遍论及的"效率问题"直接挑战这个"(简单)平均主义"。A 社会也是被普遍排斥的,不仅是因为社会公平和平等问题,而且这样的社会分配方式实际上也不利于这个社会的"经济效率"增长。很多经济学家指出,美国的经济问题是,收入的不平等导致中产阶级消费能力不足,从而使得其社会购买力受限,进而影响一个社会的社会生产。关于 B 社会和 C 社会就存在广泛、直接而激烈的争议。

但是,不得不看到的是,西方资本主义国家却慢慢走出极端的社会不平等的困境,从而跨入收入相对比较平等、社会比较公平的行列。这可能也是诺斯等人很少关注和研究的问题,不过,这才是最为实际甚至实在的"福利问题"。诺斯在这本书中很少关注福利问题,只是在经济问题上"连带"着讨论一下所谓的"福利问题",实际上是人均增长的问题,但却严重忽视了经济的社会性问题,特别是经济不平等问题。例如他关于19 世纪末以来的美国民粹主义的研究和评判,就显得非常的"主流经济学家"化,其对进步运动时代的经济和社会问题的研究基本付之阙如,对大萧条之后的"新政"的分析也比较单薄,因为这些都是反自由经济的"社会保护运动"。②

---

① Douglass C. North, *Growth and welfare in the American past*, Englewood Cliffs, N. J.: Prentice-Hall, 1966, p.5.

② 经典研究参见[匈牙利]卡尔·波兰尼:《巨变:当代政治与经济的起源》,黄树民译,社会科学文献出版社 2013 年版,第 254 页,"本书认为自律性市场的观点实际上是乌托邦的,而其发展受到市场本身之自我保护的阻止。"

而更具争议之处可能还在于,诺斯在第二章结尾处的"A Lesson from History",即从历史经验中分析"富者愈富,穷者愈穷?"这一部分中,直接以效率挑战平等问题。①当然,我在讨论诺斯的《经济史上的结构与变迁》一书时,也大段论述了诺斯现实的一面,②而诺斯在经济发展的研究上表现则更是如此。诺斯的对手首先是新古典经济学家。因而,诺斯在政治立场上,与社会民主主义和一些左翼经济学家的观点显然相左,但他们都在努力地与新古典经济学家"划清界限",他也算"口头承认"了公平作为经济问题的重要性(实际上是否如此,读者自然会有评判),"在我们总结之前,需要提出一个重要的警告。这本书并不认为提高效率是好的,而收入再分配是不好的。事实上,我们应当看到社会的主要成员可能会自由地选择为了其他的价值而放弃一定程度的效率,从而可能自觉地投票赞成从富人向穷人的收入再分配(成功的程度不一)。"③

三、该书的解释框架:产权制度与其他竞争性解释

我们对这部分内容可能会比较熟悉,因为这是诺斯等人的相关研究的"法宝",也是可以做成"标签"贴到他们身上的、重要的、标志性的特征。即诺斯等人研究的主要特色就在于强调产权保护制度供给的重要性。诺斯在《经济史上的结构与变迁》一书中,提出了产权制度、国家组织、意识形态三个重要的解释因素(或者解释变量)来解释历史上的经济变迁(主要是经济发展或者经济增长)。而在这本书中,诺斯还是主要集中于产权制度和国家制度(尤其是宪则制度设计所体现出来的对产权的保护功能),关于意识形态的研究分析还是非常的有限,甚至基本没有。所以,这本书在严格意义上应该是比较典型的"经济史研究"著作,而诺斯后来的很多研究则更具有社会科学理论研究的特色了。

诺斯关于美国历史上经济增长的产权制度解释,显然是相对于其他的相关解释性研究而言的。当然,在不同解释性研究之间存在所谓的"竞争"关系,显然也是相互借鉴的关系,即所谓的"合作竞争"。例如,包括马

---

① Douglass C. North, *Growth and welfare in the American past*, Englewood Cliffs, N. J.: Prentice-Hall, 1966, p.12.

② 参见下一篇书评。

③ Douglass C. North, *Growth and welfare in the American past*, Englewood Cliffs, N. J.: Prentice-Hall, 1966, p.21.

克思在内地诸多政治经济（史）学家，都非常看重工业革命中的科学技术的重要性，邓小平当年也提出"科学技术是第一生产力"的论断。但是，诺斯也指出马克思主义的经济发展的解释性研究中包含的解释性因素太多，甚至包括了意识形态、制度、劳动分工等诸多解释性因素，而且关键问题是，他们太强调"技术"了。①言外之意就是，他们对诺斯对"（产权）制度"的强调还远远不够。诺斯在这本书中，对其他的竞争性解释逐一作了批判，很多的批判还是蛮有力的。当然，如果试图以任何一个单一因素进行解释，则都可能被人们质疑，尤其是以反面案例加以质疑。例如复旦大学韦森教授的一篇论文就指出，印度到底有无产权保护制度？印度的产权制度保护完善不完善？为何其经济发展依然不够？②下面，我们可以将诺斯对竞争性解释的分析介绍如下：

第一，批判了资源决定论。

诺斯直接举出日本这个典型的反面案例，"进而言之，很多国家，例如日本的资源就很匮乏。资源是财富的约束因素，尽管环境和能源危机（非常重要），但是资源并非必要也不能充分地解释经济增长。"③资源显然是一个重要的必要条件，但是肯定并非充分条件。荷兰、英国和日本等都是蛮重要的反面案例，韩国也是这样的。如此推而广之，几乎所有实现经济发展的国家，在资源方面都会存在诸多的制约。所以，根本不存在这样一个国家，其资源足够或者充分丰富，以至于必然引发经济发展。中国的资源到底丰富不丰富？我们小时候经常在教科书上读到这样的表述：尽管中国是资源大国，但由于人口众多，其人均资源占有量在世界排名都很低。那么，美国是什么情况呢？美国的资源算是最为丰富的了。但是，美国"自古"以来就非常缺乏人力资源，也就是说美国的劳动力资源是非常缺乏的。当然，在很大程度上，资源主要还是依赖技术、（产权）制度等因素。诺斯的研究非常深刻地揭示了资源的约束，实际上是技术约束，资源

---

① Douglass C. North, *Structure and change in economic history*, New York：Norton，1981，p.61."马克思的模型的局限性在于：未能提出技术变迁的变种，以及过于强调技术而忽视了导致变迁的其他因素。"

② 韦森：《文化精神、制度变迁与经济增长——中国—印度经济比较的理论反思》，《国际经济评论》2004 年第 4 期。

③ Douglass C. North, *Growth and welfare in the American past*，Englewood Cliffs，N. J.：Prentice-Hall，1966，p.8.

的稀缺会引发技术的革新和新的资源替代使用,新的资源替代实际上就是技术替代。他还专门辟了一小篇文字,论述资源约束是如何被技术革新所突破的。[①]

第二,对资源的竞争性解释的否定是比较"得心应手"的。但是,对人力资本投资、资本投资和技术革新等因素的否定就比较艰难了。

因为这些不仅是人们普遍论及和接受的解释性因素,同时诺斯也绝对不可能脱离这些方面的解释因素去解释美国、欧洲的经济增长。这里面肯定包含了诺斯辩驳的诸多,甚至大部分的解释因素。诺斯的解释策略就是不断地努力论证或反问,这些因素真的重要吗? 一般而言,任何资源或者因素都是重要的,但是,光有这些因素显然还是远远不够的,因为它们只是比较重要的必要条件,而并非充分条件。当然,我们也很难发现经济增长的充要条件。"如同自然资源一样,大量的资本也并非增长的必要和充分条件。当实物资本和人力资源流向低度发展的国家时,只能带来资本的贬值和更少的产出。如果资本对一个社会的生产能力有贡献的话,那么,就需要提供适当的激励,以使得个人抵消此前的资本消耗,并利用好资本存量。"[②]

这样的解释,当然还存在一些问题。一方面,我们很难或者根本不可能将每个因素都拆开来作单独观察和分析,然后检验其重要性或者必要性。诺斯甚至很难在西方国家的经济发展史中,否定这些因素的必要性,于是他就不恰当地将其类比发展中国家,"当实物资本和人力资源流向低度发展的国家时,只能带来资本的贬值和更少的产出。"[③]但是,诺斯在这里一直探讨的其实是"发达国家经济发展问题"。不过,就这一点而言,诺斯的反驳就有点飘离了,实际上离严格的社会科学的排他性解释性研究还有点距离。

其对技术革新的否定,差不多也是如此,"如果技术革新是经济发展的唯一因素,那么世界上所有的国家都应该富裕起来了。然而事实却是,很多国家不能有效利用技术;他们不能像西方国家那样,尤其是像美国那样,充分利用技术发展的潜力。"[④]问题在于,谁会把技术作为"唯一的解释因素"? 如果有,也只能是别人强加的"标签",即所谓的"技术决定论"。

---

① Douglass C. North, *Growth and welfare in the American past*, Englewood Cliffs, N. J.: Prentice-Hall, 1966, p.163.

②③ Ibid., p.9.

④ Ibid., p.10.

我们在提出所谓的单一因素解释的时候,并非说其他的因素都不重要。而只是说,在其他因素大致差不多的情况下,或者不是特别缺乏的情况下,某一因素的重要性特别突出。

第三,重点强调了产权制度的重要性。

"市场体制中的技术变革也依赖于良好地界定、实施和可转换的产权制度。如果一个发明家或者创新者能够获取新知识发展和运用的所有的收益(换而言之,如果个人和社会的回报率相同),那么,对发明新技术的激励将远超过往。"①产权制度提供的不仅仅是一个制度性框架,而是一种重要的激励性体制。那为何不是将组织激励作为替代性解释变量? 可能是因为激励手段本身多种多样,由于时空等诸多要素的综合影响,使得激励的变化太大,诺斯就只能找出一个能够普遍产生激励效果的因素,即以产权制度来研究和解释经济增长。不过,产权制度又并非写在纸上刻在墙上即可完成的任务,产权制度的经济激励效果需要产权制度的激励效果来展现,而激励效果的产生需要准确界定和实施产权制度的保护而得以实现。所以,对产权制度实施保障的国家或者政府的作用就变得非常关键,"因此,政府能够降低不确定性,并维持秩序和稳定,这些,都为经济发展提供了(良好的)环境。公共产品是一种市场难以生产的产品,它们只有具备有效的产权界定和实施的条件下才可提供,并且产生一系列的激励(效果)刺激增长。在这一情境下,国家的存在就是政府与人民之间(或明示或暗示的)的契约的产物。"②但问题在于,国家是否就是资产阶级统治的委员会,对支配阶级的意见"言出即从"?③国家实际上可能也是一个专制的"利维坦",诺斯在这本书中也已经触及了"国家二重性"的问题,"不幸的是,通过政治施舍获取租金的方式需要更多资源以影响政治决策。由此,不仅需要为获得租金而增加支出,有时候其损耗甚至可能超过再分配所获得的财富价值。因为在寻租过程中的资源消耗并非用于生产(环节),这对于一个社会是一种浪费(或者额外损失)。"④

① Douglass C. North, *Growth and welfare in the American past*, Englewood Cliffs, N. J.：Prentice-Hall, 1966, p.15.

② Ibid., p.17.

③ 参见[美]埃里克·诺德林格:《民主国家的自主性》,孙荣飞、朱慧涛、郭继光译,江苏人民出版社 2010 年版。

④ Douglass C. North, *Growth and welfare in the American past*, Englewood Cliffs, N. J.：Prentice-Hall, 1966, p.18.

当然，诺斯的研究可算是突破性的，因为在这里他已经提出了经济组织创新的问题。即大型经济组织实际上是推动经济发展和技术创新的重要因素，所谓的产权制度、技术创新等都需要放到大型组织中来理解。由此，才可解释在大型经济组织兴起以后，经济的发展不断强化这一经济现象。而诺斯在方法上的创新也在于大胆地引入了政治学的研究方法，因为当他触及经济发展的（国家）制度解释的时候，显然需要关注甚至引入政治学的研究方法，"经济史学家如果不能明确地将政治经济体系的制度结构纳入理论范畴，估计他们是写不好经济史的。政治维度不可避免，因为市场之外的（政治）决策将持续而根本地影响增长和福利。与此同时，历史学家过去也没有能够充分地利用政治学的专门方法。"①这样的话语，对正统的经济学家而言，还是蛮重的。

由此可见，对于社会科学研究，排除竞争性解释还是非常困难的事情。因为社会科学研究的是社会现象和社会问题，单一因素几乎不可能解释任何一个社会问题，所以不同的研究者、不同的研究学派，都会不同程度地将对方贴上"你就是×××决定论"的标签，对方显然可以很简单地反驳道："你就是×××决定论"。我们可以挑战诺斯的地方在于，"你就是制度决定论（或者产权决定论）"。但是，诺斯研究的巧妙之处在于，他后期发展出的分析框架，就充分容纳了产权制度、国家组织，甚至意识形态，连宗教文化等都被他容纳了进来，如此整全性的解释框架还会有什么遗漏？"己所不欲勿施于人"，为何诺斯容纳这么多的解释因素，却总是将别人归为"×××决定论"？我们的研究经常广受批判，就是自己心中假设另外一些因素"不起作用"。但是当别人反驳你的时候，往往直接想到就是你强调的那些因素"不起作用"下的情景，你的研究就自然不攻自破了。当然，就此而言，包括经济学研究在内的社会科学研究的意义或者妙处就在于，他们可以广泛研究诸多的现象，并采用多种竞争性解释去研究和争议，极少会去简单地假设太多因素"不起作用"时的情况到底如何。

四、对美国经济史的实证研究

（一）如何融合理论与（案例）史实

诺斯有关经济史研究的重要特征就在于，他可以在比较成熟的分析

---

① Douglass C. North, *Growth and welfare in the American past*, Englewood Cliffs, N. J.: Prentice-Hall, 1966, p.12.

框架基础上,展开特定国家的经济史的研究。这一类型的研究,是建立在成熟的分析框架基础上的特定分析工具(主要是解释性因素)的运用。这种研究方法的长处在于,不仅能够运用现有的研究和分析框架,同时也能够对普遍的经济史作一个比较系统的研究和分析,从而能够超越纯粹理论研究和纯粹经济史的研究两者的各自局限性。当然,这里面也可能留下很多的质疑或者问题,例如,理论研究框架的运用,会不会存在"任意取材"的问题,会不会存在"削足适履"的问题? 其实,所谓的理论与历史的结合的问题,总会带来各种质疑,因为任何历史事例的梳理和写作都存在取材的问题。如果有了基本的分析框架,或者一些即使是最基本的分析或者结论的时候,都会存在"任意升华"和"任意取材"的问题。不过,如果太忠于史实,有可能会将理论"消融"在史实之中,大大消减了理论的解释性,而史实也会显得非常的零散。当然,关键问题还在于如何实现理论运用和取材两者的巧妙结合。也就是说,从研究方法上来讲,这里面其实只能是一个"适度"的问题,不能使得史实和理论脱离太远,从而显得太过于突兀。

(二)整体性解释美国的经济增长:诸多影响因素

在第三章的论述中,诺斯就采用了排除竞争性解释的方法来展示美国整体的经济发展,"耐人寻味的是,土地供应作出的贡献非常有限。似乎资源并非如同人们经常认为的那样,对经济增长的作用是至关重要的。劳动力和资本是重要的贡献者,技术变革或生产规模显著扩大是我们增长的一个解释因素。"①诺斯等人的主要贡献也在于最早地将计量经济学的很多研究成果和方法,运用于经济史的研究,同时也将新制度经济学的很多最新研究成果也都运用于经济史的研究。那么,在这样一个背景下,他的研究数据和研究成果是否具有足够的解释力? 以土地供应为主的"自然资源"作为解释因素,其重要性不可能凸显。如此,也是可以理解的,就美国早期的经济发展而言,土地资源显然是非常充裕的。但是,我们也需要选择合适的比较参照物。相对于欧洲的绝大部分地方的土地稀缺而言,美国的"地大物博"显然还是具有非常强烈的"革命性效应"的。而这些"事实"实际上也为上文中反驳诺斯对(人力)资本和技术的"藐视"提供了证据,即劳动力、资本和技术对于美国长期经济增长,都是非常重

---

① Douglass C. North, *Growth and welfare in the American past*, Englewood Cliffs, N. J.: Prentice-Hall, 1966, p.36.

要的。

有意思的地方在于,尽管上述的证据对诺斯可能具有非常大的冲击,但我们不得不佩服诺斯的勇气和诚实,他竟然将这些对他"不利"的实证研究成果都拿出来给大家看。当然,这也显示了经济学理论的解释性研究必须具有包容性,因为他依然可以在强调劳动力、资本和技术等因素非常重要的前提下,发现或者加入新的因素并对其进行综合性解释。例如,诺斯在探讨欧洲人殖民美洲大陆的影响因素的时候,实际上重点强调冒险精神作为人的主观能动性的重要性,"美国的殖民者移居海外的原因如同他们的国籍和性格一样多样——为了宗教信仰自由,为了躲避政治迫害,或者纯粹是为了商业目的。显而易见的是,殖民者都是冒险家。这一冒险事业涉及的危险可能会令大多数人望而却步,而殖民者的勇气是他们的社会态度、改善自己决心和开始新生活的反应。"①而诺斯的研究的妙处就在于,他能够融会贯通很多的解释性因素。诺斯强调美国殖民者的冒险精神的意向何指? 其显然是为了突出他反复强调的"激励效应"的重要性。因为光有冒险精神显然不足以引发长期的经济增长,在后续历史进程中必然需要引入产权保护制度才能实现经济增长,"认为环境鼓励人们在市场上成为企业家是不费脑子的想法。专业化和规模经济的获利显然是存在的,但是,重要的是殖民者从这些获利中获利。土地、劳动力、资本的产权结构提升了社会回报率的私人回报率,并进而刺激生产。"②这么短短的一句话,就将此前他"否定"掉的诸多竞争性解释要素,统统纳入"产权制度"分析框架中。

（三）凸显美国经济增长的(产权)制度解释——以联邦宪法为例

诺斯在该书的第五章"决断的年代:1783—1793 年",详细叙述了美国立宪的过程。当然,他也并非事无巨细地解释美国联邦宪法的制定过程,而是重点揭示其深远的经济社会意义和效果。诺斯先前已经通过一定的量化研究,指出美国 19 世纪的经济发展实际上是停滞的甚至是倒退的。"进而言之,18 世纪新英格兰的财富积累和农业生产的数据显示出经济的停滞甚至倒退。"③那么,为何如此? 我们在新古典经济学中很难

① Douglass C. North, *Growth and welfare in the American past*, Englewood Cliffs, N. J.: Prentice-Hall, 1966, p.43.

② Ibid., p.48.

③ Ibid., p.49.

得到充分的解释,作者在这里实际上暗含了他的研究方向,即必须引入新制度经济学的基本概念和原理,方可对其进行比较充分的解释。

当然,18世纪的经济停滞的原因肯定是多方面的,这有其自身发展的瓶颈难以突破的原因,也有独立战争的持续性影响的效应。因为在美国独立战争之前,它其实是受到大英帝国的诸多保护,并进而可以享受诸多的好处,例如北美殖民地是不需要组织国防和军队的,他们还可以享受大英帝国范围内的诸多贸易权利等。但是,诺斯在这里逐步过渡到第五章的立宪过程的研究,显然是想说明,1787年制定的美国联邦宪法对后来的经济发展和腾飞的作用是巨大的。不仅如此,这也凸显出了诺斯等人为代表的产权学派相关研究的重要意义,即产权制度及其宪法保护的重要性,"合同自由是建立稳定性和可预测性的必要条件,由此才使得专业化和交易成为现实。事实上,《邦联条例》下的政府不能实施合同自由是他们寿终正寝的一个主要原因。"①也就是说,我们需要承接上文中关于解释框架的运用的问题才能理解美国立宪的深远经济意义。诺斯在这里显然是"让渡"出了一个"大政府",这显然也是有悖于古典经济学的"守夜人政府"以及保守主义的"最小限度国家"的理论的。"虽然中央政府提供寻租机会是存在一定风险的,但是依然会面临另外一个真正的问题:它是否拥有足够的权力去实现公民渴望它履行的职能。谢斯起义是在1786年兴起的,他们反对合约义务,这反而扩大了呼吁建立强大中央政府的人们的力量。"②

立宪的关键还在于行宪。在美国,宪法的有效实施,特别是违宪审查制度的建立,有力地促进了美国产权制度的保护和经济的发展,"《联邦宪法》对政府权力干预私人经济事务提供了重要的约束。马歇尔法院对这些条件的解释有利于鼓励经济效益和增长。马歇尔所写的一系列判决书认为,通过合同自由进入不受政府限制。这不仅维护了产权的稳定性,并使得资源的最大化利用成为可能。"③当然,可以有效预见的是,诺斯肯定也会强调美国联邦最高法院在经济发展中的重要性,因为它是坚定的私有财产权保护论者。即使在大变革时代来临之际依然如此,所以它也成为保守主义最后的堡垒。当然,我们也可以有效预见的是,诺斯可能对沃

---

① ②　Douglass C. North, *Growth and welfare in the American past*, Englewood Cliffs, N. J.: Prentice-Hall, 1966, p.60.

③　Ibid., p.66.

伦法院等以"社会立法"实现对自由经济的有效干预会只字不提。"总结而言,马歇尔法院为转让行为建立起了重要的堡垒。这一堡垒可以保护产权,将政府行为限制在防卫和生产性角色,同时也允许个人从贸易中追逐收益。因此,1790 年到 1860 年的增长模式必须在这样的情境中理解:经由联邦宪法和马歇尔法院所建立起来的相对有效的权利制度的建立。"①

那么,有理由讲,诺斯所谓的"国家二重性"悖论可以在美国联邦宪法下得到有效的"消减",我们需要的是能够有效保护产权的宪则国家,"(新的)《联邦宪法》对于降低交易成本,并详细说明国家的保护性和生产型的角色也是重要的。征税的权力被委托给联邦政府,这使得其可以提供诸如国防和道路这样的公共产品。保护产权,司法行政,提供防御等行为都是(人们在)规模经济中,克服搭便车困境的集体行动。"②在这段话中,诺斯已经非常精巧地解释了宪则的产权制度保护促进经济发展的主要机制:提供公共产品,保护产权制度,解决经济发展的规模化瓶颈等。在这里,他实际上首先提到国家保护产权的重要性,但是后面的内容实际上又强调积极国家的重要性。那么,诺斯所理想的积极国家到底是什么样的?其当然是不仅能够有效保护产权,同时也能够促进规模经济和克服搭便车现象的国家。这里实际上还回答了这样的问题:所谓的"有效产权保护"不仅需要政府和社会有效地保护产权,同时也要"有效地"保护,直白讲就是效率更好的产权制度,由此才可以使规模经济成为可能。那么小产权可能就不具备这样的条件,君不见经济现代化过程中,家庭作坊、小工商业主、小手工业者的"产权的丧失"? 或对许多经济学家而言,这是市场规律自然发生所致。但是,这种市场规律,也引发了 19 世纪末 20 世纪初的民粹主义运动。

(四)(宪则)制度变革之后实现的经济扩张:西部和南部

美国联邦宪法于 1787 年制定,1789 年实施。而诺斯则将"美国的扩张:1790—1860"作为第六章的标题,这并非美国经济史的典型分期方式,但诺斯却准确地将 1790 年作为美国经济腾飞的重要起点,实际上是要把美国联邦宪法的制定和实施作为美国经济腾飞的重要前提性条件。在这里,我们就可以看到诺斯非常典型的"因需取材"的做法。当然,这一矛盾

① Douglass C. North, *Growth and welfare in the American past*, Englewood Cliffs, N. J.: Prentice-Hall, 1966, p.66.

② Ibid., p.61.

也不是说不可以解决，因为美国的立宪显然具有广泛的社会政治效应，其制度性效果当然也是不可忽视的。所以，立宪显然代表着美国（产权）制度革新的一个重要时代的到来，但其只是一个开始而已。一个重要的问题在于，诺斯强调的美国联邦最高法院掌控的违宪审查制度实际上开始于 1803 年判决的马伯里诉麦迪逊案，这个案件标志着美国联邦法院在实际上获得违宪审查权，但这项制度的经济效果的显现，应该还是需要再经过一段时间才显现。诺斯将美国经济腾飞的时间起点放在 1790 年，因为其可以比较好地暗含（产权）制度的解释，不过这确实存在不小的问题。

当然，诺斯是诚实的。因为他在解释"西进运动"的时候，显然更多地还是经济解释论，即对东部社会状况的介绍和分析就非常有限，他提到推动美国"西进运动"的主要推动因素是（农业）产品的广泛需求："事实上，是由于美国和世界的其他地区对相关商品的需求导致了西部扩张。"①所以，在很大程度上，在很长的时间内，西部是美国的"粮仓"，甚至在很大程度上影响了西部的工业化，"由于东部和欧洲（从 1844—1846 年的爱尔兰饥荒开始）的需求量的增加，导致西部农产品价格的提升。通过不断扩大的交通网，西部意识到自己在市场导向的生产的跨区域贸易模式的潜力。西部注定将在后来的工业发展滞后，具备更为广阔的基础经济。"②但是，美国的经济格局已经开始慢慢形成，西部的农业生产显然已经是其"特色产业"了。

所以，诺斯在该书第七章就直接以"南部经济：1800—1914"为标题。但是，他并非要详细叙述南方经济的基本情况和发展历程，而是围绕着一些重要的经济历史事件展开。美国政治学家巴林顿·摩尔在《专制与民主的社会起源》一书中，比较详细地分析了美国内战前的东北部、西部和南部的经济结构，并且挑战了南北战争的起源是奴隶制的传统论断。当然，摩尔并没有排斥南北双方在奴隶制问题上的争议，但他将美国内战的根本原因归为南北双方对西部准州影响力的争夺，实际上是经济实力之战，当然也包括北方资本想进入南方的欲求，以及南北双方在国家政治、对外贸易等一系列经济社会问题上的争议。③

---

① Douglass C. North, *Growth and welfare in the American past*, Englewood Cliffs, N. J.: Prentice-Hall, 1966, p.81.

② Ibid., p.75.

③ ［美］巴林顿·摩尔：《专制与民主的社会起源》，王茁、顾洁译，上海译文出版社 2012 年版，第 136 页，摩尔对南北双方的争议问题进行了罗列："现有的奴隶制、准州的奴隶制、关税、货币、铁路等……"

诺斯在这一章也挑战了许多传统的经济观点。当然,其中不少其实是新经济史学研究的最新成果,诺斯只是加以综合性分析而已。例如,诺斯揭示出:其实我们传统上夸大了南方的"统一性","1849 年的时候,南北玉米种植面积为 1800 万英亩,而棉花种植面积仅为 500 万英亩。到了 1860 年,28％的南方农场并不种植棉花。"①我们一般提到美国 19 世纪的南方,能想到的都是棉花种植和奴隶制,但是诺斯也反驳了奴隶制在南方的普遍性问题,"大部分的南方白人都以小农场为生,而且很多只是生活在市场的边缘地带。在 1860 年,50％的农场并无奴隶。进而言之,最大的 10％的南方财富所有者占有 57％的财富,并生产了 68％的棉花,拥有 61％的奴隶。这些数字揭示出,大量的人口并不依赖于大规模种植园。"②

诺斯等人对传统政治经济学,还是关于奴隶制的效率问题都具有颠覆性的研究。因为废奴主义者强烈要求废除奴隶制的普遍理由之一就是奴隶制的低效率。我们的历史教科书上甚至很多学术专著上都是这么写着的,而且大家都普遍会论及奴隶的悲惨状况。这一点也被我们传统史学用来批判自由美国存在的严重的社会问题,即罪恶的奴隶制。而托克维尔早年也分析了奴隶制度,并且将其作为社会罪恶来看待,并且预言南北战争不可避免。但是,如果要挑战奴隶制的效率,附带还会挑战一个问题。这个问题可能更具有颠覆性,就是黑人奴隶的生活水平究竟好不好。不少研究指出,奴隶制废除以后,被解放了的黑奴的生活境遇并没有得到改善,而且很大程度上恶化了。③因为他们少了奴隶主的庇护和保护,没有任何准备地、直接地暴露在"自由"社会之下。所以,后来南方又出现了根深蒂固的"庇护主义"。④

(五) 挑战奴隶制的传统观念——奴隶制是否有效的(产权)制度

诺斯在这里主要引用了福格尔关于奴隶制效率的经典研究,"因为奴隶制是有利可图而且又是合法的,所以我们并不诧异:这一制度同时

---

①② Douglass C. North, *Growth and welfare in the American past*, Englewood Cliffs, N. J.: Prentice-Hall, 1966, p.60.

③　参见本书第四章第四节第二部分"奴隶制的废除与南方黑人的境遇"有关内容的分析与讨论。

④　Lee J. Alston, and Joseph P. Ferrie. *Southern Paternalism and the American Welfare State: Economics, Politics, and Institutions in the South, 1865—1965*. Cambridge: Cambridge University Press, 1999.

也是有效的。福格尔和英格曼又为此提供了数据支撑。他们的有效数据显示,同北方农场相比较,旧的南方自由农场更为有效,而旧的南方采用奴隶制的农场的效率要比他们高出 20%,新南方的奴隶制农场要高出 50%。对此一种解释是,是否能够抓住规模经济的机会。对所有的棉花种植州来说,相对于不使用奴隶的农场来说,拥有 1 到 15 个,16 个到 50 个,多于 50 个奴隶的农场的总要素生产力要分别高出 9%,45%,33%。"①总体上而言,奴隶制的效率可能要比一般劳动形式高出 50%。不过,在讨论奴隶制问题时候,其实诺斯和福格尔等人多普遍忽视了南方奴隶工作时间的投入,其所谓的奴隶制的效率其实并非"效率",而是总的劳动成果,不过这些劳动成果都是通过不断延长劳动时间、强化劳动强度而取得的。

当然,诺斯的解释是,因为很多奴隶制劳动的规模更大,从而产生了农业庄园制的规模效应,所以劳动效率更高。但是,如果不采用奴隶制,也逐步采用或者鼓励规模化的自由劳动制度的庄园经济生产,劳动率会不会提升呢?答案是显然的。但是,美国经济发展的瓶颈确实是劳动力稀缺。当然,诺斯最后的结论应该是比较客观公允的,甚至直接挑战了纯粹经济学的"浅薄","当然,经济学对合适的权利配置是浅薄的。不同的产权结构性,都可以实现有效个人和社会的均衡回报。就谁应该拥有何样权利的问题是一个伦理问题,并不能简单地由经济诉求而得以解决。美国人卷入一场内战,以决定采用何样的再分配形式。当然,战争对产权的基础性结构的改变非常有限,其仅仅是对人力资本分配的所有制形式作了改变而已。"②

（六）农民的抗争与民粹主义的兴起

像诺斯这样的顶级经济学家,肯定能够很好地把握产业结构的历史性流变等问题的。例如,该书的第十一章就重点介绍了"经济增长和农民抗争：1865—1914"。这实际上是揭示了美国于 19 世纪下叶,在经历了南北战争之后,其经济迅速腾飞的负面效果,即农业的永久性"衰弱"。这种"衰弱"显然不是在真正地走下坡,而是相对而言,农业的地位即其在国民经济中比重的不断下降,农业的从业人口也在不断下降。伴随着城市化、

---

① Douglass C. North, *Growth and welfare in the American past*, Englewood Cliffs, N. J.: Prentice-Hall, 1966, p.86.

② Ibid., p.88.

海外移民的涌入，工业革命的发生和扩张，农业的相对"衰弱"几乎是不可避免的。

那么，农民起来抗争是否必然的？我们可以对比英国进行反思。美国的农民的反抗几乎是必然的，我们甚至可以说，各个国家，在工业革命发生后，农民起来反抗也几乎都是必然的。但是，问题并不在于他们是否反抗。关键的问题在于他们的反抗是否能够有深远而持续性的影响。英国在实现城市化和工业化之前就已经逐步实现了农业人口的转移，也就是说，英国不仅经历了农业的商品化，而且经历了漫长的农业和农村"转化"的过程。但是，美国的农业人口和农业经济的比重太高了，而当工业化和城市化又激烈推进之时，由于农民相对财富和社会地位的降低，自然成为引发农民反抗的主要原因。

关于美国农民的民粹主义运动实际广泛发生的事实，几乎是无人能加以反驳的，"一系列的抗争组织和政党围绕着改善农场主为目标，起始于 1867 年的格兰奇运动，以及紧接而来的绿背党运动，农场主联盟以及民粹主义政党。"[1]诺斯在这里也挑战了农民经济社会状况不断恶化的传统观点，"鲍曼（Bowman）和基恩（Keehn）总结道，在 1880 年到 1990 年间，中西部的农业在价格和收入水平上并无普遍的、明显的恶化。因此，对于农场主抱怨的他们在内战后遭受经济困难，是明显缺乏实证基础的。就购买力和实际收入而言，农场主的情况是不错的。"[2]不仅如此，诺斯还不断挑战人们的认知底线，甚至说，农业产品质量的变化非常有限。事实上，农场主获得了更多的金钱。但是，在这里，我们不得不指出的是，经济学家有时候是赤裸裸的"反动"，因为社会学在 20 世纪早就提出了相互之间进行比较的"参照体系"的问题，并且提出了"相对剥夺理论"，即人们并非简单和自己的过去相比较，即并非全部或者总是纵向相比较，很多时候是横向对比的，即和身边的、周围的人相比。在正常的时代，两者的差别比较有限。但是，在发生大变革时代，两者的差异可能就会很大，如果仅仅是从数据上进行比较，并且得出，"大家的日子都在变好"，"人均×××快速增长"，"并无普遍的、明显的恶化"，"明显缺乏实证基础"这样一些经济学家普遍喜欢采用的论述方式，显然只能是他们的"小技巧"。但是，在

---

① Douglass C. North, *Growth and welfare in the American past*, Englewood Cliffs, N. J.: Prentice-Hall, 1966, p.127.

② Ibid., p.129.

这里,我们也不得不说,经济学家还是蛮诚实的,他们"欺负"的只是那些不太懂得经济学道理的人。但是,人们的常识有时候比这些高深的经济学道理来得更贴切。诺斯在解释为何民粹主义得以兴起的时候,甚至用了比较粗浅的因素加以解释,即认为这些是由于国际范围的市场竞争、天气和降雨导致价格的频繁波动而导致的。"澳大利亚、阿根廷、南非、乌克兰,甚至曾经在一定时期内的印度,这些国家都成为世界范围的小麦供应产地。在这样的竞争环境下,没有什么可以防止在天气和降雨等多变条件下引起的农产品价格的波动。"①

经济学家的"小技巧"还在于,先前信誓旦旦地要挑战传统观点,而且会在论证过程中利用各种数据和实证材料来解释和验证他们的"新"观点,但是这样的新观点的证据大多时候很难经受严格推敲。然后在给出结论的时候,他们会再借用一下辩证法,这实际上在很大程度上还是回到传统观点。例如,诺斯在总结民粹主义运动的社会经济基础时,几乎和传统观念没有任何差别,"农场主强烈地感觉到他们的恶化的处境。他们读到的事情充斥着对恶俗的警告和抱怨,城市的道德退化,以及城市对乡村的负面影响。他们感觉的正是正在发生的广泛和复杂的经济社会现象的一个重要组成部分,这一社会经济现象包括世界范围广泛存在的农业商品化,以及农场主逐步成为美国社会的少数群体。"②我想请问的是,如果按照刚才的"铁证如山"中所谓的"并无普遍的、明显的恶化","明显缺乏实证基础的",诺斯又是如何得出"农场主强烈地感觉到他们的恶化的处境"的结论来的?

(七)越往现代越"反动"的经济史学研究

如果说诺斯等人为代表的西方主流经济学家的很多经济学理论研究还是值得商榷的话,那么他们关于1860年之后的很多研究的结论其实就是值得怀疑的。可以肯定的是,诺斯显然是站在传统主流经济学的基础上来研究和分析经济学史,而且越往现代的研究,对他们来说,经济现象就越显得"反动",因为就像美国这样的自由主义市场经济的天堂,也慢慢地或者有时候也会突然地脱离了自由市场经济的发展轨道。例如,如果是以产权为核心来构筑现代经济史学的基础的话,那么显然就要明确产

---

① Douglass C. North, *Growth and welfare in the American past*, Englewood Cliffs, N. J.: Prentice-Hall, 1966, p.132.

② Ibid., p.133.

权制度对经济增长的长期的、稳定的、根本的作用。不过,如此一来,我们应该如何解释"大萧条"? 在"大萧条"发生的时候,产权制度出现了什么问题? 诺斯等人又应该如何解释罗斯福的"新政"? "新政"引入了更为彻底的产权(保护)制度? 又应该如何解释滞胀危机? 如何解释"英国病"? 英国在 20 世纪削弱了产权制度? 这一系列的问题都是诺斯等人为代表的经济史学家难以清晰地解释的问题。所以,也难怪,他们将西方世界兴起时代的重要因素——(产权)制度包装为灵丹妙药,为西方人喝彩,向非西方国家推销。但是,对自己的 20 世纪的经济增长(或者停滞)的历史的解释,却基本丧失了解释力。而且,我们认为他们是"反动"的经济学家的原因是他们估计始终"不(愿意去)理解"为何会发生"新政",为何会发生更为广阔的社会(财富)再分配。20 世纪的西方经济学发展历史已经大大超出古典经济学,包括新制度经济学的"传统思维"。他们自始至终也"不理解"这一切。所以,在很大程度上,他们就选择性地忽视这一切,而将眼界始终主要投放在西方世界崛起的时代。

这种"反动"的表现是多方面的,我略举几例。例如,诺斯等人甚至要为工业托拉斯和垄断"洗地","(19 世纪末 20 世纪初)个人平均所得的普遍趋势使得我们对所谓的少数人的财富增长是以其他人为代价的假设产生怀疑。从内战结束后到一战爆发前,个人平均所得以 2% 的年增长率位居美国历史增长之最。同时,明显之处在于这一时期的收入分配是相当均衡的。"①诺斯又使用了"个人平均所得的普遍趋势"这样的表述。如果我们考虑当时的大规模的工业兼并和工矿企业的托拉斯化的话,加上经济的普遍发展,个人所的平均值能不走高? 对于所谓的"收入分配相当均衡"而言,我们想质疑的就是,何谓"均衡"? 在何种意义上的、何样标准下的均衡?

不仅如此,刚才提到的越往现代,主流制度经济学家的观点不仅显得越为"反动",而且是赤裸裸的"反动"了,"最低工资法和工会促进法的目标是促进低收入群体的相对工资增长,但是,他们的效果是有争议的。并无充分的证据表明,最低工资法确实增加了低收入群体的工资。即使这一立法是有效的,而且最低工作也超过了工人的产出价值,但是,其长期的效果将导致更多的失业,因此,会导致更严重的收入不平等。类似地,

---

①　Douglass C. North, *Growth and welfare in the American past*, Englewood Cliffs, N. J.: Prentice-Hall, 1966, p.140.

即使工会可能会提供其成员的收入,但是他们能够提供整体工资水平是值得怀疑的。"①由此,我们也才可以理解为何在美国,社会保障制度的发展是如此之艰难。②美国的主流经济学家探讨的主要还是产权制度保护、经济效率等问题。而直到 20 世纪 70 年代,诺斯写作这本书的时候,他依然抱着传统的观点,对经济的社会效应及其改革依然抵制,这不能不体现出他自己所谓的经济学(家)的"浅薄"的问题了。

我估计诺斯的内心也是非常纠结的,因为正统的经济学教育教给他们的是自由市场规律和原理,但 20 世纪的经济发展史,很大程度上又脱离了自由市场发展的轨道。所以,诺斯在整体上还是务实的。但是,他对政府干预经济,以及很多的福利性质的社会财富再分配只是简单地描述,不置可否,表现得相当冷淡,"从'新政'开始,人们坚信,在最富裕国家存在贫困现象,一直是匪夷所思的现象。这样的确信,导致联邦和州层面的诸多项目设置。农产品价格支持项目,经济机会办公室,州政府福利项目等都有一个共同的表象性的目的:从富人向穷人更多地收入再分配。"③他在最后一章"现代困境:政府与经济"中也同时书写了自己的"思想困境"或者"困惑",即如何面对政府干预市场的问题。当然,诺斯后期的著作主要是在理论层面升华。所以,对于这些具体的经济问题的具体的"反动的"经济观点的述说就比较淡了,甚至消失了。

五、小结

当然,我们也不能太过于责备诺斯的研究,因为他写作这本书的时候,毕竟还是 20 世纪 70 年代,对于 20 世纪的诸多经济现象和经济问题还不能有效地吸收和消化。但是,其基本的经济和政治立场是显然的,即他肯定是靠近哈耶克这一阵营的,而和凯恩斯这一阵营的距离比较远。这就不奇怪了,我在诺斯《经济史上的结构与变迁》一书的书评中最后得出的结论是,诺斯是想"脚踏两只船"的——西方新古典经济学和马克思

---

① Douglass C. North, *Growth and welfare in the American past*, Englewood Cliffs, N. J.: Prentice-Hall, 1966, p.160.

② 陈兆旺:《美国福利公民身份缺损的政治制度解释》,《甘肃行政学院学报》2014 年第 6 期。

③ Douglass C. North, *Growth and welfare in the American past*, Englewood Cliffs, N. J.: Prentice-Hall, 1966, p.166.

主义经济学(当然,马克思主义经济学也吸纳了古典经济学的诸多概念和理论)。但是,如果让他选择一条船的话,我想诺斯会毫不犹豫地选择新古典经济学这条船。①在这本有关美国经济史的研究小册子中,诺斯的立场显然是古典经济学的,而非凯恩斯主义的。我们知道,在西方世界(甚至很大程度上,在全世界),凯恩斯主义是比较接近马克思主义的。表面上看,凯恩斯主义从 20 世纪 30 年代开始"拯救"了资本主义,也有很多人戏称,实际上是马克思主义或者社会主义"拯救"了资本主义。那么诺斯在这两本书中表现出来的对凯恩斯主义和马克思主义经济学理论的对立的态度,当然实际上是对自由市场经济(理论)的特别偏好。即他始终是自由市场经济理论论者。"显而易见,政府的保卫职能确保个人和社会回报率的相同。简而言之,市场体系是这样运作的:通过财产权结构释放信号以解决稀缺问题。如果产权得不到保护,那么这些信号将消失或者被扭曲,那么稀缺将不可能得到解决,事实上,可能永远得不到解决。"②他的立场稍有偏离的地方就在于,政府也是蛮重要的,但是政府必然需要在自由市场和产权保护的基础上活动,这才是更重要的理想状态。

《经济史上的结构与变迁》:承上启下之作,
以马克思主义滋养新古典主义

一、承上启下的重要作品:新经济史研究与制度变迁理论

诺斯的《经济史上的结构与变迁》一书是他所有作品中非常具有代表性的专著,而且具有非常重要的承上启下的作用。诺斯的主要学术贡献在于其对新经济史的研究和解释,而他对经济学的主要贡献一开始就是经济史学领域的研究,然后才提出比较成型的制度变迁的理论范式,即他影响最大的一本专著——《制度、制度变迁与经济绩效》的主要学术贡献。

---

① 不过,值得"庆幸"的是,就此科斯、诺斯、威廉姆森、张五常等为代表的新制度经济学也基本上被主流的经济学所接受。黄少安:《制度经济学》,高等教育出版社 2008 年版,第 125 页。

② Douglass C. North, *Growth and welfare in the American past*, Englewood Cliffs, N. J.: Prentice-Hall, 1966, p.172.

这本书名气太大了,以至于很多人已经不太清楚诺斯早年关于经济史的研究和贡献。其实,他获得诺贝尔经济学奖的主要原因就是其在经济史领域的解释性研究,而并非后来的关于制度变迁的理论研究。然而,诺斯关于新经济史研究的主要贡献,并不在于他提出了什么新的理论解释,而只是由于他适宜地将新制度经济学最新的研究成果运用到经济史的研究和解释中去,并对经济史上的主要的经济现象作了更为精细化的解释。其实,诺斯是很聪明而又很勤奋的。诺斯关于经济史的研究的核心解释是产权制度和交易成本,而非传统政治经济学的资源禀赋与技术创新等因素的解释。交易成本的理论研究主要是来自科斯等人的原创性研究,而产权理论诺斯算是比较典型的"原创性研究",应该也不是独创性的,因为法律制度史也是有很多相关研究的。但是,把产权制度摆放到如此重要的中心位置,确实主要是诺斯等人的贡献。所以,从这个角度来讲,诺斯获得诺贝尔经济学奖是迟早的事情。因为这样的解释,自然最为符合西方世界的意识形态。

诺斯引入解释的概念或者变量也在不断地添加,他之前有关经济史的研究只是主要引入了科斯的交易成本的概念,后来又不断引入决策不确定性,信息成本等因素。"简而言之,搜寻信息、不确定性、交易成本不存在。但是,正是恰恰是以往对这些因素的忽视,为了发展有效的结构和变迁理论,新古典经济原则必然深入研究这些假设。"[①]所以,诺斯的理论创新其实主要还在于引介和进一步的精细化研究。例如,在该书中,诺斯已经不再仅限于借用传统的制度经济学研究的主要概念了,同时也引入了奥尔森的"集体行动的逻辑"等解释框架,只是他并没有(或者有点不好意思)在分析框架中明确地体现出来。因为经济发展确实在很大程度上要解释人们应当如何突破和克服集体行动的困境等问题,由此才可以有效推动经济增长。而很多时候,很多情况下,所谓的制度和组织的存在和作为,主要就是为了突破集体行动的困境问题,所以诺斯开始反复强调"搭便车"(free rider)的问题。诺斯对意识形态这一概念或者变量的引入,在很大程度上就是为了积极地解释非理性的经济行为,而国家本身的作用在很大程度上也是为了克服经济与社会生活中的"搭便车"现象,或者所谓的"公地悲剧"(tragedy of the commons),即克服公共性和公共产

---

① Douglass C. North, *Structure and change in economic history*, New York: Norton, 1981, p.5.

品的供给的困境或者不足的问题。因而,如果说诺斯的主要学术贡献在于其在经济史学领域的研究,那其实主要是指他勤奋地将新制度经济学的很多研究范式和研究成果不断地引入经济史研究。因为经济史学研究的内容繁多而且复杂,很多人可能没有他的积淀深厚,也没有他那么勤奋,所以很多(制度)经济学研究的重要结论都难以直接、很快地被引入相关的经济史研究,诺斯就起到了这样一个"推广"和"传播"的工作。

《经济史上的结构与变迁》显然具有承上启下的作用。该书显然主要属于经济史的研究,诺斯此前的经济史研究主要有《美国过去的增长与福利:新经济史》《西方世界的兴起》,而这两本书和该书的关系非常密切,甚至有相互重合的部分。①所以,该书的重要性不仅在于承上启下的作用,而且也在于一定程度的综合性。例如,在该书中,关于近代的经济史的分析与解释基本上就来自其《西方世界的兴起》一书(这本书的研究的历史时间段集中在 12—17 世纪),而这本书最后倒数第二章就是以美国为例讲述了美国经济史上的一些重要问题。当然这也是《美国过去的增长和福利》一书的最为简单的总结版本。这本书的特色在于,其已经不仅仅停留在经济史的研究层面(虽然此前的经济史研究也都会提出或者强调有关产权制度、交易成本等诸多的基本假设或者解释性因素),而是系统地总结和归纳他的分析框架。所以,该书也是其关于此前的经济史研究的一个比较初步的理论归纳和提升,正好承接他后来最著名的《制度、制度变迁与经济绩效》一书。

二、比较成型的分析框架:经济绩效—经济结构—三大解释因素

从《制度、制度变迁与经济绩效》一书的三个关键词来看,诺斯提出了他影响最为重大的研究框架。当然,从该书的结构来看,次序可能正好是相反的。诺斯的研究显然是从关于人类社会不同阶段的不同国家或地区的经济绩效水平的差异而引发的。这当然是一个极为重要而迷人的议题,即为何世界上的不同地方,甚至自然禀赋、民族结构等多方面的因素极为相似的地方,却走上不同的发展道路,呈现出极为不同的经济绩效差异。②这

---

① 详细分析可以参见前面两篇书评。

② 参见[美]德隆·阿西莫格鲁、詹姆斯·A.罗宾逊:《国家为什么会失败》,李增刚译,湖南科学技术出版社 2015 年版,第 27 页,"我们生活在一个不平等的世界。国家间的差距跟两个诺加利斯间的差别差不多,只不过范围更大一些。"

就是研究对象的导入，即我们首先见到的当然不是资源（可能比较早见到，但都是直觉的）认知、技术、制度、国家等一系列的解释性因素。诺斯是由经济绩效差异这样的社会经济现象而导入原因的解释性研究，即回答到底是什么导致了这么大的经济绩效差异。作者将其归为"经济结构"，但是经济结构是天生的、一成不变的吗？显然并非如此，这可归入常识性判断。所以作者的全部标题是"经济史上的结构与变迁"。但是，这一题目可能会使人们忽视了他要解释的对象——经济绩效差异。当然，作者在全书的全部研究中，特别是在前半部分的框架的提出与最后的研究总结中，不断提及或者隐含的其实都是经济绩效差异。当然，该书不同于《西方世界的兴起》一书中会有比较案例的共时性分析，而更多的是历时性的分析。

由此可见，经济史的研究是要关注动态的解释因素，而非一劳永逸的解释性因素的发掘，例如人口、技术、资源、资本、人力资本等。当然，不同的要素（组合）都是动态的。即使地缘政治也是动态的，因为地理位置可能比较固定而且几乎是难以变动的，但是政治是变动的，那么地缘政治显然也是变动的。至于资源这一要素，在该书中诺斯明确提出，资源也并非一成不变。"资源是随着人们的知识而得以增长的，当然，这一模型揭示了资源的增长取决于技术革新，最终是知识存量的增长。"①诺斯在《美国过去的增长与福利》一书中举出了最简单的例子就是木材。由于木材是工业革命时代的最为重要的资源之一，所以其伴随着各项建设需要而大量地使用，其存量肯定会大幅度降低。然而，人们后来使用煤炭、石材、钢筋水泥大量地替代了木材的使用，而事实上也没有发生资源枯竭的情况。资源决定论的解释肯定是有问题的，资源当然是发展的重要基础，但可能并不是决定性作用因素。例如从英国和日本的崛起之中，我们亦可以理解这一点。当然，其中地缘还是非常重要的，资源禀赋也很重要，但是其本身并不是最重要的因素。所以，笔者之前有一个基本的总结就是，资源本身存量可能是相对固定的，关键是如何将资源最大化开发和利用。诺斯在讲述的荷兰的案例时，基本就是这个思路。当然，他没有铺开研究和阐述日本等国的相关问题。

在此基础上，诺斯归纳了一个更为动态的理论框架，即以经济结构及

① Douglass C. North, *Structure and change in economic history*, New York: Norton, 1981, p.16.

其变迁来解释经济史上的经济绩效水平的变化。经济绩效（差异）是大家比较熟悉的、可以感知的社会现象,诺斯只是将其做了多方面的细化,例如产品数量、成本收益等。诺斯在《美国历史的增长和福利》一书中,将经济发展界定为两个层面的发展,一个是内涵式的发展,另一个是外延式的发展。[①]经济增长更多地应该靠内涵式发展,即经济效率的提高为最主要的着力点。但是关于"结构"一词就显得比较模糊,甚至令人产生误解。我们在社会科学中,一般讲到结构(structure)时,多类同于制度,或者制度性因素,或者像阶级结构这样的固定性因素。诺斯对他的"结构"作了明确的界定:我们将"结构"界定为那些决定绩效的主要因素,包括政治和经济制度、技术、人口、社会意识形态等。当然,这只是一个概念性的解释。也就是说,人们观察到的经济绩效（的差异）都是由于这些经济结构决定的,但诺斯又对其中的若干因素予以强调。因为前人已经对其中的很多因素做过不少研究,例如技术、企业家精神与经济制度创新等。诺斯强调,他的研究不仅注重相对价格变动,而且特别强调人口在经济史上的重要性。对于这么长的经济史的研究来说,人口显然是一个非常重要的经济指标,而经济发展史上的很多方面或者指标的发展都是"互为因果"的。所以,人口作为非常重要（在古代到近代史中,人口作为劳动力的基础,重要性不言而喻）的生产要素,对其他相关价格要素的变动,以及一系列组织、制度、技术创新来说,当然也是至关重要的。[②]

　　所以,概括而言,诺斯关于"结构"的定义,主要集中在四个方面:人口、技术、经济和政治制度、意识形态(我作了新的排序,使得其更具有层层递进的性质)。人口是人们一向非常注重的因素。不过,过往的经济史学家与经济理论家,多比较注重技术的重要性,例如古典政治经济学和传统西方经济学史研究多注重这一要素的重要性。诺斯在这里强调的其实就是经济和政治制度,尤其是政治制度的重要性,其转化的中间变量是国

---

①　西耶格尔将两者归为"粗放型增长"和"集约型增长"的区别。[美]蒂莫·西耶格尔:《制度、转型与经济发展》,陈宇峰、曲亮译,华夏出版社2010年版,第64页。

②　罗斯托在总结近代经济增长理论时,也非常注重对人口因素的发掘。"在研究产业史的经济史学家所讨论的众多因素中,有三组动态的推动力脱颖而出。它们是:(1)人口的增长;(2)需求的变化;(3)技术的变化,这既包括机械和工程方面的进步,也包括商业组织的改进。"[美]W.W.罗斯托:《经济增长理论史——从大卫·休谟至今》,陈春良等译,浙江大学出版社2016年版,第371页。

家。当然,其对国家概念的引入,最终主要是为了解释有效产权制度的建立和保护。而且,诺斯在该书中的分析,有别于其他同类作品的重要特色就是对国家的研究。从政治学研究来看,其可能还是比较薄弱的。因为只有当他需要的时候,他才引出国家,而且国家也被作为一个单一结构进行分析。但是,当其必要的时候又会对国家作进一步的分解和分析。制度,正如诺斯到全书最后才总结道,其实是需要被进一步分层和细化而进行深入研究的,例如我们可以将其细化为宪法制度、(政策)执行制度和伦理道德规范等,这当然是不同层面的制度规范。在引入经济史学的分析时,诺斯其实也没有直接地罗列政治和经济制度的变迁,而在处理相关问题的时候,他一般是直接分析经济史上阶段性的绩效变化,然后引入当时的经济结构性变迁。而这种结构性的变迁主要表现为有效产权制度的建立。而诺斯一般会另起一章分析经济发展的后果,也就是组织形式的创新。因为经济制度和政治制度在生产实践中通过特定的(经济)组织得以体现,所谓的国家也是要通过组织化活动来体现。就经济发展史而言,经济组织的形式变迁内含着诸多的制度和技术的创新,所以其也可以作为一个非常重要的观察点。但是,问题在于,诺斯在这里的分析因素就比较游离了,我们是否可以以经济组织来整合经济和政治制度?但是这样的话,产权制度又不那么清晰可见了。而国家组织带有经济性,但又绝不是经济组织。

该书关于意识形态的引入,显然也是非常重要的创新,诺斯也意识到这一点,强调:"本书的理论框架重申并扩展其他社会科学(的研究):政治组织和意识形态是解释制度变迁的重要因素。"①诺斯很明确地指出,他之所以引入意识形态,主要是为了解释"剩余变量"(没有明确说,但是很明显)。即意识形态可以减少交易成本。因为一个国家的宗教、伦理道德、行为规范等都可以被纳入意识形态分析框架,由此可以解释很多不够"理性"或者"非理性"的经济行为。这样的解释当然是有见地的,但问题在于,这个意识形态的框架实在太大了,好像什么因素都可以被纳入这个框架。什么样的制度或者组织不需要相应的意识形态支撑?意识形态就是一个大框框,里面几乎是什么都可以装,甚至包括产权制度。其实,意识形态在传统社会更多的也是国家的重要组成部分。如果对意识形态进行区分的话,偏向高层的政治意识形态(这个在西方可能更复杂一些,在

---

① Douglass C. North, *Structure and change in economic history*, New York: Norton, 1981, p.2.

中国就比较简单,并没有可以脱离政治影响的意识形态)偏向于国家是不容置疑的,那很大程度上可以直接纳入国家范畴。而偏向基层的意识形态或者一定的社会(亚文化)则也是相对多变、多维和多样的。这样的解释就不够精细。

三、产权—国家—意识形态三层分析框架层层递进

（一）揭示诺斯制度分析理论的要素构成

诺斯比较清晰地提出了他整个研究的分析框架,即经济结构及其变迁的要素分析框架,其实也是对经济发展历史的重要的解释框架:产权理论、国家理论和意识形态理论。"这一理论的基础建构是:1.描述一个系统的个人和团体激励的产权理论;2.国家理论,因为界定和确定产权的是国家;3.意识形态理论,它解释了对现实的不同认知如何影响个体改变目标环境的行为。"①

由于该书主要是解释长期的经济增长,所以对微观的经济行为和机制的研究和论述相对比较简单,尤其是对产权的研究反而少了些。在诺斯看来,产权保护制度的重要性是不言而喻。在西方社会,产权也是一个比较固定的要素,甚至是约定俗成的制度规范。英国历史学家麦克法兰就讲到中西方关于产权观念的区别,西方人的产权观是非常敏感而清晰的,这也是英国的个人主义的重要根源。②但是,在经济史中,如何引入产权理论,产权理论引入的意义到底何在? 在诺斯看来,私人财产权显然可以降低经济和交易成本,即私有财产权是解释经济绩效和经济结构变迁的内在的、必要的因素。但是,恰好就在这么关键的地方,诺斯的论证和阐述是成问题的。诺斯认为产权是资源稀缺的产物,"只有在资源变得持续稀缺的转变时期,面对相应的成本,也值得人们必须发展和实施产权,以限制资源开发的规模。"③"如果移民和殖民是对人口增长的反应和应

---

① Douglass C. North, *Structure and change in economic history*, New York: Norton, 1981, p.7.

② ［英］艾伦·麦克法兰:《英国个人主义的起源:家庭、财产权和社会转型》,管可秾译,商务印书馆 2008 年版,第 244 页,"梅因主张,这种高度个人的、不可分割的所有权,作为一种奇怪而独特的体系,在 12 世纪以前尚为所知。然后,由于某种神秘的原因,它唯独出现于英格兰。"

③ Douglass C. North, *Structure and change in economic history*, New York: Norton, 1981, p.86.

对,那么排他性的个人所有权以及关于对土地分配的冲突则是另外一个重要的反应和应对。"①不过,可以质疑的地方在于,难道没有产生产权的国家和地区是因为资源不稀缺? 这个逻辑存在严重的问题,资源稀缺是产权产生的一个重要的必要条件,但不是充分条件。

(二)产权保护制度解释及其内部细化研究的缺失

此外,诺斯讲到产权对国家的重要意义是其对经济能够产生强烈的激励效应,并由此降低生产和交易成本。"知识存量和技术存量设置了人类福祉的最大限度,但是它们并不能决定人类如何取得成功。其实,是政治结构和经济组织决定了知识和技术的增长。人类发展出来的合作和竞争的形式,人类行动的组织规则的实施系统是理解经济史的关键。这些规则显现了激励与非激励系统,而这一系统指引并塑造了人的经济行为,与此同时,他们还决定了一个社会的财富与收入的最终分配。理解这一结构的基本要素有两个:国家理论和财产理论。"②也就是说,人类经济活动或者经济行为的绩效和成就,主要取决于由经济、政治制度产生的生产和交易的激励,由此产生出更为有效的产权制度进而提高劳动生产率。而其他的因素解释其实都是边缘和补充的,最为关键的解释其实就是有效产权带来高效的经济效率和效益。

不过,问题岂能如此简单,诺斯的长期经济史的分析恰恰忽视了产权的性质和界分。人类在非常漫长的历史中,产权是集体性质的,而非私有性质的,这和近代的私有产权还是有区别的。例如在史前文明、农耕文明、庄园经济、亚细亚生产方式中,人类社会之间的区分在很大程度上并非有无产权之分,而是产权的性质、形式和特征的区别。而诺斯忽视了这种区别,仅仅关注有无产权的区别,而有无产权的区别,又主要表现在产权保护程度上的区别,却忽视了很多集体性质的产权及其优势之所在。例如,我们说中世纪的庄园经济、教会经济是私有的还是公有的? 诺斯很难走到这一步,因为这会对他长期坚持的私有产权制度带来很大的挑战。其实,私有产权肯定具有非常强烈的激励作用,但是私有产权同时也很难克服其内在的分化、分散、分离的问题,例如我们在分析小农经济时,都会讲到这样的问题,即小农经济的生产率是难以有大的突破的,就是因为在

---

① Douglass C. North, *Structure and change in economic history*, New York: Norton, 1981, p.109.

② Ibid., p.17.

小农经济结构下,人们对产权实行了比较彻底的私有化。但是在这样的经济制度下,经济效率是很受限制的。例如法国大革命后农村产权私有化使经济增长反而受到很大限制。与此相对,英国的"羊吃人"的圈地运动,虽然最后保护了大产权,但又在一定程度上默许、刺激甚至鼓励了规模经济产权的形成。

诺斯其实对此是很清楚的,"第三,国家能够通过发展非个人化的法律以强制降低交易成本。因为发展的法律是一种公共产品,其对规模经济来说是非常重要的。如果存在一系列的法律,谈判和实施的成本将相应降低,因为交易的基本规则已经清晰可见。"①国家保护产权不仅仅是为了降低生产扩大化、专业化和分工以后升高的交易成本,在一定程度上,也是为了培育、促进规模经济,而规模经济岂不是正好和小规模的私有产权经济正好对立? 诺斯引入那么多的要素,其实不仅仅是为了保护产权,而是在一定程度上克服产权分化,效率低下的问题。例如,西方为何要引入工厂这样的集约化生产形式? 为何要克服搭便车困境? 我们并不是说私有产权不好,而是仅仅实行私有产权是完全不够的。

总之,诺斯的并列式的三层因素解释,实际上是层层递进的解释,是层次不断提升的原因解释。国家作为宏观的政治经济组织,很大程度上是为了克服私有产权带来的种种低效率而存在的。当然,国家的复杂性(诺斯也提出所谓的国家二重性的悖论,即所谓的"诺斯悖论")也使得这一目标难以轻易实现。这些就导致了不同国家和地区经济绩效的差异。所以,诺斯再次强调的依然是产权,但是他模糊了私有产权的性质与所有效应,全书中很少出现"私有"两字,因为其在经济史上的地位、功能和意义相对有限。但是,如此一来,又与他们的传统财产权至上等"意识形态"相悖。

(三)对国家作用的强调及其力所不逮之处

"对于经济史学家,最重要的任务是解释被国家界定和实施的产权,并解释其有效的实施。当然,其最有趣的挑战在于说明产权的历时性的结构性变迁和实施。"②关于此前诺斯等人以产权制度解释经济绩效应该很多时候可以得心应手的,特别是对于一些比较明显的对比性案例则尤其如此。例如诺斯等人将西欧国家简单分为两组:荷兰和英国,西班牙和

<hr>

① Douglass C. North, *Structure and change in economic history*, New York: Norton, 1981, p.36.

② Ibid., p.21.

法国,然后就可以轻易地对比出两者在产权制度方面的差异。当然,由此也可以得出国家制度重要性的结论。但是,对长期经济增长的解释,可能就没有那么简单了。因为,人们可以不断反问的是,到底产权制度是如何产生、巩固、被保护和演变的?这里必须引入其他的相关变量,对产权制度,包括其他重要制度影响最大的显然是国家。当然,在人类历史上可能并非如此,因为国家的作用是要作进一步区分的,正如马克思把黑格尔的"国家决定市民社会"调转成"市民社会决定国家"所展现的那样。

在此,诺斯非常强调国家在经济(史)分析中的作用,提出"国家之存在对经济发展至关重要,当然,与此同时,国家也是导致人为经济衰竭的重要原因。这一悖论推动我们需要将国家置于经济史研究的中心位置:国家模式应该作为解释长期经济变迁分析的重要因素。"①这一论断的依据何在?为什么国家对于经济史的分析如此之重要?这当然需要从保护产权的角度来论证,产权制度不仅可以保护产权和技术创新,同时也可以降低交易成本。我们应该如何界定和测量(或者观察"国家")?诺斯将国家界定为:"在我们的研究中,我们将国家界定为:(垄断)暴力,特定地理区域内可以对其委托人进行征税的组织。产权的本质在于排他权,即一个组织可以以暴力(为后盾)以界定和实施产权。"②如果我们以政治学的视角看这个问题的话,诺斯显然是作了选择性的分析,国家的功能其实是多方面的,例如社会稳定、社会秩序、公共安全、社会延续等一系列的功能,而诺斯在此作了"经济学"研究的简约化,即国家就是为了界定和实施产权的。

诺斯等人显然对国家为何不去认真地界定产权缺乏兴趣。当然,诺斯确实是顶尖的经济学家,对国家的模型化工作做得很精致。他在后面的解释中,分析了国家的两重性(差不多就是简单的所谓的国家二重性的问题)。"第一个目标是将这两者结合起来并非易事。第二个目标需要建立起一套有效的产权(制度)以实现社会产出的最大化。而第一个则试图界定一套基础规则,以使得统治者的个人收益最大化(或者,如果不是单一统治者的话,也可能使得统治集团或者统治阶级的垄断租金最大化,而统治者只是他们的代理人而已。)"③这里也可以解释国家为何会竭泽而

---

① Douglass C. North, *Structure and change in economic history*, New York: Norton, 1981, p.20.

② Ibid., p.21.

③ Ibid., pp.24—25.

渔，或者不计后果地破坏经济效率和经济绩效。当然，诺斯对这些"失败"国家的研究显然比较薄弱，他没有仔细深入地对比性地研究国家目标二重性的典型表现和演变过程，以便我们更好地理解两者之间的差异。诺斯关于国家的细化和测量，即政治和经济组织的功能的解释显然是选择性的："政治和经济组织可以实现：1.以规章制度的形式，确立一套行为约束体系；2.设置一套程序以监管和实施这些规章制度；3.契合一套道德和伦理行为规范，以降低实施成本。"①

当然，诺斯对国家的解释和分析还有其他的诸多问题，例如对经济学家来说，对国家的解释还是要下更多的工夫。由于国家的复杂性，根本不同于市场机制。国家与意识形态之间也存在着复杂关系。另外就是国家的不同层次的问题。追求自身财富最大化可能会对传统王权国家具有相当的解释力，但也并非具备完全的解释力。所谓的"国家财富和收益最大化"显然是比较老套的经济学假设，在实际的经济史分析中，如果依然采用这样的大而化之的假设的话，显然有失偏颇。当然，在一定程度上，意识形态可以弥补这种"理性国家"假说的不足。不过，诺斯关于低效率产权得以长期存在的解释在很大程度上也引入了国家的解释，即国家自利性与相关利益集团的阻挠，使得有效经济生产方式难以被引入或者起作用，这当然也是有一定解释力的。当然，诺斯还进而引入是否存在强大的外在挑战者作为解释国家为所欲为的重要变量，这在欧洲国家尤其如此，这实际上就是我们通常所说的"地缘政治"因素。例如施泰因等人推动的普鲁士改革，显然就是在拿破仑的铁蹄下被迫而实施的。

（四）引入意识形态作为新的解释变量

引入意识形态显然是诺斯等人关于经济史分析与解释的重要贡献，从我的阅读范围来看，并没有太多的经济学关注经济分析中的意识形态的作用。②当然，关注国家的经济学家也比较少，可能都是受到古典经济学的影响，不过也可能是受到传统社会的影响，进而忽视了国家和意识形

---

① Douglass C. North, *Structure and change in economic history*, New York: Norton, 1981, p.18.

② 诺斯后来进一步阐发了社会观念对于经济变迁过程的重要性。Douglass C. North, *Understanding the process of economic change*, Princeton, N. J.: Princeton University Press, 2005, p.2. "政治家和经济企业家依照支配性的信念作出决策，长此以往，将产生精细的制度结构积累，而这些制度结构则决定了经济和政治绩效。"

态的作用。当然,我们比较熟悉的是韦伯的新教伦理理论,桑巴特的犹太教与资本主义的研究,以及文化对资本主义或者经济发展的研究。这也可能与我们传统的马克思主义主导地位有关,我们向来比较忽视文化的经济作用。当然,对于社会科学家而言,文化这个因素太模糊、难以测量而又变动不居,所以很多学者都不太关注文化的作用。

而诺斯在这里引入的意识形态要素,显然是更具有包容性的解释因素,以至于不仅可以容纳文化、企业家精神,甚至连宗教、习惯、社会舆论、社会伦理道德规范等都可以被纳入这个框架,这真是一个无比巨大的分析因素集。但是,问题在于,诺斯要解释数千年的经济增长,而且几乎是全球范围的经济史研究,虽然他主要集中在分析欧美的经济发展史,但是也会对照古代埃及、巴比伦、波斯,甚至印度和中国等国家或者地区的经济发展而进行解释。但是,这些边缘案例存在的主要价值就是对照欧美的经济发展史。当然,美国戈德斯通教授 *Why Europe*? 一书强调了在中世纪时代,阿拉伯和穆斯林社会的经济、社会、科技、天文等方面的巨大成就。[①]所以,我们传统的经济研究可能存在比较大的局限。

诺斯的贡献就是对新古典经济学的逆反,他也特别指出古典经济学的"理性人假设"存在的问题,即并非人不是理性的,而是理性人假设太简单,甚至太武断。我们需要更为精细化的理性人假设和相应的经济学推理。诺斯在此大胆而及时地引入了奥尔森的"集体行动的逻辑"的研究,即经济发展必须很好地解决理性人假设导致的集体行动的困境问题。"更为关键的是,成功的意识形态必须克服搭便车困境。其基本目标是激励群体超越简单的成本收益分析的快乐主义算计。这对于大多数意识形态来说是一个核心推力,因为无论是坚守还是推翻现有的秩序,没有这些(长远)行为,是完全不可能的事情。"[②]诺斯甚至直接称赞马克思等人比较早地关注该问题,并且已经能够通过阶级分析框架试图解决"搭便车"的问题。意识形态的作用并非简单地超越个人的算计,其同时甚至可能带来重要的制度性变迁(或者不变迁):"政治学和经济学的研究都支持这样的结论:只有当个人收益超过个人支出的时候,调适才会发生。这一条

---

① Jack A. Goldstone, Why Europe? The Rise of the West in World History 1500—1850, Boston: McGraw-Hill Higher Education, 2009, pp.137—140.

② Douglass C. North, *Structure and change in economic history*, New York: Norton, 1981, p.53.

件严格地限制了委托人调适的意愿。这有助于解释低效率产权制度的存在。但是,这明显不能解释大型群体在私人收益微乎其微甚至为负的情况下,大型组织为何改变产权制度结构。"①

实际上,传统经济学的理性人假设很难解释很多的"不够"理性甚至"非理性"的经济行为。"我并不是认为这些行为是非理性的。我想表达的是,我们所运用的收益与成本的算计太局限了,根本不能理解人们的决策过程的其他影响因素。个人的效用函数远比新古典经济理论的假设要复杂得多。"②但是,诺斯关于意识形态的界定则显得比较简单,没有什么新意,我估计这也是因为经济学家对国家的研究还算勉强可以,但是他们对意识形态的研究可能就更加力不从心了。"1.意识形态这样的一种有效的工具,就此个体可以处理他们与环境之间的关系,并且为简化决策过程提供一套'世界观'。2.意识形态不可避免地与伦理道德判断相联系,这一切都关涉个人关于公平性的感知。这种情况清晰地暗含着一个可能的替代性概念——一反纯粹理性化或者意识形态的情况。关于收入的'财产'分配的规范判断是意识形态的一个重要组成部分。3.当人们的经验和他们的意识形态不匹配的时候,个人会转变他们的意识形态观念。实际上,他们就此试图发展出一套新的理性以更为'适应'他们的经验。"③其实,我们应该将更多的研究精力放到那些经济增长缓慢的地区,去探究他们是如何突破原先的意识形态或者其他什么因素的束缚的。例如诺斯长期分析西班牙的经济停滞,但是法国究竟是如何突破经济发展瓶颈而实现第二次工业革命的? 这是意识形态可以轻易解释的吗? 我们应该更多地研究,传统的或者落后的意识形态是如何被先进的意识形态慢慢取代的。换而言之,我们需要精细化解释市场化以及市场化意识形态是如何扩展的。

四、理论分析框架的历史运用及其深化

诺斯的研究是非常精细的,我们在研究数千年的经济发展史的时候,总是会面临经济发展的分期问题,即我们究竟应该以什么标准来区分不

---

① Douglass C. North, *Structure and change in economic history*, New York: Norton, 1981, p.31.

② Ibid., p.46.

③ Ibid., p.49.

同的历史阶段的经济发展史？因为传统的历史分期的影响太大了,几乎很难有大的突破,即使有一些理论创新,影响也是相对有限的。诺斯研究的创新之处在于他能够引介社会科学诸多分支学科的研究,而并非囿于传统的经济史学研究。例如,他对经济史的研究和分析就运用了计量经济学的成果,并从中析出了两次"经济革命",第一次是从涉猎和采集为生的原始社会到农耕社会的转变,第二次是工业革命。所谓的"革命"的标准就是看是否能够在很大程度上突破马尔萨斯陷阱,进而实现人口的激增。(这里就呈现了诺斯强调的人口要素的重要性。)"尽管路径是推理的,但是该书的主题是直截了当的:1.在历史上,人口资源比有两个主要的非连续性变化,我们称其为第一次和第二次经济革命。2.在这两次革命之间,周期性的马尔萨斯人口压力有时候被生理和社会的应对所克服,有时候被改变资源基础的有效经济制度所克服。"①当然,这样的分析依然是粗线条的,如果加上两次工业革命之间的漫长演变,也最多将西方经济史分为三段(两点切分三段)。但是,问题在于,这样三段的分析显然是很不够的,这种粗糙性在其研究中也显示出来。例如第一次经济革命发生的时间应该是很久远的,起码是五千年前的事情,但作者将其后果一直延伸到古希腊古罗马。其实我们传统的经济学史已经将古希腊古罗马视为具有一定形式的商品经济社会的形式,而且肯定是可以明显区别于传统农耕社会的。但是,诺斯却以当时的农耕经济的存在,而将其作为第一次经济革命的后果而写进古希腊和古罗马的经济史。尽管它们当时普遍存在,但其经济生产方式和生产力显然和其他很多地方不可同日而语。在实际上,诺斯并没有能够更多地关注这两种社会的经济形态,而只是泛泛地交代两个历史时期的制度创新和组织创新,所以其可以被算作是有所删减和取舍的经济史学分析,缺乏对制度创新的社会与经济基础的深入分析。

当然,诺斯有关诸多经济史问题的概述,在很多细节的分析上还是蛮见功底的。我将其中一些重要的,或者说我认为比较重要的分析整理如下:

(一)对农耕社会产权制度具体形式的交代和研究不够

诺斯虽然细化了国家(还是不够的),对意识形态的分析也是蛮下功

---

① Douglass C. North, *Structure and change in economic history*, New York: Norton, 1981, pp.15—16.

夫的,但这反而忽视甚至漠视了对不同性质、形式和功能的产权的分析,特别是对集体和私人产权的不同性质、表现与绩效的分析是相对比较欠缺的。我抓住了一个重要的证据,即诺斯本人自己写道:"因此,远古农业不需要作为排他性的社群财产而组织,相对于涉猎而言,在产权的效率方面更有优势。难以置信之处在于,从一开始,第一批农民并不排斥外来人分享他们的劳动果实。"①远古农业一开始甚至是不排斥外来人来分享他们的劳动果实的。因为他们没有产权的概念,所谓的农耕肯定就是简单的移植和维护,他们对这样的自己"加入"了劳动、时间、心血和成本的"果实"的占有意识都没有,或者最起码是模糊的。因为他们之前的意识是"公有"或者"共有"意识。但是,在人类社会长期发展进化过程中,这种集体的或者私人的所有制到底是如何慢慢产生,而又和其他的所有制形式相区分,并且产生出不同的绩效的? 抑或为何没有产生明显的绩效差异? 不过,如此一来,诺斯的研究就大有问题了。波兰尼的《巨变》一书对此有一定分析,例如他将作为市场经济前提的经济关系与思维归为只是社会关系的一个方面而已,而且社会关系总是要控制经济关系的肆意发展的。②

（二）对人口因素在古代社会的重要作用的强调

前文也提到,诺斯将人口增长（或者减少,特别是 14 世纪的欧洲大范围的黑死病）作为经济发展史的重要解释因素,这应该说是很有见地的。诺斯的一些论断有时候是有事实依据的,但有时候也只是一种推断而已。例如,他讲到到底是什么保证了人类的持续生存? 是丰富的资源吗? 诺斯认为是因为人口（的增长）,"在原始人的世界里,部落为了使得自己的人口适应当地的资源存量基础,将不可避免地被那些随着人口增长而不断壮大的部落所排挤（人口增长完全可以通过移民和部落分化来解决）。因此,史前的人类人口取决于他们的行为,每当生存标准允许时,就会呈现人口集体增长的趋势。"③诺斯的分析其实是连贯的,即人口的暴增并

①　Douglass C. North, *Structure and change in economic history*, New York: Norton, 1981, p.81.

②　[匈牙利]卡尔·波兰尼:《巨变:当代政治与经济的起源》,黄树民译,社会科学文献出版社 2013 年版,第 113 页,"最近历史学及人类学研究的重要发现,就一般而言,人类的经济是属于其社会关系之下的。"

③　Douglass C. North, *Structure and change in economic history*, New York: Norton, 1981, p.84.

不是重要的难题,虽然人类一直处在马尔萨斯陷阱中,而很难也很少有所突破。例如诺斯关于11—14世纪的欧洲的"拓疆运动"的研究就比较具有代表性,而左派历史学家安德森对此也有分析(只是他将此作为封建化,即东西欧分流的重要因素)。而诺斯还将欧洲在美洲的殖民看作是拓疆运动的延续。总之,在他看来,人口增长带来的问题是次要的。诺斯对古代农耕社会的贡献作了总结,"在古代经济史上,人口增长是最重要的基础性因素。伴随着人口增长,古代世界的经济绩效的核算才开始。定居农耕提供了更多的粮食,从而导致人口增长率的提高。"①在中世纪封建主义兴衰的研究中,诺斯也将人口变动作为非常重要的解释因素:"人口变迁和战争是解释相伴随的结构性变迁的关键。战争对政治共同体的规模和结构具有决定性的作用。通过对土地和劳动力的相对价格的效应,人口变迁是经济组织和财产权制度变迁的决定性因素。"②

(三)第一次经济革命是何种意义上的"革命"?

诺斯提出的"第一次经济革命"显然带有一定的风险性,因为相对于人类社会的漫长发展历史,为何这个时间节点可以被称为具有"革命性"?农耕文明经历了漫长的历史发展,其中包含了比较长期的商品经济与对外贸易经济,很难界分农耕文明与商品经济。而诺斯对此则是做了模糊化的处理。他的主要想法应该是要凸显农耕文明引发的一系列经济与政治制度的变革,也就是所谓的组织变革。这种组织变革使得此后的一系列长期经济发展成为可能,或者最起码在某些特定的文明圈内成为可能。"第一次经济革命并非革命,因为它仅仅意味着人类的主要经济活动从涉猎和采集转变为农耕。同时,它又是一场革命,因为这一转变为人类提供了相当重要的激励变化。这种激励变化源自两个不同经济系统下的产权差异。"③诺斯所说的产权制度的变革,其实内含着产权的界定、实施和保护的一系列制度变革与组织变革。当然,这些又都使得后来的很多技术革新与资源开发、产品开发等成为可能。

(四)古典时代人类经济与政治活动的创新与发展

这里讲述的内容当然就会比较零散,不过也具有一定的学术价值。

---

① Douglass C. North, *Structure and change in economic history*, New York: Norton, 1981, p.84.

② Ibid., p.126.

③ Ibid., p.89.

例如,笔者时常以为罗马千年帝国的统治得以实现的一个重要原因在于其行省制度,即在帝国框架下可以容纳更多的经济、政治与宗教区域单位。而与此同时,罗马又可以保持核心文明区域的军事和政治优势。但是,这一模式在波斯帝国时期就已经形成,"(波斯)帝国的成功之处与内在的脆弱性都在于它的分散性结构。成功是因为任何试图在各个分裂单位上建构统一的中央集权结构都是代价高昂的。宗教宽容和对地方宗教的主动适应对于稳定影响来说非常重要。"①只不过,罗马的政治形式可能更为精细和复杂,"奥古斯都统治下的罗马帝国不可避免地发展了比波斯帝国和希腊君主制更为复杂的控制体系:周期性的调查得到实施,文职系统得以建立,元老院的经验丰富的统治者被指派到行省任职,职业雇佣军得以建立。"②在诺斯的这本书中,他还对雅典的经济基础和公共财政作了一些的描述,例如在劳里厄姆的银矿实施奴隶制获得的收益是其重要的公共财政来源,以此供奉雅典海军,同时也是公民补贴的重要组成部分。

(五)罗马人的贡献与罗马帝国的衰亡:真正的衰亡

罗马人的贡献,从政治上说可以归纳为:分权与制衡体制的建立,保护有产者的经济与政治地位,因为元老院就是"贵族院",这些贵族在古罗马长期历史上占据重要地位。罗马帝国的经济基础当然有商贸部分,但是其主要的经济形式依然还是农耕经济,即小农经济,但是罗马城的发展造就了一大批无产阶级。书中讲到一个非常有趣的事情,就是为何西方对暴民政体如此厌倦,估计也是对罗马城的暴民的肆无忌惮看不惯,罗马城中的贫民——无产阶级一开始要求获得"廉价的粮食",后来想获得的是"免费的粮食",这一跨越当然是巨大的。所以,我们也可以看到罗马帝国将军拥兵自重的危险之所在,因为这些所谓的"无产阶级"是没有什么原则可言的,马克思当年也讨论过"流氓无产阶级"的问题。③但是,罗马

---

① Douglass C. North,*Structure and change in economic history*,New York:Norton,1981,p.108.

② Ibid.,,p.100.

③ "流氓无产阶级是旧社会最下层中消极的腐化的部分,他们在一些地方也被无产阶级革命卷到运动里来,但是,由于他们的整个生活状况,他们更甘心于被人收买,去干反动的勾当。"卡·马克思、弗·恩格斯:《共产党宣言》,载《马克思恩格斯文集》第2卷,中央编译局译,人民出版社2009年版,第42页。

人在经济方面的主要贡献是私法体系的建立和健全,特别是私人财产权与权利意识的形成。而这一层面的贡献几乎是怎么强调也不为过的。很多学者提出,后世的文艺复兴在很大程度上其实是罗马法的复兴,"罗马法遗产的延续,以及在近代欧洲的完全复兴形塑了(当时的)产权结构。"①而从公元476年到1500年,欧洲的整个历史可以用罗马元素和日耳曼元素的结合来概括:"我们可以将这一千年的结构的特征归纳如下:在这个年代,战争、入侵和混乱导致了日耳曼和罗马制度的融合。"②

罗马帝国的兴衰是一个迷人的议题,该书也花了不少篇幅来描写和分析,罗马人是以军事制度和军事势力来赢得千年帝国的"荣誉称号"的。罗马的帝国版图的扩张,靠的主要就是军事征伐。因为军事征伐的好处不仅仅表现在军事方面,同时也会表现在经济上和政治上,"成功的军事征伐可以获取更多的战利品,并将它们分配给忠诚的下属和战士,这是有野心的罗马人获得政治成功的一个主要途径。与此同时,军事征伐还可以扩大被控制地区,以获得更多的税源,同时也可以以奴隶的形式提供更多的劳动力。"③但是,正所谓"成也萧何败也萧何",罗马人最后也是被野蛮人给征服了。但是这是传统解释,有意思的是,诺斯在此也提出了或者重新审视了其他的解释,即罗马人是从内部垮掉的,"但是,罗马人的军事优势逐步减少,野蛮人的不断提升的军事能力轻易地降低了罗马人的相对优势。当军事优势相对降低的时候,帝国控制的管理成本却在不断增加,事实已经相当明显不过了,随之而来的就是不同地区不断增长的地方自治和自给自足。"④从这个意义来说,所谓的野蛮人对罗马帝国做出了巨大的贡献,即为罗马帝国的崩溃挽回了一点"脸面"。从这个角度说,所谓的野蛮人其实是西方文明(主要罗马文明)的"拯救者",虽然这个拯救最终耗费了大量的时间和成本。

(六)中世纪与近代早期的诸多变化

中世纪是罗马元素(基督教教会是主要继承者)和日耳曼元素的结合。其非常重要的主题就是战争。而战争对当时以及后世的经济与社会变迁产生了非常重要的作用。所以,诺斯在这些问题上的解释是游离的,

---

①② Douglass C. North, *Structure and change in economic history*, New York: Norton, 1981, p.115.

③ Ibid., p.114.

④ Ibid., p.122.

即战争是这个时代发展的重要推动力,人口的增长与衰减也是重要的推动力,但如何将其整合到现有的分析框架? 诺斯还分析了战争推动军事技术变革,军事技术变革推动社会技术变革,以至于整个社会生产率的变革的过程。那么这些又该如何被纳入现有的分析框架? 是否可以将其都归为"生产要素相对价格变化"? 作者还是比较巧妙地去解释这个问题,即追问战争的原因是什么? 或者战争的结果是什么? 那只能是更庞大的政治单位的出现,即现代国家的兴起,而其对近代市场经济发展的作用是非常显著的。"想要生存下来,不仅需要一支庞大的军队,而且需要训练有素的、纪律严明的、战斗力强、装备良好的军队,这时的装备是价格昂贵的大炮和滑膛枪。以长矛装备骑兵的时代已经过时了,骑士时代一去不复还了。陆上战争和海上战争(海战的规模和军舰数量不断飙升)使得生存所要耗费的财政资源数量大增。"①但是,他在这里的欠缺是完全忽视了南欧意大利、西北欧以及德意志地区的发展,如果能够将这两个区域的发展情况加以比对,显然可以增强近代国家生成对经济发展的重要性的说服力。

由于近代战争的推动,当然还有诺斯没有详细研究和阐述的中世纪城市经济发展、南欧意大利等地区城市共和国的发展,这一时代的发展主题是相当复杂的,甚至社会经济也是相当混乱的。而诺斯所谓的产权制度,肯定是要逐步在这两个地方,严格来说是一个地方——中世纪中后期的城市去寻找的。尽管近代发展的主要趋向是民族国家的发展,其所论及的对外经济的发展其实是城市经济圈的拓展,而很多对外经济枢纽地区都成为当时重要的城市。书中有一个解释也是很有见地的,就是为何发生海外殖民。可能主要是出于海外冒险活动的追求,但是,为何会发生海外冒险活动? 我们此前的很多解释是由于土耳其人占领东西方的商路,使得西方与东方的香料贸易等被阻隔,从而使得葡萄牙人和西班牙人相继进行海外冒险行动。诺斯的解释是:"就香料贸易而言,土耳其人的占领使得发现到达印度的替代性商路的潜在回报率升高。"②香料贸易可能是被垄断或者限制了,不过我们不能排除"偷运"的情况。但其肯定在总体上提升了香料贸易的利润空间。关于 11—16 世纪的分析大部分来

---

① Douglass C. North, *Structure and change in economic history*, New York: Norton, 1981, p.138.

② Ibid., p.144.

自《西方世界的兴起》,我已经作了一定的分析,这里就不详述了。我们可以将其总结抄录如下:"通过市场组织经济活动的成本的降低是这个时代的主要的生产收益。当市场扩张时,英国的商业、工业、农业等领域的创新就像荷兰当年发生的一样发生了。是降低的交易成本导致私人产权制度的建立,以及贸易和商业竞争,使得英国脱离了马尔萨斯陷阱,而法国和西班牙在 17 世纪依然受到马尔萨斯陷阱的困扰。"①

(七)英国主导的工业革命:是发展的原因还是发展的结果?

诺斯的研究引发关注的重要原因就在于,他挑战了传统很多的约定俗成的观念,例如挑战工业革命是"革命"的传统观念认知。诺斯对工业革命提出了深刻的挑战,或者说"用数据说话",最起码是可以"翻案"的,"进而言之,工业革命期间的经济增长率与后来的时期相比,并不特别显著,如果和最近的发展中国家的增长率相比更是'不值得一提'了。简而言之,我们关于过去的两个世纪的传统观念需要被修正。被我们称之为'工业革命'的时代并非如同我们过去所理解的那样,是和过去的决裂。相反,我将在下文阐述,工业革命是此前诸多事件漫长演化的结果。"②其实,这也可以理解,因为诺斯不能将工业革命捧得特别高,否则的话,就和新古典经济学(史)的研究没有明显差别了。即使只是描述工业革命的成就,也会显然地降低其反复强调的制度性解释的力度。他要将英国的工业革命看作是前期的一系列的(制度性)因素变迁与积累的后果。这一点其实在麦克法兰的《英国个人主义的起源》以及其他的一系列的研究中已经多有发掘。

(八)技术(变革)如何才能实现更大程度生产率的提高?

诺斯的新经济史研究,在很大程度上,是以新古典经济学(史)的研究为主要批判对象的。新古典经济学研究的主要理论基础是理性人假设、供求关系理论、技术革新理论等。诺斯其实并不否认技术变革及其经济社会效果的重要性,但是他想强调的是对制度、组织等技术变革的保护、推动才是经济增长最为重要的影响因素。他也分析了技术变革与相关的知识积累的密切关系,其实科学与技术的结合则是近一百多年的事情,而两者在此前是一直相互分离的。所以,其对人类社会的经济和社会发展

---

① Douglass C. North, *Structure and change in economic history*, New York: Norton, 1981, p.157.

② Ibid., p.162.

的促进作用比较有限。诺斯对传统技术决定论的批判是比较有力的,而且他并没有借助其他很厉害的工具,就借助古典经济学理论加以分析和反驳。即如果技术具有决定性作用的话,那么潜在的动力是发明创造的知识产权货币化,前提是需要技术推广。不过,技术如何得到推广和运用,肯定是由市场决定的。也就是说,市场规模越庞大,所能带来的新发明和新技术的个人回报就越多,那么就是对个人生产技术创新的一个重要的刺激和推动。所以,技术其实也只是一个中间变量而已,甚至只是市场扩张的一个重要表现,而并非原动力性质的影响因素。那么市场是如何扩张的? 显然要回到生产要素变动、生产剩余、生产专业化等方面的探讨了。总之,要形成"直接以交换为目的而进行的生产活动"经济格局,进而逐步不断地推动市场的生成和扩张。当然,市场扩展以及商品经济的发展,使得专业化和劳动分工变得可能,进而推动了技术革新。但是又出现交易成本提升的问题,显然只有通过进一步的组织创新来不断地加以克服。

(九)为了降低交易成本、监督成本、创新成本而推动的组织创新——工厂化生产

有一些文献,强调中世纪中后期商贸复兴以及中世纪城市兴起的重要意义。[①] 但是,他们对西欧很多地区蓬勃发展的农村手工业的关注不够。不过,问题在于,这些小型、分散、原始的家庭手工业为何不能长期维持? 他们又是如何消亡的? 诺斯在这里的研究为我们提供了一定的启示。即从理论上回答为何人类经济活动最终要回到集中的工厂进行。不仅如此,工厂的规模还变得越来越大? 诺斯分别强调了工厂生产对质量控制的好处:"逐步集中化生产是更有效质量控制的重要一步,这也是工厂系统发展的前提,而工厂系统的生产则对生产过程中对质量的直接监控的实施。"[②]不仅如此,诺斯还强调了工厂制对工人控制的好处。

(十)关于美国经济史的一些讨论——强调自由宪则国家的建立及其重要性

诺斯在倒数第二章重点研究了美国案例,因为他此前做过关于美国

---

① [比]亨利·皮朗:《中世纪欧洲经济社会史》,乐文译,上海人民出版社2001年版,第40页,"商业复兴迅速地完全改变了它们的性质。10世纪下半叶,改变的初步征兆已经显露。"

② Douglass C. North, *Structure and change in economic history*, New York: Norton, 1981, p.168.

经济史的研究,所以,在这里应该也是得心应手。不过,这里也凸显出诺斯研究的区域的局限性——除了欧美以外,别无他地。当然,其中还有一些问题值得在此再加以讨论。诺斯抓住了美国政府的组织特征——"三权分立"。但是,为什么美国人要发展出如此严密的分权制衡?诺斯在这里强调的是保护私有财产权(比较委婉,因为穷人没有太多私有财产权可以保护,他们想要得到的是像罗马城的无产阶级那样的"福利再分配"的"权利")。"设计权力制衡体系,使得任何派系利用政治体系为自己的派系服务的成本都非常高,不论是多数派还是少数派。政府是行政、立法、司法三权分立的系统,立法机构中的两院制进一步分立,联邦、州和地方政府的运行等,都使得重组财产权以便对财富和收入进行再分配的行为变得非常困难。"①但是,这样的解释也会带来一个问题,就是诺斯应该如何看待英国的问题。英国反而不是如此彻底的分权,尽管三权分立理论的集大成者孟德斯鸠认为他的灵感来自英国人的实践。但是对照美国政治体制,英国人可能并不完全认可。那么,应该如何联系这样的分权制衡体制、财产保护与经济绩效这三者之间的复杂关系?我认为,它们之间的关联其实是比较薄弱的,而且也很难以长时间段的分析来展示。也许我们可以说,美国毕竟建国时间太短,所以短期内没有办法和母国相竞争。但是到了 19 世纪,特别是 20 世纪就凸显出其巨大的制度潜力来了。但是,那是不是意味着此前几十年不断学习美国政治体制的国家也会走上美国不断发展强大的道路?目前看来,非常难,甚至几乎不可能。而且,所谓的"美国特殊论"并非空穴来风。

当然,诺斯作为世界顶级的经济学家的成功之道在于他的分析框架的弹性很大,甚至可以在原先的新古典经济理论中容纳凯恩斯主义,尽管从我的阅读范围来看,诺斯等人骨子里是自由市场经济论者,是和凯恩斯主义政府干预经济理论截然相反的。但是,他直接提出自由市场并不等同于自由放任,政府最起码应该提供相应的制度基础、公共产品(包括保护与防卫等),最为期待的当然是对产权的清晰界定和有力保护(当然特别要包括知识产权)。为什么说诺斯是自由市场经济论者?我们如果对诺斯下面一段话作简单分析,便可坚定地将其如此定位。"加布里埃尔·科尔科(Gabriel Kolko)在他的《保守主义的胜利》(1963)一书中使人们确

---

① Douglass C. North, *Structure and change in economic history*, New York: Norton, 1981, p.189.

信,进步运动被利益集团利用以实现他们的目标。正如上文所述,厄普顿·辛克莱(Upton Sinclair)的《屠宰场》有利于 1906 年通过的'肉类检验法'的出台。米勒(Miller)(1971)的研究指出,'农协法'出台的背后最为重要的力量是,由于不可避免地受到铁路发展的竞争而影响的地方商业利益。"①

五、小结:如何"确定"诺斯在新制度经济学中的位置?

诺斯在该书中最后一章对全书进行了总结,但主要的论述对象依然是制度,尤其是对制度进行了分层。诺斯在这里的做法显然还显得不算特别成熟,而到了《制度、制度变迁与经济绩效》一书就显得更为完备和成熟。这里要做一个简单的总结,我们究竟应该如何确定诺斯在新制度经济学中的位置? 他是自由市场论者? 还是凯恩斯主义者? 抑或马克思主义者? 从上文的分析中,我们可以看到诺斯其实是典型的自由市场论者。当然,他在强调自由市场的基础上,重点强调了财产权的重要性,而财产权又不是天生的,也不是自由市场所能提供的,所以他就引入了国家与意识形态的分析框架,这当然显然是对传统古典经济学的一个大逆反。从这个角度来讲,诺斯显然是带有一定国家中心主义分析色彩的,但是其与国家中心主义又离得特别远。因为国家中心主义的分析甚至赞许对象应该是德法这样的相对后发的国家的经济发展情况,但是在诺斯的这本书中,估计包括他其他的几乎所有的书,都没有提到德国的超越式发展,对法国这样一个比较典型的国家中心主义国家,甚至包括日本等关注都十分有限,我们就更不能苛求他关注亚洲四小龙等新兴工业化国家了。

诺斯离国家中心主义的分析范式还有很长距离,而且他肯定是反对这样的国家主导经济的模式,这从他的国家二重性的分析中也可以看得出来。因为在国家中心主义的发展模式中,财产权和知识产权都是无从谈起的。不过,诺斯却明确指出,马克思主义的分析范式是有很多长处的,"马克思的分析框架是有关长期经济增长的学说中最为深刻的,因为它涵盖了新古典经济学框架未能包括的所有的要素:制度、产权、国家与意识形态等。"②这些所谓的新古典经济学框架未能包括所有的要素,不

---

① Douglass C. North, *Structure and change in economic history*, New York: Norton, 1981, p.197.

② Ibid., p.61.

正是诺斯本人及其合作者反反复复强调的要素吗？显然，诺斯对马克思主义理论的吸收和借鉴并非只字片语所能概述。从这一点上，我们也可以理解，为何诺斯在中国相当受欢迎。而且我们改革开放以来的一系列改革"动作"和他的理论多少有些相关。

　　不过，诺斯对马克思主义的相关观点也并非照单全收，他对马克思主义的分析框架也提出了自己的批判："马克思的模型的局限性在于：未能提出技术变迁的变种，以及过于强调技术而忽视了导致变迁的其他因素。例如，马克思忽略了历史上人口变化的重要角色。"①其实，实际情况肯定并不尽然如此。马克思和恩格斯都非常惊叹资本主义发展的技术革新以及重要的经济社会效果，但是诺斯也讲到，有些经济增长并非技术革新带来的，或者技术革新的作用还远远未发挥出来。那么，问题归根到底，诺斯和马克思主义的分析框架的区别到底是什么？很显然，诺斯反对马克思主义的阶级分析框架，因为他认为这一分析单位太大了。那么诺斯的分析单位是什么？并不是很明确，但是严格意义上讲，应该还是个体的，所以诺斯和马克思之间的区别是个人主义和集体主义分析范式的差别。诺斯认为理性分析方法不是不对，人类不是不够理性，而是理性算计的分析太简单，需要对其改进。而他的研究，在很大程度上，其实就是对古典经济学的个人主义分析方法的一种重要的改进，而非直接、根本的对立。例如诺斯对产权理论的分析、交易成本的分析、作为技术革新前提的知识产权的保护、激励制度、国家二重性等理论分析范式，都内含着理性人（的算计）的假设，而当这种算计不足以完全解释的时候，他又巧妙地引入了意识形态以弥补理性人的"理性不足"的问题。所以，这就变得很清楚了，诺斯是站在古典自由市场主义的大船上，从马克思主义的大船上挑出来不少"干货"，以装饰、弥补、甚至修补理性主义的不足。

---

　　① Douglass C. North, *Structure and change in economic history*, New York：Norton，1981，p.61.

参考文献汇总[①]

第一章　相关研究综述与研究设计部分参考文献[②]

一、英文著作与论文

1. Alan Macfarlane, *The Riddle of the Modern World*: *Of Liberty*, *Wealth and Equality*, Hampshire: Palgrave Macmillan, 2002.

2. Arend Lijphart, *Thinking about democracy*: *Power sharing and majority rule in theory and practice*, London: New York, NY: Routledge, 2007.

3. Barry R. Weingast, "The political foundations of democracy and the rule of the law," *American political science review*, Vol.91, No.2, Jun. 1997.

4. Douglass Cecil North, *Structure and change in economic history*, New York: Norton, 1981.

5. Douglass C. North, and Barry R. Weingast, "Constitutions and commitment: the evolution of institutions governing public choice in seventeenth-century England," *The journal of economic history*, Vol.49, No.4, Dec. 1989.

6. Douglass C. North, et al., eds., *In the shadow of violence*: *Politics*, *economics*, *and the problems of development*, Cambridge:

---

① 本部分整理的参考文献均是从本书脚注中的文献整理出来，为了便于检索与检阅，采取了分章罗列的方式。英文著作与论文按照作者姓名的英文字母排序，中文翻译著作与论文、中文著作与论文都按照作者姓名的拼音排序。

② 由于附录部分可以算作是第一章相关内容的基础，所以将其所引证的文献均在第一章的文献中列出。最后一章的结论也如此操作。

Cambridge University Press，2013.

7. Douglass C. North, *Growth and welfare in the American past*, Englewood Cliffs, N. J.: Prentice-Hall, 1966.

8. Douglass C. North, John Joseph Wallis, and Barry R. Weingast, *Violence and social orders: A conceptual framework for interpreting recorded human history*, Cambridge: Cambridge University Press, 2009.

9. Douglass C. North, *Understanding the process of economic change*, Princeton, N. J.: Princeton University Press, 2005.

10. Gianluca Raccagni, "An exemplary revolt of the central Middle Ages? Echoes of the first Lombard League across the Christian world around the year 1200," Firnhaber-Baker Justine, and Dirk Schoenaers, eds., *The Routledge history handbook of medieval revolt*, London: Routledge, 2017.

11. Gosta Esping-Andersen, *The three worlds of welfare capitalism*, Princeton, N. J.: Princeton University Press, 1990.

12. Gregory Clark, "The long march of history: Farm wages, population, and economic growth, England 1209—1869," *The Economic History Review*, Vol.60, No.1, Sep. 2007.

13. Jack A. Goldstone, *Why Europe? The Rise of the West in World History 1500—1850*, Boston: McGraw-Hill Higher Education, 2009.

14. Lee J. Alston, and Joseph P. Ferrie, *Southern Paternalism and the American Welfare State: Economics, Politics, and Institutions in the South, 1865—1965*, Cambridge: Cambridge University Press, 1999.

15. Mancur Olson, "Dictatorship, democracy, and development," *American political science review*, Vol.87, No.3, Sep. 1993.

16. Michael L. Ross, "Does oil hinder democracy?," *World politics*, Vol.53, No.3, Apr. 2001.

17. Philippe C. Schmitter, and Terry Lynn Karl, "What democracy is … and is not," *Journal of democracy*, Vol.2, No.3, Summer 1991.

18. Richard Bean, "War and the Birth of the Nation State," *The Journal of Economic History*, Vol.33, No.1, Mar. 1973.

19. Richard Koebner, "Adam Smith and the industrial revolution,"

The Economic History Review，New Series，Vol.11，No.3，1959.

20. Richard Stubbs，"What ever happened to the East Asian Developmental State? The unfolding debate，" *The Pacific Review*，Vol.22，No.1，Mar. 2009.

21. Robert William Fogel，*The fourth great awakening and the future of egalitarianism*，Chicago：University of Chicago Press，2000.

22. Stephan Haggard，*Developmental states*，Cambridge：Cambridge University Press，2018.

23. Stephan Haggard，"The developmental state is dead：long live the developmental state"，James Mahoney and Kathleen Thelen eds.，*Advances in comparative-historical analysis*，Cambridge：Cambridge University Press，2015.

24. Tang Tsou，"Interpreting the revolution in China：macrohistory and micromechanisms，" *Modern China*，Vol.26，No.2，Apr. 2000.

二、中文翻译著作与论文

1. ［法］阿兰·佩雷菲特：《停滞的帝国——两个世界的膨撞击》，王国卿等译，生活·读书·新知三联书店 2013 年版。

2. ［美］阿伦·利普哈特：《多元社会中的民主》，刘伟译，上海人民出版社 2017 年版。

3. ［美］埃里克·诺德林格：《民主国家的自主性》，孙荣飞、朱慧涛、郭继光译，江苏人民出版社 2010 年版。

4. ［美］艾伯特·赫希曼：《欲望与利益：资本主义走向胜利前的政治争论》，李新华、朱进东译，上海文艺出版社 2003 年版。

5. ［英］艾伦·麦克法兰：《英国个人主义的起源：家庭、财产权和社会转型》，管可秾译，商务印书馆 2008 年版。

6. ［乌拉圭］爱德华多·加莱亚诺：《拉丁美洲被切开的血管》，王玫等，南京大学出版社 2018 年版。

7. ［美］安德烈·冈德·弗兰克：《依附性积累与不发达》，高戈译，译林出版社 1999 年版。

8. ［美］奥尔森：《经济学第二定律》，载盛洪主编：《现代制度经济学》上卷，北京大学出版社 2003 年版。

9. ［美］B.盖伊·彼得斯：《政治科学中的制度理论："新制度主义"》

(第 2 版),王向民、段红伟译,上海人民出版社 2011 年版。

10.[美]巴林顿·摩尔:《专制与民主的社会起源》,王茁、顾洁译,上海译文出版社 2012 年版。

11.[美]布鲁斯·布恩诺·德·梅斯奎塔、希尔顿·鲁特主编:《繁荣的治理之道》,叶娟丽、王鑫等译,中国人民大学出版社 2007 年版。

12.[美]查尔斯·蒂利:《欧洲的抗争与民主:1650—2000》,陈周旺、李辉、熊易寒译,上海人民出版社 2008 年版。

13.[美]查尔斯·蒂利:《强制、资本和欧洲国家:公元 990—1992 年》,魏洪钟译,上海人民出版社 2007 年版。

14.[日]村上泰亮:《反古典的政治经济学》(上下),张季风、丁红卫译,北京大学出版社 2013 年版。

15.[美]丹尼尔·布罗姆利:《充分理由——能动的实用主义和经济制度的含义》,简练、杨希、钟宁桦译,上海人民出版社 2018 年版。

16.[美]道格拉斯·C.诺思、约翰·约瑟夫·瓦利斯、巴里·R.温格斯特:《暴力与社会秩序:诠释有文字记载的人类历史的一个概念性框架》,杭行、王亮译,上海人民出版社 2013 年版。

17.[美]道格拉斯·诺思、罗伯斯·托马斯:《西方世界的兴起》,厉以平、蔡磊译,华夏出版社 1999 年版。

18.[美]道格拉斯·诺思、约翰·沃利斯、史蒂文·韦布、巴里·温加斯特编著:《暴力的阴影——政治、经济与发展问题》,刘波译,中信出版集团 2018 年版。

19.[美]德隆·阿西莫格鲁、詹姆斯·A.罗宾逊:《国家为什么会失败》,李增刚译,湖南科学技术出版社 2015 年版。

20.[美]蒂莫·西耶格尔:《制度、转型与经济发展》,陈宇峰、曲亮译,华夏出版社 2010 年版。

21.[英]F. A. 哈耶克:《致命的自负:社会主义的谬误》,冯克利、胡晋华译,中国社会科学出版社 2000 年版。

22.[法]费尔南·布罗代尔:《法兰西的特性》,顾良、张泽乾译,商务印书馆 2020 年版。

23.弗·恩格斯:《恩格斯致瓦尔特·博尔吉乌斯》,载《马克思恩格斯文集》第 10 卷,中央编译局译,人民出版社 2009 年版。

24.弗·恩格斯:《社会主义从空想到科学的发展》,《马克思恩格斯文集》第 3 卷,中央编译局译,人民出版社 2009 年版。

25. [美]弗朗西斯·福山:《信任:社会美德与创造经济繁荣》,彭志华译,广西师范大学出版社 2016 年版。

26. [美]弗朗西斯·福山:《政治秩序与政治衰败:从工业革命到民主全球化》,毛俊杰译,广西师范大学出版社 2015 年版。

27. [英]弗里德利·冯·哈耶克:《自由秩序原理》,邓正来译,生活·读书·新知三联书店 1997 年版。

28. [英]弗里德利希·冯·哈耶克:《法律、立法与自由》,邓正来、张守东、李静冰译,中国大百科全书出版社 2000 年版。

29. [法]福柯:《安全、领土与人口》,钱翰译,上海人民出版社 2010年版。

30. [美]高柏:《经济意识形态与日本产业政策》,安佳译,上海人民出版社 2008 年版。

31. [美]哈罗德·伯尔曼:《法律与革命——西方法律传统的形成》,贺卫方、高鸿钧、张志铭、夏勇译,中国大百科全书出版社 1993 年版。

32. [美]哈特穆特·莱曼等:《韦伯的新教伦理:由来、根据和背景》,阎克文译,辽宁教育出版社 2001 年版。

33. [美]汉娜·阿伦特:《极权主义的起源》,林骧华译,生活·读书·新知三联书店 2008 年版。

34. [比]亨利·皮朗:《中世纪欧洲经济社会史》,乐文译,上海人民出版社 2001 年版。

35. [比利时]亨利·皮雷纳:《中世纪的城市》,陈国樑译,商务印书馆 2006 年版。

36. [美]胡安·林茨、阿尔弗莱德·斯泰潘:《民主转型与巩固的问题:南欧、南美和后共产主义欧洲》,孙龙等译,浙江人民出版社 2008年版。

37. [美]霍华德·威亚尔达:《拉丁美洲的精神——文化与政治传统》,郭存海、邓与评、叶健辉译,浙江大学出版社 2019 年版。

38. [美]贾雷德·戴蒙德:《枪炮、病菌与钢铁——人类社会的命运》,谢延光译,上海译文出版社 2006 年版。

39. [德]卡·马克思:《工资、价格和利润》,载《马克思恩格斯文集》第 3 卷,中央编译局译,人民出版社 2009 年版。

40. [德]卡·马克思:《资本论》第 1 卷,载《马克思恩格斯文集》第 5卷,中央编译局译,人民出版社 2009 年版。

41.［匈牙利］卡尔·波兰尼:《巨变:当代政治与经济的起源》,黄树民译,社会科学文献出版社 2013 年版。

42.［美］柯文:《在中国发现历史——中国中心观在美国的兴起》(增订版),林同奇译,中华书局 2002 年版。

43.［美］克里斯托夫·克拉格主编:《制度与经济发展:欠发达和后社会主义国家的增长与治理》,余劲松、李玲、张龙华译,法律出版社 2006 年版。

44.［美］孔飞力:《中国现代国家的起源》,陈兼、陈之宏译,生活·读书·新知三联书店 2013 年版。

45.［美］兰斯·E.戴维斯、道格拉斯·C.诺思:《制度变迁与美国经济增长》,张志华译,上海人民出版社 2019 年版。

46.［美］理查德·霍夫施塔特:《美国政治传统及其缔造者》,崔永禄译,商务印书馆 2010 年版。

47.［美］利普哈特:《民主的模式:36 个国家的政府形式和政府绩效》,陈崎译,上海人民出版社 2017 年版。

48.［美］罗伯特·贝斯等:《分析性叙述》,熊美娟、李颖译,中国人民大学出版社 2008 年版。

49.［美］罗伯特·达尔:《多头政体:参与和反对》,谭君久、刘惠荣译,商务印书馆 2003 年版。

50.［美］罗斯科·庞德:《通过法律的社会控制》,沈宗灵译,商务印书馆 2010 年版。

51.［英］马丁·唐顿:《信任利维坦——英国的税收政治学(1799—1914)》,魏陆译,上海财经大学出版社 2018 年版。

52.［德］马克斯·韦伯:《经济通史》,姚曾廙译,韦森校订,上海三联书店 2006 年版。

53.［德］马克斯·韦伯:《新教伦理与资本主义精神》,康乐、简惠美译,广西师范大学出版社 2007 年版。

54.［法］马太·杜甘:《国家的比较》,文强译,社会科学文献出版社 2010 年版。

55.［美］曼瑟·奥尔森:《国家的兴衰:经济增长、滞胀和社会僵化》,李增刚译,上海人民出版社 2007 年版。

56.［美］曼瑟尔·奥尔森:《集体行动的逻辑》,陈郁、郭宇峰、李崇新译,上海人民出版社 1995 年版。

57.[英]佩里·安德森:《从古代到封建主义的过渡》,郭方、刘健译,上海人民出版社 2001 年版。

58.[美]彭慕兰:《大分流:欧洲、中国及现代世界经济的发展》,史建云译,江苏人民出版社 2004 年版。

59.[美]乔万尼·萨托利:《民主新论》,冯克利、阎克文译,上海人民出版社 2009 年版。

60.[英]R.H.托尼:《宗教与资本主义的兴起》,赵月瑟译,上海译文出版社 2006 年版。

61.[美]塞缪尔·亨廷顿:《变化社会中的政治秩序》,王冠华、刘为等译,上海人民出版社 2008 年版。

62.[英]桑德拉·哈尔珀琳:《现代欧洲的战争与社会变迁:大转型再探》,唐皇凤、武小凯译,江苏人民出版社 2010 年版。

63.[美]史景迁:《冒牌康熙帝之女的法国宫廷之旅》,海龙译,《散文》2001 年第 6 期。

64.[德]斯蒂芬·沃依格特:《制度经济学》,史世伟、黄莎莉、刘斌、钟诚译,中国社会科学出版社 2016 年版。

65.[英]T. H. 马歇尔:《公民身份与社会阶级》,载郭忠华、刘训练编:《公民身份与社会阶级》,江苏人民出版社 2007 年版。

66.[美]泰格·利维:《法律与资本主义的兴起》,纪琨译,学林出版社 1996 年版。

67.[美]W.W.罗斯托:《经济增长理论史——从大卫休谟至今》,陈春良等译,浙江大学出版社 2016 年版。

68.[美]王国斌、罗森塔尔:《大分流之外:中国和欧洲经济变迁的政治》,周琳译,江苏人民出版社 2018 年版。

69.[美]王国斌:《转变的中国:历史变迁与欧洲经验的局限》,李伯重、连玲玲译,江苏人民出版社 2010 年版。

70.[美]威廉·H.麦尼尔:《竞逐富强:公元 1000 年以来的技术、军事与社会》,倪大昕、杨润殷译,上海辞书出版社 2013 年版。

71.[德]维尔纳·桑巴特:《为什么美国没有社会主义》,王明璐译,上海人民出版社 2005 年版。

72.[德]维尔纳·桑巴特:《犹太教与现代资本主义》,安佳译,上海人民出版社 2015 年版。

73.[美]西达·斯考切波主编:《历史社会学的视野与方法》,封积文译，上海人民出版社 2008 年版。

74. ［美］亚当・普沃斯基：《民主与市场：东欧与拉丁美洲的政治经济改革》，包雅钧、刘忠瑞、胡元梓译，北京大学出版社 2005 年版。

75. ［英］亚当・斯密：《国富论》，谢宗林、李华夏译，中央编译出版社 2010 年版。

76. ［美］亚历山大・格申克龙：《经济落后的历史透视》，张凤林译，商务印书馆 2009 年版。

77. ［古希腊］亚里士多德：《政治学》，商务印书馆 1965 年版。

78. ［美］伊恩・夏皮罗：《民主理论的现状》，王军译，中国人民大学出版社 2013 年版。

79. ［美］伊曼纽尔・沃勒斯坦：《现代世界体系》第 3 卷，郭方、夏继果、顾宁译，社会科学文献出版社 2013 年版。

80. ［美］约翰・罗尔斯：《作为公平的正义：正义新论》，姚大志译，中国社会科学出版社 2011 年版。

81. ［美］约瑟夫・熊彼特：《资本主义、社会主义与民主》，吴良健译，商务印书馆 1999 年版。

三、中文著作与论文

1. 北京大学中国经济研究中心编：《经济学与中国经济改革》，上海人民出版社 1995 年版。

2. 陈兆旺：《美国福利公民身份缺损的政治制度解释》，《甘肃行政学院学报》2014 年第 6 期。

3. 陈兆旺：《民主与福利：社会结构与公民身份制度变迁的路径》，上海人民出版社 2017 年版。

4. 方朝晖：《多元现代性研究及其意义》，《马克思主义与现实》2009 年第 5 期。

5. 葛兆光：《思想史研究课堂讲录》，生活・读书・新知三联书店 2005 年版。

6. 顾准：《顾准文集》，华东师范大学出版社 2014 年版。

7. 华民：《"马尔萨斯制约"与经济发展的路径选择——对世界经济发展的重新认识》，《复旦学报》（社会科学版）2005 年第 5 期。

8. 黄少安主编：《制度经济学》，高等教育出版社 2008 年版。

9. 林毅夫：《关于制度变迁的经济学理论：诱导性变迁与强制性变

迁》，载［美］R.科斯、A.阿尔钦、D.诺斯等：《财产权利与制度变迁——产权学派与新制度学派译文集》，刘守英等译，上海人民出版社 1994 年版。

10. 刘景华、徐艳丽：《试论英国崛起中的尼德兰因素》，《史学集刊》2009 年第 2 期。

11. 刘瑞华：《超越新经济史：诺思的学术贡献》，《制度经济学研究》2017 年第 2 期。

12. 罗荣渠：《现代化新论：世界与中国的现代化进程》，商务印书馆2004 年版。

13. 聂德宁：《郑成功与郑氏集团的海外贸易》，《南洋问题研究》1993年第 2 期。

14. 秦晖：《共同的底线》，江苏文化出版社 2013 年版。

15. 苏洵：《六国》，载丁放、武道房等选注：《宋文选》，人民文学出版社2014 年版。

16. 韦森：《从哈耶克"自发—扩展秩序"理论看经济增长的"斯密动力"与"布罗代尔钟罩"》，《东岳论丛》2006 年第 4 期。

17. 韦森：《文化精神、制度变迁与经济增长——中国—印度经济比较的理论反思》，《国际经济评论》2004 年第 4 期。

18. 萧功秦：《中国的大转型》，新星出版社 2008 年版。

19. 阎照祥：《英国史》，人民出版社 2014 年版。

20. 杨念群：《再造"病人"——中西医冲突下的空间政治（1832—1985)》，中国人民大学出版社 2013 年版。

21. 姚洋：《制度与效率：与诺斯对话》，四川人民出版社 2002 年版。

22. 余英时：《中国近世宗教伦理与商人精神》，九州出版社 2014 年版。

23. 张宇燕、高程：《海外白银、初始制度条件与东方世界的停滞——关于晚明中国何以"错过"经济起飞历史机遇的猜想》，《经济学》（季刊）2005 年第 1 期。

第二章　欧洲中世纪城市部分参考文献

一、英文著作与论文

1. Beat Kümin, *The Communal Age in Western Europe*, C. 1100—

1800: *Towns, Villages and Parishes in Pre-modern Society*, Basingstoke: Bloomsbury Publishing, 2013.

2. Bryan Turner, *Citizenship and Capitalism*, London: Allen Unwin, 1986.

3. Carl M. Brauer, "Kennedy, Johnson, and the War on Poverty," *Journal of American History*, Vol.69, No.1, Jun. 1982.

4. Christopher Duggan, *A concise history of Italy*, Cambridge: Cambridge University Press, 2014.

5. Daron Acemoglu, Simon Johnson, and James A. Robinson, "The Rise of Europe: Atlantic Trade, Institutional Change, and Economic Growth," *American Economic Review*, Vol.95, No.3, June 2005.

6. David M. Nicholas, *The growth of the medieval city: from late antiquity to the early fourteenth century*, London; New York: Routledge, 2014.

7. Douglass C. North, et al., eds., *In the shadow of violence: Politics, economics, and the problems of development*, Cambridge: Cambridge University Press, 2013.

8. Edward Coleman, "The Italian communes. Recent work and current trends," *Journal of Medieval History*, Vol.25, No.4, 1999.

9. Heinz Eulau, and Kenneth Prewitt, *Labyrinths of democracy: Adaptations, linkages, representation, and policies in urban politics*, Indianapolis: Bobbs-Merrill, 1973.

10. Herbert Blumer, *Industrialization as an agent of social change: A critical analysis*, New York: de Gruyter, 1990.

11. Jack A. Goldstone, *Why Europe? The Rise of the West in World History 1500—1850*, Boston: McGraw-Hill Higher Education, 2009.

12. Judith F. Stone, "Insurgent identities: class, community and protest in Paris from 1848 to the Commune," *Labor History*, Vol.39, No.1, Feb. 1998.

13. Larry Isaac, and William R. Kelly, "Racial insurgency, the state, and welfare expansion: Local and national level evidence from the postwar United States," *American Journal of Sociology*, Vol. 86, No.6, May 1981.

14. Manuel Catells, *City*, *Class and Power*, London: Macmillan, 1978.

15. Norman John Greville Pounds, *The medieval city*, Westport, Conn.: Greenwood Press, 2005.

16. Peter Clark, *European Cities and Towns 400—2000*, Oxford; New York: Oxford University Press, 2009.

17. Robert B. Ekelund, and R. F. Hebert, "Interest groups, public choice and the economics of religion," *Public choice*, Vol.142, No.3—4, Oct. 2009.

18. Robert William Fogel, *The fourth great awakening and the future of egalitarianism*, Chicago: University of Chicago Press, 2000.

19. Saskia Sassen, "Global Financial Centers," *Foreign Affairs*, Vol.78, No.1, Jan./Feb. 1999.

二、中文翻译著作与论文

1. [美]保罗·E. 彼得森:《城市极限》,罗思东译,上海人民出版社 2012 年版。

2. [美]保罗·霍恩伯格、[美]利斯:《都市欧洲的形成》,阮岳湘译,商务印书馆 2009 年版。

3. [美]保罗·克雷格·罗伯茨:《自由放任资本主义的失败》,秦伟译,生活·读书·新知三联书店 2014 年版。

4. [英]保罗·威利斯:《学做工——工人阶级子弟为何继承父业》,秘舒、凌旻华译,译林出版社 2013 年版

5. [英]彼得·霍尔:《文明中的城市》第 2 卷,王志章等译,商务印书馆 2017 年版。

6. [美]查尔斯·蒂利:《强制、资本和欧洲国家:公元 990—1992 年》,魏洪钟译,上海人民出版社 2007 年版。

7. [美]大卫·哈维:《巴黎城记:现代性之都的诞生》,黄煜文译,广西师范大学出版社 2010 年版。

8. [英]大卫·哈维:《资本的城市化:资本主义城市化的历史与理论研究》,董慧译,苏州大学出版社 2017 年版。

9. [英]大卫·哈维:《资本的限度》,张寅译,中信出版集团 2017 年版。

10.〔美〕戴维·哈维:《叛逆的城市——从拥有城市权利到城市革命》,叶齐茂译,商务印书馆 2014 年版。

11.〔美〕丹尼尔·T.罗杰斯:《大西洋的跨越——进步时代的社会政治》,吴万伟译,译林出版社 2011 年版。

12.〔美〕道格拉斯·C.诺思、约翰·约瑟夫·瓦利斯、巴里·R.温格斯特:《暴力与社会秩序:诠释有文字记载的人类历史的一个概念性框架》,杭行、王亮译,上海人民出版社 2013 年版。

13.〔法〕菲斯泰尔·德·古朗士:《古代城市:希腊罗马宗教、法律及制度研究》,吴晓群译,上海人民出版社 2006 年版。

14.〔德〕弗·恩格斯:《德国的农民战争》,载《马克思恩格斯文集》第 2 卷,中央编译局译,人民出版社 2009 年版。

15.〔德〕弗·恩格斯:《英国工人阶级状况》,载《马克思恩格斯文集》第 1 卷,中央编译局译,人民出版社 2009 年版。

16.〔美〕弗雷德里克·C.莱恩:《威尼斯:海洋共和国》,谢汉卿、何爱民、苏才隽译,民主与建设出版社 2022 年版。

17.〔德〕歌德:《浮士德》,绿原译,人民文学出版社 1994 年版。

18.〔美〕哈罗德·J.伯尔曼:《法律与革命——西方法律传统的形成》,贺卫方、高鸿钧、张志铭、夏勇译,中国大百科全书出版社 1993 年版。

19.〔美〕哈维·莫罗奇:《城市作为增长机器:走向地方政治经济学》,吴军、郭西译,《中国名城》2018 年第 5 期。

20.〔美〕汉娜·阿伦特:《人的境况》,王寅丽译,上海人民出版社 2009 年版。〔英〕佩里·安德森:《从古代到封建主义的过渡》,郭方、刘健译,上海人民出版社 2001 年版。

21.〔德〕黑格尔:《法哲学原理》,范扬译,商务印书馆 1961 年版。

22.〔法〕亨利·列斐伏尔:《都市革命》,刘怀玉、张笑夷、郑劲超译,首都师范大学出版社 2018 年版。

23.〔比利时〕亨利·皮朗:《中世纪欧洲经济社会史》,乐文译,上海人民出版社 2001 年版。

24.〔比利时〕亨利·皮雷纳:《中世纪的城市》,陈国樑译,商务印书馆 2006 年版。

25.〔法〕基佐:《欧洲文明史》,程洪逵译,商务印书馆 2005 年版。

26.〔美〕杰里米·阿塔克、彼得·帕塞尔:《新美国经济史——从殖民地时期到 1940 年》,罗涛等译,中国社会科学出版社 2000 年版。

27. [美]卡莱斯·鲍什:《民主与再分配》,熊洁译,上海人民出版社2011年版。

28. [德]卡·马克思、弗·恩格斯:《德意志意识形态》,载《马克思恩格斯文集》第1卷,中央编译局译,人民出版社2009年版。

29. [德]卡·马克思、弗·恩格斯:《共产党宣言》,载《马克思恩格斯文集》第2卷,中央编译局译,人民出版社2009年版。

30. [德]卡·马克思:《工资、价格和利润》,载《马克思恩格斯文集》第3卷,中央编译局译,人民出版社2009年版。

31. [德]卡·马克思:《资本论》第2卷,载《马克思恩格斯文集》第6卷,中央编译局译,人民出版社2009年版。

32. [英]凯特·纳什,阿兰·斯科特主编:《布莱克维尔政治社会学指南》,浙江人民出版社2007年版。

33. [英]克里斯托弗·道森:《宗教与西方文化的兴起》,长川某译,四川人民出版社1989年版。

34. [英]克里斯托弗·希伯特:《美第奇家族的兴衰》,冯璇译,社会科学文献出版社2017年版。

35. [英]克里斯·威克姆:《梦游进入新世界——12世纪意大利城市公社的出现》,X. Li译,广西师范大学出版社2022年版。

36. [美]利昂·D. 爱泼斯坦:《西方民主国家的政党》,何文辉译,商务印书馆2014年版。

37. 列宁:《论策略书》,载《列宁选集》第3卷,中央编译局译,人民出版社2012年版。

38. [美]罗伯特·M.福格尔森:《布尔乔亚的恶梦:1870—1930年的美国城市郊区》,朱歌姝译,上海人民出版社2007年版。

39. [英]M. M.波斯坦、D. C. 科尔曼、彼得·马赛厄斯主编:《剑桥欧洲经济史》第2卷,王春法主译,经济科学出版社2004年版。

40. [意]马基雅维利:《佛罗伦萨史》,王永忠译,吉林出版集团2011年版。

41. [德]马克斯·韦伯:《法律社会学·非正当性的支配》,康乐、简惠美译,广西师范大学出版社2011年版。

42. [法]米歇尔·福柯:《安全、领土与人口》,钱翰、陈晓径译,上海人民出版社2010年版。

43. [英]R.G.甘米奇:《宪章运动史》,苏公隽译,商务印书馆2011

年版。

44.［美］斯科特·戈登：《控制国家：从古代雅典到今天的宪政史》，应奇、陈丽微、孟军、李勇译，江苏人民出版社 2005 年版。

45.［法］托马斯·皮凯蒂：《21 世纪资本论》，巴曙松等译，中信出版社 2014 年版。

46.［美］威廉·H.麦尼尔：《竞逐富强：公元 1000 年以来的技术、军事与社会》，倪大昕、杨润殷译，上海辞书出版社 2013 年版。

47.［美］威廉·朱利叶斯·威尔逊：《真正的穷人：内城区、地层阶级和公共政策》，成伯清、鲍磊、张戍凡译，上海人民出版社 2007 年版。

48.［德］维尔纳·桑巴特：《奢侈与资本主义》，王燕平、侯小河译，上海人民出版社 2005 年版。

49.［瑞士］雅各布·布克哈特：《意大利文艺复兴时期的文化》，何新译，商务印书馆 2011 年版。

50.［英］约翰·伦尼·肖特：《城市秩序：城市、文化与权力导论》，郑娟译，上海人民出版社 2011 年版。

51.［美］詹姆斯·汤普逊：《中世纪经济社会史：300—1300 年》下册，耿淡如译，商务印书馆 1963 年版。

三、中文著作与论文

1. 陈兆旺：《民主与福利：社会结构与公民身份制度变迁的路径》，上海人民出版社 2017 年版。

2. 陈兆旺、唐睿：《亚里士多德公民自治思想论要》，《理论月刊》2012 年第 8 期。

3. 陈兆旺：《西欧中世纪城市自治的制度分析》，《甘肃行政学院学报》2012 年第 2 期。

4. 杜培培、杨正联：《大卫·哈维在城市空间层面对新自由主义的批判》，《国外理论动态》2017 年第 5 期。

5. 黄仁宇：《资本主义与二十一世纪》，生活·读书·新知三联书店 2006 年版。

6. 刘景华：《经济社会史研究的创新者——庞兹和他的〈中古欧洲经济史〉、〈中世纪城市〉》，《世界历史》2008 年第 6 期。

7. 刘耀春：《意大利城市政治体制与权力空间的演变（1000—1600）》，《中国社会科学》2013 年第 5 期。

8. 马克垚主编:《中西封建社会比较研究》,学林出版社 1997 年版。

9. 任雪飞:《创造阶级的崛起与城市发展的便利性——评理查德·佛罗里达的〈创造阶级的兴起〉》,《城市规划学刊》2005 年第 1 期。

10. 王兵、覃成林:《劳工地理研究新进展评述》,《人文地理》2003 年第 6 期。

11. 张国玉:《现代城市的集聚效应与社会秩序》,《中国公共安全》2016 年第 2 期。

12. 张佳生:《中世纪后期英国城市自由的实现及其制约》,《经济社会史评论》2016 年第 1 期。

13. 张曙光:《历史哲学视阈中的城市:文明、权力与自由》,《社会科学战线》2017 年第 7 期。

14. 张应祥、蔡禾:《资本主义城市社会的政治经济学分析——新马克思主义城市理论述评》,《国外社会科学》2009 年第 1 期。

15. 朱明:《城市的空气不一定自由——重新审视西欧中世纪城市的"自由"》,《史林》2010 年第 2 期。

16. 朱明:《欧洲中世纪城市的结构与空间》,商务印书馆 2019 年版。

第三章　美国内战部分参考文献

一、英文著作与论文

1. Adam Przeworski, "Institutions matter?" *Government and opposition*, Vol.39, No.4, Apr. 2004.

2. C. D. Goldin, & F. D. Lewis, The economic cost of the American Civil War: Estimates and implications, *The Journal of Economic History*, Vol.35, No.2, Jun. 1975.

3. Daron Acemoglu, Simon Johnson, and James A. Robinson, "Reversal of fortune: Geography and institutions in the making of the modern world income distribution," *The Quarterly journal of economics*, Vol.117, No.4, Nov. 2002.

4. Douglass C. North, *The economic growth of the United States 1790—1860*, New York: W. W. Nordon, 1966.

5. Eric Foner, *Free Soil*, *Free Labor*, *Free Men*: *The Ideology of the Republican Party Before the Civil War*, Oxford: Oxford University Press, 1995.

6. Eric Foner, "The causes of the American civil war: recent interpretations and new directions," *Civil War History*, Vol. 20, No. 3, Sep. 1974.

7. Eric Foner, *The second founding*: *how the Civil War and Reconstruction remade the constitution*, New York, NY: W. W. Norton & Company, Inc., 2019.

8. Gosta Esping-Andersen, *The three worlds of welfare capitalism*, Princeton, N. J.: Princeton University Press, 1990.

9. James M. McPherson, and George Henry Davis, *Crossroads of freedom*: *Antietam*, New York: Oxford University Press, 2002.

10. James M. McPherson, *For cause and comrades*: *Why men fought in the Civil War*, New York: Oxford University Press, 1997.

11. James M. McPherson, *The war that forged a nation*: *why the Civil War still matters*, New York, NY: Oxford University Press, USA, 2015.

12. J. David Hacker, "Recounting the dead," *New York Times*, September 20, 2011.

13. John Bennett Walters, "General William T. Sherman and total war," *The journal of Southern history*, Vol.14, No.4, Nov. 1948.

14. Lee Benson, *Toward the scientific study of history*, Philadelphia: Lippincott, 1972.

15. Mark A. Noll, "The bible and slavery," Randall M. Miller, Harry S. Stout, and Charles Reagan Wilson, eds., *Religion and the American Civil War*, New York: Oxford University Press on Demand, 1998, pp.43—73.

16. Mohsen Naghavi, et al., "Global mortality from firearms, 1990—2016," *Jama*, Vol.320, No.8, Aug. 2018.

17. Phillip S. Paludan, "The American Civil War Considered as a Crisis in Law and Order," *The American Historical Review*, Vol.77, No.4, Oct. 1972.

18. Robert A. Dahl, *How democratic is the American Constitution?* New Haven: Yale University Press, 2003.

19. Robert Margo, and Richard Steckel, "Height, Health, and Nutrition: Analysis of Evidence for US Slaves," *Social Science History*, No.6, 1982, p.523.

20. Robert W. Fogel, and Stanley L. Engerman, "Explaining the relative efficiency of slave agriculture in the antebellum south," *The American Economic Review*, Vol.67, No.3, Jun. 1977.

21. Roger L. Ransom, and Richard Sutch, *One kind of freedom: The economic consequences of emancipation*, Cambridge: Cambridge University Press, 2001.

22. Roger Ransom, and Richard Sutch, "Capitalists without Capital: The Burden of Slavery and the Impact of Emancipation," *Agricultural History*, Vol.62, No.3, Sum. 1988.

23. Samuel P. Huntington, *The third wave: Democratization in the late twentieth century*, Norman: University of Oklahoma Press, 1993.

24. Thomas N. Maloney, "Migration and economic opportunity in the 1910s: New evidence on African-American occupational mobility in the North," *Explorations in Economic History*, Vol.38, No.1, Jan. 2001.

25. Walter Johnson, *River of dark dreams: Slavery and Empire in the Cotton Kingdom*, Cambridge, Massachusetts: Harvard University Press, 2013.

二、中文翻译著作与论文

1. [美]埃里卡·阿姆斯特朗·邓巴:《逃离总统府——华盛顿夫妇对女奴奥娜的追捕》,李丹译,北京大学出版社 2022 年版。

2. [美]埃里克·方纳:《烈火中的考验——亚伯拉罕·林肯与美国奴隶制》,于留振译,商务印书馆 2017 年版。

3. [美]埃里克·方纳:《美国自由的故事》,王希译,商务印书馆 2002 年版。

4. [美]埃里克·方纳:《自由之路:"地下铁路"秘史》,焦姣译,中国政法大学出版社 2017 年版。

5. [美]爱德华·巴普蒂斯特:《被掩盖的原罪——奴隶制与美国资本

主义的崛起》,陈志杰译,浙江人民出版社 2019 年版。

6.[美]伯纳德·施瓦茨:《美国法律史》,王军译,法律出版社 2007年版。

7.[美]布鲁斯·阿克曼:《建国之父的失败:杰斐逊、马歇尔与总统制民主的兴起》,中国政法大学出版社 2013 年版。

8.[美]查尔斯·A.比尔德、玛丽·R.比尔德:《美国文明的兴起》(上下),许亚芬、于干译,商务印书馆 2010 年版。

9.[日]池田信夫:《失去的二十年:日本经济长期停滞的真正原因》,胡文静译,机械工业出版社 2012 年版。

10.[美]戴维·M.波特:《危机将至:内战前的美国,1848—1861》,高微茗译,中信出版集团 2019 年版。

11.[美]戴维·奥布赖恩:《风暴眼——美国政治中的最高法院》,胡晓进译,上海人民出版社 2010 年版。

12.[美]道格拉斯·C.诺思、约翰·约瑟夫·瓦利斯、巴里·R.温格斯特:《暴力与社会秩序:诠释有文字记载的人类历史的一个概念性框架》,杭行、王亮译,上海格致出版社 2013 年版。

13.[美]德鲁·吉尔平·福斯特:《这受难的国度——死亡与美国内战》,孙宏哲译,译林出版社 2015 年版。

14.[德]弗·恩格斯:《美国工人运动》,载《马克思恩格斯文集》第 4卷,中央编译局译,人民出版社 2009 年版。

15.[美]赫伯特·J.斯托林:《反联邦党人赞成什么?——宪法反对者的政治思想》,汪庆华译,北京大学出版社 2006 年版。

16.[美]亨廷顿:《失衡的承诺》,周端译,东方出版社 2005 年版。

17.[美]加里·M.沃尔顿、休·罗考夫:《美国经济史》(第十版),王珏译,中国人民大学出版社 2013 年版。

18.[日]加藤节:《政治与人》,唐士其译,北京大学出版社 2003 年版。

19.[美]杰夫·谢索:《至高权力——罗斯福总统与最高法院的较量》,陈平译,文汇出版社 2019 年版。

20.[美]杰里米·阿塔克、彼得·帕塞尔:《新美国经济史——从殖民地时期到 1940 年》,罗涛等译,中国社会科学出版社 2000 年版。

21.[匈牙利]卡尔·波兰尼:《巨变:当代政治与经济的起源》,黄树民译,社会科学文献出版社 2013 年版。

22.[美]卡罗尔·帕金,克里斯托弗·米勒等:《美国史》上,葛腾飞、张金兰译,东方出版中心 2013 年版。

23.[美]拉塞尔·柯克:《美国秩序的根基》,张大军译,江苏凤凰文艺出版社 2018 年版。

24.[美]理查德·霍夫施塔特:《美国政治传统及其缔造者》,崔永禄译,商务印书馆 2010 年版。

25.[美]"联邦农夫":"二、总体政府侵占了州政府的权力",载[美]默里·德里、赫伯特·J.斯托林编:《反联邦论》,马万利译,浙江大学出版社 2021 年版。

26.[美]罗伯特·威廉·福格尔:《苦难的时代——美国奴隶制经济学》,颜色译,机械工业出版社 2016 年版。

27.[英]迈克尔·曼:《社会权力的来源》第 4 卷,郭忠华等译,上海人民出版社 2015 年版。

28.[美]乔治·P.弗莱切:《隐藏的宪法:林肯如何重新铸定美国民主》,陈绪刚译,北京大学出版社 2009 年版。

29.[挪威]斯坦因·拉尔森:《政治学理论与方法》,任晓等译,上海人民出版社 2006 年版。

30.[美]斯文·贝克特:《棉花帝国:一部资本主义全球史》,徐轶杰、杨燕译,民主与建设出版社 2019 年版。

31.[法]托克维尔:《论美国的民主》,董果良译,商务印书馆 2017 年版。

32.[美]W.布莱福特:《五月花号公约签订始末》,王军伟,华东师范大学出版社 2006 年版。

33.[德]韦伯:《新教伦理与资本主义精神》,康乐、简惠美译,广西师范大学出版社 2007 年版。

34.[美]雅法:《分裂之家危机——对林肯—道格拉斯论辩中诸问题的阐释》,韩锐译,华东师范大学出版社 2007 年版。

35.[美]雅法:《自由的新生:林肯与内战的来临》,谭安奎译,华东师范大学出版社 2008 年版。

36.[美]亚伯拉罕·林肯:《林肯选集》,朱曾汶译,商务印书馆 2010 年版。

37.[美]亚历山大·汉密尔顿、詹姆斯·麦迪逊、约翰·杰伊:《联邦论——美国宪法述评》,尹宣译,译林出版社 2010 年版。

38.[美]詹姆斯·M.麦克弗森:《火的考验:美国南北战争及重建南

部》上册,陈文娟等译,商务印书馆 1993 年版。

39.〔美〕詹姆斯·M.麦克弗森:《火的考验:美国南北战争及重建南部》下册,刘世龙等译,商务印书馆 1994 年版。

40.〔美〕詹姆斯·M.麦克弗森:《林肯传》,田雷译,中国政法大学出版社 2016 年版。

41.〔美〕茱迪·史珂拉:《美国公民权:寻求接纳》,刘满贵译,上海人民出版社 2006 年版。

三、中文著作与论文

1. 陈静瑜:《美国史》,三民书局 2007 年版。

2. 陈其:《美国史家对美国内战的反思》,《历史教学问题》2001 年第1 期。

3. 陈志杰:《美国内战前种植园奴隶主与黑人奴隶的关系》,《史学月刊》2002 年第 9 期。

4. 刘远钊:《美国内战前宗教状况分析——从宗教角度探析美国内战的另一诱因》,《山东省农业管理干部学院学报》2005 年第 1 期。

5. 刘祚昌:《美国内战史》,人民出版社 1978 年版。

6. 欧阳景根:《美国内战:宪法制定史与初步运行史的解释》,《晋阳学刊》2010 年第 1 期。

7. 商红日:《低度冲突与低度政治——社会冲突的政治学研究》,《特区实践与理论》2006 年第 5 期。

8. 王希:《原则与妥协》(增订版),北京大学出版社 2014 年版。

9. 杨生茂主编:《美国南北战争资料选辑》,上海人民出版社 1978 年版。

10. 中央编译局:"注释:'解放法案'",载《马克思恩格斯文集》第 10 卷,中央编译局译,人民出版社 2009 年版。

第四章　东亚模式部分参考文献

一、英文著作与论文

1. Alfredo Saad-Filho, "Neoliberalism, democracy and development

policy in Brazil," Kyung-Sup Chang, Ben Fine and Linda Weiss, *Developmental politics in Transition: the neoliberal era and beyond*, New York: Palgrave Macmillan, London, 2012.

2. Alice Amsden, *Asia's Next Giant: South Korea and Late Industrialization*, New York: Oxford University Press, 1989.

3. Andrew H. Wedeman, *Double Paradox: Rapid Growth and Rising Corruption in China*, Ithaca: Cornell University Press, 2012.

4. Ching Kwan Lee, "A Chinese developmental state: miracle or mirage?," Michelle Williams ed., *The end of the developmental state?* New York: Routledge, 2014.

5. Colin Crouch, "Neo-corporatism and democracy," Colin Crouch, and Streeck Wolfgang eds., *The diversity of democracy: corporatism, social order and political conflict*, Cheltenham, UK: Edward Elgar Publishing, 2006.

6. David Blackbourn, and Geoff Eley, *The peculiarities of German history: bourgeois society and politics in nineteenth-century Germany*, Oxford: Oxford University Press, 1984.

7. Douglass C. North, and Barry R. Weingast, "Constitutions and commitment: the evolution of institutions governing public choice in seventeenth-century England," *The journal of economic history*, Vol.49, No.4, Dec. 1989.

8. F. A. Hayek, *The Road to Serfdom: Text and Documents: The Definitive Edition*, Chicago: University of Chicago Press, 2007.

9. Fred Block, "Swimming against the current: The rise of a hidden developmental state in the United States," *Politics & society*, Vol.36, No.2, Jun. 2008.

10. Friedrich August Hayek, "The use of knowledge in society," *The American economic review*, Vol.35, No.4, Sep. 1945.

11. Ha-Joon Chang, *The East Asian development experience: the miracle, the crisis and the future*, London, New York: Zed Books, 2006.

12. Hironori Sasada, *The evolution of the Japanese developmental state: Institutions locked in by ideas*, New York: Routledge, 2012.

13. Howard J. Wiarda, "The Political sociology of a concept: Cor-

poratism and the 'distinct tradition'," *The Americas*, Vol.66, No.1, July 2009.

14. Jack A. Goldstone, *Why Europe? The Rise of the West in World History 1500—1850*, Boston: McGraw-Hill Higher Education, 2009.

15. Jacob Viner, "The intellectual history of laissez faire," *The Journal of Law and Economics*, Vol.3, Oct. 1960.

16. James M. Fallows, *Looking at the sun: The rise of the new East Asian economic and political system*, New York: Pantheon, 1994.

17. Jennifer Milliken and Keith Krause, "State failure, state collapse, and state reconstruction: concepts, lessons and strategies," *Development and change*, Vol.33, No.5, 2002.

18. Joel S. Hellman, Geraint Jones, and Daniel Kaufmann, "Seize the state, seize the day: state capture and influence in transition economies," *Journal of comparative economics*, Vol.31, No.4, Sep. 2003.

19. John M. Murrin, "A roof without walls: the dilemma of American national identity," Richard Beeman, Stephen Botein, and Edward C. Carter II. Ed., *Beyond Confederation: Origins of the Constitution and American National Identity* 340, Chapel Hill: the University of North Carolina Press, 1987.

20. Joseph E. Stiglitz, "Some lessons from the East Asian miracle," *The world Bank research observer*, Vol.11, No.2, Aug. 1996.

21. Joseph Wong, "The adaptive developmental state in East Asia," *Journal of East Asian Studies*, Vol.4, No.3, Dec. 2004.

22. Kaname Akamatsu, "A historical pattern of economic growth in developing countries,"*The developing economies*, Vol.1, No.1, Aug. 1962.

23. Laura Routley, "Developmental states: a review of the literature," *Effective States and Inclusive Development Research Centre (ESID)*, *Working Paper*, No.3, 2012.

24. Linda Weiss, "Developmental states in transition: adapting, dismantling, innovating, not 'normalizing'," *The Pacific Review*, Vol.13, No.1, Nov. 2000.

25. Louis J. Cantori, and Andrew H. Ziegler, eds., *Comparative*

politics in the post-behavioral era, Boulder, Colo.: Lynne Rienner, 1988.

26. Michelle Williams, "Rethinking the developmental state in the twenty-first century," Michelle Williams ed., *The end of the developmental state?* New York: Routledge, 2014.

27. Peter B. Evans, *Embedded autonomy: States and industrial transformation*, Princeton, N. J.: Princeton University Press, 2012.

28. Peter Evans, "The developmental state: Divergent responses to modern economic theory and the twenty-first-century economy," Michelle Williams ed., *The end of the developmental state?* New York: Routledge, 2014.

29. Philippe C. Schmitter, "Still the century of corporatism?," *The Review of politics*, Vol.36, No.1, Jan. 1974.

30. Richard Boyd, "Government-industry relations in Japan: Access, communication, and competitive collaboration," Wilks, Stephen, and Maurice Wright, *Comparative Government-Industry Relations: Western Europe, the United States, and Japan*, Oxford: Clarendon Press; New York: Oxford University Press, 1987.

31. Richard J. Samuels, *The Business of the Japanese State: Energy Markets in Comparative and Historical Perspective*, Ithaca: Cornell University Press, 1987.

32. Robert H. Wade, "The developmental state: dead or alive?," *Development and change*, Vol.49, No.2, Jan. 2018.

33. Robert Pekkanen, "After the developmental state: Civil society in Japan," *Journal of East Asian Studies*, Vol.4, No.3, Dec. 2004.

34. Robert Wade, *Governing the market: Economic theory and the role of government in East Asian industrialization*, Princeton, N. J.: Princeton University Press, 2004.

35. Ronald Dore, *Flexible rigidities: Industrial policy and structural adjustment in the Japanese economy, 1970—1980*, London: Bloomsbury, 2012.

36. Thomas Kalinowski, "Korea's recovery since the 1997/98 financial crisis: the last stage of the developmental state," *New Political*

Economy，Vol.13，No.4，Dec. 2008.

37. Timothy M. Frye and Andrei Shleifer, "the invisible hand and the grabbing hand," *The American Economic Review*：*Papers and Proceedings*，Vol.87，No.2，Dec. 1997.

38. William T. Rowe, "The problem of 'civil society' in late imperial China," *Modern China*，Vol.19，No.2，Apr. 1993.

二、中文翻译著作与论文

1. ［美］阿图尔·科利:《国家引导的发展——全球边缘地区的政治权力与工业化》,朱天飚、黄琪轩、刘骥译,吉林出版集团有限责任公司2007年版。

2. ［美］艾伯特·O.赫希曼:《退出、呼吁与忠诚——对企业、组织和国家衰退的回应》,卢昌崇译,格致出版社2015年版。

3. ［英］艾伦·麦克法兰:《英国个人主义的起源》,管可秾译,商务印书馆2008年版。

4. ［美］安德烈·施莱佛主编:《掠夺之手:政府病及其治疗》,赵红军译,中信出版集团2017年版。

5. ［美］安东尼·唐斯:《官僚制内幕》,郭小聪等译,中国人民大学出版社2017年版。

6. ［美］巴林顿·摩尔:《专制与民主的社会起源》,王茁、顾洁译,上海译文出版社2012年版。

7. ［日］浜野洁等:《日本经济史:1600—2000》,南京大学出版社2010年版。

8. ［法］保尔·芒图:《十八世纪产业革命——英国近代大工业初期概况》,杨人楩等译,商务印书馆1991年版。

9. ［英］彼得·伯克:《法国史学革命——年鉴学派,1929—2014》(第2版),刘永华译,北京大学出版社2016年版。

10. ［美］彼得·古勒维奇:《艰难时世下的政治——五国应对世界经济危机的政策比较》,袁明旭、朱天飚译,吉林出版集团2009年版。

11. ［荷兰］伯纳德·曼德维尔:《蜜蜂的寓言:私人的恶德　公众的利益》,肖聿译,中国社会科学出版社2002年版。

12. ［美］查尔斯·蒂利:《强制、资本和欧洲国家:公元990—1992年》,魏洪钟译,上海人民出版社2007年版。

13. 〔美〕查尔斯·林德布洛姆:《政治与市场:世界的政治—经济制度》,王逸舟,上海人民出版社 1997 年版。

14. 〔美〕查默斯·约翰逊:《通产省与日本奇迹》,唐吉洪译,吉林出版集团 2010 年版。

15. 〔美〕戴维·奥斯本、特德·盖布勒:《改革政府:企业精神如何改革着公营部门》,上海市政协编译组、东方编译所编译,上海译文出版社 1996 年版。

16. 〔美〕丹尼尔·T.罗杰斯:《大西洋的跨越——进步时代的社会政治》,吴万伟译,译林出版社 2011 年版。

17. 〔美〕丹尼尔·W.布罗姆利:《充分理由:能动的实用主义和经济制度的含义》,简练等译,上海人民出版社 2017 年版。

18. 〔美〕道格拉斯·C.诺思、约翰·约瑟夫·瓦利斯、巴里·R.温格斯特:《暴力与社会秩序:诠释有文字记载的人类历史的一个概念性框架》,杭行、王亮译,格致出版社 2013 年版。

19. 〔美〕道格拉斯·诺思等编著:《暴力的阴影——无政治、经济与发展问题》,刘波译,中信出版社 2018 年版。

20. 〔美〕蒂莫·西耶格尔:《制度、转型与经济发展》,陈宇峰、曲亮译,华夏出版社 2010 年版。

21. 〔美〕杜赞奇:《文化、权力与国家——1900—1942 年的华北农村》,王福明译,江苏人民出版社 2003 年版。

22. 〔美〕弗朗西斯·福山:《国家构建:21 世纪的国家治理与世界秩序》,中国社会科学出版社 2007 年版。

23. 〔美〕弗朗西斯·福山:《历史的终结及最后之人》,黄胜强译,中国社会科学出版社 2003 年版。

24. 〔美〕弗朗西斯·福山:《信任:社会美德与创造经济繁荣》,彭志华译,广西师范大学出版社 2016 年版。

25. 〔英〕弗里德利希·冯·哈耶克:《自由秩序原理》,邓正来译,生活·读书·新知三联书店 1997 年版。

26. 〔美〕傅高义:《日本第一》,谷英、张柯、丹柳译,上海译文出版社 2016 年版。

27. 〔美〕格林菲尔德:《资本主义精神:民族主义与经济增长》,张京生译,上海人民出版社 2004 年版。

28. 〔英〕哈耶克:《经济、科学与政治——哈耶克论文演讲集》,冯克利译,江苏人民出版社 2003 年版。

29.〔德〕汉斯-乌尔里希·韦勒:《德意志帝国:1871—1918》,邢来顺译,青海人民出版社 2009 年版。

30.〔美〕胡安·J.林茨、阿尔弗莱德·斯泰潘:《民主转型与巩固的问题:南欧、南美和后共产主义欧洲》,孙龙等译,浙江人民出版社 2008 年版。

31.〔法〕基佐:《法国文明史》第 4 卷,沅芷、伊信译,商务印书馆 1998 年版。

32.〔法〕基佐:《欧洲文明史》,程洪逵译,商务印书馆 2005 年版。

33.〔美〕加里·M.沃尔顿、休·罗考夫:《美国经济史》(第十版),王珏译,中国人民大学出版社 2013 年版。

34.〔美〕康灿雄:《裙带资本主义:韩国和菲律宾的腐败与发展》,李巍等译,上海人民出版社 2017 年版。

35.〔澳大利亚〕琳达·维斯、约翰·M.霍布森:《国家与经济发展:一个比较及历史性的分析》,黄兆辉、廖志强译,吉林出版集团 2009 年版。

36.〔美〕罗伯特·希格斯:《反利维坦:政府权力与自由社会》,汪凯译,新华出版社 2016 年版。

37.〔美〕罗斯托:《经济增长理论史》,陈春良等译,浙江大学出版社 2016 年版。

38.〔英〕马丁·威纳:《英国文化与工业精神的衰落:1850—1980》,王章辉、吴必康译,北京大学出版社 2013 年版。

39.〔美〕曼瑟·奥尔森:《国家的兴衰:经济增长、滞胀和社会僵化》,李增刚译,上海人民出版社 2007 年版。

40.〔美〕曼瑟尔·奥尔森:《集体行动的逻辑》,陈郁、郭宇峰、李崇新译,上海人民出版社 1995 年版。

41.〔英〕佩里·安德森:《绝对主义国家的系谱》,刘北成、龚晓庄译,上海人民出版社 2018 年版。

42.〔美〕乔尔·S.米格代尔:《社会中的国家——国家与社会如何相互改变与相互构成》,李杨、郭一聪译,江苏人民出版社 2013 年版。

43.〔美〕塞缪尔·P.亨廷顿:《变化社会中的政治秩序》,王冠华、刘为等译,上海人民出版社 2008 年版。

44.〔美〕史蒂文·迪纳:《非常时代——进步主义时期的美国人》,萧易译,上海人民出版社 2008 年版。

45. [美]斯蒂芬·哈格德:《亚洲金融危机的政治经济学》,刘丰译,吉林出版集团 2009 年版。

46. [美]斯蒂芬·哈格德:《走出边缘——新兴工业化经济体成长的政治》,陈慧荣译,吉林出版集团 2009 年版。

47. [美]塔洛克:《官僚体制的政治》,柏克、郑景胜译,商务印书馆 2010 年版。

48. Thomas K. McCraw:"第十八章 政府、大企业和国民财富",[美]A. D. 钱德勒主编:《大企业和国民财富》,柳卸林主译与主审,北京大学出版社 2004 年版。

49. [美]T. J. 彭佩尔:《体制转型:日本政治经济学的比较动态研究》,徐正源、余红放译,中国人民大学出版社 2011 年版。

50. [德]维尔纳·桑巴特:《奢侈与资本主义》,王燕平译,上海人民出版社 2005 年版。

51. [法]魏丕信:《18 世纪中国的官僚制度与荒政》,徐建青译,江苏人民出版社 2003 年版。

52. [美]魏特夫:《东方专制主义:对于极权力量的比较研究》,徐式谷等译,中国社会科学出版社 1989 年版。

53. [美]西达·斯考克波:《找回国家:当前研究的战略分析》,载[美]彼得·埃文斯、迪特里希·鲁施迈耶、西达·斯考克波编著:《找回国家》,方力维等译,生活·读书·新知三联书店 2009 年版。

54. [美]小艾尔弗雷德·钱德勒:《规模与范围——工业资本主义的原动力》,张逸人等译,华夏出版社 2006 年版。

55. [匈牙利]雅诺什·科尔奈:《社会主义体制:共产主义政治经济学》,张安译,中央编译出版社 2007 年版。

56. [英]亚当·斯密:《国富论》,谢宗林、李华夏译,中央编译出版社 2010 年版。

57. [美]亚历山大·格申克龙:《经济落后的历史透视》,张凤林译,商务印书馆 2009 年版。

58. [日]野口悠纪雄:《战后日本经济史》,张玲译,民主与建设出版社 2018 年版。

59. [美]伊曼纽尔·沃勒斯:《现代世界体系》第 3 卷,郭方、夏继果、顾宁译,社会科学文献出版社 2013 年版。

60. [美]禹贞恩编:《发展型国家》,曹海军译,吉林出版集团 2008

年版。

61.〔美〕约瑟夫·E.斯蒂格利茨、沙希德·尤素福:《东亚奇迹的反思》,王玉清、朱文晖等译,中国人民大学出版社 2013 年版。

62.〔美〕詹姆斯·C.斯科特:《国家的视角——那些试图改善人类状况的项目是如何失败的》,王晓毅译,社会科学文献出版社 2011 年版。

63.〔英〕张夏准:《富国的伪善:自由贸易的迷思与资本主义秘史》,严荣译,社会科学文献出版社 2009 年版。

三、中文著作与论文

1. 陈玮、耿曙:《发展型国家的兴与衰:国家能力、产业政策与发展阶段》,《经济社会体制比较》2017 年第 2 期。

2. 陈兆旺:《美国福利公民身份缺损的政治制度解释》,《甘肃行政学院学报》2014 年第 6 期。

3. 陈兆旺:《通过福利国家实现的社会规约与国家治理——基于英、德、美三国实践的比较研究》,《学术月刊》2022 年第 5 期。

4. 陈兆旺:《中世纪城市自治的制度分析》,《甘肃行政学院学报》2012 年第 2 期。

5. 贺平:《规制缓和中的双层博弈——以日本〈大店法〉为例》,《日本学刊》2009 年第 2 期。

6. 胡恒:《皇权不下县?:清代县辖政区与基层社会治理》,北京师范大学出版社 2015 年版。

7. 黄平、崔之元主编:《中国与全球化:华盛顿共识还是北京共识》,社会科学文献出版社 2005 年版。

8. 黄仁宇:《万历十五年》,生活·读书·新知三联书店 1997 年版。

9. 黄少安:《制度经济学》,高等教育出版社 2008 年版。

10. 金观涛、刘青峰:《开放中的变迁:再论中国社会超稳定结构》,法律出版社 2011 年版。

11. 罗志如、厉以宁:《二十世纪的英国经济——"英国病"研究》,商务印书馆 2015 年版。

12. 钱穆:《国史新论》,生活·读书·新知三联书店 2005 年版。

13. 秦晖:《传统十论:本土社会的制度、文化及其变革》,复旦大学出版社 2004 年版。

14. 任剑涛:《极权政治研究:从西方到东方的视界转换——魏特夫

〈东方专制主义〉的扩展解读》,《学海》2009 年第 2 期。

15. 汪丁丁、韦森、姚洋:《制度经济学三人谈》,北京大学出版社 2005 年版。

16. 王亚南:《中国官僚政治研究》,商务印书馆 2010 年版。

17. 韦森:《社会制序的经济分析导论》,上海三联书店 2001 年版。

18. 邢来顺:《迈向强权国家——1830 年—1914 年德国工业化与政治发展研究》,华中师范大学出版社 2002 年版。

19. 叶成城、唐世平:《超越"大分流"的现代化比较研究:时空视角下的历史、方法与理论》,《学术月刊》2021 年第 5 期。

20. 郁建兴、石德金:《发展型国家:一种理论范式的批评性考察》,《文史哲》2008 年第 4 期。

21. 臧雷振:《国家治理:研究方法与理论建构》,社会科学文献出版社 2016 年版。

第五章　巴西部分参考文献

一、英文著作与论文

1. Adam Przeworski, et al., *Democracy and development: Political institutions and well-being in the world, 1950—1990*, Cambridge: Cambridge University Press, 2000.

2. Albert Breton, et al., eds., *Understanding democracy: economic and political perspectives*, Cambridge: Cambridge University Press, 1997.

3. Albert Fishlow, "Brazilian development in long-term perspective," *The American Economic Review*, Vol.70, No.2, May 1980.

4. Albert O. Hirschman, and Michael Rothschild, "The changing tolerance for income inequality in the course of economic development: With a mathematical appendix," *The Quarterly Journal of Economics*, Vol.87, No.4, Nov. 1973.

5. Alfredo Saad-Filho, "Neoliberalism, democracy and development policy in Brazil," Kyung-Sup Chang, Ben Fine and Linda Weiss, *Developmental politics in Transition: the neoliberal era and beyond*, New

York: Palgrave Macmillan, London, 2012.

6. Anna Maria Santiago, "Fifty years later: From a war on poverty to a war on the poor," *Social Problems*, Vol.62, No.1, Mar. 2015.

7. Barbara Geddes, "Building 'state' autonomy in Brazil, 1930—1964," *Comparative Politics*, Vol.22, No.2, Jan. 1990.

8. Barrington Moore, *Social origins of dictatorship and democracy: Lord and peasant in the making of the modern world*, London: Penguin Books, 1993.

9. Barry Ames, *The deadlock of democracy in Brazil*, Ann Arbor: University of Michigan Press, 2002.

10. Charles Kurzman, Regina Werum, and Ross E. Burkhart, "Democracy's effect on economic growth: a pooled time-series analysis, 1951—1980," *Studies in comparative international development*, Vol.37, No.1 Mar. 2002.

11. Charles Murray, *Losing ground: American social policy, 1950—1980*, New York: Basic books, 2008.

12. Christopher Howard, "The hidden side of the American welfare state," *Political Science Quarterly*, Vol.108, No.3, Autumn, 1993.

13. Daron Acemoglu, Simon Johnson, and James A. Robinson, "The colonial origins of comparative development: An empirical investigation," *American economic review*, Vol.91, No.5, Dec. 2001.

14. Edmund Amann, and Werner Baer, "Neoliberalism and its consequences in Brazil," *Journal of Latin American Studies*, Vol. 34, No.4, Nov. 2002.

15. E. J. Hobsbawm, *Worlds of labour: further studies in the history of labour*, London: Weidenfeld and Nicolson, 1984.

16. Erin McClam, "Many Americans Blame 'Government Welfare' for Persistent Poverty, Poll Finds," *NBC News. com*, June 6, 2013.

17. Eva Feder Kittay, "Dependency, equality, and welfare," *Feminist studies*, Vol.24, No.1, Spring 1998.

18. George Gilder, *Wealth and poverty: A new edition for the twenty-first century*, Washington, D.C: Regnery Publishing, 2012.

19. Gwendolyn Fraser, "The lady and the tramp (II): Feminist

welfare politics, poor single mothers, and the challenge of welfare justice," *Feminist Studies*, Vol.24, No.1, Spring 1998.

20. Helmut Schwarzer, and Ana Carolina Querino, "Non-contributory pensions in Brazil: The impact on poverty reduction," *ESS Paper 11*, *Geneva: Social Security Policy and Development Branch*, ILO, 2002.

21. Howard J. Wiarda, "The Political sociology of a concept: Corporatism and the 'distinct tradition'," *The Americas*, Vol.66, No.1, July, 2009.

22. Janice Peterson, "'Ending Welfare as We Know It': The Symbolic Importance of Welfare Policy in America," *Journal of Economic issues*, Vol.31, No.2, Jan. 1997.

23. John B. Williamson, and Joseph W. Weiss, "Egalitarian political movements, social welfare effort and convergence theory: A cross-national analysis," *Comparative Social Research*, Vol.299, No.2, 1979.

24. John J. Antel, "The inter-generational transfer of welfare dependency," *The Review of Economics and Statistics*, Vol.74, No.3, 1992.

25. John Saville, "The welfare state: an historical approach," *New Reasoner*, Vol.3, No.1, 1957.

26. Juan Carlos Calleros-Alarcón, *The unfinished transition to democracy in Latin America*, London: New York: Routledge, 2008.

27. Kurt Weyland, "Obstacles to social reform in Brazil's new democracy," *Comparative Politics*, Vol.29, No.1, Oct. 1996.

28. Lee J. Alston, et al., "Changing social contracts: Beliefs and dissipative inclusion in Brazil," *Journal of Comparative Economics*, Vol.41, Vol.1, Feb. 2013.

29. Linda Chen, "Corporatism Reconsidered: Howard J. Wiarda's Legacy," *Polity*, Vol.50, No.4, Sep. 2018.

30. Mahrukh Doctor, "Inequality, Social Policy and State Welfare Regimes in Developing Countries: The Case of Brazil," James Connelly and Jack Hayward, eds., *The Withering of the Welfare State*, Macmillan, New York: Palgrave Macmillan, 2012.

31. Marcos de Barros Lisboa, and Zeina Abdel Latif, "Democracy

and growth in Brazil," *Democracy Consensus workshop*, *Rio de Janeiro*, 2013.

32. Marcos Mendes, *Inequality, democracy, and growth in Brazil: a country at the crossroads of economic development*, London; San Diego, CA: Elsevier Academic Press, 2014.

33. Martin Gilens, *Why Americans hate welfare: Race, media, and the politics of antipoverty policy*, Chicago: University of Chicago Press, 1999.

34. Mayra Mosciaro, and Manuel B. Aalbers, "Asset-based welfare in Brazil," *Housing Studies*, Vol.35, No.2, Jun. 2020.

35. Michael Mann, "Ruling class strategies and citizenship," *Sociology*, Vol.21, No.3, Aug. 1987.

36. Nancy Folbre, "The unproductive housewife: Her evolution in nineteenth-century economic thought," *Signs: Journal of Women in Culture and Society*, Vol.16, No.3, Spring 1991.

37. Nancy Fraser, and Linda Gordon, "A genealogy of dependency: Tracing a keyword of the US welfare state," *Signs: Journal of women in culture and society*, Vol.19, No.2, Winter 1994.

38. Nicholas Charron, and Victor Lapuente, "Does democracy produce quality of government?" *European journal of political research*, Vol.49, No.4, 2010.

39. Nita Rudra, "Welfare states in developing countries: Unique or universal?," *The Journal of Politics*, Vol.69, No.2, May 2007.

40. Paul Pierson, "When effect becomes cause: Policy feedback and political change," *World politics*, Vol.45, No.4, Jul. 1993.

41. Peter H. Lindert, "Voice and growth: was Churchill right?," *The Journal of Economic History*, Vol.63, No.2, Jun. 2003.

42. Peter H. Smith, *Democracy in Latin America: Political change in comparative perspective*, New York; Oxford: Oxford University Press, 2005.

43. Peter Kingstone, "The Brazilian Miracle and Its Limits," *Law & Bus. Rev. Am.*, Vol.18, No.4, Mar. 2012.

44. Philippe C. Schmitter, and Terry Lynn Karl, "What democracy

is... and is not,"*Journal of democracy*，Vol.2，No.3，Jan. 1991.

45. Richard D. Coe，"Welfare dependency：fact or myth?,"*Challenge*，Vol.25，No.4，Sep./Oct. 1982.

46. Robert E.Goodin，and Julian Le Grand，*Not only the poor*：*The middle classes and the welfare state*，London：Allen & Unwin，1987.

47. Ruth Berins Collier，*Paths toward democracy*：*The working class and elites in Western Europe and South America*，Cambridge：Cambridge University Press，1999.

48. Seymour Martin Lipset，"Some social requisites of democracy：Economic development and political legitimacy,"*American political science review*，Vol.53，No.1，Mar. 1959.

49. Sonia Fleury，"The Hidden Welfare State in Brazil,"*IPSA Seminar Whatever happened to North-South*，*Panel "Development and Welfare Regime" -USP*，*São Paulo*，Vol.16，No.2，2011.

50. Teresa P.R. Caldeira，and James Holston，"Democracy and violence in Brazil,"*Comparative studies in society and history*，Vol.41，No.4，Oct. 1999.

51. Teresa P.R. Caldeira，*City of walls*：*crime*，*segregation*，*and citizenship in São Paulo*，Berkeley：University of California Press，2000.

二、中文翻译著作与论文

1. [美]阿图尔·科利:《国家引导的发展——全球边缘地区的政治权力与工业化》,朱天飚、黄琪轩、刘骥译,吉林出版集团 2007 年版。

2. [德]安德烈·冈德·弗兰克:《依附性积累与不发达》,高铦、高戈译,译林出版社 1999 年版。

3. [英]安东尼·吉登斯:《民族—国家与暴力》,胡宗泽、赵力涛译,生活·读书·新知三联书店 1998 年版。

4. [乌拉圭]爱德华多·加莱亚诺:《拉丁美洲被切开的血管》,王玫等译,南京大学出版社 2018 年版。

5. [巴西]鲍里斯·福斯托、塞尔吉奥·福斯托:《巴西史》,郭存海译,东方出版中心 2018 年版。

6. [美]彼得·H.史密斯:《论拉美的民主》,谭道明译,译林出版社

2013 年版。

7.［加］卜正民：《杀千刀——中西视野下的凌迟处死》，张光润译，商务印书馆 2013 年版。

8.［美］查尔斯·蒂利：《强制、资本和欧洲国家：公元 990—1992 年》，魏洪钟译，上海人民出版社 2007 年版。

9.［美］查尔斯·蒂利：《政权与斗争剧目》，胡位钧译，上海人民出版社 2012 年版。

10.［美］道格拉斯·C.诺思、约翰·瓦利斯、巴里·R.温格斯特：《暴力与社会秩序：诠释有文字记载的人类历史的一个概念性框架》，杭行、王亮译，上海人民出版社 2013 年版。

11.［美］迪特里希·瑞彻迈耶等：《资本主义发展与民主》，方卿译，复旦大学出版社 2016 年版。

12.［德］弗·恩格斯：《论住宅问题》，《马克思恩格斯文集》第 3 卷，中央编译局译，人民出版社 2009 年版。

13.［美］弗朗西斯·福山：《落后之源——诠释拉美和美国的发展鸿沟》，刘伟译，中信出版社 2014 年版。

14.［美］汉娜·阿伦特：《论革命》，陈周旺译，译林出版社 2007 年版。

15.［美］胡安·J.林茨、阿尔弗莱德·斯泰潘：《民主转型与巩固的问题：南欧、南美和后共产主义欧洲》，孙龙等译，浙江人民出版社 2008 年版。

16.［美］霍华德·J.威亚尔达：《拉丁美洲的精神——文化与政治传统》，郭存海、邓与评、叶健辉译，浙江大学出版社 2019 年版。

17.［美］杰克·斯奈德：《从投票到暴力：民主化和民族主义冲突》，吴强译，中央编译出版社 2017 年版。

18.［匈牙利］卡尔·波兰尼：《巨变：当代政治与经济的起源》，黄树民译，社会科学文献出版社 2013 年版。

19.［英］莱斯利·贝瑟尔主编：《剑桥拉丁美洲史》第九卷，吴洪英等译，当代中国出版社 2013 年版。

20.［法］勒费弗尔：《法国大革命的降临》，洪庆明译，格致出版社、上海人民出版社 2010 年版。

21.［美］罗伯特·达尔：《民主理论的前言》，顾昕、朱丹译，生活·读书·新知三联书店 1999 年版。

22.［英］马丁·唐顿：《信任利维坦——英国的税收政治学（1799—

1914)》，魏陆译，上海财经大学出版社 2018 年版。

23. ［美］曼瑟·奥尔森：《国家的兴衰：经济增长、滞胀和社会僵化》，李增刚译，上海人民出版社 2007 年版。

24. ［乌拉圭］米奇·阿尔博姆、［哥伦比亚］何塞·安东尼奥·奥坎波：《拉丁美洲独立后的经济发展》，石发林译，上海译文出版社 2017 年版。

25. ［法］米歇尔·福柯：《规训与惩罚：监狱的诞生》，刘北成、杨远婴译，生活·读书·新知三联书店 2012 年版。

26. ［德］诺贝特·埃利亚斯：《文明的进程：文明的社会起源和心理起源的研究》，王佩莉、袁志英，上海译文出版社 2009 年版。

27. ［法］蒲鲁东：《什么是所有权：或对权利和政治的原理的研究》，孙署冰译，商务印书馆 2017 年版。

28. ［美］塞缪尔·P. 亨廷顿：《变化社会中的政治秩序》，王冠华、刘为等译，上海人民出版社 2008 年版。

29. ［美］斯迪芬·海哥德、罗伯特·R.考夫曼：《民主化转型的政治经济分析》，张大军译，社会科学文献出版社 2008 年版。

30. ［美］斯蒂芬·哈格德、罗伯特·R.考夫曼：《发展、民主与福利国家：拉丁美洲、东亚和东欧》，满易译，中国社会科学出版社 2020 年版。

31. ［美］托马斯·E.斯基德莫尔、彼得·H.史密斯、詹姆斯·N.格林：《现代拉丁美洲》（第七版），张森根、岳云霞译，当代中国出版社 2014 年版。

32. ［美］西敏司：《甜与权力：糖在近代历史上的地位》，王超、朱健刚译，商务印书馆 2010 年版。

33. ［美］W. W. 罗斯托：《经济增长的阶段：非共产党宣言》，郭熙保、王松茂译，中国社会科学出版社 2001 年版。

34. ［美］伊恩·夏皮罗：《民主理论的现状》，王军译，中国人民大学出版社 2013 年版。

35. ［美］伊曼纽尔·沃勒斯坦：《现代世界体系》第 3 卷，郭方、夏继果、顾宁译，社会科学文献出版社 2013 年版。

36. ［美］约瑟夫·熊彼特：《资本主义、社会主义与民主》，吴良健译，商务印书馆 1999 年版。

37. ［智］塞巴斯蒂安·爱德华兹：《掉队的拉美：民粹主义的致命诱惑》，郭金兴译，中信出版集团 2019 年版。

三、中文著作与论文

1. 陈乐民、史傅德:《对话欧洲——公民社会与启蒙精神》,晨枫编译,生活·读书·新知三联书店 2009 年版。

2. 陈兆旺:《民主与福利:社会结构与公民身份制度变迁的路径》,上海人民出版社 2017 年版。

3. 陈兆旺:《作为特例的美国福利国家发展》,载肖斌、郭忠华主编:《公民身份研究》第 2 卷,格致出版社 2016 年版。

4. [晋]陈寿撰、[宋]裴松之注:《三国志》(上下册),中华书局 2011 年版。

5. 李浩选、阎琦、李浩、李芳民注释:《唐文选》,人民文学出版社 2011 年版。

6. 李路曲:《国家间的可比性与不可比性分析》,《政治学研究》2020 年第 5 期。

7. 徐丽敏:《国外福利依赖研究综述》,《国外社会科学》2008 年第 6 期。

8. 赵聚军:《福利民粹主义的生成逻辑及其政策实践——基于拉美地区和泰国的经验》,《政治学研究》2015 年第 12 期。

后　记

　　行文至此，我算是完成了这项重要的学术科研任务：关于诺斯等人的权利开放秩序理论的批判性跟踪研究，以及多元现代化发展模式或者路径的学术探究。但是，自己其实没有如释重负的轻松感，而是满怀对古今中外相关研究领域前辈的敬意、对该项课题研究和书稿写作提供直接和间接帮助的学界前辈和学友的谢意，以及对研究过程中大量力所不逮而未能完善之处的歉意。昨晚修改到第六章的全书研究结论和检讨时，感觉自己该写的、能写的和想写的也基本都写上去了，在此，我想回顾一下本书的写作初衷，也想对本书的写作提供各种形式帮助的师长朋友家人一一感谢。

　　本书是在我 2015 年 7 月开始主持的国家社科基金青年项目"诺斯权利开放秩序的批判性跟踪研究"的最终结项成果基础上修改而成的。感谢该项目审批专家的指点：将原先正标题去掉而采用原先副标题作为本研究的题目。该项目于 2020 年 3 月底提交结项，当年 7 月拿到结项证书，并且获得结项评审专家给出的良好等第，此时才算松了一口气。

　　对该领域的关注和研究，其实是 2014 年研读诺斯等人合著的《暴力与社会秩序》这本新近出版的专著才开始的，当时感到莫名的兴奋和激动，做了很多批注。然后紧接着利用当年暑假系统地阅读了朱天飚老师的专著《比较政治经济学》以及他主编的"比较政治经济学书系"中的系列书目，对相关问题进行了比较深入的思考。而当时恰逢 2015 年的国家课题申报，我结合此前的阅读、思考和研究积累，提交了申请书，有幸获批当年的国家社科基金项目。关于诺斯以及新制度经济学、比较政治经济学等方面的系统阅读和学习始于 2011 年上半年我在复旦大学读博期间，选修唐世平教授等老师开设的"制度研究专题"课程。我本硕期间主要研读的领域是中西方政治思想史和当代中国政府与政治等，在复旦大学就读中外政治制度专业以后才开始集中时间和精力系统地进行比较政治制度的学习和研究。然后发现自己之前的研读其实为我从事比较政治制度研究开阔了视野，也积淀了理论基础。

此前的研究工作推进得其实比较有限,直到 2016 年 9 月 1 日到美国旧金山进行访学,才得以拥有宽裕的时间进行该研究前期的阅读积累。在此感谢复旦大学社会科学高等研究院郭苏建教授的推荐,我才有机会到美国旧金山州立大学进行访学,并收集到大量研究资料。现在回想起来,这一年有得也有失。后来读书读到许倬云先生谈到,出国访学不能只"读万卷书",因为万卷书在哪里都可以读;而要"行万里路",因为对于跨国研究而言,出国访学是最好的实地考察的机会。一年的时间本来以为很长(有朋友将其形容为"好山好水好闲"),而实际上感觉过得飞快。在这一年里,我旁听和参与了"政治经济学""东亚民主转型""中国政治""政治理论"等课程,课余时间多在系统地阅读诺斯代表性的英文版学术专著以及政治经济学方面的学术作品,边读边做笔记,然后将重要的内容翻译出来,最后系统地整理和写作了几篇长书评,也就是本书附录部分的内容。然而,阅读和思考所耗费的时间远远超过自己此前的预估,以至于一年访学时间主要做的还是阅读和写作书评等基础性工作。再加上 2017 年回国后日常上课的任务还是蛮重的,关于本书的集中阅读和写作又延续至之后的两个寒暑假。

2018 年和 2019 年的寒暑假依然还在进行大量的相关阅读,可是结项日期慢慢临近,最终还是不得不硬着头皮开始写作。先是写出了第一章,该章类似导论,其实第一章涉及的文献量最大,需要深入思考的问题也最多。而在阅读过程中最艰难的事情是,通过文献梳理决定阅读相关的学术专著时,不读到最后一页就始终感到不放心,生怕遗漏了最重要的内容,但是从头读到尾的阅读方法又很容易延伸到更多相关性不大的议题的思考,而时间又是非常有限的。一本书的完整阅读,体现到书稿中可能也就是一两句话的引用。而我也只能聊以自慰,"技多不压身"。2018年写作第一章的主体部分,即相关研究综述,为了更好地呈现相关文献的样貌,我对每个小部分都制作了表格,以对其进行直观展示。对比性案例的相关个案和内容的选择,是我在上海六院等候理疗时,反复构思和试错后勾画出来的。2018 年 5 月 12 日,我慕名到华东师范大学闵行校区参加张振华教授主持的"东亚发展型国家的理论追踪及其中国启示研究跨学科工作坊",会上还结识了上海交通大学陈慧荣副教授,他们两位对发展型国家和比较政治经济学的研究对我后续研究和思考东亚模式相关问题很有助益。2013 年以来追过国内经济史学研究前辈、北京大学李伯重教授至少 3 场讲座,李教授讲座内容非常丰富,提供的材料也多,我经常循着他推荐的、写作的和翻译的作品进行阅读,现在来看,李教授对我开展诺斯等人的权利开放秩序理论的相关研究大有裨益。

　　书稿初稿的集中写作是在 2020 年元旦以后的三个月完成的,当时留给我结项的时间已经很有限了。又由于 2020 年武汉疫情暴发,无法回老家过春节,反而可以沉下心来一个人在宿舍全身心投入到结项书稿的写作中。记得当时疫情蔓延越来越糟糕,自己的心情也颇受影响。但是,想到自己当时能做的也就是全心全意阅读和写作书稿,也在很大程度上平缓了心态。这三个月的时间每一天都投入了 8—10 个小时,一刻也不敢浪费。还记得大年三十晚上,当全国人民密切关注武汉疫情之时,我正好读完麦克弗森的《火的考验》。大年初一开始阅读方纳教授的《烈火中的考验》。春节后整个校园里很冷清,整个小区里也不大见到居民走动,十分安静。当时为了全身心投入最后的写作,一日三餐也没有时间做了,而校园的管控越来越严,好在学院党委书记贺朝霞教授为我想了不少办法,让我可以每天到学校食堂吃饭。

　　我的博士导师、复旦大学臧志军教授是日本问题研究专家,而我写作东亚模式部分中的大部分内容是关于东亚发展型国家的,唯恐自己学力不逮而请教臧老师。到 2020 年 7 月获悉课题顺利结项之后,才打印出书稿请参与开题的几位教授审阅,复旦大学臧志军教授、郭定平教授和刘建军教授都为我评阅了书稿,还写作了详细的修改建议。郭老师仔细地阅读了书稿全文,提出具体到页码的修改意见和文字表达方面的瑕疵,并且直接帮我凝练出本书出版时的副标题。2020 年 9 月中旬约见臧老师时,他不仅打印出具体的评阅意见,而且还详细地就相关内容给我讲解了一个下午,这让我很感动,也很受益。例如臧老师给我讲解日本人现代化的心态是"山坡上的云";通产省官僚退出省局其实不能翻译成"退休"而应该翻译成"退职";可以体现日本限制市场竞争的一个重要案例是"大店法"的出台和实施;日本在 1960 年《美日安保条例》签署前后的国内民众抗争情况有别;精英群体对城市的控制的典型案例可以用佛罗伦萨的美第奇家族的材料等。由此,我也深知比较政治研究必然需要对国别案例有更为深入的研习,方可进行理论探究。临别时臧老师还把他审阅的书稿赠予我,说他阅读时做了一些批注可以供我修改时参考。2022 年 3 月,上海也经历了一次严重的疫情,我再次一个人被封在宿舍里,不过也因此有时间和精力对书稿进行系统的修改和完善。

2020 年课题结项前,我联系到上海人民出版社编审、政治与理论读物编辑中心副总监徐晓明老师,想请他帮我编辑和出版该书稿。两年来徐老师一直关心书稿修改情况,还经常通过给我寄书的方式委婉提醒。在他的督促和鼓励下,我加速修改和完善的进度。2021 年,我有机会申请学院的学术出版基金资助,幸运地获得学院学术委员会的肯定并给予 5 万元的出版资助,加上此前国家课题预留的出版经费,正好凑齐了所需要的出版费用。在此感谢院长蒋传光教授及学院学术委员会各位教授的厚爱。此外,还要感谢参加该课题开题会的其他各位老师:上海市委党校的曾峻教授、同系的李路曲教授和商红日教授。同时,还要感谢上海师范大学法国史研究专家黄艳红教授,美国史研究专家蔡萌教授,当我写作时遇到世界史方面的疑问或者不太确定的地方时,多会向他们请教。特别感谢黄教授给我介绍法国中世纪以来暴力控制的相关情况和文献。书稿中的一些章节曾经修改成论文参加过国内的学术会议,在此对会议主办方和评论人表示感谢,他们是复旦大学熊易寒教授、朱杰进教授;上海交通大学陈超副教授、陈玮博士;山东大学唐睿教授。我指导的研究生郑继昌,行政管理本科生陈昊、陈媛、任琳、张思曜等同学,曾经帮我修改过书稿不同章节中的文字表达,在此表示感谢。最后感谢我的母亲和姐姐们这几年对我的关心。正是因为 2022 年回老家过春节时,母亲硬生生把我的行李箱塞满鱼肉和鸡蛋,才让我在 2022 年 4 月上海疫情最吃紧的时候,可以顺利渡过难关。

感谢这几年帮助过我的师长、学友、同学和亲朋。生活不易、学术更不易,每每看到学友感谢自己的家人支持自己做比较纯粹的理论研究时,我常常感到羡慕。刚工作那会儿,我本以为沉浸在书的海洋和学术的纯粹天地里,可以逃避生活中的不如意。然而,现实证明这显然是我心智还不够成熟的表现,所以这几年也遭受到了生活和工作的锤炼。好在家藏万卷圣贤书可以读,有一届又一届求知若渴的学生可以"传道授业解惑",有志同道合者可以吐露心声,仍有希望值得自己去再努力追求。晨读时读到:"志于道,据于德,依于仁,游于艺",这或许即是我提升心境的门径吧。

陈兆旺
2022 年 9 月 30 日

图书在版编目(CIP)数据

竞争与秩序:诺斯权利开放秩序理论批判与发展模
式新探/陈兆旺著.—上海:上海人民出版社,2022
ISBN 978 - 7 - 208 - 18061 - 1

Ⅰ.①竞… Ⅱ.①陈… Ⅲ.①政治哲学-研究-西方
国家 Ⅳ.①D095

中国版本图书馆 CIP 数据核字(2022)第 239988 号

责任编辑 徐晓明
封面设计 周剑峰

竞争与秩序

——诺斯权利开放秩序理论批判与发展模式新探
陈兆旺 著

出　　版　上海人民出版社
　　　　　(201101　上海市闵行区号景路 159 弄 C 座)
发　　行　上海人民出版社发行中心
印　　刷　江阴市机关印刷服务有限公司
开　　本　635×965　1/16
印　　张　33.5
插　　页　2
字　　数　535,000
版　　次　2022 年 12 月第 1 版
印　　次　2022 年 12 月第 1 次印刷
ISBN 978 - 7 - 208 - 18061 - 1/D · 4051
定　　价　128.00 元